KB125799

고려 태조 왕건정권 연구

The Study of King Taejo, Wang Gun's Political Regime

Kim Gap-Dong

고려 태조 왕건정권 연구

김 갑 동 지음

혜안

책머리에

1982년도에 대학원에 입학하면서 학문 생활을 시작한 지 벌써 40여 년이 지나고 있다. 이제 정년도 몇 개월 남지 않았다. 어떻게 정년을 마무리 할까 고심하다가 그동안의 논문을 바탕으로 고려 태조 왕건에 대한 저서를 발간하기로 했다.

대학원에 들어가 처음으로 들은 강의가 '고려 건국의 연구'였다. 그 강의의 학기말 보고서를 보완·수정한 것이 「고려의 건국과 청주세력」이란 석사논문이었다. 그 후 신라말, 고려초의 혼란기에 흥미를 갖고 그 방면에 계속 연구를 진행해 갔다. 그 결실이 「나말려초의 호족과 사회 변동」이란 박사학위논문이었다.

그것을 연구 주제로 삼은 것은 결코 우연이 아니었다. 나의 대학, 대학원 시절은 우리나라 현대사에서도 크나큰 혼란과 변동의 시기였다. 대학 4학년 때 박정희 대통령 시해 사건이 일어났고 육군 초급장교로 현장에서 광주민주화항쟁을 겪었다. 1987년 6월 민주항쟁시 종로에 나갔다가 최루탄 세례에 눈물, 콧물도 흘렸다.

그러한 경험 속에서 우리 역사상 최대의 혼란기이며 고대와 중세의 분기점이라 할 수 있는 신라말 고려초의 후삼국 시대에 주목하게 되었다. 진성여왕 3년(889)부터 시작된 농민 봉기는 결국 후삼국 시대를 연출하였고 47년 간에 걸쳐 전국적인 전란이 계속되었다. 가히 한국사상의 '戰國時代'였다고 해도 과언이 아니다. 이 전란의 시대를 종식시키고 후삼국을 통일한 사람이 바로 高麗太祖 王建이었다. 그런 의미에서 그에 대한 연구가 계속되었고 이를 중간 정리한 것이『고려의 후삼국 통일과 후백제』(서경문화사, 2010)이었다. 이번에 내는 책은 그 후속편이며 완결편이라 할 수 있다.

처음 학문에 뜻을 두었을 때는 연구를 전투처럼 하였다. 박사논문을 쓸 때는 책을 트럭에 싣고 목포에 내려가 매일 새벽까지 연구에 매진했던 기억도 있다. 가정을 꾸려 놓고도 전혀 식구들을 돌아보지 못했다. 어떤 땐 그것이 가장 가슴아픈 기억으로 돌아오곤 한다. 대학에 자리한 뒤에도 학문 연구에는 조금도 게을리하지 않았다. 그리하여 여러 권의 저서를 냈지만 그 덕분에 건강을 해치기도 하였다. 그 후유증으로 기관지 천식을 얻게 되었다.

학문 탐구 생활을 하면서 이렇듯 어려움도 있었지만 보람도 많았다. 역사대중서라 할 수 있는『태조 왕건』이 인문학 분야 베스트셀러에 올랐고 『고려의 후삼국 통일과 후백제』가 학술원 우수도서로 선정되기도 하였다. 고향의 대학에 와서 활동할 때 학술부문에서 대전광역시 문화상을 수상하기도 하였다. 또 고려시대에는 거의 연구된 바가 없는 역사민속 분야를 개척했다는 자부심도 있다. 1991년에「고려시대의 城隍신앙과 지방통치」라는 논문을 발표하면서 그 이후 이 분야에 대한 논문이 나오기 시작했고 필자도『고려의 토속신앙』(혜안, 2017)이란 저서를 발간하였다. 그리하여 이 내용이 고등학교 한국사 교과서에 반영되었다. 이 또한 학문적 보람이라 아니할 수 없다.

앞서 말했듯이 이 저서는 그 동안의 논문이 바탕이 되었다. 그 논문들을 열거하면 다음과 같다.

김갑동,「고려 태조대 군현의 來屬관계 형성」『한국학보』52, 1988
김갑동,「고려왕조의 성립과 군현제의 변화」『국사관론총』35, 1992
김갑동,「신라, 고려의 왕조교체와 군현제의 변화」『신라말 고려초의

정치·사회 변동』, 신서원, 1994

김갑동, 「신라의 멸망과 경주세력의 동향」『신라문화』10·11합집, 1994

김갑동, 「고려의 후삼국 통일」『한신인문학연구』1집, 2000

김갑동, 「羅末麗初의 泗川과 卜智謙」『韓國中世社會의 諸問題』, 2001

김갑동, 「고려태조 초기의 중앙관부와 지배세력」『사학연구』71, 2003

김갑동, 「고려 태조 왕건의 후삼국 통일과 리더쉽」『군사학연구』4,
2006

김갑동, 「왕건의 중국출신설에 대한 비판적 검토」『동북아역사론총』,
2008

김갑동, 「고려의 후삼국 통일과 유금필」『군사』69, 2008

김갑동, 「고려 태조 왕건과 유금필 장군」『대전대 인문과학논문집』
46, 2009

김갑동, 「고려 태조비 신혜왕후와 정주 류씨」『한국인물사연구』11,
2009

김갑동, 「개태사의 창건과 그 동향」『백산학보』83, 2009

김갑동, 「충남 연산 개태사의 특징과 성격」『역사와 역사교육』33,
2016

김갑동, 「후삼국의 대중국외교」『한국중세사연구』49, 2017

김갑동, 「고려 건국의 의미, 단절과 연속성」『한국중세사연구』54, 2018

김갑동, 「왕건과 전남 세력의 동향」『도서문화』52, 2018

그러나 이들 논문들을 그대로 전재한 것은 별로 없다. 대부분 수정,
보완하였고 새로 쓴 논고도 있다는 것을 밝혀 둔다. 다만 최근의 연구
성과를 충분히 반영하지 못했다는 아쉬움이 있다. 그럼에도 불구하고
부디 이 책이 고려사를 연구하고 관심이 있는 분들에게 조그마한 도움이
되기를 바랄 뿐이다.

정년을 맞으면서 감사해야 할 분들이 많다. 먼저 고등학교 1학년 때의 방황을 잡아주어 학교를 다니게 해 주신 이은성 선생님, 대학원에서 오랫동안 지도해 주시고 은혜를 베풀어 주신 박용운 선생님께 깊은 감사를 드린다. 또 3년 동안 일본에 징용으로 끌려갔다 돌아와 그 후유증으로 51세의 짧은 생을 마감하신 아버지, 홀로 6남매를 키워야 했던 어머니께도 감사드린다. 학문을 핑계로 일상적인 즐거움을 주지도 못했는데도 곁을 지켜준 아내, 역경 속에서도 잘 커준 두 아들에게도 고마움을 전한다. 별 시장성이 없는 두터운 책을 선뜻 출판해 주신 혜안의 오일주 사장님과 김태규 선생님을 비롯한 편집진 여러분께도 고마움을 전하고 싶다.

2021. 4.

원오 김갑동 씀

1장 서장

Ⅰ. 이 책의 구성과 내용

이 책은 서장을 포함하여 총 10장으로 구성되어 있다. 서장에서는 이 책에서 무엇을 다룰 것인가 하는 내용을 서술하려 한다. 그리고 신라 말기의 혼란 상황 속에서 후삼국이 성립되는 과정을 간단히 살피고 고려 건국자인 태조 왕건의 선대에 대해 알아볼 것이다. 高麗 太祖 王建 政權에 대한 본격적인 탐구에 앞선 예비적인 검토인 셈이다.

다음 2장에서는 왕건의 성인 '王'씨가 어떻게 해서 탄생한 것인가 하는 점을 살펴보고 왕건의 중국출신설을 검토하여 볼 것이다. 왕건의 성은 중국과의 관련성 속에서 나온 것이지만 그렇다고 하여 그가 중국 출신은 아니라는 논지가 전개될 것이다. 그것은 중국의 동북공정을 반박하는 한 논리적 근거가 되기도 할 것이다.

3장에서는 고려 태조 왕건의 통치 체제에 대해 살펴볼 것이다. 먼저 중앙통치 체제를 태조 원년 6월 辛酉일에 내린 인사 조처를 중심으로 하여 살펴볼 것이다. 이를 통해 당시의 정치 상황도 추구해 볼 것이다. 다음으로 지방의 통치 체제를 탐구해 볼 것이다. 고려는 지방 호족들의 협조와 지지 아래 건국되고 후삼국을 통일하였기 때문에 고려의 군현제는 신라의 지방통치 체제에서 많은 변화를 겪었다. 군현의 승강은 물론이고

合屬과 소멸된 군현이 발생하기도 하였다. 이러한 추이와 그 원인을 살펴볼 것이다.

4장에서는 고려 태조 왕건 대의 정치세력을 몇 개의 부류로 나누어 살펴볼 것이다. 즉 공신세력, 외척세력, 문신세력의 순으로 나누어 살필 것이다. 공신세력으로는 개국공신 복지겸, 삼한 공신 나총례, 배향 공신 유금필을 대표적으로 다루고 외척세력으로는 왕건의 부인 중 제1비인 신혜왕후 정주 유씨와 2비 장화왕후 나주 오씨를 다룰 것이다. 마지막으로 문신세력으로는 최응, 최언위, 최지몽 등을 살펴 그들이 당시의 정치와 후삼국 통일에 어떠한 영향을 끼쳤는가를 살필 것이다.

5장에서는 태조 왕건의 대내 및 대외 정책을 탐구할 것이다. 대내 정책으로는 북방 정책이나 대호족 정책, 대민 정책 등을 다루고 대외 정책으로는 발해 및 거란과의 관계, 중국과의 관계를 살펴볼 것이다. 특히 당시에도 중국과의 외교 정책이 중요하였으므로 이를 중국의 내부 상황까지 고려하여 좀 더 심도 있게 살필 것이다.

6장에서는 고려 태조 왕건의 사상 정책 일반과 불교 정책을 탐구해 볼 것이다. 왕건은 사상을 잘 활용하여 정치와 후삼국 통일에 이용하였다. 그리하여 다종교 사상을 용인하였다. 그러나 그가 특히 신경썼던 것은 불교였다. 따라서 불교 정책을 더 깊이 있게 탐구해 보고 후삼국 통일 직후 설립한 개태사의 창건 배경과 그 성격도 고찰해 볼 것이다.

7장에서는 고려 태조 왕건의 후삼국 통일 과정에 대해 살펴볼 것이다. 먼저 왕건과 후백제 건국자인 견훤의 대결과정과 후백제 멸망과정을 탐구하고 다음으로는 신라의 멸망 과정도 살펴볼 것이다. 특히 천년 신라가 멸망하게 된 원인도 심도 있게 탐구할 것이다.

8장에서는 고려에 의한 후삼국 통일의 의의를 신라와 고려의 연속과 단절이라는 측면에서 살펴볼 것이다. 국호와 왕통, 정치세력, 사회신분제, 사상 및 문화의 측면에서 그 연속성과 차이점을 규명해 볼 것이다.

9장에서는 고려 태조 왕건의 리더십을 살펴볼 것이다. 여기서는 리더로서의 리더십과 더불어 구체적인 전투에서 어떠한 전략 전술을 구사하였는가 하는 점도 살펴볼 것이다. 이를 통해 태조 왕건이 어떻게 후삼국을 통일하여 역사의 주인공이 될 수 있었는가 하는 점이 자연스럽게 드러나리라 생각한다. 일종의 소결론인 셈이다.

10장은 총결론으로 고려 태조 왕건 정권의 총체적인 내용과 그 특징을 기술해 볼 것이다. 이와 같은 연구를 통해 현재 분열되어 있는 남·북한의 통일 정책에 대한 실마리를 제공할 수 있다면 다행이라 생각한다.

II. 후삼국의 성립과 왕건의 선대

1. 신라 말기의 상황

전성기를 구가하던 신라는 하대의 시작과 함께 석양으로 빠져들게 되었다. 진골 귀족들의 왕위쟁탈전이 극심하게 일어났던 것이다. 惠恭王대 大恭의 난이 일어나자 이는 권력쟁탈전으로 이어졌다. 이 과정에서 김양상이 혜공왕을 죽이고 왕위에 올랐다. 그가 곧 宣德王이었다. 선덕왕대에도 왕위계승전이 벌어져 金敬信이 金周元을 내쫓고 元聖王으로 즉위하였다. 이에 대한 반발로 김주원의 아들이었던 金憲昌은 공주를 근거로 반란을 일으키기도 하였다.

왕위계승전은 興德王 말년에 극에 달하였다. 상대등 金均貞과 시중 金明 일파가 싸움을 벌여 이 과정에서 김명이 승리하여 僖康王이 즉위하였다. 희강왕은 김명의 핍박으로 자살하고 김명이 閔哀王으로 즉위하였다. 그러나 김균정의 아들 김우징은 청해진으로 도망가 장보고의 힘을 빌어 민애왕을 살해하고 왕위에 올랐다. 그가 곧 神武王이었다.

이후 잠시 평화가 찾아오는 듯했으나 신라는 안으로 썩어가고 있었다. 귀족들은 사치와 방탕으로 물들어 있었다. 금으로 겉을 도금한 것으로 생각되는 金入宅을[1] 가지고 있었고 철마다 가서 놀 수 있는 별장을 가지고 있었다. 이를 四節遊宅이라 했다.[2] 헌강왕대 처용이 술 먹고 놀다 밤늦게 들어와 보니 疫神이 그의 아내를 간통했다는 이야기는 당시의 시대적 분위기를 잘 말해준다.

---

1) 金入宅이 어떠한 집이었는지에 대해서는 정확히 알 수 없다. 겉을 금으로 도금한 집이라 해석할 수도 있고 금이 들어오는 집이란 뜻으로 부잣집을 가리킬 수도 있다.

2) 四節遊宅을 한자의 뜻 그대로 풀이하면 '사계절마다 가서 놀 수 있는 집'을 말한다. 지금으로 말하면 고급별장을 뜻한다고 하겠다.

반면 민중들은 입에 풀칠하기도 힘든 상황이었다. 남의 집에서 품을 팔아도 식량이 모자라 아이를 버려야 하는 사태까지 벌어졌다. 힘들게 일해 보았자 추수 때가 되면 귀족들에게 다 빼앗겨 버리는 형편이었다. 민중들은 이제 더 이상 목숨을 부지할 수가 없었다. 처음에는 정든 집을 떠나 도망을 하기도 했다. 그러나 이제는 더 이상 참을 수 없었다. 이래 죽으나 저래 죽으나 마찬가지였다. 드디어 여기저기서 항거하기 시작했으니 이것이 진성여왕 3년(889)부터 시작된 농민봉기였다. 진성여왕의 실정으로 국가의 창고가 텅 비면서 전국에 조세독촉을 하였기 때문이었다. 도처에서 농민들이 벌떼처럼 일어났다. 이러한 상황 속에서 남방에서 甄萱이, 북방에서는 弓裔가 등장하기 시작한 것이었다. 기존의 신라와 더불어 소위 "後三國時代"가 연출되었던 것이다. 또 서로 群雄이 할거하였으니 이 시기를 "戰國時代"라 해도 틀린 말이 아니다.

2. 후삼국의 성립

(1) 후백제의 성립

우선 후백제의 甄萱에 대해 살펴보자. 그는 尙州 加恩縣[지금의 문경군 가은면]에서 태어났다. 그가 光州 북촌의 어느 마을에서 지렁이의 아들로 태어났다는 『三國遺事』의 기록은 그가 무진주[광주광역시]를 점령한 이후 만들어낸 설화가 아닌가 한다. 그는 장성하면서 체격이 크고 웅대한 뜻이 있어 신라의 군대에 입대하였다. 서남해 방면에 파견되어 복무하던 그는 진성여왕대의 혼란을 틈타 점차 세력을 넓혀 무진주까지 점령하였다. 892년의 일이었다.[3]

---

3) 그러나 『三國遺事』에는 이것이 889년(진성여왕 6)인 것처럼 기술되어 있다. 아마 무언가 착오를 일으킨 모양으로 892년 설이 맞지 않나 한다.

당시 그가 칭한 관직을 보면 全武公等州軍事라는 부분이 있다. 이는 전주·무주·공주 등의 군사권을 장악했다는 의미이다. 이것이 사실인지 아닌지에 대해서는 확언할 수 없다. 그러나 아무런 근거 없이 견훤이 이들 지역을 거론했을 리는 없다. 적어도 전주나 공주의 都督이나 세력가들과 접촉이 있었기 때문이라고 생각한다.

그런데 이들 지역은 묘하게도 다 옛 백제지역이다. 따라서 견훤은 일찍부터 옛 백제지역 유민들의 동향을 알고 이들을 이용하고자 했던 것 같다. 즉 이 지역에 팽배한 반신라감정을 이용하여 자신의 세력을 확고히 하려 했던 것이다. 이미 헌덕왕 14(822) 김헌창이 熊川州都督으로 있을 때 이 지역민들의 反新羅 감정을 이용하여 난을 일으킨 적이 있었다. 이때 반란의 중심세력도 웅천주를 비롯하여 무진주·완산주였다. 옛 백제지역이 중심이 된 것이었다. 그런데 이때에 이르러 예전의 상황이 되풀이 된 것이었다.

견훤이 큰 저항없이 완산주[전주]에 무혈입성한 것도 이러한 옛 백제지역의 민심과 무관한 것이 아니었다. 그는 전주에 도착하자마자 자신이 의자왕의 원한을 풀어줄 것이라 호언장담하였다. 즉 "백제는 金馬山에서 개국하여 6백여 년이 되었는데, 摠章 연간에 당나라 고종이 신라의 요청으로 장군 蘇定方을 보내 배에 군사 13만을 싣고 바다를 건너게 하였고, 신라의 金庾信이 흙먼지를 날리며 黃山을 거쳐 泗沘에 이르러 당나라 군사와 합세하여 백제를 공격하여 멸망시켰다. 지금 내가 감히 완산에 도읍하여 의자왕의 오래된 울분을 씻지 않겠는가?"[4] 하였다. 물론 여기서 백제가 金馬山에서 일어났다고 한 것은 잘못된 것이다. 그러나 그가 역사를 몰라서 그런 것은 아닐 것이다. 완산주에 도읍을 정하고 그 인근 지역인 익산지역의 민심을 수렴하기 위한 방책이었으리라 생각한

---

4) 『三國史記』 권50 甄萱傳.

다. 금마산은 현재의 익산시 금마면에 있는 미륵산을 말하는 것이기 때문이다.

이처럼 후백제가 발흥하게 된 것은 신라가 당나라를 끌어들여 백제를 멸망시켰다는 데에 있었다. 무력으로 백제가 정복되기는 했지만 백제인의 후예들은 언젠가는 다시 백제를 부흥시키겠다는 마음을 갖고 있었다. 따라서 국호도 900년에 백제의 후예국이란 뜻에서 後百濟[원래는 백제]라 하였던 것이다.

(2) 후고구려의 성립

弓裔는 원래 신라의 왕실 출신이었다. 47대 憲安王 또는 48대 景文王의 아들로 되어 있다. 그러나 경문왕의 서자로 추정된다. 헌안왕은 아들이 없었고 경문왕에게는 두 명의 왕비가 있었기 때문이다.[5] 그는 나면서부터 이빨이 있었고 태어나는 날 지붕위에 상서롭지 못한 광채가 있었다 한다. 이에 조정에서는 그를 죽이려 하였으나 계집종이 구출하여 도망가 살았다. 나이 10여 세가 되자 출생의 비밀을 알게 된 궁예는 길러준 어머니의 곁을 떠나 世達寺로 들어갔다. 세달사는 고려시대에 興教寺로 불렸는데 영월지역에 있었다.[6]

세달사에서 승려생활을 하던 궁예는 진성여왕대의 혼란기에 뜻을 품고 환속하였다. 죽주의 기훤에게 의탁했던 그는 북원[원주]의 양길 휘하에 들어갔다. 그 후 정복을 떠나 원주, 강릉을 거쳐 철원까지 장악하였다. 그리고 양길을 격파한 후 896년 철원에 도읍을 정하였다. 그러자 왕건

---

5) 경문왕의 왕비는 원래 寧花夫人이었으나 동왕 3년 부인의 동생을 맞아들여 次妃로 삼았다.(『三國史記』 권11 신라본기 경문왕조) 그 앞의 헌안왕 조에는 그가 왜 두 자매를 취하게 되었는가 하는 설명이 나와 있다.

6) 세달사가 개성 부근에 있는 흥교사라는 설이 있으나 지리적으로 볼 때 세달사는 영월에 있던 흥교사의 전신이라 함이 옳을 것이다.

부자가 귀순해 왔고 898년에는 松岳에 도읍을 정하게 되었다. 이후 왕건의 활약에 의해 楊州·廣州·忠州·淸州 등지를 차지하게 되었다. 이로써 경기도·강원도·황해도 일대는 물론 충청도 북부에 이르는 영토를 확보하게 되었다.

그러자 그는 신라에게 멸망한 고구려의 원수를 갚겠노라 공언하고 나섰다. 즉 그는 "옛날에 신라가 唐에 병사를 청하여 고구려를 멸하였기 때문에 옛 서울인 平壤이 황폐하여 풀만 무성하니 내가 반드시 그 원수를 갚으리라."[7] 하였다. 궁예가 이 말을 한 것은 그가 차지하고 있던 지역이 대부분 고구려의 영역이었기 때문이었다. 따라서 고구려 유민들의 동향에 신경을 쓰지 않을 수 없었다. 그리하여 이 같은 말을 공언하여 주민들의 지지를 받고자 하였던 것이다.

이때는 901년으로 신라 효공왕 5년에 해당한다. 기록에 따르면 당시 궁예가 왕을 칭했다고만 되어 있다. 그러나 『삼국유사』를 보면 그가 이 해에 국호도 '高麗'로 하였음을 알 수 있다.[8] 만약 궁예가 이런 말을 한 것이 사실이라면 국호를 고려로 했다는 기록은 신빙성이 있다. 즉 국호를 고구려의 후예국이라는 의미에서 고려로 하면서 고구려의 원수를 갚겠다고 공언했다는 것이다. 단순히 그가 신라조정에서 버림을 받았기 때문만은 아니었던 것이다.

헌덕왕 17년(825) 金梵文이 고달산의 산적 壽神 등 1백여 인과 반란을 일으킨 적이 있다. 김범문은 김헌창의 아들로 아버지가 난을 일으켰다 실패한 것에 대한 원한에서 다시 거병한 것이었다. 그런데 그가 봉기하여 도읍하고자 했던 곳이 平壤이었다. 여기서의 평양은 물론 현재의 평양은 아닌 것 같다. 아직 평양 지역이 신라의 영역으로 편입되지는 않았기

---

7) 『三國史記』 권50 弓裔傳.
8) 『三國遺事』 권1 王曆. 정식 국호는 고려였으나 고주몽의 고구려, 왕건의 고려와 구별하기 위해 이를 후고구려라 한다.

때문이다. 아마도 경기도 楊州郡을 말하는 것 같다. 이 지역도 당시 평양이라 불리었기 때문이다. 양주가 평양이라 불린 것은 장수왕이 남진정책을 실시하면서 이 지역을 수도와 비슷한 규모의 남진기지로 사용하려 하였기 때문이 아닌가 한다. 이로 미루어 볼 때 김범문이 봉기를 할 때도 고구려를 부흥시킨다는 명분하에 유민들을 동원한 것으로 볼 수 있다. 그렇다면 궁예가 이 지역을 차지하고 고구려의 원수를 갚겠노라 한 것은 김범문의 봉기와 궤를 같이한 것이다.

　요컨대 신라 말 후삼국으로 분열된 것은 가까이는 진성여왕의 실정과 그로 인한 생활의 궁핍이라는 측면이 있었다. 그러나 거슬러 올라가면 신라의 삼국통일과 밀접한 관련이 있었다. 신라가 당을 끌어들여 무력으로 백제와 고구려를 멸망시킨 데서 비롯되었다. 백제와 고구려의 유민들은 비록 그 국가는 멸망했지만 언젠가는 다시 이를 부흥시키겠다는 의지를 갖고 있었다. 견훤과 궁예가 공개적으로 백제와 고구려의 원수를 갚겠다고 공언한 것도 이러한 상황을 잘 알고 있었기 때문이었다. 후백제와 고려의 탄생 요인이 거기에 있었던 것이다.

3. 고려의 건국과 태조 왕건의 선대

　궁예는 이후 국호를 몇 번 변경하였다. 904년에는 도읍을 송악에서 철원으로 옮기고 국호를 摩震이라 하였다. 그러나 911년에는 국호를 다시 泰封이라 하였다. 이는 자신감이 없었던 데서 나온 결과가 아닌가 한다. 그는 또 자신을 미륵불이라 칭하고 神政的 專制政治를 실시하였다. 그러면서 이를 반대하던 승려 석총을 죽이고 부인마저 살해하였다. 청광보살, 신광보살이라 칭했던 두 아들까지도 살해하였다. 그러다가 결국 부하들에게 쫓겨나고 왕건이 918년에 高麗를 다시 건국하게 되었다.

　왕건의 집안은 고구려 유민 출신이었다. 그것은 그의 선대에 대한 기록인 『高麗史』 「高麗世系」로 미루어 알 수 있다. 그에 의하면 6대조 할아버지에 해당하는 虎景이 활을 잘 쏘았다든가 백두산으로부터 내려와 송악에 정착했다는 것이다. 백두산 지역은 예전에 고구려 영역이었다. 따라서 왕건 집안은 원래 고구려 출신이었음을 알 수 있다. 또 할아버지에 해당하는 作帝建도 활을 잘 쏘아 '백발백중'이었다. 고구려의 건국자인 高朱蒙도 명궁이었는데, 이러한 공통점은 왕건의 가문이 고구려계였음을 간접적으로 시사해준다.

송악에 정착한 그의 가문은 해상세력으로 성장하였다. 송악[개성] 자체가 해안에 위치하고 있어 중국과의 해상무역에 유리한 지역이었다. 이에 따라 부를 축적할 수 있었다. 5대조 할아버지에 해당하는 康忠이 부자였다는 기록이 이를 말해준다. 왕건의 증조가 唐나라 肅宗이었다는 이야기는 그의 가계가 바다 건너 중국과 밀접한 관련이 있었다는 것도 시사해준다. 또 당 숙종과 辰義 사이에서 태어난 작제건이 바다를 건너 중국으로 가다 용왕의 딸인 龍女를 아내로 맞이하였다는 설화도 그의 가문이 바다와 밀접한 관련이 있었음을 보여준다. 그리하여 이미 작제건 대에는 그 일대를 장악한 세력으로 성장하였다. 작제건이 용녀를 맞아오자 개주[개성]·정주[개풍군 풍덕]·염주·백주의 4주와 강화·교동·하음 3현의 백성들이 그를 위해 永安城을 쌓고 궁실을 지어줬다는 기록이 이를 뒷받침해준다. 왕건의 아버지는 龍建[후에 王隆으로 개칭], 어머니는 韓氏 부인이었다. 그의 가계는 다음 〈표 1〉과 같다.

〈표 1〉 왕건의 선대

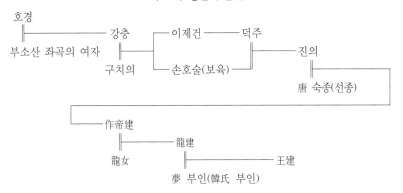

2장 태조 왕건의 姓名과 중국출신설 검토

Ⅰ. 王建의 姓名과 중국

王建의 성은 물론 王氏였다. 그러나 그가 언제부터 왕씨를 칭하였는지에 대해서는 분명치 않다. 다만 그가 장성하여 궁예 휘하에 들어간 이후에 王姓을 칭하지는 않은 것 같다. 궁예가 이를 용인했을 리가 없기 때문이다. 또한 그가 어렸을 때는 다른 성명을 갖고 있다가 후에 성이나 이름을 고쳤다는 기록도 없다. 그렇기 때문에 왕건은 태어날 때부터 王氏 성과 함께 '建'이란 이름을 갖고 있었음에 틀림없다.[1] 이제현도 왕건이 스스로 왕씨를 칭하였을 리는 없다고 하고 있다. 다음 기록을 보자.

A. (이제현이) 또 말하기를, "김관의는 말하기를, '道詵이 世祖의 松嶽 남쪽에 있는 집을 보고 말하기를 「기장을 심을 밭에 麻를 심었구나.」라 고 하였는데 기장은 王과 우리말에서 서로 비슷하다. 그런 까닭에 태조께서는 이로 인해 王氏를 성으로 삼았다.'고 하였다. 아버지가 살아 계신데 아들이 그 성을 고쳤다면 천하에 어찌 이런 이치가 있겠는가? 아아! 우리 태조께서 이것을 하였다고 여기는가? 또 태조와

---

[1] 『高麗史』 권1 태조세가에도 태조의 성은 王氏요 이름은 建이며 자는 若天이었다고 분명히 못박고 있다.

세조께서는 弓裔 밑에서 벼슬하였다. 궁예는 의심과 시기가 많았는데 태조께서 아무 까닭 없이 홀로 왕씨를 성으로 삼았다면 어찌 화를 얻는 길이 아니었으랴? 삼가 『王氏宗族記』를 살펴보니 國祖의 성이 왕씨라 하였다. 그렇다면 곧 태조에 이르러 비로소 왕을 성으로 삼은 것이 아니니 기장을 심는다는 이야기도 또한 거짓이 아니리오?" 하였다.(『高麗史』 高麗世系 李齊賢 贊)

즉 이제현은 기장을 뜻하는 한자인 '穄'와 왕을 뜻하는 한자인 '帝'의 우리말 발음이 같기 때문에 도선이 "기장을 심을 밭에 마를 심었구나."라는 말을 했다는 것이다. 또 아버지가 살아계신데 아들이 함부로 성을 고쳤을 리도 없고 궁예 밑에 있을 때 '王'씨를 성으로 삼는 것도 불가능했으리라 보고 있다. 결론적으로 이제현은 적어도 '王'을 성으로 삼은 것은 왕건 자신이 한 것은 아니라는 것이다. 일리 있는 해석이라 생각한다.

그런데 그의 아버지는 원래 용건이었으나 후에 이름을 '隆'이라 고쳤다는 기록이 있다. 즉 왕건의 할아버지 작제건이 죽은 후 그를 추존하여 懿祖 景康大王이라 하고 용녀를 元昌王后라고 하였는데 원창 왕후는 네 아들을 낳았다. 그 맏아들을 龍建이라 하였는데 그는 이름을 '隆'으로 고치고 자는 '文明'이라고 하였으니 이가 곧 世祖였다는 것이다.[2] 용건이 이름을 고칠 때 성씨도 '王'이라 한 것 같다. 그렇다면 왕건이 태어난 해인 877년 이전에 용건이 성을 '王'이라 하고 이름을 '隆'이라 하였다는 결론이 나온다.

『고려사』 고려세계에는 용건이 왕씨를 칭한 것이 876년인 것처럼 나와 있다. 다음 기록을 보자.

B. 세조는 송악산 옛 집에 여러 해 살다가 또 새 집을 그 남쪽에 지었다.

---

2) 『高麗史』 高麗世系.

그때에 桐裏山의 祖師 道詵이 당나라에 들어가서 一行의 지리법을 배워 가지고 돌아왔는데 백두산에 올랐다가 곡령까지 와서 세조의 새 집을 보고 "기장[穄]을 심을 밭에 어찌 麻를 심었는가?" 하고는 곧 가버렸다. 부인이 마침 그 말을 듣고 세조에게 이야기하니 세조가 급히 따라 가서 그와 만났는데 한 번 만난 후에는 금방 구면과 같이 되었다. 드디어 함께 곡령에 올라가서 산수의 맥을 연구하며 위로는 天文을 보고 아래로는 時運을 살핀 다음 도선이 다음과 같이 말했다. "이 땅의 지맥은 壬方 백두산 水母木幹으로부터 내려와서 馬頭名堂에 떨어졌으며 당신은 또한 水命이니 마땅히 水의 大數를 좇아서 六六三十六(6×6=36) 區의 집을 지으면 천지의 大數에 부합하여 다음해에는 반드시 슬기로운 아들을 낳을 것이니 그에게 王建이라는 이름을 지을 것이다." 도선은 그 자리에서 봉투를 만들고 그 겉에 쓰기를 "삼가 글을 받들어 백 번 절하면서 미래에 삼한을 통합할 주인인 大原君子 당신께 드리노라."라고 하였으니 때는 唐 僖宗 乾符 3년(876) 4월이었다. 세조는 도선의 말대로 집을 짓고 살았는데 그 달부터 위숙왕후에게 태기가 있어 태조를 낳았다.(『高麗史』 高麗世系)

앞서 본 바와 같이 기장을 뜻하는 한자인 '穄'는 왕이나 황제를 뜻하는 '帝'와 발음이 같기 때문에 도선이 위와 같이 말한 것이다. 그런데 중국에 대하여 우리는 제후국이었으므로 '帝'를 성으로 삼을 수는 없었고 또 당시 '帝'라는 성은 없었기에 이와 뜻이 같은 '王'을 성으로 삼으라 했다고 할 수 있다. 그리하여 자식이 태어나면 '王'을 성으로 삼고 또 당시 우리말로 '우두머리'를 뜻하는 '建'을 그대로 이름으로 하여 자식의 이름을 '王建'이라 하라고 도선이 일러주었다 할 수 있다. 그렇다면 876년에 용건이 성을 '王'으로 하고 자기 이름을 '隆'이라 고쳤다는 말이 된다. 그리고 1년 뒤에 태어난 큰 아들의 성명을 '王建'이라 했다는 결론이 나온다.

876년은 신라 헌강왕 2년에 해당한다. 그렇다면 신라가 통치하고 있던 그 시기에 '王'을 성으로 삼는 것이 가능했을까. 신라에서는 언제부터 왕씨가 등장한 것일까. 한국 측의 기록상 왕씨가 처음 등장한 것은 眞聖女王 2년(888)의 일이다.

C-① 진성여왕이 임금이 된 지 몇 해 만에 유모 鳧好夫人과 그의 남편 魏弘 등 3, 4명의 寵臣이 권세를 잡고 정사를 휘두르니, 도적이 벌떼와 같이 일어났다. 나라 사람들이 근심하여 陁羅尼의 隱語를 지어 써서 路上에 던졌다. 왕과 권신들이 얻어보고 말하기를 "이것은 王居仁이 아니면 누가 이 글을 지으랴" 하고 居仁을 잡아 옥에 가두었다. 居仁이 시를 지어 하늘에 호소하니 하늘이 그 옥에 벼락을 쳐서 면하게 하였다.(『三國遺事』 권2 紀異2 眞聖女大王과 居陁知)

C-② 왕이 전부터 角干 魏弘과 좋아지내더니, 이때에 이르러는 항상 궁궐로 들어오게 하여 일을 보게 하고 이내 그에게 명하여 大矩和尙과 함께 鄕歌를 수집케 하여 (그 책을) 三代目이라 이름하였다. 魏弘이 죽으니 (왕은) 그에게 시호를 내려 惠成大王이라 하였다. 왕은 이후로 비밀히 2, 3명의 少年 美丈夫를 불러들여 淫亂하며 이내 그들에게 요직을 주고 국정을 맡기기까지 하였다. 이로 인하여 임금의 총애를 받는 자들이 방자하여지고 뇌물이 공공연히 행하고 상벌이 공평치 못하고 기강이 문란해졌다. 이때에 누가 익명으로 時政을 비방하는 문자를 나열하여 큰 길가에 게시한 일이 있었다. 왕은 사람을 시켜 수색케 하여 보았으나 잡지 못하였다. 어떤 자가 왕에게 고하기를, "이는 반드시 뜻을 잃은 文人의 소행일 것이니 아마 大耶州[지금의 陜川]의 隱者 巨仁이 아닐까 합니다." 하였다. 왕이 명하여 巨仁을 서울 감옥에 잡아 가두고 장차 刑을 가하려 하므로 巨仁은 분하고 원통하여 감옥 벽 위에 글을 써 말하기를, "于公이 통곡하니 3년

동안 날이 가물었고 鄒衍이 슬픔을 품으니 5월에도 서리가 내렸다. 지금 나의 근심도 예와 다름이 없는데 皇天은 아무 말도 없이 蒼蒼할 뿐이로구나!' 하였다. 그 날 저녁에 홀연히 雲霧가 끼고 雷震이 일어나고 우박이 쏟아지니, 왕은 두려워하여 巨仁을 석방시켜 돌려보냈다. (『三國史記』 권11 신라본기 眞聖王 2년 2월)

여기서 보는 바와 같이 진성여왕 대에 王巨仁이란 인물이 보이고 있는 것이다. 왕거인이 감옥의 벽에 이런 글을 쓸 정도면 최소한 30세 이상은 되었을 것이다. 이로 미루어 용건보다 왕거인이 훨씬 더 이전에 왕성을 갖고 있었다는 말이 된다.

王巨仁은 어떤 인물이며 어떻게 왕성을 갖게 되었을까. 결론부터 말하면 그는 중국 출신이거나 최소한 중국에서 오래 유학한 도당유학생 출신이었을 가능성이 있다. 즉 중국의 역사에 정통한 사람이라는 것이다. 그것은 그가 옥에 갇혔을 때 벽에 쓴 시를 통해 알 수 있다. 여기서 于公은 漢나라 때 獄事를 잘 다스렸던 사람이고 鄒衍은 전국시대 齊나라 사람으로 참소를 당해 억울하게 옥에 갇혔던 사람이다. 따라서 이 시는 중국의 역사에 정통한 사람이 아니면 지을 수 없는 것이다. 따라서 그는 중국인으로 신라에 온 사람이 아닌가 한다. 또는 중국에서 살다 온 신라인이라고도 볼 수 있다.

사실 중국에서는 그보다 몇 십 년 전부터 왕씨 성을 가진 신라인이 다수 존재하고 있었다. 그것은 『入唐求法巡禮行記』를 통해 알 수 있다. 이 기록에 의하면 중국 산동반도의 靑州 관할 구역인 登州 일대에는 왕씨 성을 가진 신라인들이 다수 살고 있었다. 예를 들면 開成 4년(839) 정월 8일자에 나오는 신라인 王請, 開成 4년 11월 1일자의 신라인 王長文, 開成 5년(840) 2월 14일자의 신라인 王憲3) 등이 그것이다. 또 중국으로 끌려간 고구려 유민 중에도 왕씨 성을 가진 자들이 많았다. 예를 들면 당 현종

(712~756)을 왕위에 오르게 하는데 큰 역할을 한 王毛仲이 고구려 유민이었으며[4] 당 숙종(757~762) 때 兵部尙書를 지낸 王思禮도 고구려 유민이었던 것이다.[5]

왕거인이 당시 40세였다면 848년, 50세 쯤 되었다면 838년에 왕씨를 칭한 것이 된다. 중국의 청주 지역에서 왕씨 성을 갖고 있던 사람들과 거의 동시대이다. 이 무렵은 장보고가 활동하던 시기로 왕거인도 장보고 선단을 따라 신라에 온 것이 아닌가 한다.

왕거인 이후 용건도 자신의 아들을 왕이 되게 하려는 욕심으로 자신을 중국 출신이라 하면서 성을 왕씨로 한 것이 아닌가 한다. 그것은 그의 가문이 중국과 밀접한 관련이 있었기 때문이었다. 용건의 할아버지가 唐 肅宗 또는 宣宗이었다는 기록이나 그의 아버지 작제건이 아버지를 만나러 상선을 타고 중국으로 가려 했다는 기록[6]이 그것을 말해준다. 당시 중국의 靑州 일대에는 고구려 유민인 李正己 집단이 반독립적인 형세를 유지하고 있었다. 즉 이 지역은 765년부터 819년까지 이정기와 그의 자손인 李納·李師古·李師道 등이 15개의 州를 통할하고 있었던 것이다.[7] 작제건의 아버지가 당의 貴人이었다는 기록은 왕건의 선대가 중국과 밀접한 관련을 갖고 있었다는 것을 말해준다. 또 작제건이 아버지를 만나러 중국에 가려 한 것은 산동 지역의 이정기 집단과 연결을 꾀하려 한 것이라는 해석도[8] 눈여겨볼 만하다.

---

3) 『入唐求法巡禮行記』 권1 및 권2.

4) 『舊唐書』 권106 王毛仲傳 및 지배선, 「고구려 유민 왕모중의 발자취」, 『고구려·백제 유민 이야기』, 혜안, 2006 참조.

5) 『舊唐書』 권111 房琯傳 및 鄭炳俊, 「營州城傍 高麗人 王思禮」, 『高句麗硏究』 19, 2005 참조.

6) 『高麗史』 高麗世系.

7) 金文經, 「唐代 高句麗 遺民의 藩鎭」, 『唐 高句麗遺民과 新羅僑民』, 日新社, 1986, 26~35쪽.

8) 申瀅植, 「統一新羅時代 高句麗 遺民의 動向－王建世系의 出自와 그 南下時期를 중심

작제건은 장성한 후에도 중국을 드나들었을 가능성도 있다. 이를 잘 알고 있던 용건은 자신이 중국 출신이라 주장하면서 王姓을 칭했을 가능성이 있다. 중국 청주 관할 구역에는 중국인뿐 아니라 고구려 유민이나 신라인도 많이 왕씨 성을 갖고 있었기 때문이다. 나아가 속으로 자신의 큰 아들을 왕으로 만들고 싶은 생각에서 '王'을 성씨로 삼은 것이 아닌가 한다.

그것은 후당에서 왕건을 책봉했을 때의 조서를 보아도 짐작할 수 있다. 즉 태조 16년(933) 후당에서 王瓊·楊昭業 등을 보내와 왕건을 고려국왕으로 책봉하면서 그를 "長淮茂族"이라 하고 있는 것이다.[9] 여기서 "長淮"는 중국의 淮河를 가리키는 것이다.[10] 따라서 "長淮茂族"은 "회하 유역의 무성한 족속"이라는 뜻이 된다. 이를 근거로 한 중국 학자는 왕건이 중국 출신이라는 설을 주장하기도 하였다.[11] 이에 대해 이는 동이족의 일파인 '淮夷'를 뜻하는 말로 "長淮茂族"은 "동이족 중의 번성한 족속"이라는 뜻이라는 설도 있다.[12] 그러나 깊이 생각하면 단순한 수사적 표현은 아닌 것 같다. 후당의 명종이 스스로 알아서 그런 표현을 쓴 것 같지 않다는 것이다. 왕건이 여러 차례 사절을 파견하면서 본인의 성이 중국에 많이 있는 왕씨인 점을 해명해야 했을 것이다. 이에 왕건은 그의 선조가 중국 출신이라서 왕씨 성을 갖게 되었다고 설명하면서 이를 대중국 외교에 적극 활용했던 것 같다. 즉 자신도 원래는 중국 출신이라는 점을 강조하여 신라나 후백제보다 자신과의 관계에 관심을 기울여 달라는 의도로 여겨진

으로―」, 『統一新羅史硏究』, 三知院, 1990, 106쪽.

9) 『高麗史』권2 태조세가 16년 3월.

10) 김갑동, 「王建의 중국 출신설'에 대한 비판적 검토」, 『동북아역사논총』 19, 2008, 158쪽.

11) 史長樂, 「唐明宗披露了高麗太祖王建的族籍」, 『東北史地』, 2007.

12) 김갑동, 「王建의 중국 출신설'에 대한 비판적 검토」, 『동북아역사논총』 19, 2008, 154~161쪽.

다. 왕건의 증조할아버지가 당 숙종 또는 선종이었다는 설도 이러한 배경 하에서 나온 것이라 생각한다.

왕씨는 주로 산동 지역에 많이 있었는데 이러한 관계로 왕건은 왕인적을 산동의 청주절도사 휘하 인질로 파견하여[13] 중국과의 외교 관계에서 우위를 차지하게 되었다. 그것은 당시 청주절도사였던 房知溫이나 王建立의 정치적 지위와도 관련이 있었다. 그들은 중국 오대 정부에서 요직을 두루 거친 자들로 중앙 정계에서의 실력도 상당하였던 인물이다.[14] 이들의 힘을 빌어 중국과의 외교를 원활하게 하고 또 靑州와의 교역을 통해 무역의 이익을 획득하고자 한 조치라 생각된다.

요컨대 840년대의 기록인『入唐求法巡禮行記』에 보면 이미 중국 산동 지역에는 왕씨를 가진 新羅人이 다수 존재하였다. 왕건의 선대는 무역을 위해 중국을 자주 왕래하여 이러한 중국의 상황을 잘 알고 있었다. 이에 왕건의 아버지 용건은 그러한 상황을 고려하여 976년 본인을 중국 출신의 왕씨라 자칭하였다. 그리하여 아들이 태어나자 성명을 '王建'이라 하였다. 이미 신라에는 중국에서 온 王巨仁이란 인물이 있었기에 가능한 일이었다. 나아가 왕건은 본인의 선조가 중국의 회하 유역에 산 적이 있다고 자칭함으로써 중국과의 외교 관계에서 우월한 지위를 획득하려 하였다. 이에 후당 명종은 그를 고려국왕으로 책봉할 때 '長淮茂族'이라 하였던 것이다. 증조할아버지가 당 숙종 또는 선종이었다는 설은 그러한 배경 하에서 나온 것이었다.

---

13)『高麗史』권2 태조세가 23년 및『舊五代使』권77 晉書 高祖紀3 天福 3년 8월 戊戌.
14) 본서 5장 Ⅳ. 대중국 인질 외교 참조.

II. 왕건의 중국출신설 검토

1. 후당 명종의 책봉 조서와 '長淮茂族'의 의미

중국은 최근 소위 '東北邊疆歷史與現狀系列硏究工程(이하 약칭 동북공정)'을 통하여 한국의 역사를 왜곡해 오고 있다. 고조선은 물론 고구려의 역사까지 자국의 역사로 편입시키려 하고 있다. 그 근거는 주로 책봉체제에 근거하고 있다. 또 고려는 고구려를 계승한 국가가 아니라는 논리도 펴고 있다. 왕씨 고려는 고씨 고구려의 후예국가가 아니라는 것이다. 따라서 왕씨 고려 왕족도 고구려의 고씨 왕족과는 전혀 별개의 족속이라 주장하고 있는 것이다.

나아가 중국측의 일부 학자는 고려 태조 왕건도 중국 출신일 것이라는 설을 내세운 바 있다. 왕건의 성씨가 중국에 흔히 있는 왕씨인데 중국의 왕씨는 이미 西漢 樂浪郡 당시의 명문 귀족이었기 때문에 왕건도 낙랑군의 漢人 후예일 가능성이 매우 크다는 주장을 조심스럽게 편 바 있다.[1] 그러다가 최근에는 왕건이 확실한 중국 출신이라는 점을 사료를 들어 주장하여 충격을 더해 주고 있다. 史長樂이라는 중국학자는 고려의 건국자인 왕건이 중국 출신이라는 설을 내세우고 있는 것이다. 즉 후당의 명종이 고려에 보낸 조서에 따르면 왕건은 반도의 토착 신라인의 후손이 아니고 중국 淮河 유역으로부터 온 漢人 후예라 서술되어 있다는 것이다.[2]

이 설은 주로 『고려사』에 나오는 후당 명종이 보낸 조서에 근거한 것인데 여러 면에서 불합리한 점이 많이 보이고 있다. 또 일부분은 사료를 자신의 논리에 맞추어 잘못 해석하고 있는 점도 보인다.

---

1) 楊保隆,「高氏高麗與王氏高麗無前後相承關係辨識」,『古代中國高句麗歷史總論』, 黑龍江敎育出版社, 2001, 132~134쪽.
2) 史長樂,「唐明宗披露了高麗太祖王建的族籍」,『東北史地』, 2007.

史長樂은 우선 後唐 明宗이 왕건을 고려국왕으로 책봉한 조서에 "卿長淮茂族, 漲海雄蕃"[3]이라는 구절을 근거로 들고 있다. 여기서 長淮라는 지명이 고려 이전의 각종 「地志」에는 나오지 않으므로 장회가 신라나 백제일 수 없다. 결국 장회는 중국에서 찾을 수밖에 없는데 문헌을 조사해 보면 장회는 중국 淮河 유역을 가리킨다. 따라서 왕건의 선조는 회하유역의 명문집안이고 왕건 본인은 회하유역 漢族의 후예라고 단정할 수 있다고 논리를 전개하고 있다.[4]

그럼 우선 원문을 검토해 보자.

A. 又詔曰 ① 卿長淮茂族 漲海雄蕃 以文武之才 控玆土宇 以忠孝之節 來獎化風 貞規旣篆於旗常 寵數是覃於簡冊 如綸如綍 已成虎穴之榮 宜室宜家 ② 足顯鵲巢之美 俾頒湯沐 以慶絲蘿 永光輔佐之功 式恊優隆之命 諒卿誠素知我渥恩 卿妻柳氏 今封河東郡夫人(『고려사』 권2 태조세가 16년 3월조)

여기서 ①의 부분에 대해 어느 번역서에는 "당신은 동방의 대족이요 해외의 강국"이라 해석하고 있다.[5] 또 다른 번역서는 "그대는 동방[長淮]의 大族으로 큰 바다 너머 웅대한 번국[雄蕃]"이라 해석하고 있기도 하다.[6] 그러나 다른 번역서에는 '長淮茂族'은 "長流하는 淮水 지방의 名門巨族이란 뜻이다. 淮水는 河南省 桐柳山으로 東流하여 安徽省境에 들어간다. 이 지역에는 옛날 淮夷들이 살았으므로 淮水라 하게 되었는데 회이는 동이족 중에 저명한 족속이다. 그러므로 長淮茂族이란 말은 곧 고려 왕실이 동이족 중의 명문거족이란 말이다."라고 되어 있다.[7] 또 '漲海雄蕃'에 대해서는

---

3) 『高麗史』 권2 태조세가 16년 3월.
4) 주2)의 논문, 12~13쪽.
5) 고전연구실 편찬, 『北譯 高麗史』 1, 신서원, 1991, 104쪽.
6) 국사편찬위원회, 한국사데이터베이스, 『高麗史』 편.
7) 동아대학교 고전연구실, 『역주 고려사』 제1 세가 1, 태학사, 1987, 52쪽, 주1).

'南海의 웅번이란 뜻으로. 고려 왕실을 장회의 무족이라 함과 같이 고려국을 남해의 웅번이라 함은 실지와 부합되지 않은 표현이나 長淮와 漲海는 모두 수식어로 쓴 것임'이라 하고 있다.[8] 장회는 잘 알 수 없지만 창해는 字典에도 '南海의 별칭'으로 되어 있다.[9]

문제는 왜 후당에서 고려 왕실을 장회무족이라 했는가 하는 것이다. 단순한 수식어로 치부하기에는 부족한 면이 없지 않다. 당시 중국에서 장회가 어떤 뜻으로 쓰였는지를 알아야 할 것이다.

다음 사료를 보자.

> B-① 九年 徐州戌兵龐勛自桂州擅還 七月至浙西 沿江自白沙入濁河 剽奪舟船
> 而進 絢聞勛至 遣使慰撫 供給芻米 都押衙李湘白絢曰 徐兵擅還 必無好意
> 雖無詔命除討 權變制在藩方 昨其黨來投 言其數不踰二千 而虛張舟航旗幟
> 恐人見其實 涉境已來 心頗憂惴 計其水路 須出高郵縣界 河岸斗峻而水深
> 狹 若出奇兵邀之 俾荻船縱火於前 勁兵奮擊於後 敗走必矣 若不於此誅鋤
> 侯濟淮泗合徐人負怨之徒 不下十萬 則禍亂非細也 絢性懦緩 又以不奉詔命
> 謂湘曰 長淮已南 他不爲暴 從他過去 餘非吾事也(『舊唐書』 권172 列傳122
> 令狐楚 附 絢傳)

> B-② 廣明元年夏 黃巢之黨自嶺表北趨江淮 由采石渡江 張璘勒兵天長 欲擊之
> 駢怨朝議有不附己者 欲賊縱橫河洛 令朝廷聳振 則從而誅之 大將畢師鐸曰
> 妖賊百萬 所經鎭戌若蹈無人之境 今朝廷所恃者都統 破賊要害之地 唯江淮
> 爲首 彼衆我寡 若不據津要以擊之 俾北渡長淮 何以扼束 中原陷覆必矣
> 駢駮然曰 君言是也 卽令出軍 有愛將呂用之者 以左道媚駢 駢頗用其言
> 用之懼師鐸等立功 卽奪己權 從容謂駢曰 相公勳業高矣 妖賊未殄 朝廷已
> 有間言 賊若盪平 則威望震主 功居不賞 公安稅駕耶 爲公良畵 莫若觀釁

8) 위의 책, 52쪽, 주2).
9) 『漢韓大字典』, 민중서림, 1991, 746쪽.

自求多福(『舊唐書』 권182 列傳 132 高駢傳)

B-③ 卿又云 若欲俯念舊勳 佇觀後效 何不以王鐸權位 與臣主持 必能糾率諸侯
誅鋤群盜者 朕緣久付卿兵柄 不能翦滅元兇 自天長漏網過淮 不出一兵襲逐
奄殘京國 首尾三年 廣陵之師 未離封部 忠臣積望 勇士興譏 所以擢用元臣
誅夷巨寇 心期貔武 便掃槍槍 卿初委張璘 請放却諸道兵士 辛勤召置 容易
放還 璘果敗亡 巢益顚越 卿前年初夏 涅發神機 與京中朝貴書 題云 得靈仙
教導 芒種之後 賊必蕩平 尋聞圍逼天長 必謂死在卿手 豈知魚跳鼎釜 狐脫
網羅 遂過長淮 竟爲大憝 都統旣不能禦遏 諸將更何以枝梧 果致連犯關河
繼傾都邑 從來倚仗之意 一旦控告無門 凝睇東南 惟增悽惻 及朕蒙塵入蜀
宗廟汚於賊庭 天下人心 無不雪涕 旣知曆數猶在 謳謠未移 則懷忠拗怒之
臣 貯救難除姦之志 便須果決 安可因循 況恩厚者其報深 位重者其心急
此際天下義擧 皆望淮海率先 豈知近輔儒臣 先爲首唱 而窮邊勇將 誓志平
戎 關東寂寥 不見干羽 洎乎初秋覽表 方云仲夏發兵 便詔軍前 幷移汶上
喜聞兵勢 渴見旌幢 尋稱宣潤阻艱 難從天討 謝玄破苻堅於淝水 裴度平元
濟於淮西 未必儒臣不如武將(『舊唐書』 권182 列傳 132 高駢傳)

B-④ 時巢蔡合從 太祖每遣偵邏 必率先獨往 巢敗走 思安領所部百餘人追賊
殺戮掩奪 衆莫敢當 尋領軍襲蔡寇於鄭 都將李唐賓馬躓而墜 思安援槊刺追
者 唐賓復其騎而還 又嘗與蔡人 當陣生擒賊將柳行實 其後渡長淮 下天長
高郵二邑 又拒孫儒 迫濠州 皆有奇績 果遷爲諸軍都指揮使 奏官至檢校左
僕射 尋拜亳州刺史 練兵禦寇 邊境肅然 思安爲性勇悍 每統戎臨敵 不大勝
必大敗(『舊五代史』 권19 梁書 권19 列傳9 李思安傳)

B-⑤ 朕自類禡出師 麾旄問罪 絶長淮而電擊 指建業以鷹揚 旦夕之間 克捷相繼
至若兵興之所自 釁起之所來 勝負之端倪 戎甲之次第 不勞盡諭 必想具知
(『舊五代史』 권116 周書 권7 世宗本紀3 顯德 3年)

B-⑥ 景 本名璟 及將臣於周 以犯廟諱 故改之 昇之長子也 昇卒 乃襲僞位 改元爲
保大 以仲弟遂爲皇太弟 季弟達爲齊王 仍於父柩前設盟約 兄弟相繼 景僭

號之後 屬中原多事 北土亂離 雄據一方 行餘一紀 其地東曁衢婺 南及五嶺

西至湖湘 北據長淮 凡三十餘州 廣袤數千里 盡爲其所有 近代僭竊之地

最爲強盛 又嘗遣使私賂北戎 俾爲中國之患 自固偸安之計 案南唐書云 契

丹遣二使來告曰 晉少主逆命背約 自貽廢黜 吾主欲與唐繼先世之好 將冊君

爲中原主 嗣主曰 孤守江淮 社稷已固 與梁宋阻隔 若爾主不忘先好 惠賜行

人 受賜多矣 其他不敢拜命之辱(『舊五代史』권134 僭僞列傳1 李昪 附

景傳)

B-⑦ 初 周師南征 無水戰之具 已而屢敗景兵 獲水戰卒 乃造戰艦數百艘 使降卒

敎之水戰 命王環將以下淮景之水軍多敗 長淮之舟 皆爲周師所得 又造齊雲

船數百艘 世宗至楚州北神堰 齊雲舟大 不能過 乃開老鸛河以通之 遂至大

江 景初自恃水戰 以周兵非敵 且未能至江 及覺奉使 見舟師列于江次甚盛

以爲自天而下 乃請曰 臣願還國取景表 盡獻江北諸州 如約 世宗許之 始賜

景書曰 皇帝恭問江南國主 勞其良苦而已 是時揚泰滁和壽濠泗楚光海等州

已爲周得 景遂獻廬舒蘄黃 畫江以爲界 五月 景下令去帝號 稱國主 奉周正

朔 時顯德五年也(『新五代史』 世家 권62 南唐世家2 李昪 附 景傳)

　여기서 보는 바와 같이 당말오대 당시의 '장회'는 분명 중국의 한 지명으로 쓰였음에 틀림없다. B-①의 '長淮已南'이라든가 B-③의 '갑자기 장회를 지났다[遞過長淮]', B-⑥의 '북쪽으로는 장회에 웅거하였다[北據長淮]' 등의 표현이 그것을 말해준다. 특히 B-②, ④에 '장회를 건넜다[渡長淮]'는 표현을 보면 장회가 강이나 하천임을 나타내준다. B-⑦의 '장회의 배가 모두 周나라 군대에게 빼앗긴 바가 되었다[長淮之舟, 皆爲周師所得]'라는 것으로 미루어 볼 때 장회는 큰 강임을 알 수 있다.

　그렇다면 장회는 지금의 회수를 가리키는 것일까. 결론부터 말한다면 당시 장회는 淮河를 가리키는 것이었다. 그것은 B-④의 자료로 미루어 알 수 있다. 즉 '그 후에 장회를 건너 천장과 고우의 두 읍을 함락하였다[其後

渡長淮, 下天長·高郵二邑]'라고 되어 있다. 또 B-①, ②에서도 高郵縣과 天長
이란 지명이 나오고 있다.

천장과 고우의 두 읍의 위치는 어디인가. 두 읍은 회하의 남쪽에 있었다.
그리하여 唐나라 때 제정된 10도 중 淮南道에 속해 있었다. 회남도 중에도
揚州 廣陵郡에 속해 있는 7개 현 중의 하나였다. 즉 江都, 江陽, 六合,
海陵, 高郵, 揚子, 天長 등의 7현이 양주에 속해 있었던 것이다.[10] 특히
고우는 南宋대에 淮南東路에 속한 州治의 하나로써 회하 바로 남쪽에 있던
읍이었다. 元나라 때에도 조정에 직접 예속된 부의 치소[直隷府治]였다.[11]
천장은 고우의 서쪽에 위치하고 있었다. 지금도 그 위치를 확인할 수
있다. 즉 회하는 그 하류에 오면 몇 개의 호수를 거쳐 長江(양자강)으로
흘러들어가고 있다. 그런데 그 호수 중 高郵湖가 있고 그 호수의 북쪽에는
淮安이, 서쪽과 동쪽에는 각각 天長市, 高郵市가 위치하고 있는 것이다.

그렇다면 왕건의 선대가 이 회하 지역에서 번성하였다는 말인가? 그렇
지 않다면 왜 장회의 무족이라 했는가? 이는 중국의 고려에 대한 인식에서
비롯된 것이다. 즉 중국에서는 일찍부터 고구려나 부여·옥저·동예·삼한
등을 東夷로 인식하고 있었다. 뿐만 아니라 동이의 한 일파는 회하 유역에
분포하고 있었는데 이를 淮夷라 하였다.

다음 기록을 보자.

　　C. 王制에 이르길 東方을 夷라 한다. … 옛날 堯 임금이 羲仲을 嵎夷에
　　　　살도록 命하면서 '暘谷'이라 하였으니 그곳은 대체로 해가 돋는 곳이다.
　　　　夏后氏의 太康이 德을 잃자 夷人들이 처음으로 叛하기 시작하였다.
　　　　少康이후부터는 대대로 王化에 감복되어 왕실에 복종하고 그들의
　　　　음악과 춤을 바치게 되었다. 桀이 暴虐해지니 諸夷가 內地에 침입해

10) 『新唐書』 권41 지31 지리5 회남도.
11) 중화학술원 편, 『중국역사지도』(상책), 중국문화학원출판부, 1980, 61~64쪽.

왔는데 殷의 湯王이 革命하고 난 뒤 이들을 정벌하여 평정하였다. 仲丁 때에 이르러 藍夷가 침입하였다. 이로부터 배반하고 복종하기를 300여 년간이나 계속하였다. 武乙에 이르러 殷이 쇠약해지자 東夷가 점차 강성해져 드디어 淮水와 岱山으로 나뉘어 옮겨오더니 점차 中土에 까지 뻗어와 살게 되었다.(『後漢書』 권85 東夷列傳 제75)

이 기록에 따르면 중국에서는 동방을 夷라 불렀다 하였다. 이 東夷는 해가 돋는 동쪽에 살고 있었는데 중국의 천자가 덕을 잃으면 가끔씩 침략을 해왔다. 夏나라의 마지막 임금인 桀이 포학해지자 또 이들 동이가 침략해왔으나 殷나라의 湯王이 혁명을 하고 난 후 이들을 평정하였다. 그 후에도 3백여 년간 때로는 복종하고 때로는 반하였다. 그러다가 殷나라의 27대 왕 武乙에 이르러 은이 쇠약해지자 동이가 점점 강성해져 드디어 淮水와 岱山(泰山)에 나누어 옮겨오더니 점차 中原 땅에까지 뻗어와 살게 되었다는 것이다.

이후 태산을 중심으로 하여 산동반도 일대에 있던 동이는 徐夷라 부르게 되고 회수 유역에 살던 동이는 淮夷라 하였다. 기록을 보자.

D. [周] 武王이 [殷의] 紂를 멸망시킴에 이르러 肅愼이 와서 石砮와 楛矢를 바쳤다. 管叔과 蔡叔이 周나라를 배반하고 夷狄을 招誘하였는데, 周公이 이들을 정벌함으로써 東夷가 드디어 평정되었다. 康王 때에 肅愼이 다시 왔다. 그 후에 徐夷가 참람되이 王號를 칭하며 九夷를 거느리고 宗周를 쳐서 서쪽으로 黃河의 上流에까지 이르렀다. 穆王은 그 세력이 한창 떨침을 두려워하여 동방 諸侯를 분리시켜 徐偃王에게 命하여 다스리게 하였다. 偃王은 潢池 동쪽에 살았는데 國土가 500리였으며, 仁義를 행하니 陸路로 와서 朝會하는 나라가 36國이나 되었다. 穆王이 後에 赤驥·騄耳 등의 말을 얻어서 造父로 하여금 그 말을 몰고 楚나라에

알려서 徐國을 치게 하니, [造父는] 하룻만에 [楚나라에] 도착하였다. 이에 楚文王이 大兵을 일으켜 徐國을 멸망시켰다. 偃王이 어질기만 하고 權道가 없어서 차마 그 백성을 데리고 싸우지 못하였으므로 敗하기에 이른 것이다. 이리하여 북으로 彭城 武原縣 東山 아래로 달아났는데, 따라간 백성이 萬名이나 되었으며, 이로 말미암아 그 산의 이름을 徐山이라고 하였다. 厲王이 無道하자, 淮夷가 쳐들어 왔다. 王이 虢仲에게 命하여 征伐하였으나 이기지 못하였는데, 宣王이 다시 召公에게 정벌하도록 명하여 그들을 평정하였다. 幽王 代에 이르러 [王室이] 음란해지자 四夷가 번갈아 침범하여 왔는데, 齊桓公이 霸業을 닦고서 물리쳤다. 楚靈王이 申에서 會盟할 적에는 그들도 회맹에 참여하였다. 그 뒤 越이 琅邪로 옮기고 나서 그들과 함께 전쟁을 일으켜, 마침내 中國의 여러 나라들을 능멸하고 작은 나라들을 侵略하여 멸망시켰다. 秦나라가 六國을 합병한 후 淮水와 泗水 지방의 夷를 모두 분산시켜 秦의 백성으로 만들었다. 陳涉이 起兵하여 秦의 天下가 허물어지자, 燕나라 사람 衛滿이 朝鮮으로 피난하여 와서 그 나라의 王이 되었다. 백년 쯤 지나서 武帝가 그를 멸망시키니 이에 東夷가 처음으로 上京에 通하게 되었다.(『後漢書』 권85 東夷列傳 제75)

즉 주나라 때 管叔과 蔡叔이 주나라를 배반하고 夷狄을 초유하자 주공이 東夷를 정벌하여 평정하였다. 그 후 徐夷가 王號를 칭하고 周나라를 치자 周나라의 5대 왕 穆王이 楚나라에 알려 徐夷의 국가, 즉 서국을 멸망케 하였다. 그러다가 주나라의 10대왕 厲王이 무도하여 정치가 혼란해지자 이번에는 淮夷가 쳐들어 왔다. 왕은 괵중에게 명하여 정벌케 했으나 이기지 못하였다. 11대 왕인 宣王이 다시 召公에게 명하여 정벌케 함으로써 겨우 평정되었다는 것이다.

그 후 秦나라가 천하를 통일하자 淮夷와 泗夷가 다 흩어져 秦나라의 민호가 되었다는 것이다. 여기서의 사이는 앞의 서이와 동일한 실체를 말하는 것이라 생각한다. 왜냐하면 회수 유역의 夷를 淮夷라 한 것처럼 泗水 유역의 夷를 泗夷라 하였기 때문이다. 사수는 공자의 고향인 曲阜 일대를 흐르는 강으로 그 중 한 줄기는 태산에서 발원하여 황하로 흘러들어 간다. 따라서 泗夷는 태산에서 사수에 걸쳐 존재했던 東夷라 하겠다. 이는 또한 서이와 실체가 같은 존재라 하겠다. 서이는 서주 일대에 있는 夷라는 뜻으로 徐戎과 같은 뜻이라 하겠다. 서융은 바로 '徐州之戎'[12]이었 기 때문이다. 서주는 사수 보다는 약간 아래쪽에 있지만 크게 보면 사수 일대에 포함된다. 이는 앞의 사료에서 동이가 회수와 岱山[泰山] 일대에 나누어 살았다는 기록과도 일치하는 것이다. 또 비록 서이의 국가 즉 서국이 멸망했다 하지만 그 잔존세력이 아직도 남아 있었다는 것을 뜻하는 것이다.

그런데 중국 본토의 동이는 이렇듯 크게 보아 徐夷[泗夷]와 淮夷로 나누어 볼 수 있다. 그러나 중국에서 좀 떨어진 고조선이나 숙신·예·맥·한 등도 동이의 한 갈래였다. 그것은 위의 사료에서 보는 바와 같이 진나라 말기 燕人 위만이 고조선의 왕이 되었으나 한 무제가 고조선을 멸망시키자 비로소 동이가 처음으로 중국과 통하게 되었다는 설명에서 알 수 있다. 요동태수 제용의 위엄이 북방에 떨치자 예·맥·왜·한 등이 만리 밖에서 조공을 바쳐왔다는 기술도 이를 뒷받침해준다. 『後漢書』나 『三國志』 魏書 東夷傳에 부여·고구려·동옥저·예·韓 등이 포함되어 있는 것도 이를 말해준 다.[13] 이후 한반도 일대에서 삼국시대가 전개되면서 동이전에는 고구려· 백제·신라만이 들어가게 되었던 것이다.

결국 동이 계열의 종족은 본래 중국의 북쪽 변경을 거쳐 동으로 발해만에 이르러 두 코스로 이동하였으니 하나는 다시 동으로 진출하여 동남 만주와

---

12) 『尙書』 僞孔傳.
13) 『後漢書』 권115 東夷列傳 및 『三國志』 魏書 권30 東夷傳.

한반도 방면으로 분포되고 다른 한 코스는 산동 방면으로 내려온 것으로 추측된다. 다시 말해 산동 일대 내지 淮·泗 유역에 이동 분포된 동이족과 한반도 만주·일대에 분포된 동이족은 漢族으로부터 모두 東夷라는 명칭으로 불리어졌을 뿐 아니라 종족에 있어서도 실로 같은 원류에서 분파된 것이라 하겠다.[14]

한편 왕건은 동이족 출신이면서 자신의 선조가 중국과 밀접한 관련이 있었으므로 자신이 중국 출신이라 주장했는지도 모른다. 중국과의 외교에서 우위를 점하고 우선적인 인정을 받고자 함이었다. 그의 성인 '王'씨도 원래는 중국 계열의 성이었기 때문이다. 그것은 위에서 본 바와 같다.

요컨대 중국에서는 전통적으로 동이족은 자신들과 같은 종족이라는 의식이 없었다. 따라서 현 중국 동북 지방과 한반도에 있었던 부족 국가는 물론 산동 반도 일대에 있었던 徐夷, 泗夷, 淮夷 등도 같은 동이족으로 보았다. 따라서 고려의 왕건 가문을 '長淮茂族'이라 한 것은 동이족 중의 번성한 족속이라는 뜻이지 史長樂의 주장처럼 회수 유역 출신이란 뜻이 아닌 것이다. 다만 왕건은 이를 싫어하지 않았고 오히려 자신의 선조와 중국과의 관련성을 내세워 자신이 중국 출신이라는 것을 내세웠을 가능성도 크다.

2. 중국의 고려 인식

그런데 중국학자들 중 일부는 고구려와 고려가 아무런 계승성이 없는 별개의 것이라 주장하기도 한다. 그러나 과거의 중국인들은 후삼국을 통일한 고려를 고구려와 동일시하였다.[15] 다음 기록을 보자.

---

14) 金庠基,「東夷와 淮夷·西戎에 對하여」,『東方學志』1·2, 1954·1955 ;『東方史論叢』, 서울대출판부, 1974, 384 및 424쪽.

15) 이에는 다음과 같은 논문이 참고된다. 최규성,「중국의 東北工程의 실체와 高句麗繼

E-① 高麗는 본래 扶餘의 別種이다. 그 나라는 平壤城에 도읍하였는데, 곧 漢나라 樂浪郡의 옛 땅으로서, 京師(長安)의 동쪽 4천여리 쯤에 있다. 동쪽으로는 바다를 건너 新羅에 이르고, 서북쪽으로는 遼水를 건너 營州에 닿으며, 남쪽으로는 바다를 건너 百濟에 닿고, 북쪽으로는 靺鞨에 닿는다. 동서의 [거리는] 3천 백리이며, 남북으로는 2천리이다. 그 나라의 관직에서 제일 높은 것을 大對盧라고 불렀는데, 1品에 비견되며 國事를 총 관장하였다. 3년에 한번씩 교체하는데, 적격한 자이면 年限에 구애받지 않았다. … 唐나라 貞觀(A.D.627~649 ; 高句麗 榮留王 10~寶藏王 8) 말기에 太宗이 高麗를 정벌하였으나 항복받지 못하였다. 總章(A.D.668~669 ; 高句麗 寶藏王 27~新羅 文武王 9) 초에 이르러 高宗이 李勣으로 하여금 군사를 거느리고 高麗를 정벌하도록 하였더니, 마침내 그 城을 함락시키고 땅을 나누어 郡·縣으로 만들었다. [그 후] 唐나라 말엽에 이르러서는 중국이 혼란에 빠지자 高麗가 마침내 스스로 君長을 세웠는데, 前王의 姓은 高氏이다.(『舊五代史』 권138 外國列傳 高麗)

E-② 高麗는 본래 扶餘人의 別種이다. 그 나라의 地理와 君王의 世次는 『唐書』에 나타나 있으며, 다른 오랑캐에 비교하면 姓氏도 있고, 그 관직의 이름도 뜻을 대략 알 수 있는 것들이다. 唐 말엽에는 그 王의 姓이 高氏였다. 同光 원년(A.D.923 ; 高麗 太祖 6)에 [高麗에서] 正使로 廣評侍郎 韓申一과 副使로 春部少卿 朴巖 등을 [後唐]에 보내 왔는데, 그 國王의 姓名에 대해서는 史官이 잃어버리고 기록하지 못하였다. 長興 3년(A.D.932 ; 高麗 太祖 15)에 權知國事 王建이 사신을 보내오니,

承意識」,『白山學報』70, 2004 ; 안병우,「고구려와 고려의 역사적 계승문제」,『한국 고대사연구』33, 2004 ; 박용운,「고려의 고구려 계승에 대한 동북아 사람들의 이해」,『북방사론총』9, 2006 ;『고려의 고구려 계승에 대한 종합적 검토』, 일지사, 2006.

[後唐] 明宗은 즉시 建을 玄菟州都督으로 除拜하고, 大義軍使에 充任하는 동시에 高麗國王으로 책봉하였다. [王]建은 高麗의 大族이다. 開運 2년 (A.D.945 ; 高麗 惠宗 2)에 建이 卒하자 아들 武가 즉위하였다. 乾祐 4년(A.D.951 ; 高麗 光宗 2)에 武가 卒하자 아들 昭가 즉위하였다. 王氏 3대는 五代가 끝나도록 항상 朝貢하였으며, 그들이 즉위할 때에는 반드시 중국에 승인을 요청하였고, 중국에서는 언제나 정중하게 답하였다.(『新五代史』 권74 四夷附錄 高麗)

E-③ 高麗의 본래 이름은 高句麗이다. 禹가 [天下를] 九州로 나눌 적에 冀州 땅에 예속시켰고, 周나라 때에는 箕子의 나라가 되었으니, 漢나라의 玄菟郡이다. 遼東에 있었는데, 扶餘의 別種으로 平壤城을 도읍지로 삼았다. 漢나라와 魏나라 이래로 항상 職工하면서도 자주 변방을 침략하기도 하였다. 隋 煬帝는 두 번이나 出兵하였고, 唐 太宗은 친히 [高句麗를] 정벌하였으나 모두 이기지 못하였다. 그 후 [唐] 高宗이 李勣에게 [高句麗] 정벌을 명하여, 마침내 그 城을 함락시키고 그 땅을 나누어 郡·縣으로 삼았다. 唐나라 말엽 중국이 어지러워지자 [高麗]가 마침내 스스로 君長을 세웠다. 後唐의 同光(A.D.923~925 ; 高麗 太祖 6~8)·天成(A.D.926~929 ; 高麗 太祖 9~12)에 그 임금 高氏가 여러번 職工하였다. 長興 연간(A.D.930~933 ; 高麗 太祖 13~16)에 權知國事 王建이 高氏의 王位를 계승하여 [後唐에] 사신을 보내어 朝貢하니, 建을 玄菟州都督으로 삼고 大義軍使에 充任하는 동시에 高麗國王으로 책봉하였다. [後]晉 天福 연간(A.D.936~943 ; 高麗 太祖 19~26)에도 다시 와서 朝貢하였다. 開運 2년(A.D.945 ; 高麗 惠宗 2)에 建이 死하고 아들 武가 王位를 계승하였다.(『宋史』 권487 外國列傳3 高麗)

E-①에서 보는 바와 같이 고려는 본래 부여의 별종이라 하면서 제일 높은 관직이 大對盧임을 밝히고 있다. 또 당 태종이 정벌하다 실패하였으며

당 고종 때 겨우 평정하였음을 밝히고 있다. 이는 삼국시대의 고구려에 대한 설명임에 틀림없다. 그런데 뒤이어 唐나라 말년에 중원에 일이 많아 그 국가가 드디어 스스로 君長[임금]을 세웠음을 밝히고 있다. 이는 왕건의 고려 건국을 말하는 것으로 고려를 고구려의 후신으로 인정하고 있음을 뜻하는 것이다.

그런데 뒤이어 그 이전의 왕은 고씨였다고 기술한 것은 잘못이라 하겠다. 여기서 前王이라 함은 왕건의 전왕 즉 궁예를 말하는 것 같다. 그런데 그를 高氏라 한 것은 그가 내세운 명분, 흥기한 지역, 국호까지도 고구려와 연결되어 있었으므로 그의 성씨도 당연히 고씨였으리라 오해한 데서 비롯된 것 같다.[16]

한편 생각하면 궁예는 왕 노릇을 하면서 자신이 고구려의 왕족인 고씨였다고 자칭했는지도 알 수 없다. 사실 그는 갓난 아이 시절에 시골로 도망해 살았고 세달사에서 지내면서 성을 잘 알지 못하였을 것이다. 어쩌면 자신이 왕족 출신이란 것을 전혀 실감하지도 못했을 것이다. 따라서 901년 그가 "옛날에 신라가 당에 청병하여 고구려를 파하였기 때문에 평양 옛 서울이 황폐하여 풀만 무성하니 내가 반드시 그 원수를 갚으리라." 하면서[17] 고구려 부흥을 표방할 때 고씨를 표방했을 가능성도 배제할 수 없다. 만약 그렇다면 중국에서는 들은 바를 그대로 옮긴 것이라고 할 수 있다.

E-②도 고려가 扶餘의 別種임을 말하면서 다른 오랑캐에 비해 성씨도 있고 관직의 이름도 뜻을 대략 알 수 있는 것들이라 하고 있다. 그러나 唐나라 말기에 그 왕성이 고씨라 한 것은 앞서 본 대로 궁예를 고씨로 오해한 데서 비롯된 것이다. 그리고는 곧바로 고려에서 중국에 보낸 사신에 관한 기사를 실었다. 동광 원년(923)에 韓申一과 朴巖이 후당에 왔음을

---

16) 박용운, 위의 책, 113쪽.
17) 『三國史記』 권50 弓裔傳 天復 원년.

전하고 있다. 그런데 국왕의 성명은 잘 알지 못한다고 하였다. 그러나 당시의 국왕은 틀림없는 왕건이었다. 이는 분명 후백제나 신라가 아닌 고려에서 보낸 것이기 때문이다. 이들 인물들이 『高麗史』의 기록에서 찾아지기도 한다. 고려 태조 왕건이 즉위한 해 후백제 견훤이 閔郃이란 인물을 보내 즉위를 축하하자 왕건은 廣評侍郎 한신일을 보내 사절을 맞이하게 한 적이 있다.[18] 또 박암은 고려 태조 6년(923) 오월국에서 귀순해온 문사였다.[19]

또 장흥 3년(932)에도 왕건이 사신을 보냈음을 전하고 있다. 이는 『고려사』에서도 확인되는 사실로 왕건은 태조 15년(932) 大相 王仲儒를 후당에 보내 토산물을 바쳤다.[20] 그러자 후당 명종은 그 이듬해인 933년(후당 명종 4년, 고려 태조 16년) 王瓊, 楊昭業 등을 고려에 보내와 왕건을 權知國事에 봉했던 것이다.[21] 그러면서 왕건은 高麗의 大族이라 하고 있다. 여기서 고려는 고구려를 뜻한다고 생각하는데 이는 왕건의 선조가 고구려의 유민 계통임을 인정하고 있는 것이다. 뒤이어 기술한 왕건의 후대 왕 이름도 정확하다. 따라서 E-②의 기록도 고려가 고구려의 후신이며 왕건 가문이 고구려의 유민 중 대족이었음을 밝히고 있는 것이다.

E-③의 기록은 이를 더 분명히 하고 있다. 서두에서부터 고려의 본래 이름은 고구려라고 밝히고 있는 것이다. 또 부여의 별종으로 평양성에 도읍하고 있었다 하였다. 수양제와 당 태종이 이를 멸하려 하였다가 실패하고 당 고종 때 멸망시켰다 하였다. 그러다가 唐나라 말기에 고려가 마침내 스스로 군장을 세웠음을 전하고 있다. 이는 물론 고려의 건국을 말하는 것이다. 그런데 후당 시대에 그 임금 고씨가 여러 번 조공을 하였다고

---

18) 『高麗史』 권1 태조세가 원년 8월.
19) 『高麗史』 권1 태조세가 6년 6월.
20) 『高麗史』 권2 태조세가 15년.
21) 『高麗史』 권2 태조세가 16년 3월.

기록하고 있다. 당시 고려의 왕은 왕건이었음에도 이를 삼국시대 고구려의 고씨라 적어 놓고 있다. E-②에서는 국왕의 성명을 알지 못한다 하였으나 여기서는 고씨라 잘못 적어놓고 있다. 이는 당시 중국에서 고려를 고구려와 혼동하고 있었으며 고려를 고구려의 후신이라 생각했다는 것을 반증해 주는 것이다. 그 이후 고려의 왕위계승을 같은 선상에서 언급하고 있는 것도 이를 뒷받침해 준다.

뿐만 아니라 중국에서 고려에 보낸 조서에서도 고려가 고구려의 후신임을 명확히 하고 있다. 다음 기록을 보자.

F-① 16년(933) 봄 3월 신사일에 後唐에서 王瓊과 楊昭業을 보내 왕을 책봉하였다. 조서에 이르기를, "왕이라는 것은 하늘을 본받아 온 백성을 기르고 땅을 본떠 천하[八紘]를 편안하게 하는 존재이니, 성실히 큰 中庸의 도를 지켜 온 천하에 드러나지 않은 곳이 없다.…아! 그대 權知高麗國王事 王建은 자질이 웅대하고 용맹하며 지혜는 기략[機鈴]에 통달하였고, 변방에서 으뜸으로 빼어나게 태어났고 장대한 포부를 가지고 드러냈다. 山河가 내려준 바, 터전이 지극히 풍요하다. 朱蒙이 건국한 상서로움을 계승하여 저들의 왕이 되고, 箕子가 蕃國을 이룬 자취를 밟아서 은혜와 조화를 펼치고 있다. 풍속이 두텁고 글을 알기에 능히 예의로 이끌 수 있으며, 기풍이 용감하고 무예를 숭상하므로 위엄으로 정중히 할 수 있다.(『高麗史』 권2 태조세가 16년 3월조)

F-② [建隆] 4년 봄에 [太祖]가 制書를 내려 이르기를, "옛적 明哲한 帝王이 중국을 통치할 적에는 어찌 文字와 車軌가 萬方에 통일되고 교화가 四海에 미치지 아니하였겠소? 그런데 나는 薄德으로서 외람되게 鴻名을 물려받아 이에 사신이 오게 되었으니, 정중하게 命을 내리오. 開府儀同三司·檢校太師·玄菟州都督·充大義軍使·高麗國王 昭는 태양의

정기가 뭉쳐 遼左에서 영웅으로 추대되어 箕子가 남긴 敎化를 익히고 朱蒙의 옛 풍습을 따랐소. 그리고 구름과 바다를 관측하여 朝貢으로 帝庭을 채웠으니, 그 쏟은 정성을 생각하면 실로 매우 가상한 일이오. 그러므로 懿號를 하사하는 동시에 公田으로도 보답하며, 遠方 사람들을 회유하는 은혜를 미루어 중국에 충성하는 뜻을 표창하는 바이오. 아! 萬里를 와 朝貢하니 진정한 충성이 아름답구려. 四封을 회유·위무하고 있으며, 바라건대 어지럽히거나 비뚤어지지 말고 영원히 東邦을 보존하여 마침내는 하늘의 도움을 받기 바라오. 食邑 7千戶를 더하여 주고 아울러 推誠順化保義功臣의 號를 하사하겠소." 하였다.(『宋史』권487 列傳246 外國3 高麗傳)

우선 F-①에서 후당 명종은 왕건이 주몽 영토의 전통을 계승하였으며 기자가 藩臣이 된 자취를 밟았다고 하고 있다. 이는 왕건이 세운 고려가 고구려의 후신임을 밝히고 있는 것이다.[22] 그런데 그들이 같이 가지고 온 조서인 A 자료에서 왕건의 가문을 중국 출신이라 했을 리가 없다. 따라서 A의 '장회무족'이란 표현은 고조선이나 고구려, 나아가 고려를 동이의 후손으로 본 데에 말미암은 것이다. F-②의 宋에서도 왕건의 아들인 昭가 요수의 좌측에서 영웅으로 추대받아 기자의 유풍을 계승하고 주몽의 옛 습속을 鎭撫하였다고 표현하고 있다. 이 역시 당시 중국에서는 왕건이 세운 고려가 고구려를 계승하였음을 인정하고 있었던 것이다.

이는 다음 기록에서 더 극명히 보이고 있다.

G-① 高麗의 선조는 周 武王이 朝鮮 제후에 책봉한 箕子인데, 〈이름은〉胥餘이고, 성은 子이다. 周·秦을 거쳐 漢 高祖 12년(B.C. 195)에 이르러

---

22) 안병우, 주15)의 논문, 129쪽.

서 燕 사람 衛滿이 망명해 왔다. 〈위만은〉 무리를 모아 상투[椎結]를 틀고 와서 주변 오랑캐를 복속시키며 차차 조선 땅을 차지하여 왕이 되었다. 기자가 나라를 다스린 지 8백여 년 만에 衛氏의 나라가 되었고, 위씨가 나라를 다스린 것이 80여 년이었다. 이에 앞서, 夫餘 왕이 河神의 딸을 얻었는데, 〈하신의 딸에게〉 햇빛이 비치어 감응하여 임신하고는 알[卵]을 낳았다. 〈아이는〉 자라면서 활을 잘 쏘았는데, 당시 사람들이 활 잘 쏘는 것을 '朱蒙'이라 하였기 때문에 주몽이라 이름 붙였다. 부여 사람들이 그의 탄생이 특이했기 때문에 상서롭지 못하다고 생각하여 그를 제거할 것을 청하였다. 주몽은 두려워서 도망가다가 큰물을 만났는데 다리가 없어 건너지 못하게 되었다. 그는 활로 물을 치며 呪文을 외자, 물고기와 자라가 모두 떠올라 그것들을 타고 건널 수가 있었다. 紇升骨城에 이르러 살면서 스스로 그곳을 '高句驪'라 불렀다. 그 때문에 '高'로 성씨를 삼았으며 나라 이름을 高麗라 하였다. 모두 5部族이 있었는데, 消奴部·絶奴部·順奴部· 灌奴部·桂婁部라고 불렀다. 漢 武帝가 조선을 멸망시키고 고구려를 縣으로 삼아 玄菟郡에 소속시켜, 그 君長에게 鼓吹와 伎人을 내려주었 다. 〈고구려는〉 늘 현도군에 가서 朝服, 옷과 모자[衣幘]를 받아왔고, 縣令이 名籍을 맡아보았다. 뒤에는 점점 교만해져서 다시는 〈현도〉郡 에 나아가지 않으니, 〈현도군의〉 동쪽 경계에 조그만 성을 쌓고 해마다 〈고구려에게〉 받아가게 하면서 그 성을 '幘溝漊'라고 불렀다. '溝漊'는 고구려에서 성을 일컫는 말이었다. 이때부터 비로소 '王'을 호칭하였 다. 王莽은 고구려 군사를 출동시켜 匈奴를 토벌하려 했다. 그러나 고구려가 출병하지 않자 왕을 낮추어 侯로 삼았다. 이 때문에 고구려 사람들은 더욱 변경 지역을 침범하였고, 光武帝가 중흥하자 고구려[罷] 는 변방 관원을 파견하였다. 建武 8년(32)에는 사신을 보내어 朝會하러 왔다. 따라서 왕의 호칭이 복구되고 外藩의 班列이 되었다. 安帝 이후에는 5部가 번성하고 비록 약탈도 조금 있었으나, 곧 다시 되돌아와서 신하의 예를 갖췄다. 처음에는 소노부 출신이 왕이 되었다가 쇠퇴해지자, 계루부가 〈소노부를〉 대신하였다. 왕이 宮에 이르렀는데, 〈궁은〉 태어나자마자 눈을 뜨고 볼 수 있었으므로 나라 사람[國人]들이 그를 미워했다. 자라면서 매우 건장하고 용맹스러워, 和帝 때에는 자주 遼東을 침략했다. 왕위가 백고왕[伯固]까지 이르렀는데 백고가 죽고 두 아들이 있었다. 형은 拔奇라고 했는데 어리석었기 때문에 동생인 伊夷模를 나라 사람들이 왕으로 세웠다. 漢 말기에 公孫康이 이이모를 그 나라 丸都山 아래에서 격파하니, 나라 사람들이 함께 그 아들 位宮을 세웠다. 위궁 또한 용맹과 힘이 있고 말타기를 좋아했다. 그의 先祖 宮이 출생하면서 곧바로 볼 수 있었는데, 이제 왕도 역시 그러했다. 고구려에서는 서로 유사한 것을 일러 '位'라고 부르므로 이름을 '위궁'이라고 한 것이다. 뒤에 魏 장수 毌丘儉이 쳐들어가 무찌르고 肅愼까지 추격하여 공로를 돌에 새겨 기록하고 돌아갔다. 위궁의 5대손 劉가 晉 永嘉 연간에 遼西의 鮮卑族인 慕容廆와 이웃하였는데, 모용외도 억제하지 못하였다. 康帝 建元 초에 모용외의 아들 慕容皝이 군사를 거느리고 쳐들어가 부여를 크게 격파했으나, 뒤를 이은 부여왕 [百濟]에게 패배 당했다. 그 뒤에 慕容寶가 고구려 왕 高安으로 平州牧을 삼았다. 고안의 손자 高璉이 義熙 연간에 長史 孫翼을 보내어 赭白馬를 바치니 榮州牧 高麗王 樂浪郡公으로 삼았다. 고연의 7대손 高元은 隋 文帝 때에 靺鞨을 거느리고 遼東을 침범했다. 唐 太宗 때에는 東部大人 蓋蘇文이 잔학무도하므로, 태종이 친히 개소문을 정벌하여 위엄을 요동에 떨쳤다. 唐 高宗이 또 다시 李勣에게 명하여 고구려를 토벌하도록 하였다. 그리하여 고구려왕 高藏을 사로잡고 그 땅을 나누어 郡縣을 삼았으며, 安東都護府를 平壤城에 설치하고 군사를 두어 지켰다. 뒤에 武后가 장수를 보내어 그 왕 乞昆羽를 죽이고 乞仲象을 왕으로 세웠으나

〈걸중상이〉또한 병으로 죽으니, 중상의 아들 대조영[祚榮]이 즉위하였다. 대조영은 그 백성 40만을 이끌고 挹婁에 터를 잡고 당의 신하가 되었다. 당 中宗 때에는 忽汗州를 설치하고 대조영을 都督渤海郡王으로 삼으니, 그 뒤부터 드디어 渤海라고 하였다. 高藏이 사로잡혔을 때 그 酋長 중 劍牟岑이라는 자가 있었다. 그가 고장의 외손자 舜을 왕으로 세우니, 다시 高侃을 시켜 토벌하였다. 都護府가 이미 여러 번 옮겨져 옛 성은 新羅로 들어간 것이 많게 되었고 유민들은 突厥·靺鞨에 분산되었다.

高氏는 이미 멸망했지만 오랜 뒤에는 점차 회복되어, 당 말기에 이르러서는 드디어 그 나라에서 왕이 되었다. 後唐 同光 원년(923)에는 사신을 보내어 조회하러 왔는데, 國王의 姓氏를 사관이 빠뜨리고 기재하지 않았다. 長興 2년(931)에 王建이 나라 일을 맡아보며[權知] 사신을 보내어 貢物을 바치고, 드디어 爵位를 받아 나라를 차지했다.(『高麗圖經』 권1 建國 始封)

G-② 王氏의 선조는 대개 고구려[高麗]의 大族이다. 高氏의 정치가 쇠퇴하게 되자 나라 사람들이 王建을 어질게 여겨 드디어 왕으로 세웠다. 後唐 長興 3년(932)에 마침내 스스로 '權知國事'라 하고 〈후당〉明宗에게 封爵하여 주기를 청했다. 이에 왕건에게 玄菟州都督을 제수하고 充大義軍使에 임명하고 高麗王으로 책봉하였다. 晉 開運 2년(945)에 왕건이 죽고 아들 혜종[王武]이 즉위하였다. 後漢 乾祐 말년에 혜종[王武]이 죽고 아들 광종[王昭]이 즉위하였다. 송[皇朝] 建隆 3년(962)에 太祖皇帝가 등극하여 萬國을 차지했을 때 광종[昭]이 사신을 보내 조회했으므로, 功臣의 號를 내리고 食邑을 더하여 주었다.(『高麗圖經』 권2 世次王氏)

여기서 보는 바와 같이 G-①은 고려의 선조를 기자에다 붙이고 있다.

이는 물론 믿을 수 없는 것이기는 하지만 고조선이 고구려와 같은 동이족이라는 측면에서는 이해할 만하다. 또 위만이 무리를 모아 상투를 하고 오랑캐 복장을 하고 고조선을 침략하여 왕이 되었음을 전하고 있다. 그리고 주몽의 탄생과 고구려 건국 과정을 소개하고 있다. 그러면서 '흘승골성에 웅거하여 스스로 고구려라 했는데 고씨로써 성을 삼고 고려를 국호로 하였다[至紇升骨城而居 自號曰高句驪 因以高爲氏 而以高麗爲國]'라 하고 있다. 이는 중국에서도 고구려를 고려로 인식하였음을 증명해 주는 것이다.

이후 한 무제가 조선을 멸하고 고구려를 縣으로 삼아 현도군에 소속시키고, 그 君長에게 鼓吹와 伎人을 내려주었다. 고려는 늘 현도군에 가서 朝服·衣服·幘을 받아왔고, 縣令이 名籍[장부]을 맡아 보았다. 뒤에는 점점 교만하여져 다시 현도군에 나아가지 아니하니, 군에서 동쪽경계에 자그마한 성을 쌓고 歲時에 받아가게 하였다. 따라서 그 성을 '幘溝漊'라고 이름하였는데, 高麗 말로 성을 '溝漊'라 한다. 그리고 이때에 와서 비로소 왕이라 일컬었다고 기록하고 있다. 이는 중국측 입장에서 고구려가 현도군에 속해 있었음을 강조하고 있는 표현이다.

그런데 고구려를 여기서는 '고려'라고 하고 있는 점이 주목된다. 이 역시 중국측에서는 고구려와 고려를 동일시하고 있었음을 보여주는 것이다. 그런데 "그 城을 '幘溝漊'라고 이름하였는데, 高麗 말로 城을 '溝漊'라 한다."는 부분은 원래 『三國志』에 있는 내용이다.[23] 『三國志』는 물론이고 『漢書』나 『後漢書』에도 고구려를 '句麗'라 하고 있는 기사가 많이 눈에 띈다. 이 '句麗'는 성을 뜻하는 고구려 말인 '溝漊'와 그 발음이 비슷하다. 따라서 '句麗'는 '溝漊'에서 온 국호라는 견해도 있다. 즉 '句麗' 집단은 城을 중심으로 세력권을 이루고 있던 집단이 아닌가 하는 것이다.[24]

---

23) 『三國志』 권30 魏書 東夷傳.

24) 李丙燾, 「高句麗國號考」, 『서울대논문집』 3, 1956 ; 『韓國古代史硏究』, 博英社, 1976, 362~363쪽.

이후 王莽이 고려 군사를 출동시켜 흉노를 치려고 했으나 가지 아니하매 왕을 낮추어 侯로 삼으니, 이 때문에 고려 사람들이 더욱 그의 국경을 침범했다. 光武 년간에 東漢의 시조 劉秀가 중흥하여 변방에 관원 보내는 것을 폐지하매, 建武 8년(32)에 사신을 보내어 조회하여 왔다. 따라서 王號를 복구시켜 주고 外藩의 班列에 끼워주었다. 後漢 제6대 임금 安帝 이후에는 5部의 민중이 번성하여 비록 다소 포악함이 있었으나, 곧 되돌아서 賓服하였다는 것이다.

이 부분 역시 고구려가 중국의 한 변방이었음을 강조하고 있는 부분이다. 그러나 중국이 대우해 주지 않을 때는 고구려가 중국의 변방을 침략하였으며 고구려와의 국경 지대에 파견하였던 관원까지도 폐지하였음을 전하고 있다.

이후의 내용은 고구려의 내부 사정과 중국과의 관계를 전하고 있다. 즉 "처음에는 消奴部 출신이 왕이 되었었는데 쇠약하여지매, 桂婁部가 대신하여 왕이 되었다. 그리하여 王인 宮에까지 이르렀는데, 宮은 태어나서 바로 눈을 뜨고 능히 봤으므로 나라 사람들이 미워했다. 宮은 장성하여 매우 건장하고 용맹스러워, 和帝(東漢 제 5대 임금) 때에 자주 遼東을 침략했다. 그리하여 伯固왕까지 전하여 갔고 백고가 죽자 아들 둘이 있었는데, 형인 拔奇는 不肖했기 때문에 동생인 伊夷模를 나라 사람들이 왕으로 세웠다. 漢나라 말기에 공손 강[요동태수 公孫道의 아들]이 伊夷模를 그 나라 丸都山 아래에서 격파하니, 나라 사람들이 그 아들 位宮을 세웠는데, 위궁 또한 勇力이 있어 말타기를 좋아했다. 그의 선조 宮이 출생하면서 눈을 뜨고 능히 보았는데, 지금 왕도 역시 그러했다. 고구려에서는 서로 같은 것을 일러 '位'라고 하므로, 이름을 위궁이라고 한 것이다. 뒤에 魏나라 장수 관구검이 쳐들어와 무찌르고 肅愼까지 추격해 가서 공로를 돌에 새겨 기록하고 돌아갔다. 위궁의 5대손 劉가 晉나라 永嘉[懷帝의 연호 : 307~321] 연간에 遼西의 선비족인 모용외와 이웃하였었는데, 모용외도 억제하지 못하였다. 康帝 建元초에 모용외의 아들 모용황이 군사를 거느리고 쳐들어가 크게 격파시켰는데, 뒤에 백제에게 멸망되었다.

그 뒤에 慕容寶가 고구려 왕 高安을 平州牧으로 삼았다. 안의 손자 璉이 義熙[東晉 安帝의 연호 : 405~418] 연간에 長史 孫翼을 보내어 赭白馬를 바치니, 榮州牧·高麗王·樂浪郡公을 삼았다. 璉의 7대손 元이, 隨 文帝 때에 靺鞨을 거느리고 요동을 침범했다.”라고 되어 있다.

여기서 동진 왕이 고구려 왕에게 준 벼슬도 ‘고구려왕’이라 표현되어 있지 않고 ‘고려왕’이라 하였음이 주목된다. 고려는 고구려와 같은 국호를 가진 그 후신이었음을 중국에서도 인정하고 있었던 것이다.

또 연개소문 때에 당 태종이 이를 정벌하였고 당 고종이 이적에게 명하여 고구려를 멸하고 안동도호부를 두었음을 설명하고 있다. 한편 특이한 것은 당의 측천무후 때 활약했던 대조영과 발해를 언급하고 있다. 즉 乞仲象의 아들 대조영이 처음에는 都督渤海郡王에 임명되었다가 발해를 건국하였음을 기술하였다. 발해가 고구려를 계승한 국가라는 직접적인 언급은 없지만 서로 연결되는 나라라는 사실을 제시하고 있는 것이다.[25] 이후 검모잠에 의한 고구려 부흥운동이 실패로 돌아가면서 고구려 유민들 이 흩어져 돌궐이나 말갈로 갔음도 언급하였다. 여기까지는 대체로 사실에 근접한 기술이라 하겠다.

그러나 왕족인 고씨가 끊겼다가 오랜 기간에 걸쳐 점차 회복되어 唐나라 말기에 다시 왕 노릇을 하였다고 하였다. 이는 궁예의 후고구려 건국을 말하는 것으로 앞의 E-①·②·③의 기록과 마찬가지로 잘못된 것이다. 후당 때에 사절을 보낸 국왕의 성명은 알지 못하겠다 한 것은 E-②의 자료와 같은 표현이다. 그 후 장흥 2년 왕건이 사신을 보내 공물을 바쳤다는 것은 장흥 3년의 잘못이다.

---

25) 박용운, 앞의 논문, 125쪽.

G-②에서는 왕씨의 선조가 高麗의 大族이었음을 밝히고 있다. 이는 앞의 사료 E-②를 이은 것으로 왕건 가문이 고구려의 유민이었음을 밝히고 있는 것이다. 또 고씨의 정사가 쇠미해짐에 국인들이 왕건을 어질다 하여 왕으로 추대하였다 한 것은 궁예를 고씨로 착각한 외에는 정확한 기술이다. 뒤이어 왕건이 중국에 사신을 보낸 것이 장흥 3년이라 한 것은 확인되는 사실로 G-①의 자료가 잘못되었음을 다시 한번 확인시켜주고 있다.

요컨대 중국 측에서는 오래 전부터 高麗가 高句麗의 후예국가임을 분명히 인정하고 있었다. 이는 한반도에 있는 삼국은 물론 고려도 東夷族의 후예로 보았다는 것을 말하며 중국에 동화된 淮夷나 徐夷와 같은 일파라 생각하였음을 반증해 주는 것이다. 따라서 왕건을 장회의 무족이라 한 것은 왕건 가문이 고구려 유민 계통의 대족임과 동시에 淮夷族, 즉 동이족의 번성한 족속이라는 뜻이라 하겠다. 결코 중국 출신이라는 뜻이 아닌 것이다.

3. 기타 중국의 주장과 그 비판

1) '鵲巢之美'의 의미

다음은 A자료의 ②부분에 대한 해석의 문제점을 살펴보자. 史長樂은 같은 조서 중의 "足顯鵲巢之美" 구절이 "비둘기가 집을 짓지 않고 까치의 집을 차지하였다. 즉 어떤 사람이 타인의 거처를 강제로 차지함[鵲巢鳩占]"을 비유한 것이라 하고 있다. 다시 말해 이것은 왕건이 한반도 밖에서 와서 한반도를 차지했다는 것을 뜻하므로, 왕건은 신라인의 후예가 아니라 漢族의 후예라는 것이다.[26]

그러나 이 문구는 중국측의 해석이 잘못된 것이다. 이 부분은 왕건의

---

26) 史長樂, 앞의 논문, 13쪽.

처 유씨부인을 河東郡夫人에 책봉하는 조서이다. 따라서 여기서는 태조 왕건이 밖으로는 통일 사업을 하는 등 정치적 업적을 이루었을 뿐 아니라 내부적으로는 가정도 잘 다스렸다는 의미로 쓴 것이다. 그리하여 이 부분을 직역하면 "족히 까치가 집을 짓는 아름다움을 드러내었다."로 해석해야 한다. 즉 까치가 나뭇가지를 하나하나 물어다 튼튼한 집을 짓는 것처럼 왕건이 외부적인 정치뿐 아니라 가정 내의 일도 튼튼하고 화목하게 이룩했다는 뜻인 것이다.

자전적 해석으로 '鵲巢'는 '남편의 집 또는 지위' '세 들거나 빌어 사는 집'으로 해석되기도 하지만,[27] 巢의 원래 의미는 '새의 집(보금자리)' '깃들이다' '보금자리를 만들다' 등이다. 『禮記』에도 '鵲始巢'라 하여 '까치가 처음으로 보금자리를 만들다'는 문구가 있다.[28] 따라서 여기서의 '足顯鵲巢之美'는 "족히 남편의 지위로 보금자리를 잘 만든 아름다움을 드러내었다."는 뜻이다.

앞 문장의 '虎穴'은 말 그대로 '호랑이가 사는 굴'이라는 뜻이지만 '그와 같이 아주 위험한 장소, 위험한 일'을 말한다. 따라서 '已成虎穴之榮'은 "이미 목숨을 걸고 전투를 하여 후삼국 통일의 영광을 이룩했다."는 뜻이다. 그 앞의 '綸綍'은 '詔書'를 말한다. '土宇'는 '나라 또는 국가'를 말한다. '湯沐'은 목욕 비용에 충당하기 위한 땅이란 뜻으로 湯沐地 또는 湯沐邑을 말한다. 즉 천자나 제후의 領地를 말하는 것이다. '絲蘿'는 菟絲와 女蘿를 말하는 것으로 둘 다 혼자서는 살 수 없는 식물이다. 즉 토사는 한해살이 기생 식물로 혼자서는 살 수 없고 다른 식물을 감고 올라가 영양분을 섭취하는 식물이다. 여라는 이끼류에 속하는 식물로 역시 혼자서는 살 수 없고 소나무에 기생하여 산다. 따라서 '사라'는 같이 있어야만 할 수 있는 '결혼'을 뜻하거나 '그와 같은 정'을 말한다. '旗常'이라 함은 깃발을 가리키는 것으로

27) 『漢韓大字典』, 民衆書林, 1979, 1407쪽.
28) 위의 책, 398~399쪽.

기폭에 熊虎文을 그린 것을 '旗'라 하고 日月文을 그린 것을 '常'이라 한다. 그렇다면 A자료를 완전한 우리말로 옮겨 보자. 이는 다음과 같다.

"경은 東夷族 중에서 번성한 족속이며 해외의 웅대한 울타리이다. 문무의 재주로써 나라를 통제하고 충효의 절개로써 와서 교화와 풍속을 받으니 곧은 규범은 깃발에 새겨지고 은총은 簡冊에 올랐도다. 조서에 있는 바와 같이 이미 위험을 무릅쓴 영광을 이루었고 집안에 있어서는 족히 보금자리를 잘 이루었도다. 이에 領地를 나누어 주어 혼인을 경축하노니 길이 보좌의 공을 빛내어 삼가 우대하고 높이는 명령에 부합하도록 하라. 경은 평소에 진실로 나의 깊은 은혜를 알고 있음을 헤아려 경의 처 柳氏를 이제 河東郡夫人에 봉하노라."[卿長淮茂族 漲海雄藩 以文武之才 控玆土宇 以忠孝之節 來獎化風 貞規旣篆於旗常 寵數是覃於簡冊 如綸如綍 已成虎穴之榮 宜室宜家 足顯鵲巢之美 俾頌湯沐 以慶絲蘿 永光輔佐之功 式恊優隆之命 諒卿誠素知我渥恩 卿妻柳氏 今封河東郡夫人]

그런데 여기서 "조서에 있는 바와 같이"라는 문구가 눈에 띈다. 이는 그 해에 보낸 다른 조서를 말하는 것이다. 사실 태조 16년에는 후당에서 총 4통의 조서를 보내왔다. 왕을 책봉하는 조서가 2통이고 다른 하나는 왕건의 부인을 책봉하는 조서이다. 그리고 또 다른 조서는 장교나 군사들에게 보낸 조서이다.[29] 그 내용을 잠시 보자.

H-① 16년(933) 봄 3월 신사 後唐에서 王瓊과 楊昭業을 보내 왕을 책봉하였다. 조서에 이르기를, "왕이라는 것은 하늘을 본받아 온 백성을 기르고

---

29) 이처럼 국왕 책봉과 함께 왕비를 책봉하고 三軍將吏들에게 조서를 내린 것은 고려 일대를 통해 이것이 유일한 사례이다.(沈載錫, 『高麗國王 冊封 硏究』, 혜안, 2002, 56~57쪽)

땅을 본떠 천하[八紘]를 편안하게 하는 존재이니, 성실히 큰 中庸의 도를 지켜 온 천하에 드러나지 않은 곳이 없다. 북두성은 바르므로 뭇 별이 다 그리로 향하고, 큰 바다는 넓으므로 온 골짜기가 모두 그리로 흘러간다. 그런 까닭에 하늘과 땅 사이의 인간 세상에 살면서 해가 내리비추는 곳을 다 살피며, 도를 넓히고 덕을 닦으며 자신을 공손히 하여 마음을 비워야 한다. 진심으로 歸附한 사람은 돌보아 왕의 백성으로 삼고, 嚮化한 사람에게는 風教를 입혀야 한다. 그러므로 봉작하는 명을 거행하고 표창하는 글을 계고하는 것이니, 이는 예로부터 내려오는 것이며 감히 빠뜨려서는 안 된다. 그대는 차지한 땅을 平壤이라 일컬었으며 군사를 장악하고 재능도 겸비하였다. 五族의 강한 우두머리를 통합하고 三韓의 비옥한 땅을 지배하여, 〈혼란한 판국을〉 진정시키는 데 힘쓰고 〈상국의〉 聲明을 받들고자 뜻하였으니 이에 상례[彝章]를 따라 은총의 예를 더한다. 아! 그대 權知高麗國王事 王建은 자질이 웅대하고 용맹하며 지혜는 기략[機鈐]에 통달하였고, 변방에서 으뜸으로 빼어나게 태어났고 장대한 포부를 가지고 드러내었다. 山河가 내려준 바, 터전이 지극히 풍요하다. 朱蒙이 건국한 상서로움을 계승하여 저들의 왕이 되고, 箕子가 蕃國을 이룬 자취를 밟아서 은혜와 조화를 펼치고 있다. 풍속이 두텁고 글을 알기에 능히 예로 이끌 수 있으며, 기풍이 용감하고 무예를 숭상하므로 위엄으로 정중히 할 수 있다."라고 하였다.(『高麗史』 권2 태조세가 16년조)

H-② 또 조서를 내려 이르기를, "그대는 재주가 빛나며 하늘이 내리신 도움으로[金鉤協兆], 해 뜨는 곳 동방을 거느리며 해외의 영웅 중에 으뜸이 되었다. 군사의 마음은 모두 무마하는 데 감동하고, 백성의 뜻은 은혜로이 기름을 함께 노래하였다. 또한 참으로 큰 나라를 섬김 [事大]이 굳건하고 뜻이 이웃 나라를 도우려는 데 있으니, 말에게 꼴을 먹이고 무기를 날카롭게 해 甄萱의 무리를 꺾었고 옷을 나누고

밥을 덜어서 발해 사람들[忽汗之人]을 구제하였다. 연이어 배를 타고 바다를 건너와 글월을 바치고, 매번 뜰에 가득히 공물을 이르게 하였다. 金石 같은 정성과 밝음은 해를 꿰뚫었고 風雲과 같이 높은 기개는 하늘을 능가하였으며, 이름은 일시에 뿌려지고 미덕은 사방에 흘러갔다. 충성스런 마음으로 일을 진행하는 것이 이와 같으니 賞典을 어찌 잊으리오? 특별히 봉해줄 것을 결정하여 높은 지위로 올리려 하노라. 제후에 책봉[桐圭]하는 명령을 내리면서 동쪽 봉래산[蓬山]을 아득히 바라보고, 桃野를 돌아보며 생각을 기울이니 마음은 濟水를 따라간다. 특별한 예우를 힘써 받들어 높은 勳業을 길이 보전하시오. 이제 그대에게 特進 檢校太保 使持節玄菟州都督 上柱國 充大義軍使를 내리고 高麗國王에 봉하노라. 이제 正使 太僕卿 王瓊과 副使 大府少卿 楊昭業 등을 보내 예를 갖추어 冊命을 내리며, 아울러 國信으로 은그릇과 비단 등을 別錄과 같이 갖추어 내리니 이르는 대로 마땅히 받으시오."라고 하였다.(『高麗史』 권2 태조세가 16년조)

H-③ 또 三軍의 장교와 관리들에게 조서를 내려 이르기를, "내가 생각하건대 王建은 星雲과 같이 빼어난 자질로 金石과 같은 충성을 다하였으며, 이웃과 화목하게 지내서 信義를 나타냈고 큰 나라를 섬겨[事大] 충효를 顯彰하였다. 三韓의 樂土를 거느리고 매번 中原의 정삭[周正]을 받들었으며, 만 리 넓은 파도를 건너와 늘 공물[禹貢]을 바쳤다. 공훈과 명성이 이미 드러났는데도 작위가 아직 높지 않으니, 마땅히 은총을 내려 제후로 책봉하고[桐圭] 더하여 桃野에 實封을 내린다. 이제 왕건을 高麗國王으로 책봉하고 사신을 그곳으로 보내 예를 갖춰 冊命을 내렸으며 그들로 하여금 慰諭하게 하였으니 마땅히 모두 알아야 한다."라고 하였다.(『高麗史』 권2 태조세가 16년조)

먼저 H-①은 책봉 체제하에서 황제와 제후의 관계를 밝히고 있다.

황제는 하늘의 이치를 본받아 만백성을 다스리는, 하늘의 북극성과 같은 존재임을 말하고 있다. 그리하여 뭇별들이 북극성을 향하는 것처럼 주변의 국가들도 중국의 황제와 중국을 祖宗으로 삼는 것이라 하였다. 따라서 진심으로 복종하는 자에게는 책봉을 하고 표창을 내리는 것이라 하였다.

그러면서 태조 왕건의 업적을 칭송하고 있다. 즉 왕건은 용맹하고 지혜가 있으며 예의가 있음을 말하고 있다. 또 봉토를 가지고 백성을 안정시키며 재부를 축적하였다고 하였다. 따라서 중국과 고려의 관계는 입술과 이빨[脣齒]과의 관계, 가죽과 털[皮毛]의 관계처럼 밀접하다 하였다. 이 때문에 왕건을 제후인 고려국왕으로 책봉하는 것이라 하고 있다. 결국 책봉 체제하에서의 천자와 제후왕의 관계를 밝히고 있다. 즉 고려는 후당의 제후국이란 점을 강조하고 있는 것이다.

H-②는 왕건에게 관직과 물품을 주는 배경과 이유를 설명하고 있다. 즉 왕건은 좋은 가문에서 태어나 장병들을 잘 위무하고 백성들을 안정시켰다. 또 예의를 다하여 중국을 섬겼으며 서신과 공물을 바쳐오고 있다. 군사들을 정예롭게 하여 견훤의 세력을 좌절시켰다. 따라서 '特進檢校太保使持節玄菟州都督上柱國充大義軍使'라는 관직을 주고 '高麗國王'에 봉하며 아울러 은그릇과 비단 등의 물품을 하사한다고 밝히고 있다. 왕건이 후당의 신하임을 강조하고 있는 것이다.

H-③은 3軍의 將吏[30]들에게 보내는 내용이다. 여기서도 왕건은 별과 구름과 같은 정기를 타고 태어났으며 쇠나 돌을 뚫을 만한 정성이 있는 인물이라 하였다. 뿐만 아니라 이웃 나라들과 화목하고 충성을 다하여 중국의 正朔을 시행하며 공물을 바쳐오고 있다. 따라서 그에게 고려국왕을

---

30) 여기서의 三軍將吏는 통일 전쟁과정에서 성장한 무인세력을 가리키며 또한 평양을 중심으로 한 서경세력을 말한다는 견해가 있다. 즉 왕건은 후당으로부터 책봉을 받음으로써 이들을 견제하고 억제하려는 의도를 갖고 있었다는 것이다.(金仁圭, 「高麗 太祖代의 對外政策」, 『高麗 太祖의 國家經營』, 서울대출판부, 1996, 107쪽)

봉했으니 그렇게 알라 하였다. 후당 명종은 자신이 왕건을 제후로 책봉한 사실을 고려 백성들에게도 알리고 싶어 이 조서를 따로 작성하여 보낸 것이다.

이 말대로 후당은 이들 조서와 함께 曆書를 보내왔으며 고려는 독자적인 天授 연호를 버리고 후당의 연호를 사용하기 시작했다.[31] 왕건은 후당과의 교류를 통해 국제적인 인정과 우위를 확보하려 하였던 것이다.

이러한 맥락에서 볼 때도 A자료의 '足顯鵲巢之美'는 앞의 '已成虎穴之榮'과 대비되는 개념으로 '족히 가정을 잘 꾸린 아름다움을 드러내었다'는 뜻임을 알 수 있다. 이들 문구를 꾸며주는 '如綸如綍'과 '宜室宜家'도 對句인 것이다. 가정 밖에서 용맹을 과시하여 견훤의 세력을 좌절시키고 중국을 섬겼다는 내용은 이미 조서에 있는 바와 같고 '마땅히 방안과 집안에 있어서도' 잘하였다는 뜻인 것이다.

2) "常安百濟之民, 永茂長淮之族"의 의미

史長樂에 따르면 고려 성종 4년(985) 송 태종이 고려 성종을 檢校太傅에 加封하면서 내린 조서에도 "常安百濟之民, 永茂長淮之族"이라는 구절이 있음을 밝히고 있다. 이때 백제는 '고려'를 가리키며 전체적으로 이 구절은 "왕씨의 祖孫이 고려 백성을 영구히 安居樂業하게 했고 長淮(왕건 선조의 출신지역)의 종족으로 하여금 영원히 번영하고 창성하게 하였다."라는 의미로 해석하고 있다. 즉 왕건 선조의 출신 지역이 중국 회하유역이었다는 것은 의문의 여지가 없는 사실이라 하고 있다.[32]

이는 다음 사료에 근거한 것이다.

---

31) 又賜曆日 自是 除天授年號 行後唐年號.(『高麗史』 권2 태조세가 16년조)

32) 史長樂, 「唐明宗披露了高麗太祖王建的族籍」, 『東北史地』, 2007, 13쪽.

I. 〈을유〉 4년(985) 여름 5월 宋에서 太常卿 王著와 秘書監 呂文仲을 보내 왕에게 〈벼슬을〉 더하여 책봉하였다. 詔書에 이르기를, "내가 큰 疆域에 살면서 천하를 한 집으로 만드니, 온 나라가 朝廷에 들어와서 賓貢의 모습에 들어맞는다. 三韓의 옛 땅은 본디 禮義와 謙讓의 나라이므로, 신령스런 거북[玉靈]으로 길일[剛辰]을 점쳐서 金印으로 마땅히 총애하는 명을 더해야 한다. 이에 대대로 이어온 덕을 드러냄으로써 우리 조정의 은혜를 빛내려고 한다. 大順軍使 光祿大夫 檢校太保 使持節 玄菟州 都督 上柱國 高麗國王 食邑二千戶 王治는 큰 바다의 신령한 기운을 받고 봉래산[蓬壺]처럼 빼어난 인재로 태어났다. 先正으로부터 왕업을 이어 받았으니 선대의 덕을 이은 훌륭한 자손이라 하겠으며, 중국의 풍속이 지닌 聲教를 흠모하니 그 높은 節義를 두루 보겠다. 스스로 천자[北闕]를 구름 보듯이 하고 자기 나라[東藩]를 〈해가〉 땅을 비추듯 하니, 덕화가 행해져서 바다는 물결조차 일지 않고 은혜가 부합하므로 사람들이 모두 〈恩澤을〉 받았다. 덧붙여 배에 보배를 싣고 朝貢을 하며, 書契는 〈중국과〉 같은 문자를 사용하고, 衣冠은 鄒魯의 맵시를 따르며 封爵의 명을 받아 山河를 지킬 맹세를 지키니 중국의 울타리[外屏]로 우뚝 솟아 모두들 〈그대를〉 어진 신하라고 일컫는다. 마땅히 은택을 고루 뿌림으로써 공에 보답[疇庸]해야 하므로 이에 使臣을 보내어 명을 내린다. 〈그대의 官爵을〉 높여 漢傅[太傅]로 삼고 侯爵으로 승진시키니, 항상 百濟의 백성을 편안하게 하고 길이 長淮의 겨레를 무성하게 하라. (『高麗史』 권3 성종세가 4년 5월)

이는 宋 太宗이 고려 成宗을 책봉하는 조서이다. 여기서도 성종이 개인적으로 선왕들의 위업을 잘 계승하고 있으며 백성들을 편안하게 하였음을 칭찬하고 있다. 그러나 무엇보다도 성의와 예의를 다해 송을 섬기고 있으므로 성종에게 관작을 주고 고려국왕으로 봉하였음을 밝히고 있는 것이다.

그러면서 "항상 百濟의 백성을 편안하게 하고 길이 長淮의 겨레를 무성하게 하라.[常安百濟之民 永茂長淮之族]"라는 표현을 하고 있는 것이다. 어떻게 보면 여기서의 '백제'가 혹 '고려'를 뜻하는 것이 아닌가 생각할 수 있다. 그러나 이는 '후백제'를 뜻하는 것이다.

다음 사료를 보면 좀 더 명백히 알 수 있다. 다음을 보자.

> J. 3월 戊寅 宋에서 大中大夫 光祿少卿 李巨原과 朝議大夫 將作少監 孔維를 보내 왕을 冊封하였다. 詔書에 이르기를, "왕이 된 사람은 四海를 열어 한 집안으로 삼고 六合을 하나로 하여 널리 가지는 법이다. 文敎를 법으로 삼고 武衛를 떨치는 것은 국가의 기초[鴻基]를 단단히 하는 것이며, 萬國을 세우고 諸侯를 친밀히 하는 것은 모두 빛나는 전례[茂典]를 따르는 일이다. 〈그대는〉 三韓의 옛 영역과 百濟가 남긴 封土를 차지하였고, 땅은 큰 바다[鯨津]를 끼고 있지만 정성껏 天子의 궁궐[象闕]을 받들어 왔다.(『高麗史』 권3 성종세가 2년 3월)

이는 사료 I보다 2년 전에 송에서 보낸 책봉 조서로 성격이 동일하다. 여기서는 성종이 경종의 뒤를 이은 것을 승인하고 책봉한다는 말을 하고 있다. 그러면서 성종이 소유한 땅을 '삼한의 옛 영역[三韓舊域]'과 '백제가 남긴 영토[百濟遺封]'로 나누어 설명하고 있다. 즉 '삼한구역'은 후삼국을 통일한 땅 전부를 가리키는 것이요 '백제유봉'은 '후백제'의 견훤이 차지했던 땅을 말하는 것이다. 즉 '百濟遺封'은 고려의 시조인 태조 왕건이 '후백제' 견훤과 오랫동안 영토를 다투다가 승리하여 그 땅을 소유하였음을 강조한 말이다. 문제는 그렇다면 '후백제'를 왜 '백제'라 표현했는가 하는 점이다. 그러나 당시 후백제의 국호는 '백제'였던 것 같다. 다만 史家들이 삼국시대의 백제와 구별하기 위해 일부 '후백제'란 표현을 쓴 것에 불과하다.[33] 실제 한국측 사서에는 후백제에 대해 단순히 '백제'로만 나오는 경우가 많기 때문이다. 예를 들면 진성여왕 대에 그의 막내아들 良貝가 당나라에 사신으로 갈 때 '百濟'의 해적들이 津島에서 길을 막는다는 소식을 듣고 활 잘 쏘는 사람 50명을 뽑아 따르게 했다는 『삼국유사』의 기록이 있다.[34] 진성여왕은 877년에서 897년까지 왕위에 있었다. 그런데 같은 『삼국유사』 에는 후백제가 892년 광주에 도읍을 정하면서 시작된 것으로 보고 있다.[35] 따라서 이는 삼국시대의 백제일 수 없으며 후백제를 지칭한다 하겠다.

또 『삼국사기』 기록에 의하면 신라 경애왕 4년[927 ; 고려 태조 10년] 정월에 태조가 친히 '백제'를 정벌했다는 기사도 보인다.[36] 여기서의 백제 가 삼국시대의 백제라고 보는 사람은 없을 것이다. 이는 당연히 후백제를 가리키는 것이다.

동광 3년[925 ; 고려 태조 8년] 견훤이 후당에 사신을 보내 신하를 칭하자 후당에서는 그에게 관작을 내려주었다는 기록도 있다. 그런데 그 관작은 '持節都督 全武公等州軍事 行全州刺史 海東四面都統 指揮兵馬制置等事 百濟王 食邑二千五百戶'였다.[37] 중국에서도 후백제를 '백제'라 하였던 것이다.

사료 J가 있는 『고려사』에도 후백제를 '백제'라 한 기록은 많이 찾아진다. 다음 기록을 보자.

　　K-① 征西大將軍 庾黔弼을 보내 百濟를 공격하였다.(『高麗史』 권1 태조세
　　　　가 8년 10월조)
　　K-② 친히 百濟의 龍州를 정벌하여 降服시켰다.(『高麗史』 권1 태조세가

---

33) 신호철도 견훤이 칭한 국호의 정식 명칭은 '後百濟'가 아닌 '百濟'였으며 '後百濟'는 『三國史記』의 찬자 등, 후대의 史家들이 三國期의 百濟와 구별하기 위해 '後'자를 붙인 것이 분명하다 하였다.(『후백제 견훤 정권 연구』, 일조각, 1993, 25쪽, 주1) 참조)
34) 『三國遺事』 권2 紀異2 眞聖女大王 居陁知.
35) 『三國遺事』 권1 王曆1.
36) 『三國史記』 권12 新羅本紀 景哀王 4년 정월.
37) 『三國史記』 권50 甄萱傳 동광 3년.

10년 정월조)

K-③ 百濟將軍 龔直이 來降하였다.(『高麗史』권1 태조세가 15년 6월조)

K-④ 興達은 甄萱의 高思葛伊城主가 되었는데 太祖가 康州를 순행할 때
그 城을 지나게 되자 興達이 그 아들을 보내 귀순해왔다. 이에 百濟가
설치한 軍吏들이 다 항복해왔다.(『高麗史』권92 興達傳)

K-⑤ 龔直은 燕山 昧谷 사람이다. 어려서부터 용맹하였고, 신라 말 本邑의
장군이 되었다. 당시 바야흐로 어지러운 시기였는데, 마침내 百濟를
섬겨 견훤의 심복이 되었다. 長子 直達·次子 金舒와 딸 하나를 百濟에
인질로 보내었다. … 〈태조〉 15년(932)에 공직이 아들 英舒와 함께
來朝하여 말하기를, "신은 저희 고을에 있으면서 오래도록 백성을
교화하고 계시다는 것을 들었습니다. 비록 하늘을 도울 힘은 없지만,
신하의 절개를 지키는 데 힘을 다하고자 합니다."라고 하였다. 태조가
기뻐하며 大相에 임명하고, 白城郡의 녹읍과 마구간의 말 3필, 채색
비단을 하사하였다. 아들 咸舒를 佐尹에 임명하였다. 또 貴戚인 正朝
俊行의 딸을 영서의 아내로 삼게 하면서 말하기를, "경은 다스려짐과
혼란스러움, 보존됨과 망함의 기미를 밝게 알고서 나에게 와서 귀부하
였도다. 짐은 이를 매우 기쁘게 생각하여 公族과 혼인관계를 맺게
하여 두터운 마음을 보이고자 한다. 경은 더욱 마음과 힘을 다해
변경을 진무하여 우리 집안의 울타리가 되어 주오."라고 하였다.
공직이 감사를 드리고서 말하기를, "百濟의 一牟山郡이 저의 고을과
경계를 접하고 있습니다. 신이 귀화하자 늘 침략하고 약탈하여 백성들
이 편안하게 일할 수가 없습니다. 신은 가서 공격하여 저희 고을
백성들이 도적질 당하지 않고 오로지 농사에 힘쓸 수 있게 하여
귀화한 진실된 마음을 더욱 단단하게 하고자 합니다."라고 하였다.
태조가 이를 허락하였다. 견훤은 공직이 항복하였다는 소문을 듣고
크게 분노하였다. 直達, 金舒와 그의 딸을 가두어 다리 근육을 지지고

끊으니 직달이 죽었다. 百濟가 멸망한 뒤 나주에서 포로로 잡은 백제 장군 具道의 아들 端舒와 金舒를 교환하여 부모에게 돌려보냈다.(『高麗史』 권92 龔直傳)

위의 K-①·②·③·④·⑤는 모두 고려 태조대의 사실을 적은 것이다. 당시는 삼국시대의 백제가 있을 수 없으며 이는 모두 '후백제'를 가리키는 것이다. 특히 K-⑤의 사료는 그것을 단적으로 말해 준다. 공직은 연산 매곡의 장군이었는데 일찍이 '백제'를 섬겨 견훤의 심복이 되어 두 아들과 한 딸을 인질로 '백제'에 보냈으며 자신도 직접 '백제'에 조빙하였다. 그러나 견훤의 무도함을 보고 왕건에게 귀순하여 '백제'의 일모산군을 공격하였다. 그러자 견훤은 공직의 큰 아들 직달을 죽였는데 '백제'가 멸한 후에 둘째 아들 금서가 부모의 품에 돌아왔다는 것이다. 즉 '백제'가 여러 번 언급되어 있다. 여기서의 '백제'가 결코 삼국시대의 백제일 수는 없으며 '후백제'임에 틀림없다. 따라서 조서에 나오는 '백제'를 고려로 본 것은 잘못이며 이는 '후백제'를 가리키는 것이라 할 수 있다.

그렇다면 "常安百濟之民"의 뜻은 무엇인가. 이는 아직도 후백제의 백성들이 반기를 들 위험이 있었기 때문에 후백제의 백성들을 편안하게 해주라는 뜻인 것이다. 태조 왕건도 죽으면서 남긴 훈요 10조에서 "공주강 밖, 차현 이남의 사람들을 등용하지 말라."[38]고 하였다. 이는 차현 이남, 노령 이북 즉 공주, 전주 등지의 후백제 사람들을 등용하지 말라는 뜻인 것이다.[39] 태조가 개태사의 석불을 우람하게 조성한 것도 불력의 힘을 빌려 후백제의 잔존세력을 제압해 보고자 함이었다.[40]

실제로 우려했던 일이 발생하기도 하였다. 고려 현종이 거란의 침략으로

---

38) 『高麗史』 권2 태조세가 26년 4월.
39) 김갑동, 「왕건의 '훈요 10조' 재해석」, 『역사비평』 60, 2002, 262~265쪽.
40) 김갑동, 「후백제의 멸망과 견훤」, 『한국사학보』 12, 2002, 85~87쪽.

경기도 廣州를 거쳐 전라도 나주까지 피난간 일이 있었다. 그런데 전라도 三禮驛(전북 완주군 삼례읍)에 이르자 전주절도사 趙容謙이 전주에 들를 것을 청하였다. 그러자 곁에 있던 朴暹이 만류하면서 "전주는 백제의 옛 땅이라 聖祖[太祖를 말함]께서도 역시 이를 미워했습니다. 그러하니 청컨대 왕께서는 이곳에 행차하지 마십시오."라고 말하였다. 그러자 현종 은 이 말에 따라 전주로 가지 않고 長谷驛에 유숙하였다. 이에 앙심을 품은 조용겸은 무리들을 모아 왕의 행궁을 습격하기도 하였다.[41] 고려 왕실이 후백제 잔존 세력을 걱정하였음을 증명해주는 기록이다. "永茂長淮 之族"의 의미는 앞서 살펴본 바와 같다.

결국 "常安百濟之民, 永茂長淮之族"의 번역은 "항상 후백제의 백성들을 안정시키고 동이의 족속을 영원히 번성케 하라."는 뜻이다. 史長樂의 해석 은 지나치게 자의적인 해석으로 잘못된 것이라 하겠다.

3) 酋彦規, 朴巖의 귀부 문제

史長樂은 당조 말기 淮海 일대에서 흥기한 지방세력인 吳越國의 酋彦規, 朴巖이 고려에 귀의했다는 것은 이들과 왕건 사이에 同鄕의 우의가 작용하 였고 이들과 왕건 조상 사이의 연계가 있었음을 반영한다고 하였다.[42]

『고려사』의 기록에 의하면 태조 2년 9월 吳越國의 文士인 酋彦規가 고려에 來投해왔고[43] 태조 6년 6월에도 오월국의 문사인 朴巖이 고려에 來投해 온 것은[44] 사실이다. 그러나 이들이 왕건과 동향의식을 가졌기 때문에 고려에 귀부했다는 것은 지나친 억측이다. 아마 왕건의 문신우대정

---

41) 『高麗史』 권94 智蔡文傳.
42) 史長樂, 앞의 논문, 13쪽.
43) 『高麗史』 권1 태조세가 2년 9월.
44) 『高麗史』 권1 태조세가 6년 6월.

책을 들고 귀화한 것이거나 오월국 내부의 사정 때문으로 추측된다.

신라의 문사였던 최언위나 궁예 정권에서 떠났던 문사 박유 등도 왕건 정권이 탄생하자 여기에 합류하였다. 그 상황을 보자.

L-① 崔彦撝는 初名이 崔愼之이고, 慶州 사람이다. 성품이 관대하고 인자하였으며, 어렸을 때부터 글짓기를 잘하였다. 신라 말 나이 18세에 당에 가서 유학하였고, 禮部侍郎 薛廷珪 아래에서 급제하였다. 이때 浡海의 宰相 烏炤度의 아들 光贊이 같은 해에 급제하였다. 오소도가 당에 조회하러 왔다가 자신의 아들 이름이 최언위 아래인 것을 보고 표문을 올려 청하기를, "신이 옛날에 본조에 들어와 급제하였는데, 이름이 李同의 위에 있었습니다. 지금 신의 아들 光贊도 마땅히 최언위 위에 올리는 것이 마땅할 것입니다."라고 하였다. 최언위의 재주와 학식이 뛰어났기 때문에 허락하지 않았다. 나이 42세에 비로소 신라로 돌아와 執事省侍郎 瑞書院學士에 임명되었다. 태조가 개국하자 〈최언위는〉 집안을 이끌고 왔다. 太子師傅에 임명하였고, 文翰의 임무를 맡겼다. 宮院의 額號는 모두 그가 지어 정하였고, 당시의 이름난 가문들은 모두 그를 스승으로 섬겼다.(『高麗史』 권92 崔彦撝傳)

L-② 王儒는 본래의 성명이 朴儒이다. 字는 文行이고, 光海州 사람이다. 성품이 질박하고 곧으며, 經史에 통달하였다. 처음에 弓裔를 섬겨 員外郎이 되었고, 승진하여 東宮記室에 이르렀다. 궁예의 정사가 혼란한 것을 보고 出家하여 산골짜기에 숨었다. 태조가 즉위하였다는 소문을 듣고 와서 만나니 태조가 예로써 맞이하고 그에게 말하기를, "致理의 도는 오직 賢者를 구하는 데 있다. 지금 경이 오니, 傅巖과 渭濱의 士를 얻은 것과 같도다."라고 하였다. 그리고 冠과 허리띠[帶]를 하사하고 국가 기밀의 중요한 관직을 관장하게 하였다. 공적이 있어 마침내 王姓을 하사하였다.(『高麗史』 권92 王儒傳)

여기서 보는 바와 같이 최언위는 신라 사람으로 당에 가서 유학하여 과거에 합격한 사람이었다. 그러나 왕건이 고려를 건국하자 가족들을 데리고 고려에 귀부하였다. 이것은 왕건이 덕이 있으며 문사들을 우대해 주었기 때문이었다. 결코 최언위가 왕건과 동향이었기 때문이 아니었다.

박유도 마찬가지였다. 박유는 광해주[춘천] 사람으로 왕건과 결코 동향이 아니었다. 그런데도 궁예 정권하에서 산골짜기에 은거하였다가 왕건이 즉위하자 찾아와 의탁하였다. 그러자 왕건은 좋은 정치를 하려면 어진 사람을 얻어야 한다고 말하였다. 그러면서 박유를 얻은 것은 殷나라 高宗[武丁]이 傳巖에서 현명한 재상 說을 얻고 周나라 文王이 渭水 가에서 太公望을 얻은 것과 같다고 하였다. 이는 왕건이 국적을 가리지 않고 문사들을 구하고 우대하였음을 증명해 주는 것이다.

또 당시 오월국이 있던 위치와 왕건의 고향이라고 주장하는 지역은 전혀 일치하지 않는다. 당시 오월국이 있던 위치는 지금의 杭州 일대, 즉 浙江省 일대이다. 그러나 사장락이 주장하는 왕건의 고향인 회수 일대는 지금의 江蘇省 북쪽으로 지역이 일치하지 않는 것이다. 따라서 동향 의식이 작용하였다는 것은 납득할 수 없는 논리이다.

한편 그들의 논리대로 한다면 태조 4년에 來投한 흑수말갈의 高子羅나 阿於閒[45], 태조 8년부터 귀부하기 시작한 발해장군 申德을 비롯한 일련의 발해 인물들이[46] 모두 왕건과 동향이었기 때문에 귀부한 것이 된다. 이는 전혀 근거없는 주장으로 아전인수격인 해석에 불과한 것이다. 나아가 고려 후기 고려에 귀화한 서역 출신의 張舜龍(본명은 三哥)이나 몽고 출신의 印侯[47] 등도 고려 왕실과 동향이기 때문에 고려에 귀순했다고 주장할 수 있다. 그러나 이는 누가 보아도 잘못된 견해임에 틀림없다.

---

45) 『高麗史』 권1 태조세가 4년 2·4월.
46) 『高麗史』 권1 태조세가 8·9·10년.
47) 『高麗史』 권123 印侯·張舜龍傳.

4) 왕건의 先祖 문제

왕건은 건국 후 祖廟를 세우거나 祖陵에 배알하는 祭尊儀式을 거행하지 않았고 3代祖의 諡號를 추존하였지만 3대조의 名諱와 行狀이 없으며, 어머니의 성씨도 알 수 없다는 점을 들어 왕건의 조상은 신라의 후손이 아니었다고 하고 있다. 나아가 성종 및 후대 왕들이 태묘에 神主를 세울 때에도 태조를 시조로 하고 懿祖와 世祖에게는 제사를 지내지 않았다는 점을 들어 왕건 이전 선조들의 실존성에 의문을 제기하고 있다.[48]

그러나 이는 당시가 혼란기였으므로 종묘를 세워 제사할 겨를이 없었기 때문이다. 최승로도 시무 28조의 서두에서 왕건 집권기의 상황을 이렇게 묘사하고 있다.

> M. 다만 건국 초기로 태평을 이룬지 얼마 되지 않아 종묘사직이 아직 아름답게 높여지지 못하였고, 禮樂과 文物은 오히려 부족한 것이 많았으며, 百官의 품계와 격식, 중앙과 지방의 규정과 의례가 미처 갖춰지지 못하였습니다. 그런데 갑자기 태조께서 세상을 떠나셨으니 [忽遺弓劍], 이는 나라 사람들의 불행이고 참으로 믿기 어려운 天道로 심히 안타까운 일입니다.(『高麗史』 권93 崔承老傳)

즉 건국 초기이기 때문에 예악이나 문물, 규정과 의식이 미처 제정되지 못하였을 뿐 아니라 종묘 사직도 아직 빛나고 높이지 못하였다고 하고 있다. 그러다가 태조가 갑자기 세상을 떠나셨으니 얼마나 안타까운 일인가 하고 있는 것이다.

또 왕건은 집권 초기에는 유교보다도 불교나 풍수지리설에 더 심취해

---

48) 史長樂, 앞의 논문, 13쪽.

있었다. 그것은 다음 기록이 뒷받침해 준다.

N. 태조는 전쟁을 하며 처음으로 나라를 세우려던 시기에 陰陽과 浮屠[佛
教]에 유의하였다. 참모 최응이 간하면서 말하였다. "書傳에 이르기를
'어지러운 세상이 되면 文을 닦아 인심을 얻어야 한다[當亂修文 以得人
心]' 하였습니다. 따라서 임금은 비록 戰時를 당하더라도 반드시 文德을
닦아야 하는 것입니다. 불교나 지리의 음양으로 천하를 얻었다는
말을 듣지 못하였습니다." 하였다. 그러자 태조가 말하였다. "그 말을
짐이 어찌 모르겠는가. 우리나라는 山水는 빼어난데 궁벽한 지역에
편재되어 있소. 따라서 토속적인 성질이 부처나 신을 좋아하여 福利를
얻으려고 하오. 그런데 지금 전쟁이 그치지 않았고 安危가 결정되지
않아 백성들이 두려워하며 어찌 할 바를 모르고 있소. 때문에 부처나
신의 陰助와 산수의 영험이 혹 姑息的인 효과가 있을까 생각했을
따름이지 어찌 이것으로써 나라를 다스리고 백성을 얻는 법을 삼겠소?
난이 평정되고 편안하게 살게 된다면 그때에는 풍속을 바꾸고 교화를
아름답게 할 수 있을 것이오." 하였다.(崔滋, 『補閑集』上)

여기서 보는 것처럼 유학자였던 최응은 왕건이 불교와 풍수지리설에
뜻을 두고 있음을 비판하고 있다. 그러나 왕건은 전쟁기에 민심을 얻기
위한 방편이라 대답하고 있다. 난이 평정되면 유학으로 교화시킬 것이라
하였다. 그러나 후삼국을 통일한 지 7년 만에 세상을 떠났으니 유학에
따른 제도 정비를 할 겨를이 없었던 것이다.

성종 이전의 왕들도 대개 풍수지리설과 불교에 의존하고 있었음은
익히 아는 사실이다. 그러다가 유교적 군왕인 성종대에 와서 太廟가 설립되
고 五廟制가 정비되고 있는 것이다. 즉 성종 7년에 五廟制가 실시되고[49]
성종 8년(989)에 와서야 비로소 太廟를 짓기 시작하여 성종 11년에 太廟가

완성되자 친히 제사를 지냈던 것이다.[50]

또 『고려사』고려세계에 의하면 왕건의 어머니는 어디서 왔는지 알수 없으며 처음에는 성씨도 없어 꿈에 본 여인이라 하여 '夢夫人'이라하였다고 되어 있다. 후에 三韓의 어머니라 하여 성을 韓氏라 하였음을 전하고 있다.[51] 그러나 이는 설화같은 이야기지만 예나 지금이나 있을수 있는 일이다. 길에서 여인을 만나 혼인하는 것은 흔히 있을 수 있는것이다. 그리고 당시만 해도 6두품 이하는 姓이 아직 보편화되지 못하였기때문에 성이 없다 하여 실존 인물이 아니거나 중국에서 왔다는 증거는될 수 없다.

한편 史長樂은 한치윤의 『海東繹史』에 "왕건의 선대는 대대로 신라에벼슬하였다(世仕新羅)"라고 되어 있고 『新五代史』에는 왕건이 "고려의 대족이었다(高麗大族也)"라고 되어 있지만 이를 뒷받침할 만한 근거를 사료에서 찾을 수 없다 하고 있다. 즉 왕건의 아버지인 世祖[龍建]가 松嶽郡沙粲이었다는 것이 대대로 신라에 벼슬하였다는 증거가 될 수 없으며왕건에게는 친형제가 없었으며 사촌동생으로서 王式廉·王信·王萬歲 등이보일 뿐이어서 대족이 될 수 없다는 것이다.[52]

그러나 한치윤은 태조의 선대가 지방의 실력자로서 신라 정부로부터관등을 수여 받은 것을 신라에 벼슬을 한 것으로 본 것이다. 이는 충분히이해할 만한 표현이다. 또 왕건에게 형제가 없었다는 것도 신뢰할 수없다. 『고려사』에는 왕건이 '世祖의 長子'로 되어 있다.[53] '장자'라 한 것은다른 아들이 있었기 때문에 특별히 밝히어 쓴 것이다. 다만 그의 형제들이사료에 보이지 않기 때문이라 할 수 있다.

---

49) 『高麗史』권3 성종세가 7년.
50) 『高麗史』권3 성종세가 8년 4월 및 11년 12월.
51) 『高麗史』高麗世系.
52) 史長樂, 앞의 논문, 14쪽.
53) 『高麗史』권1 태조세가 序.

결국 史長樂은 김부식이 『삼국사기』에서 "秦이 망하고 漢이 일어나는 난리에 중국인이 많이 海東으로 도망하여 왔'고 하였으니 삼국의 先祖가 혹시 옛 聖人의 後裔인지 모르겠다."라고 하였고 『고려사』를 편찬한 鄭麟趾조차도 "高麗之先 史闕未詳"이라 한 점을 들어 왕건이 중국 출신일 것이라 결론짓고 있다. 즉 왕건이 한족의 후예라고 해석할 수 있는 사료[後唐 明宗과 宋 太宗의 고려왕 冊封 詔書 내용]는 鄭麟趾가 지은 『高麗史』의 「太祖世家」편 및 「成宗世家」편에도 기록되어 있지만, 한국의 역대 史家들은 이 사실에 대해 언급을 회피한 채 "고려의 조상에 관한 사실은 역사서에 빠져서 자세히 알 수 없다[高麗之先 史闕未詳]"고만 언급하고 있다. 이것은 왕건 조상의 뿌리가 알려질 경우 정권에 해로울까봐 두려워 비밀에 부쳤을 가능성이 있다. 또한 그것은 고구려 및 발해의 옛 영토를 수복하려는 조선왕조의 욕망과도 관련성이 있다고 주장하고 있다.[54]

그러나 김부식은 金庾信碑 및 三郎寺碑文에 신라인은 少昊金天氏의 후예 이므로 성을 金氏라 하였다는 기록이 있고 중국 『晋書』에 고구려가 高辛氏의 후예이므로 성을 高氏라 했다는 것을 들어[55] 자신의 짤막한 견해를 표명한 것이다. 결코 논증에 의한 단정적인 말이 아닌 것이다. 또 삼국의 시조에 한한 말이지 고려 태조 왕건에 적용시킬 수 있는 내용은 아니다.

정인지 역시 유학자였으므로 金寬毅가 편찬한 『編年通錄』의 기록을 싣고 있으면서도 그 내용이 신화 같았으므로 그런 말을 한 것이다. 왕건 선대에 관한 역사적 기록이 많이 없다는 뜻이다. 이는 왕건의 선대가 고위 귀족이 아니며 왕건도 전쟁터를 전전하다 선대에 대한 상세한 기록을 남기지 못한 까닭이다. 이는 왕건의 잘못이 아니며 그가 중국 출신이기 때문은 더욱 아니다. 당시의 시대상이 혼란 상황이었기 때문이다.

이상에서 살펴 본 바를 요약, 정리하면 다음과 같다. 중국학자 史長樂이

---

54) 史長樂, 앞의 논문, 14~15쪽.
55) 『三國史記』 권28 백제본기 義慈王 末尾.

주장하는 후당 명종의 책봉조서에 나오는 '長淮茂族'이란 용어에서 장회는 분명 중국의 淮水를 가리킨다. 그러나 왕건이 중국의 회수 출신이라는 뜻은 아니다. 중국에서는 옛부터 東夷族의 한 일파인 淮夷를 자신들과는 다른 족속으로 보았다. 나아가 현 중국의 동북쪽과 한반도에 있는 국가들도 같은 동이족으로 보았다. 따라서 고려를 건국한 태조 왕건도 동이족으로 보았기 때문에 장회무족이라 한 것이다. 이는 즉 '동방의 무성한 족속'이란 일반적인 개념에 불과한 것이다.

그것은 중국인들의 '高麗' 인식에서도 엿볼 수 있다. 중국 측에서는 오래 전부터 고려가 고구려의 후예국가라는 인식을 가지고 있었다. 이는 한반도에 있는 삼국은 물론 고려도 동이족의 후예로 보았다는 것을 의미한다. 나아가 고려도 중국에 동화된 淮夷나 徐夷와 같은 족속이었다는 뜻이다. 따라서 왕건을 장회의 무족이라 한 것은 그 가문이 회이, 즉 동이족의 번성한 족속이라는 뜻이었다. 결코 중국 출신이라는 뜻은 아닌 것이다. 다만 왕건이 자신의 선조와 중국과의 관련성, 그리고 자신의 성인 '王'씨를 내세워 자신이 중국 출신이라는 주장을 했을 가능성은 있다. 이를 통해 중국과의 외교를 원활히 하고 중국의 인정을 받고자 함이었다.

'鵲巢之美'의 의미도 '외국에 와서 남의 땅을 빼앗았다'는 뜻이 아니고 '남편의 지위로 가정을 잘 꾸렸다'는 의미다. '常安百濟之民, 永茂長淮之族'도 史長樂의 주장처럼 '항상 고려 백성을 안정시켜 장회의 족속을 무성케 하라'고 해석할 수 없다. 여기서의 '백제'는 결코 고려를 뜻하지 않기 때문이다. 후백제를 뜻하는 것이다. 즉 이 표현은 '항상 후백제의 잔존 세력을 안정시켜 영원히 동방의 족속을 번성케 하라'는 뜻인 것이다. 또 이를 근거로 고려 왕실이 중국 출신이라 주장할 수도 없는 것이다.

酋彦規, 朴巖의 고려 귀부도 그들이 왕건과 동향이기 때문이 아니라 왕건의 文士우대정책 때문인 것이다. 왕건이 宗廟를 세우지 않았고 그 어머니도 어디서 왔는지 알 수 없다 하여 그를 중국인으로 해석하는 것은 더욱 논리에 맞지 않는다. 왕건의 친족에 대한 자세한 역사 기록이 보이지 않는다 하여 그가 대족이 아니며 신라 출신이 아니라 하는 것은 억지 주장에 불과하다.

결론적으로 말해 史長樂이 주장하는 '왕건의 중국 출신설'은 왕건에 대한 전반적인 검토를 하지 않고 수사적으로 쓴 일부 자구에 국한한 연구로 믿을 수 없는 것이다.

3장 태조 왕건대의 통치체제

Ⅰ. 중앙통치체제

1. 중앙관부의 서열과 기능

고려 태조 왕건은 즉위한 지 6일 만에 인사조치를 단행하였다. 각 중앙관부의 관직에 인물들을 등용하였다. 우리는 이를 통해 당시의 중앙관부와 지배세력의 일단을 엿볼 수 있다. 다음 기록을 보자

A-① (태조 원년 6월) 辛酉에 詔하기를, "관제를 설치하고 직분을 나눔에는 유능한 사람을 임명하는 길이 있고, 풍속을 이롭게 하고 백성을 평안하게 하는 데는 현명한 사람을 고르는 일이 급한 것이다. 진실로 관직에 소홀함이 없으면 어찌 정사가 거칠어짐이 있겠는가. 짐이 외람되이 천명을 받아 국가를 밝게 운용함에 있어 왕위에 임하여 보니 마음 편하기 어려움을 알게 되었고 용렬하고 부실한 벼슬아치는 가히 두려워할 만한 것이라 생각된다. 오직 사람을 알아봄이 밝지 못하고 신하들을 살핌에 실수가 많아 어진 사람을 빠뜨렸다는 탄식을 일어나게 하고 깊이 선비 얻는 도리에 어긋날까 염려하여 자나 깨나 걱정되는 것은 오직 이것뿐이다. 안팎의 관원들이 모두가 그 직책에 충실하면

다만 이때만의 다스림을 이룩할 뿐 아니라 족히 후대의 칭찬을 남길 수 있을 것이다. 마땅히 여러 諸侯를 등용하고 여러 신하들을 시험을 거쳐 선발함에 힘써서 모두 고르게 할 것이니 중앙과 지방이 다 짐의 뜻을 알지어다." 하였다.

② 드디어 韓粲 金行濤로 廣評侍中을, 韓粲 黔剛으로 內奉令을, 韓粲 林明弼로 徇軍部令을, 波珍粲 林曦로 兵部令을, 蘇判 陳原으로 倉部令을, 韓粲 閣長으로 義刑臺令을, 韓粲 歸評으로 都航司令을, 韓粲 孫逈으로 物藏省令을, 蘇判 秦勁으로 內泉府令을, 波珍粲 秦靖으로 珍閣省令을 삼았다. 이러한 사람들은 모두가 품성이 단정하고 일을 처리함이 공평하고 성실하여 창업의 시초부터 천명을 받은 임금을 보좌하는 공로를 다한 사람들이었다.

③ 關粲 林積璵로 廣評侍郎을, 前守徇軍部卿 能駿과 倉部卿 權寔으로 함께 內奉卿을, 關粲 金堙과 英俊으로 함께 兵部卿을, 關粲 崔汶과 堅術로 함께 倉部卿을, 一吉粲 朴仁遠과 金言規로 함께 白書省卿을, 林湘煖으로 都航司卿을, 姚仁暉와 香南으로 함께 物藏卿을, 能惠와 曦弼로 함께 內軍卿을 삼았다. 이들은 다 일찍부터 사무에 숙달하고 청렴하고 신중하여 가히 공무를 수행함에 태만함이 없고 결단을 민첩하게 하여 진실로 여러 사람의 마음에 맞는 사람이라고 일컬을 수가 있다.

④ 前廣評郞中 康允珩으로 內奉監을, 前徇軍部郞中 韓粲 申一·林寔으로 함께 廣評郞中을, 前廣評史 國鉉으로 員外郞을, 前廣評史 倪言으로 內奉理決을, 內奉史 曲矜會로 評察을, 前內奉史 劉吉權으로 徇軍郞中을 삼았다.

⑤ 그 밖의 司省에는 각각 郞과 史를 두어 관원의 수를 갖추어서 하나도 빠진 데가 없게 하였다. 대개 개국의 시초에 현명한 인재를 잘 골라 뽑아서 모든 일을 고르게 하였던 것이다.(『高麗史』 권1 태조세가 원년 6월)

위의 기록은 크게 다섯 부문으로 나누어 볼 수 있다. 첫째 부분인
①에서는 인재 등용의 어려움과 중요성을 말하고 있다. 적재적소에 인물을
배치한다면 정사는 저절로 이루어질 것이라 하였다. 둘째 부분인 ②에서는
각 중앙관부의 장관급에 등용된 인물들을 열거하고 있다. 그리고 이들이
어떤 역할을 해서 장관급에 등용되었는가를 밝히고 있다.

셋째 부분인 ③에서는 각 관부의 차관급에 해당하는 인물들의 명단과
더불어 그들의 성격을 명시하고 있다. 마찬가지로 ④에서는 그 밑의 인물들
과 그 성격을 말하고 있다. 마지막으로 ⑤에서는 중요 관부 이외의 다른
관부에도 관직자를 임명하여 빠짐없는 인사를 단행하였음을 밝히고 있다.

여기서 보는 바와 같이 이때의 중앙관부는 廣評省·內奉省·徇軍部·兵部·
倉部·義刑臺·都航司·物藏省·內泉部·珍閣省·白書省·內軍 등과 그 밖의 司省
도 있었음을 알 수 있다. 이 중 광평성·내봉성·병부·의형대·물장성 등은
904년부터 있었던 관부이다.[1] 그러나 나머지 관부는 그 이후 새로 생겨났
거나 명칭이 개정된 것이다. 이를 표로 나타내면 다음과 같다.

〈표 1〉 태조 원년 신유 詔에 보이는 중앙관부와 관직

순위	관부명칭	장관	차관	이하 관직
1	廣評省	(1)侍中(金行濤)	(11)侍郎(林積璵)	(26)郎中(申一) (27) 郎中(林寔) (28)員外郎(國鉉)
2	內奉省	(2)令(黔剛)	(12)卿(能駿) (13)卿(權寔)	(25)監(康允珦) (29)理決(倪言) (30)評察(曲矜會)
3	徇軍部	(3)令(林明弼)		(31)郎中(劉吉權)
4	兵部	(4)令(林曦)	(14)卿(金堙) (15)卿(英俊)	
5	倉部	(5)令(陳原)	(16)卿(崔汶) (17)卿(堅術)	
6	義刑臺	(6)令(閻萇)		
7	白書省		(18)卿(朴仁遠) (19)卿(金言規)	
8	都航司	(7)令(歸評)	(20)卿(林湘煖)	
9	物藏省	(8)令(孫逈)	(21)卿(姚仁暉) (22)卿(香南)	
10	內泉部	(9)令(秦勁)		
11	珍閣省	(10)令(秦靖)		

1) 『三國史記』 권50 궁예전 천우 원년.

| 12 | 內軍 | | (23)卿(能惠) (24)卿(曦弼) | |
| 13 | 其餘司省 | | | 郎, 史 |

* ( )안의 숫자는 『고려사』의 기재 순서를 말함

먼저, 서열 1위로 되어 있는 광평성은 泰封때부터 있었던 관부이다. 그 기능에 대해서는 여러 가지 견해가 있다. 즉 이것을 신라 집사성의 후신으로 보고 百官을 대표하는 호족세력의 상징으로 보는 견해가 있는가 하면[2] 신라 大等들의 모임으로 추정되는 和白회의의 전통을 이은 것으로 보고 말 그대로 널리 평의하는 기관으로서 지방의 호족세력을 대변하는 관부였을 것이라는 견해도 있다.[3] 그러나 이것은 신라 집사성의 전통을 이은 것으로 백관을 總領하는 최고 관부가 아니었을까 하는 견해도 있다.[4]

그런데 『고려사』에 보면 왕건이 궁예의 신임을 받아 侍中이 되어 백관의 최고위에 있게 되었다는 기사가 나온다.[5] 여기서 '시중'이라는 것은 광평성의 시중을 말하는 것으로 신라 집사성의 최고 장관 명칭과 같다. 다시 말하면, 왕건이 광평성의 시중이 되어 백관의 최고위에 있게 되었다는 것이다. 이렇게 볼 때, 광평성은 신라 집사성의 전통을 이은 것으로 보아야 하며 호족세력을 대변하는 기관이었다기보다는 백관을 총령하는 최고관부였다고 보는 것이 옳은 것이다.

또한, 태조 3년(920)에 康州將軍 閏雄이 귀부하니 태조는 郎中 春讓을 康州에 보내 慰諭하고 있고[6] 태조 4년에는 郎中 撰行을 보내 邊郡을 순시하고 백성을 存撫케 하고 있다.[7] 여기서는 막연히 낭중이라고만 되어 있어

---

2) 이태진, 「고려 재부의 성립」, 『역사학보』 56, 1972, 7쪽.

3) 이기백, 「귀족적 정치기구의 성립」, 『한국사』 5, 국편위, 1975, 18쪽.

4) 변태섭, 「고려 초기의 정치제도」, 『한우근정년기념사학논총』, 지식산업사, 1981, 170쪽.

5) "乾化三年 以太祖屢著邊功 累階爲波珍粲兼侍中 以召之 水軍之務 盡爲副將金言等 而征討之事 必令稟太祖行之 於是 太祖位冠百僚"(『高麗史』 권1 태조세가 건화 3년).

6) 『高麗史』 권1 태조세가 3년 정월.

7) 『高麗史』 권1 태조세가 4년 9월.

어느 관부의 낭중인지 잘 알 수가 없다. 그러나『고려사』에는 다른 관부의 직위에는 다 그 관부명을 붙이고 있는데 '王侍中'이나 '前侍中 金行濤'8) '前侍中 具鎭'9) 등의 예에서 볼 수 있듯이 광평성이라는 관부는 생략하고 있다. 그러므로 이는 광평성의 낭중임이 틀림없으며 이들은 태조의 명을 받아 중요한 일을 수행하고 있다. 따라서 광평성은 '왕권의 안전판' 구실을 하였던 신라 중대 집사성의 경우와 같이10) 왕권을 옹호하고 백관을 총령하는 관부로 생각되는 것이다.

내봉성에 대해서는 이것이 監·理決·評察 등의 관직명으로 보아 주로 인사업무를 담당하여 신라의 位和府에 해당된 것이라는 견해가 있다.11) 또 이것을 집사성에 비기면서 왕명을 받들어 행정을 실시하는 관부로 보는 견해도 있다.12)

그런데 監은 侍郞급에 해당하는 卿보다도 하위직이었다.13) 한편, 태조 원년 6월 신유에 내봉감에 임명된 강윤형과 동년 6월 을축에 內奉員外郞으로 있다가 內奉郞中이 된 尹珩은14) 동일인물로 추정된다. 양자는 같은 관부에 임명된 인물이고 당시 성을 빼고 이름만 기록한 예가 많기 때문이다. 그렇다면, 감은 원외랑과 동직이거나 동렬의 직임을 알 수 있다.

또한 태조 원년 6월 신유에 內奉史였다가 評察에 임명된 曲矜會와 그 4일 후에 內奉史로 있다가 內奉員外郞에 임명된 李矜會도15) 동일인임이 분명하다. 이긍회도 그 때까지 갖고 있던 관직명이 내봉사이었으므로

---

8)『高麗史』권1 태조세가 원년 7월 계해.

9)『高麗史』권1 태조세가 원년 7월 계사.

10) 이기백,「신라 집사부의 성립」,『진단학보』25·26·27합병호, 1964 ;『신라 정치사회사연구』, 일조각, 1974, 171쪽.

11) 이태진, 앞의 논문, 9쪽.

12) 변태섭, 앞의 논문, 171쪽.

13)『三國史記』권40 직관지 사천왕사성전.

14)『高麗史』권1 태조세가 원년 6월 신유 및 을축.

15) 위와 같은 조항.

평찰이 내봉사와 같은 직이거나 동렬의 직임이 틀림없다. 이렇게 볼 때 理決도 원외랑과 동열의 직이거나 하위직일 것이다. 그렇다면 내봉경보다도 하위직인 이들의 관직명을 가지고 이들이 백관의 인사업무에 관여했다고 볼 수 있을까?

물론 후대에는 재상들보다도 하위직이면서 인사업무를 담당한 경우가 있었다. 또 재상보다 직위가 낮은 臺諫들이 인사문제에 깊이 관여하기도 했다. 그러나 당시는 아직 정치가 혼란한 시기였으므로 그렇게 조직적인 관부가 설치되지 못했다. 이에 대해서는 뒤에 다시 살피겠지만, 아무래도 필자는 내봉성의 주요업무가 인사문제였을 것이라는 데에는 선뜻 찬동하고 싶지 않다. 그렇다고, 이것이 신라의 집사성의 후신으로 생각하지도 않는다. 그러나 이것이 국왕의 측근에서 왕명을 받들어 실천하는 관부였을 것이라는 의견에는 수긍이 간다. 물론, 여기에는 인사문제도 어느 정도 포함되었을 것이다. 이것은 궁예가 왕건에게 역모를 했다고 몰아세울 때 순간적인 기지로 위기에서 왕건을 구해준 崔凝이 태조 초기에 內奉卿을 지냈던 사실로도 알 수 있다.[16] 거기에다 신라의 內司正典과 같이 司正 기능도 담당했던 것으로 보인다.[17] 이결이나 평찰이 신라의 내사정전에 있었던 議決·貞察과 같은 직능을 담당했을 것이기 때문이다.

그러면 군사문제와 관련이 있는 관부였던 순군부와 병부는 어떤 기능을 가졌을까? 여기에는 병부가 왕명을 이행하는 관부였던 반면 순군부는 여러 호족의 군사력과 연결된 협의체제적인 군사지휘권의 통수부로 보는 견해가 있다.[18] 순군부는 병권을 典掌하여 군중에 호령하는 군사지휘권을 가진 관부이고 병부는 단순한 군사행정기구의 역할만을 담당하는 관부일

---

16) 『高麗史』 권92 최응전.
17) 『三國史記』 권39 직관지 중 내사정전 및 조인성, 『태봉의 궁예정권』, 푸른역사, 2007, 109쪽.
18) 이태진, 앞의 논문, 8쪽 ; 이기백, 「고려 경군고」, 『고려병제사연구』, 일조각, 1968, 55쪽.

것이라는 견해도 있다.[19] 전자의 견해에 따른다면 호족세력이 왕권을 능가한 것으로 여겨지는 태조 초기에는 순군부가 병부보다 우위에 있는 것이 당연하다. 그러나 호족세력의 억압을 위해 순군부를 軍部로 고친 광종 대에는 병부가 군부[순군부의 후신] 보다 우위에 있어야 한다. 그러나 경종 원년의 冊尙父誥의 서명 순서를 보면 여전히 군부가 병부보다 우위를 점하고 있다.[20] 물론 이것이 경종 대이고 광종 말년 호족세력의 재등장을 반영하는 것으로 볼 수 있다. 그러나 관부의 서열이란 것이 하루아침에 바뀌는 것은 아니므로 그것은 광종대의 정치상황을 반영한 것으로 보아야 할 것이다. 따라서 후자의 견해가 옳은 것이라 생각한다. 이러한 순군부가 새로이 설치된 것은 궁예가 군사지휘권 내지 왕권의 강화를 꾀한 데서 비롯되었다고 볼 수 있다.[21]

다음 창부는 국가의 공적인 재정을 담당하는 관부로 후대의 戶部에 해당한다고 볼 수 있다. 의형대는 후대의 刑部에 해당하는 관부로서 신하나 백성들의 비위를 처벌하고 형벌과 소송을 담당한 관부였을 것이다.

백서성은 그 명칭 자체에서도 알 수 있듯이 국왕에 대한 정책건의기관이 아니었나 한다. 그것은 태조 원년 6월 신유일에 백서성경에 임명된 김언규나 박인원을 보아도 알 수 있다. 김언규는 당시 청주의 가장 유력한 호족인 청주 김씨로서 청주에 일찍부터 학교가 설치되었을 것이라는 견해[22]를 볼 때 상당한 학식을 갖춘 儒臣이었을 것으로 추측된다. 박인원은 신라의 유신이었던 朴仁範과 같은 신라의 경주 박씨로 추정되기 때문에

---

19) 이기백, 앞의 논문, 1975, 21쪽. 정경현도 이런 견해에 대체로 찬성하였다. 그리하여 순군부는 문사출신으로 구성된 왕의 직속기관이며 發兵權을 행사하였다고 보았다.(「고려초기 경군의 통수체계−순군부의 병권에 대한 재해석을 겸하여−」, 『한국학보』 62, 1991) 그러나 전경숙은 순군부가 軍令기구가 아닌 軍政기구라 하고 있다.(「고려초의 순군부」, 『한국중세사연구』 12, 2002)

20) 『三國遺事』 권2 기이2 김부대왕.

21) 조인성, 『태봉의 궁예정권』, 푸른 역사, 2007, 114쪽.

22) 김광수, 「나말려초의 지방학교문제」, 『한국사연구』 7, 1972 참조.

같은 유학자였을 것이다. 이 백서성에 孔目이란 관직이 있음에서도[23] 짐작할 수 있다. 공목은 원래 중국에 있던 관직으로 唐대에 공문서 작성의 일을 맡았다. '集賢殿孔目'이란 직책이 있었던 것이다.[24] 따라서 백서성공목은 유학을 깊이 공부한 사람의 직책이라 하겠다. 이들 유학자들은 당시의 정책결정에 깊이 참여했을 것이다.

또한, 우리가 주목할 것은 태조 13년에 백서성낭중 行順·英式으로 內議舍人을 삼았다는 기사이다.[25] 이를 內議省 신설로 보는 견해도 있다.[26] 그런데 내의사인은 中書舍人의 前身으로 여겨지는데 중서사인은 중서문하성의 하부구조인 郎舍의 일원으로 諫官이었다. 이로써 미루어 볼 때 이를 단순한 전보발령으로 보기보다는 그 때까지 내의사인과 비슷한 일을 하고 있던 그들을 내의성 신설과 함께 그 직임을 맡긴 것으로 보아야 할 것이다. 신설한 내의성은 기존의 백서성을 더 확대, 강화한 것으로도 볼 수 있다. 따라서 백서성은 내의성의 전신으로 볼 수 있으며 그 기능은 국왕에 대해 정책을 건의, 조언하였던 것이 아닌가 한다. 그런 까닭에 이 백서성은 내의성으로 확대, 강화되어 태조말년에는 광평성, 내봉성과 함께 어깨를 나란히 할 수 있는 관부로 승격할 수 있었던 것이라 하겠다.

도항사는 西京에도 설치되어 있던 관부로[27] 그 명칭으로 볼 때 수군이나 선박을 관장한 관부로 여겨진다. 그러나 군사적인 면보다는 경제적인 면에서 더 큰 비중을 차지하는 관부로 여겨진다. 즉 배를 이용하여 조세나 식량을 운반하는 기능도 담당했으리라 생각한다.

물장성은 신라의 物藏典에 해당하는 관부로 생각된다.[28] 이는 후일의

---

23) "以白書省孔目直晟 爲白書郎中 徇軍郎中閔剛 爲內軍將軍".(『高麗史』 권1 태조세가 원년 6월 무진).

24) 일중민족과학연구소 편, 『중국역대직관사전』, 국서간행회, 1980, 91쪽.

25) 『高麗史』 권1 태조세가 13년 3월.

26) 이기백, 앞의 논문, 1975, 25쪽.

27) 『高麗史』 권77 백관지2 서경유수관.

小府監에 해당하는 것으로 工技寶藏을 관장하는 것으로 되어있으나[29] 실은 일반 공사도구와 병기를 관장하는 관부였을 것이라 생각한다.[30] 물론 신라에서 보물로 여기던 聖帝帶를 경순왕이 태조에게 바치자 태조가 이를 物藏庫에 보관토록 했다는 기록이 있다.[31] 그러나 이는 태조가 일부러 취한 조치라 생각한다. 즉 신라에서는 보물로 여긴 것이었지만 우리는 별로 보물로 생각하지 않는다는 것을 보여주기 위해 취한 조치가 아닌가 한다.

그러면 寶藏 즉 보물 저장을 관장하는 관부는 어떤 관부였을까? 여기서 우리는 태봉 조에 珍閣省卿으로 있던 柳陟良이 혁명시 다들 몸을 피해 달아났으나 홀로 창고를 지킨 공으로 광평시랑에 임명되고 있음을 주목할 필요가 있다.[32] 여기서의 창고는 진각성이라는 글자가 뜻하듯이 궁중의 寶器를 넣어둔 창고가 아니었을까 한다. 또 이 창고는 그가 진각성경이라는 직으로서 책임을 지고 있던 곳일 것이다. 그러므로 바로 이 진각성이 궁중의 工技나 寶藏을 관장하는 관부로 여겨지는 것이다. 또 이 관부는 신라시대의 穢宮典의 기능을 이은 것으로 생각한다. 예궁전은 경덕왕 때에 珍閣省으로 불린 적이 있기 때문이다.[33]

내천부는 창부가 국가재정을 담당했던 데 비해 왕실의 재정을 담당했을 것이다. 內軍은 신라시대 侍衛府의 전통을 이은 것으로[34] 왕의 친위군으로 추정된다. 태조는 인사조치를 단행한 다음날 內軍將軍 狄鈇가 아첨하여 궁예에게 총애를 받아 어질고 착한 사람을 모함하였다 하여 그를 주살하였다.[35] 그 며칠 후에는 순군낭중 閔剛으로 내군장군을 삼았다.[36] 그것은

---

28) 『三國史記』 권39 직관지 중 물장전.
29) 『高麗史』 권76 백관지1 소부시.
30) 이기백, 앞의 논문, 1975, 21쪽.
31) 『高麗史』 권2 태조세가 20년 5월.
32) 『高麗史』 권1 태조세가 원년 9월 정유.
33) 『三國史記』 권39 직관지 중 예궁전.
34) 『三國史記』 권40 직관지 하 시위부.

태조가 궁예의 심복이었던 적부를 제거하고 자기의 심복인 민강을 그 자리에 앉혀 자신의 신변보호를 더욱 강화한 것으로 해석할 수 있다. 그렇다면 내군이 왕의 신변 안전을 위한 친위군이었을 가능성을 더욱 짙게 해 주는 것이다. 『고려사』 찬자는 내군을 儀物器械를 관장한 衛尉寺의 전신으로 보고 있다.[37] 이것은 내군이 왕의 친위병적인 역할과 아울러 의물기계를 넣어둔 창고를 수비하는 임무를 맡았는데 이를 직접 관장한 것으로 오해한 소치일 것이다. 따라서 순군부가 주로 궁성 밖에 있는 군대의 典兵權을 장악했던 반면 내군은 궁성 안에서 왕의 친위대 역할과 아울러 궁성수비의 역할을 담당한 것이 아닌가 한다.

이 밖에도 우리는 기록에서 당시 元鳳省이나 禮賓省 등의 관부를 더 찾을 수 있으나 본고의 범주에서 벗어나는 일이므로 생략한다. 지금까지 살펴온 각 중앙관부의 서열과 기능을 알기 쉽게 표로 만들어 보면 다음과 같다.

〈표 2〉 태조 원년 중앙관부의 서열과 그 기능

	관부	기능
1	廣評省	신라 執事省의 후신으로 百官을 總領하는 최고 관부
2	內奉省	王命을 받들어 奉命實踐하는 機關(人事問題 포함)
3	徇軍部	宮城 밖의 典兵權을 가진 관부
4	兵部	단순한 軍事行政機構
5	倉部	尙書戶部의 前身으로 國家의 財政을 담당한 관부
6	義刑臺	尙書刑部의 前身으로 群臣과 百姓의 非違를 처벌하고 諍訟을 담당
7	白書省	內議省의 前身으로 政策을 協議하고 建議하는 機關
8	都航司	船舶과 漕運을 담당
9	物藏省	工技와 兵器를 주로 管掌
10	內泉部	王室財政을 담당
11	珍閣省	王室의 工技·寶器를 관장
12	內軍	王의 親(近)衛兵 역할과 宮城 守備 담당

---

35) 『高麗史』 권1 태조세가 원년 6월 임술.

36) 『高麗史』 권1 태조세가 원년 6월 무진.

37) 『高麗史』 권76 백관지1 위위시.

〈표 2〉에서 알 수 있듯이 크게 보아서 광평성을 최고 관부로 하여 그 아래에 인사문제를 포함한 정치와 관련된 관부인 내봉성, 군사와 관련된 순군부와 병부, 국가 재정을 담당한 관부인 창부, 쟁송을 담당한 의형대, 정책 건의기관인 백서성, 선박 관련 업무를 맡은 도항사, 왕실과 관련된 것으로 보이는 物藏省·內泉部·珍閣省·內軍의 순서로 되어 있었다. 여기서 백서성이 하위로 처져있는 것은 그것이 설치 초기일 뿐 아니라 당시가 전쟁기였던 상황을 반영한 것이었다. 이는 정치가 안정되고 통일이 진척됨에 따라 내의성기구로 확대 강화되어 드디어는 3省의 대열에 끼게 되었던 것이다. 또한 고려의 6부가 唐·宋과는 달리 호부보다 병부가 우위에 있었던 연원도 이러한 고려 초의 정치상황과 중앙관부의 서열에서 찾을 수 있지 않을까 한다.

2. 중앙관부의 조직

이제 우리는 태조 원년 신유의 인사 조치에 나타난 각 중앙관부의 내부가 어떻게 조직되어 있었을까 하는 문제에 봉착하게 된다. 또한 『高麗史』百官志에 나오는 태조 초기 중앙관부의 관직도 보완해보고자 한다.

먼저 광평성에 대해서는 당시의 인사조치에 시중·시랑·낭중·원외랑 등의 이름이 나오고 있으며 '前廣評史 倪言'·'前廣評史 國鉉' 등의 기록으로 보아[38] 시중－시랑－낭중－원외랑－사의 조직체계를 갖고 있었음을 알 수 있다.

내봉성에 대해서는 내봉령·내봉경·감·이결·평찰 등의 관직명을 찾을 수 있다. 그러나 그 4일 후인 6월 을축일에 내봉낭중 能梵을 審穀使로,

---

38) 『高麗史』권1 태조세가 원년 6월 신유.

내봉원외랑 尹珩을 내봉낭중으로, 내봉사 李矜會을 내봉원외랑으로 삼고 있다.[39] 여기의 윤형과 이긍회가 신유 詔의 강윤형과 곡긍회와 각각 동일 인물일 것이며 감·평찰이 원외랑·사와 각각 同職異稱일 것임은 앞서 본 바와 같다. 신유일에 내봉이결에 임명된 예언이 前廣評史였던 점으로 미루어 볼 때 이결은 내봉사와 동렬의 직이거나 원외랑과 사의 중간직일 수 있다. 그러나 그 직임이 특수한 것이기 때문에 이결이라 한 것일 것이다. 이렇게 볼 때 내봉성도 광평성과 같은 완전한 조직체계인 령－경 (시랑)－낭중－원외랑(감)－사(이결, 평찰)로 되어있음을 알 수 있다.

순군부와 병부에 있어서는 순군부령·순군낭중 등을 찾을 수 있다. 내봉경에 임명된 능준의 前職이 守徇軍部卿임을 보아[40] 순군부경도 있었다고 여겨진다. 병부에는 령·경이 있었고 태조 원년 9월 경인일에 순군낭중 玄律을 병부낭중에 임명하고 있어[41] 순군부와 병부는 령－경(시랑)－낭중으로 조직되어 있었음을 알 수 있다. 그러나 林春吉이 지냈던 徇軍吏나[42] 王式廉이 역임했던 軍部書史라는[43] 표현으로 볼 때 적어도 순군부에는 말단 행정직인 사도 있었을 가능성을 배제할 수 없다.

창부·도항사·물장성 등의 관부에서도 령·경의 관직을 찾을 수 있다. 의형대의 경우 신유 詔書에는 령의 이름만 보이지만 태조 원년 10월 경신일에 '守義刑臺卿 能律'이 보이므로[44] 경이란 관직명이 있었음을 알 수 있다. 내천부에도 경이 있었음은 태조 5년에 설치한 것으로 보이는 西京留守官 중 내천부에 경이란 관직명이 있는 것으로[45] 미루어 알 수

39) 『高麗史』 권1 태조세가 원년 6월 을축.
40) 『高麗史』 권1 태조세가 원년 6월 신유.
41) 『高麗史』 권1 태조세가 원년 9월 경인 및 권92 홍유 附 배현경전.
42) 『高麗史』 권1 태조세가 원년 6월 을유.
43) 『高麗史』 권92 왕식렴전. 여기서 군부는 순군부를 가리키는 것이라 생각된다.
44) 『高麗史』 권1 태조세가 원년 10월 경신.
45) 『高麗史』 권77 백관지2 서경유수관.

있다. 진각성에도 이미 태조 즉위 이전에 '珍閣省卿'이 있었다. 그것은 柳陟良이 태조의 혁명시 진각성경으로써 맡은 바 창고를 훌륭히 지켰다는 기록에서 알 수 있다.[46] 이렇게 보면, 신유 詔에 서열 5, 6, 8, 9, 10, 11 위로 나타나는 창부, 의형대, 도항사, 물장성, 내천부, 진각성 등의 6관부에는 령-경(시랑)의 조직체계가 있었음을 알 수 있다.

백서성에서는 경의 이름밖에 보이지 않지만 태조 원년 6월에 白書省孔目 直晟으로 白書郎中을 삼은 기록이 나오므로[47] 공목·낭중 등의 관직이 있었음을 알 수 있다. 그런데 태조 원년 9월에 尙州賊帥 阿字盖가 사자를 보내 來附하자 그 영접의식을 연습할 때 광평낭중 柳問律과 直省官 朱瑄劼이 반열을 다투었다는 기록이 있다.[48] 여기에서의 직성관은 아무래도 백서성 의 관원으로 생각되며 직성관이 광평성의 낭중과 비슷한 직임을 알 수 있다. 그리고 앞에 든 공목이란 관직을 띠고 있던 직성이 백서낭중으로 된 것은 동렬의 이동으로 생각할 수 있으나 승진으로 보는 것이 타당할 것이다. 그렇다면, 공목은 원외랑급의 특수 직임을 알 수 있다. 따라서 백서성은 경-낭중-원외랑(공목)의 조직체계였음을 알 수 있다.

내군에는 경이란 관직이 있었고 '內軍將軍 狄鈇'의 예에서 보듯이 장군의 직도 있었다. 그 밑에는 관부의 성격으로 보아 무반의 관직체계를 갖고 있을 것으로 생각되나 확실한 것은 알 수 없다.

그런데 백서성과 내군에 령의 관직명이 보이지 않는 것은 기록의 소략이 아니라 본래 없었기 때문이라 생각한다. 이것은 이들 관부가 하위관부일 뿐 아니라 그 설치 초기인 것을 반영하는 것이다. 그것은 신라의 司正府가 卿의 설치로부터 시작하는 것[49]과 궤를 같이하는 것이다.

---

46) 『高麗史』 권1 태조세가 원년 9월 정유.
47) 『高麗史』 권1 태조세가 원년 6월 무진.
48) 『高麗史』 권1 태조세가 원년 9월 갑오.
49) 『三國史記』 권38 직관지 상 사정부.

지금까지 신유 詔에 나타난 중앙관부의 조직을 서열순으로 살펴보았는데 이를 알기 쉽게 표로 작성하면 다음과 같다.

〈표 3〉 태조 초기 중앙관부의 서열과 그 조직

서열\관직		令(侍中)	卿(侍郎)	郎中	員外郎 (監, 孔目)	史 (理決, 評察)
1	廣評省	○	○	○	○	○
2	內奉省	○	○	○	○	○
3	徇軍部	○	○	○		○
4	兵部	○	○	○		
5	倉部	○	○			
6	義刑臺	○	○			
7	白書省		○	○	○	
8	都航司	○	○			
9	物藏省	○	○			
10	內泉部	○	○			
11	珍閣省	○	○			
12	內軍		○			

〈표 3〉에서 알 수 있듯이 서열이 낮아질수록 그 조직이 불완전하다는 것을 알 수 있다. 그러나 백서성은 서열이 하위인데도 비교적 많은 관직을 갖고 있다. 이는 그 기능면에서 볼 때 서열이 상승할 수 있는 소지가 다분히 있었음을 알려준다. 또 백서성이 하위로 되어있는 것은 그것이 설치 초기이기 때문이며 당시가 전쟁기로서 순군부와 병부 등 무인 관련 기관이 더 중요시된 것을 반영한다.

3. 중앙관부와 정치세력

태조 초년의 지배세력을 알아보는 방법에는 여러 가지 방법이 있다. 그러나 여기서는 태조 원년 6월 신유 詔에 나타난 각 중앙관부에 임명된 인물들을 분석해 봄으로써 미흡하나마 당시의 정치상황과 지배세력의 성격을 알아보고자 한다.

앞서 잠시 보았듯이 辛酉 詔의 인사조치는 크게 3부류로 나누어 행하고 있다. 첫째 "품성이 方正하고 처사가 원만하여 창업 당시 使命의 역할을 충분히 발휘한" 공로자 10명을 각 관부의 장관직인 시중·령에 임명하고 있다. 이들 10명 가운데 성을 알 수 있는 자는 김행도·임명필·임희·진원·손형·진경·진정 등 7명이고 나머지는 성을 알 수 없는 자들이다. 김행도는 태조 5년에 서경으로 사민해간 金行波와 동일인이거나 형제로 추측된다.[50) 김행파는 洞州[황해도 瑞興] 호족으로 태조에게 2명의 딸을 준 인물이다.[51) 그런데 그가 시중에 임명된 지 하루 만에 다시 韓粲 朴質榮을 시중으로 임명하고 있어 시중이 2명이 아니었나 생각할 수도 있다.[52) 그러나 당시의 정세가 아주 불안정한 처지였으며 태조가 즉위한 지도 6일밖에 지나지 않은 점을 감안할 때 그는 하루 만에 시중에서 해임된 것 같다. 이때 정계에서 축출되었다가 태조 5년 행파·질영 등과 같이 서경으로 사민가서 거기서 관직생활을 한 것이 아닌가 한다.[53)

순군부령에 임명된 임명필은 그 딸이 태조의 부인이었던 鎭州人 名必과 이름이 같다.[54) 또한, 당시 임희와 같은 鎭州[충북 진천] 林氏가 정계에 있었음을 볼 때 이들은 동일인물로 보는 것이 타당하다.[55) 당시 靑州[충북 淸州]가 모반의 염려가 있어 洪儒·庾黔弼 등을 鎭州에 보내 청주의 반란을 막은 점을 생각할 때[56) 진주는 태조에 있어 상당한 동조세력이었음을

---

50) 이수건, 『한국중세사회사연구』, 일조각, 1984, 128쪽.
51) 『高麗史』 권88 후비전 태조 대서원부인·소서원부인.
52) 이기백, 앞의 논문, 1975, 19쪽.
53) "是歲 徙大丞質榮行波等父兄子弟及諸郡縣良家子弟 以實西京" "幸西京新置官府員吏 始築在城".(『高麗史』 권1 태조세가 5년)
54) 『高麗史』 권88 태조 숙목부인.
55) 신호철도 이 양자를 동일인물로 보고 있다.(「高麗의 건국과 진주호족」, 『후삼국시대 호족 연구』, 개신, 2002, 393~394쪽)
56) 『高麗史』 권92 홍유전.

알 수 있다.

병부령에 임명된 임희는 태조 4년 武[뒤의 惠宗]가 正胤[태자를 말함]으로 봉해질 때 그 딸을 惠宗의 妃로 준 인물로[57] 임명필과 함께 진주인임을 알 수 있다. 이로써 볼 때 당시 군사권을 장악하고 있던 순군부와 병부의 최고장관이 모두 진주인임을 알 수 있어 왕건에게 있어 진주의 군사적인 중요성이 얼마나 지대했는가를 알 수 있다.

창부령에 임명된 陳原은 그 성관이 어디였는지 확실히 알 수 없으며 진이 성이었는지 아니면 이름의 일부인지도 알 수 없다. 다만 창부가 국가재정을 담당했던 관부로 여겨짐으로 큰 실권은 없었을 것으로 생각된다.

물장성령에 임명된 秦勍과 진각성령에 임명된 秦靖은 동족으로 추정되며 忠州의 土姓이 아니었나 한다.[58] 손형은 그 성관을 확실히 알 수 없다. 개성부근 군현의 토성인지 청주의 토성인지 확언할 만한 기록이 없다. 그러나 광종 대에 조성된 청주의 龍頭寺幢竿記를 보면 '前侍郞 孫熙' '學院郞中 孫仁謙' 등이 나오고 있어[59] 청주의 호족이었을 가능성이 크다.

나머지 성을 알 수 없는 검강·염장·귀평 등은 어느 지역 출신인지 알 수 없으나 전직이 표시되어 있지 않은 점으로 보아 태조의 즉위에 어느 정도 공을 세운 자들로 추정된다.

다음 '사무에 숙달하고 淸勤奉公하여 여망에 부응하는' 무리는 전문적인 관료들로 생각된다. 이들 시랑·경 등 차관직에 임명된 인물 14명에 대해 살펴보자. 이들 중 성을 알 수 있는 자는 임적여·김인·최문·박인원·김언규·임상난·요인휘 등 7명이고 나머지는 성을 알 수 없다.

광평시랑에 임명된 임적여와 도항사경에 임명된 임상난은 기록에서

---

57) 『高麗史』 권88 후비전 혜종 의화왕후 임씨.

58) 이수건, 「후삼국시대 지배세력의 성관분석」, 『대구사학』 10, 1976 ; 『한국중세사회사연구』, 일조각, 1984, 129쪽.

59) 『조선금석총람(상)』 龍頭寺幢竿記.

그 성관을 찾을 수 없다. 그러나 진주인일 가능성이 많다. 임희·임명필 등과 같이 진천 토성인 임씨로 생각되기 때문이다. 병부경에 임명된 김인은 신라[경주] 김씨로 볼 수도 있다. 그러나 당시는 아직 신라가 고려에 큰 관심을 기울였던 때가 아니었음을 감안하면 김언규와 같은 청주 김씨가 아니었을까 한다. 김언규는 청주인으로 청주의 토착인들에게 매우 감정이 좋지 않았던 인물이었다. 이를 이유로 청주의 領軍將軍이었던 堅金은 수도에 올라와 勤謙·寬駿·金言規 등을 제거할 것을 태조에게 건의하기도 했다.[60] 그는 惠宗과 定宗에게 두 딸을 준 청주호족 金兢律과도[61] 동족으로 생각된다. 당시 청주에서 김씨는 제일 강대한 호족이었다.[62] 이들이 관직에 임명된 것은 904년 청주인호 일천을 鐵原으로 사민할 때 협조한 공 덕분이거나[63] 당시 청주인들의 민심을 무마시키기 위한 회유책의 일환이었을 것으로 생각된다. 또, 백서성경에 임명된 박인원은 그 직이 儒臣들의 직책인 점으로 미루어 신라[경주] 박씨가 아닌가 한다.

최문은 6두품 계층의 성씨인 경주 최씨로 추정된다. 요인휘는 그 성관이 어디인지 전혀 알 수 없다. 중국계 귀화인이 아닌가 하는 견해도 있지만[64] 단언할 수 없다.

나머지 성을 알 수 없는 인물 중 능준과 능혜는 혹 '能'이 당시 성으로 사용된 것이 아닌가 생각된다. 우선 '能'으로 시작되는 이름을 가진 자들이 많다. 예컨대 能駿·能惠·能梵·能達·能文 등 이 시기에 18명에 달하는 인물들이 있는 것이다.[65] 그리고 能씨가 사성을 받아 林씨가 된 것 같은 기록이

60) 『高麗史』 권92 왕순식 부 견금전.
61) 『高麗史』 권88 혜종 청주원부인·정종 청주남원부인.
62) 『조선금석총람』 용두사당간기에 보면 檀越 兼 令 金希一·正朝 金守△·金寬謙 등의 이름이 제일 먼저 나오고 있어 이들 김씨가 청주에서 가장 세력이 큰 호족이었음을 알 수 있다.
63) 김갑동, 『나말려초의 호족과 사회변동연구』, 고려대민족문화연구소, 1990, 39쪽.
64) 이수건, 앞의 책, 129쪽.
65) 이수건, 앞의 책, 120쪽.

있기 때문이다. 즉 태조 원년 6월 신유에 순군낭중이었던 林寔이 廣評郎中에 임명되었는데 동년 7월 임신일에 廣評郎 能寔으로 순군낭중을 삼았다는 것이다.[66] 그런데 광평성에는 광평사는 있었지만 광평랑이란 관직은 없었다. 그러므로 능식의 관직 광평랑은 광평낭중의 誤記로 보는 것이 타당하다. 그렇다면 그들은 동일 인물로 순군낭중이었던 임식이 광평낭중에 임명되었다가 다시 순군낭중이 된 것으로 해석된다. 따라서 임식은 능식이 성을 고친 것으로 두 개의 이름이 때에 따라 같이 사용되었던 것이다. 이러한 예는 많아서 '朴儒'와 '王儒'가 동일인이고[67] '韓申一'과 '王申一' 역시 동일인인 것이다.[68] 앞서 본바와 같이 '曲矜會'와 '李矜會'가 동일인인 것도 그 예다. 그러나 단언할 수 있는 자료가 없어 안타깝다.

다음 세 번째 부류는 모두 전직이 있던 자들로 다만 직책을 바꾸었거나 승진된 것에 지나지 않는 인물들이다. 이들 7명중 성을 알 수 있는 자는 강윤형·임식·곡긍회·유길권 등 4명이다.

이들 중 내봉감에 임명된 강윤형은 며칠 후 내봉낭중에 임명되는 尹珩과 동일인일 것임은 전술한 바와 같다. 그 성관은 확실히 알 수 없으나 개경 부근 군현의 토성으로 여겨진다. 임식은 앞에서 본 바와 같이 능식과 동일인으로 혹 진주[진천]인이기 때문에 임씨를 자처한 것이 아닐까 생각한다.[69] 순군낭중에 임명된 劉吉權은 충주인 劉權說이나 태조의 妃父인 劉兢達과 동족인 충주 유씨로 보는 것이 옳을 것이다.

---

66) 『高麗史』 권1 태조세가 원년 7월 임신.

67) "王儒 本姓名朴儒 字文行 光海州人 … 聞太祖卽位來見 太祖以禮待之 … 仍賜冠帶 令管機要 有功 遂賜姓王".(『高麗史』 권92 왕유전)

68) 태조 원년 8월 광평시랑으로 견훤의 사신 閔郃을 맞이했던 韓申一이 태조 24년 後晉에 사신으로 갈 때는 王申一로 표기되어 있다.(『高麗史』 권1 태조세가 원년 8월 및 권2 태조세가 24년) 이는 동일인이 분명하며 한신일이 '王'성을 받아 왕신일이 된 것이다.

69) 신호철도 이를 진주[진천]인으로 추정하고 있다. 나아가 그는 임식뿐 아니라 임적여와 임상난까지도 진주인일 것이라 하였다.(앞의 책, 395~396쪽)

이것을 종합해 볼 때 첫 번째 부류인 장관급의 인물 10명 중 성을 알 수 있는 자는 7명이다. 그런데 군사권과 관련있는 관부인 순군부와 병부의 장관이 진주인임을 보아 당시 진주[진천]의 군사적 중요성을 알 수 있다. 두 번째, 세 번째 부류 중에도 진주·충주·청주인으로 여겨지는 인물이 다수 포함되어 있어 당시 중부내륙지역세력이 중앙에서 상당한 지위를 차지하고 있었음을 알 수 있다.

그러나 태조 원년 7월 신해의 공신 책봉시에는 辛酉 詔에서 관직에 임명된 자를 하나도 찾을 수가 없다. 이때 공신으로 책봉된 인물들은 1등공신으로 洪儒·裴玄慶·申崇謙·卜智謙 등 4인, 2등공신으로 堅權·能寔·權愼·廉湘·金樂·連珠·麻煖 등 7인, 3등공신 2천여 인이었다.[70] 따라서 신유 조서에 나오는 자들은 태조의 즉위에 직접적으로 공헌한 자들은 아니었다 할 수 있다. 그러나 이들은 궁예 통치기에 왕건에게 우호적이었던 인물들이라 하겠다. 즉 이들은 대부분 문신들로 행정 관료였고 개국공신들은 무인들이었지만 둘 다 왕건을 도와 준 세력이었다는 것이다. 결국 신유 조서에 나타난 인물들은 태조 왕건이 궁예 휘하에 있을 때 도와준 문신들로 태조의 즉위 이후에 등장한 공신세력과 함께 태조대의 정국을 이끌어간 한 축이 되었음을 알 수 있다.

따라서 태조 초기에 중부내륙지역세력과 개국공신세력은 서로 견제하면서 갈등을 빚기도 했다. 특히 그 가운데서도 청주세력과 개국공신세력은 많은 갈등과 대립을 겪었다. 예컨대 태조 원년(918) 9월 청주출신 徇軍吏 林春吉의 모반사건을 사전에 밀고한 것도 개국 1등공신이었던 복지겸이었고 이 사건이후 청주인 皃律을 순군낭중에 임명하려 하자 이를 반대한 것도 개국 1등공신이었던 배현경과 신숭겸이었다.[71]

---

70) 『高麗史』 권1 태조세가 원년 7월 신해.
71) 『高麗史』 권127 환선길 附 임춘길전, 권92 홍유 附 배현경전 및 신호철, 「후삼국 건국세력과 청주 호족」, 『중원문화논총』 2·3합집, 1999 ; 『후삼국시대 호족연구』,

그러나 이후에도 이들 중부내륙지역세력은 강고한 연합관계를 유지하면서 세를 과시하였다. 그 단적인 예를 왕실 혼인에서 찾아볼 수 있다. 먼저 태조의 后妃로 충주 유씨와 진주 임씨가 있었으며 혜종의 왕비로 진주 출신 임희의 딸과 청주 김씨인 김긍률의 딸이 선정된 것에서 그 위세를 짐작할 수 있다. 태조와 충주 유씨 부인 사이에서 난 定宗은 청주인 김긍률의 딸을 아내로 맞이하였다. 또 같은 충주 유씨 계열인 光宗도 惠宗과 진주 출신 왕비 義和王后 임씨와의 사이에서 낳은 딸을 아내로 맞이하였던 것이다.[72) 이렇듯 이들 중부내륙지역세력은 광종대까지 연합관계를 형성하여 위세를 떨치다가 경종이 즉위하면서 약세를 면치 못하게 되었다. 따라서 중부내륙지역세력이 위세를 떨치게 된 직접적인 계기는 태조 왕건의 혁명 직후 단행된 신유일의 인사조치에서 요직을 맡게 되면서 라고 할 수 있다.

지금까지 태조 초기의 중앙관부와 정치상황을 태조 원년 6월 辛酉 詔書의 인사조치를 중심으로 간단하게 살펴보았다. 여기서 우리는 몇 가지 사실을 알 수 있었다. 이를 요약하면 다음과 같다.

첫째, 당시 중앙관부의 서열과 그 기능을 대비해 볼 때 대체로 정치(인사 문제 포함), 군사, 경제, 형벌과 왕실관계 부서의 순으로 되어 있어 정치 다음으로 군사문제가 중시되었던 사실을 알 수 있었다. 즉 광평성을 최고 관부로 하여 내봉성, 순군부, 병부, 창부, 의형대, 백서성, 도항사, 물장성, 내천부, 진각성, 내군의 순서로 되어 있었다. 그런데 여기서 왕에게 정책을 건의하고 조언했던 기관인 백서성이 서열 7위로 처져있는 것은 그것이 설치 초기일 뿐 아니라 당시가 전쟁기였던 상황을 반영한 것이었다. 이는 정치가 안정되고 통일이 진척됨에 따라 內議省 기구로 확대 강화될 수 있는 여지가 있는 것이었다. 그리하여 태조 말년에는 3省의 대열에 끼게

    도서출판 개신, 2002, 378~385쪽.
  72)『高麗史』권88 후비전.

되었던 것이다. 또한 고려의 6부가 당·송과는 달리 호부보다 병부가 우위에 있었던 연원도 이러한 고려초의 정치상황과 중앙관부의 서열에서 찾을 수 있지 않을까 한다. 고려의 상서 6부는 吏·兵·戶·刑·禮·工部의 순으로 되어 있었던 것이다.

둘째, 조직면에서 볼 때 서열이 낮아질수록 완전한 조직체계를 갖추지 못하고 있었다. 최고 관부인 광평성과 내봉성은 완전한 조직체계인 령－경(시랑)－낭중－원외랑(감)－사(이결, 평찰)로 되어 있었다. 순군부와 병부는 적어도 령－경(시랑)－낭중으로 조직되어 있었음을 알 수 있다. 창부, 의형대, 도항사, 물장성, 내천부, 진각성 등의 6관부에는 령－경(시랑)의 조직체계로 이루어져 있었다. 반면 백서성은 장관인 령은 없고 경－낭중－원외랑(공목)의 조직체계였다. 백서성은 서열이 낮은데도 불구하고 조직체계가 비교적 갖추어져 있었다. 그것은 그 기능의 확대·강화와 함께 점차 그 기구 자체의 서열도 상승할 수 있는 소지가 다분히 있었음을 알 수 있었다. 내군에는 경이란 관직이 있었고 장군의 직도 있었다. 그 밑에는 관부의 성격으로 보아 무반의 관직체계를 갖고 있을 것으로 생각되나 확실한 것은 알 수 없다.

셋째, 辛酉 詔에 보이는 인물들은 대체로 태조 즉위 이전에 왕건을 도와준 인물들로 여기에는 청주·충주·진천 등 중부내륙지역세력이 상당한 부분을 차지하고 있었다. 첫 번째 부류인 장관급의 인물 10명 중 성을 알 수 있는 자는 7명이다. 그런데 이 중 군사권과 관련있는 관부인 순군부와 병부의 장관이 진주[진천]인임을 보아 당시 진주의 군사적 중요성을 알 수 있다. 두 번째, 세 번째 부류 중에도 진주·충주·청주인으로 여겨지는 인물이 다수 포함되어 있었던 것이다. 그러나 태조 원년 7월 신해일의 功臣 책봉시에는 辛酉 詔에서 관직에 임명된 자를 하나도 찾을 수가 없다. 이는 당연한 결과로 신유 조서에 나오는 자들은 태조의 즉위 이전에 왕건을 도와준 문신들이고 개국공신들은 무인 중심으로 선정하였기 때문이었다. 따라서 辛酉 詔에 나타난 인물들은 개국공신세력과 함께 태조대의 정국을 이끌어간 한 축이었다. 이들은 개국공신세력과 때로 갈등을 보이면서도 자신들끼리의 연합관계를 지속하였다. 태조·혜종·정종의 후비 중 일부를 배출하였고 종국에는 이 계열에서 광종과 같은 인물을 배출하였던 데서 알 수 있다.

Ⅱ. 지방 통치체제

1. 군현의 명칭 변경

신라말, 고려초는 우리나라 역사상에서 커다란 격변기였다. 외부의 간섭없이 50여 년에 걸친 내부적인 전란이 계속되었다. 진성여왕 3년(889)부터 시작된 전국적인 농민봉기가 태조 19년(936) 왕건이 후삼국을 통일하면서 겨우 진정되었던 것이다. 물론 이러한 내부적인 전란은 단순한 전란이 아니었다. 그것은 신라사회의 모순을 개혁하기 위한 일종의 몸부림이었다고 할 수 있다.

그런데 이러한 일련의 과정 속에서 가장 큰 역할을 한 것은 지방의 세력집단인 豪族들이었다. 물론 신라의 6頭品계열이나 地方지식인들도 일정한 역할을 하였다.[1] 그러나 이들 지식인들은 그들 자신의 한계성 때문에 개혁의 선봉에 서지 못하고 보조자 역할에 머무를 수밖에 없었다. 따라서 고려의 건국과 후삼국통일도 그 기저에는 호족들의 공헌과 협조가 있었기에 가능한 일이었다.[2] 결국 새롭게 출현한 고려왕조는 이들 호족들을 어떻게 효과적으로 통제하고 자기세력화 하느냐에 고심할 수밖에 없었다.

이러한 신라말, 고려초의 상황 속에서 많은 제도상의 변화도 있었다. 특히 郡縣制의 변화는 지방세력 내지 豪族들의 동향과 깊은 관련이 있는

---

1) 이에 대해서는 李基白, 「新羅六頭品研究」, 『省谷論叢』 2, 1971 ; 『新羅政治社會史研究』, 一潮閣, 1974 ; 申瀅植, 「宿衛學生考－羅末麗初의 知識人의 動向에 대한 一考察－」, 『歷史敎育』 11·12합집, 1969 ; 『韓國古代史의 新研究』, 一潮閣, 1984 ; 全基雄, 「羅末麗初 地方出身 文士層과 그 역할」, 『釜山史學』 18, 1990 ; 金周成, 「신라말 고려초의 지방지식인」, 『湖南文化研究』 19, 1990 참조.

2) 河炫綱, 「高麗王朝의 成立과 豪族聯合政權」, 『한국사』 4, 국편위, 1974 ; 金鍾國, 「高麗王朝成立過程의 研究－特히 豪族問題를 中心으로 하여－」, 『立正史學』 25, 1961 ; 金甲童, 『羅末麗初의 豪族과 社會變動研究』, 高麗大學校民族文化研究所, 1990.

것이었다. 즉 고려왕조는 자신들에게 협조해준 호족들에게는 그들의 출신지를 陞格시키고 自治權을 인정해준 반면 항거한 세력들에게는 읍호를 降等시키거나 屬郡·縣化하였다. 또 중립적인 태도를 보인 지방세력들에게는 陞降이나 來屬없이 기존의 독립적인 상황을 인정해주었던 것이다.[3]

羅末麗初는 신라가 멸망하고 새로운 왕조인 고려가 출현한 변혁기였다. 뿐만 아니라 정치, 경제, 사회, 문화적인 측면에서 많은 변화가 나타나기도 하였다. 즉 단순한 왕조교체의 시기가 아니라 여러 측면에서 변혁이 이룩된 시기였던 것이다.

신라의 군현제도 나말려초의 전란을 거치면서 많은 변화를 겪었다. 우선 상당수의 군현에 명칭상의 변경이 가해지게 되었다. 이와 같은 군현명칭의 개정이 있었음은 다음의 사료를 통해 알 수 있다.

> A. 詔하기를 "朕이 듣건대 기회를 타서 제도를 고침에는 그릇된 것을 바로잡음에 詳密하여야 하고 풍속을 교도하고 백성을 가르침에는 호령을 반드시 삼가야 한다고 했다. 그런데 前主는 신라의 階官과 郡邑의 명호를 모두 비루하다고 여겨 新制로 고쳐 행한 지 여러 해가 되어도 백성들이 알지 못하여 혼란함에 이르렀다. 이제 모두 신라의 제도를 따를 것이나 그 名義가 쉬운 것은 新制를 따르도록 하라." 하였다.(『高麗史』권1 태조세가 원년 6월 신유)

여기서 보는 바와 같이 고려가 건국되기 이전에도 이미 궁예에 의한 군현의 명칭개정이 있었다. 그것은 궁예가 집권하고 있던 시절인 天復 3년(903) 錦城郡을 羅州로 고친 적이 있으며[4] 효공왕 9년(905) 浿西 13鎭을 분정한 점에서도 알 수 있다.[5] 그런데 태조가 즉위하면서 개정된 지명을

---

3) 金甲童, 「高麗王朝의 成立과 郡縣制의 變化」, 『國史館論叢』 35, 1992.
4) 『高麗史』권1 태조세가 天復 3년.

다시 신라 시 군현의 명칭으로 되돌리고 있는 것이다. 그러나 궁예 때에 지명 개정이 행해진 모든 군현을 옛 지명으로 환원한 것은 아니다. 그 중 名義가 쉬운 일부는 그대로 新制를 쓰기도 했던 것이다.

그리고 태조 즉위 이후 936년 후삼국을 통일할 때까지 계속적인 군현의 명칭개정이 이루어졌다. 그런데 그것은 주로 영토를 확장하고 후삼국을 통일하기 위한 하나의 방편이었다. 그리하여 명칭변경과 더불어 군현의 승격이나 강등도 많이 이루어졌다. 이에 대해서는 다음 장에서 다루기로 하고 여기서는 승격이나 강등이 없이 단순히 명칭만 변경된 것에 한하여 살펴보기로 한다. 그런데 뒤에서 살펴보겠지만 이때에 지명 개정이 행해진 군현들은 그 시기를 막연하게 표현한 경우가 많다. 그러나 명확한 연대를 알 수 있는 것도 있다. 예를 들면 興海郡 같은 경우이다. 흥해군은 태조 13년(930) 南, 北彌秩夫城主가 태조에게 귀순해 오자 신라의 義昌郡에서 개명되었던 것이다.[6]

이후 후삼국을 통일한 4년 후인 태조 23년(940)에 또 한번의 지명 개정이 이루어졌다. 이때의 지명 개정은 전반적인 체제정비의 일환으로 행해졌다. 그리하여 役分田이나 三韓功臣의 제정, 그리고 土姓分定 등과 밀접한 관련을 가지고 있었다 하겠다. 물론 이때에 개명된 것으로 나오는 군현 중 일부는 이미 그 이전에 개명되었을 가능성도 있다. 그러나 전국의 주요 지역에 州라는 행정구역명을 부여함으로써 통일 후의 영토를 재정비했던 것이다. 이때에도 신라의 火王郡을 昌寧郡으로 개명하는 조치가 취해졌던 것이다.[7] 기록에서는 잘 찾을 수 없지만 이 같은 예는 창령군 이외에도 더 있었을 것이다.

---

5) 『三國史記』 권50 궁예전 天祐 2년.
6) 『高麗史』 권57 지리지2 경상도 흥해군 및 『新增東國輿地勝覽』 권22 경상도 흥해군 古跡.
7) 『高麗史』 권57 지리지2 경상도 창령군.

이상에서 살펴본 바와 같이 고려왕조의 성립을 전후하여 단순한 지명의 개정이 이루어진 시기는 대략 세 시기로 나누어 볼 수 있다. 즉 ① 궁예가 집권하고 있던 어느 시기 ② 고려건국 이후부터 936년 후삼국을 통일할 때까지의 시기 ③ 후삼국통일 4년 후인 태조 23년(940) 등이 그것이다.

　그런데『고려사』지리지를 보면 지명 개정의 연대가 명시되어 있는 것은 일부에 지나지 않는다. 반면 '高麗初'·'至高麗'·'高麗' 등의 막연한 표현으로 되어있는 것이 대부분이다. 여기서 '고려초'는 여러 지리지의 기록을 비교해볼 때 고려 태조대를 지칭하는 것이 거의 확실하다. 나아가 궁예집권기까지 포함하는 것이라 생각한다. 다시 말해 앞서 든 ①·②의 시기가 주로 여기에 해당되리라는 것이다. '지고려'·'고려'라는 표현은 양광도 일부와 전라도 지역에 집중되어 있는 점으로 미루어 태조 23년경을 가리키는 것이 아닌가 한다. 왜냐하면 이 지역은 후백제 영역에 속해 있던 지역으로 태조 19년 고려에 병합된 후에 군현개편이 이루어졌을 것이기 때문이다. 즉 ③의 시기를 가리킨다 하겠다. 한편 '지고려'는 군현의 來屬관계를 표현할 때 주로 쓰이고 있는 점이 주목된다. 결국 '고려초'·'지고려'·'고려'는 모두 고려왕조의 성립을 전후한 시기를 가리킨다 할 수 있다.

　이제 이러한 개략적인 상황을 염두에 두고 고려왕조의 성립을 전후하여 단순히 지명 개정만 이루어진 군현을 표로 나타내 보면 다음과 같다.

〈표 1〉 군현 명칭 개정 상황

9주	경덕왕 군현명	연대	개정군현명	번호	비고
尙州	沙伐州(혜공왕)	태조 23	尙州	1	
	靑驍縣	고려초	靑理縣	2	
	道安縣	고려	中牟縣	3	
	殷正縣	고려초	殷豊縣	4	
	直寧縣	고려초	一直縣	5	
	安賢縣	고려	安定縣	6	安貞縣(실지)
	嘉猷縣	고려초	山陽縣	7	

	嘉善縣	고려초	加恩縣	8	
	安貞縣	고려초	安邑縣	9	
	耆山縣	고려초	靑山縣	10	
	三年郡	고려초	報齡郡	11	
良 州		태조 23	梁州	12	
	臨汀縣	고려초	延日縣	13	迎日縣(실지)
	譬立縣	고려	譬長縣	14	
	漆隄縣	고려초	漆圓(原)縣	15	
	尙藥縣	고려	靈山縣	16	
	玄驍縣	고려초	玄豊縣	17	玄風縣(실지)
	八里縣	고려초	八居縣	18	
	獐山郡	고려초	章山郡	19	
	義昌郡	고려초	興海郡	20	
	火王郡	태조 23	昌寧郡	21	
	壽昌郡	고려초	壽城郡	22	
	菁州(혜공왕)	태조	康州	23	
	八谿縣	고려초	草溪縣	24	八磎縣(실지)
	宜桑縣	고려초	新繁縣	25	
	丹邑縣	고려초	丹溪縣	26	
	咸陰縣	고려초	加祚縣	27	
	餘善縣	고려초	感陰縣	28	餘萬縣(실지)
	尙善縣	고려초	永善縣	29	
	南垂縣	고려	松邊縣	30	
	谿子縣	고려	若木縣	31	
熊 州		태조	公州	32	
	淸音縣	고려초	新豊縣	33	
	赤烏縣	고려	德津縣	34	
	石山縣	고려 초	石城縣	35	
	悅城縣	고려초	定山縣	36	
	鎭嶺縣	고려초	鎭岑縣	37	
	昧谷縣	고려초	懷仁縣	38	
	金池縣	지고려	全義縣	39	
	馴雉縣	고려초	豊歲縣	40	
	祁梁縣	고려초	新昌縣	41	
	餘邑縣	고려초	餘美縣	42	
	今武縣	?	德豊縣	43	
	目牛縣	고려초	高丘縣	44	
	靑正縣	고려초	靑陽縣	45	靑武縣(실지)
	孤山縣	태조 23	禮山縣	46	
	馬山縣	고려	韓山縣	47	
	翰山縣	고려초	鴻山縣	48	

	地育縣	고려	地谷縣	49	
	新邑縣	고려초	保寧縣	50	
	新良縣	고려초	驪陽縣	51	黎陽縣(실지)
	比豊郡	고려초	懷德郡	52	懷德縣(실지)
	黃山郡	고려초	連山郡	53	
	湯井郡	고려초	溫水郡	54	
	任城郡	고려초	大興郡	55	
全 州		태조 23	全州		安南都護府(태조대)
	杜城縣	고려	伊城縣	56	
	野山縣	고려	朗山縣	57	
	靑雄縣	고려	居寧縣	58	
	高澤縣	고려	長水縣	59	
	喜安縣	고려	保安縣	60	
	斌城縣	고려	仁義縣	61	
	野西縣	고려	巨野縣	62	
	武邑縣	고려	富潤縣	63	
	伊城縣	고려	富利縣	64	
	丹川縣	고려	朱溪縣	65	
	德殷郡	고려	德恩郡	66	
武 州		태조 23	光州	67	
	祁陽縣	고려	昌平縣	68	
	龍山縣	고려	伏龍縣	69	
	野老縣	고려	安老縣	70	
	栗原縣	고려	原栗縣	71	
	碣島縣	고려	陸昌縣	72	六昌縣(실지)
	鹽海縣	고려	臨淄縣	73	
	安波縣	고려	長山縣	74	
	多岐縣	고려	牟平縣	75	
	瞻耽縣	고려	臨淮縣	76	
	浸溟縣	고려	海南縣	77	
	固安縣	고려	竹山縣	78	
	烏兒縣	고려	定安縣	79	
	馬邑縣	고려	遂寧縣	80	
	季水縣	고려	長澤縣	81	
	代勞縣	고려	會寧縣	82	
	富里縣	고려	福城縣	83	
	汝湄縣	고려	和順縣	84	
	忠烈縣	고려	南陽縣	85	
	栢丹縣	고려	秦江縣	86	
	薑原縣	고려	荳原縣	87	
	海邑縣	고려	麗水縣	88	

	蘆山縣	고려	突山縣	89	
	晞陽縣	고려	光陽縣	90	
	岬城郡	고려	長城郡	91	
	陽武郡	고려	道康郡	92	
	分嶺郡	고려	樂安郡	93	
漢 州		태조 23	廣州	94	
	巨黍縣	고려초	龍駒縣	95	
	荒壤縣	고려초	豊壤縣	96	
	分津縣	고려초	通津縣	97	
	車城縣	고려초	龍城縣	98	
	守鎮縣	고려	鎮江縣	99	
	沍陰縣	고려	河陰縣	100	
	臨湍縣	고려초	麻田縣	101	
	如羆縣	고려초	松林縣	102	
	重城縣	고려초	積城縣	103	
	濱陽縣	고려초	陽根縣	104	
	黃驍縣	고려초	黃驪縣	105	
	都西縣	고려초	道安縣	106	
	蛇山縣	고려초	稷山縣	107	
	赤城縣	고려초	陽城縣	108	
	幢梁縣	고려	僧嶺縣	109	
	朔邑縣	고려	朔寧縣	110	
	獐塞縣	고려초	遂安縣	111	
	檀溪縣	고려초	俠溪縣	112	
	唐恩郡	고려초	唐城郡	113	
	獐口郡	고려초	安山郡	114	
	海口郡	고려초	江華郡	115	江華縣(실지)
	泝川郡	고려초	川寧郡	116	
	白城郡	고려초	安城郡	117	安城縣(실지)
朔 州		태조 23	春州	118	光海州(태조23년이전)
	潢川縣	고려	橫川縣	119	
	浚水縣	고려	朝宗縣	120	
	三嶺縣	고려	方山縣	121	
	狶蹄縣	고려	麟蹄縣	122	
	馳道縣	고려	瑞禾縣	123	
	藪川縣	고려초	和川縣	124	
	赤山縣	고려초	丹山縣	125	
	玉馬縣	고려초	奉化縣	126	
	菁山縣	고려초	汶山縣	127	
	翊谿縣	고려	翼谷縣	128	
	大楊郡	고려	長楊郡	129	

溟州		태조 23	溟州		東原京(태조19)
	偏陰縣	고려	雲岩縣	130	
	童山縣	고려	烈山縣	131	
	堤上縣	고려	碧山縣	132	
	習谿縣	고려	歙谷縣	133	
	子春縣	고려	永春縣	134	
	白鳥縣	지고려	平昌縣	135	
	積善縣	고려초	虎伊縣	136	
	海阿縣	고려초	清河縣	137	
	緣武縣	고려초	安德縣	138	
	奈城郡	지고려	寧越郡	139	
	野城郡	고려초	盈德郡	140	
	曲城郡	고려초	臨河郡	141	

위의 표에서 보는 바와 같이 승격이나 강등없이 단순한 지명 개정만 이루어진 군현이 무려 141개에 달하고 있다. 이와 같은 숫자는 『삼국사기』 지리지에 기록되어 있는 군현 수 432개의 약 3분의 1에 달하는 것이다. 이로 보아 군현에 대한 지명 개정이 대규모로 이루어졌음을 알 수 있다.

한편 이중 '고려초'라 표현된 군현이 66개, '지고려'라 표현된 군현이 3개, 그리고 '고려'라 되어 있는 군현이 62개이다. 이를 다시 각 州별로 통계를 내보면 다음과 같다.

〈표 2〉 '고려초'·'지고려'·'고려'의 각 주별 통계

시기 \ 9주	尙州	良州	康州	熊州	全州	武州	漢州	朔州	溟州	합계
고려초	8	7	6	17	0	0	19	4	5	66
지고려	0	0	0	1	0	0	0	0	2	3
고려	2	2	2	3	11	26	4	7	5	62
합계	10	9	8	21	11	26	23	11	12	131

여기서 보는 바대로 '고려초'라 표현된 것은 한주와 웅주 및 상주, 양주, 강주[지금의 황해도, 경기도, 충청도 및 경상도 지역]에 집중되어 있는 반면 '고려'는 전주와 무주[지금의 전라도지역]에 집중되어 있다. 이것은 영역이 황해도, 경기도, 충청도 지역에 머물러 있던 궁예집권기나 후백제

병합이전의 고려시기를 '고려초'라 표현했으며 '고려'는 새로이 후백제지역을 차지한 통일 이후의 시기를 가리키는 것이라는 앞서의 추측을 뒷받침해준다. 또 '지고려'는 3개의 예밖에 없는 점으로 미루어 지명 개정에는 잘 쓰지 않은 표현이었음을 알 수 있다.

그렇다면 이때 지명 개정의 원칙이나 특징은 무엇이었는가. 첫째 신라시대의 지명도 그렇기는 하지만 개정된 지명의 두 번째 글자는 자연적인 지리적 여건을 고려해 붙이고 있다. 예를 들면 山, 水, 河, 川, 城, 田, 林, 溪, 谷, 嶺, 津, 野, 丘, 海 등의 글자가 그것이다. 이러한 원칙은 처음 지명을 붙일 때나 이후 지명 개정을 할 때도 대체로 지켜진 원칙이 아니었나 한다.

둘째 같은 발음이나 뜻의 글자를 다른 한자로 바꾸기도 하였다. 예컨대 66번(殷과 恩), 128번(翊과 翼), 133번(習과 歙)의 경우는 같거나 비슷한 발음의 글자를 한자만 바꾼 것이다. 그리고 37번(嶺과 岑), 65번(丹과 朱, 川과 溪), 81번(水와 澤), 125번(赤과 丹), 128번과 133번(谿와 谷), 129번(大와 長) 등의 예는 같거나 비슷한 뜻의 한자를 서로 바꾼 것이다. 또 128번의 翊과 翼은 둘 다 '얕다(低)'는 '얕'의 音借라 생각되므로 翊谿縣이나 翼谷縣은 똑같이 '얕은 골짜기에 있는 縣'이라는 뜻이라 하겠다.

셋째 개정된 지명에는 역사적 사실이나 고려왕조의 그 지역사람들에 대한 기대, 희망 등이 내포되어 있다. 38번의 경우 여기에는 일찍이 昧谷城主 龔直이 견훤의 심복으로 있다가 태조 15년(932) 왕건에게 귀순해온 바가 있다.[8] 이와 같은 역사적 사실 때문에 어진 마음을 가진 곳이라는 뜻의 懷仁縣으로 개명한 것이 아닌가 한다. 그리고 지역민들이 평안하게 있기를 바라는 의미에서 平, 安, 寧자를 붙였는가 하면(21, 50, 68, 79, 80, 93, 111, 135, 138) 그 고을이 번성하고 풍성하라는 뜻으로 興, 昌, 富, 豊자를

---

8) 『高麗史』 권92 공직전.

붙이기도 하였다.(33, 40, 41, 43, 55, 63, 64, 68, 96, 135) 또 덕을 갖추고 어질고 의로우라는 의미로 德, 仁, 義 등의 한자를 쓰기도 하였다.(38, 39, 43, 52, 61, 138, 140)

요컨대 고려왕조의 성립을 전후하여 많은 지명의 개정이 이루어졌다. 그런데 지명 개정의 연대가 명확히 밝혀진 것도 있지만 '고려초'·'지고려'· '고려' 등의 막연한 표현으로 되어 있는 것이 많았다. 그러나 지리지를 세밀히 분석해 보면 대체로 '고려초'는 후삼국통일 이전을, 그리고 '지고려'· '고려'는 통일 이후를 지칭하고 있음을 알 수 있다. 또 지명 개정의 상황을 볼 때 대략 세 가지 원칙과 특징을 가지고 있었다. 먼저 지리적 여건을 고려하여 개명하였으며 같거나 비슷한 발음과 뜻을 가진 다른 한자를 붙이기도 하였다. 그리고 역사적 사실이나 집권자의 염원, 희망을 나타내는 한자를 써서 개명을 하기도 하였던 것이다.

2. 군현의 陞降

(1) 郡縣의 陞格

나말려초의 전란기를 거치면서 군현의 명칭 변경도 있었지만 군현의 승격이나 강등 또한 적지 않았다. 우선 군현의 승격에 대해 알아보자.

이에는 신라시대의 鄕과 部曲이 縣으로 승격한 경우, 현이 郡으로 승격한 경우, 그리고 현이나 군이 州나 府로 승격한 예로 나누어 생각할 수 있다. 먼저 향, 부곡이 현으로 승격한 예는 才山縣, 守山縣, 彰善縣, 功成縣, 玉山縣의 경우를 통해 알 수 있다. 기록을 보면 옥산현은 紗羅鄕에서 승격되었고[9] 재산현, 수산현, 창선현, 공성현 등은 각각 德山部曲, 穿山部曲, 有疾部曲,

---

9) 『新增東國輿地勝覽』 권37 해남현 古跡 玉山廢縣.

大幷部曲에서 승격되었음을 전하고 있다.[10]

그런데 재산현의 경우는 승격 시기를 '高麗 太祖 時'라 밝히고 있지만 나머지는 막연히 '高麗 時'라고만 적어 놓았다. 그러나 이들 4개의 현도 태조대를 전후한 시기에 승격된 것이 아닌가 한다. 그것은 이들 지역 중 옥산현을 제외한 나머지는 모두 현재의 경상도 지역에 위치하고 있음에서 미루어 짐작할 수 있다. 신라말 당시 경상도 지역은 이미 신라의 통제를 벗어나 叛附를 마음대로 하였다. 그러다가 결국은 고려에 협조 내지 귀부한 경우가 많았다. 이들 부곡들도 이러한 이유 때문에 현으로 승격되었다고 여겨진다. 功을 이루었다는 의미인 功成縣이나 善을 드러냈다는 뜻인 彰善縣의 명칭이 그것을 말해준다.

한편 신라시대의 향·부곡은 田丁이나 戶口가 현보다 적은 것이었다.[11] 그렇다면 현으로의 승격이 전정이나 호구의 증가를 의미한 것이었는가. 그렇지는 않았을 것이다. 다만 그 지역의 지배세력이라 할 수 있는 村主 내지 吏에 대한 대우의 향상은 있었다 하겠다. 고려시대에 있어 향·부곡의 吏와 주·군·현의 吏는 여러 면에서 차별대우를 받았기 때문이다.[12]

다음으로 縣에서 郡으로 승격한 경우도 있었다. 聞喜郡, 碧珍郡, 南平郡, 利川郡, 禮安郡 등의 예가 그것이다. 『고려사』 지리지에 의하면 문희군은 '高麗初'에 신라시대의 冠山縣에서 승격되었다. 그러나 그 이유에 대해서는 자세히 나와 있지 않다. 그런데 우리는 관산현이 일명 高思葛伊城이라 불려진 사실을 상기할 필요가 있다.[13] 신라말 여기에는 城主로 興達이란

---

10) 『慶尙道地理志』守山縣, 興善縣, 才山縣 및 『世宗實錄地理志』 상주목 속현 功成縣.
11) "今按 新羅建置州郡時 其田丁戶口 未堪爲縣者 或置鄕 或置部曲 屬于所在之邑."(『新增東國輿地勝覽』 권7 경기도 驪州牧 古跡 登神莊)
12) 예컨대 군·현 이상의 吏는 戶長이라 했지만 향·부곡의 吏는 長이라고만 칭했는가 하면 鄕·部曲吏는 限品制의 적용을 받았고 諫官職을 제수받을 수 없는 차별을 받기도 하였다.(박종기, 『고려시대 부곡제 연구』, 서울대학교출판부, 1990, 31~35쪽)
13) 『高麗史』 권57 지리지2 경상도 聞慶郡.

자가 있었는데 태조가 이곳을 지나게 되자 그 아들 俊達을 보내 귀순해 왔다. 그러자 후백제가 설치한 바 있는 軍吏들이 모두 항복해온 사실이 있다.14) 이러한 이유로 승격된 것이라 생각한다.

벽진군도 신라시대의 新安縣에서 승격된 곳이다. 그런데 그 승격시기에 대해『고려사』에는 막연히 '後'라고만 나와 있으나『세종실록지리지』에는 '新羅之季'로 명시되어 있다. 그런데 신라말 이 지역에는 李悤言이란 자가 세력을 떨치고 있었다. 그러자 태조가 사람을 보내 자신에게 협조해줄 것을 요청하였고 이에 이총언은 그의 아들 永을 보내 귀순해 왔다. 그 대가로 태조는 이총언을 本邑의 將軍으로 임명하였으며 229명의 丁戶와 2,200石의 곡식을 수여해주었다.15) 이것이 계기가 되어 郡으로 승격된 것이라 여겨진다.

예안군은 '高麗初'에 신라의 善谷縣에서 승격되었다. 이곳 역시 城主 李能宣이 귀순해온 대가로 군이 된 것이었다. 즉 태조 12년(929) 12월 견훤이 古昌郡[안동]을 포위하자 왕건이 이를 구하고자 하여 禮安鎭에 주둔하고 있을 때 이능선이 귀순해 왔던 것이다.16)

이천군은 이러한 사정을 더욱 명확히 해주고 있다. 이곳은 신라 경덕왕시 漢州의 領縣인 黃武縣이었다. 그러다가 신라말 태조가 남쪽으로 정벌하러 갈 때 이 지역 인물인 徐穆이란 자가 인도하여 냇물을 잘 건너게 해주었다. 그러자 태조는 그 대가로 利川이란 명호와 함께 郡으로 승격해 주었던 것이다.17)

남평군으로의 승격 이유에 대해서는 자세히 알 수 없다. 그러나 그 상황은 대체로 위의 4군과 비슷하리라 생각한다. 그리하여 신라의 玄雄縣

---

14)『高麗史』권92 王順式 附 興達傳.
15)『高麗史』권92 王順式 附 李悤言傳.
16)『慶尙道地理志』禮安縣.
17)『高麗史』권56 지리지1 양광도 利川郡.

에서 남방을 평정하는 데 도와주었다는 의미의 南平으로의 개명과 더불어 郡으로 승격하였던 것이다.[18]

그런데 현에서 군으로의 승격이 읍의 크기에 대한 확대를 의미하는 것은 아니었던 것 같다. 그에 대한 자료를 발견할 수 없기 때문이다. 다만 淸道郡의 예는 예외적인 경우라 하겠다. 즉 청도군은 고려 태조가 후삼국을 통합할 때 烏岳縣, 蘇山縣, 茹山縣 등의 3현과 伊山城, 烏刀山城 등의 2성을 합쳐 만든 것이었다.[19] 이것은 단순한 승격이 아니라 규모의 확대인 것이다. 물론『고려사』지리지에 의하면 신라의 大城郡과 烏岳, 荊山, 蘇山 등의 3현을 합쳐 청도군이라 개명한 것으로 되어 있다.[20] 따라서 승격이 아닌 단순한 개명으로 볼 수도 있다. 어쨌든 이 경우는 읍의 규모가 확대된 예외적인 예라 하겠다.

또 縣이나 郡에서 州로 승격한 경우도 많았다. 이중에는 그 승격시기가 명기된 경우도 있지만 그렇지 않은 경우가 더 많은 비중을 차지하고 있다. 예컨대 東州(太祖 元年), 開州(太祖 2年), 順州(太祖 6年), 慶州(太祖 18年), 瀛州(太祖 19年), 大安州(太祖 22年) 등의 6개 지역은 명확한 연대를 알 수 있다. 반면 羅州(弓裔期), 海州(太祖代), 康州(太祖代), 水州(太祖南征時) 등 4곳은 대체적인 연대만 표시하고 있다. 그러나 대부분은 '高麗初'·'高麗'·'至高麗'라는 막연한 표현을 쓰고 있다. '고려초'라 표현된 지역으로는 다음과 같은 것들이 있다. 甫州, 永州, 蔚州, 仁州, 楊州, 幸州, 抱州, 樹州, 果州, 衿州, 見州, 竹州, 槐州, 降州, 安州, 鹽州, 白州, 鳳州, 谷州, 黃州, 堤州, 興州, 平州, 登州, 湧州, 禮州, 通州, 豊州, 儒州, 基州, 和州 등의 31곳이 그것이다. 이중 보주에서부터 풍주까지 28개 지역은 신라시대 현이나 군이었다가 州로 승격되었다. 그러나 유주, 기주, 화주 등의 지역은 각각 고구려의

---

18)『高麗史』권57 지리지2 전라도 南平郡.

19)『慶尙道地理志』淸道郡.

20)『高麗史』권57 지리지2 경상도 淸道郡.

闕口, 신라의 基木鎭, 고구려의 長嶺鎭 등에서 승격된 곳이다. 또 '고려'라 표현된 洞州, '지고려'라 표현된 木州 등이 있다. 이 밖에도 이 무렵에 성립된 것으로 추정되는 주로는 信州, 昇州, 陜州, 靑州, 貞州, 運州 등을 들 수 있다. 그리하여 총47개의 州가 존재하게 되었다.

이렇듯 많은 州가 생겨난 요인은 여러 가지가 있었다. 우선 가장 많은 경우가 궁예나 왕건의 경략과정에서 귀부 내지 협조한 지방세력에 대한 우대조치로써 생겨난 것이었다. 그 대표적인 예가 羅州, 水州, 順州의 경우이다. 羅州는 신라 경덕왕시의 명칭이 錦山郡이었다. 그런데 신라말에 후백제 견훤의 영역이 되었으나 어떤 郡人이 궁예에게 귀부하였다. 이에 궁예는 왕건을 시켜 이곳을 정벌케 하고 나주로 승격시켰던 것이다.[21]

水州도 원래는 신라시대의 水城郡이었다. 그런데 태조 왕건이 남쪽으로 정벌을 갈 때 그 지역 인물인 金七, 崔承珪 등 200여 인이 귀순하여 도와줬으므로 수주로 승격되었다.[22] 順州의 예는 이러한 상황을 더욱 잘 보여준다. 즉 순주는 신라 경덕왕대의 명칭이 永安縣이었으나 태조 5년(922) 이곳의 장군이었던 元奉(元逢)이 귀순해오자 다음해인 태조 6년 그에게 元尹이란 관계를 줌과 더불어 順州로 승격시켰다. 그러나 태조 13년(930) 견훤의 침입에 원봉이 패하자 그에 대한 벌로 순주를 다시 下枝縣으로 강등시켰던 것이다.[23]

다음으로 태조의 부인이나 후비들의 출신지를 州로 승격시킨 경우도 있었다. 태조에게는 모두 6王后와 23명의 夫人이 있었다. 그런데 이들의 출신지를 보면 義城府(義城府院夫人)와 海平郡(海良院夫人)을 제외하고는 모두 州다. 이런 면에서 볼 때 후비나 부인들의 출신지라는 것이 州로 승격된 이유 중의 하나였음은 분명하다 하겠다.

---

21) 『高麗史』 권57 지리지2 전라도 羅州牧.
22) 『高麗史』 권56 지리지1 양광도 水州.
23) 『三國史記』 권12 신라본기 景明王 6년 및 『高麗史』 권1 태조세가 5, 6년.

또 北進政策의 수행과정에서 생겨난 州도 있었다. 북진정책은 고구려의 옛 영토를 수복한다는 의미에서 추진되었는데 대체로 서북방면과 동북방면의 두 가지 방향으로 전개되었다. 그러한 과정 속에서 동북방면으로는 등주, 용주, 화주 등의 州가 설치되고 서북방면으로는 대안주, 통주가 설치되었던 것이다.

이 밖에도 首都와 관련하여 생긴 州도 있었다. 東州, 開州가 그것이다. 동주는 통일신라시대 鐵城郡이었는데 궁예 시부터 수도였던 곳이다. 그러다가 태조가 즉위하면서 동주로 승격하였다. 한편 개주는 태조 2년(919) 왕건이 그의 본거지인 송악으로 수도를 옮기면서 이곳을 개주라 칭하게 되었던 것이다.[24]

그런데 이들 州는 신라시대의 州와 성격이 달랐다. 통일신라시대의 州는 군·현보다 상급단위의 행정구역이었다. 그러기에 군·현 단위의 읍보다 규모가 컸고 전국에 9개밖에 존재하지 않았다. 그러나 고려초에는 50여 개 가까운 숫자로 불어났다. 그렇기는 하지만 이때의 州는 몇 개의 군·현이 합쳐져 탄생된 것은 아닌 것 같다. 왜냐하면 통일신라시대 군현의 총수보다 고려시대 군현의 총수가 훨씬 많기 때문이다.

다만 永州, 蔚州는 예외인 것처럼 보인다. 기록에 의하면 영주는 3, 4개의 군·현이 합쳐져 된 것으로 나와 있다. 그러나 『세종실록지리지』에는 高麗太祖本紀에 高鬱府가 당시의 永州였다는 기록이 있음을 전하고 있다. 이것은 영주 이전에 이미 고울부라는 이름으로 불리웠음을 뜻하는 것이다. 실제로 태조년간의 기록을 보면 영주는 찾아지지 않는 반면 고울부의 명칭은 보이고 있다. 따라서 몇 개의 군현이 합쳐져 된 것은 영주가 아니고 고울부라 하겠다. 울주의 경우도 이미 그 이전에 興麗(禮)府라 불리워졌다. 그러므로 이들의 예를 들어 당시의 州가 군·현보다 大邑이었

---

24) 『高麗史』 권56 지리지1 王京開城府.

다고 주장할 수는 없는 것이다.

마지막으로 郡·縣이 府로 승격한 경우도 있었다. 府制는 중국의 제도를 모방한 것으로 신라말기부터 우리나라에 실시되기 시작했다. 즉 헌강왕 10년(884) 定邊府를 필두로 하여 通化府, 金海府 등의 명칭이 보이고 있는 것이다.[25]

이 府로의 승격 역시 고려왕조에의 귀부 내지 협조가 주요한 요인이 되었다. 이것은 興麗府나 安東府의 예에서 잘 알 수 있다. 흥려부는 원래 통일신라의 河曲縣이었으나 그 지역인물인 朴允雄이 태조를 도와 공을 세웠으므로 東津, 河曲, 洞安, 虞豊 등의 4현을 합하여 이루어진 것이었다.[26] 안동부는 태조 13년(929) 왕건이 이 지역에서 견훤과 전투를 벌일 때 金宣平, 權幸, 張吉 등이 도와준 공로로 古昌郡에서 승격되었다.[27] 또 高鬱府 는 金剛城將軍 皇甫能長이 태조를 도와준 대가로 苦也火郡과 骨火, 道同, 史丁火 등의 3현을 합하여 설치되었다.[28] 甫城府와 京山府도 각각 載岩城將軍 善弼, 碧珍郡將軍 良文의 來投로 인한 것이었다. 이 밖에 義城府의 경우도 이곳을 지키고 있던 將軍 洪術과 깊은 관련이 있는 듯 싶다. 태조 12년 견훤의 침입을 막다 그가 죽자 태조가 통곡을 하였다는 기록에서 엿볼 수 있다.[29]

이 府로의 승격은 다른 경우와는 달리 읍의 실제적인 확대를 의미하였다. 그것은 흥려부나 고울부의 예에서 알 수 있다. 경산부나 보성부도 그러하였다. 경산부는 京山郡, 星山郡과 狄山, 本彼, 孺山 등의 3현으로 이루어졌으며[30] 보성부도 眞寶, 眞安의 2현이 합쳐진 것이었다. 다른 府도 대체로

---

25) 배종도, 「신라 하대의 지방제도 개편에 대한 고찰」, 『學林』 11, 1989, 35~46쪽.
26) 『慶尙道地理志』 蔚山郡.
27) 『高麗史』 권57 지리지2 경상도 安東府.
28) 『慶尙道地理志』 永川郡.
29) 『高麗史』 권1 태조세가 12년 7월 辛巳.
30) 『慶尙道地理志』 星州牧.

동일했으리라 생각한다.[31]

또 이 府는 강력한 군사적 거점이었다. 이들 지역에 將軍이란 칭호를 가진 자들이 많이 진주하고 있었음에서 알 수 있다. 그러기에 당연한 결과로써 이들 지역을 중심으로 하여 전투가 이루어졌던 것이다.

요컨대 고려왕조의 건국과 후삼국통일을 전후한 시기에 궁예나 왕건은 자신에게 귀부 내지 협조한 지방세력의 출신지를 승격하였다. 그것은 이러한 정책을 통하여 더 많은 영토를 획득하고 후삼국통일을 달성하기 위함이었다. 승격유형을 보면 (1) 신라시대의 鄕·部曲에서 縣으로 승격한 경우 (2) 縣에서 郡으로 승격한 경우 (3) 郡·縣에서 州로 승격한 경우 (4) 郡·縣에서 府로 승격한 경우로 나눌 수 있다. 이중 (1)·(2)·(3)의 경우는 명칭상의 승격이었다. 그러나 (4)의 경우는 명실상부한 승격이었다. 몇 개의 군·현이 합쳐져 설치되었던 것이다. 그리고 당시의 府는 강력한 軍事的 據點으로서의 성격을 갖게 되었다.

(2) 郡縣의 降等

이렇듯 많은 군현의 승격이 있었던 반면 강등된 경우도 있었다. 그 예는 郡에서 縣으로의 강등이 대부분이었다. 아래에서 그 사례를 살펴보자.

고려초에 현으로 강등된 지역으로는 淳昌縣, 長溪縣, 臨陂縣, 進禮縣, 嘉興縣, 蔚珍縣, 高城縣, 杆城縣과 金堤縣, 潘南縣, 壓海縣, 岐城縣, 金壤縣 등이 있었다. 그런데 순창현에서 간성현까지는 그 강등시기가 '고려'로 표현되어 있지만 김제현 이하는 '고려초'라 되어 있다. 그러나 앞서 본 바와 같이 이들 모두가 고려의 건국과 후삼국통일을 전후한 시기에 강등된 것이라 하겠다.

---

31) 『高麗史』 권57 지리지2 경상도 甫城府.

위의 13개의 현 중 임피현, 진례현, 순창현, 장계현, 반남현, 압해현, 김제현, 가흥현 등 8개 지역이 현재의 전라도 지역에 분포해 있다. 다 아는 바와 같이 전라도 지역의 대부분은 후백제 지역에 속해 있었다. 그런데 후백제는 왕건에게 끝까지 항거하다 정복된 지역이다. 따라서 위의 8개 지역도 왕건에게 대항했거나 비협조적이었기 때문에 강등된 것이 아닌가 한다. 실제로 909년 왕건이 나주 지역을 정벌할 때 압해 지역에는 해전에 익숙하여 水獺이라 불리기까지 했던 能昌이 왕건에게 대항하다가 사로잡히기도 하였다.[32] 아마도 이것이 현으로의 강등 요인으로 작용했지 않나 한다. 나머지 7개 지역도 명확한 근거를 찾기는 어렵지만 압해현의 경우와 비슷하리라 생각한다. 그렇다면 전라도 지역 이외의 5개 지역도 그 지방세력이 왕건에게 그렇게 호의적인 것은 아니었으리라 짐작된다.

이 밖에도 縣에서 鄕이나 部曲으로 강등된 사례도 있다. 陸昌鄕과 竹長伊 部曲이 그것이다. 육창향은 신라시대 碣島縣이었으나 '高麗' 시기에 육창향 으로 강등되어 靈光郡에 來屬되었다.[33] 이 갈도현은 909년 왕건이 나주 지역을 정벌할 때 왕건에게 대항했던 지역이다. 이때 압해현의 能昌이란 자가 갈도현의 사람들과 결탁하여 왕건을 기다리고 있다가 죽이려 하였던 것이다. 아마도 이러한 것이 원인이 되어 鄕으로 강등된 것이 아닌가 한다. 따라서 향으로 강등된 '高麗'시기도 궁예기 아니면 태조대라 하겠다.

죽장이부곡은 신라시대의 長鎭縣으로 臨皐郡의 領縣이었다.[34] 그런데 고려 태조대에 金剛城將軍 皇甫能長이란 자가 태조를 보좌한 공이 있었으므로 임고군은 道同縣, 臨川縣과 더불어 永州가 되었다. 아마 장진현의 강등도 이 무렵의 일이었지 않나 한다. 물론 그 강등 원인도 이 지역 세력이

32) 『高麗史』 권1 태조세가 開平 3년.
33) 『新增東國輿地勝覽』 권56 靈光郡 古跡 陸昌鄕.
34) 『三國史記』 권45 지리지1 臨皐郡 領縣 長鎭縣.

反왕건적인 세력이었기 때문이라 여겨진다.

요컨대 나말려초에 군현의 격이 강등된 지역은 대략 15개 지역이었다. 그런데 그것은 縣에서 鄕이나 部曲으로 강등된 예도 있었지만 대개 郡에서 縣으로 강등된 경우였다. 그 강등 요인은 궁예나 왕건에게 대항했거나 비협조적이었기 때문이었다. 15개 지역 중 9개 지역이 왕건에게 끝까지 항거한 전라도 지역에 분포하고 있는 점이 이를 말해주는 것이다.

이제 신라말, 고려 초기에 승격되었거나 강등된 지역을 표로 작성해 보면 다음과 같다.

〈표 3〉羅末麗初 군·현의 陞降 상황

현재의 道	통일신라시 군·현명	승강시기	승강군·현명	현지명
경상도	德山部曲	고려태조시	才山縣	奉化郡 才山面
	穿山部曲	고려시	守山縣	密陽郡 河南邑
	有疾部曲	고려시	彰善縣	南海郡 昌善面
	大幷部曲	고려시	功城縣	尙州郡 功城面
전라도	紗羅鄕	고려시	玉山縣	海南郡內
경상도	冠山縣	고려초	聞喜郡	聞慶
	新安縣	後, 新羅之季	碧珍郡	星州郡 碧珍面
	善谷縣	고려초	禮安郡	安東郡 禮安面
전라도	玄雄縣	고려	南平郡	羅州郡 南平面
경기도	黃武縣	고려태조시	利川郡	利川
경상도	新羅國都	태조 18년	慶州	慶州
	醴泉郡	고려초	甫州	醴泉
	永安縣	태조 6년	順州	安東郡 豊山面
	及山郡	고려초	興州	榮豊郡 順興面
	有隣郡	고려초	禮州	盈德郡 寧海面
	基木鎭	고려초	基州	榮豊郡 豊基邑
충청도	大麓郡	지고려	木州	天原郡 木川面
	陰峰縣	고려초	仁州	牙山郡 仁州面
	槐壤郡	고려초	槐州	槐山
	黑壤郡	고려초	降州	鎭川
	奈堤郡	고려초	堤州	堤川
전라도	錦山郡	궁예시	羅州	羅州
경기도	漢陽郡	고려초	楊州	楊州郡
	遇王縣	고려초	幸州	高陽郡 內

	堅城郡	고려초	抱州	抱川
	長堤郡	고려초	樹州	富平
	栗津郡	고려초	果州	果川
	穀壤縣	고려초	衿州	始興
	水城郡	태조시	水州	水原
	來蘇郡	고려초	見州	楊州郡
	介山郡	고려초	竹州	竹山
강원도	鐵城郡	태조 원년	東州	鐵原
황해도	瀑池郡	태조시	海州	海州
	海臯郡	고려초	鹽州	延安
	雊澤縣	고려초	白州	白川
	栖巖郡	고려초	鳳州	鳳山
	五關郡	고려	洞州	瑞興
	鎭瑞縣	고려초	谷州	谷山
	取城郡	고려초	黃州	黃州郡
	永豊郡	고려초	平州	平山
	闕口	고려초	儒州	文化
	仇乙縣	고려초	豊州	豊川
	升山	고려	信州	信川
함경도	朔庭郡	고려초	登州	安邊
	井泉郡	고려초	湧州	德源
	長嶺鎭	고려초	和州	永興
평안도	安化郡	고려초	通州	宣川
	重盤郡	고려초	安州	安州郡
	文城郡	태조 22년	大安州	慈山
경상도	臨皐郡, 道同縣, 臨川縣	고려초	高鬱府	永川
	河谷縣, 東津縣, 虞風縣	고려초	興禮(麗)府	蔚山
	眞寶縣,眞安縣	고려초	甫城府	靑松郡 眞甫面
	碧珍郡	태조 23년	京山府	京山
	古昌郡	태조 13년	安東府	安東
	聞詔郡	고려초	義城府	義城
충청도	東,西兜率	태조 13년	天安府	天安市
평안도	彭原郡	태조 14년	安北府	安州
전라도	淳化郡	고려	淳昌縣	淳昌
	壁磩郡	고려	長溪縣	長水郡 溪內面
	臨陂郡	고려	臨陂縣	沃溝郡 臨陂面
	金堤郡	고려초	金堤縣	金堤
	潘南郡	고려초	潘南縣	羅州郡 潘南面
	壓海郡	고려초	壓海縣	新安郡 壓海面
	牢山郡	고려	嘉興縣	珍島郡 內

충청도	進禮郡	고려	進禮縣	錦山
경상도	蔚珍郡	고려	蔚珍縣	蔚珍
강원도	岐城郡	고려초	岐城縣	鐵原郡 金化邑
	高城郡	고려	高城縣	高城郡
	守城郡	고려	杆城縣	高城郡 杆城邑
	金壤郡	고려초	金壤縣	通川
전라도	碣島縣	고려	陸昌鄉	靈光郡 內
경상도	長鎭縣	?	竹長伊部曲	慶州郡 內

3. 군현의 來屬관계 형성

羅末麗初 군현제 변화상의 또 다른 특징은 이 시기에 屬郡·縣이 많이 발생하였다는 것이다. 『高麗史』地理志에는 이러한 속군·현의 발생을 '來屬'이라 표현하고 있다.

그런데 이러한 군·현의 내속관계는 고려초에 처음으로 발생한 것은 아니었다. 『고려사』지리지에 의하면 이 내속관계는 신라 景德王대부터 발생한 것으로 되어 있다. 이에 대한 표를 작성해 보면 다음과 같다.

〈표 4〉 신라시대 군현의 來屬 상황

地域	主郡·縣名	屬郡·縣名	表現
慶尙道	南海縣 尙州牧	蘭浦縣 多仁縣	景德王 改今名來屬
全羅道	全州牧	高山縣 伊城縣	新羅時來屬 景德王改名杜城來屬
	古阜郡	保安縣 扶寧縣 尙質縣	景德王 改名喜安來屬 景德王 改今名來屬 〃
	臨陂縣	澮尾縣 沃溝縣	〃 〃
	進禮縣	富利縣 淸渠縣 朱溪縣	景德王 改爲伊城縣來屬 景德王 更今名來屬 景德王 改名丹川來屬
	金堤縣	平皐縣	景德王 改今名來屬
	羅州牧	鐵冶縣 會津縣	〃 〃

	餘艎縣	〃
靈岩郡	昆湄縣	〃
昇平郡	突山縣 麗水縣 光陽縣	景德王 改爲廬山縣來屬 景德王 改爲海邑縣來屬 景德王 改爲晞陽縣來屬

    그러나 과연 경덕왕대에 이미 이러한 속군·현이 형성되었을까. 여기에는 의문이 없지 않다. 『三國史記』 지리지에는 이들 현이 모두 속현이 아닌 領縣으로 되어 있기 때문이다. 主邑과 領縣과의 관계는 外官과 外官과의 관계이지만 主邑과 屬縣과의 관계는 外官과 鄕吏[長吏]와의 관계였다. 그렇다면 우리는 어떤 기록을 믿어야 될 것인가. 『三國史記』가 시대적으로 먼저 편찬되었다는 면에서 『高麗史』의 기록이 잘못이라 볼 수도 있다. 그러나 이것도 옳은 태도는 아니라고 생각한다. 왜 다른 군·현은 '高麗初'·'高麗'·'至高麗' 시기에 來屬되었다고 하면서 이들 현은 특별히 景德王대에 來屬되었다고 표현했을까 하는 이유를 명백히 알 수 없기 때문이다. 따라서 『高麗史』 찬자가 이렇듯 달리 표현한 이유를 합리적으로 찾아볼 필요가 있다. 나아가 경덕왕대에 속현이 되었다고 나와 있는 지역이 다른 기록들에는 어떻게 표현되어 있는가 하는 점도 구체적으로 검토할 필요가 있다.

    우선 경상도 지역을 살펴보자. 蘭浦縣의 경우 『경상도지리지』에는 경덕왕대에 領縣이나 屬縣관계의 성립을 기술하지 않고 있다. 다만 이때 난포현으로 개명된 사실만 전하고 있다. 아마도 『경상도지리지』 찬자가 기록의 상이함 때문에 망설이다가 속현의 성립 시기는 기술하지 않은 것이 아닌가 한다. 『세종실록지리지』에는 정확한 연대를 밝히지 않고 신라가 본래의 內浦縣을 蘭浦縣으로 고쳐 南海郡의 領縣으로 삼았음을 전하고 있다. 따라서 『세종실록지리지』는 『삼국사기』쪽의 기록을 채택하고 있다고 하겠다. 김정호의 『大東地志』도 역시 『삼국사기』를 따르고 있다. 즉 경덕왕 16년 (752) 난포현으로의 개명과 동시에 남해군의 領縣이 되었다고 기록되어 있다. 그러나 『신증동국여지승람』에는 『고려사』 지리지의 기록과 같이 경덕왕대에 난포현으로 개명되면서 남해군에 來屬되었음을 전하고 있다.

多仁縣은 『삼국사기』에 尙州의 領縣으로 나와 있지만 『경상도지리지』에는 신라 경덕왕대에 다인현으로 개명된 것만 기술하고 있고 高麗 時에 尙州의 任內가 되었음을 밝히고 있다. 『세종실록지리지』에는 신라 경덕왕이 達已縣을 다인현으로 개명함과 더불어 상주의 영현이 되었고 高麗朝에 들어와 그대로 상주의 屬縣이 되었다가 그 후 醴泉郡에 來屬되었음을 전하고 있다. 『대동지지』도 이와 같은 내용을 전하고 있다. 그러나 『신증동국여지승람』은 경덕왕대에 다인현이 상주의 속현이 되었고 高麗朝에 와서 예천군에 來屬되었음을 밝히고 있다.

이제 全羅道 지역의 경우를 보자. 高山縣의 경우 『삼국사기』에는 全州의 領縣으로 나와 있는데 비해 위의 표에서 보는 바와 같이 『고려사』 지리지에는 막연히 新羅 時에 來屬되었음을 전하고 있다. 『세종실록지리지』는 『삼국사기』설을 따르면서도 전주의 속현이 된 시기는 밝히지 않은 채 다만 高麗 때에 監務가 설치된 것만을 전하고 있다. 생각건대 『고려사』의 기록을 의심하면서도 來屬시기를 정확히 알 수 없기 때문에 누락시킨 것이 아닌가 한다. 김정호도 고산현이 경덕왕 16년에 전주의 영현이 된 것으로는 보았지만 전주의 속현이 된 것은 고려 현종 9년(1018)임을 밝히고 있다. 그러나 『신증동국여지승람』은 『고려사』의 기록을 좇아 신라 시에 전주의 屬縣이 되었음을 전하고 있다.

또 『고려사』 지리지에 고산현과 같이 전주목의 屬縣으로 나와 있는 伊城縣의 경우도 『삼국사기』에는 전주의 領縣으로 되어 있다. 그런데 『세종실록지리지』는 전주의 속현으로 되어 있는 4개의 縣 中 利城縣, 沃野縣, 紆州縣은 高麗初에 來屬되었음을 분명히 하고 있으면서도 伊城縣에 대해서는 領縣, 屬縣관계 기록을 누락시키고 있다. 단지 新羅 때에 본래 百濟의 豆伊縣을 杜城縣으로 고쳤으며 高麗朝에 이르러 伊城縣으로 개명된 사실만 기록하고 있다. 아마도 고산현의 경우와 마찬가지로 來屬시기에 자신이 없기 때문에 누락시킨 것이라 생각된다. 한편『대동지지』에는 경덕왕 16년 杜城縣으로의 개명과 더불어 전주의 領縣이 되었으며 伊城縣으로 개명된 것은 고려 태조 23년(940)이고 현종 9년에 와서야 전주에 來屬된 것으로 기술되어 있다. 그러나『신증동국여지승람』에서는 정확한 연대를 밝히지 않은 채 단순히 新羅시에 두성현으로 개명하면서 전주에 來屬되었음을 명기하고 있다. 따라서 來屬시기에 관한 한『삼국사기』·『대동지지』 설과 『고려사』·『신증동국여지승람』설이 대립하고 있다고 하겠다.

경덕왕대에 古阜郡에 來屬된 扶寧縣, 保安縣은『삼국사기』에 고부군의 領縣으로 나와 있고『세종실록지리지』에도 막연한 표현을 쓰기는 했지만 新羅時에 지명 개정과 함께 고부군의 領縣이 된 것으로 나와 있다. 그러나 來屬시기는 명확히 밝히고 있지 않다.『대동지지』도『삼국사기』를 따라 경덕왕대에 이 두 현이 고부군의 영현이 되었다고 기술하면서 고려 현종 9년(1018) '仍屬'되었다고 표현하고 있다.[35] 이 '仍屬'이란 표현은 무엇을 뜻하는 것일까. 이에 대해서는 뒤에 살펴볼 테지만『대동지지』기록은 『세종실록지리지』와 일정한 차이를 보이고 있는 것이 사실이다. 그런데 『신증동국여지승람』에는 新羅時에 皆火縣이 부령현으로, 欣良買縣이 喜安 縣으로 개명되면서 고부군의 屬縣이 되었다고 기술되어 있다. 그리고 高麗時에 '仍屬'되었음을 전하고 있다. 따라서 이 '仍屬'이란 표현이 서로 다르게 적용되고 있음을 알 수 있다. 즉 이전에 領縣이었던 지역과 屬縣이었던 지역이 모두 이 표현을 쓰고 있는 것이다. 물론 이 부령현과 보안현에는 후에 監務가 설치되었고 朝鮮 太宗대에 합병과 분리를 거듭하다가 결국 태종 16년(1416) 扶安縣이란 명칭으로 합병되는 것이다.

위의 두 현과 같이 경덕왕대에 고부군에 來屬된 尙質縣도 대체로 같은 기록의 차이를 보이고 있다.『삼국사기』·『세종실록지리지』·『대동지지』

---

35)『大東地志』전라도 扶安 沿革 및 古邑.

가 경덕왕대에 고부군의 領縣이었음을 전하고 있는 반면 『고려사』·『신증동국여지승람』에는 이때에 이미 고부군의 屬縣이 되었음을 기술하고 있는 것이다. 그리고 '仍屬'에 대한 기록상의 차이도 마찬가지이다.

또 경덕왕대에 臨陂郡에 來屬된 澮尾縣, 沃溝縣도 『세종실록지리지』나 『대동지지』에는 『삼국사기』 기록처럼 新羅 時에 임피군의 領縣이 되었다고 기록되어 있다. 다만 『세종실록지리지』는 그 뒤에 '高麗因之'라는 표현을 하고 있는 반면 『대동지지』는 '高麗 顯宗九年 仍屬'이란 표현을 덧붙이고 있다. 그런데 『신증동국여지승람』에는 이들 두 현이 신라 시에 임피군의 屬縣이 되었음을 밝히면서도 그 뒤에 '高麗因之'란 표현을 쓰고 있다. 그렇다면 이 '因之'라는 뜻은 무엇이며 '仍屬'과는 어떻게 다른 것인가. 이에 대해서도 뒤에서 살펴보기로 하겠다.

進禮縣의 속현으로 되어 있는 富利縣, 淸渠縣, 朱溪縣 중 청거현, 주계현은 『세종실록지리지』에 경덕왕 때 진례군의 領縣이었다고 나와 있다. 그러나 언제 來屬되었는가에 대해서는 별 언급이 없다. 부리현은 領縣이나 屬縣관계에 대한 언급이 전혀 없이 지명 개정 사실만 기록되어 있다. 『대동지지』는 이들 모두가 경덕왕 시 진례군의 領縣이었다고 기록하면서 그 來屬시기에 대해서는 고려 현종 9년(1018)에 '仍屬'된 것으로 보고 있다. 물론 『신증동국여지승람』은 『고려사』의 기록에 따라 신라 경덕왕 대에 '來屬 또는 '屬進禮郡'한 것으로 기록하고 있다.

平皐縣은 『세종실록지리지』에 의하면 신라시대에 首冬山縣에서 평고현으로 개명되었다가 高麗 時에 전주의 任內가 되었고 그 후 김제군에 來屬된 것으로 나와 있다. 『대동지지』는 평고현이 경덕왕대에 김제군의 領縣이 되었다가 고려 현종 9년 전주에 속하였고 인종대에 來屬한 것으로 보고 있다. 『신증동국여지승람』은 신라 시에 김제군에 來屬되었는데 '高麗初'에 전주에 속하였다가 후에 다시 김제군에 來屬되었다고 기록하고 있다.

鐵冶縣, 會津縣, 艅艎縣 중 여황현, 회진현은 『세종실록지리지』에 來屬

시기를 밝히지 않고 지명 개정 사실만 기록하고 있다. 철야현은 신라 시에 나주의 영현이 되었다가 '高麗'시기에 '因之'했다고 기록되어 있다. 『대동지지』는 이 3개의 현이 경덕왕대에 錦山郡후의 羅州의 領縣이었음을 밝히면서 고려 현종 9년에 '仍屬'되었음을 전하고 있다. 반면 『신증동국여지승람』은 이들 3현이 신라 시 나주에 來屬되었으며 그 뒤에 '高麗因之'·'高麗及本朝因之' 했다고 표현하고 있다.

昆湄縣에 대해 『세종실록지리지』는 신라 시에 영암군의 領縣이 되었고 '高麗因之' 했다고 기록하고 있다. 그러나 『대동지지』는 신라 경덕왕 때에 영암군이 아닌 潘南郡의 領縣이 되었으며 고려 현종 9년(1018) 영암군에 來屬된 것으로 기록하고 있다. 『신증동국여지승람』은 신라 시에 영암군에 來屬되었으며 高麗 및 朝鮮시대에도 '因之'한 것으로 표현하고 있다.

突山縣, 麗水縣, 光陽縣에 대해 『세종실록지리지』는 광양현만 신라 시에 順天의 領縣이 되었음을 명기하고 있으며 돌산현, 여수현은 지명 개정 사실만 기록하고 있다. 즉 여수현, 돌산현은 신라 시에 각각 海邑縣, 廬山縣으로 개명하였다가 '高麗' 시기에 여수현, 돌산현이 되었음을 전하고 있는 것이다. 『대동지지』는 이들 3현이 모두 경덕왕대에 昇平郡의 領縣이 되었음을 밝히는 한편 지명 개정이 이루어진 '高麗' 시기를 여수현, 광양현은 高麗 太祖 23年(940)으로, 그리고 돌산현은 '高麗初'로 명기하고 있다. 그러나 『신증동국여지승람』은 이 3현이 모두 新羅 時 승평군(후의 昇州)에 來屬되었음을 전하면서 지명 개정 시기도 『고려사』나 『세종실록지리지』처럼 '高麗'라는 막연한 표현을 쓰고 있다. 그리고 현종 9년에 '仍屬'되었음을 전하고 있다.

이상에서 살펴본 바와 같이 『대동지지』는 『삼국사기』의 설을 따라 위 표에 기입된 현들이 경덕왕대에 領縣이었음을 주장하고 있는 반면 『신증동국여지승람』은 『고려사』 지리지의 설을 좇아 경덕왕대에 來屬되었음을 전하고 있다. 『세종실록지리지』는 일부 현이 경덕왕대에 領縣이었음을 전하면서도 몇몇 현에 대해서는 그 來屬시기를 명확히 밝히고 있지 않다. 즉 위의 20개의 현 중 12개의 현이 '新羅' 時 또는 景德王대에 領縣이었음을 밝히고 있지만 나머지의 현은 來屬시기를 밝히지 않거나 '高麗因之'·'高麗時仍屬' 등의 표현을 쓰고 있는 것이다. 물론 이 '因之'·'仍屬'이란 표현은 『세종실록지리지』뿐 아니라 『고려사』나 『신증동국여지승람』·『대동지지』에도 많이 보이고 있다. 따라서 우리는 신라 경덕왕대에 군·현의 來屬관계가 발생했음을 전면 부정할 수는 없으며 '因之'·'仍屬' 등의 표현이 무엇을 뜻하는가도 살펴봐야 할 것이다.

우선 위의 표에서 보는 바와 같이 경덕왕대에 來屬된 것으로 나오는 현의 지역적 분포를 보면 난포현, 다인현을 제외하고는 모두 전라도 지역에 집중되어 있다. 다 아는 바와 같이 전라도 지역은 일찍이 후삼국 시대에 견훤이 차지하고 있었던 지역으로 가장 늦게 고려의 영역에 포함된 지역이다. 따라서 이미 궁예시대에 대규모적인 군·현의 명칭 변경이 있었듯이 이 지역도 고려로의 편입 이전에 군현 개편 작업이 진행되었을 가능성이 있다. 그리하여 『고려사』 지리지 찬자는 高麗初 이전에 來屬된 것은 확실하나 명백한 시기를 알 수 없으므로 지명 개정이 대대적으로 행해진 景德王대에 갖다 붙인 것이 아닌가 한다.

혹 哀莊王 9년(808) "使臣을 12道에 보내어 여러 郡邑의 疆境을 分定"할 때 속군·현의 발생이 이루어졌는지도 알 수 없다. 『삼국사기』 지리지에 보면 "○○郡(縣) 本○○郡(縣) 景德王改名 今未詳(○○部曲)" 또는 "○○郡(縣) 景德王改名 今合屬○○郡(縣)" 등의 표현이 있다. 이것은 경덕왕 16년 이후에 어떤 군현이 廢縣되었거나 다른 군현에 倂合된 것을 표시하는 것이다. 그런데 이와 같은 군현이 총 4郡 37縣에 달한다. 이들 군현이 다른 군현에 병합되거나 폐현된 시기는 일률적으로 말할 수 없지만 애장왕 9년에도 이와 같은 변화가 일부 있었으리라 추측되는 것이다.

이렇듯 高麗 이전에도 군·현의 來屬관계가 발생했을 가능성이 많지만 본격적인 屬郡·縣의 발생은 고려 건국 이후부터였다. 『고려사』 지리지는 이러한 속군·현의 발생을 '來屬'·'仍屬(之)'·'仍之'·'因之' 등으로 표현하고 있다. 또 그 시기도 '高麗初'·'至高麗'·'高麗' 등의 막연한 표현을 쓰고 있다. 그런데 여러 지역의 사례를 검토해 볼 때 '高麗初'는 太祖代임이 확실하고 '至高麗'·'高麗'도 太祖代일 가능성이 많다. 따라서 '高麗初'·'至高麗'·'高麗'에 속군·현이 된 지역을 같은 차원에서 논의하도록 하겠다.

그런데 문제는 '來屬'·'仍屬'이란 표현은 분명히 속군·현의 발생을 의미하는 것이지만 '仍之'·'因之'도 그럴 것인가 하는 것이다. 예를 들면 尙州牧의 속현인 比屋縣의 경우 본래는 신라의 阿火屋縣이었으나 경덕왕이 비옥현으로 고쳐 聞韶郡의 領縣으로 삼았다. 그리고 '高麗初'에 '因之'하였다가 현종 9년(1018)에 來屬되었다고 기록되어 있다.[36] 그런가 하면 전라도 靈光郡의 속현인 長沙縣은 본래 百濟의 上老縣이었으나 경덕왕 때에 장사현으로 개명되어 武靈郡의 領縣이 되었다가 '高麗'시기에 '仍之'하였고 그 후에 監務가 설치되기도 하였다.[37]

'因之'라는 표현의 본래 뜻은 '종전대로 한다'는 의미이다. 이 표현은 『삼국사기』 지리지에 많이 보이고 있다. 예컨대 東萊郡의 경우 본래 居漆山郡이었으나 경덕왕이 동래군으로 개명하였고 『삼국사기』 편찬 당시에도 그대로라는 의미에서 '今因之'라는 표현을 쓰고 있는 것이다. 『고려사』 지리지에서도 이런 경우 '因之'라는 표현을 쓰고 있다. 예를 들면 韓山縣의 경우 본래 백제의 馬山縣이었으나 신라가 '因之'하여 嘉林郡의 領縣으로 삼았다. 또 尙州牧의 속군인 化寧郡은 본래 신라의 笞達匕郡이었으나 경덕왕이 화령군으로 고쳤고 '高麗初'에 '因之'하였다. 그러다가 그 후에 현으로 강등되어 상주목에 來屬되었던 것이다. 이 경우는 분명히 '因之'라는 의미가 이전의 지명을 그대로 썼다는 의미이다. '仍之'도 '因之'와 비슷하게 '그대로

---

36) 『高麗史』 권57 지리지2 경상도 尙州牧 比屋縣.
37) 『高麗史』 권57 지리지2 전라도 靈光郡 長沙縣.

따른다'는 뜻이다.

그렇다면 比屋縣이나 長沙縣의 경우는 어떻게 해석해야 할 것인가. 장사현의 경우 '高麗' 시기에 '仍之'하였다는 것은 '高麗' 시기에도 이전과 같이 武靈郡(후의 靈光郡)의 통제를 받게 되었다는 뜻이다. 다시 말해 '高麗' 시기에 영광군의 속현이 되었다는 뜻으로밖에 달리 해석할 도리가 없다. 영광군의 속현이 된 시기는 이 시기 이외에 다른 시기를 추정할 수 없기 때문이다. 앞서 본 바와 같이 본래 領縣관계와 屬縣관계는 다른 것이었지만 領縣이나 屬縣은 똑같이 主邑의 통제를 받는다는 면에서 동일한 성격의 것이었다. 『고려사』 지리지 찬자는 이러한 성격을 고려하여 '仍之'·'因之'등의 표현을 썼던 것이다. 따라서 비옥현의 경우도 '高麗初'에 이전과 같이 聞韶郡의 통제를 받는 속현이 되었다가 후에 다시 尙州牧의 속현이 되었다는 뜻으로 해석할 수 밖에 없다. 결국 '高麗初'·'至高麗'·'高麗'에 '來屬'·'仍屬'되었다는 군현은 물론이고 경덕왕대에 ○○郡의 領縣이었는데 '고려초'·'지고려'·'고려'에 '仍之'·'因之'했다는 지역도 屬郡·縣의 형성을 의미하는 것이라 하겠다.

이제 '고려초'·'지고려'·'고려'에 '來屬'·'仍屬'·'仍之'·'因之'했다고 나오는 군현을 표로 만들어 보면 다음과 같다.

〈표 5〉'高麗初'·'至高麗'·'高麗' 時 군현의 主屬 관계

	主郡·縣名	時期	屬郡·縣名(表現)
楊廣道	樹 州	高麗	童城縣(仍屬), 通津縣(仍屬之)
		至高麗	守安縣(仍屬)
	水 州	至高麗	振威縣(仍屬)
	江華縣	高麗	鎭江縣(仍屬), 河陰縣(仍屬), 喬桐縣(仍屬之)
	廣 州	太祖	利川郡(仍屬)
	忠 州	至高麗	陰城縣(來屬)
	原 州	至高麗	寧越郡(來屬), 平昌縣(來屬)
		高麗	永春縣(來屬)
	淸 州	至高麗	燕山郡, 木州, 全義縣, 淸川縣(이상 來屬)
		高麗初	靑塘縣(來屬)

	公 州	高麗	德津縣, 儒城縣(이상 來屬)
		高麗初	新豊縣(來屬)
	天安府	高麗	平澤縣(來屬)
	嘉林郡	高麗	庇仁縣(因之), 韓山縣(仍屬)
	富城郡	高麗	地谷縣(仍屬), 蘇泰縣(仍之)
慶尙道	慶 州	高麗初	長鬐縣(來屬)
	密城郡	高麗初	淸道郡(來屬)
		高麗	靈山縣(仍屬)
	康 州	高麗初	泗水縣(來屬)
	南海郡	高麗初	蘭浦縣, 平山縣(이상 因之)
	巨濟郡	高麗	鵝洲縣, 溟珍縣(이상 因之), 松邊縣(仍屬)
	尙 州	高麗初	靑山縣(來屬)
		高麗	多仁縣(仍屬)
	義城府	高麗初	單密縣, 比屋縣(이상 因之)
	京山府	高麗	高靈郡(來屬)
		高麗	若木縣(來屬)
全羅道	全 州	至高麗	金馬郡(來屬)
		高麗	朗山縣(來屬), 伊城縣(仍屬), 巨野縣(屬縣)
		高麗初	沃野縣, 鎭安縣, 紆州縣, 雲梯縣, 馬靈縣, 利城縣, 咸悅縣(이상 來屬), 金堤縣, 平皐縣(이상 屬縣)
	德恩郡	高麗初	礪良縣(因之)
	南原府	至高麗	任實郡, 雲峯縣(이상 來屬)
		高麗	淳昌縣, 長溪縣, 居寧縣, 長水縣(이상 來屬)
		高麗初	赤城縣, 九皐縣, 求禮縣(이상 來屬)
	古阜郡	高麗	保安縣(仍屬), 仁義縣(來屬)
		至高麗	扶寧縣, 尙質縣(이상 仍屬), 井邑縣, 大山郡, 高敞縣(이상 來屬)
	臨陂縣	高麗	澮尾縣, 沃溝縣(이상 因之), 富潤縣(來屬)
		至高麗	萬頃縣(來屬)
	進禮縣	高麗	富利縣, 朱溪縣(이상仍屬), 淸渠縣(因之), 珍同縣(來屬)
		高麗初	茂豊縣(來屬)
	羅 州	高麗	樂安郡, 南平郡, 安老縣, 伏龍縣, 原栗縣, 昌平縣, 長山縣, 和順縣(이상 來屬), 珍島縣(屬縣), 鐵冶縣, 會津縣(이상 因之), 艅艎縣(仍屬)
		高麗初	潘南縣(來屬), 壓海縣, 綾城縣(이상 屬縣)
		至高麗	珍原縣(來屬)
	昇平郡	高麗初	谷城郡(屬郡), 富有縣(來屬)
		高麗	突山縣, 麗水縣, 光陽縣(이상 仍屬)
	寶城郡	高麗	會寧縣, 長澤縣(이상 仍屬), 福城縣, 南陽縣, 秦江縣(이상 來屬)
		高麗初	同福縣, 玉果縣(이상 來屬)
	靈巖郡	高麗	定安縣, 遂寧縣(이상 屬), 耽津縣(移屬), 道康郡, 海南縣,

			竹山縣(이상 來屬), 昆湄縣(仍之)
		至高麗	黃原郡(來屬)
	靈光郡	高麗	長城郡, 陸昌縣, 牟平縣, 臨淄縣(이상 來屬), 長沙縣, 茂松縣(이상 仍之)
		至高麗	森溪縣, 海除縣, 咸豊縣(이상 來屬)
交州道	交州	高麗	長楊郡(來屬)
		高麗初	岐城縣, 和川縣(이상 來屬)
	春州	高麗初	狼川郡(來屬)
		高麗	基麟現, 麟蹄縣, 方山縣, 瑞禾縣, 楊溝縣(이상來屬), 橫川縣(仍屬)
西海道	谷州	高麗初	遂安縣(屬)
東界	登州	高麗	翼谷縣(仍屬)
	金壤縣	高麗	臨道縣, 碧山縣(이상仍之), 歙谷縣(仍屬), 雲岩縣(來屬)
	高城縣	至高麗	豢假縣(仍屬)
	杆城縣	高麗	烈山縣(仍屬)
北界	西京	至高麗	中和縣(屬村)

그런데 여기서 '來屬'과 '仍屬'·'仍之'·'因之' 등은 의미상으로 구별해서 생각해야 한다. 前者는 경덕왕대에 領縣도 아니었던 지역이 새롭게 통제권으로 들어왔다는 것을 의미한다. 그러나 後者는 종래에 領縣으로 통제해 오던 지역을 그대로 인수받았다는 뜻이다. 따라서 고려 건국 이후 군현제의 새로운 동향을 살피기 위해서는 후자보다도 전자에 주의를 기울일 필요가 있다. 즉 새로이 많은 군·현을 來屬받은 지역에 주목해야 한다는 것이다.

우선 위의 표에서 主郡·縣으로 나와 있는 지역이 왜 주변의 군·현을 來屬받게 되었는가 하는 점에 대해 살펴보자. 대표적인 몇 사례를 들어 설명하는 것이 좋을 듯하다. 먼저 全州의 예를 보자. 전주는 통일신라시대 9州 중의 하나였으며 羅末에는 후백제의 수도가 되었다. 이후 견훤은 그 아들과의 불화로 고려에 귀부했지만 神劍은 왕건에게 끝까지 항거하다 무력으로 정복되었다. 태조 왕건은 후백제를 멸한 직후 전주에 安南都護府를 설치하였다.[38] 이와 더불어 태조는 후백제 잔존세력의 통제와 반란억제를 위해 자신의 직속군을 주둔시켰을 것이다. 그와 동시에 주변의

---

38) 『高麗史』 권57 지리지2 전라도 全州牧.

많은 군·현을 來屬시켜 통제토록 하였던 것이다. 이들 속군·현에도 토착세력이 있었을 것이나 그들의 존재를 약화시켜 전주에 주둔한 중앙군의 통제를 받게 하였던 것이다.

古阜郡에는 후백제가 멸망한 직후 瀛州觀察使라는 외관이 설치되고 있다.[39] 관찰사는 唐代에 있었던 외관 명으로 주로 州, 縣에 있는 관리들의 功過와 民政의 상황을 감찰하였다. 여기에 설치된 관찰사도 이와 비슷한 임무를 수행했을 것이다. 즉 외관의 파견과 더불어 새로이 來屬된 속군·현을 통제하고 감찰했다고 생각한다. 이와 더불어 중앙군이 여기에 주둔했을 것임은 쉽게 짐작이 간다. 광종 2년(951) 여기에 安南都護府가 설치되는 것도 결코 이와 무관하지 않을 것이다.

羅州는 통일신라시대 錦山郡이었으나 郡人의 협조로 궁예에게 정복된 후 羅州로 승격된 지역이다. 궁예가 錦城(山)郡을 공격한 것은 903년으로 이때 주변의 10여 군·현도 함께 탈취하였다. 이들 10여 군·현이 후에 나주에 來屬되었음은 물론이다. 이후 909년 왕건의 자원으로 정복사업은 계속되어 珍島縣, 潘南縣, 壓海縣 등이 궁예의 수중에 들어오게 되었다. 그리하여 이 세 현도 나주에 來屬하게 되었다. 한편 나주에는 903년 정복 직후부터 중앙군이 주둔하여 羅府라 불리기도 하였다.[40] 즉 羅州도 전주나 고부군의 경우와 같이 중앙군을 주둔시키면서 그 지역 세력은 물론 인근 군·현의 토착세력들까지 직접적인 통제를 가하려 했던 것이다.

그러나 主邑의 豪族이나 地方勢力들에게는 일종의 회유조치로써 속군·현을 통제할 수 있는 일부 권한을 부여하기도 하였다. 그들을 今有(檢務), 租藏 등에 임명하여 속군·현의 조세사무나 행정사무를 관할하게 하였던 것이다. 이것은 전주의 豪族이라 할 수 있는 柳邦憲의 父 潤謙이 全州의 檢務, 租藏을 지내고 있는 것에서 알 수 있다. 물론 이 主邑의 검무, 조장들은

---

39) 『高麗史』 권57 지리지2 전라도 古阜郡.

40) 『三國史記』 권50 弓裔傳.

중앙에서 수시로 파견되는 巡官이나 轉運使의 통제를 받아야 했다.

그렇다면 문제는 '고려초'·'지고려'·'고려'에 지명 개정 사실만 쓰여 있거나 아무런 기록이 없는 지역은 어떻게 된 것일까 하는 것이다. 기존의 領郡·縣관계가 유지된 것일까 아니면 이러한 관계가 해체되고 독립적인 군·현이 된 것일까. 결론부터 말한다면 후자와 같이 된 것이 아닐까 생각한다.

우선 신라말이나 고려 초기(현종 9년 이전)에 아무런 기록이 없는 군·현을 신라 시대 9州를 기준으로 하여 통계를 내보면 尙州·良州·康州가 각각 12·15·10개 군현, 熊州·全州·武州가 각각 13·4·0개 군현, 그리고 漢州·朔州·溟州가 각각 18·6·7개 군현이다. 한편 '고려초'·'지고려'·'고려'시기에 '來屬'·'仍屬'·'仍之'·'因之' 등의 표현없이 지명 개정만 이루어진 군현을 통계해 보면 상주·양주·강주가 각각 12·9·11, 웅주·전주·무주가 각각 19·2·1, 그리고 한주·삭주·명주가 각각 40·11·6개 군현이다. 이 둘을 합하면 상주·양주·강주가 각각 24·24·21, 웅주·전주·무주가 각각 32·6·1, 그리고 한주·삭주·명주가 각각 58·17·13개 군현이다. 이를 알기 쉽게 다시 표로 나타내 보면 다음과 같다.

〈표 6〉 '고려초' 기록이 없거나 지명 개정만 이루어진 군현

	상주	양주	강주	웅주	전주	무주	한주	삭주	명주	합계
無기록 군현	12	15	10	13	4	0	18	6	7	85
지명 개정만의 군현	12	9	11	19	2	1	40	11	6	111
합계	24	24	21	32	6	1	58	17	13	196

여기서 보는 바와 같이 '고려초'에 아무런 변동의 기록이 없거나 지명 개정만 이루어진 군현의 분포를 보면 지금의 황해도, 경기도 지역인 漢州에 가장 많고 다음이 경상도 지역(상주, 양주, 강주), 충청도 지역(웅주)의 순으로 나타나고 있다. 반면 현재의 전라도 지역인 全州, 武州에는 7개 지역에 불과함을 알 수 있다. 이러한 지역적 분포는 지방세력의 歸附

내지 協助에 대한 중앙의 우대조치로서 나타난 군·현의 승격 지역과 비슷한 현상을 보이고 있는 것이다. 따라서 이들 지역은 고려왕조에 크게 협조하지도 않았지만 그렇다고 반항하지도 않은 지역이 아닌가 한다. 그리하여 승격이나 강등은 하지 않은 채 나름대로의 독자성을 인정해 준 것으로 생각된다. 즉 신라 시대의 조직적인 領郡·縣관계는 해체되었다고 하겠다.

이러한 생각은 다음의 몇 예를 보아도 알 수 있다. 우선 『고려사』 지리지에 陝州의 속현으로 나와 있는 三岐縣의 경우를 보자. 삼기현은 본래 신라의 三支縣이었으나 景德王이 三岐縣으로 개명하면서 江陽郡의 영현으로 삼았는데 고려 초기에는 아무런 기록이 없다가 현종 9년(1018)에 來屬된 것으로 나와 있다.[41] 그런데 강양군은 陝州의 경덕왕 때 지명이다. 따라서 삼기현이 경덕왕 이후 현종 9년 이전까지 강양군[陝州]의 領縣 내지 屬縣관계로 지속되었다면 기록은 당연히 '顯宗九年 仍(因)之' 또는 '顯宗九年 仍屬' 등의 표현을 썼을 것이다. 그런데도 '來屬'이란 표현을 쓰고 있는 것은 삼기현이 고려초에는 강양군의 領縣관계에서 벗어나 독립적인 지위에 있다가 현종 9년에 다시 屬縣이 되었음을 말해 주는 것이다.

이것은 金浦縣의 경우를 보아도 알 수 있다. 김포현은 본래 고구려의 今浦縣이었으나 경덕왕대에 이 이름으로 고쳐 長堤郡의 領縣으로 삼았다. 그 후 현종 9년 樹州에 '仍屬'되었다고 나와 있다.[42] 장제군은 樹州의 경덕왕 때 지명이다. 이 경우 고려초에 기록이 없다는 점에서는 삼기현과 같다고 할 수 있으나 아마 고려초에도 김포현은 수주의 통제를 받았던 모양이다. 그리하여 현종 9년에 '來屬'이란 표현을 쓰지 않고 '仍屬'이란 표현을 썼던 것이다. 따라서 고려초에 아무런 기록이 없는 군현 중에서도 그 후에 '仍屬'·'仍(因)之' 등의 표현을 쓰고 있는 것은 독립적인 군현이 아니었다고 하겠다. 그러나 이러한 군현은 많지 않고 위의 김포현과 全州의 속현으로

---

41) 『高麗史』 권57 지리지2 경상도 陝州 三岐縣.
42) 『高麗史』 권56 지리지1 양광도 安南都護府 樹州 屬縣 金浦縣.

나와 있는 高山縣, 交州의 속현으로 나와 있는 嵐谷縣, 春州의 속현으로 되어 있는 洪川縣, 登州의 속현인 瑞谷縣과 霜陰縣, 그리고 溟州의 속현이 된 旌善縣과 連谷縣 등 8개 현이 여기에 해당된다 하겠다.

그렇다면 앞의 표에서 고려초에 아무런 기록이 없는 군현 중 독립적인 군현으로 간주할 수 있는 것이 약간 감소하게 된다. 즉 전주가 4개에서 3개로, 그리고 한주, 삭주, 명주가 각각 1, 4, 2개가 줄어든 17, 2, 5개 군현이 된다. 그러나 이러한 작은 숫자상의 변동이 지역적 분포의 대세에 영향을 주는 것은 아니다.

한편 '고려초'·'지고려'·'고려'시기에 지명 개정이 이루어진 군현도 두 부류가 있다. 하나는 지명 개정만 된 것이고 다른 하나는 지명 개정과 屬郡·縣관계가 동시에 이루어진 것이다. 그러기에 그 표현방식도 달랐다. 전자는 "高麗初 또는 (至)高麗 更今名"으로 표현하고 있는가 하면 후자는 "高麗初 또는 (至)高麗 更今名來屬 혹은 仍屬(之)"로 표현하고 있는 것이다. 예컨대 같은 嘉林縣의 속현인데도 불구하고 鴻山縣은 "高麗初 更今名"으로만 되어 있지만 韓山縣은 "高麗 更今名仍屬"으로 표현되어 있는 것이다.[43] 이 두 현은 신라 경덕왕대에도 嘉林郡의 領縣이었는데 한산현은 고려초에 여전히 가림군의 통제를 받는 屬縣이 된 반면 홍산현은 고려초에 지명 개정과 더불어 독립적인 위치가 되었다가 현종 9년에 와서야 屬縣이 된 것이다. 그런데 경덕왕 때나 현종 9년에도 主邑은 같았으므로 홍산현의 경우 "顯宗九年 仍屬"이란 표현을 쓰고 있는 것이다.

또 같은 公州의 屬縣으로 나와 있지만 石城縣은 "高麗初 更今名"으로만 되어 있지만 新豊縣은 "高麗初 更今名來屬"으로 되어 있다.[44] 이 역시 신풍현이 '고려초'에 지명 개정과 더불어 屬縣이 된 반면 석성현은 '고려초'에 지명 개정으로 독립성을 인정받은 것을 의미한다 하겠다. 그러기에 석성현

---

43) 『高麗史』 권56 지리지1 양광도 加林縣 屬縣 鴻山縣, 韓山縣.
44) 『高麗史』 권56 지리지1 양광도 公州 屬縣 石城縣, 新豊縣.

은 현종 9년에 와서야 '來屬'되고 있는 것이다. 물론 '來屬'이란 표현을 쓴 것은 위의 홍산현과는 달리 경덕왕 때와 현종 9년 당시의 主邑이 달랐기 때문이다.

이렇듯 통일신라시대에 州의 都督이나 郡의 太守가 그 밑에 領縣으로 되어 있는 지역의 縣令, 少守를 통제하던 지방통치 체제는 신라 말기가 되면서 해체된 것 같다. 그 요인은 물론 眞聖女王 이후 농민반란이 계속되면서 중앙에서 지방관을 파견할 수 없는 상황 때문이었으리라 생각한다. 그리하여 羅末 後三國이 정립되면서 각 군현은 主邑의 통제권을 벗어나 독립적인 지위를 확보하게 되었다고 본다. 그 후 고려가 건국되고 왕건이 후삼국 통일 전쟁을 수행하면서 몇몇 지역은 승격 또는 강등시키는 한편 강력한 통제를 필요로 하는 지역은 來屬관계를 형성시키기도 하였지만 상당수의 지역은 이전의 독립적인 지위를 그대로 보장해 주었다고 하겠다.

요컨대 군·현의 來屬관계가 신라 말기부터 형성되기 시작하였지만 본격적인 屬郡·縣의 형성은 고려왕조 성립이후부터 시작되었다. 기록에는 이러한 사실이 '來屬'·'仍屬'·'仍之'·'因之' 등의 표현으로 기록되어 있다. 이중 '來屬'은 새로이 통제를 받게 되었다는 의미이고 '仍屬'·'仍之'·'因之' 등은 이전의 領縣 때와 같이 큰 변화 없이 통제를 받게 되었다는 의미였다. 새로운 來屬관계의 발생은 태조가 정복지역에 대한 강력한 통제의 필요성에서 비롯되었다. 태조는 정복지역의 주요한 곳에 중앙군을 주둔시킴과 더불어 주변의 군·현을 직접적으로 통제케 하였던 것이다. 이에 따라 자연적으로 來屬된 지역의 豪族이나 地方勢力들은 主邑의 통제를 받게 되었다. 물론 주읍의 호족이나 지방세력도 중앙에서 파견된 轉運使나 巡官의 통제를 받기는 했지만 檢務(今有), 租藏 등에 임명되어 속군·현에 대한 통제권을 행사하기도 하였다. 그러나 고려초에 지명 개정만 이루어졌거나 아무런 기록이 없는 군현들의 대부분은 독립적인 상황을 유지하였다. 물론 이들 군현은 고려왕조에 크게 협조하지는 않았지만 온건한 태도를 보인 지역이었다. 그러기에 끝까지 항거했던 全羅道 지역에 새로운 군·현의 來屬관계가 집중되어 있는 반면 독립성을 보장받은 군현은 거의 없는 것도 결코 우연한 일은 아니라 하겠다.

4. '未詳' 군현의 출현

『高麗史』地理志를 보면 각 군현의 연혁과 領屬·來屬관계가 일목요연하게 나와 있다.[45] 그에 따르면 고려에서는 전국을 5道 兩界로 나누고 그 밑에 京, 都護府, 牧과 그 휘하의 군현이 체계적으로 조직되어 있었던 것처럼 나와 있다. 5도는 楊廣道, 慶尙道, 全羅道, 交州道, 西海道 등이고 양계는 北界와 東界를 말한다. 여기에 王京開城府가 첨가되어 기술되고 있는 것이다.

그리하여 이를 통하여 볼 때 고려 군현제의 가장 큰 특징 중의 하나는 한 군현이 많은 속군·현을 거느리고 있다는 점이다. 이것을 다른 말로 하면 大區域 中心의 군현제였다고 할 수 있다. 예컨대 전라도 羅州牧의 경우는 그 휘하에 16개의 속군·현을 거느리고 있었고 경상도 尙州牧의 경우는 무려 24개의 속군·현을 갖고 있었던 것이다.[46]

그런데 이『高麗史』지리지를『三國史記』지리지와 비교해 보면『삼국사기』지리지에는 나와 있는 군·현인데도 불구하고『고려사』지리지에는 전혀 언급되고 있지 않은 군·현이 많이 나오고 있다. 이러한 군·현은 모두 35개에 이르고 있다. 왜 이러한 현상이 발생했고 이러한 군·현의 행방은 어떻게 된 것일까 하는 점이 자못 궁금하지 않을 수 없다.

이렇듯 이들 군·현에 대하여『고려사』지리지 찬자는 모두 빠뜨리고

---

45) 여기서 領屬관계란 상위행정구역의 외관과 하위행정구역 외관과의 관계를 말하고 來屬관계란 상위행정구역의 외관과 하위행정구역의 土着鄕吏와의 관계를 말하는 것이다. 그런데 대체로 領屬관계는 來屬관계보다 상급행정구역에 설정되어 있는 것이 특징이다.

46) 『高麗史』권57 地理志2 慶尙道 尙州牧 및 全羅道 羅州牧.

있지만 『삼국사기』 지리지 찬자는 간단한 설명을 덧붙이고 있다. 그에 따르면 신라 景德王 때에는 있었던 군·현이지만 지금은 어찌된 일인지 알 수 없다 하여 '今未詳'이라 써놓은 군·현이 23개이다. 그 군·현 명칭을 나열해보면 化昌縣, 爾同兮縣, 安仁縣, 日谿縣, 密津縣, 河邑縣, 新復縣, 玟火良縣, 都山縣, 壽同縣, 目牛縣, 軟雲縣, 希嶺縣, 隣豊縣, 善谷縣, 蘭山縣, 蒜山縣, 幽居縣, 松山縣, 棟隄縣, 竹嶺縣, 滿卿縣, 海利縣 등이다. 그리고 지금은 어느 군·현에 합해졌다는 의미인 "今合屬○○○"으로 되어 있는 군현이 高丘縣, 商城郡, 音汁火縣, 黽白縣, 臨關郡, 東安郡, 大城郡, 約章縣, 松峴縣 등 8개이다. 또 『삼국사기』 편찬 당시에는 部曲으로 강등되어 있다는 의미로 "今○○部曲" 이라 표현되어 있는 군·현이 餘糧縣, 長鎭縣, 省良縣, 玄武縣 등 4곳이다.

우선 '未詳'으로 되어 있는 23개 군·현의 행방은 어떻게 된 것일까. 이에 대해 알아보자. 化昌縣은 본래 知乃彌知縣이었으나 경덕왕이 화창현 으로 개명하여 尙州의 직속으로 되어 있었다.[47] 그런데 이후 어느 시기에 그 이름을 알 수 없게 된 것이다. 그렇다면 어느 때 어떻게 된 것인가. 첫 번째 가능성은 상주에 흡수되어 버린 것이 아닌가 하는 것이다. 또 다른 가능성은 군현의 명칭이 개정된 것으로 볼 수도 있다. 아마도 필자는 전자일 가능이 더 크다고 생각한다. 왜냐하면 신라 애장왕 9년(808)에 "사신을 12道에 파견하여 郡邑의 疆境을 分定하였다."는 기록이 있기 때문이다.[48] 즉 이때에 화창현은 없어지고 그 영역이 상주로 통합된 것이라고 보는 것이다.

무열왕계를 무너뜨리고 새롭게 등장한 부활내물왕계[원성왕계]는 많은 문제점을 나타내고 있었다. 빈번한 왕위계승 싸움으로 인한 지방통제력의 약화와 많은 유민의 발생에 대처해야 했다. 그리하여 애장왕대에 와서 중앙관제의 개편과 더불어 지방제도의 개혁도 이루어졌다. 이러한 지방제 도 개편의 일환으로 군현의 통폐합과 강역조정 등이 있었던 것이다.[49]

---

47) 『三國史記』 권34 地理志1 尙州.
48) 『三國史記』 권10 新羅本紀 哀莊王 9年 2月.

그렇지 않고 고려왕조의 성립 이후에 합쳐졌거나 來屬되었다면 『고려사』 지리지에 명기되었을 것이다. 다른 많은 군현도 고려 성립이후이면서도 그 연대를 정확히 알 수 없을 때는 '고려초'·'지고려'·'고려'라는 표현을 쓰고 있다.[50] 그리고 대체로 광종 이후의 개편 기사는 그 연대를 명기하고 있기 때문이다.

그러나 군현의 명칭 개정이 이루어졌을 가능성도 배제할 수는 없다. 康州 星山郡의 領縣인 壽同縣의 경우 『삼국사기』에는 '今未詳'으로 되어 있으나[51] 『세종실록지리지』와 『고려사』 지리지에는 그것이 오류이고 壽同縣은 仁同縣으로 개명된 것이라고 하고 있기 때문이다.[52] 그러나 이것이 사실이라 하더라도 이 같은 예는 『삼국사기』 찬자의 실수이거나 극소수 일 것이라 생각한다. 즉 대부분의 '未詳' 지명은 애장왕대에 어느 군현에 통합되었다고 보는 것이 타당한 것이 아닌가 한다.

이렇듯 化昌縣은 신라 애장왕대에 상주에 통합되었다 하더라도 그것이 고려왕조 성립 이후인 태조 23년(940) 다시 尙州의 영역으로 공식적인 인정을 받는 데 한 요인이 되었을 것이라 생각한다. 그 같은 논리는

---

49) 배종도, 「新羅下代의 地方制度 개편에 대한 고찰」, 『學林』 11, 1989, 11~12쪽. 그러나 『三國史記』 地理志에 '合屬' 또는 '今未詳'이라 되어 있는 군현은 대개 고려 태조의 군현 개편 시에 폐합되었을 것이라는 설도 있다.(李樹健, 『韓國中世社會史研究』, 一潮閣, 1984, 62쪽) 그러나 그 어느 쪽의 설이 맞다고 단정할 수는 없다.

50) 하나만 예를 들어도 良州 密城郡의 領縣이었던 烏岳縣, 荊山縣, 蘇山縣 등은 후에 大城郡이 淸道郡으로 바뀌면서 여기에 흡수되었다. 그런데 『三國史記』 지리지에서는 정확한 연대를 표시하지 않고 『삼국사기』 편찬 당시만을 기준으로 하여 "今合屬 淸道郡"으로 기술하고 있다. 그러나 『高麗史』 지리지에서는 그 합해진 시기를 '高麗初'로 명기하고 있다. 이 '高麗初'는 대체로 고려 太祖代를 의미하는 것이었다. (朴宗基, 「『高麗史』 地理志의 '高麗初' 年紀 實證－太祖代 郡縣改編의 背景－」, 『李丙燾九旬紀念韓國史學論叢』, 1987 및 金甲童, 「'高麗初' 至高麗 '高麗'의 時期」, 『羅末麗初의 豪族과 社會變動研究』, 高麗大民族文化研究所, 1990, 84~93쪽)

51) 『三國史記』 권34 地理志1 康州 星山郡 領縣.

52) 『世宗實錄地理志』 慶尙道 仁同縣 및 『高麗史』 권57 地理志2 慶尙道 京山府 屬縣 仁同縣.

태조 23년에서 현종 9년 사이에 상주가 安東都督府로 될 때에도 그대로 적용될 수 있다. 즉 화창현이 상주에 합해져 상주의 영역이 넓어짐으로써 고려의 성립이후에도 州나 도독부가 설치될 수 있었던 것이 아닌가 한다.

이와 같은 예는 棟隄縣의 경우에도 그대로 적용될 수 있다. 동제현은 통일신라시대에 溟州의 직할 領縣이었다. 그러다가 어느 시기엔가 자취를 감춘 것이었다. 앞의 化昌縣의 경우처럼 애장왕대에 명주에 흡수되었다고 여겨진다. 그러나 한편으로는 그보다 앞선 元聖王代(785~798)에 그런 현상이 일어났을 가능성도 있다. 명주는 원래 삼국시대 때부터 신라의 북쪽 변경에 있었던 군사적인 거점 지역이었다. 그리하여 何瑟羅州가 되었다가 善德女王 8년(639)에는 北小京으로 개명되었다. 이후 武烈王 5년(658) 다시 州로 복귀했다가 경덕왕 16년(757) 溟州로 개명된 연혁을 갖고 있는 지역이었다. 그러하던 명주는 하대로 들어와 宣德王의 후계자 다툼에서 金敬信에게 밀려난 金周元이 낙향하면서 河西國으로서의 독립적인 지위를 갖게 되었다. 물론 元聖王[김경신]도 김주원을 溟州郡王에 책봉하고 현재의 襄陽, 三陟, 蔚珍 등의 지역을 食邑으로 준 바 있다.[53] 아마 이 무렵 즈음에 동제현도 명주에 흡수되어 버렸다고 볼 수도 있다는 것이다.

爾同兮縣이나 安仁縣도 바로 그 위의 상급행정구역인 嵩山郡이나 醴泉郡에 합해진 것으로 생각된다. 이러한 상황이 숭산군은 성종 14년, 예천군은 '고려초'에 각각 善州와 甫州로 승격하는 요인이 되었다고 하겠다.

마찬가지로 日谿縣도 古昌郡에 합해졌다가 고려 태조 13년 고창군이 安東府로 승격될 때 안동부의 영역에 포함된 것 같다. 물론 고창군이 안동부로 승격하게 된 이유는 이 지역의 토착세력이었던 金宣平, 權幸, 張吉 등의 협조로 견훤과의 전투에서 크게 승리했기 때문이다. 이때의 승리는 견훤과의 세력균형을 깨뜨리고 왕건이 우세한 고지를 점하는

---

53) 이러한 溟州의 연혁에 대해서는 金甲童, 「溟州의 歷史地理的 背景」, 『羅末麗初의 豪族과 社會變動研究』, 高麗大民族文化研究所, 1990, 56~63쪽 참조.

계기가 되었다. 그것은 이 전투의 승리로 永安, 河曲, 直明, 松生 등 30여 군현이 來降해왔으며 이 승첩을 신라에 알리자 동해안의 110여 城이 다시 항복해 오기도 했다는[54] 기록에서 증명이 된다. 따라서 바로 이때에 일계현이 안동부에 흡수되었을 가능성도 있다. 왜냐하면 고려 초기의 府는 대개 몇 개의 군·현이 합쳐져 이루어졌기 때문이다.[55] 예컨대 興麗府는 東津, 河曲, 洞安, 虞豊 등의 4縣을 합해 설치되었으며[56] 京山府는 高麗太祖 統合 時에 星山郡, 京山郡과 狄山, 壽同火, 本彼, 儒山 등의 4현을 합쳐 만들어졌던 것이다.[57] 그러나 역시 애장왕대 아니면 신라 하대의 어느 시기에 일계현이 고창군에 합해졌다가 이때 안동부로 승격되었다고 보는 것이 더 타당하다고 생각한다. 태조 13년 합쳐졌다면 그 연대가 명시되거나 적어도 '高麗初'·'至高麗'·'高麗'라는 표현으로 시기를 표시했을 것이기 때문이다.

密津縣, 蚊火良縣, 隣豊縣, 善谷縣, 蘭山縣, 蒜山縣, 幽居縣, 松山縣, 竹嶺縣, 滿卿縣, 海利縣 등도 이와 비슷한 경우라 생각한다. 즉 애장왕대에 바로 위의 상급행정구역에 흡수되었다 하더라도 이들 상급행정구역이 후에 州로 승격하는 데 한 요인이 되었을 것이라는 점이다. 난산현의 상급행정구역인 朔庭郡과 산산현, 유거현, 송산현의 상급행정구역인 井泉郡, 그리고 인풍현의 상급행정구역인 及山郡은 '고려초'에 각각 登州, 湧州, 興州로 승격한 바 있다.[58] 또 밀진현의 상급행정구역인 密城郡, 문화량현의 상급행정구역인 固城郡, 선곡현의 상급행정구역인 奈靈郡, 죽령현·만경현·해리현의 상급행정구역인 三陟郡은 고려 성종 14년에 각각 密州, 固州, 剛州, 陟州 등으로 승격한 바 있기 때문이다.[59]

---

54) 『高麗史』 권1 太祖世家 13年 및 『高麗史節要』 권1 太祖 13年.

55) 旗田巍, 「高麗王朝成立期의 府와 豪族」, 『法制史硏究』 10, 1960 ; 『朝鮮中世社會史의 硏究』, 法政大學出版局, 1972, 6~28쪽.

56) 『慶尙道地理志』 蔚山郡.

57) 『慶尙道地理志』 星州牧.

58) 『高麗史』 권57·58 地理志2·3 慶尙道 興州, 安邊都護府 登州 및 宜州.

또 신복현의 상급행정구역인 高靈郡, 하읍현·목우현의 상급행정구역인 河東郡·伊山郡은 '고려초' 또는 현종 9년의 시기에 각각 京山府, 晉州牧, 洪州에 來屬되었다.[60] 이 경우는 어떻게 된 것일까. 아마 이 경우도 이미 애장왕대 무렵에 상급행정구역에 흡수되었다가 '고려초' 또는 현종 9년에 다른 군현에 來屬된 것으로 보아야 할 것이다. 그렇지 않고 고려왕조 성립 이후에 來屬되거나 개편되었다면 대략적으로라도 그 연대가 명시되었을 것이기 때문이다.

그러나 도산현, 수동현의 경우와 일운현, 희령현의 경우는 그 상급군현인 星山郡, 連城郡이 '고려초'의 시기에 각각 加利縣, 伊勿城으로 강등되었다.[61] 이 경우도 이들 현들이 바로 위의 상급행정구역에 흡수되었다가 강등된 것으로 보는 것이 합리적일 것 같다. 왜냐하면 고려왕조의 성립기와 그 이후에도 읍호와 실제 규모와는 일치하지 않기 때문이다. 예컨대 성종 2년 각 지방에 公解田을 지급할 때의 규정을 보면 100丁이하 규모의 州, 縣이 있었는가 하면 1,000丁이상의 鄕, 部曲도 있었던 것이다.[62] 지금까지 살펴본 상황을 표로 작성해 보면 〈표 7〉과 같다.

이처럼 신라 말기에 많은 현들이 다른 군현에 흡수된 것은 어떤 이유에서 일까. 그것은 이들 현들에 거주하는 지방세력이 약했거나 주민의 流亡으로 인해 더 이상 縣勢를 유지할 수 없었기 때문이라 생각한다. 애장왕 10년에 크게 旱災가 있었다는 기록이 있으며[63] 이후에도 이러한 재난이 계속되었

---

59) 『高麗史』 권56·57·58 地理志1·2·3 해당 郡縣.

60) 『高麗史』 권56·57 地理志1·2 楊廣道 洪州, 慶尙道 晉州牧 및 京山府.

61) 『高麗史』 권57 地理志2 慶尙道 京山府 加利縣 및 卷58 地理志3 交州道 交州. 그러나 連城郡에서 伊勿城으로의 개칭이 과연 강등인가에 대해서는 의심의 여지가 있다. 왜냐하면 이 이물성은 성종 14년 交州가 되어 團練使가 파견되었기 때문이다. 성종 14년 새롭게 州가 된 지역을 살펴보면 功城縣에서 章州가 된 경우를 제외하고는 거의 대부분이 郡, 鎭에서 승격되었던 것이다.(金甲童, 「成宗代의 地方制度 改革」, 『羅末麗初의 豪族과 社會變動 硏究』, 高麗大民族文化硏究所, 1990, 160~168쪽)

62) 『高麗史』 권78 食貨志1 田制 公解田.

〈표 7〉『三國史記』 소재 '未詳' 지명의 상황

번호	미상지명	상급행정구역	상급행정구역의 동향	9주명
1	化昌縣	尙州	沙伐州(혜공왕)-尙州(태조 23)	尙州
2	爾同兮縣	嵩山郡	善州(성종 14)	〃
3	安仁縣	醴泉郡	甫州(고려초)	〃
4	日谿縣	古昌郡	安東府(태조 13)	〃
5	密津縣	密城郡	密州(성종 14)	良州
6	河邑縣	河東郡	晉州牧에 來屬(현종 9)	康州
7	新復縣	高靈郡	京山府에 來屬(고려초)	〃
8	蚊火良縣	固城郡	固州(성종 14)	〃
9	都山縣	星山郡	加利縣(고려초)	〃
10	壽同縣	〃	〃	〃
11	目牛縣	伊山郡	洪州에 來屬(현종 9)	熊州
12	軼雲縣	連城郡	伊勿城(고려초)-交州(성종 14)	朔州
13	希嶺縣	〃	〃	〃
14	隣豊縣	及山郡	興州(고려초)	〃
15	善谷縣	奈靈郡	剛州(성종 14)	〃
16	蘭山縣	朔庭郡	登州(고려초)	〃
17	蒜山縣	井泉郡	湧州(고려초)	〃
18	幽居縣	〃	〃	〃
19	松山縣	〃	〃	〃
20	棟隄縣	溟州	東原京(태조 19)-溟州(태조 23)	溟州
21	竹嶺縣	三陟郡	陟州(성종 14)	〃
22	滿卿縣	〃	〃	〃
23	海利縣	〃	〃	〃

다. 다음 기록을 보자.

　　B-① 나라의 서쪽에서 큰 水災가 나니 使臣을 보내어 수재를 당한 州郡의
　　　　백성들을 위로하고 1년의 租調를 면제해 주었다.(『삼국사기』 권10
　　　　신라본기 憲德王 6年 5月)

　　B-② 서쪽 변경의 州郡이 크게 굶주려 盜賊이 봉기하니 군사를 내어
　　　　이들을 토벌하였다.(위의 책, 憲德王 7年 8月)

---

63) 『三國史記』 권10 新羅本紀 哀莊王 10年.

B-③ 해마다 흉년이 들어 백성들이 굶주려서 浙江省의 동쪽에 가서 식량을 구하는 자가 170인이나 되었다.(위의 책, 憲德王 8年)

B-④ 사람이 많이 굶어죽어 州郡에 敎를 내려 창고의 곡식을 내어 救恤토록 하였다.(위의 책, 憲德王 9年 10月)

B-⑤ 봄, 여름에 旱災가 있어 겨울에 굶주렸다.(위의 책, 憲德王 12年)

B-⑥ 봄에 백성들이 굶주려 자손을 팔아 自活하기도 하였다.(위의 책, 憲德王 13年)

위의 기록은 애장왕의 뒤를 이은 헌덕왕대(809~825)의 상황을 보여주고 있다. 즉 水災나 旱災로 인하여 백성들이 굶주리고 심지어는 자손을 팔아 생계를 유지하는 일까지 있었던 것이다. 그리하여 헌덕왕 7년은 물론이고 헌덕왕 11년에도 草賊이 사방에서 일어나 각 州郡의 都督, 太守로 하여금 이들을 잡게 한 조치가 취해지기도 하였다.[64] 이렇듯 민심이 흉흉한 틈을 타 헌덕왕 14년 熊川州都督이었던 金憲昌이 난을 일으켰던 것이다.[65]

이러한 상황은 꼭 헌덕왕대에 국한된 것은 아니라고 본다. 그 이전이나 이후도 상황은 비슷하였을 것이라는 점이다. 특히 이러한 상황은 眞聖女王代에 심하였다. 그리하여 동왕 3년(889) 왕이 지방에 대한 租稅를 독촉하자 전국에서 盜賊이 봉기하였다. 그런데 그 세력이 만만치 않아 官軍도 감히 이들을 잡지 못하였다 한다.[66] 이후에도 이 전란은 계속되어 왕건이 後三國을 통일하는 936년에 이르러서야 겨우 진정되었다고 할 수 있다. 그런데 이러한 재난으로 인하여 盜賊이나 草賊이 되었다는 것은 농민들이 자신의 거주영역을 떠나 流亡하였다는 뜻이 된다. 景德王 또는 憲德王대에 작성된 것으로 보여지는[67] 「新羅帳籍」 문서를 보면 전반적으로 각 村의

---

64) 『三國史記』 권10 新羅本紀 憲德王 11年 3月.

65) 위의 책, 憲德王 14年.

66) 『三國史記』 권11 新羅本紀 眞聖王 3年.

인구감소 현상이 뚜렷하다. 이것은 바로 재난과 전란으로 인한 농민들의 유망에 기인하는 것이라 생각되는 것이다.[68] 이러한 것이 원인이 되어 일부 현에 대한 합병이 이루어진 것이라 여겨지는 것이다.

요컨대 『三國史記』 地理志에 '今未詳'으로 나오는 군현은 고려왕조의 성립 이전 상급행정구역에 병합되었다. 그 시기는 정확히 알 수 없지만 신라 哀莊王代를 비롯한 신라 下代였다. 그리하여 그 상급 군현이 고려시대에 이르러 州로 승격하는데 한 요인이 되었다. 병합된 주요 요인은 중앙의 강제적인 조치도 배제할 수 없지만 전쟁과 자연 재해로 인한 농민들의 流亡이었다.

5. '合屬' 군현

다음은 『고려사』 지리지에는 그 존재가 보이지 않지만 『삼국사기』 지리지에 어느 군현에 '合屬'되었다고 나오는 지명에 대해 알아보자. 이 부류에 드는 군현으로는 商城郡, 臨關郡, 東安郡과 高丘縣, 音汁火縣, 罝白縣, 約章縣, 松峴縣 등이 있다. 이중 상성군, 임관군, 동안군과 약장현은 慶州에 합속된 것으로 나와 있다. 그러면 언제, 무슨 이유로 경주에 合屬된 것일까.

慶州는 신라의 서울로 초기에는 閼川陽山村, 突山高墟村, 觜山珍至村, 茂山大樹村, 金山加利(里)村, 明活山高耶村 등 6촌으로 구성되어 있었다.[69] 그러나 儒理王대에 와서 그 명칭이 바뀌게 되었다. 즉 干珍部를 本彼府라

---

67) 旗田巍, 姜晉哲 등은 이의 작성연대를 景德王 14년(755)으로 보고 있는가 하면(旗田巍, 「新羅의 村落」, 『歷史學研究』 226·227, 1958·1959 ; 『朝鮮中世社會史의 研究』, 法政大學出版局, 1976 및 姜晉哲, 「新羅의 祿邑에 대하여」, 『李弘稙博士回甲紀念論叢』, 1969) 李弘稙, 武田幸男 등은 憲德王 7년(815)으로 보고 있다.(李弘稙, 「日本正倉院發見의 新羅民政文書」, 『學林』 3, 1954 및 武田幸男, 「新羅의 村落支配」, 『朝鮮學報』 81, 1976 참조)

68) 武田幸男, 위의 논문, 249쪽.

69) 『三國史記』 권1 新羅本紀 始祖 朴赫居世 및 『三國遺事』 권1 紀異1 新羅始祖 赫居世王.

하고 加利部를 漢祇部라 하고 高墟部를 沙梁部라 하였다. 또 明活部는 習比部로, 楊山部는 梁部로, 大樹部는 漸梁部로 고쳤던 것이다. 그리고 각 部에 姓氏가 정해졌는데 이것이 6姓으로 그 명칭은 李, 鄭, 孫, 崔, 裴, 薛이었다.[70] 이렇게 해서 6部로 구성된 경주는 신라 말기까지 큰 변화 없이 계속된 것 같다.

그러다가 高麗 太祖대에 와서 큰 변화를 겪게 된다. 태조 18년(935) 신라의 敬順王이 왕건에게 來降하면서 신라의 國都가 慶州라는 한 지방행정 구역명으로 개칭되어 경순왕의 食邑이 되었다.[71] 그리고 경순왕은 경주의 事審官이 되어 副戶長 이하를 통솔하게 되었다.[72] 그 후 얼마 지나지 않은 태조 23년(940) 경주는 大都督府가 되면서 6部의 명칭도 바뀌었다. 梁部는 中興部로, 沙梁部는 南山部로, 本彼部는 通仙部로, 習比部는 臨川部로, 漢祇部는 家德部로, 그리고 牟梁部는 長福部로 개칭되었던 것이다.[73] 그뿐 아니라 후일 戶長으로 개칭되는 堂祭 10명을 정하는 한편 해군기지인 東南海都部署의 本營이 설치되기도 하였다.[74] 그 뒤에도 경주는 성종 6년 東京이 되었다가 현종 3년에는 다시 慶州로 강등되었는가 하면 현종 5년에 와서 安東大都護府가 되었다가 동왕 21년『三韓會土記』에 의거 다시 東京이 되는 변화를 겪기도 하였다.[75]

이러한 변화과정을 볼 때 상성군, 임관군, 동안군과 약장현이 경주에 합속된 것은 고려 태조 18년, 아니면 동왕 23년이 아닌가 생각된다. 태조 18년(935) 신라의 국도를 慶州로 강등시키고 경순왕에게 食邑으로 주기는

70) 『三國史記』 권1 新羅本紀 儒理尼師今 9年.
71) 『高麗史』 권2 太祖世家 18年 12月 辛酉 및 『高麗史』 권57 地理志2 東京留守官 慶州.
72) 『高麗史』 권75 選擧志3 事審官.
73) 『高麗史』 권57 地理志2 東京留守官 慶州.
74) 許興植 編, 『韓國中世社會史資料集』, 亞細亞文化社, 1976에 실려 있는 「慶州府先生案」·「慶州戶長先.生案」 및 『世宗實錄地理志』 慶尙道 慶州.
75) 『高麗史』 권57 地理志2 東京留守官 慶州.

했지만 경주에 남아있던 토착세력의 동향과 경순왕의 지위를 생각하여
이들 군현을 合屬시켜 준 것이 아닌가 하는 것이다. 당시 경순왕이 귀순하자
신라의 신하들 중에는 그를 따라 고려에 온 부류가 있었는가 하면 귀순을
반대하면서 경주에 남아있던 세력도 있었다. 그리하여 고려에서는 金富軾
의 曾祖인 金魏英을 州長으로 삼아 경주를 다스리게 한 바 있다.[76] 결국
김위영은 경주에 남아있던 재지세력의 대표자였다고 하겠다. 그러기에
왕건은 이들 재지세력의 동향에 신경을 써야 했고 또 한 나라의 왕이었던
경순왕의 식읍이 된 경주를 확장시켜줄 필요가 있었다고 하겠다. 여기에서
인근 군현의 合屬조치가 있었던 것으로 볼 수 있다.

  그러나 이들 군현이 합속된 시기는 역시 고려 태조 23년(940)으로 보는
것이 좋을 듯 하다. 태조 23년은 왕건이 후삼국을 통일한 지 4년이 되는
해로 왕건은 役分田制를 실시하고 三韓功臣을 제정하는[77] 한편 전국적인
군현제 개편을 단행하였다. 그리하여 경주를 大都督府로 삼음과 더불어
전국의 州府郡縣의 명칭을 개정하였다.[78] 실제 『고려사』 지리지에서 이
해에 개정된 지명을 찾아보면 尙州, 梁州, 廣州, 忠州, 淸州, 光州, 春州,
溟州, 公州, 全州, 原州 등의 州와 金海府, 南原府, 그리고 昌寧郡 등이 있다.
따라서 이 해에 전국적인 군현제 개혁의 일환으로 경주를 대도독부로
승격시키고 東南海都部署의 본영을 설치하면서 이들 군현을 합속시킨
것이라 보고 싶다. 이 밖에도 『삼국사기』 지리지에 경주에 '合屬'되었다고
나오는 南畿停, 中畿停, 西畿停, 北畿停, 東畿停, 莫耶停 등도 이때에 합속되었
다고 하겠다. 그것은 『세종실록지리지』에 보면 경주에 합속된 군현에는
土姓이 기재되어 있지 않았다는 점이 뒷받침해 준다. 다 아는 바와 같이
土姓은 고려 태조 23년 일련의 개혁 속에서 각 군현을 장악하고 있던

---

76) 『高麗史』 권97 金富佾傳.
77) 『高麗史』 권2 太祖世家 23年 및 권78 食貨志1 田制 役分田.
78) 『高麗史』 권56 地理志1 序文 및 『高麗史節要』 권1 太祖23年 3月.

地方勢力들에게 分定된 것이었다. 즉 고려 태조 왕건은 고려의 건국과 후삼국통일에 공이 있는 자들을 三韓功臣에 책봉하고 役分田을 줌과 더불어 군현제를 개편하면서 이들 공신세력을 위주로 하여 土姓을 分定하였던 것이다.[79] 따라서 이때 '合屬'된 군현은 그 지역의 지방세력이 약했거나 고려왕조에 비협조적이었던 지역이 주였다고 할 수 있다.

다음으로 義城府에 합속되었다고 나와 있는 高丘縣에 대해 알아보자. 義城은 원래 召文國이 있었던 지역으로 경덕왕대에 聞韶郡이 되었다가 '高麗初'에 府로 승격한 지역이다.[80] 이 지역에는 고려 태조대에 城主 將軍 洪術이란 자가 주둔하고 있었는데 태조 12년에 견훤의 침략으로 후백제에 빼앗기고 홍술도 전사했다는 기록이 있다.[81] 그런데 홍술이란 자는 태조 5~6년 무렵에는 眞寶城主로 나오고 있다.[82] 이것으로 볼 때 洪術은 태조 6년에서 12년 사이에 진보성에서 의성부로 옮겨와서 주둔하고 있었다고 생각된다. 그리고 홍술이 이 지역에 주둔하면서 의성부로 승격된 것이 아닌가 한다.[83] 그렇다면 高丘縣이 합속된 것도 이 무렵이라고 보아야 할 것이다.

中和縣에 합속된 松峴縣은 어찌된 것일까. 송현현은 원래 고구려의 加火押이었으나 신라 憲德王代(809~826)에 이르러 縣이 설치된 지역이다.[84] 그런데 이 송현현은 이른바 浿西지역에 속하였다. 이 패서지역은 신라가 고구려를 멸망시킨 후에 신라의 영토에 편입은 되었으나 완전한 복속은 이루어지지 않았다. 즉 완전한 행정구역으로 편입하지 못하고

---

79) 이에 대해서는 李樹健, 「太祖王建의 郡縣名號改正과 土姓分定」, 『韓國中世社會史研究』, 一潮閣, 1984, 60~68쪽 참조.
80) 『高麗史』 권57 地理志2 慶尙道 安東府 義城縣 및 『新增東國輿地勝覽』 권25 慶尙道 義城縣.
81) 『高麗史』 권1 太祖世家 12년 7月 및 『三國史記』 권50 甄萱傳.
82) 『高麗史』 권1 太祖世家 5, 6年.
83) 旗田巍, 앞의 논문, 16~21쪽.
84) 『三國史記』 권35 地理志2 漢州 取城郡 領縣 松峴縣.

군사를 주둔시켜 통제하는 일종의 軍事區劃으로 존재하였던 것이다.[85] 그러다가 聖德王 34년(735) 唐이 신라에게 浿江[大同江] 이남의 땅을 하사해 주는 형식으로 국제적인 공인을 얻게 된 후부터 군현설치 작업이 시작되었다. 즉 景德王 7년(748) "阿湌 貞節 등을 보내어 北邊을 檢察하고 처음으로 大谷城 등 14郡縣을 설치하였다."는 기록이 보이고 있는 것이다.[86] 그러나 이때에 14군현이 일시에 설치된 것은 아니었다. 왜냐하면 『삼국사기』 지리지를 보면 取城郡과 그 領縣인 松峴縣, 唐岳縣, 土山縣 등 3현은 헌덕왕대에 설치된 것으로 나오기 때문이다. 그렇다고 경덕왕대에 10군현이 설치되었다고 보는 것도 문제가 없지 않다. 景德王 21년(762)에 五谷, 儁巖, 漢城, 獐塞, 池城, 德谷 등 6城을 쌓고 각각 太守를 설치했다는 기록이 보이기 때문이다.[87] 따라서 이 지역에는 경덕왕 7년 禮成江 일대에 4개 군현을 설치하고 다시 동왕 21년 그 북쪽 지방에 6개 군현을 증설하는 한편 헌덕왕대에 다시 북방에 진출하여 취성군 및 그 領縣 3개를 신설한 것으로 보아야 할 것이다.[88]

그런데 이 지역은 後三國期에 들어와 弓裔의 영역에 포함되게 되었다. 신라 孝恭王 8年(904) 궁예가 현재의 경기도, 강원도, 황해도, 충청도 일부지역을 차지하는 대세력으로 성장하자 浿江道의 10여 州縣이 그에게 투항해왔던 것이다.[89] 그러자 궁예는 그 이듬해(905) 이 지역에 浿西 13鎭을 分定하였다.[90] 이것은 투항해온 패서 지역의 13군현에 군대를 주둔시켰다는 뜻으로 풀이할 수 있다. 이 지역은 원래 宣德王 3년(782) 설치된[91]

85) 方東仁,「浿江鎭의 管轄範圍에 關하여」,『靑坡盧道陽博士古稀紀念論文集』, 1979, 289~292쪽.
86) 『三國史記』권9 新羅本紀 景德王 7年 8月.
87) 『三國史記』권9 新羅本紀 景德王 21年.
88) 李基東,「新羅下代의 浿江鎭—高麗王朝의 成立과 關聯하여」,『韓國學報』4, 1976 ;『新羅骨品制社會와 花郎徒』, 韓國研究院, 1980, 215쪽.
89) 『三國史記』권12 新羅本紀 孝恭王 8年.
90) 『三國史記』권50 弓裔傳 天祐 2年.

浿江鎭의 관할구역이었다. 때문에 궁예는 이 지역의 세력을 약화시키기 위하여 패강진에 주둔하고 있던 군대를 관할 군현으로 분산시킨 것이 아닌가 한다. 그렇다면 패강진의 관할 구역은 14군현인데 13鎭이 된 것은 무엇 때문일까. 그것은 바로 14군현 중의 松峴縣이 中和縣에 合屬되었기 때문이라 여겨진다. 물론 이 중화현은 헌덕왕 때의 명칭이 唐岳縣이었으나 '至高麗' 시기에 이르러 西京의 屬村이 되었다. 그러다가 仁宗 14년(1136) 京畿를 분할하여 6현으로 할 때 荒谷, 唐岳, 松串 등 9村을 합하여 中和縣이 탄생되었던 것이다.[92] 여기에 보이는 松串이 옛날 松峴縣 지역이 아니었나 한다.

그러나 音汁火縣이나 黽白縣이 安康縣과 新寧縣에 合屬된 시기나 이유에 대해서는 추정하기가 곤란하다. 이들 역시 다른 경우와 마찬가지로 궁예나 태조의 집권기에 합속된 것으로 볼 수밖에 없다. 그 이유도 流民의 발생이나 地方勢力의 약화로 인한 것이었다고 하겠다. 이에 대한 표를 만들어 보면 〈표 8〉과 같다.

〈표 8〉『삼국사기』 지리지의 '合屬' 군현

번호	합속 군현	합속받은 군현	합속받은 군현의 동향	9주 명칭
1	商城郡	慶州	新羅 國都 - 慶州(태조 18) - 大都督府(태조 23) - 東京(성종 6) 慶州(현종 3)	良州
2	臨關郡	〃	〃	〃
3	東安郡	〃	〃	〃
4	約章縣	〃	〃	〃
5	高丘縣	義城府	聞韶郡(경덕왕) - 義城府(고려초) - 安東府에 來屬(현종 9)	尙州
6	松峴縣	中和縣	唐岳縣(경덕왕) - 西京 屬村(지고려) -中和縣(인종 14)	漢州
7	音汁火縣	安康縣	安康縣(경덕왕) - 慶州에 來屬(현종)	良州
8	黽白縣	新寧縣	新寧縣(경덕왕) - 慶州에 來屬(현종)	〃

91) 『三國史記』 권40 職官志下 外官.
92) 『高麗史』 권58 地理志3 北界 西京留守官 平壤府 屬縣 中和縣.

요컨대 『三國史記』 地理志에 "今合屬○○○"으로 되어 있는 군현은 대개 고려왕조의 성립을 전후한 시기 즉 궁예, 태조 대에 병합된 것이었다. 궁예, 태조 대에 이웃의 군현이 승격할 때 그 지역에 흡수되었다. 그렇기에 『삼국사기』 찬자가 그 병합받은 군현을 명확히 밝혀 쓸 수 있었던 것이다. 물론 이들 군현이 병합하게 된 원인은 지방세력의 힘이 약했거나 주민이 줄어들어 군현의 勢가 약했기 때문이었다. 때문에 이들 지역에는 土姓이 기재되지 않았던 것이다.

6. 部曲으로의 降等 군현

이제 다음에는 高麗시대에 이르러 部曲으로 강등되었다고 나와 있는 縣에 대해 알아보자. 『삼국사기』 지리지에 따르면 餘糧縣은 仇史部曲으로, 長鎭縣은 竹長伊部曲으로, 省良縣은 金良部曲으로, 그리고 玄武縣은 召尒部曲으로 강등되었다. 이들이 강등된 시기는 정확히 추정할 수 없지만 왕조가 교체되는 고려 태조대 무렵이 아닌가 한다. 이 시기에는 지방세력의 동향에 따라 많은 군·현이 승격하거나 강등되었기 때문이다.[93] 다만 장진현의 경우는 왕건이 후삼국 통일 전쟁을 수행할 때 臨皐郡人이었던 金剛城將軍 皇甫能長이 輔佐한 공이 있어 臨皐郡, 苦也火郡, 骨火縣, 道同縣, 史丁火縣을 합하여 永州로 승격할 때[94] 강등된 것이 아닌가 한다. 즉 이때 장진현의 죽장이부곡으로의 개편도 함께 이루어진 것이라 생각된다.[95]

그러면 강등된 이유는 무엇인가. 그것은 아마 왕건에게 항거했거나 비협조적이었기 때문이 아닌가 한다. 다음 기록을 보자.

---

93) 이에 대해서는 金甲童, 「高麗王朝의 성립과 郡縣制의 變化」, 『國史館論叢』 35, 1992, 233~240쪽 참조.

94) 『慶尙道地理志』 永川郡.

95) 朴宗基, 『高麗時代 部曲制 硏究』, 서울大學校出版部, 1990, 118쪽.

C-① 前朝의 五道兩界에 있는 驛子, 津尺, 部曲人들은 다 太祖 時에 명령을 거역한 자들로 모두 賤役을 담당하게 되었다.(『太祖實錄』 卷1 元年 8月 己巳)

C-② 永州의 梨旨銀所는 옛날에 縣이었는데 중간에 邑人이 國命을 어겼으므로 縣을 폐하고 民을 籍沒하여 白金을 稅로 바치게 하고 銀所라 칭한 것이 오래 되었다.(『拙藁千百』 卷2 永州梨旨銀所陞爲縣碑)

C-③ 毅宗 15년 縣人 子和 등이 鄭敍의 처를 誣告하고 縣吏 仁梁과 더불어 王 및 大臣들을 저주하였으므로 子和를 江에 던지고 縣을 강등하여 部曲으로 삼았다.(『高麗史』 卷57 地理志2 慶尙道 陜州 屬縣 感陰縣)

C-①에서 보는 바와 같이 고려시대의 驛, 津, 部曲은 고려 태조의 명령을 거역하고 항거한 지역이었음을 알 수 있다. 실제 李集의 선조인 李自成은 신라가 이미 멸망하였으나 漆原城을 굳게 지키며 王建에게 대항하였으므로 왕건에 의해 점령당한 후 淮安驛史로 강등되어 賤役을 담당하였다는 기록이 있다.96) 이 같은 예는 陸昌鄕의 경우에서도 찾아볼 수 있다. 즉 육창향은 원래 백제의 阿老縣이었으나 신라 경덕왕 때에 葛島縣이 되었다가 '高麗'시기에 육창향으로 강등되어 靈光郡에 來屬된 지역이다.97) 이 갈도현은 909년 왕건이 이 일대를 정벌할 때 대항했던 적이 있다. 押海縣 출신의 能昌이란 자가 갈도현의 사람들과 결탁하여 왕건을 죽이려 하였던 것이다.98) 그러한 이유로 갈도현은 육창향으로 강등된 것 같다. 이러한 조처는 그 후에도 계속되어 C-②, ③과 같은 예가 나오게 되었던 것이다. 즉 國命을 어겼거나 王을 저주한 죄의 대가로 현에서 부곡으로 강등되는

---

96) 『遁村遺稿』 권4 附錄.
97) 『新增東國輿地勝覽』 권36 靈光郡 古跡 陸昌鄕. 물론 『高麗史』 권57 地理志2 全羅道 靈光郡 屬縣 陸昌縣에는 '高麗'시기에 陸昌縣으로 개명되었다고 기술되어 있다.
98) 『高麗史』 권1 太祖世家 開平 3年.

조처를 받게 되었던 것이다. 따라서 여량현, 장진현, 성량현, 현무현이 부곡으로 강등된 이유도 이와 유사했으리라 생각되는 것이다.

요컨대 『三國史記』 地理志에 본래 縣이었는데 "今○○部曲"이라 하여 강등된 군현은 신라에서 고려로의 왕조교체과정에서 이루어졌다. 고려왕조의 성립에 비협조적이었거나 방해 역할을 한 현을 部曲으로 강등하였던 것이다.

이상에서 우리는 신라의 군현제가 고려왕조의 성립을 전후한 시기에 많은 변화를 겪게 되었음을 알게 되었다. 이를 요약, 정리해 보면 다음과 같다. 첫째 이 시기에 많은 지명 개정이 이루어졌다. 개정 시기를 보면 궁예 통치기나 고려건국에서 후삼국 통일 때까지, 그리고 후삼국 통일 후인 태조 23년(940)의 세 시기로 나눌 수 있다. 그런데 개정 시기를 명확하게 명기한 경우도 있었지만 '고려초'·'지고려'·'고려' 등의 막연한 표현을 쓰고 있는 사례가 대부분이었다. 그러나 이들도 자세히 분석해 보면 위의 세 시기에 해당되는 것들이었다. 그 개정원칙은 자연적인 지리적 여건을 고려하였거나 비슷한 발음이나 뜻을 가진 다른 한자로 개명하였다. 또한 그 지역의 중요한 사건이나 집권자의 염원, 희망을 고려하여 지명 개정을 단행하기도 하였다.

둘째 이 시기에는 군·현의 승격이나 강등도 많이 이루어졌다. 鄕, 部曲에서 縣으로 승격하거나 縣에서 郡으로 승격하기도 하였다. 또 郡·縣에서 州·府로 승격한 경우도 많았다. 이들 승격된 군·현은 대개 고려왕조에 歸附 내지 協助한 지방세력들의 출신지였다. 그런데 邑의 규모로 볼 때 이들 군·현의 승격은 형식적인 것에 불과하였다. 읍의 격은 승격되었지만 그 규모가 확대된 것은 아니었다. 다만 府로 승격된 곳은 실제적인 규모의 확대를 가져왔다. 몇 개의 군·현이 합쳐져 府가 되었던 것이다. 한편 강등된 지역은 주로 郡에서 縣으로 강등된 사례가 대부분이었다. 강등 요인은 이들 지역의 지방세력이 고려왕조에 對抗했거나 非協助적이었기 때문이었다.

셋째 이 시기에는 또한 군·현의 광범위한 來屬관계가 형성되었다. 이전의 領縣관계를 공식적으로 인정하여 屬縣으로 삼기도 하였지만 다른 郡의 領縣이었던 지역이 새롭게 '來屬'되는 예가 많았던 것이다. 이러한 來屬관계의 형성은 주로 정복 지역에 대한 강력한 통제책에서 비롯되었다. 정복 지역의 주요한 곳을 主邑으로 설정하고 여기에 中央軍이나 地方官을 주둔시킴과 더불어 주변의 군·현을 여기에 來屬시켜 통제하였던 것이다. 그리하여 속군·현의 지방세력들은 主邑의 外官이나 豪族들의 통제를 받게 되었다. 主邑의 지방세력은 중앙의 회유 조치에 의하여 今有(檢務), 租藏 등에 임명되어 속군·현의 租稅와 行政사무에 관여하게 되었다. 한편 신라의 領縣상태에서 벗어나 다른 지역에 來屬하지 않고 독립적인 상황을 유지한 군·현도 있었다.『고려사』지리지에 고려초의 상황이 전혀 기록되지 않았거나 陞降, 來屬의 표현없이 지명 개정 사실만 쓰여 있는 군·현이 바로 이러한 지역이었다. 이들 지역은 고려왕조에 대해 협조나 대항 없이 중립적인 태도를 지닌 곳이었다.

넷째『삼국사기』지리지에 '今未詳'으로 나와 있는 군현은 대체로 고려왕조가 성립되기 이전에 없어진 것이었다. 그 군현들은 신라 哀莊王代의 강역 조정시나 그 이후의 시기에 상급 군현에 흡수되었다. 그 요인은 자연 재해나 전란으로 인한 농민들의 流亡에 있었다. 이러한 이유로 인해 얼마남지 않았던 주민들은 자연히 상급 군현에 병합될 수밖에 없었다. 그리하여『삼국사기』찬자는 그 변화의 시기가 오래되었을 뿐 아니라 군현들의 소재를 제대로 알 수 없어 '今未詳'으로 표현하였던 것이다. 그러나 이러한 현상으로 영역이 넓어진 상급의 郡들은 '高麗初'나 고려 成宗 14년에 州로 승격하는 한 요인이 되기도 하였다.

다섯째『삼국사기』지리지에 "今合屬○○○"으로 되어 있는 군현은 표현 그대로 경덕왕대부터『삼국사기』편찬 당시의 어느 시기에 합속된 것이었다. 그런데 합속된 시기는 대개 고려 太祖代일 가능성이 가장 컸다. 즉 이들 군현들은 신라말까지는 온존하였으나 고려 태조대에 신라의 國都를 慶州나 大都督府로 개편하고 郡을 府로 개편할 때 합병되었던 것이다. 그리하여 이들 군현에는 태조 23년에 분정된 土姓이 기재되지 않았다. 그러나 그 합병 시기가 궁예 내지 태조대였기에 『삼국사기』 찬자는 그 합속된 군현을 명백히 밝히어 쓸 수 있었던 것이다.

여섯째 『삼국사기』 지리지에 "今○○部曲"으로 되어 있는 縣 역시 고려왕조 성립기에 部曲으로 강등된 지역이었다. 그 원인은 이들 지역의 규모가 작아서라기보다 고려 태조 王建에 대해 비협조적이었거나 대항했기 때문이었다. 왕건은 후삼국 통일 전쟁과정에서 지방세력이나 그 지역민들의 功過에 따라 군현에 대한 陞降 조치를 취한 바 있는데 이러한 정책 속에서 部曲으로의 강등이 이루어졌던 것이다.

新羅 下代에서 高麗 初期까지는 정치적인 혼란과 더불어 경제적인 어려움이 극심하였다. 이리하여 고려왕조에서는 이에 대한 수습을 하지 않을 수 없었다. 이러한 과정에서 많은 제도적인 변화가 있기도 했다. 郡縣制의 변화도 그 한 예였지만 그 변화가 너무 빨라 史家들도 미처 기록하지 못한 것이 있었다. 그리하여 『삼국사기』 찬자는 '未詳'으로 처리하는가 하면 정확한 변화의 시기를 생략한 채 그 결과만을 표기하였던 것이다.

결국 신라말, 고려초의 지방세력들은 고려왕조에 대해 세 가지의 태도를 보였으며 이에 대한 고려왕조의 대처 방식도 달랐다고 하겠다. 즉 고려왕조에 적극적으로 협력한 부류가 있었는가 하면 이와는 반대로 적극적으로 대항한 부류도 있었다. 전자에 대해 고려왕조는 군·현의 승격과 더불어 자치권을 인정해 준 반면 후자에 대해서는 강등하거나 屬郡·縣化하였다. 한편 중립적인 태도를 보인 지역은 陞降이나 來屬없이 기존의 독립적인 상황을 인정해 주었다. 그리하여 승격되었거나 독립적인 군·현은 왕건의 세력 기반이거나 우호적이었던 지금의 황해도, 경기도, 경상도 지역에

집중되고 강등되었거나 來屬관계가 형성된 지역은 끝까지 항거했던 전라
도 지역에 집중적으로 분포하게 되었다. 또한 이러한 군현제 개편의 결과로
統一新羅 시대의 체계적인 지방통치 체제는 해체되고 많은 屬郡·縣의
존재나 邑格의 名號와 실제 規模의 불일치 등을 특징으로 하는 高麗의
郡縣制가 성립하게 되었던 것이다.

이러한 군현제는 태조가 후삼국을 통일한 후인 태조 23년(940) 일단의
정비가 이루어졌다.[99] 고려초에 개명된 군·현 단위의 小州는 어쩔 수
없었지만 이때 새로이 大州가 정해졌다. 廣州·忠州·原州·淸州·公州·尙州·
梁州·全州·光州·春州·溟洲 등이 그것이다. 이들 주는 모두 신라시대 9주
5소경 지역으로 명실상부한 大邑이었다. 이 밖에 군·현의 내속관계 역시
재조정되었다.[100]

이와 같은 군현제의 개편은 三韓功臣의 책정, 役分田의 제정 등과 밀접한
관련이 있는 일련의 조처였다. 이리하여 태조 말년에는 군·현 단위의
소주와 명실상부한 대주가 섞여 있는 상태였다. 이들 지역에는 외관이
파견되지 않았고, 대체로 지방세력의 자치에 맡겨져 있었다. 다만 都護府·
都督府 등의 일부 지역에만 외관이 존재하였다. 이러한 군현제의 혼란상은
왕권의 강화와 더불어 개편될 필요성을 내재하고 있어 성종대에 대대적인
개혁이 이루어졌던 것이다.

---

99) 박종기, 「고려태조 23년 군현개편에 관한 연구」, 『한국사론』 19, 서울대 국사학과,
   1988.
100) 고려 태조대의 전반적인 군현제 변화 양상에 대해서는 김갑동, 「고려왕조의 성립과
   군현제의 변화」, 『국사관론총』 35, 1992 참조.

4장 태조 왕건대의 정치세력

Ⅰ. 공신세력

1. 개국공신 복지겸과 박술희

(1) 복지겸의 활약과 업적

卜智謙은 고려의 開國 1등공신 4명 중의 하나였으며 박술희는 혜종의 配享功臣이었다. 그런데 두 사람은 다 같은 현재의 충남 당진군 沔川 출신이었다. 또 태조대에도 많은 활약을 하였다. 따라서 두 사람은 밀접한 관련이 있어 같이 논의해 볼 필요가 있다.

복지겸의 생애에 대해서는 자세한 기록이 전하지 않는다. 다만 다음과 같은 간단한 기록이 보이고 있을 뿐이다.

A-① 복지겸. 신라 말에 卜學士라는 자가 있어 唐으로부터 와서 여기에 살았다. 능히 해적을 소탕하여 유민들을 보호하여 모았는데 지겸은 그 후손이다. 초명은 砂瑰로 배현경과 더불어 태조를 추대하여 개국공 신이 되었다. 本州의 田 300頃을 하사받아 자손들이 대대로 이를 먹고 살았다. 시호는 武恭이다.(『新增東國輿地勝覽』卷19 忠淸道 沔川郡

人物)

A-② 卜智謙의 처음 이름은 砂瑰인데, 桓宣吉·林春吉이 모반함에 복지겸
이 모두 밀고하여 죽였다. 죽어서 武恭이라 諡號하였고 成宗 13년에
洪儒·裴玄慶·申崇謙·卜智謙 등 4인에게 모두 太師를 贈하여 太祖廟庭에
配享하였다.(『高麗史』 卷92 洪儒 附 卜智謙傳)

즉 이에 의하면 신라 말기에 복학사란 사람이 唐나라로부터 면천 지역에
와 살면서 해적을 소탕하고 유민들을 모았는데 그 후손 중 한 사람이
바로 복지겸이었다는 것이다. 처음 이름은 砂瑰로 배현경과 더불어 태조를
추대하여 개국공신이 되었다. 그 공으로 면천의 田 300頃을 하사받아
자손들이 대대로 이를 먹고 살았으며 시호는 武恭이었다 한다.

복학사가 중국에서 왔다는 것은 충분히 있을 수 있는 일이다. 당시
면천 인근의 大津, 唐恩浦가 중국과의 교류에 있어 중요한 지역이었기
때문이다. 통일신라시대에 신라와 당나라와의 교류에 있어 중요한 항구가
되었던 곳은 경기도 화성군 남양만에 있던 唐恩浦와 충남 당진군의 大津이
었다.[1] 대진은 金正浩의 대동여지도에도 표기되어 있다. 특히 당은포가
주로 이용되었다. 그리하여 의자왕 3년(643) 한강하류지역을 빼앗겼던
백제가 고구려와 연합하여 唐項城을 빼앗으려 한 사건이 일어났고 朗惠和尙
無染이 헌덕왕 14년(822) 金昕의 배를 타고 입당한 곳도 당은포였다.[2]
면천 지역은 대진은 물론이고 당은포와도 가까운 거리였다. 따라서 중국과
의 교류에 있어 면천도 큰 영향을 받았음에 틀림없다. 한편 당시 중국도
당말 오대의 전란기여서 복학사란 인물이 그 난을 피해 이 지역에 정착했을
것이다. 복지겸은 바로 그 후손이었던 것이다.

---

1) 『增補文獻備考』 권35 輿地考.
2) 당항성과 당은포는 같은 지역으로 추정된다.(權悳英, 『古代韓中外交史』, 一潮閣,
1997, 191쪽)

또 위의 기록으로 미루어 그가 한 일은 두 가지로 요약될 수 있다. ① 왕건을 추대하여 개국공신이 된 것, ② 환선길과 임춘길의 모반사건을 밀고한 것으로 요약할 수 있다.

우선 그가 어떤 과정을 거쳐 왕건을 추대하였는가에 대해서는 다음 기록들이 참고된다.

B-① 6월 乙卯에 이르러 騎將 洪儒·裴玄慶·申崇謙·卜智謙 등이 몰래 모의하고 야밤에 태조의 집에 가서 다 같이 추대할 뜻을 말하였다. 그러나 태조가 굳게 거절하여 허락하지 않았다. 부인 柳氏가 손수 갑옷을 들어 태조에게 입히고 여러 장수들이 부축하여 밖으로 나와서 사람을 시켜 달려가며 소리치기를, "王公이 이미 義旗를 들었다."라고 하였다. 이에 분주히 달려오는 자가 이루 헤아릴 수 없었으며 먼저 궁문에 이르러 북을 치며 떠들썩하게 기다리는 자가 또한 1만여 명이나 되었다. 궁예가 이를 듣고 놀라 말하기를, "王公이 차지하였으니 나의 일은 이미 끝났구나." 하였다. 이에 어찌할 바를 모르고 微服으로 북문을 빠져나가 도망가니 나인이 궁궐을 청소하고 새 왕을 맞이하였다. 弓裔는 巖谷으로 도망하여 이틀 밤을 머물렀는데 허기가 심하여 보리 이삭을 몰래 끊어 먹다가 뒤이어 斧壤 사람에게 죽임을 당하였다. (『高麗史』 卷1 太祖世家 貞明 4年)

B-② 弓裔의 말기에 洪儒·裴玄慶·申崇謙·卜智謙이 태조의 집에 나아가 장차 廢立을 의론할 새 王后로 하여금 알지 못하게 하고자 왕후에게 말하기를, "園中에 새로 익은 참외가 있을 것이니 따가지고 오라." 하니 왕후가 그 뜻을 알고 북문으로 좇아나가 가만히 장막 가운데로 들어갔다. 이에 諸將이 드디어 그 뜻을 말하니 태조가 안색을 변하여 거절함이 심히 굳었다. 왕후가 갑자기 장막 안에서 나와 태조에게 말하기를, "義를 들어 虐政을 바꾸는 것은 옛부터 그렇게 한 것인데

지금 諸將의 의론을 듣건대 저도 오히려 奮發되거늘 하물며 대장부이리요." 하고 손수 갑옷을 들어 입히니 諸將이 부축하고 나와 드디어 즉위하였다.(『高麗史』卷88 后妃傳1 神惠王后 柳氏)

B-③ 洪儒의 처음 이름은 術이라 하였으며 義城府 사람이다. 弓裔의 말년에 裴玄慶·申崇謙·卜智謙과 더불어 함께 騎將이 되어 비밀히 모의하고 밤에 太祖의 집에 나아가 말하기를, "三韓이 분열하여 도둑떼가 다투어 일어나니 지금의 왕[弓裔]이 용기를 떨치고 크게 호령하여 드디어 草賊을 무찌르고 遼左[遼河의 좌편 즉 한반도]의 땅을 3분하여 그 태반을 가지고 나라를 세워 도읍을 정한 지 벌써 20년을 넘었다. 그러나 이제 그 끝을 잘하지 못하고 잔학한 짓을 심히 함부로 하며 음란한 형벌을 마음대로 하여 처자를 죽이고 臣僚를 죽이며 백성을 도탄에 빠뜨려 미워하기를 원수와 같이 하니 桀과 紂의 악도 이 이상일 수는 없습니다. 어두움을 폐하고 밝음을 세움은 천하의 大義이니 청컨대 공은 殷·周의 일을 행하소서."라고 하였다. 太祖가 얼굴을 붉히며 거절하여 말하기를, "나는 忠義를 스스로 하락하였거늘 왕이 비록 暴亂하다기로 어찌 감히 두 마음을 가지리요. 신하로서 임금을 치는 것을 革命이라 하는데 내 진실로 不德하니 감히 湯·武의 일을 본받겠는가. 후세에 이것으로 구실을 삼을까 두렵다. 옛 사람이 이르기를, '하루라도 임금이 되면 종신토록 임금이 되는 것이다.'라 하였다. 또 延陵季子는 말하기를, '나라를 가짐은 나의 뜻이 아니다' 하고 떠나가 농사지었다 하는데 내 어찌 季子의 절개를 넘을까 보냐."라고 하였다. 洪儒 등이 말하기를, "때는 만나기 어렵고 잃기는 쉽습니다. 하늘이 주는 것을 취하지 않으면 도로 그 허물을 받습니다. 나라 안의 고통을 받는 백성들이 밤낮으로 평화가 회복되기를 바라며 또한 權位가 중한 사람은 모두 학살되어 거의 남지 않았습니다. 지금 덕망이 공의 위에 나아가는 사람이 없으니 뭇 사람이 공에게 소망을 걸고 있습니다.

공이 만약에 따르지 않는다면 우리들은 죽을 날이 멀지 않았습니다. 하물며 王昌瑾의 鏡文이 저와 같으니 어찌 하늘을 어기며 獨夫의 손에 죽겠습니까?" 하였다. 이에 諸將이 안고 나와 새벽에 노적가리 위에 앉히고 君臣의 예를 행하고 사람을 시켜 달려가 외치기를, "王公이 이미 義旗를 들었다."라고 하였다. 궁예가 이 말을 듣고 놀라 도망쳐 갔다. 태조가 즉위하자 詔書를 내려 추대한 공을 책봉하니 洪儒·裴玄慶·申崇謙·卜智謙을 모두 1등으로 삼고, 金銀器·錦繡綺被褥·綾羅·布帛을 하사하였다.(『高麗史』卷92 洪儒傳)

위의 기록에서 보는 바와 같이 복지겸은 홍유·신숭겸·배현경과 함께 밤에 태조의 집으로 찾아가 정변을 꾀하였다. 그때 그의 직책은 騎將이었다. 기병의 장군이었던 셈이다. 기병은 보병과는 달리 기동력이 뛰어난 부대로 궁예의 병력 중 핵심 부대였다. 견훤이 신라의 서울 경주를 침략하자 구원요청을 받고 달려간 왕건의 군대가 '精騎 5천'이었으며[3] 태조 17년(934) 운주 근처에서 왕건과 견훤이 대치하고 있을 때 유금필이 선제공격하여 승리한 것도 '勁騎 수천' 덕분이었다.[4] '정예기병'이나 '날랜 기병'이란 뜻이었다. 이로 보아 '기장'은 '馬軍將軍'[5]과 같은 의미였다고 하겠다. 실제 다른 기록에는 그가 태조 원년(918) '馬軍將'의 직책에 있었다고 되어 있다.[6]

이들 궁예의 핵심부대의 장군들이 왕건을 왕위에 추대할 뜻을 밝혔으나 왕건은 처음 이를 거절하였다. 그러나 그의 부인이었던 신혜왕후 유씨가 갑옷을 들고 나와 義를 위해 나설 것을 권하였다. 신혜왕후 유씨는 貞州人

---

3) 『三國史記』권50 甄萱傳.
4) 『高麗史』권92 庾黔弼傳.
5) "馬軍將軍桓宣吉 謀逆伏誅."(『高麗史』권1 太祖世家 元年 6月 庚申)
6) 『高麗史』권127 叛逆1 桓宣吉傳.

柳天弓의 딸로 태조와 인연을 맺고 스님이 되었다가 후일 태조의 부름을 받고 부인이 된 사람이다.[7] 그만큼 신뢰감이 있는 여자였다. 그러자 마침내 봉기하여 궁예를 내쫓고 왕이 되었던 것이다. 복지겸을 비롯한 4인의 장군은 가히 목숨을 건 행동이었다.

B-③은 당시의 상황을 더 자세히 묘사하고 있다. 복지겸 등은 궁예가 동양의 대표적 폭군인 夏나라의 桀王과 殷나라의 紂王보다 더 포악하다 하면서 의기를 들 것을 권하였다. 殷나라의 湯王과 周나라의 武王 같은 일을 행하라는 것이었다. 그러나 태조는 거절하였다. 자신은 신하로서 두 마음이 없다는 것이다. 자신이 정변을 일으키면 후세에 비난을 받을 것이라 염려하였다. 하지만 복지겸 등이 이대로는 언제 죽을지 모르는 상황이라 하면서 반강제적으로 왕건을 노적가리에 앉히고 군신의 예를 행하였던 것이다.

이러한 공으로 그는 개국공신이 되었다. 그러나 개국공신으로 책봉되기 전에 한 일이 또 하나 있었다. 마군장군 환선길의 모반사건을 밀고하였던 것이다. 이 사건에 대한 다음 기록을 보자.

> C. 桓宣吉은 그 아우 香寔과 함께 太祖를 섬겨 왕조 창업[翊戴]의 공이 있었으므로 태조가 환선길을 馬軍將軍으로 제수하고 심복으로 여기며 항상 精銳를 거느리고 宿衛하게 하였다. 그런데 그 처가 말하기를, "당신은 재주가 다른 사람보다 뛰어나므로 사졸이 服從하고 또 큰 공이 있는데 권력은 다른 사람에게 있으니 어찌 한스럽지 않습니까." 하니 환선길이 마음에 그렇게 여기고 드디어 가만히 병사와 결탁하여 틈을 보아 변을 일으키려 하였다. 馬軍將 卜智謙이 이를 알고 태조에게 密告하였으나 형적이 나타나지 않으므로 듣지 않았다. 어느 날 태조가

---

7) 『高麗史』 권88 后妃傳1 太祖 神惠王后 柳氏.

殿에 앉아 學士 몇 사람들과 함께 國政을 의론하는데 환선길이 그 무리 50여 인을 데리고 兵器를 가지고 東廡으로부터 內庭에 돌입하여 바로 침범하고자 하니 태조가 지팡이를 짚고 서서 소리를 높여 꾸짖기를, "朕이 비록 너희들의 힘으로 이 자리에 앉아 있으나 이것이 어찌 하늘의 뜻이 아니랴. 天命이 이미 정하였거늘 네가 감히 이럴 수 있느냐." 하니 환선길이 태조의 안색이 태연자약함을 보고 伏兵이 있는가 의심하여 무리들과 같이 달아나니 衛士가 毬庭에까지 추격하여 다 잡아 죽였다. 香寔이 뒤에 와서 일이 실패하였음을 알고 역시 도망하므로 군사를 내어 쫓아 이를 죽였다.(『高麗史』卷127 叛逆 桓宣吉傳)

여기서 보는 바대로 환선길도 왕건이 왕위에 즉위하는 데 공을 세운 인물이었다. 직접 왕건의 집으로 찾아간 것은 아니지만 거사 후 이를 성공시키는데 막강한 역할을 했던 인물임에 틀림없다. 태조가 그를 마군장군에 임명하고 심복으로 삼았다는 점이 이를 말해준다. 그는 또 정예병을 이끌고 왕의 주변을 숙위하는 중요한 임무를 맡았다. 그러나 실제적인 권력이 복지겸을 비롯한 4인에게 있는 것에 대해 불만을 가지고 있었던 모양이다. 그리하여 부인의 말을 듣고 거사할 생각을 갖게 되었다.

이때에 복지겸이 이를 알고 미리 태조에게 귀띔을 해준 것이었다. 태조는 이를 믿지 않다가 화를 당하게 된 것이다. 그러나 태조는 마음의 준비를 하고 있었던 것 같다. 동요하지 않고 그를 처단하였던 것이다. 복지겸의 정보에 대비하였음에 틀림없다. 이로 말미암아 위기를 모면할 수 있었다.

모반사건은 여기서 그치지 않았다. 환선길의 모반사건이 일어난 지 며칠 지나지 않아 다시 마군대장군 이흔암의 모반사건이 일어났다.

D. 伊昕巖은 弓馬를 業으로 하여 다른 재주는 없으나 이익을 보면 빨리

구하며 궁예를 섬겨 총애를 받아 임용되었다. 궁예 말년에는 군사를 거느리고 熊州를 습격하여 취하여 여기에 鎭守하였다. 태조가 즉위함을 듣고 가만히 禍心을 품어 부르지도 않는데 스스로 중앙에 올라왔다. 이로 인해 土卒이 많이 도망하여 웅주는 다시 百濟의 소유가 되었다. 韓粲으로 守義刑臺令이었던 閻萇이 이흔암과 이웃하고 있었다. 염장이 그 陰謀를 알고 태조께 자세히 말하기를, "이흔암은 鎭을 버리고 스스로 와서 邊疆을 잃었으니 죄가 실로 용서하기 어렵습니다. 그러나 나와 함께 어깨를 같이하여 임금을 섬겨 평소에 情分이 있으므로 차마 죽이지는 못하겠고 또 그 반역한 형적도 드러나지 않았습니다. 그러나 그가 반드시 어떤 말을 할 것이니 바라건대 비밀히 이를 정찰케 하소서." 하였다. 태조가 內人을 보내어 염장의 집에 가서 장막에 숨어 이를 살펴보니 이흔암의 처 桓氏가 변소에 와서 사람이 없는 줄 생각하고 소변을 마치고 길이 탄식하기를, "내 남편의 일이 만약 성취하지 못하면 내가 禍를 받을 것이다." 하였다. 그가 말을 마치고 들어가거늘 內人이 그 사정을 아뢰어 드디어 獄에 가두니 자복하였다. 百僚를 시켜 그 죄를 의론케 하니 모두 다 "죽임이 마땅하다."하므로 태조가 꾸짖어 말하기를, "네가 본래 兇心을 길러 스스로 형벌에 빠졌다. 법이란 천하의 公器라 가히 私로서 굽히지 못한다." 하니 이흔암이 눈물만 흘릴 뿐이었다. 저자에서 베고 그 집을 籍沒하고 黨與는 不問에 붙이게 하였다.(『高麗史』卷127 叛逆 伊昕巖傳)

　이흔암은 궁예의 심복이었다. 궁예 말년에는 웅주[공주]를 지키고 있었는데 중앙에서 왕건의 정변이 일어나자 임지를 버리고 중앙으로 올라온 인물이다. 이 때문에 웅주는 후백제의 땅이 되었다.[8] 웅주가 후백제에

---

8) 당시 웅주(공주)의 상황에 대해서는 金甲童, 「百濟遺民의 動向과 羅末麗初의 公州」, 『역사와 역사교육』 3·4합집, 1999, 318~323쪽 참조.

공식적으로 붙은 것은 태조 원년 8월이지만[9] 이흔암이 올라온 후 궁예의 수중에서 벗어난 것은 그 이전의 일이었다.

그런데 이 사건은 환선길의 모반사건과 밀접한 관련이 있는 것이었다. 이흔암의 처가 환씨였던 것이다. 환선길의 동생이거나 누이였을 것으로 추정된다. 따라서 환선길의 모반사건이 일어나자 그 화가 자신에게까지 미쳐올 것을 안 이흔암이 모험을 한 것이다.

그러나 염장의 제보로 실패하였다. 염장의 당시 직책은 守義刑臺令이었다. 태조의 즉위 직후 단행된 인사 조치에 의한 것이었다.[10] 의형대는 904년 궁예가 국호를 摩震으로 고치면서 설치한 관부 중의 하나였다. 그 관장사무는 형벌에 관한 것으로 후의 刑部와 같은 존재였다.[11] 따라서 그의 임무대로 반역자를 색출하였던 것이다.

복지겸과 같이 태조를 추대했던 홍유의 활약도 있었다. 청주에서의 모반을 미연에 방지하는데 큰 역할을 했다. 즉 청주에서 모반이 일어날 조짐을 보이자 유금필과 같이 군사를 거느리고 鎭州(충북 진천)에 주둔하였다.[12] 이로 말미암아 반란을 잠재울 수 있었다.

이 같은 공로로 이들은 開國功臣에 책봉되었다. 그것은 태조 원년 8월의 일이었다. 다음 기록을 보자.

E. 또 詔하기를, "신하로서 창업을 도우는 책략을 운용하고 세상을 뒤덮는 좋은 공훈을 세운 자에게는 茅土를 나누어 주고 또한 秩祿과 높은 官級으로써 포상함은 이것이 百代의 常法이요 千代의 넓은 규범인 것이다. 짐은 미천한 데서 태어나서 재주와 식견이 평범함에 미치지

---

9) "熊運等十餘州縣 叛附百濟 命前侍中金行濤 爲東南道招討使知牙州諸軍事 以備之."(『高麗史』권1 太祖世家 元年 8月)

10) 『高麗史』권1 太祖世家 元年 6月 辛酉.

11) 『三國史記』권50 弓裔傳 天祐 元年.

12) 『高麗史』권92 王順式 附 堅金傳.

못하나 진실로 여러 사람의 바람에 힘입어서 왕위에 올랐다. 따라서 그 흉폭한 임금을 폐하던 때에 이르러 충신의 절개를 다한 자에게는 마땅히 포상을 베풀어서 힘쓴 노고를 勸奬할 것이다. 洪儒·裴玄慶·申崇謙·卜智謙으로 제1등으로 삼아 金銀器와 錦繡綺被褥·綾羅·布帛을 차등 있게 주고 堅權·能寔·權愼·廉湘·金樂·連珠·麻煖을 제2등으로 하여 金銀器와 錦繡綺被褥·綾羅·布帛을 차등 있게 주며 제3등인 2,000여 명에게는 각각 綾帛과 穀米를 차등 있게 주라. 짐이 공들과 함께 백성을 구하고자 하였으나 능히 끝내 신하의 절개를 지키지 못하고 이것으로 공을 삼게 되니 어찌 덕을 부끄러워함이 없겠는가. 그러나 공이 있는데 포상하지 않으면 장래를 권장할 수 없다. 이러므로 오늘의 조치가 있게 된 것이니 공들은 분명히 짐의 뜻을 알지어다.”고 하였다.(『高麗史』 卷1 太祖世家 元年 8月)

여기서 보는 것처럼 처음 태조의 집으로 찾아간 복지겸을 비롯한 홍유·배현경·신숭겸 등 4인은 개국 1등공신으로 봉해졌고 이흔암을 잡는데 공을 세운 염상 등 7인은 2등공신에 봉해졌다. 또 이름을 밝히지는 않았지만 2,000여 명의 3등공신도 책봉되었다. 이에 따라 복지겸에게는 금은기와 능라·포백 등의 물건이 주어졌다.

태조는 ‘分茅胙土’ 즉 제후로 봉하고 封地를 주는 것이 마땅하다고 하였다. 그러나 당시는 아직도 전란기였다. 내부적인 측면에서도 정국이 안정된 상황이 아니었다. 때문에 이는 명분에 그쳤을 가능성이 크다. 이들 개국공신들에 대한 실질적인 대우는 좀 더 후에 이루어졌을 것이다.

이 조치가 있은 직후에도 정국은 혼란스러웠다. 9월에 접어들면서 청주인 임춘길의 반란사건이 일어났던 것이다.

F-① 9월에 마군장군 복지겸이 아뢰기를 “순군리 임춘길이 그 고을 청주

사람 배총규와 계천인 강길·아차귀와 매곡인 경종과 함께 반역을
모의했습니다." 하였다. 왕이 사람을 시켜 잡아서 심문하니 모두
자복하므로 명하여 그들을 목베게 하였다. 그러나 총규만은 홀로
도망하였다.(『高麗史節要』 卷1 太祖 元年)

F-② 徇軍吏 林春吉이란 자는 淸州人이었다. 그런데 같은 고을 사람 裵恩規,
季川人 康吉·阿次와 昧谷人 景琮과 함께 謀反하여 淸州로 도망하여
돌아가고자 하였다. 卜智謙이 이를 알고 아뢰거늘 태조가 사람을
시켜 잡아 심문하니 모두 다 자복하므로 모두 禁錮케 하였는데 오직
배총규는 모의가 누설됨을 알고 곧 도망갔다. 이에 그 黨을 다 베고자
하는데 淸州人 玄律이 아뢰기를, "景琮의 누이는 곧 昧谷城主 龔直의
처요 그 城이 심히 견고하니 쳐 빼앗기가 어렵습니다. 또 賊境에
인접하였으니 만약 혹 景琮을 베면 龔直이 반드시 반란할 것이니
용서하여 회유함만 같지 못합니다." 하였다. 태조가 이를 따르고자
하였더니 馬軍大將軍 廉湘이 앞에 와서 말하기를, "臣이 듣건대 경종은
일찍이 馬軍 箕達에게 말하기를 '누이의 어린 아이가 이제 京城에
있어 그 離散함을 생각하니 傷心함을 이기지 못하겠다. 하물며 時事를
보니 난이 평정될까 싶지 않으니 이 기회에 마땅히 틈을 엿보아
같이 도망하자' 하더니 경종의 꾀가 이제 과연 증험되었다."하므로
태조가 크게 깨닫고 문득 이를 베게 하였다.(『高麗史』 卷127 桓宣吉
附 林春吉傳)

이 사건은 앞의 환선길이나 이흔암의 모반사건과는 다른 것이었다.
앞의 두 사건은 마군장군과 대장군이라는 고위직에 있는 자들이 일으킨
것이었다. 그러나 임춘길 등의 모반사건은 군인 내지 하급관리가 일으킨
것이었다. 그리고 그 목적도 왕건을 타도하려한 것이 아니라 청주로 도망하
고자 한 것이다. 따라서 이 사건의 원인은 904년 청주인호 1천의 사민에

있다고 보아야 할 것이다.[13]

궁예는 904년 청주에서 1천호에 달하는 백성들을 철원으로 강제 사민시킨 이듬해(905) 철원을 도읍으로 삼고 905년 국호를 摩震이라 하였다.[14] 이 사건으로 청주인들은 궁예나 왕건에 대해 심한 반발감을 가지고 있었다. 이를 잘 알고 있던 왕건은 즉위하자마자 청주 출신 군인 80여 명을 고향으로 돌려보내는 회유조치를 취하였다.[15] 그러는 한편 청주출신이었던 能達·明吉·文植 등을 청주에 파견하여 동태를 엿보게 하기도 하였다.[16] 그러나 그 불만을 막을 수 없어 이 사건이 일어났던 것이다.

복지겸의 밀고로 이들 주모자는 잡혔으나 청주인 현률은 이들을 살려주기를 청하였다. 그러나 마군대장군이며 개국 2등공신이었던 염상이 반대함으로써 이들은 처단되었다. 얼마 후 태조가 현률을 군사지휘권을 가진 순군부의 郎中으로 임명하려 하자 이번에는 신숭겸과 배현경이 반대하였다. 이로써 현률은 단순한 군사행정기관인 兵部의 낭중에 임명되기도 하였다.[17] 이처럼 개국공신들은 태조 초기 정국을 안정시키고 자신들의 기반을 확보하는데 힘을 기울였다. 그러나 경종 등을 죽인 여파는 청주 본토의 반란을 초래하였다. 그 해 10월에 청주에서 陳宣·宣長 형제의 모반사건이 일어났던 것이다.[18]

요컨대 복지겸을 비롯한 개국공신들은 태조 즉위 초기의 정국에서 反혁명 세력을 처단하는데 크게 공헌하였다. 즉 환선길, 이흔암 등의 역모를 차단하고 임춘길 등 청주인들의 반란도 차단하였다.

---

13) 金甲童, 『羅末麗初의 豪族과 社會變動硏究』, 高麗大學校民族文化硏究所, 1990, 41쪽.
14) 『三國史記』 권12 新羅本紀 孝恭王 9年 및 卷50 弓裔傳 天祐 元年.
15) 『高麗史』 권1 太祖世家 元年 6月 戊午.
16) 『高麗史』 권92 王順式 附 堅金傳.
17) 『高麗史』 권92 洪儒 附 裴玄慶傳.
18) 『高麗史』 권1 太祖世家 元年 10月 辛酉.

(2) 박술희의 활약과 업적

朴述熙도 혜성군 즉 지금의 충남 당진군 면천 출신이었다. 그에 대해서는 다음 기록이 참고된다.

> G. 박술희는 혜성군 사람이니 부친은 大丞 朴得宜였다. 박술희는 성질이 용감하였고 고기 먹기를 즐겼으므로 비록 두꺼비, 개구리, 개미에 이르기까지 다 먹었다. 18세에 궁예의 衛士가 되었으며 후에 태조를 섬겼는데 여러 번 군공을 세우고 大匡이 되었다. 혜종이 7세 된 때에 태조는 그를 세자로 세우려고 하였으나 그의 모친 오씨가 미천한 까닭에 아마 세우지 못할 것이라고 염려하여 낡은 상자에 柘黃布를 넣어서 오씨에게 주었다. 오씨는 이것을 박술희에게 보였더니 박술희는 태조의 뜻을 알고 혜종을 正胤으로 세울 것을 청하였다. 정윤이란 즉 太子를 이르는 말이다. 태조가 임종할 때 그에게 군국 대사를 부탁하며 유언하기를 "그대가 태자를 부축하여 세웠으니 잘 보좌하라!"고 하였다. 박술희는 일일이 유언대로 하였다. 혜종이 병석에 누웠을 때에 박술희는 왕규와 사이가 나빠서 군사 100여 명을 거느리고 다녔다. 정종은 그가 반란의 뜻을 품고 있는가 의심하여 甲串으로 귀양보냈는데 왕규가 이 틈을 타서 왕의 명령이라 거짓말하고 그를 죽였다. 후에 嚴毅라는 시호를 주었고 太師 三重大匡 벼슬을 추증하였으며 惠宗 廟廷에 配享하였다. 아들은 朴精元이다.(『高麗史』卷92 朴述熙傳)

여기서 보는 바와 같이 그는 박득의의 아들이었다. 그는 어려서부터 매우 용감하였으며 식성도 좋아 두꺼비나 개미도 먹어치울 정도였다. 무인의 기질을 타고 태어난 것이다. 그의 활약과 업적은 다음의 세 가지로 요약할 수 있다. ① 18세에 궁예의 위사가 된 후 여러 번의 전투에서 군공을 세워 대광의 지위에까지 이르렀다는 것, ② 혜종이 태자로 책봉될 때 많은 도움을 주었다는 것, ③ 그와 관련된 것이지만 태조의 유언을 받아 혜종을 끝까지 보필하다 죽었다는 것이다. 그 대가로 그는 혜종의 配享功臣이 되었던 것이다.

우선 그가 전투에서 여러 번 군공을 세웠다는 부분을 살펴보자.

H-① (태조 18년)에 태조가 여러 장군들에게 이르기를 "羅州 지방 40여 군은 우리의 울타리가 되어 오랜 기간 교화에 복종하였다. 일찍이 大相 堅書, 權直, 仁壹 등을 파견하여 안무하였는데 근자에는 백제에게 약탈당하여 6년간이나 바닷길이 통하지 않으니 누가 나를 위하여 안무하러 가려 하는가?"라고 하였다. 洪儒, 朴述熙 등이 말하기를 "제가 비록 용맹하지는 못하나 장수의 한 사람으로 보충하여 주시기 바랍니다."라고 하니 태조가 말하기를 "대체로 장수가 되려면 백성들의 마음을 얻는 것이 귀중하다."라고 하였다. 公萱, 大匡 悌弓 등이 아뢰기를 "유금필이 적임자입니다."라고 하니 태조는 말하기를 "나 역시 벌써 그렇게 생각한다. 그러나 근자에 신라의 길이 막혔을 때 유금필이 가서 그것을 열었는데 나는 그 수고를 생각하고 감히 다시 명령하지 못하고 있다."라고 하였다. 이때 유금필이 아뢰기를 "저의 나이는 이미 늙었으나 이것은 국가 대사인데 감히 있는 힘을 다 바치지 않겠습니까?"라고 하니 태조가 기뻐서 눈물을 흘리면서 말하기를 "그대가 만일 이 명령을 받는다면 이보다 더 기쁜 일이 어디 있겠는가?"라고 하였다. 드디어 유금필을 都統大將軍으로 임명하고 예성강까지 가서 송별하였으며 御船을 주어서 보냈다.(『高麗史』 卷92 朴述熙傳)

H-② 여름 6월에 견훤이 왕에게 청하기를 "이 늙은 몸이 멀리 창파를 건너서 대왕에게로 온 것은 대왕의 위력을 빌어서 나의 못된 자식을

처단하려는 것뿐이었다."고 하였다. 왕이 처음에는 때를 기다려서 군사
행동을 취하려 했으나 견훤의 간절한 요청을 가엾게 생각하여 그의
의견을 좇았다. 우선 正胤 武와 장군 述希을 시켜 보병과 기병 1만을
거느리고 天安府로 가게 하였다. 가을 9월에 왕이 三軍을 거느리고
천안부에 가서 병력을 합세하여 一善郡으로 나아가니 神劍이 무력으로
써 이에 대항하였다. 갑오일에 一利川을 사이에 두고 양군이 진을 쳤다.
왕은 견훤과 함께 군사를 사열하였다. 왕이 견훤을 비롯하여 大相 堅權,
述希, 皇甫金山, 元尹 康柔英 등은 기병 1만을 거느리게 하고 支天軍大將軍
元尹 能達, 奇言, 韓順明, 昕岳, 正朝 英直, 廣世 등은 보병 1만을 거느리게
하여 좌익을 삼았다.(『高麗史』 卷2 태조세가 19년)

그에 관한 첫 번째 사료는 태조 18년에 비로소 나타나고 있다. 즉
나주를 후백제에 빼앗긴 지 6년 만에 이를 탈환할 장수를 선발할 때
홍유와 더불어 자원하고 있는 것이다. 그러나 그는 선발되지 못하였고
그 임무는 유금필에게 맡겨졌다.[19] 이를 보면 그때까지 박술희는 유금필에
가려 크게 두각을 나타내지는 못했던 것 같다.

그가 부상하게 된 계기는 바로 후백제 신검과의 마지막 전투인 一利川
전투가 아니었나 한다. 위에서 보는 것처럼 당시 태자 무와 같이 선발대장
이 되어 천안에 가서 주둔하고 있었다. 여기서 그는 앞으로 벌어질 전투에
대비한 군사훈련이나 정보 수집, 군량미 확보 등과 같은 일을 준비했다고
볼 수 있다. 천안에는 王字山과 鼓廷이라는 유적이 있는데[20] 康好文의
樓記에 보면 태조가 견훤을 칠 때 군사 10만을 주둔하여 군사를 훈련시키던
곳이 王字城이며 그 군영을 설치한 곳이 바로 鼓廷이었다고 되어 있다.[21]

---

19) 당시 유금필의 활약에 대해서는 김갑동, 「고려의 후삼국 통일과 유금필」, 『軍史』
   69, 2008, 40~58쪽 참조.
20) 『新增東國輿地勝覽』 권15 天安郡 山川 및 古跡.

물론 여기서 군사 10만이라는 것은 좀 과장된 숫자이다. 또 엄격히 말하면 견훤을 칠 때가 아니라 신검을 칠 때라는 문제점이 있다. 하지만 이곳에서 군사훈련이 실시된 것은 사실임을 알 수 있다. 또 군량미를 확보하여 이를 저장해 놓기도 하였다. 그리하여 그곳의 지명을 留糧洞이라 하였다.[22] 이러한 준비 덕분에 왕건은 선산의 一利川 전투에서 승리하여 후백제를 접수할 수 있었다.[23]

<표 1> 고려 초기의 관계

1품	1	삼중대광(三重大匡)
	2	중대광(重大匡)
2품	3	대광(大匡)
	4	정광(正匡)
3품	5	대승(大丞)
	6	좌승(佐丞)
4품	7	대상(大相)
	8	원보(元甫)
5품	9	정보(正甫)
6품	10	원윤(元尹)
	11	좌윤(佐尹)
7품	12	정조(正朝)
	13	정위(正位)
8품	14	보윤(甫尹)
9품	15	군윤(軍尹)
	16	중윤(中尹)

일리천 전투에도 직접 참여하였다. 견훤을 비롯한 大相 堅權, 皇甫金山, 元尹 康柔英 등과 함께 기병 1만을 거느리게 되었던 것이다. 그런데 당시 그의 官階는 아직 大相의 지위에 머물러 있었다. 대상은 고려 초기의 관계 중 4품 7위에 해당하는 것으로[24] 그렇게 높은 지위는 아니었다. <표 1>을 보자.

대상 위에도 좌승, 대승 등 6개의 관계가 더 있었던 것이다. 그가 大匡의 지위에 오른 것은 5, 6년 후의 일이 아닌가 한다. 즉 태조 말년에 이르러 후계자인 武의 부상과 함께였다고 보여진다. 태조 26년(943) 태조가 죽을 무렵 그의 관계가 대광으로 나오고 있는 것이[25] 이를 말해준다.

---

21) 위의 책, 驛院 南院.

22) 오세창, 『천안의 옛지명』, 천안문화원, 1989, 50쪽.

23) 이에 대해서는 金甲童, 「高麗太祖 王建과 後百濟 神劍의 전투」, 『朴秉國教授停年紀念史學論叢』(滄海朴秉國教授停年紀念史學論叢刊行委員會, 공주), 1994 참조

24) 『高麗史』 권75 선거지3 鄕職.

25) 『高麗史』 권2 태조세가 26년 4월.

그가 이처럼 정계에 떠오른 것은 태자였던 武와의 관계 때문이었다. 박술희와 무와의 인연은 무의 태자 책봉 때에 이미 이루어졌다.

> I-① 나이 7세가 되자 태조는 武가 왕위를 계승할 덕성을 가지었음을 알았다. 그러나 어머니의 출신이 미천해서 왕위를 계승하지 못할까 염려하여 낡은 옷 상자에 柘黃布를 덮어 왕후에게 주었다. 왕후는 이것을 大匡 朴述熙에게 보였더니 박술희는 태조의 의도를 알아차리고 왕위 계승자로서 정할 것을 청하였다.(『高麗史』 卷88 后妃傳 太祖 莊和王后 吳氏)
>
> I-② 혜종이 7세 된 때에 태조는 그를 태자로 세우려고 하였으나 그의 모친 오씨가 미천한 까닭에 아마 세우지 못할 것이라고 염려하여 낡은 상자에 자황포[왕이 입는 옷]를 넣어서 오씨에게 주었다. 오씨는 이것을 박술희에게 보였더니 박술희는 태조의 뜻을 알고 혜종을 正胤으로 세울 것을 청하였다. 정윤이란 즉 太子를 이르는 말이다.(『高麗史』 卷92 朴述熙傳)

왕무는 912년 태조의 장남으로 태어났는데 태조는 918년 왕위에 오른 지 몇 년 안 되어 무를 태자로 책봉하였다. 그런데 여기서 보듯이 그 과정이 순조롭지 못하였다. 그것은 그의 집안이 '側微'하여 반대세력이 많았기 때문이었다. 그러자 태조는 柘黃袍를 상자에 담아 吳氏에게 주고 오씨는 다시 이를 박술희에게 보여주었다. 자황포는 석류빛깔의 옷으로 보통 왕이 입는 것이었다. 이에 박술희는 태조의 뜻을 알아차리고 武를 태자로 책봉할 것을 청하였다. 그리하여 마침내 무가 태자로 책봉되기에 이르렀던 것이다.

태조가 임종을 할 때도 태자 무를 박술희에게 특별히 부탁하였다.

J. 여름 4월에 왕이 內殿에 나가 앉아 大匡 朴述希를 불러서 친히 訓要를 주었는데 그 내용은 다음과 같다. "내 들으니 순임금은 歷山에서 농사를 지었으나 마침내 요 임금의 왕위를 받았으며 중국의 漢 高帝는 沛澤에서 일어나 드디어 漢나라의 왕업을 성취하였다고 한다. 나도 역시 일개 의로운 평민으로서 그릇되게 여러 사람들의 추대를 받았다. 더위와 추위를 무릅쓰고 19년 동안 노심초사한 끝에 삼한을 통일하여 외람스럽게 왕위에 있은 지가 25년이나 되었고 몸도 벌써 늙었다. 후손들이 감정과 욕심에 사로잡혀 나라의 질서를 문란시킬 듯하니 이것이 크게 근심스럽다. 이에 훈계를 써서 후손들에게 전하노니 아침 저녁으로 펼쳐 보아 영구히 모범으로 삼게 하기를 바란다.(『高麗史』 卷2 태조세가 26년 4월)

이처럼 박술희도 혜종의 든든한 후원세력이 되었다. 따라서 무는 태자시절에는 아버지 태조 왕건의 보호와 후원세력 덕분에 큰 탈 없이 지낼 수 있었다. 그러나 그것은 어디까지나 태조라는 구심점이 있었기에 가능했다. 태조가 승하하자 혜종대에 왕위쟁탈전이 벌어졌는데 박술희도 그 틈바구니에서 결국 죽음을 당하였다.

(3) 복지겸, 박술희의 관계와 면천

앞서 본 바와 같이 복지겸과 박술희는 모두 현재의 충남 당진군 면천면 출신이었다. 그렇다면 둘의 관계는 어떠하였을까. 박술희는 18세 때에 궁예의 衛士가 되었다. '衛士'란 '궁중을 지키는 군사'란 뜻이다.[26] 그러나 이는 단순히 궁궐만을 지키는 것이 아니고 궁예 개인의 호위병이었던

---

26) 『漢韓大字典』, 民衆書林, 1991, 1110쪽.

것이다. 그가 궁예의 호위병이 된 것은 타고난 체격과 체력 때문이었다고 볼 수 있지만 복지겸의 추천에 의한 것이었다고 본다. 궁예 말년 복지겸은 '騎將'[27) 또는 '馬軍將'[28)의 지위에 있었던 반면 박술희는 겨우 '衛士'라는 말단 병사의 지위에 있었기 때문이다. 장군의 직위에 있으면서 같은 고향 출신이며 체력이 좋은 박술희를 궁예에게 천거하였다고 생각된다.

그것은 그들의 나이 차이에서도 짐작이 된다. 복지겸이 언제 출생하였는지는 알 수 없다. 그러나 태조 원년(918) 이후 기록에 보이지 않는 점으로 미루어 그는 나이가 들어 고향으로 낙향한 것이 아닌가 한다. 만년에 병이 들었는데 그의 딸 영랑이 진달래로 술을 만들어 드리자 병이 깨끗이 나았다는 두견주의 전설도[29) 그러한 가능성을 뒷받침해 준다. 반면 박술희는 혜종 2년(945)까지 살다가 죽었다. 그것도 나이 먹고 병들어 죽은 것이 아니라 왕위쟁탈전의 과정에서 죽었다. 만약 그가 궁예 말년 917년경 처음 궁예의 위사가 되었다 하더라도 혜종 2년이면 44세가 된다. 따라서 나이가 많고 고위 장군직에 있었던 복지겸이 같은 고향 출신인 박술희를 궁예에게 천거하여 衛士가 되었을 가능성은 충분히 있다.

한편 면천의 삼국시대 명칭은 槥郡으로 백제의 영역에 속해 있었다. 그러다가 신라의 삼국통일 후인 경덕왕대에 와서 槥城郡으로 개명되었다.[30) 혜성군은 그 휘하에 3개의 현을 거느리고 있었다. 唐津縣과 餘邑縣, 新平縣이 그것이다. 당진현은 본래 백제의 伐首只縣이었는데 경덕왕대에 당진현으로 개명되었다. 여읍현은 백제의 餘村縣이었으나 경덕왕대에 여읍현으로 개명되었다. 신평현은 본래 백제의 沙平縣이었으나 경덕왕 때에 개명되었다.[31) 이들 현에는 그 장관으로 縣令이 파견되었다.[32) 따라

---

27) 『高麗史』 권92 洪儒傳.
28) 『高麗史』 권127 叛逆 桓宣吉傳.
29) http://www.dangjin.go.kr/cafe/myeoncheon/특산품 두견주.
30) 『三國史記』 권36 地理志3 熊州.
31) 『三國史記』 권36 地理志3 熊州 槥城郡.

서 상위행정구역인 혜성군의 태수는 당진현·여읍현의 현령을 통할하였다. 당진현은 현재의 당진이고 여읍현은 현재의 해미이다. 신평현은 현재의 당진군 신평면이다. 그렇다면 현재는 면천이 당진군 예하에 있는 면이 되어 있지만 통일신라시대에는 오히려 면천이 당진을 거느리는 상황이었음을 알 수 있다.

혜성군은 고려시대에 들어와 運州[홍성]의 속현이 되었다. 고려 현종 9년에 운주에 '來屬'되었다고 기록에 나와 있는 것이다. 이때 운주에 내속된 군현은 혜성군뿐 아니라 大興郡·結城郡·高丘縣·保寧縣·興陽縣·新平縣·德豊縣·伊山縣·唐津縣·餘美縣·驪陽縣·貞海縣 등이었다.[33] 이로써 면천 지역은 여러 가지 면에서 운주의 통제를 받게 되었다.

이러한 지방통치구조상의 변화는 나말려초의 전란에 기인하는 것이었다. 당시 고려와 후백제와의 쟁패과정에서 운주가 중요한 역할을 했기 때문이다. 즉 왕건은 태조 10년(927) 운주를 공격하여 성주 兢俊을 패배시켰는데[34] 이 전투에서 긍준은 항복했던 모양이다. 그 대가로 그는 洪規란 이름을 하사받고 그 딸을 왕건에게 바친 것 같다.[35] 그는 그 후 태조 19년 후백제 신검과 일리천에서 마지막 결전을 벌일 때 지휘관으로 참전하기도 하였다.[36] 한편 태조 11년(928)에는 이 운주의 玉山 지역에 성을 쌓고 군대를 주둔시킨 적이 있다.[37] 여기에 주둔한 고려의 중앙군은 인근의 각 지역을 통제하였다. 이러한 관계가 지속되어 고려 현종대에 혜성군을 비롯한 많은 군현이 운주의 속현이 되었던 것이다.

그러한 요인 외에도 면천 세력의 몰락과도 관련이 있을 것이다. 즉

---

32) 『三國史記』 권40 職官志下 外官.
33) 『高麗史』 권56 地理志1 楊廣道 洪州.
34) 『高麗史節要』 권1 太祖 10年 3月.
35) 金甲童, 「고려초기 홍성지역의 동향과 지역세력」, 『史學硏究』 74, 2004, 152쪽.
36) 『高麗史』 권2 太祖世家 19年 9月 甲午.
37) 『高麗史節要』 권1 太祖 11年 4月.

태조대와 혜종대만 하더라도 복지겸과 박술희와 같은 자들이 정계에 포진해 있어 혜성군을 어찌할 수 없었다. 그러나 그들이 모두 제거된 혜종 이후에는 힘을 쓸 수 없어 운주의 속현으로 전락하였던 것이다.

요컨대 沔川 출신 卜智謙은 卜學士의 후손이었다. 신라 말기에 복학사란 사람이 唐나라로부터 면천 지역에 와 살면서 해적을 소탕하고 유민들을 모았는데 그 후손 중 한 사람이 바로 복지겸이었다. 그의 처음 이름은 砂瑰로 배현경과 더불어 태조를 추대하여 開國功臣이 되었다. 그 공으로 면천의 田 300頃을 하사받아 자손들이 대대로 이를 먹고 살았으며 시호는 武恭이었다

그는 우선 洪儒·裴玄慶·申崇謙과 같이 궁예를 내쫓고 왕건을 추대하였다. 당시 그의 직책은 '騎將' 또는 '馬軍將'이었다. 그들은 밤에 왕건의 집으로 찾아가 역성혁명을 권유하였으나 왕건은 처음에 거절하였다. 그러나 柳氏 夫人마저 권유를 하자 혁명을 단행하여 왕위에 오르고 고려를 건국하였다. 고려 건국 직후에는 桓宣吉과 林春吉의 모반사건을 밀고하여 변란을 방지하였다. 환선길은 논공행상 과정에서 소외된 것에 대한 불만으로 모반을 하였으며 임춘길은 강제로 사민된 청주인으로 고향으로 돌아가고자 모반을 하였던 것이다. 그러나 복지겸의 밀고로 실패하였다. 그 덕분에 고려는 초기의 혼란을 극복하고 후삼국을 통일할 수 있었다.

朴述熙도 역시 면천 출신이었다. 그는 18세에 궁예의 衛士가 되었으나 태조 후년에 두각을 나타내기 시작하였다. 후백제 신검과의 마지막 전투에서 많은 활약을 하였다. 먼저 태자인 武와 함께 선발대로 천안에 주둔하면서 정보 수집과 군량확보, 군사 훈련을 하였다. 一利川 전투에도 지휘관의 하나로 참전하여 활약하였다. 그 역시 후삼국 통일의 한 주역이 되었던 것이다. 이리하여 大匡의 지위에까지 이르렀다.

그의 활약은 태자와의 관계 속에서 이루어졌다. 태조 4년(921) 武[후의 惠宗]가 태자로 책봉될 때 도움을 준 것을 계기로 하여 부상하기 시작하였

다. 태조 26년(943)에는 訓要 10조를 왕건에게 직접 물려받아 혜종을 보필하였다. 그러나 王規나 堯[후의 定宗]와 昭[후의 光宗] 등이 왕권에 도전하면서 왕위쟁탈전에 휩싸이게 되었다. 끝까지 혜종을 지키려던 그는 요와 소 세력에 의해 살해당하였다. 그러나 그 대가로 그는 혜종의 配享功臣이 되었다.

박술희가 궁예의 衛士가 될 수 있었던 것은 같은 고향 출신이면서 장군의 직위에 있었던 복지겸의 추천에 의한 것이었다. 복지겸이 나이가 많아 은퇴를 생각하면서 이루어진 것이었다. 면천 지역은 본래 백제의 槥郡이었으나 통일신라시대 槥城郡으로 개명되었다. 한편 그 휘하에는 唐津縣과 餘邑縣이 있었다. 이들 현은 혜성군의 통할을 받았다. 면천이 당진을 통제하는 위치에 있었던 것이다. 지금 당진군 산하에 면천면이 있는 것과는 반대의 위치였다. 이후 면천 지역은 고려 현종대에 이르러 運州[홍성]의 통제를 받게 되었다. 나말려초 전란기에 운주가 이 지역 일대에서 중요한 군사기지 역할을 했기 때문이다. 또 면천 세력인 복지겸이 은퇴하고 박술희마저 제거된 영향이기도 하였다.

2. 삼한공신 나총례

(1) 나총례와 나주

역사 기록상에 나총례에 대해서는 자세하게 나와 있지 않다. 다음 기록이 참고될 뿐이다.

A. 나유는 羅州 사람으로 三韓功臣이며 大匡인 羅聰禮의 10대 손이었다. (『高麗史』 卷104 羅裕傳)

즉 나총례는 나유란 인물의 10대조 할아버지로 三韓功臣이었고 大匡이란 직위에 있었음이 확인된다. 大匡이란 고려 초기의 관계로서 三重大匡, 重大匡 다음의 제3위 관등으로 2품에 해당하는 관계였다.[38] 그러므로 고려 왕실에 대한 그의 공이 적지 않았음을 알 수 있다.

삼한공신은 무엇인가. 삼한이란 원래는 마한, 변한, 진한을 말하지만 이들 국가가 고구려, 백제, 신라 삼국을 형성했다는 개념이 있었다. 따라서 삼한은 고구려, 백제, 신라를 가리키고 여기서는 후삼국 즉 후고구려, 후백제, 신라를 가리키는 개념이었다. 결국 삼한공신은 고려가 건국하고 후삼국을 통일하는 데 기여한 공신을 통칭해서 부르는 용어인 것이다. 여기에는 태조의 측근에서 정복사업을 도운 武將들이나 儒臣들, 태조의 妃父, 그리고 태조에게 귀순했거나 협조한 지방의 호족들이 포함되었다.[39]

고려 태조 왕건은 태조 23년(940) 삼한공신을 책봉하였다.[40] 다음 기록을 보자.

> B. 이 해에 新興寺를 중수하고 功臣堂을 설치하여 삼한공신을 동·서 벽상에 그려 붙이고 1주야 동안 無遮大會를 열었는데 이것이 매년 상례로 되었다.(『高麗史』卷2 태조세가 23년)

여기서 보는 것처럼 왕건은 후삼국을 통일한 지 4년째 되는 해인 940년에 신흥사에 공신당을 설치하고 동쪽과 서쪽의 양쪽 벽면에 삼한공신의 화상을 그려 붙이고 숭배하였다. 그러나 삼한공신이라 하여 다 벽상에 그림을 그려 붙인 것은 아니었다. 그들 중 특별히 공로가 큰 사람들만

---

38) 『高麗史』 권75 선거지3 銓注 鄕職.

39) 金甲童, 『羅末麗初의 豪族과 社會變動 硏究』, 高麗大學校民族文化硏究所, 1990, 213~215쪽.

40) 『高麗史』 권2 太祖世家 23年.

삼한벽상공신이라 하여 모신 것이었다.

그렇다면 나총례는 어떤 공로를 세웠기에 삼한공신이 된 것일까. 이를 위해서는 나주에 대해 살펴볼 필요가 있다. 나주의 연혁에 대해서는 다음 기록이 참고된다.

C. 본래 백제의 發羅郡으로 신라 景德王이 고쳐 錦山郡이라 하였다. 신라 말에 甄萱이 후백제왕을 칭하여 그 땅을 모두 거느렸으나 얼마 되지 않아 郡人이 후고구려왕 弓裔에게 의지하매 궁예가 명하여 太祖를 精騎大監으로 삼아 해군을 거느리고 가서 공격하여 빼앗고 이를 고쳐 羅州라 하였다. 成宗 14년에 처음으로 10道를 정하매 鎭海軍節度使를 칭하고 海陽道에 속했다. 顯宗 元年에 왕이 契丹의 군사를 피하여 남으로 피난하였는데 羅州에 이르러 열흘을 머물다가 契丹軍이 패하여 물러가자 왕이 이에 開京으로 돌아갔다. 9년에 올려 牧으로 삼았다. 別號를 通義, 錦城【成宗 때에 정한 것이다.】이라 하였다. 錦城山【산에 神祠가 있다.】 南浦津과 黑山島【섬 사람이 육지에 나와 南浦江邊에 많이 거주하여 榮山縣이라 칭하였는데 恭愍王 12년에 올려 郡이 되었다.】가 있다. 5郡과 11縣이 소속하였고 1知事府·4郡·4縣令官을 거느렸다.(『高麗史』 卷57 地理志 羅州牧)

여기서 보는 바와 같이 나주는 본래 백제 땅이었다. 그러다가 통일신라에 복속되었는데 신라 말에는 한때 후백제 땅이 되었다. 그것은 아마도 나주 지역이 원래 백제 땅이었기 때문이 아닌가 한다. 백제의 부흥을 표방한 견훤의 후백제에 협조하는 것이 신라에 붙어 있는 것보다 유리하다고 판단하였던 것이다.[41]

---

41) 당시 나주의 전반적인 동향에 대해서는 호남사학회 편, 『고려의 후삼국통합과정과 나주』, 경인문화사, 2013 참조.

그러다가 '郡人'의 협조로 궁예의 수중에 들어갔다. 왜 그들이 견훤을 배반하고 궁예에게 협조를 한 것일까. 그것은 견훤의 출신이나 성격에 기인하는 것이었다. 견훤은 신라의 공식적인 군대의 지휘관 출신이었다. 따라서 그는 궁예나 왕건보다 훨씬 우세한 군사력을 보유하고 있었다. 이 때문에 그의 전쟁 방식은 인민이나 식량을 약탈하는 형태로 전개되었다.[42] 나주 지역에 대해서도 마찬가지였다. 효공왕 5년(901) 그는 신라의 대야성[합천]을 공격했으나 실패하였다. 그러다가 돌아오면서 錦城 부근의 부락을 약탈하였다.[43] 왜 약탈을 하였는지 그 이유는 명확히 알 수 없다. 그러나 금성의 민심이 좋지 못하였기 때문이 아닌가 한다. 그런데 이는 민심의 이반을 더욱 부채질하는 결과를 초래하였다. 그리하여 '郡人'이 궁예에게 협조를 함으로써 태봉의 영역으로 넘어갔던 것이다.

그런데 여기서 '郡人'이란 뜻은 '군 전체 사람'이란 뜻보다는 '군의 민심을 대변한 대표자'라고 보는 것이 합리적일 것이다. 그렇다면 그는 누구였는가. 아마도 삼한공신으로 책봉된 羅聰禮가 아닌가 한다.[44] 따라서 나총례도 이때 협조한 대가로 후일 삼한공신에 책봉된 것이 아닌가 한다.

사료 C에는 그가 마치 궁예에게 의탁한 것으로 되어 있으나 실은 왕건에게 협조한 것일 것이다. 왕건은 개성 출신으로 같은 해상세력이었기 때문이다. 나주와 충청도의 당진, 그리고 개성은 서해 해상교통의 중심지로 서로 긴밀한 협조관계를 유지하고 있었다. 태조 4년 나주 오씨의 아들 무를 세자로 책봉케 하고 그의 후견인이 되었던 박술희도 당진 출신이었기 때문이다.[45] 박술희는 태조의 신임을 받아 훈요 10조를 그가 직접 전해받을 정도였다. 이는 단순한 개인적 인간관계라기보다 지역적인 공통성과

---

42) 鄭淸柱, 「甄萱과 豪族勢力」, 『후백제 견훤정권과 전주』, 주류성, 2001, 224~225쪽.
43) 『三國史記』 권12 新羅本紀 孝恭王 5年.
44) 『高麗史』 권104 羅裕傳에는 그가 三韓功臣 羅聰禮의 10세손이었음을 밝히고 있다.
45) 『高麗史』 권92 朴述熙傳.

관련이 있는 것이었다. 태조 왕건을 왕위에 추대하여 개국 1등공신이
된 복지겸이 당진 출신이었던 것도[46) 우연이 아니었던 것이다.

다음 기록을 보면 이 같은 추정이 사실이었음을 알게 해준다.

> D-① 尹邠을 해안 전장에서 쫓으니 쌓인 갑옷이 산더미와 같았고 鄒祖를
> 변방성에서 사로잡으니 넘어진 시신은 들을 덮었다. 燕山郡 지역에서
> 는 吉奐을 군중에서 목 베었고 馬利城 부근에서는 隨晤를 대장기
> 밑에서 죽였다. 任存城을 함락시키던 날에는 邢積 등 수백 명의 목이
> 날아갔고 靑州를 격파하던 날에는 直心 등 4, 5명이 머리를 내놓았다.
> 桐藪의 군사는 우리 군기를 바라만 보고도 도망하였으며 京山의 군사
> 는 보배를 가지고 와서 투항하였다. 康州는 남쪽으로부터 와서 귀순하
> 였고 羅府는 서쪽으로부터 移屬하였다. 전쟁의 형편이 이와 같으니
> 국토를 회복할 날이 그리 멀겠는가(『高麗史』 卷1 太祖世家 11年 正月)
> D-② 鄭道傳의 諭父老書에, "道傳이 會津으로부터 귀양 와서 나주를 지나칠
> 때 東樓에 올라 배회하며 바라보니 산천의 아름다움과 인물의 번성함
> 이 남방의 한 巨鎭이다. 나주가 州가 된 것은 국초로부터 비롯되었으니
> 우리 태조가 三韓을 통일할 때 오직 후백제가 그 험하고 멀음을 믿고
> 복종하지 않았는데 나주 사람들은 順逆을 밝게 알아 솔선해서 붙어
> 고려 태조가 후백제를 병합하는 데 나주인의 힘이 많았다."고 하였다.
> (『新增東國輿地勝覽』 卷35 羅州牧 樓亭 東樓)

D-①은 태조가 자신의 공적과 전투 상황을 적어 견훤에게 보낸 국서의
내용이다. 여기서 그는 무력으로 정복한 지역을 앞에 열거하였다. 연산군·
임존성·청주·동수 지역이 그것이다. 다음으로 귀순한 지역을 말하고 있는

---

46) 이에 대해서는 金甲童, 「羅末麗初의 沔川과 卜智謙」, 『韓國中世社會의 諸問題』,
2001 참조.

데 그 중에 나주가 포함되어 있는 것이다. 羅府는 나주를 뜻하는데 군사들이 있던 지역이므로 특별히 '府'자를 붙인 것이다. 만일 나주가 궁예와 통하여 귀속되었다면 이를 자신의 공적으로 내세우지 못했을 것이다. D-②의 자료에서도 나주가 順逆을 밝게 알아 태조에게 붙었음을 말하고 있다. 결국 나총례가 궁예 밑에 있었던 왕건에게 정보를 제공하고 왕건이 출동하자 이를 안내하여 공을 세웠다고 하겠다. 이렇게 하여 신라의 금성군은 태봉의 수중에 들어와 羅州라 개명되었다.

(2) 나총례와 금성 나씨

그런데 여기서는 왕건이 나주 지역을 공략하여 점령한 연대가 정확하게 명시되어 있지 않다. 그러나 그것은 903년의 일이었다. 다음의 기록이 당시의 상황을 잘 전해주고 있다.

E. 天復 3년 癸亥 3월에 수군을 거느리고 서해로부터 光州 접경에 이르러 錦城郡을 쳐서 이를 뺏고 10여 군데의 군현을 쳐서 뺏으니 인하여 錦城을 고쳐서 羅州라 하고 군사를 나누어서 이를 지키게 하고 돌아왔다.(『高麗史』卷1 太祖 總序)

天復은 唐나라의 연호로 그 3년은 903년이었다. 이 해에 금성군뿐 아니라 인근의 군현 10여 군데를 한꺼번에 점령하였다. 그런데 『三國史記』에는 이 나주 정벌이 911년의 일로 기록되어 있다. 즉 後梁 乾化 원년의 사건이라 하고 있는 것이다.[47] 그러나 나주를 정벌할 때 태조의 직함이 정기대감이었다면 903년의 사건이 맞다.[48] 이미 그는 909년에는 해군대장군의 직책에

---

47) 『三國史記』 권50 弓裔傳 後梁 乾化 元年.
48) 그러나 文秀鎭은 금성군의 점령과 羅州로의 개명을 911년의 사실로 보고 있다.

있었기 때문이다.[49] 903년 금성군을 점령한 뒤 나주로 개명함으로써 이 지역은 군사적 중심지가 되었다. 신라시대 군사적 중심지였던 州의 성격을 그대로 계승하였다. '군사를 나누어 지키게 하고 돌아왔다'는 기록에서도 알 수 있다. D-①에서 나주를 羅府라 한 것도 이를 반영해준다.

이후 이 지역은 왕건의 세력 기지가 되었다. 903년 나주에 처음 출정한 이후 918년 고려 건국에 이르기까지 상당 기간을 왕건은 나주에서 보냈던 것이다.[50] 중앙 정계에서 불리할 때에는 이 지역에 내려가 군사 활동에 전념함으로써 위기를 피할 수도 있었다. 궁예가 점차 교만하고 잔인하여지자 그는 스스로 자원하여 나주로 내려왔던 것이다. 거기서 탄탄한 기반을 닦고 있었는데 부장이었던 金言이 공이 있는데도 중앙으로부터 상이 없다고 불평하였다. 그러자 왕건은 말하였다. "삼가면서 게으르지 말고 오직 힘을 다하여 두 마음을 가지지 않으면 복을 얻을 수 있을 것이다. 지금 임금이 방자하고 잔학하여 무고한 사람을 많이 죽이고 참소하고 아첨하는 무리가 뜻을 얻게 되어 서로를 참소하고 있다. 이러므로 內職에 있는 사람들은 각자 스스로 보전하지 못할 것이니, 밖에서 정벌하는 일에 종사하며 힘을 다하여 왕명에 힘써서 이 한 몸을 보전하는 것만 같지 못할 것이다." 하였다.[51] 그의 처세와 나주의 중요성을 잘 말해주는 기록이다.

그리하여 나주는 왕건에게 있어 초기에는 제2의 수도와 다름없었다. 이곳에는 羅州道大行臺라는 기구가 있었고 여기의 장관으로 侍中이 설치되

903년의 기록은 이 지방세력의 自進 降附를 의미하며 견훤과 궁예 사이에서 갈등하다 911년 왕건의 정복으로 점령당하였다는 것이다.(「高麗建國期의 羅州勢力」, 『成大史林』 9, 1987, 15쪽) 한편 신호철은 나주에 진출한 것은 903년이 맞지만 나주로의 승격은 911년이라고 추정하고 있다.(「후삼국-고려초기 나주호족의 활동」, 『고려의 후삼국 통합과정과 나주』, 경인문화사, 2013, 112쪽)

49) 『高麗史』 권1 太祖總序 梁 開平 3年.
50) 변동명, 「고려왕조와 나주」, 『한국 중세의 지역사회 연구』, 학연문화사, 2002, 120쪽.
51) 『高麗史』 권1 太祖總序 梁 開平 3年.

어 있었다.[52) 시중은 당시 최고의 관부였던 광평성의 책임자였다.[53) 그런
데 나주에도 이것이 설치되었으니 그 지위를 가히 짐작할 수 있다.[54)

　그러면 왕건이 나주를 중시한 것은 단순히 이러한 정치적 이유 때문
만이었을까. 아니었다. 나주는 인근의 물산의 중심지로 경제적인 중심지
이기 때문이기도 하였다. 다음의 기록을 보자.

> F-① 趙浚이 또 同列을 거느리고 時務를 조목조목 진술하기를, "… 크게
> 생각건대 우리 太祖께서 개국한 처음에 官을 설치하고 職을 나누매
> 재상을 두어 이로써 6부를 다스리고 監·寺·倉·庫를 두어 이로써 6부를
> 받들게 함은 매우 훌륭한 제도였습니다. 그러나 법이 오래되매 폐단이
> 생겨 典理, 吏曹를 맡은 자가 選擧, 임용, 승진을 알지 못하여 流品이
> 어지러워지며 軍簿 兵曹를 맡은 자가 兵額을 주관하지 아니하여 武備가
> 해이하게 됩니다. 戶口의 증감과 錢穀의 많고 적음, 獄訟이 밝혀지지
> 않음과 도적이 다스려지지 못함에 이르러서는 版圖, 戶曹와 典法,
> 刑曹를 맡은 자가 막연히 무슨 일을 하는 것인지 알지 못하니 禮儀의
> 禮官과 典工의 工官인들 과연 각각 능히 그 직책을 거행할 수 있겠습니
> 까. … 여러 도의 魚鹽과 牧畜의 번식은 국가에서 없어서는 안 될
> 것입니다. 우리 太祖께서 아직 신라와 백제를 평정치 못하였을 때
> 먼저 水軍을 다스려 친히 樓船을 타고 錦城을 쳐서 이를 領有하매

---

52) 『高麗史』 권1 太祖世家 1년 9月. 이 '羅州道大行臺'는 신라 9州 중의 하나였던
　　武州 지역 중 泰封·高麗가 점령하고 있던 지역에 별도로 羅州를 설치하고 이
　　나주 관내의 수십 군현을 관리하기 위하여 설치한 별개의 행정부였다. 따라서
　　大行臺侍中의 밑에는 행정사무를 분담할 각종의 관직이 있었을 것으로 추정된다.
　　(朴漢卨, 「羅州道行臺考」, 『江原史學』 1, 1985, 25쪽)
53) 『高麗史』 권1 太祖世家 元年 6月 辛酉.
54) 당시 나주의 동향에 대해서는 김갑동, 「고려시대 나주의 지방세력과 그 동향」,
　　『한국중세사연구』 11, 2001 ; 신성재, 「궁예와 왕건과 나주」, 『후삼국시대 수군활
　　동사』, 혜안, 2016 참조.

여러 島의 이권이 모두 국가에 소속하게 되었으므로 그 財力에 힘입어 드디어 三韓을 통일하였습니다.”(『高麗史』卷118 趙浚傳)

F-② (우왕 14년) 8월에 憲司가 上疏하기를, “여러 道의 魚鹽의 利와 牧畜의 번성과 해산물의 풍요함은 國家에 없어서는 안 되는 것입니다. 우리 神聖[太祖]께서 아직 新羅와 百濟를 平定하지 않았을 때에 먼저 水軍을 조련하여 친히 樓船을 타고 錦城[羅州]을 經略하여 차지하니 여러 섬의 이권이 모두 國家에 속하였으므로 그 財力에 힘입어 드디어 三韓을 통일하였습니다.”라고 하였다.(『高麗史』卷82 兵志 屯田)

여기서 보는 바와 같이 나주 부근에는 많은 섬이 있어 해산물이 풍부하였다. 또 소금을 얻을 수 있는 염전도 있었다. 이는 막강한 경제력의 바탕이 되었다. 또 나주평야의 곡식을 개성으로 실어 나르는 데도 중요한 역할을 하는 곳이었다. 고려시대의 12漕倉 중에는 나주의 海陵倉도 있었던 것이다.[55] 이처럼 풍부한 물산과 해상교통의 이점 때문에 태조가 이 지역을 점령하여 자신의 세력기반으로 삼기도 하였다.

이렇듯 羅州라는 지명이 처음 탄생하고 왕건이 나주를 자신의 세력기반으로 삼는데 많은 역할을 한 것이 바로 나총례를 비롯한 錦城 羅氏였다고 생각한다.[56] ‘羅州’의 처음 글자인 ‘羅’를 姓으로 삼은 것에서도 알 수 있다. 나주에서 제일가는 세력이라 하여 ‘羅’란 성씨를 태조가 分定해 준 것이라 생각한다.

이 덕분에 금성 나씨는 지방의 세력가로 군림하다가 때때로 중앙의 관인을 배출하기도 하였다. 고려 전기에는 뛰어난 인물이 없으나 무신정권기 이후부터 두각을 나타내기 시작하였다. 우선 羅裕를 들 수 있다. 그는

---

55) 『高麗史』 권79 食貨志 漕運.
56) 나총례는 錦城郡 시기에 주로 활동하였으므로 금성 나씨라 한 것 같다. 羅州 羅氏는 宋나라에서 귀부한 羅富를 시조로 하는 성씨이다.

三韓功臣 大匡 羅聰禮의 10世孫이었다. 父는 羅得璜으로 崔沆정권 하에서 長興副使와 全羅按察使를 거쳐 刑部尙書(정3품)에까지 이르렀다. 이러한 아버지의 관직 덕분에 蔭敍로 관직생활을 시작한 나유는 將軍이 되어 金方慶과 같이 珍島의 三別抄를 토벌하는데 공을 세웠다. 이 공으로 그는 大將軍에 승진하였고 濟州로 옮겨간 삼별초를 토벌하는데 또 공을 세웠다. 충렬왕대에는 知密直司事(종2품)로서 元나라에 가서 황제를 알현하기도 하였다. 그의 아들 羅益禧도 충렬왕 말년 神虎衛護軍이 되었다가 충선왕이 즉위하면서 商議評理로 錦城君이 되었다. 그 후 僉議參理(종2품)까지 지냈다.57) 나익희의 아들 羅英傑도 공민왕 3년 錦城君에 봉해졌다.58)

羅興儒도 고려 말기에 영달한 인물이었다. 과거에는 급제하지 못했으나 恭愍王朝에 中郞將을 시작으로 관직생활을 하였다. 공민왕의 아내 노국공주가 죽자 그 영혼을 위로하기 위해 影殿을 건설할 때 그 감독관인 影殿都監判官을 맡기도 하였다. 또 중국 및 우리나라의 역사지도를 편찬하여 왕의 칭찬을 받기도 하였다. 禑王 초에 判典客寺事(정3품)로 일본에 다녀오기도 하였다.59)

요컨대 錦城 羅氏는 나주의 성립과정에서 탄생하였다. 나총례란 인물이 궁예 밑에 있었던 왕건과 결탁하여 나주를 점령토록 도와주었던 것이다. 이에 궁예는 왕건을 나주에 파견하였고 이 일대를 점령한 후 금성군에서 나주로 승격시켰다. 이러한 공으로 후일 나총례는 삼한공신으로 책봉되고 토성으로 분정되었던 것이다. 이렇게 하여 나주의 지배세력이 된 그들은 가끔씩 중앙의 관인을 배출하였다. 그 대표적 인물로 나유·나익희·나영걸·나흥유 등이 있었던 것이다. 이처럼 삼한공신들은 태조 왕건이 후삼국을 통일하는 데 많은 역할을 하였고 이들의 후예는 고려에서 영달하였다.

---

57) 『高麗史』 권104 羅裕傳.
58) 『高麗史』 권38 恭愍王世家 3年 6月 辛亥.
59) 『高麗史』 권114 羅興儒傳.

3. 배향공신 유금필

(1) 평산 세력과 유금필

기록에 의하면 庾黔弼은 平州人으로 되어 있다.[60] 평주는 원래 고구려의 大谷郡인데 신라 경덕왕 때 永豊郡이 되었다가 고려초에 평주라는 명칭으로 불리게 된 곳이다.[61] 현재의 황해도 평산군을 가리킨다.『신증동국여지승람』에도 평산의 토성 중에 庾氏가 제6위로 나오고 있고 이 지역 출신의 인물로 유금필이 언급되고 있어[62] 그가 평산 지역 출신임은 확실하다 하겠다. 즉 그는 平山 庾氏의 시조였던 것이다.

그렇다면 그는 언제부터 거기에 살았던 것일까. 원래부터 토착해 있던 사람일까. 아니면 다른 지역에서 이주해온 사람일까.

그의 등장은 패강진의 설치와 관련이 있다고 보아야 할 것이다. 패강진은 통일신라기 북방영토의 개척과 발해의 등장으로 인한 위협 등의 요인으로 설치되었다. 선덕왕 3년(782) 패강진에 頭上大監·大監·頭上弟監·弟監·步監·少監 등의 관직을 둠으로써 공식적으로 설치되었다.[63] 그런데 대감·제감·소감은 모두 신라시대 무관의 관직명이었다. 이들은 停·幢·州誓 등의 군단에 배치되어 있었다. 頭上도 무관직으로 기록에 의하면 신라시대에 총 192인의 法幢頭上이 존재하고 있었다.[64] 이로 미루어 볼 때 당시 패강진 지역은 군사 지역이었음을 알 수 있다.

한편 패강진은 현 황해도 평산 지역으로 비정되고 있다.[65] 그러나

---

60)『高麗史』권92 유금필전.
61)『高麗史』권58 지리지3 황주목 평주.
62)『新增東國輿地勝覽』권41 황해도 평산도호부 토성 및 인물.
63)『三國史記』권40 직관지 하 외관 浿江鎭典.
64)『三國史記』권40 직관지 하 무관.
65) 이기백,「고려태조시의 鎭」,『고려병제사 연구』, 일조각, 1968, 231쪽 ; 이기동,

패강진이 관할하는 지역은 평산 만이 아니었다. 그 일대의 14군현이었다. 경덕왕대부터 헌덕왕대까지 설치된 14군현이 바로 패강진의 관할 하에 있었던 것이다.[66] 이 패강진 지역에는 원래 사람이 많지 않아 선덕왕 3년(782) 2월 왕이 한산주를 순행하면서 민호를 패강진으로 옮겼다.[67] 남방의 민호를 사민시켜 설치하였던 것이다.

이같이 강제적인 경우도 있었지만 패강진의 중요성이 커지면서 자발적인 이주도 있었다. 그 예는 다음 기록을 통해 알 수 있다.

A-① 그 선조는 北京都尉 赤烏인데 신라로부터 竹州에 들어가 蔡山侯가 되었다. 또 平州에 들어가 十谷城 등 13성을 설치하였다. 궁예에게 귀부하였는데 그 후 자손이 번창하였다. 우리 태조가 통합한 이래로 지금까지 후손이 끊이지 않았다.(『조선금석총람』 朴景仁墓誌)

A-② 박씨의 선조는 鷄林人으로 대개 신라의 시조 혁거세의 후예이다. 신라 말에 그 후손 蔡山侯 積古의 아들 直胤 大毛達이 平州에 사거하여 八心戶를 관장함으로써 邑長이 되었다. 그런 고로 직윤 이하로부터 평주인이 되었다. 직윤의 아들은 삼한공신 遲胤이고 지윤의 아들은 삼한공신 太尉兼侍中 守卿이다. 수경의 아들은 삼한공신 司徒 承位이고 公은 승위의 4대손이다.(『한국금석문추보』 朴景山墓誌)

위의 기록을 종합해 보면 박경인이나 박경산의 선조는 박혁거세의

「신라 하대의 패강진」, 『신라 골품제사회와 화랑도』, 한국연구원, 1880, 217쪽. 그러나 패강진의 본영이 황해도 봉산에 있었다는 주장이 있는 반면(배종도, 「신라 하대의 지방제도 개편에 대한 연구」, 『학림』 11, 31쪽 및 이인철, 『신라정치제도사 연구』, 일지사, 1993, 224~225쪽) 평양에 있었다는 주장도 제기되어 있다.(조이옥, 『통일신라의 북방진출 연구』, 서경문화사, 2001, 211~214쪽)

66) 『三國史記』 권9 신라본기 경덕왕 7년 8월 및 『三國史記』 권35 지리지2 漢州.

67) 『三國史記』 권9 신라본기 선덕왕 3년 2월.

후손인데 박적오가 죽주[죽산]에 옮겨와 살면서 찰산후가 되었다. 신라 말까지 거기에 살면서 찰산후로 있었으나 적고의 아들 직윤이 평주[평산]에 이사하여 읍장이 되었다. 그러다가 궁예를 섬기게 되었고 궁예정권이 붕괴되자 태조 왕건을 섬겨 박수경을 비롯한 그 후손이 번성하였다는 것이다. 때문에 죽산 박씨와 평산 박씨는 그 근원이 같게 취급되었던 것이다.

이처럼 신라 말기에는 통치 체제의 이완과 더불어 인구의 지역 이동이 극심했던 것이다. 眞澈大師 利嚴도 원래는 신라 왕족 김씨였으나 신라 말기에 熊川[공주]으로 옮겨와 살았으며[68] 大鏡大師의 선조도 경주에서 藍浦로 이사하여 살았던 것이다.[69]

이렇게 볼 때 유금필의 선조도 원래는 남방 출신이었으나 패강진 지역의 설치와 더불어 북방으로 옮겨와 살았다고 추정된다. 즉 본래 살던 지역은 茂松縣[현 전북 고창군 무장면]이었는데 패강진이 설치되면서 사민정책의 일환으로 평산 지역으로 이주해 간 것이 아닌가 한다. 때문에 족보에서는 평산 유씨와 무송 유씨를 같은 본으로 인식하고 있는 것이다. 유금필의 증손 중 유장신 계열은 중앙에서 현달하였지만 유공의는 아첨죄를 범하여 檢校蔣作少監에 머무른 바 있다. 그러나 유공의의 아들 유록숭은 중앙에서 고위 관직에 올라 현달하였다. 족보에 유록숭대에 이르러 무송에 이봉받은 것을 계기로 그곳에 본관을 정하였다는 설명은 그같은 상황을 뒷받침해준다 하겠다.[70]

위 사료의 죽산 박씨 및 평산 박씨의 예와 같다 하겠다. 즉 A-②에 나오는 박수경은『고려사』에 '평주인이다'라고 나오고 있지만[71] A-①에

---

68)『조선금석총람』廣照寺眞澈大師寶月乘空塔碑.

69)『조선금석총람』菩提寺大鏡大師玄機塔碑.

70) 그러나 무송 유씨와 평산 유씨는 전혀 관계없는 별개의 성씨라는 견해도 있다.(이수건,『한국중세사회사연구』, 일조각, 1984, 160쪽 및 박용운,「고려시대 무송 유씨 세력 분석」,『고려사회와 문벌귀족세력』, 경인문화사, 2003, 350쪽)

보이는 박경인의 아버지 박인량은 '죽주인 혹은 평주인이라고도 한다'고
되어 있는 것이다.[72] 이는 박수경의 손자 때부터 토착적 기반이 평산에서
이탈하여 在京仕宦하다가 나중에 전 본관인 죽산으로 옮겼기 때문에 일어
난 현상이 아닌가 한다.[73]

그렇다면 유금필은 어떻게 중앙 정계에 진출할 수 있었을까. 신라
말기 후삼국기에 이 지역은 궁예에게 접수되었다.[74] 다음 기록을 보자.

B-① 浿江道의 10여 州縣이 궁예에게 항복하였다.(『삼국사기』 권12 신라
   본기 효공왕 8년)
B-② 浿西 13鎭을 分定하였다.(『삼국사기』 권50 궁예전 天祐 2년)

궁예가 철원을 접수하고 왕건 부자도 귀순해오자 효공왕 8년(904) 패강
도 10여 주현이 투항해 왔다. 이에 궁예는 이듬해에 패서 13진을 나누어
정한 것이다. 여기서 말하는 패서 13진은 A-①·②의 사료로 볼 때 박지윤이
거느리고 있던 13성을 말하는 것이라 생각한다.[75] 그 때문에 그는 삼한공
신이 된 것이다. 이는 패강진의 14군현 중 松峴縣이 唐岳縣에서 개명된
中和縣의 속현이 되어 행정구역 하나가 없어졌기 때문에 나타난 현상이
아닌가 한다.[76] 이런 과정에서 유금필도 자연스럽게 궁예 정권에 참여하게
된 것이라 생각한다.

---

71) 『高麗史』 권92 朴守卿傳.
72) 『高麗史』 권95 朴寅亮傳.
73) 이수건, 『한국중세사회사연구』, 일조각, 1984, 156~157쪽.
74) 당시 궁예의 세력 확대와 영역 변화에 대해서는 이재범, 『후삼국시대 궁예정권
   연구』, 혜안, 2007, 56~86쪽 참조.
75) 그러나 조인성은 평산 박씨 세력이 궁예에게 귀부한 것은 궁예의 철원 도읍을
   전후한 895년 내지 896년 경이라 추측하고 있다.(『태봉의 궁예 정권』, 푸른 역사,
   2007, 79쪽)
76) 김갑동, 『나말려초의 호족과 사회변동 연구』, 고려대민족문화연구소, 1990, 97쪽.

그렇다고 하면 유금필이 중앙 정계에서 두각을 나타내게 된 배경에는 평산 박씨 세력의 역할도 있었다고 생각된다. 박지윤의 아들이며 박수경의 형인 朴守文은 태조가 죽을 때 염상·왕규 등과 함께 태조의 곁에서 유언을 받들은 宰臣 중의 하나였다.[77] 박수경은 성격이 용감하고 지혜가 있어 여러 번의 전투에 참여하였다. 신라를 침공하는 후백제를 여러 번 물리쳤으며 조물군 전투에 下軍의 장군으로 참여하여 상군과 중군을 제치고 홀로 승전함으로써 태조의 총애를 받기도 하였다. 勃城 전투에서는 포위를 풀고 태조를 구출하기도 하고 조물군 전투에서 활약하기도 하였다.[78] 조물군 전투에서는 유금필의 공도 컸는데 두 사람은 다른 시기에 전투에 참가한 것 같다. 즉 박수경이 활약한 전투는 924년 견훤의 아들 須彌强이 조물성을 공격할 때의 일이고[79] 유금필이 활약한 전투는 925년 왕건과 견훤이 화친할 때의 상황으로 생각된다.[80] 박수경은 후백제 신검과의 일리천 전투에도 유금필과 같이 참전하고 있다. 즉 우강의 장군으로 참여하였던 것이다.[81] 그러나 같은 고향 출신들끼리 갈등을 빚거나 다툼을 한 흔적이 없는 것을 보면 협조 관계를 유지했다고 해도 틀린 말은 아닐 것이다.

　　그러나 같은 본관을 가진 또 다른 성씨인 평산 신씨와는 큰 연관관계가 없었다고 보아야 할 것이다. 왜냐하면 평산 신씨의 시조인 신숭겸은 원래 평산 출신이 아니고 전라도 곡성 출신이었다. 따라서 그는 죽은 후에도 곡성의 성황신이 되었다.[82] 때문에 열전에는 그가 光海州[현재의 춘천] 사람인 것처럼 나와 있으나[83] 또 다른 기록에는 그가 곡성인이었다고

---

77) 『高麗史』 권2 태조세가 26년 5월.
78) 『高麗史』 권92 朴守卿傳.
79) 『三國史記』 권50 견훤전 同光 2년.
80) 『高麗史節要』 권1 태조 8년 10월.
81) 『高麗史』 권2 태조세가 19년 9월.
82) 『新增東國輿地勝覽』 권39 전라도 곡성현 인물.

나와 있는 것이다.[84] 그는 중앙에 올라왔다가 후에 몇 년간 춘천에 살았다. 그리하여 기록에는 그가 춘천에서 '寓居'하였다고 되어 있으며 묘도 거기에 있다.[85] 평산에 본관을 정한 것은 태조 왕건이 지정한 기러기를 쏘아 맞혔으므로 태조가 감탄하여 그 곳을 貫鄕으로 하고 그 인근의 땅 3백 結을 준 것에 기인한다.[86] 이것이 언제 일인지 정확히 알 수 없으나 태조가 왕위에 즉위한 이후의 일임은 분명하다. 따라서 신숭겸의 관향은 평산이 되었고 후손들은 거기에 살았을 것이나 본인은 평산에 오래 살지 않았다. 따라서 본래부터 평산에 살았던 박수경 세력이나 유금필 세력과는 큰 연고가 없었던 것이다.

(2) 고려의 후삼국 통일과 유금필의 활약

유금필의 활약상이 처음 보이는 것은 왕건의 즉위 직후이다. 즉 청주의 동향과 관련하여 처음으로 사서에 보이고 있는 것이다. 사료를 보자

C-① 태조가 즉위하자 조서를 내려 그 추대한 공로자들을 표창하되 홍유, 배현경, 신숭겸, 복지겸을 모두 1등으로 하고 금은제 그릇, 비단 옷과 비단 이부자리, 비단천 등을 주었다. 태조는 靑州가 배반할 것을 우려하고 홍유와 유금필에게 군대 1,500명을 인솔시켜 鎭州에 주둔하여 반란을 방비하게 하였으므로 청주는 배반할 수 없게 되었다. 그 공으로 그를 大相으로 승진시켰다. 그가 죽으니 시호를 忠烈이라고 하였다.(『고려사』 권92 홍유전)

---

83) 『高麗史』 권92 홍유 附 신숭겸전.
84) 『新增東國輿地勝覽』 권41 황해도 평산도호부 인물.
85) 『新增東國輿地勝覽』 권46 강원도 춘천도호부 인물.
86) 『新增東國輿地勝覽』 권41 황해도 평산도호부 인물.

C-② 堅金은 靑州 사람이다. 이 고을의 領軍將軍으로 있었는데 태조가 즉위한 후 '청주 사람들은 변심하는 일이 많으니 제때에 방비하지 않으면 반드시 후회가 생길 것이다'고 생각하고 드디어 그 고을 사람 能達, 文植, 明吉 등을 보내 엿보게 하였더니 능달은 돌아와서 보고하기를 "그 사람은 다른 뜻이 없으니 족히 믿을만합니다."라고 하였는데 오직 문식과 명길은 은밀히 고을 사람 金勤謙과 寬駿에게 말하기를 "능달은 비록 그에게 다른 마음이 없다고 보고하였지만 앞으로 햇곡식이 익으면 변이 생길 우려가 있다."라고 하였다.

견금이 副將 連翌, 興鉉과 함께 와서 예방하니 태조는 이들에게 각각 말과 비단을 차등 있게 주었다. 견금이 태조에게 말하기를 "저희들은 충성을 다하기를 원하며 두 마음은 없습니다. 그러나 본 고을 사람인 勤謙, 寬駿, 金言規 등 서울에 있는 자들은 마음이 같지 않습니다. 이 몇몇 사람만 없애버리면 후환이 없을 것입니다."라고 하니 태조는 말하기를 "나의 마음은 사람을 죽이지 않는 데 있다. 비록 죄 있는 자라도 오히려 용서하려 하거늘 하물며 이 사람들은 모두 다 자기 역량을 국가 보위에 바친 공로가 있는 사람들인데 한 고을을 얻자고 충성스럽고 어진 사람을 죽이는 일은 내가 하지 않겠다."라고 하니 견금 등이 부끄럽고 송구하여 물러갔다.

근겸, 언규 등이 이 말을 듣고 아뢰기를 "전일에 능달이 복명하기를 딴 마음이 없다고 하며 저희들도 그렇지 않으리라고 생각하였는데 지금 견금 등의 말을 들건대 딴 마음이 없다고 보장할 수 없으니 청컨대 그들을 체류시키면서 변화를 관찰하시기 바랍니다."라고 하니 태조도 그 의견을 들어주었다. 그러나 얼마 후에 견금 등에게 이르기를 "지금은 비록 그대의 말대로 하지 않으나 나는 그대들의 충성을 깊이 가상히 여기고 있다. 그대들은 일찍 돌아가서 여러 사람들의 마음을 안정시키는 것이 좋다."라고 하니 견금 등이 대답하기를 "저희들이

충직한 마음을 피력하고자 이해 관계를 말씀드린 것이 도리어 무고하고 참소한 것처럼 되었으나 이것을 죄로 삼지 않으시니 은혜가 막대합니다. 일편단심, 보국을 맹세합니다. 그러나 고을 사람들이 저마다 각자의 뜻을 품고 있으니 만약 난리가 난다면 제어하기 어려울 것 같습니다. 청컨대 관군을 파견하여 성원하여 주십시오."라고 하였다. 태조는 이 말을 옳게 여기고 마군장군 홍유, 유금필 등을 파견하여 병사 1천 5백 명을 인솔하고 鎭州를 지킴으로써 이를 방비하였다. 얼마 되지 않아 道安郡에서 아뢰기를 "청주가 비밀히 백제와 내통하니 장차 반란을 일으킬 것이다."라고 하였다. 태조는 또 마군장군 능식을 파견하여 군대를 거느리고 가서 鎭撫하게 하였다. 이렇게 되어 반란을 일으키지 못하였다.(『고려사』 권92 王順式 附 堅金傳)

여기서 보는 바와 같이 유금필은 태조 왕건의 즉위 직후 청주의 배반을 막기 위해 개국 1등공신 홍유와 같이 진주에 주둔하고 있다. 이는 정확히 말하자면 태조 원년 6월의 일이었다.[87) C②는 당시의 상황을 더욱 자세히 전하고 있다. 태조는 즉위하자마자 청주의 반란을 염려하여 능달·문식·명길 등을 파견하여 청주의 동태를 살피고 오게 하였다. 그러나 능달과 문식·명길의 의견이 엇갈렸다. 그러던 중에 청주의 영군장군이었던 견금이 올라와 능달의 말처럼 청주에서는 별 일이 없을 것이라 보고하였다. 그러나 수도에 있던 청주 출신 근겸·관준·김언규 등은 견금의 말을 믿을 수 없다 하여 견금 일행을 억류하게 되었다. 견금 일행은 결국 용서를 빌고 군대 파견을 요청하였다. 이에 태조는 홍유와 유금필을 진주에 보내 청주를 감시하면서 반란을 억제케 하였다. 그러나 얼마 후 청주가 후백제와 연합하여 반란을 일으키려 한다는 급보가 들어오자 다시 마군장군 능식을

---

87) 『高麗史節要』 권1 태조 원년.

파견하여 이를 방비케 하였다. 이에 따라 청주의 반란을 막을 수 있었다는 것이다.

그러나 사실상 청주 세력은 두 차례에 걸친 반란을 일으켰다. 첫 번째는 중앙에 있던 徇軍吏 林春吉이 일으킨 것이었고 두 번째는 청주 본토에서 陳宣·宣長 등이 일으킨 반란이었다.[88] 이 같은 반란의 원인은 904년 청주인 호 1천의 사민에 말미암은 것이었다.[89] 그러나 홍유와 유금필의 활약으로 초기 반란을 막을 수 있었다.

그런데 당시 유금필의 직책은 마군장군이었다. 마군은 말탄 기병을 말하는 것으로 보병보다는 훨씬 정예병이었다. 이로 미루어 유금필은 태조 즉위 당시 궁예 밑에 있던 휘하 장수였다고 하겠다. 태조를 추대하는 데에는 직접 가담하지 않았지만 태조에게 적대적인 입장에 있었던 것 같지는 않다. 그 때문에 태조의 즉위 직후 마군장군에 임명된 것이 아닌가 한다. 그에게 군사를 주어 진주라는 지방에까지 파견한 것을 보면 태조에게 신임받는 인물 중의 하나였음을 알 수 있다. 당시 마군장군으로 나오는 인물로는 홍유·유금필·능식 등이 찾아진다. 홍유는 개국 1등공신으로 의성 출신이었다. 태조 2년에는 烏山城을 禮山縣으로 개칭하고 大相 哀宣과 같이 여기에 파견되어 유민 500여 호를 모아들인 인물이었다.[90] 이들과 같이 태조를 위하여 전심을 바쳐 군사적인 활약을 하였던 것이다.

그가 다시 한번 큰 활약을 하는 것은 태조 3년이었다. 다음 기록을 보자.

D-① 태조 3년 3월에 북계 골암성이 자주 北狄의 침략을 받으므로 庾黔弼

---

88) 『高麗史』 권1 태조세가 원년 9월 乙酉 및 10월 辛酉.
89) 김갑동, 「청주세력」, 『나말려초의 호족과 사회변동 연구』, 고려대학교 민족문화연구소, 1990, 41~43쪽.
90) 『高麗史』 권92 홍유전.

에게 명령하여 開定軍 3천 명을 거느리고 골암성에 가서 동산에 큰
성을 쌓고 주재케 하니 이로 인하여 북방이 평안하게 되었다.(『고려사』
82 병지2 鎭戌)

D-② 北界의 鶻岩鎭에 자주 北狄이 침략하자 태조가 諸將을 모아 의론하기
를, "지금 南兇[甄萱을 말함]이 아직 멸하지 않았는데 北狄이 가히
근심스러우니 짐이 자나 깨나 근심스럽고 두렵다. 庾黔弼을 보내어
진압코자 하는데 어떠한가?" 하니, 모두 좋다하여 이에 명하였다.
유금필이 그 날로 開定軍 3천을 거느리고 출발하여 鶻岩에 이르러
동쪽 산에 큰 성을 쌓고 거처하며 北蕃의 酋長 300여 인을 불러 모아
酒食을 성대하게 배설하여 향응하였다. 그 취한 기회를 타서 위엄으로
협박하여 추장들을 모두 굴복시키고 드디어 諸部에 使人을 보내어
말하기를, "이미 너희 추장을 얻었으니 너희들도 또한 마땅히 와서
항복하라."라고 하니 이에 諸部가 서로 거느리고 와 附庸하는 자가
1,500인이었다. 또 포로된 자 3,000여 인을 돌려보냈다. 이렇게 하여
북방이 편안하게 되니 태조가 특히 襃奬을 가하였다.(『고려사』 권92
유금필전)

사료에서 보는 바와 같이 북계 지역의 골암성이 북적의 침입을 자주
당하자 유금필이 출동하여 이들을 평정하고 성을 쌓고 돌아왔던 것이다.
골암성이 어디인지 확실히 알 수는 없다. 그러나 '북계'라는 표현으로
보아 북쪽 변경지역임은 틀림없다. 당시 이 지역에 있던 족속은 대개
말갈족이었으므로 '北狄' 또는 '北蕃'은 곧 말갈족[여진족]을 가리키는 표현
이라 생각한다.91)

---

91) 김광수도 당시 『고려사』 기록에 蕃人으로 지칭되는 이민족은 종족 계통상 말갈족이
라 하였다.(김광수, 「고려 건국기의 패서호족과 대여진관계」, 『사총』 21·22합집,
1977, 143쪽)

유금필은 이들을 복속시키는 데 무력이 아닌 기지를 발휘하였다. 이들 추장들을 불러 술잔치를 벌여주고 취한 틈을 타 위엄으로 굴복시켰다. 그 결과 1,500여 명이나 되는 여진족이 귀순해왔고 그들이 잡아갔던 고려의 백성 3,000여 명을 돌려보냈던 것이다. 그가 그렇게 쉽게 여진인들을 굴복시킨 것은 그의 뛰어난 지략 덕분이기도 했지만 여진 사정에 밝았기 때문이기도 했다. 그는 궁예에게 귀순한 平壤城主 黔用의 일족일 가능성이 있기 때문이다.[92] 즉 유금필의 원래 이름은 黔弼인데 뒤에 성을 하사받아 유금필이 된 것이 아닌가 한다. 그렇기에 그는 평양 내지 평산 일대의 지리적 사정에 밝아 효과적인 대책을 낼 수 있었던 것이다. 이렇게 고려에 귀속된 여진족들은 유금필 휘하에 들어가 각종 전투에서 위력을 발휘한 것으로 추측된다. 그들은 기동력을 갖춘 騎兵이었기 때문이었다.

우선 태조 8년(925) 그의 활약을 보자.

E-① 征西大將軍 庾黔弼을 파견하여 백제를 공격하였다. 을해 일에 왕이 친히 군사를 거느리고 曹物郡에서 견훤과 교전하였는데 유금필이 자기 군사를 끌고 와서 응원하였다. 견훤이 겁이 나서 화친하기를 청하고 사위 眞虎를 인질로 보내왔으므로 왕도 자기의 사촌 동생인 원윤 王信을 인질로 보냈다. 왕은 견훤의 나이가 자기보다 10년 위라 하여 그를 尙父라고 불렀다. 신라 왕이 이 소식을 듣고 사절을 파견하여 말하기를 "견훤은 이랬다저랬다 협잡이 많아 화친할 사람이 못된다." 고 하였다. 왕이 그 말을 그럴듯이 여겼다.(『고려사』 권1 태조세가 8년 10월)

E-② 8년에 征西大將軍으로 임명되어 백제 燕山鎭을 공격하여 장군 吉奐을 죽였으며 또 任存郡을 공격하여 3천여 명을 살상 포로하였다. 태조가

---

92) 김광수, 위의 논문, 145쪽.

견훤과 曹物郡에서 전투할 때 견훤의 군대가 매우 정예로워서 좀처럼 승부를 결정하지 못하였다. 태조는 지구전으로 적군의 피로를 기다리려고 하였는데 유금필이 군대를 거느리고 와서 합쳤으므로 군대의 기세가 크게 떨쳤다. 견훤이 겁이 나서 화친을 청하니 태조가 그것을 허락하고 견훤을 병영으로 불러다가 일을 의논하려고 하니 유금필이 간하기를 "사람의 마음이란 알기 어려운데 어찌 경솔히 적과 접근하겠습니까?"라고 하니 태조는 그만 두었다. 인하여 말하기를 "그대가 燕山과 任存을 격파한 전공이 적지 않으니 국가가 안정될 때를 기다려 응당 그대의 공을 표창할 것이다."라고 하였다.(『고려사』권92 유금필전)

태조 8년의 활약은 두 전투에서 빛났다. 하나는 백제 연산진을 공격하여 장군 길환을 죽인 것과 임존군을 공격하여 3천여 명을 살상하거나 포로로 한 전투였다. 이 두 전투가 E-①에서는 단순히 "백제를 공격하였다."라는 말로 표현되어 있다. 이를 보면 연산진과 임존군이 당시 후백제의 영역이었음을 알 수 있다. 연산진은 본래 백제의 一牟山郡이었다가 통일신라 때 燕山郡으로 개칭되었으며 조선시대에는 문의현이 된 지역이다.[93] 지금의 충북 문의면이다. 당시에는 국경의 요지로 군대가 설치되어 진이라 불렸던 것 같다. 고려의 군대가 주둔한 지역은 진이라 불렸기 때문이다. 禮山鎭이나 禮安鎭, 昵於鎭 등이 그것이다.[94]

임존군은 본래 백제의 임존성이었다가 통일신라 때 任城郡이 되었고 조선시대에 와서 大興縣이 된 지역이다.[95] 지금의 예산군 대흥면 지역이다. 이 지역에는 임존성이 있어 백제 멸망기에 福信, 遲受信, 黑齒常之 등이

93) 『新增東國輿地勝覽』권15 충청도 문의현 건치연혁.
94) 이기백, 「고려태조시의 鎭」, 『고려병제사 연구』, 일조각, 1968, 232~235쪽.
95) 『新增東國輿地勝覽』권20 충청도 대흥현 건치연혁 및 김갑동, 「백제 이후의 예산과 임존성」, 『백제문화』28, 1999 참조.

백제부흥운동을 하던 거점이었다. 그런데 당시에는 이 요지를 후백제가 점령하였던 바 이때에 이르러 유금필이 빼앗아 고려의 영토로 편입하였다. 유금필의 활약으로 고려와 후백제의 경계 지점에 있던 두 거점 지역을 왕건의 영토로 편입하였던 것이다.

왕건도 이때의 전투를 매우 자랑스럽게 여겼다. 그것은 태조 11년(928) 견훤에게 보낸 조서에서 알 수 있다. 당시 왕건은 후백제와의 전투에서 승리한 여러 예를 들면서 연산군과 임존성의 전투를 언급하고 있는 것이다. 즉 "연산군 들판에서는 길환을 軍前에서 목베었으며 … 임존성을 빼앗던 날에는 邢積 등 수백 명의 목숨이 없어졌다."[96] 라고 하고 있는 것이다.

또 조물군[97] 전투에서 처음의 열세를 극복하고 견훤의 화친 요청을 이끌어 내었다. 사료에서 보는 바와 같이 조물군에서 대치한 왕건과 견훤이 쉽사리 승부를 결정짓지 못할 때 유금필이 군사를 이끌고 합세함으로써 인질 교환과 함께 견훤과의 화친이 성립되었다. 왕건이 견훤을 직접 군영으로 초청하려 하자 이를 말리기도 했다. 태조 왕건은 연산군과 임존성을 격파한 공로를 인정하며 후일 포상하겠노라 말하고 있는 것이다.

그의 활약은 태조 11년(928) 청주 전투에서도 발휘되었다. 다음 기록을 보자.

> F-① (태조 11년) 庚黔弼에게 명령하여 湯井郡에 성을 쌓게 하였다.(『고려사』 권82 병지2 城堡)
>
> F-② 11년에 왕의 명령으로 湯井郡에 성을 쌓았다. 당시 백제의 장군

---

96) 『高麗史』 권1 태조세가 11년 정월.
97) 조물군 내지 조물성의 위치에 대해서는 여러 설이 있다. 경북 선산의 金烏山城설(池內宏, 「고려 태조의 경략」, 『만선사연구(중세)』 2, 1937 ; 유영철, 『고려의 후삼국통일 연구』, 경인문화사, 2005, 78쪽), 안동 인근설(김상기, 『고려시대사』, 동국문화사, 1961, 29쪽), 金泉 助馬面설(이병도, 『한국사(중세)』, 을유문화사, 1961, 42쪽) 등이 있다. 이 중 금오산성설이 합리적인 것이 아닌가 한다.

金萱, 哀式, 漢丈 등이 3천여 명의 군사를 거느리고 靑州를 침범하였다. 하루는 유금필이 탕정군 南山에 올라가 앉아서 졸고 있었는데 꿈에 어떤 큰 사람이 나타나서 말하기를 "내일 西原에 반드시 변고가 있을 터이니 빨리 가라."고 하였다. 유금필은 놀라 깬 후 그 길로 청주로 가서 적군과 싸워 격파하고 禿岐鎭까지 추격하였는데 살상 및 포로로 잡은 자가 3백여 명이었다. 中原府에 달려가서 태조를 보고 전투 정황을 자세히 보고하였더니 태조가 말하기를 "동수 싸움에서 신숭겸과 김락 두 명장이 전사하였으므로 국가를 위하여 깊이 근심하였더니 지금 그대의 말을 듣고 나의 마음이 저으기 안심되었다."라고 하였다. (『고려사』권92 유금필전)

태조 11년은 그 전해에 있었던 후백제 견훤과의 공산 전투에서 왕건이 대패하여 신숭겸, 김락 등의 장수를 잃고 자신은 겨우 몸을 빠져나온 치욕이 있었던 다음 해이다. 왕건은 패배 후 전열을 재정비하기 시작했다. 그 일환으로 처음 취한 조치가 탕정군에 성을 쌓는 일이었다. 탕정군은 본래 삼국시대 백제 영역이었는데 고려 초기에는 溫水郡이라 불린 지역이다.[98] 지금의 충남 아산시 탕정면이다. 당시 이 지역은 후백제와의 국경 지대로 여기에 성을 쌓아 다음의 전투에 대비하였다. 이때 왕건은 유금필과 같이 직접 탕정군에 가 지형지세를 살피고 성을 쌓게 하였던 것 같다. 그가 직접 탕정군에 갔다는 기록이 있기 때문이다.[99] 아마 이때 쌓은 성이 排方山城이 아닌가 한다. 배방산에 있던 이 산성은 돌로 쌓은 성으로 주위가 3천 3백 13척, 높이는 134척, 그리고 그 안에 두 개의 우물과 軍倉이 있었다.[100]

---

98) 『新增東國輿地勝覽』권19 충청도 온양군 건치연혁.
99) 『高麗史』권1 태조세가 11년 4월.
100) 『新增東國輿地勝覽』권19 충청도 온양군 성곽.

그 해 7월 왕건은 군사를 거느리고 반격을 개시하였다. 충북 보은에 있던 삼년산성을 공격하였던 것이다. 그러나 이기지 못하고 청주로 가서 주둔하였다. 얼마 후 8월에는 충주로 이동하여 머물렀다.[101] 아마 이 틈을 타 견훤군이 청주를 공격하였던 모양이다. 그러자 유금필이 군사를 휘몰아 청주에 출동하여 위기에 빠졌던 고려군을 구한 것이다. 그 후 중원부[충주]에 있던 왕건에게 전황을 보고하자 신숭겸, 김락 두 장군을 잃고 실의에 빠져 있던 왕건은 용기를 얻었다고 기술하고 있다. 이처럼 유금필은 태조 왕건에게 없어서는 안 될 존재였던 것이다.

태조 12년(929)에서 태조 13년에 걸친 고창군[안동] 전투에서도 그는 진가를 발휘하였다. 기록을 보자.

G. 12년에 견훤이 古昌郡을 포위하였으므로 유금필이 태조를 따라 가서 구원하는데 예안진에 이르러 태조가 여러 장군들과 의논하기를 "싸움이 만일 불리하면 장차 어떻게 할 것인가?"라고 하였다. 大相 公萱과 홍유가 대답하기를 "만약 불리하게 되면 竹嶺 길로 돌아올 수 없게 될 것이니 빠져 나갈 길을 사전에 수리하여 두는 것이 좋겠습니다."라고 하였다. 유금필이 말하기를 "제가 들으니 '무기는 흉악한 도구요 전투는 위험한 일이라 죽자는 결심을 가지고 살려는 계책을 생각하지 않은 연후에 비로소 승패를 결정할 수 있다'고 하는데 지금 적과 대치하고 있으면서 싸우기도 전에 먼저 패배할 것을 생각하는 것은 대체 무슨 까닭이오? 만약 급히 구원하지 않으면 古昌의 3천여 명을 고스란히 적에게 주는 것이니 어찌 절통하지 않겠습니까? 저는 진군하여 급히 공격하기를 바랍니다."라고 하니 태조가 그의 의견을 따랐다. 그래서 유금필이 猪首峯으로부터 내려 닥치며 분투하여 적을 크게

101) 『高麗史』 권1 태조세가 11년 7·8월.

격파하였다. 태조가 고창군에 들어가서 유금필에게 말하기를 "오늘의 승전은 그대의 힘이다."라고 하였다.(『고려사』 권92 유금필전)

이에 앞서 충주로 간 왕건은 충북 양산을 장악하고 烏於谷에 군사를 주둔시켜 죽령길을 봉쇄하였다.[102] 그러자 견훤은 精兵을 발하여 오어곡 성을 쳐 고려군 1천여 명을 죽였다. 이때 이곳을 지키고 있던 고려 장군 楊志·明植 등 6명이 후백제에 투항하는 사태가 벌어졌다. 왕건은 이에 여섯 장군의 처자들을 참수하여 조리돌리게 하였다.[103] 오어곡성의 상실 이 태조에게 어떤 타격을 주었는지 짐작이 간다.

그 해 말과 이듬해인 태조 12년 초 왕건은 북쪽 변경과 서경을 순시하였 다. 아마 군사를 모은 것으로 추측된다. 그리고는 군사를 거느리고 태조 12년 7월 基州[경북 풍기]로 갔다. 이곳은 이전에 基木鎭이라고도 불렸던 지역으로[104] 군사적 요지였다. 여기에 군사를 주둔시켰던 것 같다.

그러자 견훤은 이를 견제하기 위해 기주의 남방에 있는 의성을 공격하여 점령하였다. 이 전투에서 고려 장군 홍술이 전사하자 왕건은 울며 말하기를 "이제 내가 좌우의 손을 잃었구나." 하며 비통해 했다 한다. 견훤은 나아가 안동의 서쪽에 있는 順州[경북 안동시 풍산읍]까지 쳐올라와 점령하였 다.[105]

이에 왕건은 죽령을 넘어 剛州[경북 영주]로 내려와 주둔하였다. 견훤은 여세를 몰아 더 북쪽으로 나아가 자신의 고향인 加恩縣[경북 문경시 가은면] 을 공격했으나 점령에는 실패하였다. 남진하던 견훤은 태조 12년 12월 古昌郡[안동]을 포위하면서 대규모 전투가 벌어지기 시작했다.

---

102) 『高麗史』 권1 태조세가 11년 8월.
103) 『高麗史』 권1 태조세가 11년 11월.
104) 『高麗史』 권57 지리지2 경상도 안동부 기주현.
105) 『高麗史』 권1 태조세가 12년.

사료 G는 이때의 상황을 묘사하고 있다. 안동의 동북쪽에 있는 예안에 이르러 안동에 들어가기 전에 작전회의를 한 것이었다.[106] 유금필은 퇴로를 먼저 확보해 놓자는 공훤과 홍유의 건의에 반대하면서 우선 죽을 힘을 다해 싸울 것을 건의하였다. 그리고 자신이 먼저 선봉에 서서 공격을 개시하여 안동에 들어갈 수 있는 진격로를 마련하였다. 또 互角之勢의 상황에서 승리할 수 있다는 자신감을 심어주었다.[107]

이어 안동의 북쪽 10리 지점에 있는 甁山에서 벌어진 견훤과의 전투에서 왕건은 대승하였다. 그것은 물론 그곳의 토착세력인 金宣平·權幸·張吉 등의 도움이 컸다. 그 공으로 김선평은 大匡에 봉해졌고 권행과 장길에게는 大相이란 벼슬이 주어졌다.[108] 이 고창군 전투의 대승 배경에는 유금필의 불굴의 정신이 있었던 것이다.

그러나 왕건의 신임이 깊어갈수록 이를 시기하는 세력이 있었다. 그 때문에 그는 태조 14년(931) 귀양가는 신세가 되기도 하였다.

H. (태조) 14년에 참소를 당하여 鵠島로 귀양갔다. 이듬해에 견훤의 해군 장군 尚哀 등이 大牛島를 공격 약탈하므로 태조가 大匡 萬歲 등을 파견하여 구원하게 하였으나 승리하지 못하였으므로 태조가 근심하고 있었다. 유금필이 글을 올려 고하기를 "저는 비록 죄를 짓고 귀양살이는 하고 있지만 백제가 우리의 해변 지방을 침략한다는 소식을 듣고 제가 이미 곡도와 包乙島의 장정들을 선발하여 군대를 편성하고 또 전함도 수리하여 방어하게끔 되었으니 주상께서는 염려하지 마웁소서."라고 하였다. 태조가 편지를 보고 울면서 말하기를 "참소하는

---

106) 이곳 예안에는 大王藪라는 숲이 있었다. 왕건이 남진하다가 이 숲속에서 3일 동안 머물다 떠났다 한다.(『新增東國輿地勝覽』 권25 경상도 예안현 고적)

107) 유영철, 『고려의 후삼국 통일과정 연구』, 경인문화사, 2005, 160쪽.

108) 『高麗史』 권1 태조세가 13년 정월 및 『新增東國輿地勝覽』 권24 안동도호부 건치연혁, 인물.

말만 믿고 어진 사람을 내쫓은 것은 나의 불찰이다."라고 하면서 사신을 보내 그를 소환하고 위로하는 말이 "그대는 실로 죄 없이 귀양을 살게 되었건만 일찍이 원망하거나 울분하지 않고 오직 나라를 도울 일만 생각하였으니 내가 심히 부끄럽고 후회된다. 나의 소망은 장차 자손들에게까지 연장하여 상 주어 그대의 충절에 보답하려는 것이다."라고 하였다.(『고려사』권92 유금필전)

그러나 H사료만으로는 그가 무엇 때문에 귀양을 가게 되었는지 알수 없다. 그저 참소를 당했다고만 되어 있다. 참소의 구체적인 내용은 알 수 없는 것이다.

그간에 일어난 주요 사건으로는 고창군 전투의 승리 이후 왕건은 태조 13년 8월 천안에 도독부를 설치하고[109] 청주에 나성을 쌓았다. 그리고 그해 12월에는 서경에 행차하여 학교를 설치했다. 이듬해 2월에는 신라의 서울 경주를 방문하고 돌아왔다. 유금필이 참소를 입어 곡도로 귀양간 것은 바로 그 직후인 3월이었다.[110] 따라서 유금필의 행적과 관련된 기록은 없다.

그런데 그 해 安北府와 剛德鎭을 설치하고 有司들에게 반포한 조서가 주목된다.

I. 북쪽오랑캐[北蕃]들은 人面獸心이라 굶주리면 오고 배부르면 가며 자기 이익을 위해서는 염치를 잊어버리나니 지금은 우리에게 복종하고 있으나 복종과 배반이 無常하다. 그들이 지나는 州鎭들에는 성 밖에 館을 지어 그들을 접대하도록 하라.(『고려사』권2 태조세가 14년)

---

109) 김갑동, 「나말려초 천안부의 성립과 그 동향」, 『한국사연구』117, 2002 참조.
110) 『高麗史節要』권1 태조 14년 3월.

앞서 우리는 유금필의 군대가 주로 말갈(여진)족으로 구성된 부대였을 것이라 논한 바 있다. 여기서 '북번'이라 함은 바로 그들을 가리키는 것이 아닌가 한다. "지금은 우리에게 복종하고 있다."라는 표현이 그같은 추측을 가능케 한다. 아마 유금필의 군대가 승리에 도취한 나머지 약탈을 한 것이 아닌가 한다. 염치를 잊어버리고 인면수심같은 행동을 했기 때문에 그들을 성 밖에 들이지 말도록 조치한 것이 아닐까. 나아가 유금필까지도 이를 제지하지 못했기에 벌을 받고 귀양을 가게 된 것이 아닌가 한다.

그가 귀양간 곡도는 현재의 백령도로 원래 고구려의 곡도였으나 고려시대에 들어와 여기에 군대가 주둔하면서 白翎鎭이라 불린 곳이다.[111] 여기서 귀양살이를 하던 그는 후백제의 해군이 대우도를 침탈하자 곡도와 포을도의 장정들을 모아 이들을 격퇴했다. 후백제의 해군장군 尙哀 등이 大牛島[평북 용천]를 침략하자 왕건이 대광 萬歲 등을 보내 구원하였으나 이기지 못하였다는 기록은 다른 데에서도 보인다.[112] 귀양살이를 하는 중에도 임금을 원망하지 않고 우국충정으로 오히려 후백제군을 격퇴한 그의 충성심은 태조에게도 깊은 감동을 주었다. 그리하여 왕건은 유금필은 물론 그 자손들에게까지 상을 줄 것이라 하고 있는 것이다.[113]

그에 따라 유금필은 귀양에서 풀려나 다시 소환되었다. 태조 16년(933) 정남대장군에 임명되어 활약하고 있기 때문이다. 다음 기록을 보자.

> J. 또 이듬해에 征南大將軍으로 임명되어 의성부를 지켰는데 태조가 사람을 보내 이르기를 "나는 신라가 백제의 침공을 받을까 염려하여 일찍이 대광 能丈, 英周, 烈弓, 公希들을 파견하여 진수하게 하였는데

---

111) 『高麗史』 권58 지리지3 서해도 안서도호부 永康縣. 지금은 백령도라 부르는 곳이다.
112) 『高麗史』 권2 태조세가 15년 10월.
113) 당시 유금필의 수군활동에 대해서는 신성재, 「나말려초 백령도와 유금필의 수군활동」, 『후삼국 통일전쟁사 연구』, 혜안, 2018, 218~225쪽 참조.

이제 듣건대 백제 군대가 벌써 혜산성, 阿弗鎭 등지에 이르러 사람과 재물을 겁탈한다 하니 신라 서울에까지 침범할까 우려된다. 그대는 마땅히 가서 구원하라."고 하였다. 유금필이 장사 80명을 선발 인솔하고 갔다. 槎灘에 이르렀을 때 병사들에게 이르기를 "만약 여기서 적을 만나면 나는 필연코 살아서 돌아가지 못할 것인데 다만 그대들이 같이 희생당할 것이 염려되니 그대들은 각자가 살 도리를 잘 강구하라."고 하였다. 병사들은 대답하기를 "우리들이 모두 죽으면 죽었지 어찌 장군만을 홀로 살아 돌아가지 못하게 하겠습니까?"라고 하였다. 그리고 오직 한 마음으로 적을 공격할 것을 서로 맹세하였다. 사탄을 건넌 다음 백제의 統軍 神劍 등과 마주하였다. 유금필 등은 싸우려 하였으나 백제 군대는 유금필 군의 대오가 정예로운 것을 보고 싸우지도 않고 스스로 흩어져 도망쳤다.

유금필이 신라에 도착하니 늙은이와 어린이들까지 모두 성밖에 나와서 영접하며 절하고 눈물을 흘리면서 말하기를 "뜻밖에 오늘 大匡을 뵈옵게 됩니다. 대광이 아니시면 우리들은 백제군에게 살육 당했을 것입니다."라고 하였다. 유금필이 7일간 머물러 있다가 돌아오는 길에 신검 등을 子道에서 만나 싸웠는데 크게 승리하였으며 적장 今達, 奐弓 등 7명을 생포하였으며 적을 살상 포로한 것이 심히 많았다. 승전 보고를 받아 본 태조는 한편으로는 놀라고 한편으로는 기뻐하면서 말하기를 "우리 장군이 아니면 누가 능히 이렇게 할 수 있겠는가?"라고 하였고 유금필이 돌아오니 태조는 궁전에서 내려서 맞이하면서 그의 손을 잡고 말하기를 "그대 같은 공훈은 옛날에도 드문 일이니 내가 이것을 마음에 새겨 두고 잊지 않겠다."라고 하였다. 유금필이 사례하며 말하기를 "국난을 당하여 자기 일신을 생각지 않으며 위급에 직면하면 목숨을 바치는 것은 신하된 자의 직분이거늘 성상께서 왜 이렇게까지 하십니까?"라고 하니 태조는 더욱 그를 소중하게 여겼

다.(『고려사』권92 유금필전)

여기서 보는 바와 같이 유금필은 정남대장군에 임명되어 의성부를
지키고 있었다. 그러나 신라가 고려로 기울어져가고 있는 모습을 보고
있던 신검 일파는 신라와 고려의 교통로를 차단하려 한 것 같다. 신검은
아버지 견훤이 고창군 전투의 패배로 실의에 빠져 있을 때 이를 비판하면서
다시 한번 재기를 노려 고려와의 일전을 노렸던 것 같다.[114] 그리하여
이미 파견되어 있던 能丈, 英周, 烈弓, 公希들이 위험에 처하게 되었다.
그러자 유금필은 장사 80여 명을 이끌고 이들을 구하러 갔다. 사탄을
건너 후백제 신검군과 대면한 그는 전투없이 그들을 물리칠 수 있었다.
이렇게 교통로를 확보하여 신라와 다시 소통할 수 있었다.

신라의 서울 경주에 입성한 그는 7일 동안 거기에 머물렀다. 돌아오는
길에 신검군을 다시 만난 그는 크게 승리하였다. 승전 보고를 받은 왕건은
궁전 뜰 아래까지 내려가 맞이하고 그 충성과 용맹을 마음 속에 새겨
잊지 않겠다고 말하고 있다. 왕건과 유금필간의 관계를 잘 보여주는 대목이
아닐 수 없다.

그의 활약은 태조 17년(934) 벌어진 운주 전투에서도 빛났다.

K-① 청태 원년(934) 정월에 견훤이 태조가 運州에 주둔하였음을 듣고
甲士 5천 명을 뽑아 달려왔다. 그들이 미처 진을 치기 전에 장군
유금필이 勁騎 數千으로 돌격하여 3천여 급을 베었다. 이에 웅진
이북 30여 성이 스스로 항복했으며 견훤 휘하의 術士 宗訓과 醫員
訓謙, 날랜 장수 尙達·崔弼 등이 태조에게 항복하였다.(『삼국사기』

---

114) 당시 후백제 내부에서는 금강계와 신검계가 있었는데 신검계는 대고려전에 있어
强硬·主戰的인 입장을 취하였고 금강계는 소극적·타협적인 태도를 취하였다.(신
호철, 『후백제 견훤정권 연구』, 일조각, 1993, 160쪽)

권50 견훤전)

K-② (태조) 17년에 태조가 장차 運州를 친히 정벌하려고 유금필을 우장군
으로 임명하였다. 견훤이 소문을 듣고 甲士 5천 명을 선발하여 거느리
고 와서 말하기를 "양군이 서로 싸우면 양편이 다 온전하지 못할
형세이니 무지한 병졸들만 많이 살상될 것이 우려된다. 화친을 맹약하
고 각자의 영토를 보전하는 것이 마땅하겠소."라고 하였으므로 태조가
여러 장군들을 모아 의논하였다. 유금필이 말하기를 "오늘의 정세는
싸우지 않을 수 없으니 바라건대 성상께서는 염려마시고 저희들이
적을 격파하는 것이나 보십시오."라고 하였다. 드디어 견훤이 아직
대오를 정비하지 못한 그 틈을 타서 勁騎 數千을 거느리고 돌격하여
적병 3천여 명의 머리를 베고 術士 宗訓, 醫師 訓謙, 勇將 尚達, 崔弼을
생포하니 熊津 이북 30여 城이 소문을 듣고 자진하여 항복하였다.(『고
려사』 권92 유금필전)

이 전투는 아주 중요한 전투였다. 태조 왕건이 운주[홍성]를 정벌하여
확실한 승기를 잡으려 한 반면 후백제 견훤은 고창군[안동] 전투의 패배를
만회할 수 있는 기회였다. 따라서 견훤 측에서는 특별히 甲士 5천을 선발하
여 왔다. 여기서 '甲士'란 '갑옷 입은 병사'라는 뜻이거나 '으뜸가는 병사'란
뜻일 것이다. 견훤이 얼마나 신경을 쓴 전투란 것을 알 수 있다.

여기에서도 견훤은 될 수 있으면 화친을 하려 하였으나 유금필은 싸우지
않으면 안될 형세라 주장하면서 전투를 독려하였다. 결전을 감행하여
후백제에 마지막 타격을 주기 위한 것이었으리라 짐작된다. 이 전투에서
승리함으로써 왕건은 완전히 승리를 굳혔던 반면 견훤은 재기 불능의
상태가 되었다. 견훤의 후계자 자리를 둘러싸고 神劍·良劍 등의 일파와
金剛 일파의 대립이 격화된 요인이 되었다. 즉 견훤이 직접 출동했다가
대패함으로써 그에게 비판적이었던 신검 일파가 반격을 가할 수 있는

빌미를 주었던 것이다. 견훤이 총애했던 금강이 견훤과 행동을 같이 했을 것임은 당연한 이치로 이 전투의 패배는 견훤과 금강에게 치명타를 안겨주었다.[115] 이 전투 이후 能奐이 康州都督으로 있던 양검과 武州都督이었던 용검에게 사람을 보내 신검과 함께 반란을 모의하여 이듬해 3월 견훤은 금산사에 유폐되고 금강은 살해되는 결과를 초래하였던 것이다.

또 이 전투에서 승리하자 후백제 수중에 있던 웅진 이북의 30여 성[116]이 고려의 수중에 넘어 들어오게 되었다. 고려의 영토가 훨씬 확대되어 이후 후백제와의 마지막 결전에 큰 영향을 미치게 되었다. 이 모든 것이 바로 유금필의 활약 덕분이었다.

그런데 이때 그가 거느린 부대를 기록에서는 '勁騎 數千'이라 표현하고 있다. 굳세고 날랜 기병이란 뜻이다. 이 기병은 일찍이 유금필이 말갈(여진) 족을 복속시키면서 얻은 병사들이 아닐까 한다. 여진족은 원래 유목 민족으로 말타는 기술이 뛰어났기 때문이다.

그의 활약은 태조 18년(935)에도 이어졌다. 기록을 보자.

L. (태조) 18년에 태조가 여러 장군들에게 이르기를 "羅州 지방 40여 군은 우리의 울타리가 되어 오랜 기간 교화에 복종하였다. 일찍이 大相 堅書, 權直, 仁壹 등을 파견하여 안무하였는데 근자에는 백제에게 약탈당하여 6년간 바닷길이 통하지 않으니 누가 나를 위하여 안무하러 가겠는가?"라고 하였다. 洪儒, 朴述熙 등이 말하기를 "제가 비록 용맹하지는 못하나 장수의 한 사람으로 보충하여 주시기 바랍니다."라고

---

115) 김갑동, 「고려초기 홍성 지역의 동향과 지역세력」, 『사학연구』 74, 2004, 148쪽. 한편 이 전투는 충남 지역을 둘러싼 고려와 후백제의 각축전에서 고려의 패권을 확실히 결정짓는 분수령이 되기도 했다.(윤용혁, 「나말여초 洪州의 등장과 運州城主 兢俊」, 『한국중세사연구』 22, 2007, 17쪽)

116) 『三國史記』에는 '運州界 三十餘郡縣'으로 되어 있다.(『三國史記』 권12 신라본기 경순왕 8년 9월)

하니 태조가 말하기를 "대체로 장수가 되려면 백성들의 마음을 얻는 것이 귀중하다."라고 하였다. 公萱, 大匡 悌弓 등이 아뢰기를 "유금필이 적임자입니다."라고 하니 태조는 말하기를 "나 역시 벌써 그렇게 생각했다. 그러나 근자에 신라의 길이 막혔을 때 유금필이 가서 그것을 열었는데 내가 그 수고를 생각하면 감히 다시 명령하지 못하겠다."라고 하였다. 이때 유금필이 아뢰기를 "저의 나이는 이미 늙었으나 이것은 국가 대사인데 감히 있는 힘을 다 바치지 않겠습니까?"라고 하니 태조가 기뻐서 눈물을 흘리면서 말하기를 "그대가 만일 이 명령을 받는다면 이보다 더 기쁜 일이 어디 있겠는가?" 라고 하였다. 드디어 유금필을 都統大將軍으로 임명하고 예성강까지 가서 송별하였으며 御船을 주어서 보냈다. 왕은 3일간 그대로 체류하면서 유금필이 바다에 나갈 때까지 기다려서 환궁하였다. 유금필이 나주에 가서 정벌하고 돌아올 때에도 태조는 또 예성강까지 나가 맞이하고 위로하였다.(『고려사』 권92 유금필전)

나주는 일찍이 903년 궁예 휘하에 있던 왕건이 이곳을 점령하면서 금성군에서 나주로 개명된 지역이다.[117] 그 후 이곳은 왕건의 거점 지역으로 위급할 때는 왕건이 내려와 피신하기도 했으며[118] 이곳 출신의 후비를 맞아오기도 한 지역이다.[119] 그런데 이 지역이 태조 12년을 전후한 어느 시기에 후백제로 넘어갔음을 알 수 있다. 이를 걱정하던 태조는 홍유나 박술희 등의 자원에도 불구하고 유금필을 파견하고 있다. 공훤과 제궁의 추천을 받는 형식을 취하였으나 왕건도 그를 원하고 있었음을 알 수

---

117) 『高麗史』 권1 태조세가 總序 및 김갑동, 「고려시대 나주의 지방세력과 그 동향」, 『한국중세사연구』 11, 2001, 9~10쪽.
118) 913년 아지태 사건으로 왕건이 궁지에 몰리자 그는 변방으로 물러날 것을 자원하고 나주로 내려온 적이 있다.(『高麗史』 권1 태조세가 乾化 3년)
119) 『高麗史』 권88 후비전 태조 莊和王后 吳氏.

있다. 다만 2년 전 죽음을 무릅쓰고 신라와의 길을 연 수고 때문에 명령을 내리지 못하고 있던 터였다.

그러자 유금필은 老軀에도 불구하고 기꺼이 그 중책을 맡았던 것이다. 죽음을 두려워하지 않는 무인의 기개를 보여주었다. 그는 도통대장군으로서 군사를 거느리고 출동하였다. 출동 시 왕건은 예성강 입구에까지 몸소 나아가 배웅을 하였다. 나주를 점령하고 돌아오자 또 예성강에 나아가 맞이하였다. 왕건과 유금필 사이의 관계를 단적으로 보여주는 대목이다.

이듬해인 태조 19년(936) 후백제 신검과의 마지막 전투에도 유금필은 참전하고 있다.

M. 가을 9월에 왕이 三軍을 거느리고 천안부에 가서 병력을 합세하여 一善郡으로 나아가니 神劍이 무력으로써 이에 대항하였다. 갑오일에 一利川을 사이에 두고 양군이 진을 쳤다. 왕은 견훤과 함께 군사를 사열하였다. 왕이 견훤을 비롯하여 대상 堅權, 述希, 皇甫金山, 원윤 康柔英 등은 기병 1만을 거느리게 하고 支天軍大將軍 원윤 能達, 奇言, 韓順明, 昕岳, 정조 英直, 廣世 등은 보병 1만을 거느리게 하여 좌강을 삼았으며 대상 金鐵, 洪儒, 朴守卿, 원보 連珠, 원윤 萱良 등은 기병 1만을 거느리게 하고 補天軍大將軍 원윤 三順, 俊良, 정조 英儒, 吉康忠, 昕繼 등은 보병 1만을 거느리게 하여 우강을 삼았으며 溟州 대광 王順式, 대상 兢俊, 王廉, 王乂, 원보 仁一 등은 기병 2만을 거느리게 하고 대상 庾黔弼, 원윤 官茂, 官憲 등은 黑水, 達姑, 鐵勒 등 외족들의 정예 기병 9천 5백을 거느리게 하고 祐天軍大將軍 원윤 貞順, 정조 哀珍 등은 보병 1천을 거느리게 하고 天武軍大將軍 원윤 宗熙, 정조 見萱 등은 보병 1천을 거느리게 하고 杆天軍大將軍 金克宗, 원보 助杆 등은 보병 1천을 거느리게 하여 중군을 삼았으며 大將軍 대상 公萱, 원윤 能弼, 장군 王舍允 등은 기병 3백과 여러 성들에서 온 군사 1만

4천을 거느리게 하여 삼군의 원병을 삼았다.(『고려사』 권2 태조세가 19년 9월)

당시 후백제의 견훤은 부자간의 불화로 고려에 귀순한 후였다. 남은 것은 신검 형제들이었다. 이에 태조 왕건은 일선군[경북 선산]으로 나아가 신검군과 대결하였다. 당시의 고려군 편성을 보면 다음 표와 같다.

<표 2> 일리천 전투시 고려군 편성표

편제	성명	군사수
左綱	甄萱, 堅權, 述希, 皇甫金山, 康柔英	馬軍 1만
	支天軍 大將軍 能達, 奇言, 韓順明, 昕岳, 英直, 廣世	步軍 1만
右綱	金鐵, 洪儒, 朴守卿, 連珠, 萱良	馬軍 1만
	補天軍 大將軍 三順, 俊良, 英儒, 吉康忠, 昕繼	步軍 1만
中軍	王順式, 兢俊, 王廉, 王乂, 仁一	馬軍 2만
	庾黔弼, 官茂, 官憲	勁騎 9천 5백
	祐天軍 大將軍 貞順, 哀珍	步軍 1천
	天武軍 大將軍 宗熙, 見萱	步軍 1천
	杆天軍 大將軍 金克宗, 助杆	步軍 1천
3軍 援兵	大將軍 公萱, 能弼, 將軍 王含允	騎兵 3백
		諸城軍 1만 4천 7백

여기서 보는 바와 같이 태조 왕건은 군대를 좌강, 우강, 중군으로 편성하고 이 3군의 원병은 후방 부대로 편성하였다. 태조 왕건 자신은 중군에 속해 있었을 것이다. 유금필도 중군에 속하여 왕건을 호위한 것 같다. 그런데 여기서 일반 보병부대는 步軍, 기병부대는 馬軍·騎兵으로 표현되어 있다. 그러나 유금필 휘하 부대는 黑水靺鞨과 達姑·鐵勒 등 諸蕃으로 구성되어 특별히 '勁騎'라 표현되어 있다. 앞의 사료 K와 같은 표현인 것이다. 이 굳세고 날랜 기병이야말로 왕건이 거느린 정예 부대였던 것이다. 그들이 바로 I사료의 北蕃이요 D사료의 北狄인 것이다. 유금필이 말갈(여진)족을 비롯한 북방민족을 복속시켜 그들의 장기를 살릴 수 있게 기병화하였던 것이다. 그 기동력 있는 기병으로 각종 전투에서 승리를 할 수 있었다.

유금필의 혜안과 태조의 뛰어나고 유연한 북방정책으로 북방세력이 오히려 후삼국 통일 사업에 큰 역할을 하게 되었던 것이다.

(3) 유금필에 대한 대우

이처럼 유금필은 태조 왕건에게는 없어서는 안될 존재였다. 물고기와 물의 관계와 같았다. 유금필은 목숨을 바쳐 왕건에게 의리와 충성을 다하였다. 이에 따라 태조 왕건도 유금필에게 진심으로 대하고 아낌없이 베풀었다. 그렇게 활약하던 유금필은 태조 24년(941) 여생을 마쳤다. 그 때문일까. 태조 왕건도 2년 후인 태조 26년(943) 세상을 떠났다. 둘 사이의 관계를 『고려사』 찬자는 다음과 같이 묘사하고 있다.

> N. 유금필은 장수다운 지략이 있어 병사들에게서 신망을 얻었다. 출정할 때마다 명령을 받으면 즉시 출발하였으며 집에 들러서 자고 간 적이 없었다. 개선할 때면 태조는 반드시 마중나가 위로하여 주었으며 시종 일관 다른 장군들이 받지 못하는 총애와 대우를 받았다.(『고려사』 권92 유금필전)

유금필은 장수다운 지략이 있어 부하들로부터 많은 신망을 얻었다 하였다. 명령하면 망설이지 않고 떠나는 무장다운 충성심을 보여주었다. 이에 태조 왕건은 개선할 때마다 몸소 마중하였다. 그리하여 그 대우가 특별하였다 하고 있다.

왕건의 유금필에 대한 총애는 그 딸에 대한 후비 책봉의 형태로 나타났다. 다음 기록을 보자.

> O. 東陽院夫人 庚氏는 平州 사람이니 太師 三重大匡 黔弼의 딸이요 孝穆太子

義와 孝隱太子를 낳았다.(『고려사』권88 후비전1 태조 동양원부인
유씨)

즉 동양원부인 유씨가 바로 태조의 부인이 된 것이다. 거기서 아들
둘을 얻었으니 효목태자 의와 효은태자가 그들이다.

그렇다면 동양원부인은 언제 태조의 부인이 된 것일까. 효목태자와
효은태자 2명의 아들을 낳고 유금필의 활약상으로 미루어볼 때 후삼국
통일 이전임은 분명하다. 아마도 태조 8년 경이 아닌가 한다. 이해에
그는 연산진과 임존성 전투에서 크게 승리하였는데 그 후 "국가가 안정될
때를 기다려 응당 그대의 공을 표창할 것이다."라고 하고 있는 것이다.
그 직후 후비 책봉이 이루어진 것이 아닌가 한다.[120]

그런데 같은 고향 출신인 평산 박씨 세력에서도 태조의 후비를 3명이나
배출하고 있다. 박지윤과 그의 두 아들 박수문·박수경의 딸도 태조와
혼인을 하고 있는 것이다. 패강진 지역의 활약과 중요성을 엿볼 수 있다.
또 같은 고향 출신일 뿐 아니라 같은 태조의 장인들로서 양자는 서로
협조 관계를 유지했을 것임도 추측할 수 있다.

그러나 태조는 개국 1등공신인 홍유·배현경·신숭겸·복지겸들의 딸과
는 혼인하지 않았다. 그 이유 중 첫째는 그들의 신분이 그렇게 좋지
않았다는 것이다. 즉 그들의 원래 이름은 洪術·白玉衫·能山·砂瑰 등으로[121]
漢式 姓名이 아니었다. 그것은 그들이 아직 성을 갖지 못했다는 것을
의미한다. 즉 그들의 신분이 높지 않았다는 것이다. 배현경은 行伍에서
입신했다고 기록되어 있는 것이 그것을 말해준다. 따라서 그들에게 포상은
하였지만 그들의 딸과 정략결혼을 할 필요는 없었던 것이다. 두 번째

---

120) 정용숙은 구체적인 논증없이 태조 1~5년 사이에 결혼했을 것으로 추정하였다.(『고
려왕실 족내혼 연구』, 새문사, 1988, (68쪽)
121) 『高麗史』권92 홍유전.

이유는 그들은 이미 왕건이 즉위할 때에는 중앙에 올라와 있었기 때문에 지방세력을 포섭하려는 태조의 정책 대상이 아니었다. 따라서 그들의 딸을 후비로 책봉할 필요를 느끼지 못했던 것이다.

유금필은 죽은 후에 '忠節'이란 시호를 받았다. 그가 평생토록 유지해왔던 '충성과 절개'가 잘 담겨 있는 시호이다. 그리고 그는 태조의 廟廷에 배향되었다. 그 과정을 보면 다음과 같다.

P-① 시호를 忠節이라 하였으며 성종 13년에 태사 벼슬을 추증하고 태조 廟廷에 配享하였다.(『고려사』 권92 유금필전)

P-② 甲辰에 大廟에 제사하고 戴宗을 제5실에 모셨다. 功臣 裴玄慶, 洪儒, 卜智謙, 申崇謙, 庾黔弼을 太祖에 配享시키고 朴述熙, 金堅述을 惠宗에 配享시키고 王式廉을 定宗에 配享시켰다. 劉新城, 徐弼을 光宗에 配享시키고 崔知夢을 景宗에 配享시키고 대사면령을 내리고 문무관리에게는 爵을 1급씩 내리고 執事者에게는 2級을 내리고 백성에게는 3일간 크게 베풀어 먹였다.(『고려사』 권3 성종세가 13년 4월)

P-③ 壬午에 大廟에 참배하고 先王先后에게 尊號를 더하여 높이고 裴玄慶, 洪儒, 卜智謙, 申崇謙, 庾黔弼, 崔凝을 太祖廟에 配享하고 朴述希, 金堅術을 惠宗廟에 配享하고 王式廉을 定宗廟에 配享하고 劉新成, 徐弼을 光宗廟에 配享하고 崔知夢, 朴良柔를 景宗廟에 配享하고 崔承老, 崔良, 李知白, 徐熙, 李夢游를 成宗廟에 配享하고 韓彦恭, 金承祚, 崔肅을 穆宗廟에 配享하고 流罪 이하를 사면하였다.(『고려사』 권5 현종세가 18년 4월)

P-④ 太祖室

太師 開國 武烈公 裴玄慶, 太師 開國 忠烈公 洪儒, 太師 開國 武恭公 卜智謙, 太師 開國 壯節公 申崇謙, 太師 開國 忠節公 庾黔弼, 太傅 熙愷公 崔凝(『고려사』 권60 예지2 길례대사 太廟禘祫功臣)

여기서 보는 바와 같이 성종대에 이르러 유금필은 태조의 배향공신으로 책봉되었다. 배향공신이란 각 왕들을 제사하는 廟室에 같이 배향한 공신을 말한다. 이들은 왕의 생존 당시 가장 많이 도와주었던 신하들이었다. 배현경, 신숭겸, 복지겸, 홍유 등은 태조 왕건을 추대하여 왕위에 즉위시킨 인물들이다. 즉 개국 1등공신이었다.[122] 이 외에 성종 13년에는 유금필이 배향공신으로 추가되었다. 태조에게 있어 유금필은 그만큼 절대적인 존재였기 때문이다. 그러다가 현종대에 와서 최응이 추가되어 태조의 배향공신은 6명이 되었다.

이들 6공신은 이후에 소위 '祖代 6功臣'이라 불리었는데 그들 자손들에게는 음서의 혜택이 주어졌다. 다음 자료는 그것을 말해준다.

Q-① 文宗 6년 10월에 制하여 裴玄慶 등 6功臣이 우리 태조를 도와서 처음으로 대업을 열어 공덕이 鍾鼎에 새겨져 있으니 그 후사로 曾孫 玄孫에 이르기까지의 남녀 僧尼로 벼슬이 없는 자에게는 初職을 除授하고 벼슬이 있는 자에게는 官級을 더하게 하였다.

Q-② 숙종이 즉위하여 詔하여 太祖代 및 三韓功臣의 內外孫으로 관직이 없는 자는 1戶에 1인에게 入仕함을 허락하게 하고 顯宗 때의 功臣 河拱辰과 장군 宋國華 및 庚戌年에 契丹에 갔다가 억류당한 使, 副使는 그 子孫 1인에게 入仕를 허락하게 하였다.

Q-③ 예종 3년 2월에 詔하여 祖代 6功臣과 三韓前後功臣과 대대로 配享하는 功臣과 西京·興化·龜州·宣州·慈州·仇比江·潘嶺 등을 固守한 官員과 장수의 子孫은 각각 1인에게 初入仕를 허락하게 하였다. 4월에 詔하여 配享功臣의 內外孫으로 벼슬이 없는 자에게는 初職을 허락하게 하였다. 6년에 太祖功臣의 子孫을 封爵하였다.

---

122) 『高麗史』권1 태조세가 원년 8월.

Q-④ 神宗이 즉위하여 詔하기를, "祖代 6功臣과 三韓功臣의 자손은 모두 入仕를 허락하라."고 하였다.

Q-⑤ 高宗 40년 6월에 詔하여 祖代 6功臣과 三韓功臣의 內玄孫의 玄孫의 孫子와 玄孫의 玄孫의 아들이나 딸 일곱명을 가지고 蒙恩을 받지 못한 호[未蒙戶]의 1명에게 初入仕를 허락하게 하고 三韓後壁上功臣의 內玄孫의 玄孫의 玄孫의 아들과 玄孫의 玄孫의 玄孫의 딸 여섯을 가지고 蒙恩을 받지 못한 戶의 1명에게 初入仕를 허락하고 대대로 配享功臣의 內玄孫의 玄孫과 玄孫의 曾孫이 딸 다섯을 가지고 몽은을 받지 못한 戶는 1명에게 初入仕케 하였다.

Q-⑥ 忠烈王 8년 5월에 聖祖代 6功臣과 三韓壁上功臣과 역대의 壁上功臣과 配享功臣과 戰歿功臣에게도 또한 孫子의 戶에 각각 1명에게 入仕함을 허락하였다.(이상 『고려사』 권75 選擧志3 銓注 凡敍功臣子孫)

이처럼 역대의 공신 자손 중 벼슬이 없는 자는 관직을 받는 특혜를 받았다. 특히 태조대의 6공신을 뜻하는 '祖代 6功臣'은 蔭敍의 기회가 있을 때마다 거의 빠지지 않고 우대되었다. 고려 국가를 창업하고 후삼국을 통일하는 데 큰 도움을 주었기 때문이다. 고려 말기 이성계가 창왕을 폐하고 공양왕을 옹립하였을 때도 이 '조대 6공신'의 예에 의하여 李成桂·沈德符·鄭夢周·偰長壽 등을 중흥공신에 봉하고 錄券을 하사한 바도 있다.[123]

유금필의 아들인 兢과 官儒·慶 등도 음서의 혜택을 받았을 것이라 생각되지만 사서에서는 찾을 수가 없다. 다만 현종 18년(1027) 門下侍郎平章事·判兵部事를 지낸 유금필의 손자 庾方도[124] 음서를 받아 관직에 진출한 것으로 보인다. 과거에 합격한 사실을 발견할 수 없기 때문이다. 유금필의 증손자였던 庾恭義도 음서로 관계에 진출한 것 같다. 그는 관직에 진출하여

---

123) 『高麗史』 권45 공양왕세가 원년 12월.
124) 『高麗史』 권5 현종세가 18년 정월.

아첨죄를 범하였으나 처벌받는 대신 오랫동안 檢校將作少監이란 산관에 머물러 있었다.[125] 庾達의 아들인 庾仲卿은 유금필의 후손으로 인해 음직을 받고 있는 데서도[126] 공신들에 대한 대우의 일단을 엿볼 수 있다.

요컨대 유금필의 원래 고향은 茂松縣[전북 고창]이었는데 신라 말기 浿江鎭이 설치되면서 여기에 이주하여 살게 되었다. 이 지역은 군사적인 거점 지역이었으므로 유금필은 군인이 되어 복무하게 되었다. 그러다가 후삼국이 성립되면서 904년 궁예에게 투항하여 궁예 밑에서 근무하게 되었다. 그 후 점차 지위를 확보해갔다. 그러한 배경에는 같은 평산 출신인 평산 박씨 세력의 협조와 후원이 있었다. 궁예에게 이 지역을 들어 항복한 것은 박지윤이었기 때문이다.

유금필은 왕건이 궁예의 뒤를 이어 왕위에 즉위하면서 두각을 나타내기 시작했다. 즉위 직후 유금필은 鎭州[충북 진천]에 주둔하면서 청주 지역의 반란을 억제하였다. 태조 3년에는 鵲岩城에 출진하여 北狄을 토벌하고 돌아왔다. 태조 8년에는 征西大將軍으로서 燕山鎭과 任存城을 격파하였고 曹物城 전투에서 견훤과의 화친을 이끌어 내었다. 태조 11년에는 湯井郡[충남 아산]에서 성을 쌓다가 위기에 빠졌던 청주를 구했으며 이듬해에는 南征에 참여하여 古昌郡[안동]으로 들어갈 수 있는 진격로를 확보함으로써 고창군 전투 승리의 발판을 마련하였다. 그러나 태조 14년 모함을 받아 鵠島[백령도]에 유배당하였다. 그러나 그의 충성심은 변함없어 그 지역에 침략한 후백제 해군을 격퇴하는데 일조하였다. 그리하여 태조 16년 후백제 군의 공격으로 막혀 있던 신라의 수도 경주로 통하는 길을 확보하였다. 이듬해의 運州[홍성] 전투에서 승리하여 후삼국 통일의 전기를 마련하기도 하였다. 태조 18년에는 왕건의 제2 거점 지역이었던 羅州를 수복하였다. 태조 19년 후백제 신검과의 마지막 전투에서도 중군의 장군으로 참여하여

---

125) 『高麗史』 권7 문종세가 9년 8월.
126) 『高麗史』 권95 金元鼎傳.

왕건이 후삼국을 통일하는 데 큰 기여를 하였다.

이러한 유금필의 활약에 대해 태조 왕건은 출전할 때마다 몸소 배웅하였으며 그에 따른 포상을 하였다. 그리고 그의 딸을 부인으로 맞이함으로써 그에 대한 보답을 하였다. 그리하여 유금필의 딸 동양원부인은 왕건의 부인 29명 중 서열 9위에 올랐다. 또 성종 대에는 태조의 廟廷에 배향되어 공신이 되었다. 개국 시 도와준 개국공신 4명, 문신 최응과 같이 배향공신이 되었다. 이들이 소위 '祖代 6功臣'으로 그들의 후예는 음서의 혜택을 받는 영광을 누리게 되었다.

II. 외척세력

1. 신혜왕후 유씨

(1) 貞州의 지리적 여건

신혜왕후 유씨는 태조의 29비 가운데 제1비였다. 그리고 그의 출신지는 貞州였다. 즉 그는 정주의 富豪였던 柳天弓의 딸이었다.[1] 그렇다면 신혜왕후의 출신지인 정주는 어떤 곳이었을까. 우선 정주의 연혁에 대해 살펴보자.

> A. 貞州는 원래 고구려의 貞州인데 현종 9년에 개성현의 속현이 되었다가 문종 16년에 본 府에 소속되었으며 예종 3년(1108)에 昇天府로 고쳐 知府事를 두었다. 忠宣王 2년(1310)에 낮추어서 海豊郡이 되었다.(『고려사』 권46 지리지1 왕경개성부)

여기서 보는 것처럼 정주는 원래 고구려의 정주였다고 되어 있다. 고구려라면 삼국시대의 한 국가다. 그렇다면 고구려의 정주였는데 통일신라 때에는 어떤 지명의 변화도 없었다는 뜻일까. 그렇게 생각되지는 않는다. 다른 지역의 기록을 보면 거의 다 통일신라시대 경덕왕대에 최소한 한 차례의 지명 개정이 있었기 때문이다. 또 고구려 영역에서 州 단위의 행정구역을 갖고 있는 것도 찾아지지 않는다. 따라서 여기서의 고구려는 삼국시대의 고구려가 아니라 후삼국시대 궁예가 칭했던 국호인 '고려'를 말하거나[2] 왕건이 건국한 '고려'를 뜻한다고 생각한다.

---

1) 『高麗史』 권88 후비1 태조 신혜왕후 유씨.
2) 이승휴가 쓴 『帝王韻紀』에서도 궁예가 세운 국가를 後高句麗라 명명하고 있다.

궁예는 896년 철원에 도읍을 정하였지만 901년에 와서 국호를 제정하였
다. 즉 그는 "옛날에 신라가 唐에 請兵하여 고구려를 멸하였기 때문에
平壤 옛 서울이 황폐하여 풀만 무성하니 내가 반드시 그 원수를 갚으리라."[3]
하면서 국호를 고려라 하였던 것이다.[4] 그러나 이 국호도 오래가지 못하고
904년 다시 摩震이라 고쳤다. 아마 이 무렵의 어느 때에 정주라 한 것은
아닌가 추측해 볼 수 있다. 이미 궁예 통치기에 州가 생겨난 예가 있기
때문이다. 다음 기록을 보자.

B-① 天復 3년 계해(903) 3월에 태조는 수군을 거느리고 서해로부터
  光州 지경에 이르러 錦城郡을 공격하여 이를 함락시키고, 10여 개의
  군·현을 공격하여 이를 쟁취하였다. 이어 금성을 羅州로 고치고 군사
  를 나누어 수비하게 한 후 개선하였다.(『고려사』 권1 태조세가)
B-② 羅州牧은 원래 백제의 發羅郡인데 신라 경덕왕은 錦山郡으로 고쳤다.
  신라말에 견훤이 후백제 왕이라고 자칭하고 이 지역을 모두 점령하고
  있었으나 얼마 있지 않아 이 군 사람이 후고구려왕 궁예에게 歸附하여
  왔으므로 궁예는 태조를 精騎大監으로 임명하여 해군을 거느리고
  가서 이 지역을 빼앗아 羅州로 하였다.(『고려사』 권57 지리지2 전라도
  나주목)

즉 후백제 영역이었던 금산군 또는 금성군을 승격시켜 나주라 하였던
것이다. 그 이유는 후백제 영역이었던 이 지역의 어느 세력가가 궁예에게
귀부하여 협조를 약속했으므로 왕건이 내려가 점령하였기 때문이었다.
이는 천복 3년 즉 903년이므로 궁예가 국호를 고려라 했던 시기이다.
이 무렵을 전후하여 정주 지역도 귀순해 옴으로써 貞州라는 지명을 얻게

---

3) 『三國史記』 권50 궁예전 天復 원년.
4) 『三國遺事』 권1 王曆 궁예 辛酉年.

된 것이라 생각한다.

다음으로 고려초에 정주로 고친 것을 고구려라 표현했을 가능성도 배제할 수 없다. 고려 초기에도 몇 개 지역이 州로 승격한 예가 있기 때문이다. 다음 기록을 보자.

C-① 6월 정사일에 下枝縣將軍 元奉이 귀순하여 왔다.(『고려사』 1 태조세가 5년)

C-② 봄 3월 갑신일에 下枝縣將軍 元奉에게 元尹의 품계를 주었다.(『고려사』 1 태조세가 6년)

C-③ 豊山縣은 원래 신라의 下枝縣인데 경덕왕은 永安으로 고쳐서 禮泉郡 관할 하의 縣으로 만들었다. 태조 6년에 이 현 사람 元逢이 귀순한 공이 있으므로 順州로 승격시켰다.(『고려사』 권57 지리지2 경상도 안동부 풍산현)

여기서 보는 것처럼 풍산현도 태조 6년 원봉이 귀순해왔기 때문에 순주로 승격하고 있는 것이다. 즉 하지현 장군 원봉이 귀순해 온 것은 태조 5년(922)이었지만 그를 원윤으로 삼고 그가 지키고 있던 지역을 주로 승격시킨 것은 태조 6년(923)이었던 것이다. 따라서 이 시기를 전후한 어느 시기에 정주가 탄생했다고도 볼 수 있다. 그러나 필자는 특별히 고구려라 표현한 점으로 미루어 궁예 통치기에 정주가 되었을 가능성이 높다고 생각한다.

한편 정주의 大富였던 유천궁이 궁예에게 협조하여 귀순한 것은 왕건의 힘이 많이 작용하였다고 보여진다. 896년 철원에 도읍했던 궁예는 왕건 부자가 귀순하여 도읍을 송악으로 옮길 것을 청하자 898년 송악에 도읍하였다.[5] 이후 904년 다시 철원으로 돌아갈 때까지의 수도였던 송악은 왕건의 출신지이기도 했기 때문이다. 정주는 송악[후의 개성]에서 15리

내지 17리밖에 떨어지지 않은[6] 아주 가까운 곳이었기 때문이다. 전시과의 柴地를 지급할 때도 정주는 白州·鹽州·幸州·江陰·兎山·臨江 등과 더불어 하루 만에 다녀올 수 있는 지역으로 구분되었던 것이다.[7]

또 성종 14년 개성부가 赤縣 6, 畿縣 7을 관할할 때 적현 속에 들어있었을 것으로 생각한다. 현종 9년 개성부를 개편할 때도 정주는 개성과 밀접히 연결되어 있었기 때문이다. 즉 현종 9년(1018)에 府를 없애고 開城縣令을 두어 貞州·德水·江陰 등 3개 현을 관할하고 長湍縣令은 松林·臨津·兎山·臨江·積城·坡平·麻田 등 7개 현을 관할케 하면서 모두 尙書都省에 직속시켰는바 이것을 京畿라고 하였던 것이다.[8]

정주는 왕건의 선조를 설명하는 부분에서도 나타나고 있다. 즉 왕건의 조부인 작제건이 용녀를 얻어 오자 白州의 正朝 劉相晞 등이 그 소식을 듣고 "작제건이 서해 용왕에게 장가를 들어 왔으니 실로 큰 경사로다."라고 말하면서 開州·貞州·鹽州·白州의 4개 주와 江華·喬洞·河陰의 3개 현 사람들을 데리고 와서 그를 위하여 永安城을 쌓고 宮室을 건축하여 주었다.[9] 이처럼 정주는 개성과 불가분의 관계에 있었다.

이러한 관계와 해안에 위치해 있다는 지리적 요건 때문에 정주는 태봉이나 고려의 海軍 基地 역할을 하였다. 909년 왕건이 전남 영암의 德眞浦 전투를 수행할 때 전함을 수리하여 떠난 곳이 정주였다. 즉 궁예의 명을 받은 왕건은 貞州에서 전함을 수리한 후 關粲 宗希와 金言 등을 副將으로 하여 군사 2천 5백을 거느리고 光州 珍島郡과 皐夷島를 거쳐 덕진포에

---

5)『高麗史』권1 태조세가 光化 원년.
6) 정주의 후신인 경기도 豊德郡은 동으로 長湍府 경계까지의 거리가 39리, 남으로 通津縣까지의 거리가 34리였고 서로는 開城府 경계까지 17리, 북으로 開城府까지 15리였다.(『新增東國輿地勝覽』권13 풍덕군)
7)『高麗史』권78 식화지1 전제 전시과.
8)『高麗史』권56 지리지1 왕경개성부.
9)『高麗史』고려세계.

이르러 견훤의 수군을 크게 무찔렀던 것이다.[10] 913년 궁예의 심복이었던 阿志泰를 처단하여 궁예의 심기를 건드리자 왕건은 다시 외방에 나갈 것을 자원하여 이듬해인 914년 다시 나주에 가게 되었다. 이때 왕건은 貞州 포구로 가서 전함 70여 척을 수리하여 군사 2천 명을 싣고 나주에 갔다.[11] 이로 보아 정주에는 태봉의 전함과 해군이 주둔해 있었음을 알 수 있다. 또 궁예 집권 말기에 왕건이 사방 10보이며 누각이 있는 큰 배 10척을 포함하여 전함 100여 척을 건조한[12] 곳도 바로 정주였다고 생각한다.

왕건이 태조로 왕위에 즉위한 이후에도 이러한 기능은 계속 유지되었다. 그것은 태조 13년(930) 고창군 전투에서 패했던 견훤이 고려의 수군에 타격을 가하기 위해 정주를 공격하고 있는 것에서도 알 수 있다. 즉 그 해 9월 견훤은 일길찬 相貴를 시켜 수군을 거느리고 예성강으로 쳐들어와서 鹽州·白州·貞州 등 세 고을의 배 1백 척을 불사르고 猪山島 목장에 있는 말 3백 필을 약탈하여 갔던 것이다.[13]

그러한 지리적 여건 때문인지 신라말 풍수지리설의 대가인 道詵은 貞州를 명당으로 꼽았다. 道詵은 『松岳明堂記』에서 "西江가에 성인이 말을 타고 있는 형상인 명당 자리[君子御馬明堂]가 있는데 태조가 국토를 통일한 병신년(936)으로부터, 120년에 이르러 이곳에 정자를 지으면 고려왕조가 오래 유지될 수 있다."고 하였다 한다. 그래서 문종이 太史令 金宗允 등에게 명령하여 명당 자리를 잡게 하여 서강의 餠岳 남쪽에 궁궐을 건축하였는데 이것이 長源亭이었다.[14] 장원정은 문종 10년에 건축되었는데[15] 문종은

---

10) 『高麗史』 권1 태조세가 梁 開平 3년.
11) 『高麗史』 권1 태조세가 乾化 4년.
12) 『高麗史』 권1 태조세가 乾化 4년 이후.
13) 『高麗史』 권2 태조세가 15년.
14) 『高麗史』 권2 지리지1 왕경개성부 정주 및 『新增東國輿地勝覽』 권13 경기도 풍덕군 古跡 長源亭.

14년, 17년, 21년 세 차례에 걸쳐 이곳에 행차하였다.[16] 숙종대에도 동왕 5년과 9년에 장원정에 행차한 바 있다.[17]

장원정의 풍경에 대해 金克己는 다음과 같이 읊고 있다.

D. 바다를 굽어보는 樓臺 반공중에 솟았으니
분명히 水精宮[龍宮]을 그려낸 듯하구나.
하늘은 해와 달을 보내 처마 끝에 닿았고
연못은 산과 물을 모아 자리 가운데 들어오네
제비는 살구꽃 비에 나직이 날아들고
꾀꼬리는 버들 바람에 고요히 울어 보내네.
임금의 수레 조만간 여기 와 머물 것이니
어쩌면 앞마을 머리 허연 늙은이 소식 물을 듯 하네.
(『신증동국여지승람』 권13 경기도 풍덕군 古跡 長源亭)

이 시에서 보듯이 장원정은 바닷가에 있었으며 누대뿐 아니라 연못도 조성되어 있었음을 알 수 있다. 또 가끔씩 임금이 여기에 와서 휴식하기도 하고 민심을 파악하기도 했던 것이다. 정주에 있었던 白馬山도 매우 중시되어 이 산을 右蘇로 삼기도 하였다. 고종 37년에는 대장군 이세재와 신집평 등을 보내 대궐을 이 산 남쪽에 짓기도 하였다.[18]

그러한 이유 때문인지 여기에는 神祠도 많았다. 승천포성에 있었던 성황사를 비롯하여 德積山祠, 白馬山祠, 三聖堂祠 등이 있었는데 충숙왕 6년 덕수현에서 사냥하다가 海東靑과 內廐의 말이 죽으니, 성황과 신사를

---

15) 『高麗史』 권7 문종세가 10년.
16) 『高麗史』 권8 문종세가 14·17·21년.
17) 『高麗史』 권11 숙종 5년 2월 및 9년 9월.
18) 『新增東國輿地勝覽』 권13 경기도 풍덕군 山川 白馬山.

224 4장 태조 왕건대의 정치세력

불사르도록 명한 곳이 바로 이 신당들이었다. 또 장원정의 서남쪽 바닷가에 는 朱雀神堂도 있었다.[19] 따라서 이 지역에서 제사 의식이 행해지기도 하였다. 의종 3년 7월 임인일에 貞州에 있는 선박 위에 龍王道場을 열고 7일간 비를 빌었다. 우왕 5년 5월 을유일에는 날이 가물었으므로 環丘壇에 서 기우제를 지내고 또 宗廟, 社稷과 朴淵, 開城大井과 貞州 등지에서 비를 빌었다.[20] 여기서 개성의 大井은 작제건의 처인 용녀가 처음 왔을 때에 개성 동북 산기슭에 가서 땅을 파고 은그릇으로 물을 떠 썼는데 그것을 가리킨다.[21] 즉 정주는 물과 관련이 있으면서도 신비로움을 간직한 곳이었 기에 여기서 용녀의 아버지인 용왕과 大井에 제사를 지냈던 것이다.

(2) 王妃 책봉 과정

이제 고려 태조 왕건이 신혜왕후 유씨를 언제 어떻게 만나 혼인하게 되었는가를 살펴보자. 이에는 다음 사료가 참고된다.

  E. 태조 神惠王后 柳氏는 貞州 사람이니 三重大匡 天弓의 딸이다. 유천궁의 집은 큰 부자[大富]이어서 고을 사람들이 長者라고 불렀다. 태조가 궁예의 부하로서 장군이 되어 군대를 거느리고 정주를 지나 가다가 오래된 버드나무 밑에서 말을 쉬게 하고 있는데 后가 길옆의 시냇가에 서 있었다. 태조가 그의 얼굴이 덕성스러움을 보고 그에게 "누구의 딸이냐?"고 물은즉 처녀는 대답하기를 "이 고을의 장자집 딸입니다." 라고 하였다. 그래서 태조가 그 집으로 가서 유숙하였는데 그 집에서는 군대 일동에게 아주 풍성하게 음식을 차려 대접하였다. 그리고 后로

  19) 『新增東國輿地勝覽』 권13 경기도 풍덕군 祠廟.
  20) 『高麗史』 권54 오행지2.
  21) 『高麗史』 고려세계.

하여금 태조를 모시고 자게 하였다. 그 후로 서로 소식이 끊어져서 정절을 지키고자 머리를 깎고 比丘尼가 되었다. 태조가 이 소식을 듣고 불러다가 부인으로 삼았다.(『고려사』 권88 후비전1 태조 신혜왕후 유씨)

여기서 보면 신혜왕후를 처음 만난 것은 왕건이 궁예의 부하로 있을 때이면서 장군의 직위에 있을 때이다. 『고려사』에 의하면 왕건은 896년 궁예가 철원에 도읍하자 아버지 王隆과 같이 귀부하였는데 그때 궁예는 왕건을 勃禦槧城 城主로 삼았다. 그 후 精騎大監을 거쳐 909년에는 海軍大將軍이 되었다가 913년에는 波珍粲 兼 侍中의 지위에까지 올랐다. 신하로서는 최고의 지위에 오른 것이었다. 그러나 궁예의 심복인 아지태를 처단하면서 914년에는 百船將軍으로 강등되어 다시 외방으로 나가게 되었다 한다.[22] 이처럼 『고려사』에는 왕건이 장군이 되었다는 기록은 찾아지지 않는다.

그러나 『삼국사기』에는 後梁 乾化 원년에 왕건으로 하여금 금성을 치게 하고 나주로 개칭한 다음 그 공으로 왕건을 大阿湌 將軍에 임명했다는 기록이 보인다.[23] 건화 원년이면 910년인데 이는 잘못된 것으로 보인다. 앞서 본 바와 같이 금성군을 나주로 개명한 것은 903년의 일이기 때문이다. 또 909년에 해군대장군이었는데 910년에 장군으로 강등되었다는 것도 논리에 맞지 않다. 따라서 왕건이 장군이 된 시기는 903년으로 보아야 한다. 이를 표로 작성해 보면 〈표 1〉과 같다.

여기서 보는 바와 같이 왕건이 처음 장군을 칭한 시기는 27세(만 26세) 때인 903년이다. 이때를 전후하여 신혜왕후를 만난 것으로 보인다. 앞의 사료 B-①에서 보듯이 왕건이 수군을 거느리고 금성군을 공격하였는데 이때 정주를 지나다 신혜왕후를 만난 것이다. 궁예에게 출정의 명령을

22) 『三國史記』 권50 궁예전 乾化 4년.
23) 『三國史記』 권50 궁예전 朱梁 乾化 원년.

<표 1> 궁예 집권기 왕건의 승진 일람표

연도	나이	관직 및 관등	주요 사건
896	20	勃禦塹城 城主	王建 父子 궁예에게 귀부
898	22	精騎大監	松嶽으로 천도
900	24	阿粲	廣州·忠州·靑州·唐城·槐壤 점령
903	27	大阿粲 將軍	羅州 공략
909	33	韓粲 海軍大將軍	德眞浦 전투에서 견훤에 대승
913	37	波珍粲 兼 侍中	阿志泰를 처벌
914	38	百船將軍	羅州로 재출정

받고 군사를 이끌고 정주를 지나다가 길에 서있는 신혜왕후를 본 것이 아닌가 한다. 왕건은 신혜왕후의 덕성스런 얼굴에 반했을 뿐 아니라 그가 長者의 딸이라는 면에서도 끌렸던 것 같다. 그러자 그 집에 가서 유숙하게 되었고 신혜왕후와 관계를 맺게 되었다고 생각된다.

長者란 뜻은 여러 가지가 있다. ① 연장자나 나이 먹은 사람 ② 윗사람 ③ 덕망이 있는 사람 또는 관대한 사람 ④ 신분이 높은 사람 ⑤ 富豪 또는 富者라는 뜻이 있다.[24] 이를 종합하면 장자의 뜻은 경제적으로도 부유할 뿐 아니라 덕망이 있고 신분이 높은 연장자를 말한다 하겠다. 이처럼 유천궁이 그 지역의 富豪이며 존경받는 인물이었으므로 그 집 딸과 관계하게 되었던 것이다.[25] 유천궁 입장에서도 중앙에서 온 장군과 인연을 맺어놓는 것이 결코 나쁜 일은 아니었다. 그리하여 자기 딸을 왕건과 동침하게 함으로써 후일을 기약했다. 이때 왕건의 나이 27세였으니 결코 이른 것이 아니었다.[26] 그러나 이때 정식 혼인이 이루어진 것은

---

24) 『漢韓大字典』, 民衆書林, 1991, 1290쪽.

25) 즉 신혜왕후의 아버지가 富豪라는 사실은, 이곳이 개성과 근거리에 있으면서 요충지로서의 지역적 중요성에 더하여, 경제적 후원자를 얻게 되는 결과를 가져왔던 것이다.(정용숙, 『고려시대의 후비』, 민음사, 1992, 50쪽)

26) 정용숙도 태조 왕건이 궁예의 隷將이 되어 서해를 거쳐 나주를 공략한 것이 27세인 903년이므로 이때에 신혜왕후와 인연을 맺게 되었을 것이라 하였다.(『고려왕실 족내혼 연구』, 새문사, 1988, 63쪽)

아닌 것 같다. 이후 신혜왕후는 왕건과의 인연을 잊지 못하고 정절을 지키고자 절에 들어가 비구니가 되었다.

그러다가 왕건은 909년 다시 정주에 오게 되었다. 덕진포로 출정하기에 앞서 정주에서 전함을 수리하였던 것이다. 다음 기록을 보자.

> F. 궁예는 또 태조에게 명령하여 貞州에서 전함들을 수리한 후 關粲 宗希·金言 등을 副將으로 하여 군사 2천 5백을 거느리고 光州 珍島郡을 가서 치게 하여 이를 함락시켰다. 다시 진격하여 皐夷島에 머무르니 성안 사람들이 이쪽 진용이 대단히 엄숙하고 씩씩한 것을 보고 싸우기도 전에 항복하였다. 다시 나주 포구에 이르렀을 때에는 견훤이 직접 군사를 거느리고 전함들을 늘여 놓아 木浦에서 德眞浦에 이르기까지 머리와 꼬리를 서로 물고 수륙 종횡으로 군사들의 형세가 심히 성하였다. 그것을 보고 우리 여러 장수들은 근심하는 빛이 있었다. 태조는 말하기를, "근심하지 말라. 전쟁에서 이기고 지는 것은 군대의 의지가 통일되어 있느냐 없느냐 하는 데 있는 것이지 그 수가 많고 적은 데 있는 것은 아니다."라고 하면서 곧 진군하여 급히 공격하니 적선들이 조금 퇴각하였다. 이에 바람을 타서 불을 놓으니 적들이 불에 타고 물에 빠져죽는 자가 태반이었다. 여기서 적의 머리 5백여 급을 베었다. 견훤은 작은 배를 타고 도망하였다.(『고려사』 권1 태조세가 梁 開平 3년)

여기서 보는 바와 같이 궁예는 왕건에게 명령하여 진도군을 치게 하였는데 왕건은 이를 점령하고 더 나아가 고이도를 거쳐 나주 포구에 이르렀다. 이때 견훤의 수군이 매우 많아 군사들이 두려워하자 왕건은 그들을 안심시키고 화공 작전을 펼쳐 견훤군을 대패시켰다. 이것이 德眞浦 전투였다.

그런데 이때 정주에서 전함을 수리하면서 6년 전 인연을 맺었던 유씨 부인이 생각났다. 수소문을 해 보니 비구니가 되었다는 소식을 듣고 너무 가상한 느낌이 들어 그를 불러 정식 결혼을 한 것이라 생각한다.

그렇다면 왕건과 유씨 부인과의 결혼은 태조 왕건의 부인 29명 가운데 가장 먼저 한 것인가 하는 점이 궁금해진다. 태조의 부인 가운데 제일 먼저 거론되고 있기 때문이다. 이해를 돕기 위해 태조의 부인 29명의 명단을 기재 순서대로 표를 만들어 보면 다음과 같다.

〈표 2〉 태조의 후비 일람표

	태조 후비명칭	성씨	출신조	현 지명	후비의 아버지
1	신혜왕후	柳氏	정주	풍덕	天弓
2	장화왕후	吳氏	나주	나주	多憐君
3	신명순성왕후	劉氏	충주	충주	兢達
4	신정왕태후	皇甫氏	황주	황주	悌恭
5	신성왕태후	金氏	경주	경주	億廉
6	정덕왕후	柳氏	정주	풍덕	德英
7	헌목대부인	平氏	경주	경주	俊
8	정목부인	王氏	명주	강릉	景
9	동양원부인	庾氏	평주	평산	黔弼
10	숙목 부인		진주	진천	名必
11	천안부원부인	林氏	경주	경주	彦
12	흥복원부인	洪氏	홍주	홍성	規
13	대량원부인	李氏	협주	합천	元
14	대명주원부인	王氏	명주	강릉	乂
15	광주원부인	王氏	광주	경기 광주	規
16	소광주원부인	王氏	광주	경기 광주	規
17	동산원부인	朴氏	승주	승주	英規
18	예화부인	王氏	춘주	춘천	柔
19	대서원부인	金氏	동주	서흥	行波
20	소서원부인	金氏	동주	서흥	行波
21	서전원부인				
22	신주원부인	康氏	신주	신천	起珠
23	월화원부인				英章
24	소황주원부인				順行
25	성무부인	朴氏	평주	평산	智胤
26	의성부원부인	洪氏	의성부	의성	儒
27	월경원부인	朴氏	평주	평산	守文
28	몽량원부인	朴氏	평주	평산	守卿
29	해량원부인		해평	해평	宣必

이 표를 근거로 왕건과 신혜왕후와의 결혼 시기를 추정하기 위해 두 번째로 기재되어 있는 장화왕후 오씨와의 혼인을 살펴보자.

G. 莊和王后 吳氏는 나주 사람이었다. 조부는 富頓이고 부친은 多憐君이니 대대로 이 州의 木浦에서 살았다. 다련군은 沙干 連位의 딸 덕교에게 장가 들어 后를 낳았다. 일찍이 后의 꿈에 포구에서 용이 와서 뱃속으로 들어가므로 놀라 꿈을 깨고 이 꿈을 부모에게 이야기하니 부모도 기이하게 여겼다. 얼마 후에 태조가 水軍將軍으로서 羅州를 鎭撫하였는데 배를 목포에 정박시키고 시냇물 위를 바라보니 오색 구름이 떠 있었다. 가서 본 즉 왕후가 빨래하고 있으므로 태조가 그를 불러서 관계를 맺었는데 그의 가문이 한미한 탓으로 임신시키지 않으려고 피임 방법을 취하여 정액을 돗자리에 배설하였다. 后는 즉시 그것을 흡입하였으므로 드디어 임신하여 아들을 낳았는바 그가 惠宗이다. (『고려사』 권88 후비전1 태조 장화왕후 오씨)

여기서 보는 바와 같이 왕건과 장화왕후 오씨가 만난 것도 왕건이 水軍將軍으로 있을 때이다. 이때는 대략 911년 경으로 추측된다. 혜종은 後梁 乾和 2년(912) 임신년에 출생하였기 때문이다.[27] 따라서 시간의 순서에 따른다면 신혜왕후 유씨와 관계를 맺은 것이 훨씬 먼저의 일이라 하겠다. 이 때문에 신혜왕후는 제1비로써 생존 시부터 왕후라 칭해졌으리라 짐작된다.[28]

한편 신혜왕후 유씨처럼 태조와 관계한 후 여승이 된 예는 이후에도

---

27) 『高麗史』 권2 혜종세가 서론.
28) 김창현도 "생존 시에 왕후 혹은 왕비를 칭했을 가능성이 가장 큰 배우자는 왕건과 가장 먼저 결혼하고 왕건의 즉위를 권유한 신혜왕후 유씨이다."라고 하고 있으며 기타 다른 왕후와 태후들은 대개 사후에 붙여진 호칭일 것이라 추단하고 있다.(「고려시대 후비의 칭호와 궁」,『고려의 여성과 문화』, 신서원, 2007, 13쪽)

있었다. 즉 태조의 대서원 부인과 소서원 부인이 그들이다. 기록을 보자.

> H. 小西院夫人 金氏도 金行波의 딸이다. 김행파는 활을 잘 쏘고 말도
> 잘 탔으므로 태조가 金이라는 성을 주었다. 태조가 西京으로 가는데
> 김행파가 사냥꾼들을 데리고 길가에서 만나 보고 자기의 집으로
> 청하여 두 밤을 유숙시키면서 두 딸로 하여금 하룻밤씩 그를 모시게
> 하였다. 그 후 다시는 상관하지 않았으므로 두 딸은 모두 집을 떠나
> 여승[尼]이 되었다. 태조가 그들을 불쌍히 여기어 불러서 만나보고
> "그대들이 이미 여승이 되었으니 그 결심은 꺾을 수 없구나!"라고
> 말하더니 서경 성안에 大西院, 小西院이란 두 절을 짓고 토지와 농민을
> 예속시킬 것을 명령하여 그들에게 각각 거처하게 하였다. 그래서
> 대서원 부인, 소서원 부인이라고 불렀다.(『고려사』 권88 후비전1 태조
> 소서원부인 김씨)

태조가 서경으로 갈 때 이들을 만났으므로 태조가 왕위에 즉위한 이후의
일임은 분명하다. 김행파는 원래 洞州 사람이었다.[29] 그러나 태조 5년
평양으로 이주하게 되었다. 즉 이 해에 태조 왕건은 大丞 質英과 行波
등 일가의 부형 자제들과 여러 군현의 良家 자제들을 사민시켜 평양을
채우고 서경이라 불렀던 것이다.[30] 그러므로 대서원, 소서원 부인과의
결혼은 태조 5년 이후의 일이다. 그런데 김행파는 예전 유천궁을 본받아
두 딸을 보내 태조를 모시고 자게 하였다. 그리고 신혜왕후처럼 두 딸을
여승이 되게 했다.

김행파나 유천궁은 각각 그 지방의 유력한 호족으로서 자진해서 그들의
딸을 태조 왕건에게 바쳤으며, 또한 태조 왕건도 순순히 그들의 요청에

---

29) 『高麗史』 권88 후비전1 태조 대서원부인 김씨.
30) 『高麗史』 권1 태조세가 5년.

따랐다. 그것은 이러한 혼인 정책이 고려 왕실뿐 아니라 호족 측에서도 크게 유리하였기 때문이었다.[31] 그러나 태조는 이들을 개경으로 부르지 않고 절을 지어주고 토지를 주었을 뿐이었다. 김행파의 속셈을 알고 있었기 때문이었다. 이렇게 하여 대서원부인과 소서원부인이 있게 되었다.

(3) 神惠王后의 역할

이렇게 하여 태조 왕건과 결혼하게 된 신혜왕후는 제1비로서 어떠한 역할을 했는가. 평상시의 내조에 대해서는 사료가 없어 잘 알 수 없지만 태조의 일생에 있어 가장 중요한 순간에 결정적인 역할을 하였다. 궁예에 대한 혁명을 일으키는데 도움을 주었던 것이다. 이에 대한 기록을 보자.

I-① 그 해 6월 을묘에 騎將 洪儒, 裵玄慶, 申崇謙, 卜智謙 등이 비밀히 짜고 밤중에 태조의 저택으로 가서 그를 왕으로 추대할 뜻을 함께 말하였다. 태조는 굳이 거절하여 허락하지 않았으나 부인 柳氏가 손수 갑옷을 들어 태조에게 입히니 여러 장수들이 옹위하고 나오면서 사람을 놓아 말을 달리며 외치기를, "왕공이 벌써 義旗를 들었다."라고 하였다. 이때에 분주히 달려와서 함께 참가한 자들이 이루 헤일 수가 없었고 먼저 궁문으로 와서 북을 치고 떠들면서 기다리는 자도 만여 명이나 되었다. 궁예가 이 소문을 듣고 깜짝 놀라 말하기를, "왕공이 벌써 승리를 얻었으니 내 일은 다 틀렸다." 하고 어찌할 줄을 몰랐다. 이리하여 그는 변복을 하고 북문으로부터 도망쳐 나가니 궁녀들이 궁 안을 깨끗이 하고 태조를 맞아들였다.(『고려사』 권1 태조세가 貞明 4년)

---

31) 하현강, 「고려 전기의 왕실 혼인에 대하여」, 『이대사원』 7 ; 『한국중세사연구』, 일조각, 1988, 130쪽.

I-② 궁예 말년에 洪儒, 裴玄慶, 申崇謙, 卜智謙 등이 태조의 집으로 와서
廢立에 대하여 의논하려고 하는데 后에게는 알리고 싶지 않아서 그에
게 말하기를 "채소 밭에 새로 익은 오이가 있는지요? 따오실 수 있겠습
니까?"라고 하였더니 왕후는 그들의 의도를 알아차리고 나왔다가
다시 북쪽 창문으로 해서 가만히 휘장 속으로 들어가 숨었다. 이때
여러 장군들이 드디어 태조를 왕으로 추대하자는 의사를 표시하니
태조가 낯을 붉히면서 아주 굳이 거절하고 있었다. 이때 후가 급히
휘장 속에서 나와 태조에게 말하기를 "대의를 내세우고 폭군을 갈아버
리는 것은 예로부터 있었던 일입니다. 지금 여러 장군들의 의견을
들으니 저도 의분을 참을 수 없는데 하물며 대장부야 말할 나위가
있겠습니까?"라고 하면서 손수 갑옷을 가져다가 남편[왕건]에게 입혀
주었으며 여러 장군들은 그를 옹위하고 나가 그가 드디어 왕위에
올랐다.(『고려사』 권88 후비전1 태조 신혜왕후 유씨)

I-③ 그 해 6월에 將軍 弘述·白玉三·能山·卜沙貴 네 사람이 비밀히 모의하고
밤에 태조의 집에 가서 말하기를 "지금 主上이 형벌을 남용하여 妻子를
죽이고 臣僚를 誅殺하니, 백성이 도탄에 빠져 부지할 수가 없습니다.
예로부터 昏主[어리석은 군주]를 폐하고 明王을 세우는 것은 천하의
大義입니다. 청컨대 公은 湯王·武王의 일을 행하기 바랍니다." 하였다.
태조가 顔色을 고치며 거절하기를 "내가 忠誠과 純直을 스스로 지켜왔
는데, 지금 [主上이] 포학하다고 하지만 감히 두 마음을 가질 수 없다.
대저 신하로서 임금을 교체하는 것을 革命이라 하는데, 나는 실제
덕이 없는데 어찌 감히 殷·周의 일을 본받을 수 있으랴." 하였다.
여러 장수들이 말하기를 "때는 두 번 오지 아니하므로, 만나기는
어렵고 잃기는 쉽습니다. 하늘이 주는 것을 취하지 않으면 도리어
그 벌을 받습니다. 지금 政事는 어지럽고 나라는 위태로운데, 백성들이
모두 윗사람 미워하기를 원수와 같이 합니다. 지금에 있어 德聖이

公의 위에 있을 사람이 없습니다. 하물며, 王昌瑾이 얻은 鏡文이 저러한데, 어찌 침거하여 가만히 있다가 獨夫의 손에 죽을 것입니까." 하였다. 부인 柳氏도 여러 장수들의 의논을 듣고 이에 太祖에게 이르기를 "仁으로써 不仁을 치는 것은 예로부터 그러합니다. 지금 여러 사람의 의논을 들으니 妾으로서도 분한 마음이 일어나는데, 더구나 대장부에 있어서이겠습니까? 지금 여러 사람의 마음이 갑자기 변하는 것은 天命이 돌아왔기 때문입니다." 하며 손으로 갑옷을 들어 태조에게 올렸다. 여러 장수들이 태조를 부축하여 호위하고 문 밖으로 나오며 외치게 하기를, "王公이 이미 義旗를 들었다."고 하였다. 이에 전후에서 달려와 따르는 자가 얼마인지 모르며, 또 먼저 궁성의 문으로 가서 떠들며 기다리는 자가 역시 1만여 명이었다.(『삼국사기』 권50 궁예전)

궁예는 집권 말기에 이르러 서서히 민심을 잃어가고 있었다. 궁예가 왕위에 오르기 전에는 모범적인 리더십을 발휘하였다. 기록에 의하면 그는 "사졸들과 더불어 甘苦와 勞逸을 같이하며, 주고 빼앗고 하는 데 있어서도 公으로 하고 私事로 하지 않았다. 이에 衆心이 그를 두려워하고 敬愛하였다."는 것이다.[32] 그러나 왕위에 오른 후 변하기 시작하여 말년에는 폭군의 모습으로 변해 있었다. 기록에 의하면 하루에도 백여 명씩 죽이어 장수나 재상으로서 해를 입은 자가 십중팔구에 이르렀다. 또 그는 彌勒觀心法을 체득하였다 하면서 3척이나 되는 쇠방망이를 만들어 놓고 죽이고 싶은 자가 있으면 바로 죽였다. 그것을 달구어 여자의 음부를 찔러 죽이기까지 하였다. 이리하여 부녀들이 모두 벌벌 떨었으며 원망과 분한이 날로 심하여졌다 한다.[33] 또 僧 釋聰이 궁예가 지은 經文의 내용이 불교의 정도에 맞지 않는다 비판하자 그를 철퇴로 때려죽이기도 하였다.

---

32) 『三國史記』 권50 궁예전.
33) 『高麗史』 권1 태조세가.

나중에는 자신의 부인과 두 아들도 죽이는 만행을 저질렀다.[34) 왕건도 이 궁예의 미륵관심법에 걸려들기도 했다. 그러나 崔凝의 도움으로 살아날 수 있었다.[35)

이런 상황 속에서 궁예의 부하였던 홍유 등 4명의 장수가 왕건에게 찾아와 혁명을 제의했던 것이다. 그러나 태조가 이를 굳이 거절하자 부인 유씨가 갑옷을 들고 나와 태조에게 주니 결국 혁명을 하게 되었다는 것이다. 이것이 I-①의 내용이다.

이를 좀더 자세히 설명하고 있는 것이 I-②의 사료이다. 즉 왕건은 부인에게 오이를 따오라는 핑계로 밖으로 나가게 하였다. 그러나 상황을 눈치 챈 유씨 부인은 몰래 휘장에 숨어 있다가 대화를 엿듣고 나와 "大義를 내세우고 폭군을 갈아버리는 것은 예로부터 있었던 일입니다. 지금 여러 장군들의 의견을 들으니 저도 의분을 참을 수 없는데 하물며 대장부야 말할 나위가 있겠습니까?" 하면서 갑옷을 가져다 태조에게 입혀주었다는 것이다. 그가 내세운 명분은 大義였다. 대의를 위해서 대장부는 목숨을 아끼지 말아야 한다는 것이었다.

가장 자세한 상황을 전하고 있는 기록은 I-③이다. 우선 홍유 등 4명의 장군이 어리석은 군주를 현명한 군주로 바꾸는 것은 천하의 大義라 하면서 탕왕과 무왕의 예를 들어 혁명할 것을 주장하였다. 탕왕과 무왕은 동양의 폭군으로 일컬어지는 夏나라의 桀王과 殷나라의 紂王을 타도하고 새로이 殷과 周를 건국하여 왕위에 오른 인물들이다. 역사에 이미 그러한 왕들이 있으니 혁명하는 것은 당연하다고 한 것이다. 그러나 태조가 이를 계속 거절하자 하늘이 주는 것을 받지 않으면 도리어 벌을 받는다는 天命 사상을 들어 설득하였다. 또 왕창근의 경문을 그 근거로 들고 나왔다.

왕창근의 鏡文이란 918년에 당나라의 상인 왕창근이 철원의 시장에서

---

34) 『三國史記』 권50 궁예전.
35) 『高麗史』 권92 최응전.

사온 거울에 써진 글자를 말한다. 즉 그가 거울을 벽에 걸어놓았는데 햇빛이 비치니 글자가 나타났던 것이다. 그 내용 중의 일부는 다음과 같았다.

J. 上帝가 아들을 辰馬에 내려보내니,
  먼저 닭[雞]을 잡고 뒤에 오리[鴨]를 때린다.
  巳年 中에는 두 龍이 나타나는데,
  하나는 몸을 靑木 中에 감추고,
  하나는 형상을 黑金의 동쪽에 나타냈도다.(『삼국사기』 권50 궁예전)

왕창근이 이상하게 여겨 궁예에게 이를 바쳤는데 궁예가 문인 宋含弘·白卓·許原 등을 명하여 풀이하게 하였다. 含弘 등이 해석하기를 "上帝가 아들을 辰馬에 내려보냈다는 것은 辰韓·馬韓을 말함이요, 두 龍이 나타나 하나는 靑木에 감추고 하나는 黑金에 나타냈다고 하였는데, 靑木은 소나무이니 松岳郡人으로서 龍으로 이름한 이의 손자, 즉 지금의 波珍湌 侍中[왕건]을 말함이다. 黑金은 鐵이니, 지금의 都邑인 鐵圓을 가리킨다. 지금 主上이 처음에 여기서 일어났다가 나중에 여기서 멸망한다는 讖言이다. 먼저 닭을 잡고 후에 오리를 친다는 것은 波珍湌 侍中이 먼저 雞林을 얻고 후에 鴨淥江을 거둔다는 뜻이다."라고 하였다.[36] 그러나 宋含弘 등이 서로 말하기를 "지금 主上의 虐亂이 이와 같은데, 우리들이 사실대로 말한다면 우리들만이 죽어 젓갈이 될 뿐 아니라, 波珍湌 또한 반드시 화를 당할 것이다." 하고는 적당히 말을 꾸며 궁예에게 보고하였다는 것이다.[37]

---

36) 그러나 여기서의 鴨은 압록강을 뜻하는 것이 아니라는 견해도 있다. 즉 鴨은 鴨綠을 가리킨다고 볼 수 있지만 이는 압록강이 아니고 전남 곡성의 압록을 말하며 후백제를 뜻한다는 것이다.(이재범, 「나말려초 '鴨綠'의 위치 비정」, 『사림』 27, 2007)

37) 『三國史記』 권50 궁예전 貞明 4년.

이것이 바로 왕건에게 천명을 준 근거라 한 것이다. 이 천명을 수행하지 않으면 오히려 벌을 받아 궁예에게 죽게 될 것이라는 논리였다.

부인 柳氏도 이에 찬성하면서 "仁으로써 不仁을 치는 것은 예로부터 그러합니다. 지금 여러 사람의 의논을 들으니 妾으로서도 분한 마음이 일어나는데, 더구나 大丈夫에 있어서이겠습니까? 지금 여러 사람의 마음이 갑자기 변하는 것은 天命이 돌아왔기 때문입니다." 하며 갑옷을 들어 태조에게 올리니 태조가 드디어 혁명을 단행했다는 것이다. 유씨 부인의 설득이 없었으면 혁명이 이루어지지 않았을 수도 있는 것이었다. 그러나 유씨 부인의 협조로 혁명을 일으켜 성공함으로써 왕건은 왕위에 오를 수 있었고 홍유 등 4명의 장군도 개국 1등공신에 책봉될 수 있었다. 따라서 유씨 부인도 남자였다면 개국 1등공신이 되었음은 자명하다. 4장군과 유씨 부인의 권유로 왕건은 나이 42세에 왕위에 올랐다.

그 이후에도 신혜왕후 유씨는 태조를 충실하게 내조하였던 것 같다. 그것은 태조 16년 중국의 後唐에서 그를 河東郡夫人으로 책봉하고 있는 것에서 알 수 있다. 후당의 명종은 책봉과 함께 조서도 보내왔다. 그 조서의 내용은 다음과 같다.

K-① 또 다른 조서에는 이렇게 씌어 있었다. "당신은 長淮의 茂族이요 해외의 강국으로서 문무의 재주를 가지고 그 지역을 장악하였으며 충효의 미풍을 가지고 우리의 문화를 섭취하고 있다. 아름다운 정성은 이미 깃발에 새겼으며 영예로운 대우 절차는 문건에 밝혀져 있다. 조서에는 벌써 친선의 정이 표시되었고 가정이 화목하니 백성의 모범으로 될 만하다. 식읍을 나누어 당신의 부인을 경사롭게 하려는 것이니 그로 하여금 內助의 공을 빛내게 하며 이 특별한 대우에 어긋나지 않게 할 것이다. 당신의 성의를 아는 바이니 나의 은혜를 짐작하리라. 이제 부인 柳氏를 河東郡夫人으로 책봉한다." 하였다.(『고려사』

권2 태조세가 16년 3월)

K-② 태조 16년에 後唐 明宗이 太僕卿 王瓊 등을 보내 后를 책봉하였는데 그 글은 다음과 같다. "남의 처가 되어 남편을 잘 섬겨서 부귀를 누리게 된 사람을 그 집안의 가장 좋은 아내라고 본다. 封邑의 제도는 옛 법에 있는바 이제 좋은 배필을 한층 더 빛내주어 국왕의 벼슬에 상응하게 한다. 大義軍使 特進檢校太保 使持節玄兎州都督 上柱國 高麗國王의 처 河東 柳氏는 內助하는 말이 정당하였으며 도움을 준 바도 실로 많았다. 국가 대사를 좋은 계책으로 보좌하였으며 부인으로서 총애와 우대를 받아 왔었다. 임금을 보좌하여 충절을 이루었으며 남편을 섬기는데 유순하고 현명하였다. 이에 일반적 관례를 초월하여 특별한 명예를 주노니 더욱 勤王의 뜻을 가다듬어 나간다면 이것이 국은에 보답하는 규범이라고 말할 것이다. 그대를 河東郡夫人으로 봉하노라." 하였다.(『고려사』권88 후비1 태조 신혜왕후 유씨)

위에서 보는 바와 같이 후당에서는 조서를 보내와 신혜왕후를 하동군부인으로 책봉하였다. 사실 그 해 후당에서는 王瓊, 楊昭業 등을 고려에 파견하여 4통의 조서를 보내왔다.[38] 그 중 2통은 태조를 고려국왕으로 책봉하는 조서이고 다른 1통은 三軍의 장병들에게 보내온 조서이다. 그리고 다른 1통이 바로 왕건의 부인인 유씨를 하동군부인으로 책봉하는 K-①의 자료인 것이다. 그런데 K-①의 내용을 살펴보면 대부분 왕건에 관한 것이고 마지막 부분에만 내조의 공을 빛나게 하기 위해 부인 유씨를 하동군부인에 봉한다고 하였다.

반면 K-②는 부인 유씨의 내용으로 되어 있다. 즉 유씨 부인은 내조도 잘하고 도움을 준 것도 많았으며 국가 대사를 좋은 계책으로 보좌하였다

---

38) 『高麗史』 권2 태조세가 16년 3월.

하였다. 임금을 보좌하여 충절을 이루었으며 남편을 섬기는데 유순하고 현명하였다고 하고 있다. 이에 하동군부인에 봉한다고 밝히고 있다. 특히 국가 대사를 좋은 계책으로 보좌하였다는 표현은 왕건을 왕위에 오르게 한 것을 가리키는 것이 아닌가 한다. 또 남편을 섬기는데 유순하고 현명하게 한 것은 그가 비구니 출신 때문이었지 않나 한다.

사실 신혜왕후의 책봉은 고려의 청에 의한 것이었다. 즉 이전에 왕건이 王儒를 보내 주청한 데에 따른 것이었다.[39] 이 왕유는 王仲儒를 말하는 것으로 태조 15년(932) 그가 후당에 간 것이 기록에서 확인이 된다.[40] 건국 과정에서 도와준 것에 대한 고마움의 표시로 왕건은 신혜왕후의 책봉을 후당에 요청하였다고 여겨진다. 고려시대에 국왕과 부인을 동시에 책봉한 것은 이것이 유일한 예이다.[41]

한편 후당은 왜 유씨 부인을 河東郡夫人에 봉했을까. 하동군부인이란 무슨 뜻일까. 하동은 황하의 동쪽이란 뜻으로 지금의 山西省 일대를 말한다.[42] 唐 太宗이 전국을 10道로 나눌 때도 그 일대를 河東道라 한 것에서도 알 수 있다.[43] 또 사료 K-①에서 왕건을 '長淮의 茂族'이라 하고 있는 바 원래 장회 역시 중국의 淮河를 가리킨다.[44] 그렇다고 하여 왕건이 중국 출신이라는 뜻은 아니다. 동이족의 번성한 족속이란 뜻이다.[45] '河東'이란 뜻도 '황하의 동쪽'이란 뜻이지만 중국을 뜻하는 것이 아니다. 고려를 중국의 동쪽에 있는 나라라는 뜻에서 '하동군'이라 하였고 거기서 제일가는

---

39) 『冊府元龜』 권976 外臣部 長興 3년 7월 詔.
40) "是歲 遣大相王仲儒如唐 獻方物."(『高麗史』 권2 태조세가2 15년)
41) 심재석, 「고려와 五代·宋과의 책봉 관계」, 『고려국왕 책봉 연구』, 혜안, 2002, 56쪽.
42) 諸橋轍次 저, 『大漢和辭典』 권6, 1986, 1014쪽.
43) 程光裕 등 編, 『中國歷史地圖(上)』, 中國文化大學出版部, 1980, 46쪽.
44) 김갑동, 「'왕건의 중국출신설'에 대한 비판적 검토」, 『동북아역사논총』 19, 2008, 158쪽.
45) 김갑동, 위의 논문, 161쪽.

부인이란 뜻으로 '하동군부인'이라 한 것이 아닌가 한다.

이처럼 유씨 부인은 태조의 혁명을 도와 고려를 개창하는데 큰 역할을
했으며 그 후에도 여러 방면에서 태조를 잘 내조한 것을 중국에서도
인정하여 그를 하동군부인에 책봉했던 것이다. 그리고 죽은 후에는 神惠王
后란 시호를 받고 태조의 능인 顯陵에 합장되었다.[46] 시호의 의미는 神과
같은 지혜를 갖고 있었다는 뜻이었다. 현릉에 합장한 것은 태조의 제1비이
며 태조가 가장 사랑했었기 때문이었을 것이다.

(4) 貞州 柳氏의 동향

그러나 안타깝게도 신혜왕후 유씨는 후손을 보지 못하였다. 그 때문일
까. 태조는 언제인가 정주 출신의 또 다른 왕비를 맞았다. 그가 바로
貞德王后 柳氏였다. 다음 기록을 보자.

> L. 貞德王后 柳氏는 貞州사람이니 侍中 德英의 딸이다. 그는 王位君, 仁愛君,
> 元莊太子, 助伊君, 文惠·宣義 두 왕후를 낳았다.(『고려사』권88 후비전1
> 태조 정덕왕후 유씨)

정덕왕후는 위의 〈표 2〉에서 보듯이 태조의 왕비 중 여섯 번째로 기록되
어 있다. 이것이 꼭 권력상의 서열인지 혼인의 순서인지 단언할 수 없지만
태조에게 있어 중요한 비중을 차지했던 왕비임에는 틀림없다. 아마도
신혜왕후 유씨가 자손을 보지 못하자 그 친척 중의 한 사람을 다시 왕비로
맞은 것이 아닌가 한다. 유천궁이나 유덕영이 같은 지역 출신이고 같은
성씨인 점이 그것을 뒷받침해 준다.

---

46) 『高麗史』권88 후비1 태조 신혜왕후 유씨.

유씨는 정주 지역의 수위 성씨 집단으로 土姓 중 제1위였다.[47] 그런데 신혜왕후가 후손을 보지 못하였으니 가문의 영달을 위해서도 새롭게 혼인을 추진하여 후손을 보려 했던 것 같다.[48] 유덕영이 侍中을 지냈다는 것으로 보아 그는 중앙 정계에서 활약한 인물임에 틀림없다. 시중이 죽은 후에 준 贈職일 가능성도 배제할 수 없지만 중앙 관직을 지냈음은 명백해 보인다. 반면 유천궁은 관직이 없었던 점으로 미루어 정주에 토착했을 것으로 생각된다. 정주 유씨 가문에서는 후손을 보기 위해 중앙 정계에서 영향력있는 유덕영의 딸을 태조와 혼인시킨 것으로 생각한다. 그 때문일까. 정덕왕후는 4명의 아들과 2명의 딸을 낳았다.

그들의 희망대로 정덕왕후의 후손이 왕위에 올랐으니 그가 곧 고려의 6대 왕 成宗이었다. 즉 성종은 정덕왕후의 딸인 선의왕후의 아들이었다.[49] 태조의 神靜王太后 皇甫氏가 낳은 戴宗[50]과 선의왕후 사이에서 태어난 아들이 성종이었던 것이다. 그러나 성종의 어머니 선의왕후가 일찍 죽자 성종은 할머니인 신정왕태후 황보씨의 품에서 자랐다.[51] 광종대에도 그 가세를 유지할 수 있었는데 그것은 광종의 부인인 대목왕후가 신정왕태후 황보씨의 딸이었기 때문이다.[52] 대목왕후는 성종에게 고모가 되는

---

47) 『世宗實錄地理志』 경기도 풍덕군 토성 및 『新增東國輿地勝覽』 권13 경기도 풍덕군 성씨.

48) 이태진은 왕후와 부인은 지위상 많은 차이가 있었는데 그 차이란 소생의 왕위 계승 자격 유무였다고 하였다. 그런데 제1비인 신혜왕후가 소생이 없어서 정주 세력은 正妃의 반열에 들어야 한다는 전제 아래 제6비 정덕왕후의 擇定이 있게 된 것이라 하였다.(「김치양 난의 성격—고려초 서경세력의 정치적 추이와 관련하여—」, 『한국사연구』 17, 1977, 70쪽)

49) 『高麗史』 권3 성종세가 서문.

50) 『高麗史』 권88 후비전1 태조 神靜王太后 皇甫氏.

51) 언제부터인지 정확히 알 수 없지만 고려시대에는 男歸女家의 풍습이 있었다. 즉 남자가 결혼하면 상대 여성의 집에 거주하였던 것이다. 이것이 처가나 외가의 영향력을 크게 만든 한 요소가 되었다.(김창현, 「고려시대 외가와 처가의 위상」, 『고려의 여성과 문화』, 신서원, 2007, 204~207쪽)

52) 『高麗史』 권88 후비전1 광종 대목왕후.

관계였다. 경종은 광종의 아들이었으니 경종과 성종은 고종 사촌 형제 사이였다. 특히 경종은 정덕왕후의 아들 元莊太子의 딸을 부인으로 맞기도 하였다. 그가 곧 大明宮夫人 柳氏였다.[53] 목종은 경종과 대목왕후의 딸 헌애왕후와의 사이에서 난 아들이었으며 현종 또한 안종과 대목왕후의 딸인 헌정왕후 사이에서 난 아들이었으니[54] 둘은 성종의 조카였다. 따라서 혜종, 정종만 제외하고 적어도 현종대까지는 그 가세를 유지할 수 있었다. 혜종, 정종은 재위 기간이 짧았으므로 그 영향력이 크지 않았다. 그러나 이후 정주 유씨는 황주 황보씨와의 결합이 자연스럽게 이루어지게 되었고 중첩된 혼인관계를 통해 가세를 유지할 수 있었던 것이다. 이를 표로 보면 다음과 같다.[55]

〈표 3〉 정주 유씨 관련 가계도

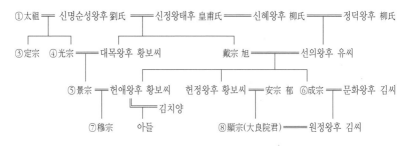

그 덕분일까. 이후 이 가문에서는 柳韶-柳洪-柳仁著 순으로 대를 이어 가면서 영달하였고 왕비도 배출하였다. 다음 기록을 보자.

---

53) 『高麗史』 권88 후비전1 경종 대명궁부인 유씨.
54) 『高麗史』 권3 목종세가 서문 및 권4 현종세가 서문.
55) 이 표에서 헌애왕후와 헌정왕후의 아버지는 戴宗임에 틀림없다. 그러나 어머니가 분명치 않다. 그들의 어머니가 대종의 부인인 선의왕후라면 당시 왕후들은 外姓을 따랐으므로 그들의 성씨는 황보씨가 아닌 유씨가 되어야 한다. 그런데도 그들이 황보씨가 된 것은 특별한 이유가 있었으리라 생각한다. 이는 후일의 과제로 남겨둔다.

M-① 부인의 성은 柳氏이고 그 선조는 본래 河源郡 사람이니, 지금의
承天府이다. 돌아가신 銀靑光祿大夫 檢校太傅 守司空 上柱國 匡肅公의
넷째 딸이며 명의태후의 동생으로 어려서부터 행실이 어질었다. 계미
년[숙종 8, 1103] 門下侍中 文敬公 鈴平伯 天水公의 □째 아들인 左司郎中
尹彦榮에게 시집갔다. □이 없이 부인으로서의 몸가짐을 조용하게
가졌으며 내외 종족을 대하는 데에도 모두 법도가 있었다. 조부는
內史門下侍郎平章事 判尙書刑部事 上柱國 양의공 韶이고 어머니는 樂浪
國大夫人 김씨이며 외조부는 檢校太子太師 中樞院使 兵部上書 元晃이니
모두 나라의 뛰어난 가문이다. 明懿太后는 숙종의 □비이고 지금
임금[예종]의 어머니이니 부인은 나라의 이모[大舅]가 되는 셈이다.
(김용선 편, 「尹彦榮 처 柳氏 묘지명」, 『역주 고려묘지명집성(상)』,
한림대출판부, 2001)

M-② 柳仁著는 貞州 사람이다. 그의 부친 柳洪은 兵學者로 출세하여 선종
때에 侍中에 임명되었다.(『고려사』 권97 유인저전)

M-③ 肅宗 明懿太后 柳氏는 貞州 사람이니 문하시중 柳洪의 딸이다. 칭호를
明福宮主라고 하였다가 후에 延德宮主라고 고쳤다.(『고려사』 권88 후
비전1 숙종 명의태후 유씨)

M-①의 하원군이나 승천부는 정주의 또 다른 이름이다.[56] 이 묘지명은
예종 12년(1117)에 만들어진 것인데 정주는 한 때 하원군이라 불리었던
모양이다. 그러다가 예종 3년(1108)에 昇天府로 개명하였다.[57] 여기서
銀靑光祿大夫 檢校太傅 守司空 上柱國 匡肅公은 柳洪을 말하며 門下侍中
文敬公 鈴平伯 天水公은 尹瓘을 말한다.[58] 따라서 윤관의 아들 윤언영의

---

56) 『新增東國輿地勝覽』 권13 경기도 풍덕군 郡名. 承天府는 昇天府라 표기하기도 했다.
57) 『新增東國輿地勝覽』 권13 경기도 풍덕군 建置沿革.
58) 『高麗史』 권60 예지2 吉禮大祀 禘祫功臣配享於庭.

처 유씨는 유소의 손녀이고 유홍의 딸이었으며 명의태후의 동생이었음을
알 수 있다. 또 M-②에서 보면 유인저도 유홍의 아들로서 유인저와 윤언영
의 처는 남매간이었음을 알 수 있다. 明懿太后는 肅宗의 왕비였음도 M-③을
통해 알 수 있다. 따라서 최소한 유홍에게는 1명의 아들과 2명의 딸이
있었음을 알 수 있다.

柳韶는 숙종의 왕비였던 명의태후 유씨의 조부이며 유홍의 아버지였
다.[59] 그는 주로 현종대에 활약하였다. 그의 관력을 살펴보면 殿中侍御史
(현종 2년 4월) → 侍御史(현종 2년 8월) → 司憲中丞(현종 10년 10월)
→ 右諫議大夫(현종 13년 10월) → 同知中樞使(현종 16년 2월) → 太子賓客(현
종 16년 6월) → 中樞使(현종 20년 12월) → 中軍兵馬元帥(덕종 즉위년
7월) → 門下侍郎 同內史門下平章事(덕종 즉위년 10월)였다.[60] 그러다가
靖宗 4년 3월에 죽었다.

유소의 아들인 柳洪은 兵學으로 출세하여 宣宗 때에 侍中에 임명되었다.
그는 春秋左傳과 兵家秘訣에 정통하였으므로 나라에서 결정하기 어려운
문제가 있을 때마다 그는 옛날의 유명한 전략을 인용하여 현실에 적절한
대책을 제의하였다. 그것이 많은 경우에 적중하였으므로 당시에 그를
존중히 여겼다 한다.[61] 그는 주로 문종대에 관직 생활을 하였다. 그의
관력을 살펴보면 給事中 左承宣(문종 25년) → 兵部侍郎 中樞院知奏事(문종
27년) → 中樞副使(문종 29년) 등을 지냈다.[62] 문종 29년 7월에는 遼나라의
東京 兵馬都府署에서 추밀원이 시달한 공문에 준하여 압록강 이동의 국경을

59) 김용선 편, 「윤언영 처 유씨 묘지명」, 『역주 고려묘지명집성』, 한림대학교출판부,
    2001.
60) 『高麗史』 권5 현종세가 2년 4월, 현종 2년 8월, 현종 10년 10월, 현종 13년 10월,
    현종 16년 2월, 현종 16년 6월, 현종 20년 12월 및 덕종세가 즉위년 7월, 덕종
    즉위년 10월.
61) 『高麗史』 권97 유인저전.
62) 『高麗史』 권3 문종세가 25년 12월, 27년 2월, 29년 정월.

획정하자는 통첩을 보내왔다. 이에 고려에서는 지중추원사 柳洪과 상서우승 李唐鑑 등을 파견하여 요나라의 사절과 함께 국경을 심의 획정하게 하였으나 결말을 보지 못하고 돌아왔다.[63] 그는 외교 쪽에 밝았던 모양이다. 문종 32년에도 宋나라에서 사절단이 오자 왕의 명령을 받은 知中樞院事 吏部尙書 柳洪은 송나라 사절이 머물러 있는 使館으로 가서 피로연을 주관하기도 했다.[64] 문종 34년에는 송나라에 다녀오기도 했는데 갈 때 태풍을 만나 공납할 토산물을 많이 유실하였다. 돌아오자 문종은 그 죄를 묻고자 했으나 宋나라 임금의 권고에 의하여 그 죄를 용서하기도 하였다. 이때 그는 8통의 칙서를 가지고 왔다.[65]

이후에도 그는 승진을 거듭하여 太子賓客(문종 35년 2월) → 中樞院使(문종 35년 12월) → 參知政事(선종 즉위년 11월) → 中書侍郎平章事(선종 3년 4월) → 守司空(선종 4년 12월) → 中書侍郎平章事(선종 5년 3월)에 이르렀다. 선종 6년에는 국가에서 유홍에게 새 저택을 지어주었는데 12월에 그것이 완성되자 大僕卿 李資義를 시켜 유홍에게 은그릇, 비단 및 말안장과 마필을 주었다.[66] 그는 선종 8년 門下侍郎平章事로 생을 마감하였다.[67] 그런데도 그가 侍中이었다고 한 것은 죽기 직전에 시중을 주었거나 죽은 후의 贈職으로 추정된다.

정주 유씨 가문이 다시 위세를 떨치게 된 것은 바로 유홍의 딸이 肅宗의 왕비가 된 것이 계기가 되었다. 숙종의 왕비 明懿太后 柳氏가 바로 그이다. 그는 원래 明福宮主였으나 후에 延德宮主가 되었는데 숙종 2년 아들을 낳자 정식 왕비로 책봉되었다. 그 때 내린 조서를 보면 "外邸에서 결혼하였을 때엔 부녀의 도리를 지킴으로써 이름이 났으며 궁중에 들어와서는

---

63) 『高麗史』 권9 문종세가 29년 7월.
64) 『高麗史』 권9 문종세가 32년 6월.
65) 『高麗史』 권9 문종세가 34년 7월.
66) 『高麗史』 권10 선종세가 6년 12월.
67) 『高麗史』 권10 선종세가 8년 11월.

임금의 사업을 내조하여 게으르지 않았으므로 빨리 신명의 도움을 받아 자손이 번성하였다."라고 되어 있다.[68] 이를 보면 숙종이 왕위에 오르기 전에 이미 숙종과 결혼하였던 것 같고 궁중에 들어와 얼마 있다가 아들을 낳고 왕비로 책봉된 것 같다. 그는 睿宗 및 上黨侯 佖, 圓明國師澄儼, 帶方公 俌, 大原公 효, 齊安公 서, 通義侯 僑 등 7명의 아들과 大寧·興壽·安壽·福寧 등 4명의 딸을 낳았다. 그의 아들인 예종이 왕위에 오르자 그는 왕태후가 되었다.[69]

유홍의 아들이며 명의태후의 남동생인 유인저는 음서로 衛尉注薄에 임명되었다. 그러나 예종 3년 다시 과거시험을 보아 합격하면서 閤門祗侯를 시작으로 여러 번 승진하여 參知政事에 이르렀다. 예종 8년(1113)에 죽으니 왕이 친히 제문을 지어 제사지내고 守司徒 門下侍郎平章事 參知政事 벼슬을 추증하고 시호를 貞簡이라 하였으며 예종 廟廷에 配享하였다. 그는 부귀를 누리면서도 남에게 교만을 보이지 않았으며 선비다운 기풍이 있었다 한다.[70] 그가 과거에 합격한 것은 실력 외에 예종과의 관계도 작용하지 않았나 한다. 즉 예종은 유인저의 생질이었기 때문이다. 또 그는 당대의 명문 가문인 해주 최씨 崔思諏의 딸을 아내로 맞이하기도 하였다.[71]

이처럼 정주 유씨 3대 유소, 유홍, 유인저는 왕실에 충성을 다하여 모두 배향공신이 되었다. 즉 유소는 德宗室에 배향되었으며 유홍은 宣宗室에, 유인저는 睿宗室에 배향되었던 것이다.[72] 그러나 안타깝게도 유인저는 아들이 없었다. 따라서 그 후손이 정계에 진출하지 못함으로써 가세가 기울게 되었다.

---

68) 『高麗史』 권88 후비전1 숙종 명의태후 유씨.
69) 위와 같은 조항.
70) 『高麗史』 권97 유인저전.
71) 박용운, 「고려시대 해주최씨와 파평윤씨 가문 분석」, 『백산학보』 23, 1977 ; 『고려 사회와 문벌귀족가문』, 경인문화사, 2003, 190쪽.
72) 『高麗史』 권60 예지2 吉禮大祀 禘袷功臣配享於庭.

요컨대 貞州란 지명은 삼국시대의 고구려 시기에 탄생한 것이 아니고 고구려의 계승을 표방했던 궁예 통치기에 생겨났다. 수도를 송악에 정하고 있던 궁예에게 귀순해 와 貞州가 된 것이었다. 정주는 왕건의 근거지인 개성과 아주 가까운 거리에 있었고 해안에 위치해 있다는 지리적 요건 때문에 태봉이나 고려의 해군기지 역할을 하였다. 주로 여기서 전함을 수리하였던 것이다. 또 이것을 명당으로 지적한 道詵의 영향 때문에 일종의 離宮이 이곳에 건설되었다. 문종 때의 長源亭이 그것이었다. 神祠도 많이 설치되어 제사의 장소가 되기도 했다.

궁예 통치기에 왕건은 903년 장군이 되어 금성군을 공략하기에 앞서 정주에서 유씨 부인을 만나 인연을 맺었다. 이때 왕건은 유씨 부인의 덕성스런 용모와 長者 집 딸이라는 이유 때문에 그 집에 묵으면서 인연을 맺게 되었다. 그러나 바쁜 일정과 출정 등으로 잊고 있다가 909년 德眞浦로 출정하기에 앞서 정주에서 전함을 수리하게 되었다. 여기서 옛 여인이 생각난 그는 유씨 부인이 정절을 지키기 위해 여승이 되었다는 말을 듣고 감동하여 정식 아내로 맞이하게 되었다. 그의 첫 번째 부인이었다. 이러한 혼인 과정을 알았던 金行波는 이를 모방하여 자신의 두 딸을 바치고 여승이 되게 하기도 하였다.

이렇게 하여 왕건의 부인이 된 神惠王后 柳氏는 궁예 말기의 혼란 속에서 홍유를 비롯한 4명의 장군이 왕건을 추대하자 이 혁명을 적극 도왔다. 망설이고 있던 왕건을 天命과 大義로 설득하여 혁명을 단행하는 데 큰 역할을 하였다. 혁명이 성공함으로써 그는 고려의 개국에 1등공신 못지않은 위치를 차지하게 되었다. 제1부인으로서의 위치를 확고하게 다졌던 것이다. 이후에도 그는 태조 왕건을 충실하게 내조하여 태조 16년 後唐의 明宗에 의해 河東郡夫人에 책봉되었다.

그러나 불행하게도 그에게는 후손이 없었다. 이에 정주 유씨 가문에서는 柳德英의 딸을 다시 왕건의 후비로 들여 가문의 번영을 꾀하였다. 그들의 바람대로 貞德王后의 후손이 왕위에 올랐으니 그가 곧 고려의 6대 왕 成宗이었다. 즉 성종은 정덕왕후의 딸인 宣義王后의 아들이었다. 목종이나 현종도 성종의 조카뻘이 되었다. 따라서 혜종, 정종만 제외하고 적어도 현종대까지 貞州 柳氏는 그 가세를 유지할 수 있었다. 이후 이 가문은 柳昭-柳洪-柳仁著 등을 배출하면서 영달하였다. 그리하여 이들 3대는 모두 配享功臣이 되어 각각 德宗室, 宣宗室, 睿宗室에 배향되는 영광을 누렸다. 특히 유홍의 딸은 숙종의 왕비인 明懿太后가 되어 가문의 기둥이 되었다. 그러나 유인저 대에 이르러 가세가 서서히 기울기 시작하였다.

결국 태조의 고려 건국은 여러 호족들의 도움에 힘입은 바가 크지만 제1비 神惠王后 柳氏의 도움도 무시할 수 없었다. 그 대가로 후손들은 영달하여 대신이나 왕이 되기도 했고 또 다른 왕비를 배출할 수 있었다.

2. 장화왕후 오씨

(1) 왕건과 장화왕후 오씨와의 혼인

왕건은 고려를 건국하고 후삼국을 통일하기 위해 각 지역의 호족의 딸과 결혼하는 혼인 정책을 취하기도 하였다. 물론 그것이 꼭 정략적인 것은 아니었다. 때로는 호족의 요청에 의한 경우도 있었다. 그 결과 호족들과 태조와의 관계가 긴밀해진 것은 부인할 수 없는 사실이다. 이렇게 해서 그는 총 29명의 후비를 갖게 되었고 거기에서 25명의 아들과 9명의 딸을 얻게 되었다.

앞서 본 바와 같이 제1비는 신혜왕후 유씨였다. 그의 아버지는 貞州 사람으로 柳天弓이었다. 유천궁의 집은 큰 부자[大富]여서 고을 사람들이 長者라고 불렀다. 태조가 궁예의 부하로서 장군이 되어 군대를 거느리고 정주를 지나가다가 유씨 부인을 만나 인연이 되어 결혼하게 되었다.[73]

그러나 그에게는 아들이 없었다.

두 번째 부인이 바로 장화왕후 오씨로 나주 출신이었다. 왕건과 그녀와의 인연은 나주 출정에서 비롯되었다. 다음 기록을 보자.

A. 莊和王后 吳氏는 羅州人이니 祖는 富伅이고 父는 多憐君이다. 대대로 羅州의 木浦에 살았는데 多憐君이 沙干 連位의 딸 德交에게 장가들어 后를 낳았다. 后가 일찍이 꿈에 浦口의 龍이 와서 腹中에 들어가므로 놀라 깨어 부모에게 말하니 모두 기이하게 여겼다. 얼마 후에 太祖가 水軍將軍으로서 羅州에 出鎭하여 木浦에 배를 머무르고 시내 위를 바라보니 五色의 雲氣가 있는지라 가서 본즉 后가 빨래하고 있었다. 太祖가 불러 그에게 侍寢케 하였으나 미천한 신분이므로 姙娠하는 것을 원치 않아 寢席에 射精하였는데 后가 곧 이를 吸入하고 드디어 姙娠하여 아들을 낳으니 이가 惠宗이 되었다. 惠宗은 顔面에 돗자리 무늬가 있었으므로 世人이 '주름살 임금'이라 하였다. 항상 물을 寢席에 뿌리고 또 큰 병에 물을 담아 팔꿈치 씻기를 싫어하지 않으니 참으로 용의 아들이라 하겠다. 나이 7세 때 太祖가 임금이 될 德이 있음을 알았으나 어머니가 미천하여 嗣位하지 못할까 두려워하여 옷상자에 柘黃袍를 담아 后에게 下賜하니 后가 大匡 朴述熙에게 보이매 朴述熙가 그 뜻을 알고 세워 正胤[太子] 삼기를 청하였다. (后)가 薨하매 諡號를 莊和王后라 하였다.(『高麗史』 卷88 后妃傳 太祖 莊和王后 吳氏)

여기서 보는 바와 같이 왕건과 장화왕후 오씨가 만난 것은 왕건이 水軍將軍으로 있을 때이다. 이 수군장군은 해군대장군과 같은 뜻으로 해석된다. 그렇다면 왕건이 장화왕후와 관계를 한 것도 909년에서 913년

---

73) 『高麗史』 권88 后妃傳1 태조 신혜왕후 유씨 및 김갑동, 「고려 태조비 신혜왕후와 정주 류씨」, 『한국인물사연구』 11, 2009 참조.

사이의 시기로 보아야 한다. 이것은 정확히 들어맞는다. 혜종은 後梁
乾和 2년(912) 임신년에 출생하였기 때문이다.[74] 909년 덕진포 전투 승리
이후 태조는 다시 전함을 수리하고 군량을 준비하여 나주에 주둔하기
위해 진격하였다. 潘南縣 포구에 이르러 이 지역을 장악하고 있던 壓海縣의
賊首 能昌을 잡아 궁예에게 바쳤다.[75] 그리고는 나주를 점령하여 주둔하게
되었다. 이것이 911년 경으로 추측된다. 바로 이때 장화왕후 오씨를 만나
관계를 하고 그 이듬해 혜종을 낳은 것이다.

그런데 장화왕후를 만나 인연을 맺었으나 알고 보니 그 집안이 훌륭한
집안은 아니었던 모양이다. 그의 집안이 어느 정도였는지는 정확히 알
수 없다. 다만 그의 할아버지 富伅이나 아버지 多憐君을 통해 추측할
수밖에 없다.[76] 부돈은 '부유할 부', '어두울 돈'이라는 한자이다. 즉 '잘
알려지지 않은 부자'라는 뜻으로 해석할 수 있다. 그렇다면 오다련의
집안은 해외 무역을 통하여 부는 좀 축적했지만 정치권력은 별로 없는
집안이었지 않나 한다. 다련군의 '君'은 이름의 일부인지 관직인지 현재로
서는 잘 알 수 없다. 나주 오씨 집안은 원래 토착 집안이 아니고 중국에서
상업으로 일어나 해외무역상을 따라 신라에 왔다는 기록도 있다.[77] 나주의
위치상으로 보아 믿을 만하다고 하겠다. 즉 나주 목포에서 중국과의 무역에
종사하면서 가문을 일으킨 집안으로 추측된다. 해상세력의 하나였으나
권세가 큰 집안은 아니었던 것 같다.[78]

한편 장화왕후의 외할아버지는 沙干 連位였다. 사간은 지방세력들이

---

74) 『高麗史』 권2 혜종세가 서론.
75) 『高麗史』 권1 태조세가 서론.
76) 吳多憐에 대해서는 강봉룡, 「나말려초 왕건의 서남해 지방 장악과 그 배경」,
    『도서문화』 21, 2003, 350~352쪽 참조.
77) 『增補文獻備考』 49 帝系考 10 氏族, 吳氏.
78) 신호철은 중국과의 해상무역을 통하여 부를 축적하였던 해상 세력의 후손으로
    보고 있다.(「후삼국-고려초기 나주호족의 활동」, 『고려의 후삼국 통합과정과
    나주』, 경인문화사, 2013, 117쪽)

흔히 갖는 신라의 17관등 중 8위에 해당하는 것으로 沙飡, 薩飡, 또는 沙咄干이라고도 한다.79) 그런데 사간은 지방에서는 상당한 세력가였다고 추정된다. 왜냐하면 신라시대에는 지방의 주나 소경, 진의 책임자로 사찬의 직위에 있는 자들을 파견했기 때문이다. 예를 들면 진흥왕 18년에 國原을 小京으로 삼고, 沙伐州를 폐하고 甘文州를 두어 沙飡 起宗으로 그 곳의 軍主를 삼았으며80) 선덕여왕 8년 2월에는 何瑟羅州로 北小京을 삼고 沙飡 眞珠로 하여금 그곳을 鎭守케 하였다.81) 또 흥덕왕 4년 2월에는 唐恩郡을 唐城鎭으로 고치고 沙飡 極正을 보내어 鎭守케 하였다는 기록이 보이는 것이다.82) 따라서 오다련 집안은 부는 좀 있었으나 권세는 별로 없는 집안이었고 오다련의 처가 집안은 지방에서는 권력이 있는 세력가였다고 보는 것이 좋을 듯 하다.

(2) 혜종과 혜종사

왕건은 아이를 낳지 않으려 하였으나 실패하였다. 그리하여 사내아이를 낳았으니 그가 곧 武였다. 그는 태조 4년 태자로 책봉되었다가 태조의 뒤를 이어 왕위에 올랐다. 그가 바로 惠宗이었다. 이때 나주 오씨는 혜종의 후광을 등에 업고 나주에서 세력을 떨쳤을 것임에 틀림없다.

그러나 혜종은 왕위에 오래 있지 못하였다. 경기도 廣州의 호족이었으며 왕건에게 두 딸을 들인 王規란 자가 혜종을 여러 번 죽이려 하였다. 뜻을 이루지는 못하였지만 이 틈을 타 태조의 또 다른 아들인 요와 소가 왕식렴과 결탁하여 왕규를 타도하였다.83) 혜종은 얼마 안가 병이 들어 재위 2년

---

79) 『三國史記』 권38 職官志上.
80) 『三國史記』 권4 신라본기 진흥왕 18년.
81) 『三國史記』 권5 신라본기 선덕왕 8년.
82) 『三國史記』 권10 신라본기 흥덕왕 4년.
83) 『高麗史』 권127 王規傳.

만에 죽었다.

혜종이 죽은 뒤에는 그 탄생지에 興龍寺란 절을 세우고 혜종을 제사하는 惠宗祠를 두었다. 다음 기록을 보자.

B-① 興龍寺는 錦江津 북쪽에 있다. 고려 태조 장화왕후 오씨의 조부는 富㐾이요 아버지는 多憐君인데 대대로 목포에 살고 있었다. 다련군은 沙干 連位의 딸 德交를 아내로 맞아 장화왕후를 낳았다. 장화왕후가 일찍이 꿈을 꾸는데 … 드디어 임신하여 아들을 낳으니 이가 惠宗이다. 얼굴에 돗자리 무늬가 있으므로 세상에서는 '주름살임금'이라 하였다. 그 자리에 큰 절을 세워 흥룡사라 하고 그 앞에 있는 우물을 浣絲泉이라 하니 속설에 오씨가 빨래하던 우물이라 한다.(『新增東國輿地勝覽』 卷35 羅州牧 佛宇)

B-② 惠宗祠는 흥룡사 안에 있는데 고을 사람들이 지금까지 제사한다.(『新增東國輿地勝覽』 卷35 羅州牧 祠廟)

B-③ 혜종이 왕위를 계승하여 백성과 社稷을 잘 보존하여 創業에의 도움과 守成한 공이 있어 종묘에서 百世不遷의 제사를 받드셨으며 옛 고장을 돌보고 보호하여 사당을 지어 제사하였다.(『新增東國輿地勝覽』 卷35 羅州牧 樓亭 東樓)

여기서 보는 바대로 흥룡사 안에 혜종의 사당을 세웠다. 그리고 국가에서 제사하였음을 전하고 있다. 이 제사는 고려시대부터 시작하였으나 조선시대까지도 그 제사가 이어지고 있었다.

그러면 이 절과 사당은 언제 건립된 것일까. 기록에는 명확히 나와 있지 않다. 그러나 그가 죽은 직후는 아닐 것이다. 태조와 충주 유씨 사이에서 태어난 堯와 昭가 제3대와 4대 임금인 定宗과 光宗으로 왕위에 올랐기 때문이다.

아마도 현종 무렵이 아닌가 한다. 현종은 즉위하자마자 거란의 침입을 받아 나주까지 피난 왔었다.[84] 그는 처참한 피난 생활을 하였다. 전라도 삼례에서는 전주에 들르지 않았다 하여 전주절도사 조용겸의 습격을 받기도 하였다.[85] 이러한 경험을 통해 통하여 왕실의 중요성을 인식하고 나주에 혜종의 사당을 세우게 한 것이 아닌가 한다. 혜종도 재위시절 많은 어려움을 겪었으므로 같은 처지에서 동병상련의 마음을 가지게 된 것이라 생각한다.

당연히 혜종에 대한 제사는 나주 오씨가 맡았을 것이다. 또 이때까지만 해도 삼한공신으로 책봉된 나총례의 금성 나씨와 더불어 나주의 지배세력으로 군림했다고 본다. 이들은 혜종에 대한 제사를 통해 그들이 이 지역의 지배세력임을 과시하고 이를 통해 그 지역을 통제하는 위치에 서게 되었던 것이다.

물론 이들 나주 오씨나 금성 나씨들은 그때까지 지역의 세력가로서 유교적인 교육도 받았을 것이다. 성종은 동왕 2년 전국에 12목을 설치하고 박사들을 파견하여 교육시켰다. 이에 따라 나주목에 파견된 經學博士 全輔仁은 성실하게 자제들을 교육하여 성종으로부터 포상을 받았다.[86] 전보인이 교육한 주요대상은 역시 나주 오씨나 금성 나씨와 같은 지방세력 가나 그 자제들이었을 것이다.

요컨대 나주 오씨는 왕건과의 결혼을 통하여 부상한 나주의 지방세력이었다. 특히 나주 오씨 부인의 아버지 오다련은 본래는 그렇게 큰 세력이 아니었다. 그러나 나주 오씨 부인의 아들인 武가 태자로 책봉되고 태조의 뒤를 이어 혜종으로 즉위하면서 급부상하였다. 혜종이 죽은 후에는 혜종에 대한 사당을 건립하고 그를 제사함으로써 지배세력으로 남을 수 있었다.

---

84) 『高麗史』 권4 顯宗 2年 1月.
85) 『高麗史節要』 권3 顯宗 2年 正月 壬午.
86) 『高麗史』 권3 成宗世家 8年 3月.

그러나 그 집안은 크게 번성하지 못해 중앙의 관인을 많이 배출하지 못했다.

위에서 본 바와 같이 태조 왕건의 외척세력은 여러 형태였다. 후손이 없는 경우도 있었고 번성한 집안도 있었다. 나주 오씨 같은 경우는 혜종의 죽음과 함께 후손이 번성치 못하였다. 그러나 정주 유씨나 충주 유씨 같은 경우는 후대까지 번성하였다. 특히 충주 유씨는 제3, 4대 임금인 定宗과 光宗을 배출하기도 하였다.

III. 문신세력

1. 최응과 최언위

왕건 밑에는 공신이나 외척들도 있었지만 유학으로 무장된 문신들도 많았다. 대부분의 문신들은 앞서 살펴본 바와 같이 중앙 관부의 관리로 복무하였다. 그러나 일부 문신들은 태조 왕건을 보좌하면서 중요 직책의 장으로써 활약하였다. 그 대표적인 몇 사람을 살펴보자. 우선 그 밑에는 崔凝이란 유학자가 있었다. 그에 대한 기록을 보자.

A. 최응은 황주 토산 사람이니 부친은 大相 祐達이다. 처음에 최응의 모친이 임신하였을 때에 그 집 밭에 오이가 열렸는데 꿈에 홀연히 그것이 참외로 변하였다. 읍 사람들이 이 이야기를 궁예에게 알렸는데 궁예가 점을 쳐 보니 "생남하면 나라에 이롭지 않을 것이니 절대로 키우지 말라."는 것이었다. 그래서 부모가 그를 숨겨 두고 양육하였다. 어려서부터 공부에 힘썼으며 장성하여서는 五經을 통달하고 글을 잘 지었으므로 궁예 밑에서 翰林郎이 되었는데 制誥를 기초할 때마다 아주 그의 뜻을 만족하게 하였다. 그래서 궁예는 말하기를 "소위 聖人이란 아마 이런 사람이 아닌가!"라고까지 하였다. 하루는 궁예가 태조를 불러 놓고 반란을 음모한다고 허망한 말을 하였다. 이에 태조는 변명하려 하였는데 최응이 掌奏로서 궁예의 곁에 있다가 일부러 붓을 땅에 떨어뜨리고 뜰에 내려서서 집어 가지고 태조의 옆을 지나면서 귓속말로 "음모했다고 하지 않으면 위험합니다."라고 하였다. 태조는 그 의미를 깨닫고 드디어 거짓으로 복죄하여 화를 모면하였다. 태조가 즉위하자 옛 관직 그대로 知元鳳省事로 임명하였다가 곧 廣評郎中으로 임명하였다. 최응은 大臣될 만한 도량이 있고 행정 실무에도 통달하여

당시에 명망이 대단히 높았다. 태조의 인정과 우대를 받았으며 밤낮으로 근면하게 일하여 공헌한 바가 많았다. 태조는 매양 그의 건의를 찬성하고 받아들였으며 일찍이 말하기를 "그대는 학식이 풍부하고 재주가 고명하며 정치하는 방법도 다 알고 있다. 나라를 위하여 근심하며 나랏일에 복무하는 데에도 자기 몸을 잊고 충성을 다하니 옛날 명신들도 그대보다 더 훌륭하지는 못하리라!"고 하였다. 內奉卿으로 관직을 옮겼다.(『高麗史』 권92 崔凝傳)

여기서 보는 바와 같이 최응은 유교 경전인 五經[詩經, 書經, 易經, 春秋, 禮記]에 통달하고 글짓기에 능통한 인물이었다. 그리하여 궁예 밑에서 翰林郎의 직위에 있으면서 궁예의 조서를 주로 담당하였다.[1] 그 후 궁예가 미륵관심법으로 허황된 행동을 보이자 왕건을 도와줌으로써 왕건 즉위 후 왕건에게 중용되었다. 그리하여 얼마 안 있어 내봉성의 차관급인 內奉卿에 임명되었다. 內奉省은 왕명을 받들어 정책을 실행하는 기구라 여겨진다.[2] 그렇다면 최응은 태조 왕건 정권에서도 왕의 조서를 작성하면서 이를 실천케 하는 중요한 업무를 수행하였음을 알 수 있다. 내봉경에 있은 지 얼마 지나지 않아 최고의 관부인 廣評省의 차관급인 侍郎에 임명되었다. 그러나 그는 그 직책을 사양하면서 자기보다 나이가 10년 위인 尹逢을 추천하였다.[3] 유교의 謙讓之德을 몸소 실천하였던 것이다.

그는 사찰의 발원문을 짓기도 했다. 그 예로써 다음 기록을 보자.

B. 뒷날 태조가 崔凝에게 말하기를, "옛날 신라가 9층탑을 세워서 드디어

1) 원래 한림원의 임무는 국왕의 명령[詞命]을 짓는[制撰] 임무를 갖고 있었다.(『高麗史』 권76 백관지1 藝文館)
2) 김갑동, 「고려 태조 초기의 중앙 관부와 지배세력」, 『고려전기 정치사』, 일지사, 2005, 268쪽.
3) 『高麗史』 권92 崔凝傳.

통일의 業을 이룩하였으니 이제 開京에 7층탑을 세우고 西京에 9층탑을 세워서 玄妙한 功德을 빌려 여러 추악한 무리를 제거하고 三韓을 합하여 一家를 삼고자 하니 경은 나를 위하여 發願疏를 지어달라."하므로 최응이 드디어 지어 올렸다.(『高麗史』권92 최응전)

여기서 보는 바대로 왕건은 후삼국 통일을 위해 최응이란 신하로 하여금 발원소를 짓게 하였던 것이다. 왕건의 명령에 따라 사찰의 발원문을 지었던 것이다.

여기서 말하는 신라의 9층탑은 황룡사 9층탑을 말하는 것이다. 황룡사 9층탑은 선덕여왕 때에 건축한 것으로 慈藏 律師와 관련이 깊다. 즉 당나라로 유학갔던 자장이 太和池 옆을 지날 때 神人이 나와서, "황룡사 호국룡은 나의 장자로 梵王의 명을 받아 그 절을 보호하고 있으니, 본국에 돌아가서 그 절에 9층탑을 이룩하면 이웃나라가 항복하고 九韓이 와서 조공하며 왕업이 길이 태평할 것이요, 탑을 세운 뒤에 八關會를 베풀고 죄인을 구하면 외적이 해치지 못할 것이다."라고 하였다. 이에 자장은 643년(선덕여왕 12)에 귀국하여 탑을 세울 것을 왕에게 청하였다. 이에 백제의 장인 阿非知가 목재와 석재로써 건축하고, 김춘추의 아버지인 金龍春이 小匠 200명을 거느리고 일을 주관하였는데, 총 높이가 225척이었다. 자장은 부처의 眞身舍利 100粒을 탑 속에 봉안하였다. 여기서의 九韓은 아홉 나라를 가리키는데 각 층이 각각의 나라를 뜻하는 것이었다. 즉 이 탑의 각 층은 아래에서부터 日本·中華·吳越·托羅·鷹遊·靺鞨·丹國·女狄·濊貊의 아홉 나라를 상징하는데, 9층탑의 건축으로 이들 나라의 침략을 막을 수 있었다고 한다.[4]

신라가 황룡사 9층탑을 건립하여 삼국을 통일했듯이 왕건도 개경에

---

4) 『三國遺事』권3 塔像 黃龍寺 九層塔.

7층탑, 서경에 9층탑을 건립하여 후삼국을 통일하려 하였다. 즉 신라의 삼국통일은 황룡사 9층탑을 세운 佛力의 힘이라 여겼다. 따라서 고려도 개경에 7층탑을 세우고 서경에 9층탑을 세우면 후삼국을 통일할 것이라 믿었다. 개경보다 서경에 더 높은 탑을 만들어 고구려의 부흥을 꿈꾼 것이 아닌가 한다. 이에 최응으로 하여금 발원문을 짓게 하였던 것이다.

그러나 그는 직언도 서슴지 않았다. 어느 날 태조의 불교정책에 이의를 제기하기도 했다. 이에는 다음 기록이 참고된다.

> C. 태조는 전쟁을 하며 처음으로 나라를 세우려던 시기에 陰陽과 浮屠[佛教]에 유의하였다. 참모 최응이 간하면서 말하였다. "書傳에 이르기를 '어지러운 세상이 되면 文을 닦아 인심을 얻어야 한다[當亂修文 以得人心]' 하였습니다. 따라서 임금은 비록 戰時를 당하더라도 반드시 文德을 닦아야 하는 것입니다. 불교나 지리의 음양으로 천하를 얻었다는 말을 듣지 못하였습니다." 하였다. 그러자 태조가 말하였다. "그 말을 짐이 어찌 모르겠는가. 우리나라는 山水는 빼어난데 궁벽한 지역에 편재되어 있오. 따라서 토속적인 성질이 부처나 신을 좋아하여 福利를 얻으려고 하오. 그런데 지금 전쟁이 그치지 않았고 安危가 결정되지 않아 백성들이 두려워하며 어찌 할 바를 모르고 있오. 때문에 부처나 신의 陰助와 산수의 영험이 혹 고식적인 효과가 있을까 생각했을 따름이지 어찌 이것으로써 나라를 다스리고 백성을 얻는 법을 삼겠소? 난이 평정되고 편안하게 살게 된다면 그때에는 풍속을 바꾸고 교화를 아름답게 할 수 있을 것이오." 하였다.(『補閑集』上)

여기서 보는 바와 같이 태조는 그의 불교정책이 고식적이고 일시적인 것이라 하였다. 일리있는 말이기는 하지만 사실은 아니었다. 그는 진정으로 불교를 깊이 믿었던 것이다. 이에 따라 최응 같은 유학자도 후에는 불교를 신봉하게 된 것 같다. 불교의 발원소를 썼을 뿐 아니라 불교의 계율대로 고기도 먹지 않았다. 그리하여 병이 들자 왕건은 손수 문병을 하며 고기 먹기를 권하였다. 그리고 말했다. "다만 손수 죽이지 않으면 될 것이지 고기를 먹는 것이야 무슨 해가 되리오. 경이 육식하지 않으면 두 가지 손실이 있으니 그 몸을 보전하지 못하여 끝까지 그 어머니를 봉양하지 못함이 不孝요 명이 길지 못하여 나로 하여금 일찍이 좋은 보필을 잃게 함이 不忠이다." 하였다. 최응이 이에 비로소 고기를 먹으니 과연 병이 나았다 한다.[5] 그러다가 태조 15년(932) 35세의 젊은 나이로 세상을 떠났다.[6] 그러나 최응은 현종대에 이르러 태조 왕건을 보필한 공로를 인정받아 태조의 配享功臣이 되었다.[7]

왕건의 밑에는 신라에서 온 도당유학생 출신 유학자인 崔彦撝도 있었다.[8] 다음 기록을 보자.

> D. 최언위의 처음 이름은 崔愼之니 경주 사람이다. 성격이 관후하며 어려서부터 글을 잘 하였다. 신라 말기에 당년 18세로서 당나라에 가서 禮部侍郎 薛廷珪 문하에서 유학하였으며 과거에 급제하였다. 당시 발해 재상 烏炤度의 아들 오광찬과 같은 해에 급제하였는데 오소도가 당나라에 입조하였다가 자기 아들의 이름이 최언위의 아래에 붙은 것을 보았다. 그러자 황제에게 글을 올려 청하기를 "제가 옛날에 입조하여 과거에 급제할 때는 이름이 李同의 윗자리에 붙었었으니 이제 저의 아들 광찬도 최언위의 윗자리에 올려 주십시오."라고 하였으나 최언위의 재간과 학식이 우월한 까닭에 허락하지 않았다.

---

5) 『高麗史』 권92 崔凝傳.

6) 『高麗史』 권92 崔凝傳.

7) 『高麗史』 권5 현종세가 18년 4월.

8) 이현숙, 「나말려초 최언위의 정치적 활동과 위상」, 『이화사학연구』 22, 1995 참조.

42세 때에 비로소 신라에 돌아와서 執事省侍郎, 瑞書院學士로 임명되었다. 태조가 나라를 창건하자 가족을 데리고 왔으므로 太子師傅로 임명하고 文筆에 관한 임무를 맡겨 주었는바 宮院의 편액과 이름들은 모두 다 그가 지은 것이었으며 당시 王公, 貴族들이 모두 다 그에게로 몰렸다. 벼슬이 大相, 元鳳太學士, 翰林院令, 平章事에 이르렀다. 惠宗 元年에 죽었는데 향년 77세였다.(『高麗史』 권92 최언위전)

최언위는 본관이 慶州이며, 초명은 崔愼之였다. 도당 유학 후 신라로 귀국하면서는 崔仁渷으로 불렸으나, 경순왕을 따라 고려로 귀부한 이후에는 崔彦撝로 개명하였다. 崔致遠의 종제이며, 門下平章事 崔沆의 할아버지이다.

원래 경주 사람으로 唐나라에 유학하여 빈공과에 합격한 인물이다. 아마도 수석으로 합격한 것 같다. 그 후 신라로 돌아와 執事省侍郎·瑞書院學士를 역임하였다. 18세에 당나라에 들어갔다가 42세에 돌아왔으니 24년이나 당나라에서 지낸 것이다. 그 동안 중국에서 얼마나 많은 학문을 익혔으며 얼마나 많은 학자들과 교류했을까 짐작이 간다. 그러나 그도 골품제의 제약 때문에 집사성의 차관까지밖에 오르지 못하였다. 그러던 중 고려왕조가 개국되자 왕건에게 와서 태자의 사부가 되었다. 태자뿐만 아니라 왕건 자신도 최언위의 경험과 해박한 유학 지식에 많은 도움을 받았을 것임은 자명하다.

935년(태조 18)에 신라 경순왕이 고려에 투항하자, 고려에 와서 太子師傅가 되었고 文翰을 위임받았으며, 벼슬이 大相·元鳳大學士·翰林院令·平章事에 이르렀다. 최언위도 학식이 풍부한 유학자였으므로 국왕의 조서를 작성하는 翰林院의 총책임자가 되었던 것이다.[9] 본래 성품이 너그럽고

---

9) 기록에 의하면 "太祖가 泰封의 제도를 따라 元鳳省을 두었는데 그 후 學士院으로 고쳤으며, 顯宗 때에 翰林院으로 고쳤다."고 되어 있다.(『高麗史』 권76 백관지1 藝文館) 그렇다면 한림원은 고려 태조 때는 없었다는 말이 된다. 그러나 최응과

글을 잘해 태자사부로 있을 때 宮院의 額號는 모두 최언위가 撰定한 것이었으며 섬기지 않는 사람이 없었다고 한다.

최언위는 崔致遠·崔承祐와 함께 '一代三崔'라 불리었는데, 최치원은 끝까지 신라를 섬겼고 최승우는 후백제 견훤의 책사가 된 반면에 최언위는 고려의 문한관이 된 것으로 보아 최언위의 문명이 짐작된다. 또한 書法도 남달리 아름다웠다. 비문을 찬술한 최치원의 부탁으로 「朗慧和尙白月葆光塔碑」[충청남도 보령시 聖住寺 소재]의 글씨를 쓰기도 했으며, 「朗圓大師悟眞塔碑銘」·「法鏡大師慈燈之塔碑銘」 등을 찬하기도 하였다. 이외에도 봉림사의 진경대사 보월능공탑비 외에 흥령사의 澄曉大師寶印塔碑, 太子寺의 朗空大師白月棲雲塔碑, 瑞雲寺의 了悟和尙眞原塔碑, 廣照寺의 眞澈大師寶月乘空塔碑, 菩提寺의 大鏡大師玄機塔碑, 毘盧庵의 眞空大師普法塔碑 등을 직접 찬술하거나 썼다. 그가 944년 세상을 떠나자 政匡에 추증되었다. 시호는 文英이다.

아들로는 崔光胤·崔行歸·崔光遠·崔行宗 등이 있다. 이들 중에서 최광윤은 後晉에 유학을 가던 중 거란에게 붙잡혀 갔으나 재주를 인정받아 오히려 관직에 등용되어 龜城에서 근무하였다. 그러던 중 거란군이 고려를 침범하리라는 것을 알게 되자 고려에 서신으로 알려와 光軍 30만을 설치하는 데 일조하였다.[10] 최행귀는 吳越國에 유학하여 秘書郎이 되었다. 최광원의 아들이며 최언위의 손자로는 崔沆이 있다. 그는 성종 10년 윤 2월 한림학사 白思柔가 知貢擧가 되어 진사를 뽑았을 때 甲科에 장원으로 합격하였다.[11] 그 후 목종대에 와서는 두 번이나 지공거가 되어 과거를 주관하기도 하였다. 목종 7년 4월에는 內史舍人의 직책으로 지공거가 되어 갑과

최언위의 기록으로 볼 때 궁예나 왕건 집권기에 한림원의 기능을 수행하는 부서가 있었음은 틀림없다 하겠다.

10) 『高麗史』 권92 崔彦撝 附 崔光胤傳.

11) 『高麗史』 권3 성종 10년 윤2월 및 『高麗史』 권73 선거지1 과목1.

黃周亮 등 5명, 을과 10명, 명경과 4명을 선발하였다. 이듬해인 목종 8년 3월에도 지공거가 되어 갑과 崔沖 등 7명, 을과 10명, 명경과 3명을 선발하였던 것이다.[12] 이로 미루어 최언위의 손자인 최항의 집안은 말 그대로 명문가였음을 알 수 있다. 그 자신은 목종대에 文名을 날렸던 인물임을 알 수 있다.

그런 그가 두각을 나타내게 된 계기는 목종의 명을 받아 현종을 옹립한 것이었다. 목종 12년 정월 왕이 詳政殿에 나와서 觀燈을 하던 중 大府의 기름 창고에 불이 나서 千秋殿이 연소되었다. 천추전은 그의 어머니 천추태후가 거처하던 궁전이었다. 다행히 천추태후는 죽지 않았으나 목종은 그 책임을 모면할 수 없었다. 당시는 천추태후와 김치양과의 사이에서 아들이 태어나 목종의 왕위를 엿보고 있었기 때문이었다. 결국 목종은 고민 끝에 병을 얻어 정무를 보지 못하였다. 그리하여 그는 신하들을 궁중에 대기시키고 궁문을 닫아걸고 출입을 금하였다. 김치양과 천추태후 일파의 공격을 두려워하였기 때문이다. 당시 중추원사였던 최항도 참지정사 劉瑨, 급사중 蔡忠順 등과 함께 銀臺에서 숙직하고 있었다. 신하들이 침실에 들어가 문병을 하려고 하였으나 이마저도 허락되지 않았다. 그러면서 왕위가 김치양의 아들에게 돌아갈 것을 염려하여 채충순, 최항 등과 함께 후계자에 대한 일을 밀의하고 黃甫俞義를 神穴寺에 보내 大良院君을 맞아 오게 하였다.[13] 후계자로 대량원군을 정한 것은 그가 태조의 손자였기 때문이었다.[14] 이렇게 하여 왕위에 오른 것이 곧 현종이었다. 현종의 옹립에 막대한 공을 세웠던 것이다.

그 후 강조가 일시적으로 정권을 잡았으나 거란에게 잡혀가 죽자 목종

---

12) 『高麗史』 권73 선거지1 과목1 凡選場.

13) 李泰鎭, 「金致陽 亂의 性格」, 『한국사연구』 17, 1977 참조.

14) 『高麗史』 권3 목종세가 12년. 당시의 자세한 상황은 『高麗史』 권93 채충순전, 『高麗史』 권94 황보유의전, 『高麗史』 권127 강조전 등에 상세하게 기술되어 있다.

12년 3월 柳允孚를 문하시중으로, 柳邦憲을 문하시랑평장사로, 강조를 이부상서 참지정사로, 진적을 형부상서 참지정사로, 劉瑨과 王同穎을 각각 상서좌복야·상서우복야로, 崔沆과 金審言을 각각 좌산기상시·우산기상시로, 채충순을 이부시랑 좌간의대부로, 金勳를 병부상서로, 文仁渭를 공부상서로 각각 임명하였다.[15] 이 조치로 최항은 중서문하성의 정3품직인 左散騎常侍가 된 것이다. 목종대에는 종2품의 중추원사였으나 현종 즉위 후 종3품으로 오히려 강등된 것이다.[16] 그러나 품계는 낮아졌을지라도 왕을 곁에서 보필할 수 있게 되었다. 결국 그해 7월 한림학사이기도 했던 최항은 현종의 師傅가 되었다.[17] 현종 3년 2월에는 이부상서(정3품)·참지정사(종2품)의 지위에 올랐다.[18] 그러다가 현종 4년에 이르러 감수국사를 맡게 된 것이다. 한편 현종 초기에는 자기 집에 보관하고 있던 태조의 『信書訓要』를 최승로의 손자였던 崔齊顔에게 전달함으로써 이른바 훈요 10조가 세상에 알려지게 되었다.[19]

현종 8년에는 정2품의 문하평장사에 올라 중추부사 尹徵古와 함께 泗州[현 경남 사천]에 파견되어 현종의 아버지 安宗의 관을 옮겨오기도 하였다.[20] 그러다가 현종 15년 6월 문하시랑평장사로 죽음을 맞이하였다.[21] 이러한 공으로 최항은 姜邯贊, 崔士威, 王可道와 함께 현종의 묘정에 배향되

---

15) 『高麗史』 권4 현종세가 목종 12년 3월.

16) 물론 여기서의 관품은 모두 문종 대에 정해진 것이지만 그 이전부터 행해져 오던 것을 문종 대에 정리하였다고 보는 것이 합리적이다.

17) 『高麗史』 권4 현종세가 목종 12년 7월.

18) 무오일에 韋壽餘를 시중으로, 劉瑨을 문하시랑으로, 崔士威를 내사시랑 평장사로, 崔沆을 이부상서 참지정사로, 朴忠淑을 상서 좌복야로, 蔡忠順을 예부상서로 각각 임명하였다.(『高麗史』 권4 현종세가 3년 2월)

19) 『高麗史』 권93 최승로전. 이에 대해서는 김갑동, 「왕건의 훈요10조 재해석」, 『역사비평』 60, 2002 참조.

20) 『高麗史』 권4 현종세가 8년 4월 및 김갑동, 「고려 현종과 사천 지역」, 『한국중세사연구』 20, 2006 참조.

21) 『高麗史』 권4 현종 15년 6월.

었다.[22] 그 후에도 덕종 2년에는 正匡으로 추증되었고[23] 문종 21년에는 강감찬과 함께 守太師 兼 中書令에 추증되었다.[24] 이처럼 최항은 최선을 다해 목종과 현종을 보필한 인물이었다. 그리하여 결국은 顯宗의 配享功臣이 되었다.[25]

이처럼 최언위는 유학자 문신으로서 태조 왕건을 정성껏 보필하였다. 그러한 대가로 후손들이 영달하였다. 그러나 최응의 후손들은 잘 찾을 수가 없다. 아마도 그 후손들은 소위 '祖代 六功臣'으로서 음서의 혜택을 받지 않았을까 한다.

2. 최지몽

918년 고려가 건국된 후 18년 만에 왕건은 후삼국을 통일하였다. 그것은 신숭겸, 복지겸, 배현경, 홍유 등 개국공신을 비롯한 많은 무장들의 활약 덕분이었다. 그러나 문신들의 자문과 도움도 큰 힘이 되었다. 문신들 중 왕건에게 중용된 인물 중의 하나가 전남 영암 출신의 崔知夢이었다. 그에 대해서는 다음 기록이 참고된다.

> E-① 崔知夢의 처음 이름은 崔聰進이니 남해 영암군 사람 元甫 崔相昕의 아들이다. 그는 성품이 청백 검박하고 인자 온화하며 총명 예민하고 학문을 즐겼으며 大匡 玄一에게서 배웠다. 經書와 史記를 많이 연구하였고 더욱이 天文과 卜筮에 정통하였다. 18세 때에 태조가 그의 명성을 듣고 불러서 꿈을 해석하게 하였더니 길조를 얻었다. 그리고 설명하기를

---

22) 『高麗史』 권60 예지2 길례대사2 禘祫功臣配享於庭.
23) 『高麗史』 권5 덕종 2년 10월.
24) 『高麗史』 권8 문종 21년.
25) 『高麗史』 권60 예지2 길례대사 太廟禘祫功臣.

"반드시 앞으로 삼한을 통어하게 될 것입니다."라고 하니 태조가 기뻐서 지금 이름으로 고치게 하고 비단옷을 주고 供奉職에 임명하였으며 항상 종군하여 태조의 곁을 떠나지 않았다. 三韓을 통일한 후에는 궁중에서 왕을 모시었고 왕의 자문에 응하였다.(『高麗史』 권92 최지몽전)

E-② 최지몽의 처음 이름은 聰으로 널리 경사를 섭렵하고 더욱이 卜筮에 정통하였다. 태조가 그 명성을 듣고 꿈을 점치게 하였는데 길조를 얻고 말하기를 "반드시 삼한을 통어하게 될 것입니다." 하였다. 태조가 기뻐하여 知夢이란 이름으로 고쳐주었다. 관직이 太師에 이르렀고 시호는 敏休였다. 景宗 廟廷에 배향되었다.(『新增東國輿地勝覽』 권35 전라도 영암군 인물)

여기서 보는 것처럼 최지몽의 처음 이름은 聰 내지 聰進으로 어려서부터 총명하여 經書와 史記를 많이 연구하였고 더욱이 天文과 卜筮에 정통하였다. 그리고 18세 때에 태조 왕건에게 와서 꿈을 해몽한 후 출세하기 시작하였다. 18세 때면 925년으로 태조가 왕위에 오른 지 8년째 되는 해이다. 그런데 그때 꾸었던 꿈의 내용이 무엇인지에 대해서는 잘 알 수가 없다. 그러나 다른 기록에 보면 태조가 나이 30세 때에 꿈을 꾸었다는 것이다. 그 내용은 9층 금탑이 바다 가운데 서 있는데 자기가 그 꼭대기 위에까지 올라갔다는 것이다.[26]

왕건은 877년생이므로 30세 때면 907년경이다. 왕건은 896년 아버지 왕륭과 함께 궁예에게 귀순한 이후 처음에는 勃禦槧城의 성주로 관직을 시작하였다. 그 후 898년 도읍을 송악으로 옮긴 직후 精騎大監이 되었다. 그 때부터 왕건은 궁예를 위하여 정복전쟁을 시작하였다. 그러나 궁예는 905년에 도읍을 옮겨 개성에서 철원으로 還都하였다. 이어 906년에는

---

26) 『高麗史』 권1 高麗世系.

궁예가 태조에게 명령하여 精騎將軍 黔式 등과 함께 군사 3천을 거느리고 尙州 沙火鎭을 공격하게 하여 점령하였다. 그러자 궁예는 영토가 더욱 넓어지고 군대가 점점 강하여졌다 하여 신라를 병탄할 뜻을 품고 신라를 滅都라고 불렀으며 신라로부터 항복해 오는 자들을 다 죽이었다. 그러다가 909년에 이르러 왕건은 궁예가 나날이 포학해지는 것을 보고 다시 지방 군무에 뜻을 두었는데 마침 궁예가 나주 지방 방비 사업을 걱정하여 태조에게 나주로 가서 지킬 것을 명령하고 관등을 높여 韓粲 海軍大將軍으로 임명하였다. 태조는 성의껏 군사들을 무마하여 위엄과 은혜가 병행되니 사졸들은 그를 두려워하고 사랑하여 용기를 내어 싸울 것을 생각하였고 적들은 그 기세에 위압되었다. 태조는 수군을 거느리고 光州 鹽海縣에 머물렀다가 吳越國으로 들여보내는 견훤의 배를 노획하여 돌아오니 궁예가 매우 기뻐하여 특별히 표창을 하였다.[27]

왕건이 꿈을 꾼 것은 이 무렵의 일이었다. 궁예가 횡포해지면서 사람들을 많이 죽이자 이에 대한 회의를 품었던 것 같다. 그 때 9층탑의 꼭대기까지 올라가는 꿈을 꾼 것이다. 그 후 자부심만 갖고 있다가 태조 8년 경에 다시 그 꿈이 생각나 총진을 불러 해몽하고 그에게 지몽이란 이름을 하사해 준 것이다.

왕건은 궁예를 내쫓고 왕위에 즉위한 이후 지방 호족들에 대하여 '선물을 후하게 하고 말을 낮추는[重幣卑辭]' 정책을 취하였다. 그러자 여기저기서 호족들이 귀순해왔다. 鶻巖城의 성주 윤선이 귀순해 온 것도 이 때문이었다. 이총언도 이 무렵에 귀순해왔다. 태조 3년에는 康州將軍 閏雄이 그 아들 一康을 보내 귀순해왔다. 태조 5년 下枝縣 將軍 元奉과 溟州將軍 順式·眞寶城主 洪術, 태조 6년에는 命旨城將軍 城達과 碧珍郡將軍 良文이 귀순해 왔던 것이다. 溟州의 장군이었던 金順式도 태조 5년 맏아들 守元을 보내 귀순해왔

---

27) 『高麗史』 권1 高麗世系.

다.[28] 이어 태조 8년에는 買曹城將軍 能玄이 항복해왔고 高鬱府將軍 能文도 귀순해왔다. 이에 자신감을 얻은 왕건은 征西大將軍 庾黔弼을 보내 후백제의 燕山鎭을 공격하여 함락하였고 曹物郡에서 후백제 견훤과 싸우다 백중지세를 보이자 평화협정을 맺고 서로 간에 인질을 교환하였다.[29]

최총진이 태조를 위해 꿈을 해몽한 것은 이 무렵이었다. 후백제에 대한 정복이 만만치 않게 되자 앞날이 궁금하였고 최총진이 해몽을 잘 한다는 말을 듣고 해몽을 하게 한 것이다. 이에 삼한을 통일할 길몽이라는 말을 듣고 그는 실제로 9층탑을 건축하려 한 것 같다. 다음 기록이 이를 말해준다.

> F. 어떤 날 태조가 崔凝에게 말하기를 "옛날에 신라가 9층탑을 만들고 드디어 통일의 위업을 이룩하였다. 이제 개경에 7층탑을 건조하고 서경에 9층탑을 건축하여 현묘한 공덕을 빌어 여러 악당들을 제거하고 삼한을 통일하려 하니 그대는 나를 위하여 발원문을 만들라."고 하였다. 그래서 최응은 그 글을 지어 바쳤다.(『高麗史』 권92 崔凝傳)

앞서 왕건이 꿈에 올랐던 9층탑은 여기서 말하는 신라 황룡사의 9층탑을 말하는 것 같다. 당대에는 황룡사 9층탑이 제일 높았기 때문에 거기에 올라간다는 것은 나라에서 제일 높은 자리에 오른다는 의미로 받아들였던 것 같다. 후대의 일이지만 이의민의 경우도 그러하였다. 아버지가 황룡사 9층탑에 오르는 꿈을 꾸고 그를 낳았기 때문에 이의민은 왕이 되려고까지 하였다. 김사미, 효심 등과 내통하여 신라부흥의 꿈을 꾸었던 것이다.[30] 즉 최지몽의 해몽은 왕건이 경쟁자들을 제치고 후삼국을 통일하여 천하의 주인이 될 것이라는 내용이었을 것이다.

---

28) 『高麗史』 권1 太祖世家.
29) 『高麗史節要』 권1 태조 8년.
30) 『高麗史』 권128 李義旼傳.

해몽 후 최총진은 지몽이란 이름을 하사받고 왕건으로부터 供奉직에 임명되었다. 공봉직은 掖庭院 소속의 관직이었다. 액정원은 말 그대로 왕의 곁에 있으면서 모든 것을 왕에게 전달하는 업무를 맡은 관청이었다. 성종 14년에 掖庭局으로 개정하였는데 문종대의 규정에 의하면 여기에는 정6품의 內謁者監 1명, 정7품의 內侍伯 1명, 종8품의 內謁者가 있었으며 吏屬으로 監作 1명, 書令史·記官·給使 각각 3명씩이 있었다. 또 南班의 관직이 있었는데 정7품의 內殿崇班이 4명, 종7품의 東·西頭供奉官이 각각 4명씩 있었다. 또 정8품의 左·右侍禁이 각각 4명, 종8품의 左·右班殿直이 각각 4명, 정9품의 殿前承旨가 8명, 총 36명이었다. 그런데 이 남반은 본래 7품까지밖에 오를 수가 없었다.[31] 이로써 보건대 최지몽은 18세의 어린 나이에 종7품에 해당하는 관직에 올랐다. 가히 파격적인 대우를 받았던 것이다.

그 후 왕건과 함께 전쟁터에 종군하면서 왕건의 사부 역할을 한 것 같다. 후삼국을 통일한 후에도 항상 왕건의 자문에 응하였다. 그 때문인지 왕건이 죽고 혜종이 즉위한 이후에도 혜종을 정성껏 보필하였다. 그것은 태조의 유명을 받았겠지만 혜종의 집안과 자신의 집안이 같은 지역, 같은 해상세력이었기 때문으로 보인다.

그렇다면 구체적으로 어떻게 혜종을 보필하였는가. 혜종은 왕건과 제2비 나주 오씨와의 사이에서 태어난 인물이다. 그러나 나주 오씨의 집안이 '側微'하여 태조는 그에게 보좌할 인물을 붙여주었다. 그 중 무인의 대표자가 박술희였고 문신의 대표자는 최지몽이었지 않나 한다. 그런데 박술희는 충남 당진 출신이었고 최지몽은 전남 영암 출신이었다. 이 지역은 나주와 같이 해안 지역으로 이들은 모두 해양세력이라는 공통점을 갖고 있다.

그런데 혜종대에는 왕위계승 쟁탈전에 휩싸이게 되었다. 혜종 세력과

---

31) 『高麗史』 권77 백관지2 掖廷局.

혜종의 장인인 왕규 세력, 그리고 요와 소 형제 세력이었다. 가문이 '側微'하였던 혜종[武]은 박술희의 무력적 기반을 위시하여 진천, 광주, 청주 등지 호족들의 지원을 받고 있었다. 반면 堯·昭 등의 충주 유씨 세력은 패강진 세력을 위시한 서경 세력과 밀접히 관련되어 있었다. 특히 平山 朴氏와 깊은 유대를 형성하고 있었던 것이다.

이러한 세력관계는 태조의 효과적인 통제 하에서는 큰 탈 없이 유지될 수 있었다. 그러나 혜종이 즉위하면서 문제가 발생하기 시작하였다. 혜종보다 더 큰 세력을 형성하고 있었으나 長子가 아니라는 이유로 왕위에 오르지 못했던 요·소가 도전을 했던 것이다. 이러한 움직임을 눈치 챈 왕규는 혜종 2년(945) 왕에게 이를 알렸다. 물론 기록에는 왕규가 요·소를 참소하였으나 혜종이 이를 듣지 않고 더욱 恩遇를 두텁게 했다고 되어 있다. 그러나 왕규의 말은 참소가 아니라 사실이었다고 생각한다.[32]

이에 왕규는 자신의 말을 믿지도 않고 듣지도 않는 혜종에 대해 악감정을 품은 것 같다. 그리하여 혜종을 제거하고 자신의 외손자를 왕위에 앉히려는 생각을 품었던 것 같다. 다음의 사건이 이를 말해 준다.

G. 司天供奉 崔知夢이 왕에게 말하기를 "流星이 紫微垣을 침범하였으니 나라에 반드시 역적이 있을 것입니다."라고 하였다. 혜종은 왕규가 왕요와 왕소를 모해하려는 징조로 생각하고 맏공주를 왕소의 처로 주어서 그의 친족을 강화하였으므로 왕규가 그 음모를 수행하지 못하였다.(『高麗史』 권124 王規傳)

여기서 보는 것처럼 최지몽은 "流星이 紫微星을 범하였으니 나라에 반드시 역적이 생길 것입니다."라고 예언하였다. 그가 이런 말을 할 수

---

32) 하현강, 「혜종·정종대의 정치변동」, 『한국중세사연구』, 일조각, 1988, 97쪽 ; 김갑동, 「혜종대의 호족과 왕위계승전」, 『고려전기 정치사』, 일지사, 2005, 69쪽.

있었던 것은 그가 司天供奉의 직위에 있었기 때문이었다. 공봉은 원래 액정원에 속해 있는 관직이었으나 그가 천문과 점복에 능했으므로 司天臺로 옮겨간 것 같다. 사천대는 天文·曆數·測候·刻漏에 관한 사무를 맡아보았는데[33] 앞날을 예측할 수 없는 상황 하에서는 중요한 관청이었다. 그리하여 혜종이 즉위할 무렵 그는 액정원에서 사천대로 소속을 옮긴 것 같다.

그러나 혜종은 최지몽의 말이 누군가가 자신을 해치려 한다는 뜻으로 받아들이지 않았다. 왕규가 자신의 동생들인 요와 소를 음해하려는 행동으로 생각하였다. 이에 혜종은 자신의 딸을 昭와 결혼시키는 조치를 취하였다. 그러면서 왕규도 죄를 주지 않았다. 이는 왕규가 자신의 장인이기 때문이기도 했겠지만 그의 말이 어느 정도 사실이었기 때문이 아닌가 한다. 그러나 왕규의 말을 들어 요·소를 벌할 수도 없었다. 현실적인 세력면에서 역부족이었기 때문이었다. 대신 그들을 회유하기 위하여 자신의 딸을 소에게 주었던 것이다.

한편 왕규는 요·소의 수상한 움직임을 혜종에게 얘기했으나 아무런 조치를 취하지 않자 불만을 갖기 시작했다. 더욱이 혜종이 그의 딸을 소와 결혼시키자 잘못하면 화가 자신에게 돌아올지도 모른다는 생각을 하였던 것 같다. 이에 그는 자신의 사위이기는 하지만 혜종을 제거하고 외손인 廣州院君을 세우고자 하였던 것 같다.[34]

그리하여 하루는 밤에 혜종이 깊이 잠든 틈을 타서 그 도당을 침실 안으로 들여보내 왕을 해치려 하였다.[35] 그러나 혜종이 이를 알고 한 주먹으로 때려죽인 뒤에 밖으로 끌어내게 하고는 다시 묻지 않았다.

---

33) 『高麗史』 권76 백관지1 書雲觀.
34) 이종욱, 「고려초 940년대의 왕위계승전과 그 정치적 성격」, 『고려광종연구』, 일조각, 1981, 21~22쪽.
35) 그러나 이는 사실이 아니고 왕요와 왕소 즉 후일의 정종과 광종 측의 조작이었을 가능성이 크다는 의견도 있다.(김당택, 「혜종대의 정변과 나주의 위상변화」, 『고려의 후삼국 통합 과정과 나주』, 경인문화사, 2013, 147쪽)

그러나 왕규의 혜종 시해 의도는 멈추지 않았다. 그러나 최지몽의 예언으로 다시 변고를 면하였다. 다음 기록을 보자.

H. 또 하루는 혜종이 병환으로 神德殿에 있었더니 최지몽이 또 말하기를 "곧 사변이 있을 것이니 제 때에 처소를 옮기는 것이 좋겠습니다."라고 하였으므로 혜종이 가만히 重光殿으로 옮겼더니 그날 밤 왕규가 그 도당을 인솔하고 벽을 뚫고 들어갔으나 침실은 이미 비어 있었다. 왕규가 최지몽을 보고 칼을 뽑아 들고 욕하면서 말하기를 "임금이 침소를 옮긴 것은 반드시 너의 作奸이다."라고 하였다. 최지몽이 끝까지 잠자코 있으니 왕규는 물러갔다. 혜종은 왕규의 소위를 알았으나 역시 치죄하지 않았다.(『高麗史』 권127 王規傳)

이처럼 최지몽은 자신의 능력과 소질을 발휘하여 끝까지 혜종을 보필하였다. 자신의 신변이 위험에 처함을 감수하고 혜종을 보호하였던 것이다. 그런데 혜종이 왕규의 그 같은 행동을 알면서도 죄를 주지 않은 것은 무엇 때문일까. 혜종은 원래 도량이 넓고 지혜와 용기가 뛰어나서 태조를 따라 후백제를 정벌할 때에도 맨 먼저 말에 올라 그 공이 제일이었다 한다. 또 그는 東宮에 있을 때에 師傅를 예로써 높이고 賓僚를 잘 접대하여 어진 명예가 조정과 민간에 널리 알려졌다고 최승로는 말하고 있다. 이런 점으로 미루어 혜종은 왕규가 자신의 장인이었기 때문에 넓은 마음으로 용서해 주었다고 해석할 수도 있다.

그러나 그것은 지나치게 긍정적인 해석에 불과하다. 실상은 세력 면에서 혜종이 훨씬 약했기 때문에 왕규를 처벌하지 못한 것이 아닌가 한다.[36] 혜종은 그 출신이 측미했던 데 반해 왕규는 廣州 지역의 호족으로 무력적

---

36) 하현강, 「호족과 왕권」, 『한국사』 4, 국사편찬위원회, 1981, 109쪽.

기반도 가지고 있었다고 생각한다. 나중에 왕규가 제거될 때 함께 살해당한 그 당의 무리 300여 인이 바로 왕규의 군사적 기반이었다고 하겠다. 그러기에 혜종의 지지 세력이었던 박술희도 왕규를 어찌할 수 없었던 것이다.

이런 상황 속에서 혜종은 병이 들고 그 병은 더욱 깊어만 갔다. 그런데도 그는 후사를 결정하지 않았다. 최승로도 이것을 혜종의 결점으로 지적하고 있다. 즉 혜종이 두 해 동안 병석에 있으면서 興化郞君이란 아들이 있었는데도 후사를 분명히 부탁하지 않았기 때문에 왕위가 아우에게 돌아가게 되었다. 또 형제에게 왕위를 물려주려 했다면 그 또한 분명한 언급이 있어야 했다. 그런데도 그렇지 아니했기 때문에 싸움이 벌어졌음을 말하고 있다.

이런 가운데 혜종의 임종이 가까워졌는데도 群臣이나 朝臣, 賢士들은 들어가 보지 못하고 鄕里의 간사한 소인들만이 항상 침실을 지키고 있었다 한다.[37] 여기서 향리의 간사한 소인들은 누구를 가리키는 것일까. 아마도 혜종이 독자적으로 기른 자신의 지지세력이었지 않나 한다. 특별히 '鄕里小人'이라 지칭하고 있는 점으로 미루어 자신의 外鄕인 나주 지역의 중·소 호족들을 뽑아 올린 집단으로 생각되기도 한다. 그러나 결국 혜종은 병으로 죽게 되고 박술희, 왕규도 혜종의 임종을 전후하여 살해를 당하게 된다. 이렇듯 최지몽은 혜종에게 위험을 미리 알려 변고를 예방케 하는 활약을 벌였다. 태조 왕건 때부터 혜종과 밀접한 관련이 있었기 때문으로 생각된다.

그 후 혜종의 뒤를 이어 定宗이 즉위하여 왕규를 처단한 후 왕규의 음모를 밀고한 데 대한 최지몽의 공을 표창하고 노비, 안마, 은그릇을 주었다. 광종 때에는 왕을 따라 귀법사에 갔다가 술에 취하여 예절을 잃은 죄로 강직되어 외걸현에 나가서 11년 간이나 있었다.

경종 5년에 소환되어 大匡 內議令 관직과 東萊郡侯의 봉작에 식읍 1천

---

37) 『高麗史』 권93 최승로전.

호를 받았고 은그릇, 비단, 이부자리, 휘장, 의복, 말, 幞頭, 犀帶 등의 물품도 받았다. 내의령은 정사를 협의하고 간쟁을 담당하던 내의성의 장관이었다.[38] 따라서 최지몽은 이때에 재상의 반열에 올랐음을 알 수 있다. 이에 대한 감사의 대가였을까. 최지몽은 자신의 능력을 어김없이 발휘하였다. 다음 기록을 보자.

> I. 하루는 최지몽이 아뢰기를 "客星이 帝座를 침범하였으니 바라건대 상감께서는 숙위를 엄중히 신칙하시어 불의의 화변을 방비하도록 하소서."라고 하였다. 과연 얼마 후에 王承 등이 반란을 음모하다가 처단을 당하였으며 왕은 그에게 의복과 금띠를 상 주었다.(『高麗史』 권92 崔知夢傳)

이처럼 그는 경종에게 변란이 있을 것임을 예견하여 왕을 보호하였다. 왕승의 모반을 미리 알고 이를 왕에게 알렸던 것이다. 이에 경종은 그에게 포상을 아끼지 않았다. 그러한 활약 때문에 최지몽은 죽은 후 朴良柔와 함께 경종의 廟廷에 배향되었다.[39]

경종의 뒤를 이어 성종이 즉위한 후에도 그는 고위직에 계속 머물러 있었다. 성종 원년에 左執政 守內史令 관직과 上柱國 훈위를 더 주었고 弘文崇化致理功臣 칭호를 주었으며 그의 부모에게도 작위를 주었다. 執政이란 관직은 경종이 즉위하면서 생긴 것으로 신하로서는 최고의 관직이었던 것 같다. 처음 집정 직에 임명된 자는 王詵이었다. 그러자 그는 권력을 남용하였다. 즉 경종은 선대 왕인 광종 때에 참소를 입은 사람들에게 복수할 것을 허락하였더니 드디어 서로 마음대로 죽이기를 시작하여 억울한 일들이 생겼다. 이때에 왕선은 복수를 구실삼아 제 마음대로 태조의

---

38) 김갑동, 『고려전기 정치사』, 일조각, 2005, 219쪽.
39) 『高麗史』 권60 예지2 吉禮大祀 禘祫功臣配享於庭.

아들 天安府院郎君을 죽이기까지 하였다. 이에 왕선을 추방하는 동시에 제 마음대로 죽이고 복수하는 것을 금지하였다. 이러한 후유증 때문에 경종은 집정을 좌집정, 우집정 둘로 분리하고 이들이 內史令을 겸직하게 하여 권력의 집중을 방지하였다.[40] 이후 경종 후반기에 최지몽이 권좌에 복귀하면서 左執政 守內史令에 임명된 것으로 보인다.

성종 3년에 최지몽은 나이 78세에 이르렀으므로 세 번 글을 올려 은퇴를 요청하였으나 허가하지 않았다. 또 글을 올려 은퇴를 요청하니 조회에 참가하는 것을 그만두고 전과 같이 內史房의 일을 보게 하였다. 성종 6년에 최지몽이 병으로 누우니 성종이 의원에게 명령하여 약을 주고 친히 그 집에 가서 문병하였으며 말 두 필을 歸法寺와 海安寺에 희사하고 중 3천 명에게 음식을 먹이며 기도하게 하는 등 일체 병을 고칠 수 있는 방법이라면 해보지 않은 일이 없었다. 그는 81세에 죽었는데 왕은 부고를 받고 깊이 애도하였으며 부의로서 포목 1천 필, 쌀 3백석, 보리 2백석, 차 2백 角, 향 20斤을 주었으며 관비로써 장사를 지내주었다. 그리고 太子太傅를 추증하고 시호는 敏休라고 하였으며 성종 13년에 경종 묘정에 배향하였다. 아들은 崔玄同, 崔懷遠이 있었다.[41] 그러나 그들은 그렇게 영달한 것 같지는 않다.

요컨대 최응이나 최언위는 유학을 깊이 공부한 유학자로 문신이었다. 이들은 왕의 명령을 받아 행정을 시행하는 內奉省이나 왕의 詔書를 작성하는 翰林院에 근무하면서 왕건을 정성껏 보필하였다. 최지몽은 영암 출신으로 일찍부터 태조에게 발탁되어 왕건의 곁에서 보좌하였다. 掖庭局에 소속되어 왕의 곁에서 모든 사항을 왕에게 전달하는 임무를 맡았다. 이처럼 일반 문신들은 일반 행정관서의 관리로 복무하였지만 일부 세력가들은 왕의 곁에서 보필하는 임무를 맡기도 했던 것이다.

---

40) 『高麗史』 권2 경종세가 원년.
41) 『高麗史』 권92 최지몽전.

5장 태조 왕건의 대내 및 대외정책

I. 대내정책

1. 북방 정책

고려 태조 왕건은 어떠한 정책을 통하여 후삼국을 통일하였는가. 우선 대내정책에 대해 살펴보자. 그는 북방의 영토를 개척하고 영토를 공고히 하려 하였다.[1] 우선 서북방을 편안하게 하기 위하여 고구려의 옛 수도였던 평양의 경영에 착수하였다.[2] 그는 즉위한 지 3개월 만에 평양에 大都護府를 설치하였다. 그리고 인근의 黃州·鳳州·海州·白州·鹽州 등지의 人戶를 옮겨 와 살게 하였다. 그리고 사촌동생인 王式廉과 廣平侍郎 列平을 보내 이곳을 지키게 하였다.[3]

그 후 얼마 안 되어 평양을 西京으로 승격시켰다. 태조 5년(922)의

---

1) 최래옥, 「고려초기의 북방개척에 관한 연구」, 『백산학보』 27, 1983 ; 이근화, 「고려 태조대 북방정책의 수립과 그 성과」, 『박성봉교수 회갑기념론총』, 1987 ; 이성제, 「고려 태조대 패서인의 동향—북방정책과 후삼국통일정책과의 관련속에서—」, 『고려 태조의 국가경영』, 서울대출판부, 1996.
2) 하현강, 「고려 서경고」, 『역사학보』 35·36합집, 1967 ; 『한국중세사연구』, 일조각, 1988 및 장상훈, 「고려태조의 서경정책」, 『고려태조의 국가경영』, 서울대출판부, 1996.
3) 『高麗史節要』 권1 태조 원년 9월.

기록에 벌써 서경이라 표현되어 있기 때문이다. 그리고 그 해에 개경과 비슷한 관부와 관리를 설치했다.⁴⁾ 또 태조 13년(930)에는 서경에 학교를 설치하여 인재를 양성하였다.⁵⁾

이렇듯 그가 평양을 중시한 것은 고구려의 계승이라는 측면이 작용한 것도 사실이다. 고구려 유민들의 민심을 달래기 위한 것이었다. 그러나 보다 근본적인 목적은 평양을 북진정책의 기지로 하고자 함이었다. 아울러 북방이 튼튼해야 남쪽으로 진출할 수 있기 때문이었다. 후삼국 통일이라는 대업에 대한 준비작업이었다.

이렇게 하여 서북방은 튼튼해졌지만 동북방이 문제였다. 동북방에는 아직도 여진의 무리들이 횡행하고 있었다. 이들이 진압되지 않는 한 북방의 변경이 조용할 수 없었다. 이에 태조는 우선 그들을 회유하였다. 그러자 918년 8월 함경도 안변 지역에서 세력을 떨치던 尹瑄이란 자가 귀순해왔다.

그러나 아직도 이 방면에서는 여진족이 자주 침략한다는 소식이 들어왔다. 이에 태조는 동왕 3년(920) 유금필을 파견하여 이들을 굴복시켰다. 다음 사료는 언간의 사정을 짐작케 해준다.

A. 北界의 鶻岩鎮에 자주 北狄이 침략하자 태조가 諸將을 모아 의론하기를, "지금 南兇[甄萱을 말함]이 아직 멸하지 않았는데 北狄이 가히 근심스러우니 짐이 자나 깨나 근심스럽고 두렵다. 庾黔弼을 보내어 진압코자 하는데 어떠한가." 하니, 모두 좋다하여 이에 명하였다. 유금필이 그 날로 開定軍 3,000을 거느리고 출발하여 鶻岩에 이르러 동쪽 산에 큰 성을 쌓고 거처하며 北蕃의 酋長 300여 인을 불러 모아 酒食을 성대하게 배설하여 향응하였다. 그 취한 기회를 타서 위엄으로 협박하여 추장들을 모두 굴복시키고 드디어 諸部에 使人을 보내어 말하기를,

---

4) 『高麗史』권1 태조세가 5년.
5) 『高麗史』권1 태조세가 13년 12월.

"이미 너희 추장을 얻었으니 너희들도 또한 마땅히 와서 항복하라."라고 하니 이에 諸部가 서로 거느리고 와 附庸하는 자가 1,500인이었다. 또 포로된 자 3,000여 인을 돌려보냈다. 이렇게 하여 북방이 편안하게 되니 태조가 특히 포상을 가하였다.(『高麗史』 권92 유금필전)

사료에서 보는 바와 같이 유금필이 기지를 발휘하여 이들 여진인들을 복속시켰다. 그 결과 1,500여 명이나 되는 여진족이 귀순해왔고 그들이 잡아갔던 고려의 백성 3,000여 명을 돌려보냈던 것이다. 그가 그렇게 쉽게 여진인들을 굴복시킨 것은 그의 뛰어난 지략 덕분이기도 했지만 여진 사정에 밝았기 때문이기도 했다. 그는 궁예에게 귀순한 平壤城主 黔用의 일족일 가능성이 있기 때문이다.[6] 이듬해인 태조 4년(921)에는 흑수말갈의 추장 高子羅 등 170여 명이 귀순해왔다. 한편 그 해에 일부 達姑狄들이 안변을 침략하자 고려는 장군 堅權을 파견하여 이들을 분쇄하였다.[7] 강경책과 회유책을 동시에 썼던 것이다.

이렇게 고려에 귀속된 여진족들은 유금필 휘하에 들어가 각종 전투에서 위력을 발휘하기도 하였다. 그들은 기동력을 갖춘 騎兵이었기 때문이었다. 태조 17년(934) 후백제와의 運州 전투에서 태조가 화친을 도모하자 유금필은 이에 반대하고 후백제군을 공격하여 패퇴시켰다. 그런데 이때 그가 거느린 부대를 기록에서는 '勁騎 數千'이라 표현하고 있다.[8] 날랜 기병이란 뜻이다. 또 태조 19년(936) 후백제 신검과의 一利川 전투에도 유금필은 黑水靺鞨과 達姑·鐵勒 등으로 구성된 勁騎 9천 5백을 거느리고 있었다.[9] 태조의 뛰어나고 유연한 북방정책으로 북방세력이 오히려 후삼국 통일

---

6) 김광수, 「고려건국기의 패서호족과 대여진관계」, 『사총』 21·22합집, 1977, 145쪽.
7) 『高麗史』 권1 태조세가 4년.
8) 『高麗史』 권92 유금필전.
9) 『高麗史』 권2 태조세가 19년 9월.

사업에 참여하게 되었던 것이다.

요컨대 태조는 북방을 튼튼히 하기 위해 평양을 제2의 서울로 삼았다. 이를 西京으로 삼아 개경과 비슷한 시설을 갖추게 하였다. 고구려 유민들의 마음을 달래고 북진정책의 기지로 삼고자 함이었다. 동북방에 대해서는 회유와 강경의 두 가지 방책을 효과적으로 구사하였다. 태조의 명을 받고 출동한 유금필도 무력이 아닌 기지를 발휘하여 그들을 굴복시켰다. 침략을 하는 북방세력에 대해서는 강력하게 응징했으나 귀순해 오는 자들은 따뜻하게 대해주었다. 그 결과 그들은 고려의 각종 전투에 투입되어 후삼국 통일에 일조를 하였다. 고려의 우방이 되었던 것이다.

2. 대호족 정책

태조는 즉위하면서 전국의 호족들에 대한 시책을 강구하였다.[10] 당시 신라 정부는 통제력을 잃은 상태라 지방세력들이 스스로 군사를 모아 자기 고을을 지키는 상황이었다. 호족을 자신의 편으로 얼마나 끌어들일 수 있느냐 하는 것이 관건이었다. 그는 우선 즉위하자마자 이들을 회유하는 정책을 실시하였다.

> B. 己酉에 신하들에게 諭示하여 말하기를, "짐은 각 지방의 도둑들이 짐의 처음 즉위함을 듣고 혹시 변란을 도모할까 염려하여 單使를 나누어 보내어 선물을 후하게 하고 말을 낮추고 은혜를 베풀어[重幣卑辭] 화의의 뜻을 보였더니 귀부하는 자가 과연 많았다. 그러나 홀로 견훤만은 교빙하려 하지 않는다."고 하였다.(『高麗史』 권1 태조세가 원년 8월)

---

10) 정지영, 「고려태조의 호족정책」, 『고려태조의 국가경영』, 서울대출판부, 1996 ; 박한설, 「고려의 건국과 호족」, 『한국사』 12, 국편위, 1993.

사료에서 보는 것처럼 사신을 보내 후한 선물을 보내고 말을 낮추어 회유하였다.[11] 그러자 여기저기서 호족들이 귀순해왔다. 鵠巖城의 성주 윤선이 귀순해 온 것도 이 때문이었다. 이총언도 이 무렵에 귀순해온 자였다. 당시 상황을 사료를 통해 보자.

> C. 이총언은 신라말에 碧珍郡을 보호하고 있었다. 때에 도적이 여기
> 저기서 일어나자 총언은 성을 크게 지키니 백성들이 그에 의지하여
> 편안하였다. 태조가 사람을 보내 함께 힘을 다하여 난을 평정할 것을
> 권유하였다. 총언은 글을 받아보고 심히 기뻐하여 그 아들 永을 보내
> 병사를 거느리고 태조를 따라 정벌케 하였다. 영이 그때 나이 18세였는
> 데 태조가 大匡 思道貴의 딸과 결혼시키고 총언을 本邑將軍에 배수하였
> 다.(『高麗史』권92 이총언전)

이처럼 각 지역의 호족들은 자신의 고을을 지키다가 城主·將軍을 자칭하는 경우도 있었고 조정에서 임명해주는 경우도 있었다. 귀순해 온 호족들에게는 위에서 보는 것처럼 그에 상응하는 대접을 해 주었다. 그 아들과 중앙 세력가의 딸을 결혼하게 해주었던 것이다.

태조 3년에는 강주장군 閏雄이 그 아들 一康을 보내 귀순해왔다. 그러자 태조는 일강에게 阿粲이란 품계를 주고 卿 行訓의 누이동생에게 장가들게 하였다. 그리고 郎中 春襄을 강주에 보내 귀순한 자들을 위로하였다.[12] 이총언의 예와 비슷한 대접을 하였던 것이다.

이처럼 호족들이 귀순의 표시로 그 일족을 보내는 것은 일반적인 현상이었던 것 같다. 호족들은 충성의 표시로 아들을 보냈고 중앙에서는 그들이 반역하지 않는 한 잘 대우해 주었다. 그러나 이들이 반역을 할 경우

---

11) 권진철, 「고려 태조의 중폐비사(重幣卑辭)책에 관한 연구」, 『강원사학』 12, 1996.
12) 『高麗史』 권1 태조세가 3년 정월.

중앙에 올라와 있는 호족의 일족은 위험에 처할 수 있었다. 따라서 이들은 일종의 인질이었던 셈이다. 고려시대 其人制度의 기원도 실은 여기에 있었던 것이다.

이에 따라 각지의 호족들이 계속 귀순해 왔다. 태조 5년 下枝縣 將軍 元奉과 溟州將軍 順式·眞寶城主 洪術, 태조 6년에는 命旨城將軍 城達과 碧珍郡 將軍 良文이 귀순해 왔던 것이다.[13] 태조의 호족들에 대한 포섭정책이 어느 정도 성공을 거둔 것이었다.

한편 지방의 대호족들이 귀순해올 경우에는 '王'성을 하사해 주는 경우도 있었다. 명주의 장군이었던 金順式의 경우가 그 경우였다. 그는 명주의 대호족으로 왕건이 왕위에 즉위하자 적대적인 태도를 취하였었다. 그러다 가 그 아버지 許越의 설득으로 태조 5년 맏아들 守元을 보내 귀순해왔다. 그러자 태조는 수원에게 '王'성을 하사해주고 토지와 집도 마련해 주었 다.[14] 태조 11년 김순식이 직접 중앙에 올라오자 태조는 그와 그의 小將 官景에게도 '王'성을 하사해 주었다.[15] 호족과 擬制家族적인 관계를 맺어 우의를 돈독히 하고자 함이었다.

각 지역 호족의 딸과 결혼하는 혼인 정책을 취하기도 하였다. 명주의 김순식에게는 딸이 없었는지 그의 부하장수였던 官景의 딸과 혼인하였다. 기록에는 그 이름이 王景으로 나오나[16] 이는 태조 11년 그가 태조로부터 '王'성을 하사받았기에 그렇게 표현된 것이다. 명주의 또 다른 호족이었던 王乂[원래 이름은 金乂]의 딸과도 혼인을 하였다. 이 밖에도 황해도 정주의 유천궁, 충주의 유긍달, 평안도 평산의 박지윤, 경기도 광주의 왕규 등의 딸과 혼인을 하였던 것이다.[17] 때로는 호족의 요청에 의한 경우도 있었다.

  13) 『高麗史』 권1 태조세가 5년·6년.
  14) 『高麗史節要』 권1 태조 5년.
  15) 『高麗史』 권92 왕순식전.
  16) 『高麗史』 권88 후비전 태조 정목부인 왕씨.
  17) 정용숙, 「고려초기 왕실혼인과 이성(異姓)후비」, 『고려시대의 후비』, 민음사, 1992.

그 결과 호족들과 태조와의 관계가 긴밀해진 것은 부인할 수 없는 사실이다. 이렇게 해서 그는 총 29명의 후비를 갖게 되었고 거기에서 25명의 아들과 9명의 딸을 얻게 되었다.

요컨대 태조는 즉위하자마자 호족들에게 선물을 보내고 자신을 낮추는 겸손한 태도를 보였다. 그러자 여러 호족들이 귀순해 왔다. 그들에게는 그에 상응하는 대우를 해주었다. 인질로 올라온 그들의 일족에게는 결혼을 시키기도 하였고 田宅을 주기도 하였다. 또 '王'성을 하사하여 의제가족적인 관계를 맺기도 하였다. 그런가 하면 호족의 딸과 결혼하여 가족이 되기도 했다. 물론 호족들이 보내온 일족은 유사시 인질이 되기도 했다. 이러한 정책으로 각 지방을 장악한 호족들의 협조를 얻을 수 있었고 마침내 후삼국을 통일할 수 있었다.

3. 대민정책

태조는 일반 백성들에게도 큰 관심을 기울였다.[18] 백성들이야말로 국가의 근간이었기 때문이다. 국가도 백성들이 편안해야 유지되는 것이었다. 이를 잘 알고 있던 태조는 즉위하자마자 영을 내렸다.

D-① 詔書에 이르기를 "태봉의 임금이었던 궁예가 백성들을 침노하고 마구 수탈하여 자기 욕심을 채웠다. 규정된 법과 제도를 따르지 않고 1頃의 토지에서 조세를 6石이나 받았고 驛에 소속된 戶에서는 실을 3束이나 부과하였다. 그리하여 백성들로 하여금 농사짓는 일을 걷어 치우고 길쌈하는 일을 그만두게 하였다. 그 결과 도망하여 여기 저기

---

18) 이문현, 「고려태조의 농민정책」, 『고려태조의 국가경영』, 서울대출판부, 1996 ; 백 남혁, 「왕건의 통치사상과 국정개혁 방향-'민'과 관련하여-」, 『백산학보』 58, 2001.

떠돌아다니는 사람이 부지기수였다. 앞으로 조세의 부과는 마땅히 천하에 통용되는 법을 써서 常例로 삼도록 하라." 하였다.(『高麗史節要』 권1 태조 원년 7월)

D-② 태조가 일어나 즉위한 지 34일 만에 여러 신하들을 접견하는 자리에서 개연히 탄식하여 말하기를 "근세에 지나치게 징수하여 1頃의 租가 6石에 이르러 백성들이 살아갈 수 없으니 내가 심히 불쌍하게 생각하였다. 지금부터는 마땅히 什一制를 적용하여 田 1負에 租 3升씩을 내게 하라." 하였다.(『高麗史』 권78 식화지1 전제 녹과전 신우 14년 7월)

1頃은 1結의 토지 단위와 같았다. 고려시대의 경우 토지 1결당 생산량은 水田일 때 상급의 토지가 15~18석, 중급의 토지가 11~14석, 하급의 토지는 7~10석이었다.[19] 상급의 토지는 대개 중앙의 고위 관리들이 다 차지하고 있었고 농민들의 대부분은 하급의 토지를 소유하고 있었다. 그렇다면 1년 동안 많아야 10석을 소출하는 것이다. 그런데 그 중에서 6석을 조세로 바치고 나면 4석이 남는 것이었다. 흉작일 경우는 거의 대부분을 조세로 내야 한다는 의미가 된다.

이렇게 궁핍했던 백성들을 위해 그는 조세제도를 바로잡았다. 천하에 통용되는 법을 적용하라 하였던 것이다. 그렇다면 이 법은 구체적으로 무엇을 가리키는 것인가. 이는 10분의 1세를 가리키는 것이었다. 그것은 사료 D-②를 통해 알 수 있다. 이 사료는 우왕 14년 趙浚이 올린 상서문의 일부이다. 그는 태조가 조세제도를 고쳐 10분의 1세를 행하였다는 점을 강조하고 있다. 고려시대 公田의 경우 보통 10분의 1세를 적용했다는 것은 여러 문헌에서 증명되고 있다. 공민왕 11년 白文寶는 고려가 漢나라 限田制를 본받아 10분의 1세를 실시하였다고 말하고 있는 것이다.[20] 이처

---

19) 김용섭, 「고려전기의 전품제」, 『한우근정년기념사학론총』, 지식산업사, 1981, 202쪽.

럼 태조는 백성들의 부담을 줄여 생업에 종사할 수 있도록 하였다.

또 그는 억울하게 노비가 된 자를 풀어주는 정책을 취하기도 하였다. 다음 사료를 보자.

 E. 辛亥에 詔하기를, "전 임금이 백성 보기를 지푸라기와 같이 하고 오직 사욕만을 추구하였다. 이에 讖書를 믿어 갑자기 松嶽을 버리고 斧壤에 돌아가 궁궐을 세우니 백성은 勞役에 피곤하고 三時[봄·여름·가을]는 농업에 때를 놓쳤다. 더욱이 기근이 연달아 이르고 질병이 뒤이어 일어나므로 집을 버리고 흩어져 길 위에서 굶어 죽는 자가 서로 잇닿았으며 한 匹의 細布가 쌀 5升 값이었다. 이리하여 백성들로 하여금 몸을 팔고 자식을 팔아 남의 노비가 되게 하였으니 짐이 매우 민망하게 생각하는 터이다. 그 소재지의 관원으로 하여금 자세하게 조사하여서 아뢰도록 하라."고 하였다. 이에 노비가 된 자 1천여 명을 얻으매 內庫의 布帛으로써 보상하여 돌려보냈다.(『高麗史』 권1 태조세가 원년 8월)

여기서 부양은 철원을 가리키는 것으로 904년의 일을 말하는 것이다. 궁예가 송악에서 철원으로 수도를 옮기면서 백성들의 생활이 더욱 악화되었음을 전하고 있다. 식량이 없어 굶주리게 되자 자신의 몸을 팔아 남의 노비가 된 자가 많았음을 밝히고 있는 것이다. 이러한 상황을 잘 알고 있던 태조는 원래 노비가 아니었던 자들 1천여 명을 파악하여 양인으로 해주었다.

한시적으로 조세를 면제해주고 죄인들을 특별히 사면하는 정책도 취하였다. 이에는 다음 기록이 참고된다.

---

20) 『高麗史』 권78 식화지1 전제 조세.

F. 詔하기를 "周나라의 武王은 殷나라의 紂를 내쫓고 곡식과 재물을 배분하여 도탄에 빠진 백성들을 구제했으며 漢 高祖 劉邦은 項羽를 멸망시키고 산림에 흩어진 백성들을 고향의 田里로 돌아가게 하였다. 짐은 덕이 별로 없는 사람으로서 王業을 창건한 것을 심히 부끄럽게 여긴다. 비록 하늘이 도와주는 은혜를 입고 백성들이 추대하는 힘에 의하여 왕위에 올랐으나 백성들이 가가호호 다 편안히 살고 착한 사람이 되기를 바라고 있다. 그러나 백성들에게 조세를 면제해주고 농업을 권장하지 않으면 어찌 집집마다 넉넉하고 사람마다 풍족하게 할 수 있을 것인가. 따라서 앞으로 3년 동안 백성들의 조세와 부역을 면제하고 사방으로 떠돌아다니는 자는 田里로 돌아가게 할 것이다. 또 중죄인이 아니면 다 特赦하겠으니 집으로 돌아가 생업에 전념하도록 하라." 하였다.(『高麗史節要』 권1 태조 원년 8월)

3년 동안 조세와 부역을 면제해주었다는 것이다. 과연 그 말대로 시행을 했는지에 대해서는 의문의 여지가 있으나 민심을 얻으려는 태조의 노력을 엿볼 수 있다. 또 그의 즉위와 더불어 중죄인을 제외하고 죄수들을 사면하는 특혜를 베풀었다. 이는 새로운 왕의 즉위 시 연례행사처럼 했던 것이었다. 사면은 왕으로서 백성들에게 은혜를 베푸는 표시인 동시에 농업노동력의 확보라는 이중의 의미가 있었다. 죄인들이 풀려나 농사를 지으면 그들로부터 조세를 거두어 국가재정에 보탬이 되는 것이었다. 이러한 정책이 백성들에게 환영받는 일이었음은 틀림없다.

태조는 또 黑倉을 설치하여 빈민들을 구제하였다.21) 이는 국가에서 곡식을 저장하였다가 궁핍한 백성들에게 빌려 주고 추수가 끝난 뒤에 갚도록 하는 시책이었다. 아마 흉년이 심할 때는 무상으로 주는 경우도

---

21) 『高麗史』 권80 식화지3 상평의창.

있었다고 보여진다. 이러한 정책은 태조가 민심을 얻기 위해 얼마나 노력했
는가를 보여주는 것이다.

요컨대 태조는 민생을 해결하고 백성들의 민심을 얻기 위해 많은 정책을
실시하였다. 조세제도를 확정하여 너무 많이 걷지 않도록 하였으며 억울하
게 노비가 된 자들을 풀어주는 정책도 실시했다. 한시적으로 조세를 면제해
주었는가 하면 죄수들을 사면하기도 하였다. 흑창을 설치하여 빈민들을
구제하기도 하였다. 이러한 정책으로 백성들의 민심을 어느 정도 거둘
수 있었고 장기적으로는 후삼국 통일의 원동력이 되었다.

Ⅱ. 대발해·거란 외교

고려의 북쪽 지역에는 발해가 있었다. 발해는 스스로 고구려를 계승했음을 표방하였다. 그리하여 일본에 외교문서를 보낼 때 스스로를 '高麗'라 하고 임금을 '高麗國王'이라 했다. 예컨대 『續日本紀』를 보면 발해 제3대 文王 大欽茂가 일본에 보내 온 외교문서에 스스로를 '高麗國王 大欽茂'라 적고 있었던 것이다. 고구려의 계승을 표방했던 고려도 발해를 친척의 나라로 생각했다. 『資治通鑑』에는 고려와 발해 왕실간에 혼인을 한 것 같은 기사도 전하고 있다. 다음 기록을 보자.

A. 처음에 고려 왕건이 군사를 부려 이웃 나라를 병탄하고 멸하여 자못 강대해졌다. 곧 胡僧 襪曪를 통하여 後晉의 高祖에게 이르기를 "발해는 나와 혼인하였는데 그 왕이 거란에 포로가 되었으니, 청컨대 후진 조정과 같이 공격하여 취합시다."라고 하였다. 그러나 고조는 답하지 않았다. 出帝가 거란과 원수가 됨에 이르러 말라가 다시 말하였다. 출제는 고려로 하여금 거란의 동쪽 변경을 어지럽게 하여 거란의 병세를 나누고자 하였으나, 마침 왕건이 죽고 아들인 王武[혜종]가 스스로 權知國事를 칭하고 표를 올려 喪을 고하였다. 11월 무술에 왕무를 大義軍使 高麗王으로 삼고 通事舍人 郭仁遇로 하여금 고려에 사신으로 가서 거란을 공격하도록 조를 내렸다.[거란이 이것을 알까 두려워하여 詔命의 형태를 띠지 않고 詔指로 깨우친 것이다] 그러나 곽인우가 고려에 이르러, 고려의 군사는 아주 약하여 지난번 말라의 말은 단지 왕건이 과장한 것으로 실제로는 거란과 적대하지 못함을 알았다.[宋白이 다음과 같이 말하였다. 후진 천복 연간(936~943)에 서역 승려 말라가 내조하였는데 火卜에 능하였다. 얼마 안 있어 고조를 뵙고 고려로 가기를 청하였다. 왕건이 그를 심히 예로써 대하였다.

당시는 거란이 발해 땅을 병탄한 지 여러 해가 지난 때였다. 왕건이 조용히 말라에게 일러 말하기를, "발해는 본래 나와 친척의 나라인데, 그 왕이 거란에게 잡힌 바 되었으니, 내가 조정을 위하여 그를 공격하고 또한 발해의 오랜 원한을 풀고자 하니, 선생께서는 돌아가시어 천자에게 마땅히 기일을 정하여 습격하기로 말씀을 드려주십시오."라고 하였다. 말라가 돌아가 모두 아뢰었으나 고조는 대답하지 않았다. 출제가 거란과 싸우게 되니 말라가 다시 아뢰었다. 출제는 곽인우를 통하여 왕건에게 詔指를 보내어 고려가 거란 깊숙이 공격하여 거란을 위협하도록 하였다. 마침 왕건이 죽고 왕무가 나라 일을 맡아 아버지의 大臣과 화합하지 못하고 서로 죽였다. 내부의 환란이 점차 평정되었으나 군사의 위력이 아직 떨치지 못하였고, 또 오랑캐들은 겁이 많으니, 말라의 말은 모두 왕건이 거짓말을 한 것이었다.] 곽인우가 돌아가자 왕무는 다시 다른 이유를 들어 해명하였다.(『資治通鑑』 권285 後晉記6 齊王 開運二年(945))

여기서 보는 바와 같이 왕건이 후진의 고조에게 '발해는 나와 혼인하였다[勃海 我昏姻也]'라고 하고 있는 것이다. 또 호승 말라에게는 '발해는 본래 나와 친척의 나라다'라고 했다는 내용도 전하고 있다. 그리하여 후진과 같이 거란을 공격하고자 했으나 뜻대로 이루어지지 않았다는 것이다.

한편 발해를 위협했던 거란과도 초기에는 우호정책을 표방하였다. 궁예의 외교정책을 그대로 계승하였던 것이다. 『遼史』에 의하면 915년 10월 고려가 거란에 사신을 보내와 보검을 바쳤다고 되어 있다.[1] 그러나 이때는 아직 왕건의 고려가 성립되지 않았을 때이므로 여기서의 고려는 궁예의 태봉을 가리키는 것으로 보아야 할 것이다. 궁예는 901년에서

---

1) 『遼史』 권1 太祖紀 上 9년 10월 戊申.

904년까지 고려라는 국호를 사용한 적이 있기 때문에 혼동한 것이라 생각된다. 또 918년 2월, 3월에도 거란에 사신을 파견하였다.[2] 이때의 사신 파견 주체는 '高麗'라고 되어 있으나 아직 왕건의 고려는 건국되지 않았을 때이므로 이는 궁예가 보낸 사절로 보는 것이 옳을 것이다. 또 이는 두 번의 사절을 보낸 것이 아니라 하나의 사절인데 기록에 따라 약간의 시기 착오가 생긴 것이라 보아야 할 것이다. 이렇듯 궁예가 거란과의 외교에 신경을 쓴 것은 멀리 떨어져 있고 분열 상태에 있었던 중국보다는 새롭게 떠오르는 거란이 새 시대의 주인공이 될 것이라 믿었기 때문이 아닌가 한다.

궁예의 뒤를 이어 왕건이 즉위하자 태조 5년(922) 거란이 사신을 고려에 보내 낙타와 말, 양탄자 등을 보내왔다.[3] 그러자 고려에서도 여기에 화답하였다. 3년 뒤인 태조 8년(925)에도 사신을 거란에 보내 답빙하였던 것이다. 이때 거란과 발해는 심각한 대립관계에 있었다. 924년 발해가 거란의 遼州를 공격하여 刺史를 살해하자 거란은 발해의 요동을 보복공격하는 상황이었다. 그런데도 거란과 우호관계를 지속한 것은 후백제와의 경쟁 속에서 쓸데없이 거란을 자극하지 않으려 했기 때문이었다. 발해에 대한 친척의 감정은 있었으나 발해를 적극적으로 도와줄 입장이 아니었던 것이다.

거란은 그해 12월 渤海를 정벌하러 나섰고 발해는 이듬해인 926년 1월 항복하여 멸망하게 되었다. 이렇게 됨으로써 고려는 거란과 국경을 접하게 되는 결과가 되었다. 그러자 그해 2월 고려는 다시 濊貊·鐵驪·靺鞨과 더불어 거란에 사신을 파견하였다.[4] 거란과의 우호를 통해 북방을 튼튼히 하고자 함이었다. 아직 남방에 있는 후백제와 자웅을 겨루어야 하는 부담이 있었기 때문이다.

---

2) 『遼史』 권1 太祖紀 上 神冊 3년 2월 및 『遼史』 권70 屬國表.
3) 『高麗史』 권1 太祖世家 5년 2월.
4) 『遼史』 권2 太祖紀 下 天顯 元年 2월.

〈표 1〉 고려 태조대 발해 유민의 유입 내용

연.월.일	이주 내용
925. 9. 6	渤海將軍 申德 등 500인 내투
925. 9.10	渤海禮部卿 大和鈞·均老, 司政大元鈞·工部卿大福謨·左右衛將軍 大審理등이 民 100호와 내부
925.12.29	渤海左首衛小將 冒豆干, 檢校開國男 朴漁 등이 민 1천 호를 이끌고 내투
927. 3. 3	渤海工部卿 吳興 등 50인, 僧 載雄 등 60인 내투
928. 3. 2	渤海人 金神 등 60호 내투
928. 7. 8	渤海人 大儒範 민을 이끌고 내부
928. 9.26	渤海人 隱繼宗 등이 내부하여 天德殿에서 3번 절을 하니 사람들이 실례라고 함. 大相 含弘이 망한 나라 사람은 3번 절하는 것이 옛 법이라고 함.
929. 6.23	渤海人 洪見 등이 배 20척에 사람을 싣고 내부
929. 9.10	渤海 正近 등 300여 인이 내투
934. 7	渤海國 世子 大光顯이 무리 수만을 이끌고 내투. 王繼라는 이름을 주고 왕실 족보에 등록하고, 특별히 元甫를 주어, 白州를 지키게 하였으며 그들의 제사를 받들게 함. 그의 僚佐에게도 爵位를, 군사에게는 전택을 차등있게 내림.
934.12	渤海 陳林 등 160인 내부
938	渤海人 朴昇이 3천여 호로 내투

그러나 거란의 침입으로 발해가 멸망하자 거란에 대한 태도는 바뀌었다. 발해 유민을 적극적으로 받아들이는 한편 거란에 대해 적대시하기 시작하였다. 925년 9월 발해의 장군 申德 등 500여 명이 고려에 來投한 것을[5] 시작으로 발해 유민들이 계속 고려에 넘어 들어왔다.

한편 한반도 내에서는 927년 공산 전투에서 후백제가 승리하자 거란은 재빨리 후백제에 사신을 파견하였다. 거란의 사신 裟姑馬咄 등 35人이 후백제에 내빙하였던 것이다. 일을 마친 후 돌아갈 때 견훤이 장군 崔堅으로 하여금 이들을 伴送하게 하였는데 항해하여 북쪽으로 가다가 풍랑을 만나 山東의 登州[現 山東省 蓬萊市]에 이르러 모두 살육되고 말았다.[6] 거란은 발해를 멸망시킨 후 한반도의 패권을 쥐게 된 후백제와 협력하여 고려를 후방에서 압박하기 위한 목적이었다고 보여진다.

---

5) 『高麗史』 권1 太祖世家 8년 9월.
6) 『三國史記』 권50 甄萱傳.

그러나 고려는 발해 유민에 대한 포용 정책을 멈추지 않았다. 태조 17년(934)에는 발해국의 세자 大光顯이 유민 수만 호를 거느리고 고려로 귀순해 왔다. 그러자 태조는 그에게 '王繼'라는 성명을 하사해 주고 白州를 주어 제사를 받들게 하였다.[7] 우호적인 태도로 감싸주었던 것이다.

반면 거란에 대해서는 적대적인 감정을 그대로 표출하였다. 발해를 멸망시킨 거란에 대해 적대적인 외교를 전개하여 거란을 경계하였던 것이다. 다음 사료를 보자.

> B. 거란이 사신을 보내와서 낙타 50필을 선사하였다. 왕은 "거란이 일찍이 발해와 화목하게 지내오다가 갑자기 의심을 내어 맹약을 어기고 멸망시켰으니 심히 無道하다. 멀리 화친을 맺어 이웃을 삼을 것이 되지 못한다." 하였다. 그리고 교빙을 끊고 그 사신 30인을 海島에 유배하고 낙타는 萬夫橋 아래에 매어놓아 다 굶어죽게 하였다.(『高麗史』 권2 태조세가 25년 10월)

즉 942년(태조 25) 거란이 사신을 보내와 낙타 50필을 선물하였다. 그러나 태조 왕건은 거란이 그들과 우호관계에 있었던 발해를 멸망시킨 것은 무도한 처사라고 비난하면서 사신 30인을 먼 섬에 유배하고 낙타는 만부교 아래에서 굶어죽게 하였다. 고구려 부흥을 내걸은 고려가 발해의 영토까지 수복하려는 의지의 표현이 아니었나 한다.

이처럼 고려는 거란에 대해 단호한 조치를 취하였다. 이는 거란에 대한 보복적인 행동일 뿐 아니라 고려가 강력하게 발해가 차지하고 있던 북방으로 진출하겠다는 의지의 표현이기도 했다. 또한 국제적인 역학관계의 영향이기도 했다. 이미 중국의 後晉에 거란에 대한 협공을 제의한

---

7) 『高麗史』 권2 太祖世家 17년 7월.

바 있었던 태조는 거란을 다시 한번 궁지에 몰아넣기 위한 전략이었다. 거란에 대한 자신의 감정을 강력하게 표현하여 당시 거란과 적대관계에 있던 후진의 호의를 사고 고려와 후진과의 관계를 더욱 밀착시켜 거란을 압박하기 위한 것이었다. 단교의 명분으로 발해 멸망의 무도함을 내세운 것은 과거의 발해 땅에 살면서 북방 개척에 장애가 되고 있던 서여진과 그 지역을 점유한 거란 모두에게 고려의 강력한 북진 의지를 표명한 것이었다.

거란은 이에 대해 불쾌한 감정을 갖게 되었고 영토 확장 정책을 계속하였다. 우선 거란은 압록강여진과 정안국을 경략하여 여진과 송과의 통교를 끊어버림으로써 고려와 국경을 마주하는 상태가 되었다. 이에 고려에서는 거란이 고려를 침략할지도 모른다는 불안감을 갖고 있었다. 그것은 定宗이 거란의 침입에 대비하여 光軍 30만을 조직하였던 것에서 알 수 있다. 즉 최언위의 아들이었던 최광윤이 일찍이 賓貢進士로서 後晉에 유학 갔다가 거란에게 포로된 바 있었다. 그러나 재간으로 오히려 벼슬을 얻었는데 사신으로 고려의 龜城에 왔다가 거란이 장차 고려를 침범하려는 것을 알고 편지를 보내 이를 고려에 알려왔다. 그러자 정종은 주관 부서에 명령하여 군사 30만 명을 선발하고 光軍이라고 칭하였던 것이다.[8]

이후 991년경에 거란은 송의 공격을 받았으나 오히려 송을 대파하였다. 자신감을 얻은 거란은 고려와 송과의 관계를 끊어 송을 고립시키고자 하였다. 이것이 993년(성종 12)에 일어난 거란의 1차 침입 배경이었다. 결국 태조 왕건의 이러한 대거란 강경 정책이 옳았는가에 대해서는 의문의 여지가 있다. 북방의 새로운 강자로 떠오른 거란에 대한 강경 정책이 후일 3차에 걸친 거란의 침략으로 이어졌다고 볼 수 있기 때문이다.

요컨대 태조는 국제적인 관계를 잘 고려하여 외교정책을 구사하였다.

---

8) 『高麗史』 권92 崔彦撝 附 崔光胤傳.

후백제와의 관계에 신경을 써야했던 집권초기에 그는 거란과 우호관계를 유지하였다. 그러다가 거란의 침입으로 발해가 멸망하자 발해 유민들을 따뜻하게 맞이해 주었다. 한편 후삼국 통일을 달성한 후에는 북진정책을 확실히 하기 위해 거란을 적대시하였다. 중국의 후진과 협공하여 거란을 공격하려 하였다. 그러나 거란에 대한 강경 외교가 후진의 멸망 후 3차에 걸친 거란의 침략으로 이어진 것은 안타까운 일이라 하겠다.

III. 대중국 외교

1. 왕건 즉위 이전 후삼국의 대중국 외교

궁예는 원래 신라의 왕실 출신이었다. 47대 憲安王 또는 48대 景文王의 아들로 되어 있다.[1] 그러나 경문왕의 서자로 추정된다. 헌안왕은 아들이 없었고 경문왕에게는 두 명의 왕비가 있었기 때문이다.[2] 그러나 왕위계승 쟁탈전에 휘말려 강원도 영월 지역으로 달아나 世達寺에서 승려 생활을 하기도 하였다. 세달사에서 승려생활을 하던 궁예는 진성여왕대의 혼란기에 뜻을 품고 환속하였다. 죽주의 기훤에게 의탁했던 그는 북원[원주]의 양길 휘하에 들어갔다. 그 후 정복을 떠나 원주, 강릉을 거쳐 철원까지 장악하였다. 그리고 양길을 격파한 후 896년 철원을 도읍으로 하였다.[3]

그러나 초창기에 그는 내부적인 정비와 영토 확장에 몰입했다. 그 때문인지 모르지만 중국에 대한 신경은 별로 쓰지 못했던 것 같다. 이에 대한 사료를 찾을 수 없기 때문이다. 반면 이때 중국과의 외교는 주로 신라가 담당하였다. 즉 897년에 신라에서는 진성여왕이 퇴위하고 효공왕이 즉위하였는데 이해 7월 慶賀判官·檢校尙書·祠部郞中·賜紫金魚袋 崔元이 唐에 갔다가 돌아왔다. 이때 당은 雞林州大都督·檢校太尉 凝[景文王]을 太師로, 持節充寧海軍事·檢校太保 晸[憲康王]을 太傅으로 추증하였다.[4] 또 賀正使인 守倉部侍郞 級餐 金穎이 學生 崔愼之 등 8人, 大首領 祈婥 등 8人, 小首領

---

1) 『三國史記』 권50 궁예전.
2) 경문왕의 왕비는 원래 寧花夫人이었으나 동왕 3년 부인의 동생을 맞아들여 次妃로 삼았다.(『三國史記』 권11 신라본기 경문왕) 그 앞의 헌안왕조에는 그가 왜 두 자매를 취하게 되었는가 하는 설명이 나와 있다.
3) 궁예정권에 대한 전반적인 동향은 조인성, 『태봉의 궁예정권 연구』, 푸른역사, 2007 참조.
4) 『孤雲先生文集』下 謝恩表.

蘇恩 등 2人을 거느리고 당에 들어가 국자감에 입학하여 학문을 배우게 해 줄 것을 청하였다. 이때 그는 최치원이 지은 「遣宿衛學生首領等入朝狀」을 함께 가지고 들어갔다.[5] 효공왕 4년(900)에는 靜眞大師 兢讓(878~956)이 당에 들어가 江淮에 도착하여 각지를 유람하다가 谷山의 道緣和尙에게 나아가 불법을 배우기도 하였다.[6] 이처럼 당시 신라는 당에 공식적인 사신을 파견하는 한편 고승들을 파견하여 불법을 배우게 하였다.

그런데 900년에 견훤이 완산[전주]을 도읍으로 하여 후백제를 건국하였다. 그리고는 왕위에 즉위하자마자 吳越에 사신을 보내어 외교 관계를 수립하였다. 기록을 보자.

> A. 吳越에 사신을 보내 朝聘하니 오월왕이 答聘하였다. 이어 檢校太保를 더하여 주고 나머지는 예전과 같이 하였다.(『三國史記』 권50 견훤전 光化 3년)

이처럼 견훤은 후백제왕이 된 후 이를 국제적으로 인정받기 위하여 오월에 사신을 파견하여 관작을 받았던 것이다. 그런데 이전의 관작에 검교태보를 더해 주었다 한다. 그렇다면 이전의 관작이란 무엇을 말하는 것일까. 그것은 아마도 892년 武珍州[현 광주광역시]를 점령한 뒤에 自署했다는 新羅西面都統·指揮兵馬制置·持節都督·全武公等州軍事·行全州刺史兼御史中丞·上柱國·漢南郡開國公·食邑二千號[7]를 가리키는 것이라 생각한다.[8] 한편 그는 왜 당이 아닌 남방의 작은 국가인 오월에 가장 먼저 사신을 파견하였을까. 그것은 신라의 군인이었다가 자립한 그가 신라와

---

5) 『孤雲先生文集』下 遣宿衛學生首領等入朝狀.
6) 李智冠, 「鳳巖寺靜眞大師圓悟塔碑」, 『校勘譯註 歷代高僧碑文』, 伽山文庫, 1994.
7) 『三國史記』 권50 견훤전.
8) 신호철, 『후백제 견훤정권연구』, 일조각, 1983, 136쪽.

전통적인 우호관계를 맺고 있던 唐나라에서는 인정받기가 어려웠기 때문이었을 것이다.

효공왕 10년(906)에는 당의 賓貢科에 급제하여 工部員外郎·沂王府諮議參軍에 임명되었던 金文蔚이 冊命使로 임명되어 신라로 돌아왔다.[9] 당에서는 유능한 신라인을 기용하여 신라와의 외교에 활용하였던 것이다. 武州[光州]에 거주하던 法鏡大師 玄暉(879~941)도 이해에 당에 건너가 江西省 筠州 九峯山의 道虔大師로부터 불법을 배웠다. 그 후 924년 돌아오니 태조 왕건이 국사로서 우대하였다.[10] 그는 일종의 유학승이었다.

효공왕 11년(907) 4월에는 당의 哀帝가 朱全忠에게 양위함으로써 그가 황제의 위에 올랐고 국호를 大梁[後梁]으로, 연호를 開平으로 하였다. 이로써 소위 五代가 시작되었다. 그러나 후량은 정통 왕조로 인정받기가 어려웠다. 주전충의 원래 이름은 朱溫으로 황소의 난 때 반란군의 부장이었다가 당에 귀순한 사람이었다. 귀순한 후 당에 '전심전력을 다해 충성한다'는 뜻으로 '全忠'이란 이름을 하사받았다. 때문에 후량은 반란군이 세운 찬탈 왕조라는 인식이 있었다.

그 때문인지 모르지만 신라, 후고구려, 후백제 3국은 후량과의 외교에 크게 신경을 쓰지 않았다. 그에 대한 기록이 별로 보이지 않는 것이다. 또 유학갔던 유학생과 승려들도 속속 귀국하였다. 908년 法鏡大師 慶猷(871~921)가 이보다 먼저 雲居道膺(?~902)에게 가서 불법을 배우다가 이때 귀국하여 武州 會津에 도착하였다.[11] 효공왕 13년(909)에는 大鏡大師 麗嚴(862~930)이 당의 洪府[洪州 江西省 南昌縣]에 들어가 머물다가 돌아와 武州 昇平郡에 도착하였으며[12] 빈공과에 합격한 바 있던 崔彦撝가 42세로

9) 『三國史記』 권12 신라본기 효공왕 10년.
10) 李智冠, 「淨土寺法鏡大師慈燈塔碑」, 『校勘譯註 歷代高僧碑文』, 伽山文庫, 1994.
11) 李智冠, 「五龍寺法鏡大師普照慧光塔碑」, 『校勘譯註 歷代高僧碑文』, 伽山文庫, 1994.
12) 李智冠, 「菩提寺大鏡大師玄機塔碑」, 『校勘譯註 歷代高僧碑文』, 伽山文庫, 1994.

당에서 돌아와 執事侍郎·瑞書院學士에 임명되기도 하였다.[13] 진성여왕 10년(896) 당에 들어갔던 眞澈大師 利嚴도 효공왕 15년(911) 중국에서 돌아와 羅州 會津에 도착하였다.[14] 중국의 혼란기를 피해 속속 한반도로 귀국하였다. 이들이 귀국 후 지방세력들의 정신적 지주 역할을 하였음은 당연한 일이다.

한편 견훤은 다시 오월국에 사신을 보냈는데 이 정보를 얻은 궁예는 왕건을 시켜 오월로 가는 후백제의 使行船을 나포하여 오게 했다. 나주에서 나아가 진도 지역도 점령하였다.[15] 이로써 견훤은 남중국과의 외교에 막대한 지장을 초래하게 되었다.

한편 궁예는 주로 내치에만 힘쓰다가 말년에 이르러 외교에 신경을 쓰게 되었다. 그는 중국보다도 북쪽 국경 너머에 있는 거란과의 외교에 힘을 쏟았다.

> B-① 高麗가 사신을 보내 寶劍을 바쳤다.(『遼史』권1 太祖上 9년 10월 戊申)
>
> B-② 晉·吳越·渤海·高麗·回鶻·阻卜·黨項 및 幽·鎭·定·魏·潞 等의 州가 각각 사신을 보내와 朝貢하였다.(『遼史』권1 太祖上 神冊 3년 2월)
>
> B-③ 高麗 및 西北의 諸蕃이 다 사신을 보내와 朝貢하였다.(『遼史』권70 屬國表 高麗 神冊 3년 3월)

여기서 보는 바와 같이 B-①에 의하면 915년 10월 고려가 거란에 사신을 보내와 보검을 바쳤다고 되어 있다. 그러나 이때는 아직 왕건의 고려가 성립되지 않았을 때이므로 여기서의 고려는 궁예의 태봉을 가리키는

---

13) 『三國史記』권46 崔彦撝傳 및 『高麗史』권92 崔彦撝傳.

14) 李智冠, 「廣照寺眞澈大師寶月乘空塔碑」, 『校勘譯註 歷代高僧碑文』, 伽山文庫, 1994.

15) 『高麗史』권1 梁 開平 3년.

것으로 보아야 할 것이다. 궁예는 901년에서 904년까지 고려라는 국호를 사용한 적이 있기 때문에[16] 혼동한 것이라 생각된다. 또 B-②·③에서 보는 것처럼 918년 2월과 3월에도 거란에 사신을 파견하였다. 이때의 사신 파견 주체는 '高麗'라고 되어 있으나 아직 왕건의 고려는 건국되지 않았을 때이므로 이는 궁예가 보낸 사절로 보는 것이 옳을 것이다. 또 이는 두 번의 사절을 보낸 것이 아니라 하나의 사절인데 기록에 따라 약간의 시기 착오가 생긴 것이라 보아야 할 것이다. 이렇듯 궁예가 거란과의 외교에 신경을 쓴 것은 멀리 떨어져 있고 분열 상태에 있었던 중국보다는 새롭게 떠오르는 거란이 새 시대의 주인공이 될 것이라 믿었기 때문이 아닌가 한다.[17]

결국 왕건의 고려 건국 이전 후삼국의 대외관계는 신라는 북중국의 당, 견훤의 후백제는 남중국의 오월, 궁예의 태봉은 북방의 거란과 외교 활동을 전개하는 상황이었다. 당이 멸망하고 후량이 건국되었으나 이는 찬탈 왕조였기에 후삼국 어느 국가도 사신을 파견하지 않았다. 다만 중국의 전란기를 피해 유학생이나 유학승들이 대거 귀국하는 상황이 전개되었다. 이 시기의 특징적인 것은 태봉의 궁예가 뒤늦게 거란과의 외교를 시도했다는 점이다. 지리적인 인접과 더불어 신라, 후백제 왕과의 외교적 차별성을 추구한 결과라 하겠다.

2. 태조 왕건의 대중국 외교

(1) 공산 전투와 대중국 외교

궁예는 말년에 폭정을 거듭하다 홍유, 배현경, 신숭겸, 복지겸 등의

---

16) 『三國遺事』 권1 王曆.
17) 조인성, 『태봉의 궁예정권』, 푸른역사, 2007, 215쪽.

추대를 받은 왕건이 왕위에 오름으로써 권좌에서 물러나게 되었다. 918년의 일이었다. 이미 그 이전 해인 917년 신라에서도 神德王(912~917)이 죽고 景明王(917~924)이 즉위하였다.

왕건의 즉위 직후 견훤은 다시 오월에 사신을 보내어 말을 바치니 오월왕 錢鏐는 견훤에게 中大夫를 더하여 관작을 제수하였다.[18] 새로 즉위한 왕건보다 먼저 남중국과의 외교를 선점하여 왕건의 대중국 외교를 봉쇄하려 한 의도로 보여진다.

한편 왕건은 즉위한 해 9월 고구려의 부흥을 외치며 고구려의 옛 서울 평양을 大都護府로 승격시키고 사촌 동생인 王式廉을 파견하여 지키도록 하였다.[19] 동시에 인근 鹽·白·黃·海·鳳 등 州의 백성들을 여기에 사민하여 인구를 채웠다.[20] 북진 정책을 실시하여 북방을 회복하겠다는 의지의 표현이었다.

즉위 이듬해인 919년 1월 왕건은 철원에서 개성으로 수도를 옮겼다. 그것은 개성이 자신의 본거지였을 뿐 아니라 외교와 대외무역을 위해서는 개성이 훨씬 유리하다고 판단했기 때문이었다.

C-① 天祐 初에 고려 石窟寺의 애꾸눈 승려 躬乂가 무리를 모아 開州에 근거하여 왕을 칭하고 大封國이라 하였다. 이때에 이르러 佐郞尉 金立奇를 보내 吳에 들어와 朝貢하였다.(『資治通鑑』 권270 後梁紀 均王 貞明 5년 7월)

C-② 吳越國의 文士 酋彦規가 來投하였다.(『高麗史』 권1 태조세가 2년 9월)

---

18) 『三國史記』 권50 甄萱傳.
19) 『高麗史』 권1 태조세가 원년 9월 丙申.
20) 『高麗史』 권58 地理3 北界西京.

C-①의 정명 5년은 919년이다. 그런데 여기에서는 사절 파견의 주체가 태봉국의 궁예로 되어 있으나 그것은 중국 측의 인식 부족에서 나온 소치로 여겨진다. 이때는 이미 궁예가 왕위에서 물러나고 왕건이 집권하고 있던 시기이기 때문이다. 왕건은 즉위한 지 얼마 되지 않아 외교 전략의 필요성을 절감하고 金立奇를 오월국에 파견하여 조공 외교를 전개하였던 것이다.[21] 그러나 그에 대한 답이 없었던 것으로 미루어 실패한 것으로 보인다. 오월국에서는 오래전부터 맺어온 견훤과의 외교관계를 청산하고 고려와 새롭게 외교를 맺을 명분이 없었기 때문일 것이다.

그러나 아주 성과가 없었던 것은 아니었다. C-②와 같이 그해 9월 오월국의 문사였던 酋彦規가 來投해왔기 때문이다. 기록에는 그가 자발적으로 온 것처럼 되어 있으나 김립기가 오월국에 갔던 것이 두 달 전인 7월임을 고려하면 김립기가 돌아오면서 같이 데리고 온 것이 아닌가 한다. 즉 공식적인 외교에는 실패했으나 대중국 관계의 필요성을 느껴 추언규를 회유하여 데려온 것이라 생각한다. 이후 그는 대중국 외교에 나름대로 기여하였을 것임에 틀림없다.

태조 3년(920) 정월에는 신라가 처음으로 고려에 사신을 파견함으로써 고려와 신라의 우호관계가 성립되었다. 그러자 후백제 견훤도 9월에 아찬 공달을 고려에 보내 공작새 깃털로 만든 부채와 지리산 대나무로 만든 화살을 보내와 수교를 요청하였다. 그러나 그해 10월 견훤이 신라의 합천 지역을 침공하였다. 그러자 신라가 고려에 구원 요청을 해왔고 고려가 구원군을 출동시키자 후백제와 고려는 이때부터 라이벌 관계가 되었다.[22]

이듬해인 921년 2월에는 達姑狄이 신라를 침공하기 위해 남하하였다. 이에 고려가 장군 堅權을 파견하여 격파하자 신라왕은 사절을 파견하여 감사의 인사를 올렸다.[23] 이로써 양국의 관계는 더욱 공고해졌다.

---

21) 기록에 보이는 吳는 吳越國을 말한다.
22)『高麗史』권1 태조세가 3년 10월.

태조 5년(922)에 들어오면서 거란이 고려에 사신을 보내와 낙타와 양탄자를 바쳤다.[24] 궁예 때에는 사신을 보냈는데 궁예를 내쫓은 왕건이 사신을 보내오지 않자 거란이 먼저 손짓을 한 것이다. 아직 크게 성장하지 못한 거란으로서는 고려를 자기 편으로 삼아 안심하고 발해를 위협하기 위한 목적이었지 않나 한다. 그러나 왕건은 답빙하지는 않은 것 같다.

반면 왕건은 거란보다 중국과의 외교관계가 더 필요함을 느꼈던 것 같다. 오월과의 관계는 실패했으나 북중국의 後梁과 외교관계 수립을 원하였다. 923년(태조 6) 福府卿 尹質을 후량에 사신으로 파견하였는데 돌아오는 길에 5백 羅漢像을 가지고 왔던 것이다.[25] 며칠 후에는 오월국의 文士 朴巖이 다시 귀순하여 왔다.[26] 박암의 귀순에는 이전에 내투한 바 있던 추언규의 공이 있었다고 생각된다. 추언규가 편지를 써서 보냈거나 윤질을 따라갔다 고국인 오월국에 들러 박암을 데려온 것이 아닌가 한다. 이로써 중국의 문사 둘을 확보한 왕건은 대중국 외교에 유리한 고지를 점령하는 계기가 되었을 것이다.

그러나 그해 후량은 멸망하고 後唐이 건국되었다. 후당을 건국한 이는 李存勗으로 그는 당 황실의 인척이었다. 따라서 그는 후량의 末帝를 살해하고 당을 재건한다는 명분으로 국호를 후당이라 하고 수도를 洛陽으로 천도하였다. 따라서 이존욱 본인은 물론 외부에서도 후당을 당의 뒤를 이은 정통왕조로 생각하였다. 그 때문인지 모르지만 신라는 재빨리 사신을 파견하여 통교하였다. 金樂과 金幼卿을 사신으로 보냈던 것이다. 이에 莊宗 이존욱은 사신들에게 후한 예물을 하사하여 화답하였다.[27] 이는 신라가 장종의 등극을 축하함과 동시에 당과의 전통적인 우의를 강조하려

23) 『高麗史』 권1 태조세가 4년 2월.
24) 『高麗史』 권1 태조세가 5년 2월.
25) 『高麗史』 권1 태조세가 6년 5월.
26) 『高麗史』 권1 태조세가 6년 6월.
27) 『三國史記』 권12 신라본기 경명왕 7년 및 『舊五代史』 권50 莊宗 同光 원년 11월.

한 것으로 풀이된다.

그러자 고려에서도 廣評侍郎 韓申一·副使 春府少卿 朴巖을 후당에 파견하였다.[28] 그러자 장종은 고려의 사신 한신일에게 朝散大夫·試殿中監을, 박암에게 朝散郎·試秘書郎을 제수하였다.[29] 이때 광평시랑 한신일은 書史에 능통하였다고 하여, 그가 떠날 때 황제가 편전에서 林慮漿이란 술을 친히 하사하였다.[30] 또 춘부소경 박암은 文史에 뛰어남이 중국의 賢士와 같다고 하였다 한다.[31] 직전에 오월국에서 온 박암을 사신으로 보내 대중국 외교에 활용하였던 것이다. 이로써 고려는 신라와 대등한 외교관계를 수립할 수 있었다.

이에 불안을 느낀 경명왕은 이듬해인 924년(경명왕 8년, 태조 7년) 두 차례나 후당에 사신을 파견하여 기울어져 가는 신라를 공인받으려 하였다. 그 해 정월에 사신을 파견하였으며[32] 6월에도 사신을 파견하였던 것이다. 정월에 보낸 사신은 신라의 중앙이 아닌 지방의 절도사가 보낸 사신인 것 같다. 그것은 그해 정월 泉州節度使 王逢規가 독자적으로 후당에 사신을 파견하고 있는 점에서[33] 알 수 있다. 천주는 지금의 경남 진주로 지방세력이 독자적으로 중국에 사신을 파견할 정도로 신라는 쇠퇴해 있었음을 반증하는 것이라 하겠다. 6월에도 朝散大夫·倉部侍郎 金岳을 후당에 파견하여 조공하자 후당의 장종은 그에게 朝散大夫·倉部侍郎이란 관직을 내려주었다.[34] 이로써 볼 때 후당에서는 전통적인 우호 관계를

---

28) 『新五代史』 권74 四夷附錄3 高麗 同光 원년.

29) 『五代會要』 권30 高麗 後唐 同光 4년.

30) 陶穀, 『淸異錄』下 酒漿 林慮漿(張東翼, 『宋代麗史資料集錄』, 서울대출판부, 2000에서 재인용.

31) 陶穀, 『淸異錄』下 器具 光濟叟(張東翼, 『宋代麗史資料集錄』, 서울대출판부, 2000에서 재인용.

32) 『舊五代史』 권31 唐書7 莊宗本紀5 同光 2년 정월.

33) 『三國史記』 권12 신라본기 경명왕 8년 정월.

34) 『三國史記』 권12 신라본기 경명왕 8년 6월.

참작하였지만 신라의 쇠퇴와 고려의 등장을 고려해 거의 대등하게 대우해 주었다고 하겠다. 그해 9월 신라에서는 경명왕이 죽고 그의 아우가 왕위에 올랐다. 그가 바로 景哀王(924~927)이었다.

한편 925년 왕건과 견훤은 조물군에서 교전하였으나 세력이 대등하여 서로 인질을 교환하고 화의를 맺었다. 즉 견훤 측에서는 그의 생질 眞虎를 왕건에게 보내고 왕건은 사촌동생 王信을 견훤에게 인질로 보냈던 것이다.[35] 이즈음 양국은 비슷한 세력을 갖고 있었다 하겠다.

그러자 양국은 중국과의 외교를 통해 자신들의 우위를 인정받으려 한 것 같다. 다음 기록을 보자.

> D-① 高麗國이 사신을 보내 方物을 바쳤다.(『舊五代史』 권33 唐書9 莊宗本紀 7 同光 3년 11월)
>
> D-② 사신을 後唐에 보내 藩臣을 칭하니 후당이 (견훤에게) 檢校太尉兼侍中·判百濟軍事를 제수하고 이전과 같이 持節都督 全·武·公等州軍事·行全州刺史·海東四面都統·指揮兵馬制置等事·百濟王·食邑二千五百戶로 책봉하였다.(『三國史記』 권50 甄萱傳 同光 3년 12월)

먼저 왕건은 그해 11월 사신을 후당에 파견하여 공물을 바쳤다.[36] 뒤이어 12월에는 후백제의 견훤이 사신을 후당에 보내 藩臣을 칭하니 견훤을 檢校太尉兼侍中·判百濟軍事를 제수하고 이전과 같이 持節都督 全·武·公等州軍事·行全州刺史·海東四面都統·指揮兵馬制置等事·百濟王·食邑二千五百戶로 책봉하였다. 외교 전쟁이었다. 양국은 정통 왕조인 후당의 인정을

---

35) 『高麗史』 권1 태조세가 8년 10월.
36) 같은 내용이 『新五代史』 권5 唐本紀5 莊宗下 同光 3년 11월조에도 기재되어 있다. 한편 『冊府元龜』 권972 外臣部17 朝貢5 同光 3년 10월조에는 같은 내용을 전하면서 사신 이름이 韋伸이라 되어 있다.

받아 대내외에 선전하고자 한 것이었다.[37] 그런데 여기서 얼핏 보면 견훤에게는 관작을 제수하고 왕건에게는 그것이 없어 후백제를 더 인정한 것처럼 보이지만 그것은 기록의 차이에서 빚어진 것으로 보아야 할 것이다. 즉 왕건의 사신 파견 기사는 중국 측 기록인 데 반해 견훤의 관작 수여 기사는 한국 측 기록으로 더 자세하기 때문에 빚어진 현상이 아닌가 한다. 후당 측에서는 양국을 다 인정해 준 것으로 보는 것이 옳을 듯 하다.

고려는 더욱 적극적인 외교정책을 펼쳐 그해 10월에는 무섭게 성장한 거란에도 사신을 보내 조공을 하고 우호관계를 맺었다.[38] 당시 거란은 북방의 패권자로 자처하면서 이웃의 발해를 점령할 준비를 하고 있던 시기였다. 그러자 신라도 11월에 거란에 조공을 바쳤다.[39] 아마도 고려는 물론 신라도 거란이 발해를 정벌하고 나면 그 여파가 본국에도 미칠지 모른다는 위기의식을 갖고 있었던 것 같다.

실제로 거란은 그해 12월 渤海를 정벌하러 나섰고 발해는 이듬해인 926년 1월 항복하여 멸망하게 되었다. 이렇게 됨으로써 고려는 거란과 국경을 접하게 되는 결과가 되었다. 그러자 그해 2월 고려는 다시 濊貊·鐵驪·靺鞨과 더불어 거란에 사신을 파견하였다.[40] 거란과의 우호를 통해 북방을 튼튼히 하고자 함이었다. 아직 남방에 있는 후백제와 자웅을 겨루어야 하는 부담이 있었기 때문이다.

이즈음 중국 후당에서는 926년 4월 李克用의 義子였던 李嗣源이 왕위에 즉위하여 明宗이 되었다. 한편 한반도에서는 태조 9년(926)에 접어들면서

---

37) 후백제는 국제 무대에서 신라와 고려를 견제하려는 생각에서 후당에 사신을 보내 스스로를 낮추어 藩國이라 하고 책봉을 요청하였다는 견해도 있다.(권덕영, 「후백제의 해외교섭활동」, 『후백제와 견훤』, 서경문화사, 2000, 134쪽)

38) 『遼史』 권2 本紀2 太祖下 天贊 4년 10월.

39) 『遼史』 권2 本紀2 太祖下 天贊 4년 11월.

40) 『遼史』 권2 本紀2 太祖下 天顯 원년 2월.

견훤의 인질 진호가 병으로 죽자 견훤측은 고려가 일부러 죽였다 하여 왕신을 죽이고 웅진[공주]을 공격하였다. 왕건은 성을 지키고 출전하지 아니하였다. 왕건이 수세적인 위치에 있었던 것이다. 이로써 고려와 후백제는 다시 대결 국면에 들어서게 되었다.

태조 10년(927)에 들어서면서 신라의 경애왕은 그해 2월 후당에 兵部侍郎 張芬을 파견하여 조공하니 후당의 명종은 그에게 檢校工部尙書를, 부사인 兵部郎中 朴術洪에게는 兼御史中丞을, 판관 倉部員外郎 李忠式에게는 兼侍御史를 주었다.[41] 이때의 사신 파견은 새로운 왕의 즉위를 축하하고 본국을 비롯한 한반도의 사정을 진술하기 위한 것이었다고 생각한다. 그런데 『고려사』에는 그 전해인 926년에 고려가 후당에 張彬을 파견한 것으로 나와 있다.[42] 장분과 장빈은 동일인으로 추정되는데 신라의 사신으로 갔던 그가 고려인인 것처럼 되어 있는 것은 그가 후에 고려에 귀순했기 때문으로 여겨진다. 시기가 약간 다른 것은 착각에 의한 것이었다고 생각된다.

그러자 그해 3월 후당은 權知康州事 王逢規를 懷化大將軍으로 삼는 조치를 취하였다. 이에 왕봉규는 林彦을 후당에 보내 조공하니 명종이 중흥전에서 그를 불러 보고 물건을 하사하였다.[43] 그런데 여기서도 『고려사』에는 그해에 고려에서 임언을 후당에 파견한 것으로 되어 있다.[44] 이 역시 앞서 본 장분처럼 임언도 왕봉규를 따라 고려에 귀순했기 때문에 고려에서 파견한 것처럼 기술한 것이다. 그런데 후당이 신라의 사절을 받아들이면서도 왕봉규에게 관직을 준 것을 보면 신라의 쇠망을 예견하면서 지방의 독립적인 세력을 인정해 주었다 할 수 있다. 중국 측 기록에는 그를

---

41) 『三國史記』 권12 신라본기 경애왕 4년 2월.
42) 『高麗史』 권1 태조 9년.
43) 『三國史記』 권12 신라본기 경애왕 4년 3, 4월.
44) 『高麗史』 권1 태조세가 10년.

신라국 사람으로 기록해 놓았기 때문이다.[45]

한편 견훤의 웅진 공격시 수세를 취했던 고려의 왕건은 927년에 들어와 선제 공격을 감행하여 후백제의 龍州[경북 예천 용궁면]를 쳤다. 그러자 신라 경애왕도 군사를 출병하여 고려를 도왔다. 이어 고려는 공격을 계속하여 운주[충남 홍성], 근품성[경북 상주], 강주[경남 진주], 대량성[합천] 등을 함락하였다. 이때 강주의 세력가였던 왕봉규도 자연스럽게 고려에 오게 되었다고 생각된다. 왕건은 그를 회유할 목적으로 왕씨 성을 하사해주었고 그 밑에 있던 임언도 고려에 옴으로써 왕봉규가 보낸 임언이 고려의 사신으로 둔갑하게 된 것이었다.

이에 불안을 느낀 견훤은 3월에 이르러 신라의 서울 경주에서 가까운 고울부[경북 영천]를 공격하여 점령하였다. 신라가 고려에 구원 요청을 하자 견훤은 신라의 수도인 경주로 쳐들어가 경애왕을 죽이고 敬順王 (927~935)을 옹립하였다. 후백제군은 수도인 전주로 돌아오다 공산[현 대구 팔공산]에서 남하하던 고려군과 만나 전투를 벌였다. 이것이 바로 그해 9월의 公山 전투였다. 이 전투에서 고려군은 대패하여 개국 1등공신 申崇謙과 2등공신 金樂 등이 죽고 왕건은 겨우 몸을 보전하였다.

견훤이 왕건과의 대결에서 대승했다는 소식은 금방 외국에도 전달된 것 같다. 이에 거란이 즉각 반응하였다. 거란의 사신 裵姑馬咄 등 35人이 후백제에 내빙하였던 것이다. 일을 마친 후 돌아갈 때 견훤이 장군 崔堅으로 하여금 이들을 伴送하게 하였는데 항해하여 북쪽으로 가다가 풍랑을 만나 山東의 登州[현 山東省 蓬萊市]에 이르러 모두 살육되고 말았다.[46] 거란은 발해를 멸망시킨 후 한반도의 패권을 쥐게 된 후백제와 협력하여 고려를 후방에서 압박하기 위한 목적이었다고 보여진다.[47]

---

45) 『五代會要』 권30 新羅傳 天成 2년 4월.

46) 『三國史記』 권50 甄萱傳.

47) 권덕영, 「후백제의 해외교섭활동」, 『후백제와 견훤』, 서경문화사, 2000, 138쪽 ; 허

오월국도 재빠른 행동을 보였다. 그것은 그해 12월 견훤이 고려 왕건에게 보낸 국서에 잘 나타나 있다. 거기에 보면 "전달 7일에 오월국의 사신 班尚書가 우리에게 와서 조서를 전하고 갔는데 '백제 왕과 고려는 오래 전부터 친선 관계를 맺어 함께 동맹을 맺고 있었는데 근자에 양쪽 인질이 다 죽은 것을 계기로 하여 드디어 친선의 옛 호의를 잃어버리고 서로 강토를 침범하여 전쟁이 그치지 않는다는 것을 알고 있다. 그래서 이제 일부러 당신 나라에 나의 사신을 파견하고 또 고려에도 편지를 보내노니 두 나라는 마땅히 서로 친선하고 영구히 휴전을 보전하라' 하였다. 나는 원래 신라를 존중히 여기는 의리에 충실하고 큰 나라에 대한 정의가 깊은 터이므로 오월국왕의 조서를 듣고 즉시 그 뜻을 받들고자 한다. 다만 염려되는 것은 당신이 종래의 미련에 끌리어 싸움을 그만두려 하여도 그만 두지 못하고 곤경에 빠져서도 그냥 싸우려는 것이다. 지금 조서를 복사하여 보내노니 청컨대 유의하여 자세히 읽으라. 또한 구멍에 든 토끼와 사냥개가 다투다가 서로 피곤하여지면 마침내 반드시 남의 조롱을 받을 것이요 조개와 황새가 서로 버티는 것은 역시 남의 웃음거리가 되는 것이니 마땅히 미욱한 고집을 경계할 것이고 스스로 후회를 남기지 말도록 하라."라고 되어 있다.[48]

이 내용을 자세히 보면 오월국이 한반도의 상황을 상세히 알고 있었음을 알 수 있고 전통적인 우호관계에 있던 후백제에 조서를 내려 대승을 축하하면서 고려와 후백제의 화친을 권고하고 있음을 알 수 있다. 그러나 어디까지나 후백제의 입장에서 화친을 권하고 있다. 조서를 후백제에만 보낸 것이 그것을 말해주고 또 후백제의 대승 직후이기 때문에 더욱 그렇다.

인욱, 「고려·후주 관계와 광종의 영토 확장」, 『전북사학』 43, 2013, 96쪽.
48) 『三國史記』 권50 甄萱傳 ; 『高麗史』 권1 태조세가 10년 12월 및 『東文選』 권57 代甄萱寄高麗王書.

이에 대해 태조 11년(928) 고려의 왕건은 견훤에게 답서를 보내었다. 거기에는 "오월국의 通和使 반상서가 전한 조서 1통을 받고 겸하여 당신이 보낸 장문의 편지도 받았다. 그런데 오월국의 조서와 당신의 편지에 대해 말한다면 전자는 비록 감격을 느꼈으나 후자는 혐의적은 생각을 금할 수 없기에 지금 사신이 돌아가는 편에 이 글을 부쳐 옳고 그름을 밝히노라." 하였다. 그러면서 계속되는 내용에 견훤이 인질 교환과 함께 맺은 맹약을 어기고 선제 공격을 단행했으며 경주를 침공하여 경애왕을 죽이고 군신들을 살해한 악행을 비난하였다. 그리고 잠깐의 승리에 도취했다가는 烏江에서 죽은 項羽의 꼴이 될 것이라 강조하였다. 그러면서 마지막 부분에 "오월왕 전하의 큰 덕은 외국에까지 미치고 작은 나라를 동정하는 마음으로 특별한 서한을 보내어 동방에서 전쟁을 중지하라고 권하였다. 기왕 권고를 받았으니 어찌 이를 접수하지 않으리오. 만일 당신이 이 권고를 정중히 받들어 흉악한 생각을 그친다면 그것은 다만 오월국의 선의에 보답하는 것일 뿐 아니라 또한 신라의 끊어진 전통을 다시 이을 수 있는 것이다. 그러나 만일 죄과를 범하고도 능히 고치지 못한다면 그 때에는 후회하여도 수습하지 못할 것이다." 하였다.[49] 즉 오월국왕의 권고를 받아들이려고 하는데 다시 고려에 대한 선공을 하거나 신라를 공격한다면 후회할 것이라 강력히 경고하고 있다.

전반적으로 볼 때 이때까지 신라와 고려는 우호관계를 유지하면서 주로 북중국의 후당에 사신을 파견하여 후원을 받으려 하였다. 그러나 후당은 한반도의 문제에 대해서는 크게 개입하지 않았다. 그러다가 거란이 발해를 멸망시키자 고려는 거란과의 외교에도 신경을 썼다. 반면 후백제의 견훤은 거란과도 우의를 다지려 하였지만 오랫동안 공들여온 오월국과의 외교에 전력을 다하였다.[50] 특히 태조 10년(927) 공산 전투에서 고려를

49) 『高麗史』 권1 태조세가 11년 정월 및 『三國史記』 권50 甄萱傳.
50) 후백제가 북중국 보다는 주로 오월과의 외교에 전력한 것은 신라의 신하로 자처하

패퇴시키고 대승을 거두자 오월국의 힘을 빌려 고려의 패배를 기정사실화하려 하였다. 후백제 외교의 승리였다 해도 과언이 아니었다. 이 시기 후삼국 외교의 특징은 먼저 왕건이 왕위에 즉위하자마자 오월과의 외교를 시도하면서 후백제와 오월의 관계를 끊으려 하였다. 반면 조물군 전투 후에는 후백제가 후당에 사신을 파견하여 고려에 대한 외교적 승리를 시도하였다는 점이다. 그리고 지방세력에 불과하였던 천주절도사 왕봉규가 독자적으로 중국에 사절을 파견하고 있다는 점이다. 또 거란이 성장하여 발해를 멸망시키려 하자 신라나 고려가 사신을 파견해 후폭풍을 막으려 하였다. 그러나 공산 전투 후 거란은 후백제와 접촉하여 고려를 압박하려 하였다는 점도 특징으로 들 수 있다.

(2) 고창군 전투와 대중국 외교

그러나 공산 전투 이후에도 고려와 후백제와의 전쟁은 계속되었다. 928년 5월 고려는 이전에 확보했던 康州[현재의 경남 진주]가 후백제의 공격을 받아 함락되었고 7월에는 왕건이 삼년산성을 공격하였으나 이기지 못하고 청주를 거쳐 충주로 갔다. 거기서 烏於谷에 군사를 주둔시켜 죽령으로 통하는 길을 폐쇄하였다. 그러나 오어곡성은 견훤군의 공격으로 그해 11월 다시 탈취당했다. 견훤의 적극적인 공세에 밀려 고려가 수세에 몰리는 상황이었다.[51]

그런 가운데 8월에는 신라의 승려 홍경이 唐나라 閩府로부터 대장경 1부를 배에 싣고 예성강으로 들어오자 왕건은 그를 친히 영접하고 대장경

고 있던 후백제가 당에 사신을 보내도 신라와 오랫동안 교류하던 당이 이를 용인하지 않을 것이라 판단했기 때문일 수도 있다.(허인욱, 「後百濟의 對중국 교류 연구」, 『사학연구』 112, 2016, 61쪽)

51) 김갑동, 『고려의 후삼국 통일과 후백제』, 서경문화사, 2010, 39~43쪽.

을 帝釋院에 두게 하였다.[52] 閩은 王審知가 지금의 복건성 지역에 세운 10국 중의 하나로[53] 왕건은 불교를 통한 정신적 구심점을 구축하고 고승들로부터 조언을 구하고자 함이었다.

929년(태조 12)에 들어오면서 왕건은 서경 인근의 州鎭을 순행하고 남쪽의 基州[경북 풍기]와 인근의 주진을 순행하면서 전투 준비를 하고 군사를 모집하였다. 그러나 견훤군은 義城府[경북 의성]를 침범하여 고려 장군 洪術을 죽이고 이를 점령하였으며 나아가 順州[경북 순흥]도 함락하였다.

왕건은 한편으로 대중국 외교도 전개하였다. 그해 8월 廣評侍郎 張芬 등 52人을 후당에 보내 향로와 보검, 옷감, 인삼 등의 여러 가지 물건을 바쳤다.[54] 이전에 신라의 사신으로 중국에 다녀온 바 있던 장분이 고려에 귀순하자 그를 고려의 대중국 사절로 활용하였던 것이다.

한편 그해 12월에는 견훤이 古昌郡[경북 안동]을 포위하자 왕건이 직접 출동하였다. 930년에 들어와 신라의 載巖城[경북 진보] 장군 善弼이 왕건에게 귀순해오면서 왕건의 전력이 많이 보강되었다. 이어 벌어진 古昌郡[경북 안동] 瓶山 전투에서 왕건이 대승하였다. 그것은 토착세력이었던 김선평, 권행, 장길 등의 도움 덕분이기도 했다. 그리하여 그들에게 각기 관계를 수여하였다.

이 전투의 승리로 永安[현재의 경북 영천]·河曲[현재의 경북 하양]·直明[현재의 경북 안동]·松生[현재의 경북 청송] 등 30여 군현이 고려에 귀부하였다. 이어 930년 2월에는 고창군 전투의 승리가 알려지자 강원도 溟州로부

---

52) 『高麗史』 권1 태조세가 11년 8월.

53) 고려와 민과의 교류가 불교 교류에 중점이 되어진 것은 민이 고려의 안보에 크게 영향력을 미칠 수 없는 복건성에 위치했기 때문으로 추정된다.(허인욱, 「고려 초 남중국 국가와의 교류」, 『국학연구』, 2014, 229쪽)

54) 『冊府元龜』 권972 外臣部17 朝貢 天成 4년 8월. 그러나 『五代會要』 권30 高麗傳 천성 4년 8월조에는 사신의 이름이 張翽으로 되어 있다. 동일인임에 틀림없다.

터 興禮府[현재의 경북 안동]에 이르는 110여 성도 귀순해 왔다.[55] 신라의 중부지역과 동부지역이 거의 모두 고려의 영역이 된 셈이었다.

이에 왕건은 신라에 사신을 보내 고창군 전투의 승첩을 알렸고 경순왕도 답례를 하여 서로 만날 것을 청하였다. 이듬해인 931년 신라왕의 청으로 왕건은 신라에 가서 경순왕을 만났다. 왕건은 경주에서 3개월간 머무르면서 우의를 다지고 경순왕을 비롯한 대신들에게 상을 내렸다.

경주에서 돌아온 후 태조 15년(932) 3월 왕건은 다시 후당에 사신을 파견하였다. 그러나 신라도 거의 동시에 후당에 사신을 파견하였다. 기록을 보자.

E-① 大相 王仲儒를 후당에 보내 방물을 바쳤다.(『高麗史』권1 태조세가 5년)

E-② (경순왕 6년) 4월에 正事 執事侍郎 金昢, 副使 司賓卿 李儒를 後唐에 보내어 朝貢하였다.(『三國史記』권12 신라본기 경순왕 6년)

위의 기록으로만 보면 같은 해의 일이지만 그 선후 관계를 잘 알 수 없다. 그러나 중국측의 기록을 보면 E-①은 932년 3월, E-②는 932년 4월의 일로 기록되어 있다.[56] 고려의 왕건이 먼저 후당에 사신을 파견하였던 것이다.[57] 지금까지 전개된 후백제와의 전투 상황을 설명하고 최종적으로 자신이 패권을 잡았음을 설명한 것이라 생각한다. 그러자 곧이어 4월 신라의 경순왕은 執事侍郎 金昢·司賓御 李儒를 후당에 보내 조공하였다.[58]

---

55) 『高麗史』권1 太祖世家 13年 2月.
56) 『舊五代史』권43 唐書19 明宗紀9 長興 3년 3月 및 4月.
57) 『舊五代史』권43 唐書19 明宗紀9 長興 3년 3月 ; 『新五代史』권74 四夷附錄3 高麗 長興 3년 ; 『高麗圖經』권11 始封.
58) 『三國史記』권12 신라본기 경순왕 6년. 그러나 『五代會要』권30 新羅에는 그것이 931년의 일로 기록되어 있다. 『三國史記』의 기록이 더 정확하지 않나 한다. 그것은

후백제에 대한 고려의 승리에도 불구하고 아직도 신라는 건재하고 있음을 드러내고자 한 것 같다. 그러나 후당은 이미 한반도의 정세가 고려에게 돌아갔음을 인식하고 왕건에게만 特進檢校太保·使持節玄菟州都督·充大義軍使兼御史大夫·上柱國·高麗國王으로 책봉하였다. 이는 고려의 入朝使 왕중유의 요청에 의한 것이었다.[59] 책봉 사신은 이듬해인 태조 16년(933) 3월에 도착했는데 王瓊, 楊昭業 등을 보내 왕을 책봉하고 왕건의 부인 柳氏를 河東郡夫人으로 봉하였다. 이에 따라 고려에서는 기존의 독자적인 天授 연호를 버리고 후당의 연호를 사용하게 되었다.[60] 고려의 최종적인 승리를 후당으로부터 인정받았던 것이다.

이후 견훤은 간헐적인 수군 공격을 감행하여 승리하기도 했으나 934년 運州[현재의 충남 홍성] 전투에서 크게 패함으로써 전의를 상실하였다. 곧이어 태자 책봉을 둘러싼 내분이 발생하여 935년 견훤은 고려로 귀순하였고 신라의 경순왕도 나라를 들어 고려에 투항하였다. 끝까지 버티던 후백제 신검도 936년 경북 선산의 一利川 전투에서 패하고 황산[충남 연산]에서 왕건에게 항복하였다. 이로써 고려에 의한 후삼국 통일이 달성되었다.

고려는 태조 16년(933) 후당으로부터 책봉을 받은 후 후당과의 교류를 더욱 돈독히 하였다. 934년 8월 고려의 入貢使 金吉이 후당에 갔으며[61] 그를 따라온 고려 상인들이 교역을 하기도 하였다.[62] 935년에는 고려에서

『舊五代史』 권43 唐書19 明宗紀9 長興 3년 4월의 기록에서도 확인이 된다.

59) 『冊府元龜』 권965 外臣部10 冊封3 및 『五代會要』 권30 高麗傳. 그러나 왕건의 관직이 『舊五代史』 권43 唐書19 明宗紀9 장흥 3년 6월에는 檢校太保·高麗國王으로, 『新五代史』 권6 唐本紀6明宗 長興 3년 6월에는 高麗國王·大義軍使로 되어 있다. 『高麗史』 권1 太祖世家 16年 3월의 기록에는 特進檢校太保·使持節玄菟州都督·上柱國·充大義軍使·高麗國王으로 되어 있다.

60) 『高麗史』 권2 太祖世家 16年 3월.

61) 『冊府元龜』 권999 外臣部17 朝貢5 廢帝 淸泰 원년 8월.

62) 『冊府元龜』 권999 外臣部44 互市 淸泰 원년 10월.

禮賓卿 邢順 등을 후당에 보냈다.[63] 그러자 후당에서는 형순에게 試將作少監을, 副使 崔遠試에게 少府監主簿를 제수하였다.[64]

신라도 933년 경순왕이 사신을 후당에 보냈으나[65] 큰 성과는 거두지 못하였다. 한편 후백제는 오월국과의 관계를 유지하기 위해 다시 사신을 파견하였다. 즉 933년 太僕卿 李仁旭을 파견하여 지난해 죽은 先王 錢鏐를 조문하고 제사하였다.[66] 그런데 후백제는 갑자기 936년 정월 후당에 사신을 파견하여 토산물을 바쳤다.[67] 그러나 이는 견훤이 보낸 사절이 아니라 신검이 왕위에 오른 후 파견한 사절임에 틀림없다. 견훤 정권은 이미 그 전해인 935년 3월에 붕괴되었기 때문이다. 새롭게 권력을 잡은 신검이 자신의 집권에 대한 정당성을 설명하고 인정받고자 함이었다. 그러나 책봉 기사가 없는 점으로 미루어 큰 성과는 없었다고 하겠다.

요컨대 공산 전투의 패배로 외교권을 빼앗겼던 고려는 전열을 정비하여 고창군 전투에서 승리하면서 외교적인 승리도 획득하였다. 신라를 방문한 후 양국이 다 후당에 사신을 파견하여 한반도의 상황을 알렸다. 이에 후당 명종은 사태를 파악한 후 고려의 우위를 인정하여 왕건을 고려국왕으로 책봉하였다. 왕건은 이후에도 여러 차례 사신을 파견하여 후당과의 관계를 공고히 하였다. 한편 신라는 후당에, 후백제는 오월국에 한두 차례의 사신을 파견하였으나 큰 성과를 거두지는 못하였다. 중국이 실질적인 지원을 해 준 것은 아니었지만 고려의 최종적인 외교적 승리였다. 이 시기의 특징은 후당과의 외교에 고려와 신라가 경쟁을 벌였으며 후백제 말기 신검에 의해 후당과의 외교 시도가 있었다는 점이다.

---

63) 『高麗史』 권2 태조세가 18년.
64) 『五代會要』 권30 高麗.
65) 『新五代史』 권74 四夷附錄3 新羅.
66) 『吳越備史』 3 文穆王 長興4년 4월.
67) 『舊五代史』 권48 唐書24 末帝紀下 淸泰 3년 정월 및 『新五代史』 권7 唐本紀7 廢帝.

3. 후삼국 통일 후 왕건의 대중국 외교

고려가 후삼국을 통일한 936년 중국에서는 後晉이 건국되었다. 후당 명종의 사위였던 石敬瑭은 명종의 양자로 왕위에 오른 李從珂가 자신을 토벌하려 하자 거란의 도움을 받아 후진을 세운 것이다. 물론 그는 거란의 도움에 대한 대가로 연운 16주를 할양하고 거란에게 歲幣를 주기로 하였다. 그러자 고려는 재빨리 후진과의 외교관계를 수립하였다. 기록을 보자.

F-① 王規·邢順을 晉에 보내 登極을 축하하였다.(『高麗史』권2 태조세가 20년)

F-② (청태) 3년 정월 庚午 高麗 朝貢使 王子 太相 王規로써 檢校尙書右僕射를 삼고, 副使 廣評侍郞 崔儒로서 試將作監을 삼았다. 그 이하의 수행사절 30여 인에게 모두 司戈, 司階의 관직을 제수하였다.(『冊府元龜』권976 外臣部20 褒異3)

F-③ 이 해에 晉나라에서 國子博士 謝攀을 보내와 왕을 책봉하여 開府儀同三司·檢校太師로 삼고 기타 관직은 전과 같이 한다고 하였다.(『高麗史』권2 태조세가 22년)

F-①에서 보는 것처럼 고려에서는 937년 王規·邢順을 후진에 보내 석경당의 등극을 축하하는 사절을 보냈고 이듬해부터 후진의 연호를 사용하게 되었다.[68] 그러자 후진에서는 왕규에게 檢校尙書右僕射를, 副使 廣評侍郞 崔儒에게 試將作監을, 그 이하의 수행사절 30여 인에게도 모두 관직을 제수하였다.[69] 또 F-③에서 보는 것처럼 후진에서는 몇 년 후인 태조

---

[68] 『高麗史』권2 太祖世家 20년 및 21년 7월 및 『冊府元龜』권999 外臣部17 朝貢5 廢帝 淸泰 3년 정월.

[69] 『冊府元龜』권976 外臣部20 褒異3 및 『五代會要』권30 高麗. 그런데 이 사실이

22년(939) 國子博士 謝攀을 보내와 왕을 책봉하여 開府儀同三司·檢校太師로 삼고 여타 관직은 그대로 인정해 주었다.

그러나 왕건은 후백제가 주로 전담했던 오월과의 외교도 다시 전개하였다. 태조 21년(938) 오월국에 들어갔던 사신 張訓 등이 돌아와 吳의 李昇이 황제에 즉위하였음을 보고하였다는 기록으로 미루어[70] 오월국에 사신을 파견하였음을 알 수 있다. 이는 吳나라의 徐知誥가 성명을 이변으로 바꾸고 황제에 올라 국호를 南唐이라 하여 자립했던 사실을 말하는 것이다. 이는 그 해 고려사신 廣評侍郎 柳勳律이 남당에 가서 보고한 表箋의 내용에도 있는 것이었다. 즉 그가 남당에 와서 공물을 바치고 즉위를 축하하자 이변이 武功殿에서 친견하고 崇英殿에서 연회를 베풀었으며 學士承旨 孫忌로 하여금 모시게 하였다는 중국 측 기록으로 알 수 있다.[71] 이로 미루어 태조 왕건은 오월뿐 아니라 남당과도 교류를 시작했음을 알 수 있다. 柳勳律은 이듬해인 939년 다시 한번 남당에 사신으로 가기도 하였다.[72] 이제 통일 왕조를 이룩한 이상 북중국이나 남중국을 가리지 않고 외교적인 전략을 구사하는 것이 바람직하다고 생각한 것 같다.

한편 왕건은 후당에서 후진으로 왕조가 바뀌자 예전에 보냈던 자신의 인질을 귀환시키고자 하였다. 938년 8월 중국의 靑州節度使 王建立이 고려에서 보낸바 있던 宿衛質子 王仁翟이 고국으로 돌아가기를 바란다고 보고하자 후진 황제가 이를 허락했던 것이다.[73] 939년에는 다시 광평시랑 형순 등 72인을 후진에 파견하여 방물을 바쳤다.[74] 왕인적의 귀국을 촉구하기

936년의 일인 것처럼 되어 있으나 이는 고려의 조공에 대한 답빙이 분명하므로 937년의 사실로 보아야 할 것이다.

70) 陸游, 『陸氏南唐書』 권18 列傳15 高麗列傳 昇元 2년.
71) 陸游, 『陸氏南唐書』 권1 本紀1 烈祖 昇元 2년및 권18 列傳15 高麗列傳.
72) 陸游, 『陸氏南唐書』 권18 列傳15 高麗列傳 昇元 3년.
73) 『舊五代史』 권77 晉書3 高祖紀3 天福 3년 8월 戊戌 및 『五代會要』 권30 高麗傳 ; 『冊府元龜』 996 外臣部41 納質.
74) 『五代會要』 권30 高麗傳 天福 4년 9월.

위한 사절이었지 않나 한다. 그리하여 왕인적은 940년 고려에 귀국하게 되었다.[75]

940년에 왕건은 다시 남당에 廣評侍郎 柳兢質을 파견하여 방물을 바쳤다.[76] 남당이 남중국에서 오월보다 더 큰 위세를 떨치고 있었음을 알고 있었던 것이다. 941년에는 다시 고려가 大相 王申一을 후진에 보내 방물을 바쳤다.[77] 그러자 후진에서는 조서를 내려 大義軍使·特進檢太保·使持節玄菟州都督·上柱國·高麗王 王建을 開府義同三司·檢校太師·使持節玄菟州都督·充大義軍使·食邑一萬戶·食實封一千戶·高麗國王으로 책봉하고 光祿卿 張澄·國子博士 謝攀을 파견하여 책봉 명령을 전하게 하였다.[78] 이렇듯 그는 중국과의 관계를 돈독히 하면서 통일 왕조로서의 위상을 높여나갔다.

그러나 발해를 멸망시킨 거란에 대해서는 적대적인 외교를 전개하여 거란을 경계하였다. 즉 태조 25년(942) 거란이 사신을 보내와 낙타 50필을 선물하였다. 그러나 왕건은 거란이 그들과 우호관계에 있었던 발해를 멸망시킨 것은 무도한 처사라고 비난하면서 사신 30인을 먼 섬에 유배하고 낙타는 만부교 아래에서 굶어죽게 하였다.[79] 고구려 부흥을 내걸은 고려가 발해의 영토까지 수복하려는 의지의 표현이 아니었나 한다.[80] 그 후 태조 26년(943) 4월 大匡 朴述熙를 불러 『訓要十條』를 전하고 그해 5월 67세의 나이로 생을 마감하였다.

---

75) 『高麗史』 권2 太祖世家 23년.
76) 陸游, 『陸氏南唐書』 권1 本紀1 烈祖 昇元 4년.(張東翼, 『宋代麗史資料集錄』, 서울대출판부, 2000에서 재인용) 혹 여기의 유긍질이 이전에 파견된 유훈률과 동일인일 가능성도 없지 않다.
77) 『高麗史』 권2 太祖世家 24년.
78) 『舊五代史』 권80 晉書5 高祖紀6 天福 6년 8월 甲寅 및 『冊府元龜』 권965 外臣部10 冊封3 天福 6년 5월 ; 『五代會要』 권30 高麗傳.
79) 『高麗史』 권2 太祖世家 25년 10월.
80) 고려가 거란과 단교한 것은 후진과의 외교를 진전시키고 책봉국인 후진에 대하여 충성을 보이기 위한 것이었다는 견해도 있다.(이진한, 「고려 태조대 대중국 해상항로와 외교·무역」, 『한국중세사연구』 33, 2012, 37쪽)

요컨대 후삼국 통일 이후 왕건은 중국에 대해서는 전방위 외교를 펼쳤다. 북중국은 물론 남중국에까지 사신을 파견하여 교류함으로써 통일 왕조로서의 위상을 확실히 하였다. 그러나 발해를 멸망시킨 거란에 대해서는 적대적인 태도를 취함으로써 고구려의 부흥과 북방정책의 의지를 분명히 하였다. 이 시기 외교의 특징은 고려 태조 왕건이 후백제와 교류하였던 오월보다도 남당과의 외교에 더 신경을 썼다는 점과 더불어 후당에 파견하였던 고려의 인질 왕인적을 귀환시켰다는 점이다.

　지금까지 살펴본 바를 요약, 정리하면 다음과 같다. 왕건의 고려 건국 이전 후삼국의 대외관계를 보면 우선 신라는 종전대로 북중국의 당에 대한 활발한 외교 활동을 전개하였다. 한편 견훤의 후백제는 남중국의 오월과 외교관계를 수립하였고, 궁예의 태봉은 초기에는 대외정책에 별 신경을 쓰지 않다가 만년에 들어와 북방의 거란과 외교활동을 전개하는 상황이었다. 중국에서는 당이 멸망하고 후량이 건국되었으나 이를 찬탈 왕조로 여겨 후삼국 어느 국가도 사신을 파견하지 않았다. 다만 전란기를 피해 유학생이나 유학승들이 대거 귀국하는 상황이 전개되었다. 이 시기의 특징적인 것은 태봉의 궁예가 뒤늦게 거란과의 외교를 시도했다는 점이다. 지리적인 인접과 더불어 신라, 후백제왕과의 외교적 차별성을 추구한 결과라 하겠다.

　왕건의 고려 건국 이후에는 신라와 고려가 우호관계를 유지하면서도 북중국의 후당에 경쟁적으로 사신을 파견하여 후원을 받으려 하였다. 그러나 후당은 한반도의 문제에 대해서는 크게 개입하지 않았다. 그러다가 거란이 발해를 멸망시키자 고려는 거란과의 외교에도 신경을 썼다. 반면 후백제의 견훤은 거란과도 우의를 다지려 하였지만 오랫동안 공들여온 오월국과의 외교에 전력을 다하였다. 특히 태조 10년(927) 공산 전투에서 고려를 패퇴시키고 대승을 거두자 오월국의 힘을 빌려 고려의 패배를 기정사실화하려 하였다. 이때까지는 후백제 외교의 승리였다 해도 과언이 아니었다. 이 시기 후삼국 외교의 특징은 먼저 왕건이 왕위에 즉위하자마자 오월과의 외교를 시도하면서 후백제와 오월의 관계를 끊으려 하였다. 반면 조물군 전투 후에는 후백제가 후당에 사신을 파견하여 고려에 대한 외교적 승리를 시도하였다는 점이다. 그리고 지방세력에 불과하였던 천주 절도사 왕봉규가 독자적으로 중국에 사절을 파견하고 있다는 점이다. 또 거란이 성장하여 발해를 멸망시키려 하자 신라나 고려가 사신을 파견해 후폭풍을 막으려 하였다. 그러나 공산 전투 후 거란은 후백제와 접촉하여 고려를 압박하려 하였다는 점도 특징으로 들 수 있다.

그러나 공산 전투의 패배로 외교권을 빼앗겼던 고려는 전열을 정비하여 고창군[안동] 전투에서 승리하면서 외교적인 승리도 획득하였다. 우선 고려의 왕건은 신라를 방문하여 경순왕을 만난 후 양국이 거의 동시에 후당에 사신을 파견하여 한반도의 상황을 알렸다. 그러자 후당의 명종은 사태를 파악한 후 고려의 우위를 인정하여 신라에는 사신을 보내지 않고 고려에만 사신을 파견하여 왕건을 고려국왕으로 책봉하였다. 이후에도 고려는 여러 차례 사신을 파견하여 후당과의 관계를 공고히 하였다. 한편 신라는 후당에, 후백제는 오월국에 한두 차례의 사신을 파견하였으나 큰 성과를 거두지는 못하였다. 중국이 실질적인 지원을 해 준 것은 아니었지만 고려는 고창군 전투의 승리와 함께 외교적인 승리도 획득하였다. 이 시기의 특징은 후당과의 외교에 고려와 신라가 경쟁을 벌였으며 후백제 말기 신검에 의해 후당과의 외교 시도가 있었다는 점이다.

936년 고려가 후삼국을 통일한 이후 왕건은 중국에 대해 전방위 외교를 펼쳤다. 북중국은 물론 남중국의 오월이나 남당에까지 사신을 파견하여 교류함으로써 통일 왕조로서의 위상을 확실히 하였다. 그러나 발해를 멸망시킨 거란에 대해서는 적대적인 태도를 취함으로써 고구려의 부흥과 북방 정책의 의지를 분명히 하였다. 이 시기 외교의 특징은 고려 태조 왕건이 후백제와 교류하였던 오월보다도 남당과의 외교에 더 신경을 썼다는 점과 더불어 후당에 파견하였던 고려의 인질 왕인적을 귀환시켰다는 점이다.

결국 후삼국 시대의 대중국 관계는 한반도 각국의 이해관계에 따라 전개되었다. 당시 중국도 당말 5대 10국의 분열기였으므로 주변국에 대해 크게 신경쓸 형편이 못되었다. 조공과 책봉이라는 전통적인 관계는 지속되었으나 실상은 한반도의 상황 변화에 따라 중국의 인정을 받는 정도에 지나지 않았다 하겠다. 한국사 중의 다른 어느 시기보다 독자성이 엿보였던 시기라 하겠다.

Ⅳ. 대중국 인질 외교

1. 唐末 五代시기의 靑州

신라말 후삼국 시대에 고려, 후백제, 신라는 무력이나 회유를 통해 자신들의 영역을 사수하거나 넓히려 하였다. 그러나 한편으로는 중국을 비롯한 주변국과의 외교를 통해 국제적으로 인정받아 지위를 확고히 하고자 하였다. 특히 대중국 외교에 치중하여 전통적인 우호관계를 유지하려 하였다.

이에 대해 많은 학자들은 당시 고려나 후백제, 신라의 대중국 외교를 각 국가별로 분석하여 탐구하였다.[1] 또 이를 종합하여 각국의 외교를 유기적인 연관 하에 탐구하려는 노력도 시도되었다.[2] 그러나 고려 태조 왕건이 중국에 인질까지 파견하여 외교를 전개한 사실에 대해서는 아무도 크게 주목하지 않았다. 그것은 아주 단편적인 자료만이 전해지고 있기 때문이었던 것 같다. 즉 『고려사』에는 태조 23년(940)에 "後晉이 우리의 質子 王仁翟을 돌려보냈다[晉歸我質子王仁翟]"[3]라는 기록만이 전하고 있을 뿐이다. 중국 측 기록에도 "天福 3년(938)에 靑州의 王建立이 奏하기를 '高麗國의 宿衛質子 王仁翟을 고향으로 돌려보내기를 바랍니다'하니 이에

---

1) 고려의 외교정책에 대해서는 이기백, 「고려초기 오대와의 관계」, 『한국문화연구원 논총』 1, 1960 ; 『고려광종연구』, 일조각, 1981 및 김재만, 「오대와 후삼국·고려초기 관계사」, 『대동문화연구』 17, 1983 ; 문수진, 「고려태조의 외교에 대하여」, 『계촌민병하교수정년기념사학론총』, 1988 ; 김인규, 「고려 태조대의 대외정책」, 『고려 태조의 국가 경영』, 서울대출판부, 1996 ; 심재석, 「고려와 오대·송의 책봉관계」, 『고려국왕 책봉연구』, 혜안, 2002 ; 이진한, 「고려 태조대 대중국 해상항로와 외교·무역」, 『한국중세사연구』 33, 2012 ; 허인욱, 「고려 太祖代 對中 외교 연구」, 『한국중세사연구』 49, 2017 등 많은 연구가 있으며 후백제에 대해서는 권덕영, 「후백제의 해외교섭 활동」, 『후백제와 견훤』, 서경문화사, 2000 등이 있다.
2) 김갑동, 「후삼국의 대중국 외교」, 『한국중세사연구』 49, 2017.
3) 『高麗史』 권2 태조세가 23년.

따랐다.[靑州王建立奏 高麗國宿衛質子王仁翟 乞放歸鄕里 從之]"[4]라는 사료
만 있을 뿐이다. 이로써 볼 때 왕건은 후백제나 신라와 달리 중국에
인질까지 보내서 외교를 전개했다는 것을 알 수 있다. 그렇다면 왕건은
언제 인질을 보내 宿衛외교를 펼쳤을까? 그 이유와 목적은 무엇일까?
왜 청주의 절도사였던 왕건립이 왕인적의 귀국을 요청했을까? 이러한
궁금증을 가지고 논의를 전개해 보자.

宿衛 외교는 이미 삼국시대 신라 때부터 있어온 외교의 한 형태였다.
즉 진덕여왕 2년(648) 金春秋가 당에 가서 군사적 원조를 요청하여 허락받
고 난 후 그의 아들 文王으로 하여금 당 태종의 곁에서 宿衛하도록 하였다.[5]
이때의 숙위는 인질과 조공의 두 가지 성격이 공존하는 것이었다.[6] 그
후 진덕여왕 5년에도 金仁問을 당에 보내 朝貢하고 宿衛하게 하였으며[7]
문무왕 6년에는 金庾信의 아들 金三光이 入唐宿衛하였다.[8] 이러한 숙위인
질 파견은 통일신라의 한 외교 형태로 자리 잡게 되었고 하대로 가면
빈번한 숙위학생의 파견이라는 문화적 흡수의 한 형태로 변화되었다.[9]
고려 태조 왕건도 이러한 신라의 외교 형태를 본받아 중국에 宿衛質子를
파견하였던 것이다.

그러면 우선 당시 중국의 형세와 靑州지역의 상황은 어떠했는가 하는
점을 살펴보자. 전성기를 구가하던 唐은 현종대 소위 '安史의 亂'을 계기로
점차 붕괴하기 시작하였다. 節度使[10]들의 발호와 횡포가 심해지게 되었다.

---

4) 『舊五代使』 권77 晉書 高祖紀3 天福 3년 8월 戊戌.
5) 『三國史記』 권5 신라본기 眞德王 2년.
6) 申瀅植, 「新羅의 對唐交涉上에 나타난 宿衛에 對한 一考察」, 『역사교육』 9, 1966, 105쪽.
7) 『三國史記』 권5 신라본기 眞德王 5년.
8) 『三國史記』 권6 신라본기 文武王 6년.
9) 申瀅植, 「宿衛學生考」, 『역사교육』 11·12합집, 1969 참조.
10) 節度使는 唐 玄宗의 天寶年間(742~756)에 오랑캐를 방어하는 변경에 8명의 절도사를 설치한 것을 효시로 한다. 명을 받는 날에 황제가 깃발과 符節을 주기 때문에

절도사의 숫자도 늘어나게 되었다. 당 조정에서는 안사의 난 평정에 참여했던 당의 장수들에 대해서 논공행상을 하여 절도사로 삼았다. 뿐만 아니라 절도사 중에는 안사의 난에 가담했다 당나라 조정에 항복한 이들도 있었다. 즉 幽州 盧龍節度使 李懷仙, 魏博節度使 田承嗣, 成德節度使 李寶臣 등이 그들이었는데 이를 '河北三鎭'이라 하였다. 이리하여 절도사는 이제 변방이 아닌 내지에도 설치되었고 그 휘하에 여러 개의 州를 거느리는 藩鎭이 되었다. 이러한 번진 할거의 정치는 당 말기까지 지속되었다. 특히 黃巢의 난 이후 번진은 더욱 팽창하여 수도인 長安을 제외하고는 거의가 절도사의 세력 하에 있었다.[11]

산동 지역도 예외가 아니어서 淄州와 靑州 지역에는 절도사 王敬武가 하나의 독립 세력으로 존재하고 있었다.[12] 왕경무는 원래 청주 출신으로 平盧軍에 예속되어 偏校라는 직책으로 절도사 安師儒를 섬기고 있었다. 그러다가 中和 년간(881~885)에 도적들이 齊州와 棣州 사이에서 발호하자 안사유는 왕경무를 보내 평정하도록 하였는데 왕경무는 돌아오자마자 오히려 안사유를 축출하고 자신이 절도사에 올랐다.[13] 즉 왕경무가 중화 원년(881) 청주에서 난을 일으켜 절도사 안사유를 축출하자 그 부하들이 왕경무를 추대하여 留後로 삼았다가 平盧軍節度使가 되었던 것이다.[14]

平盧軍節度使는 원래 청주에 치소를 두고 있었으나 그 휘하에 여러

節度使라 하였는데 군사를 오로지하였다. 명령을 행할 때는 부절을 세우고 6개의 깃발을 땅에 꽂는데 외방의 직임으로는 비교할 만한 직책이 없었다. 唐 肅宗 至德(756~757) 이후에 천하가 用兵을 할 때 中原의 刺史들도 그 예에 따라 절도사의 직함을 갖게 되었다.(『舊唐書』 권44 志24 職官3 州縣官員 節度使)

11) 徐連達·吳浩坤·趙克堯 지음, 중국사연구회 옮김, 『중국통사』, 청년사, 1997, 428~429쪽.
12) 樊樹志 저, 김지환·이병인·이영옥·이호현 옮김, 『100가지 주제로 본 중국의 역사』, 고려대학교출판부, 2007, 380쪽.
13) 『新唐書』下 권187 열전112 王敬武.
14) 『舊唐書』上 권19하 本紀 僖宗 中和 원년 12월.

개의 주를 관할하고 있었다. 다음 기록을 보자.

A-① 靑州都督府 管內에는 萊州·登州·淄州·靑州 등 4개 州가 있는데 모두
山東道에 속한다. 登州에는 4개 縣이 있는데 牟平縣·文登縣·蓬萊縣·黃縣
등이다. 蓬萊縣은 登州 아래에 있는데 지금 이 赤山法華院은 文登縣
淸寧鄕 赤山村 內에 있다.(『入唐求法巡禮行記』 권2 開成 4년 8월 16일)

A-② 詔하여 말하기를 "行營諸軍馬步都虞候 充匡國軍節度觀察留後 朱珪를
… 檢校太傅에 봉하고 平盧軍節度 淄·靑·登·萊等州觀察處置 押新羅渤海
兩番等使兼行營諸軍馬步軍副都指揮使로 하노라. 또 이전과 같이 沛國郡
開國侯에 봉하노라."(『舊五代史』 권9 梁書9 末帝紀中 貞明 4년 12월
계축)

A-③ 平盧軍節度使는 靑州를 다스리는데 管下에 淄州·靑州·登州·萊州 등
4개 州가 있다.(『舊唐書』上 권38 志18 地理1)

여기서 보는 바와 같이 청주에는 도독부가 설치되어 있었고[15] 그 휘하에
淄州·靑州·登州·萊州 등 4개 주가 소속되어 있었다. 또 平盧軍節度使는
청주에 머물러 다스렸음도 알 수 있다. 따라서 일명 靑州節度使라 부르기도
하였다. 이로써 청주의 토착세력이었던 왕경무가 청주 일대를 다스리는
반독립세력이 되었다. 이후 光啓 원년(885)에 이르러 李昌符는 鳳翔을
근거로 하고 王重榮은 蒲·陝, 諸葛爽은 河陽·洛陽, 孟方立은 邢·洺, 李克用은
太原·上黨, 朱全忠은 汴·滑, 秦宗權은 許·蔡, 時溥는 徐·泗, 朱瑄은 鄆·齊·曹·
濮, 王敬武는 淄·靑, 高駢은 淮南八州, 秦彦은 宣·歙, 劉漢宏은 浙東을 근거로
하여 다 스스로 兵權과 賦稅를 마음대로 하고 서로 물어뜯는 상황이 되어
조정도 능히 통제할 수 없는 상태가 되었다.[16]

---

15) 圓仁이 중국에 제일 먼저 도착했던 越州의 도독부를 청주의 도독부로 오해했을
가능성도 있다.

文德 원년(888) 10월 靑州節度使 王敬武가 죽자 昭宗은 그를 特進太子少師·博陵郡開國侯·食邑一千戶로 삼고 대신 崔安潛을 檢校太傅兼侍中靑州刺史·平盧軍節度觀察·押新羅渤海兩蕃等事로 삼아 청주에 파견하였다. 그러나 靑州에서는 이를 무시하고 王敬武의 아들 師範을 權知兵馬事로 추대하였다.[17] 이에 당 소종이 군사를 보내 이를 응징하려 했으나 棣州刺史 張蟾이 왕사범에게 패하였다. 이에 최안잠을 다시 조정으로 불러들이고 靑州權知兵馬留後 王師範을 檢校兵部尙書·兼靑州刺史御史大夫·充平盧軍節度觀察·押新羅渤海兩蕃等事로 삼아 왕경무의 뒤를 잇도록 하였다.[18]

이렇듯 당시 당나라는 중앙 통제력이 약화되어 절도사들이 전국을 할거하였다. 그 중 3개의 세력이 강대하였다. 하나는 하북 3진인데 그 중 魏博의 군사력이 막강하였다. 다음은 山西 晉陽 즉 太原을 거점으로 한 沙陀族[돌궐족] 출신의 李克用 세력이었다. 그는 북방의 유목민족을 주요 군사력으로 갖고 있어 기동력이 탁월하였다. 세 번째는 황소의 반란을 수습하고 그 잔당을 그대로 인수한 汴州의 朱全忠 세력이었다. 주전충의 변주 군단은 수도 장안 부근에 주둔하고 있으면서 운하를 통해 장안으로 운송되는 강남의 화물을 통제할 수 있었기 때문에 당의 조정을 좌우할 수 있었다. 당 조정은 주전충의 허수아비에 불과하였다고 할 수 있다.[19] 따라서 山東 지역도 乾寧 4년(897) 경에는 거의 다 그의 수중에 들어가게 되었다. 그러나 오직 왕사범만이 청주를 고수하고 있다가 결국은 주전충에게 귀순하였다.[20]

天復 3년(903) 주전충이 昭宗을 살해하고 어린 아들 哀帝를 옹립하였다. 애제는 허수아비로써 당 조정은 주전충의 손아귀에 있게 되었다. 그러나

---

16) 『舊唐書』上 권19하 本紀 僖宗 光啓 원년 3월.

17) 『舊唐書』上 20상 本紀20상 昭宗 文德 원년 10월 己未.

18) 『舊唐書』上 20상 本紀20상 昭宗 大順 2년 2월.

19) 申採湜, 『東洋史槪論』, 三英社, 1993, 386쪽.

20) 『舊唐書』 권20상 본기20상 昭宗 乾寧 4년 2월 戊申.

청주를 아직 확실하게 장악하지는 못하였다. 청주절도사 왕사범은 이전에 牙將 張厚를 보내어 조정에 바친다는 핑계로 갑옷과 활, 창을 실어 날라 청주를 근거로 반란을 일으키려다 발각되어 실패한 적이 있었다.[21] 그러나 왕사범은 포기하지 않고 다시 靑州의 牙將이었던 劉鄩을 보내 주전충 휘하에 있던 兗州를 공격하여 함락시켰다.[22] 그러자 주전충은 청주를 토벌할 준비를 마친 후 楊師厚를 파견하여 臨朐에서 왕사범과 전투를 벌여 크게 승리하고 왕사범의 아우 王師克을 사로잡았다. 이어 왕사범의 謀主였던 棣州刺史 邵播를 잡아 죽였다. 결국 왕사범도 항복하여 비로소 청주가 평정되었다. 그러나 왕사범은 다시 權知靑州軍州事에 임명되어 자기 지역을 다스리게 되었다.[23] 이 소식을 들은 왕사범의 휘하 장수 유심도 자신이 점거하고 있던 兗州를 들어 주전충에게 항복하였다.[24] 이로써 청주가 주전충 휘하에 들어가긴 했으나 청주는 여전히 왕사범의 관할 하에 있는 상황이 전개되었다.

이에 주전충은 좀 더 확실한 대책을 강구해야 했다. 청주를 더 이상 자치에 맡겨서는 안된다는 생각을 하였다. 그리하여 왕사범의 가족을 자신의 근거지인 汴州로 옮기게 하였다. 그러자 왕사범은 항복의 표시로 흰옷을 입고 노새를 타고 입궐하여 주전충에게 죄를 청하였다. 주전충은 그를 예로써 대접하였으나 얼마 후 그를 다른 지역으로 전출시켰다.[25] 그에게 河陽節度使를 제수하였던 것이다.[26] 그의 정식 직책은 孟州刺史·河陽三城懷孟節度觀察等使였다.[27] 왕사범을 출신지에서 분리시키는 정책을

---

21) 『舊五代史』 권2 梁書2 太祖紀제2 天復 3년 정월 丙辰.
22) 『舊唐書』 권20상 본기20상 昭宗 天復 3년 정월 丙午.
23) 『舊五代史』 권2 梁書2 太祖紀2 天復 3년 4월. 다른 기록에는 왕사범이 받은 관직이 知靑州事였다고 되어 있다.[(천복 3년) 十一月 丁酉 王師範以靑州降楊師厚 全忠復令師範知靑州事(『舊唐書』 권20상 본기20상 昭宗)]
24) 『舊五代史』 권2 梁書2 太祖紀2 천복 3년 11월 丁酉.
25) 『舊五代史』 권13 梁書13 열전3 王師範.
26) 『舊五代史』 권2 梁書2 太祖紀2 天祐 2년 2월 갑오.

취하였던 것이다. 그 대신 京兆尹祐國軍節度使 韓建을 靑州節度使로 삼았다.[28] 그리고 한건을 불러 말하였다. "공은 華陰에 있을 때 정사를 보는 틈마다 경전을 살펴 읽었는데 이는 선비나 군자의 큰 임무다. 지금의 청주 땅은 정사가 간결하고 업무가 한가하니 다시 화음의 고사를 닦도록 하라." 하였다. 또 이어 말하길 "공은 책을 읽을 때 반드시 정성을 다한다 하니 그 마음을 엉뚱한 데에 쓰지는 말라." 하였다. 이는 왕사범이 유학을 좋아하였지만 전에 청주가 반란을 꾀하였기 때문에 이 말로 경계한 것이었다.[29]

얼마 후 주전충은 애제를 내쫓고 왕위를 찬탈하여 汴州[開封]에 도읍을 정하고 국호를 大梁, 연호를 開平이라 하였다. 역사에서는 이를 後梁이라 한다. 주전충의 원래 이름은 朱溫으로 황소의 부장이었으나 당에 투항한 후 소종으로부터 국가에 충성을 다하라는 뜻으로 '全忠'이란 이름을 하사받았다. 그러나 오히려 그는 904년 소종을 위협하여 洛陽으로 천도케 하고 얼마 안가 소종을 살해한 인물이다.[30] 그가 천자의 자리에 오른 직후에는 왕사범을 金吾上將軍에 임명하여 회유하였다. 그러나 얼마 안가 왕사범에게 남편을 잃은 朱友寧의 처가 왕사범을 처벌할 것을 주장하자 주전충은 왕사범의 일족을 몰살하였다.[31] 그러는 한편 靑州節度使 韓建은 守司徒平章事에 임명하였다.[32]

이후 청주에서는 큰 동향이 없이 조용하였다. 다만 乾化 2년(912) 주전충이 지방을 순시할 때 청주절도사 賀德倫의 이름이 보일 뿐이다.[33] 다른

---

27) 『舊唐書』 권20하 본기20하 哀帝 天祐 2년 3월 庚申.
28) 『舊唐書』 권20하 본기20하 哀帝 天祐 3년 6월 己亥.
29) 『舊五代史』 권13 梁書13 열전3 王師範.
30) 徐連達·吳浩坤·趙克堯 지음, 중국사연구회 옮김, 『중국통사』, 청년사, 1997, 450쪽.
31) 『舊五代史』 권13 양서13 열전3 王師範.
32) 『舊五代史』 권3 梁書3 太祖紀3 開平 원년 5월.
33) 『舊五代史』 권7 梁書7 太祖紀7 乾化 2년 2월 丁丑.

기록에는 그가 당시 평로군절도사를 지낸 것으로 되어 있다.[34] 그러나 이는 앞서 본 바와 같이 평로군절도사의 치소가 청주에 있었기 때문에 빚어진 현상으로 동일한 직책을 달리 말한 것일 뿐이다.

912년 그 해에는 주전충의 아들이었던 朱友珪가 주전충을 살해하고 잠시 황제의 위에 올랐다. 주우규의 어머니는 원래 亳州의 官妓였는데 주전충이 이 지역을 순행하러 왔다가 그와 侍寢한 후 낳은 아들이 주우규였다.[35] 그러나 곧 이어 朱友貞이 주우규를 내쫓고 왕위에 올랐다. 이가 곧 末帝이다. 그 2년 뒤인 건화 4년(914)에는 靑州節度使 張萬進을 兗州節度使 檢校太尉로 삼았다는 기록으로 미루어[36] 언제인가 하덕륜 대신에 장만진이 청주절도사에 임명되었음을 알 수 있다. 貞明 4년(918)에는 行營諸軍馬步都虞候·充匡國軍節度觀察留後인 朱珪를 檢校太傅·充平盧軍節度·淄靑登萊等州觀察處置·押新羅渤海兩番等使·兼行營諸軍馬步軍副都指揮使에 임명하였다.[37] 朱珪가 평로군절도사 즉 청주절도사에 임명되었던 것이다. 여기서도 보면 평로군절도사가 淄·靑·登·萊 등의 4개 州를 관할하였음을 알 수 있다.

한편 후량 시대에도 山西 지방에서 여전히 세력을 떨치고 있던 李克用은 후량의 태조 주전충과 여러 번 싸웠으나 쉽게 승부가 나지 않았다. 그러다가 그의 아들 李存勖이 晉王에 책봉된 후 점차 세력을 넓혀갔다. 건화 3년(913)에는 幽州의 劉仁恭·劉守光 세력을 점거하였고 건화 5년에는 하북 지방의 魏博도 晉王인 이존욱에게 항복하였다. 드디어 龍德 3년(923) 4월 이존욱은 魏州에서 황제를 칭하고 당을 계승한다는 명분으로 국호를 唐이라 하여 洛陽에 도읍하였다. 이가 곧 後唐의 莊宗이다. 곧 이어 그는 군사를

---

34) 『舊五代史』 권21 양서21 열전11 賀德倫.
35) 『舊五代史』 권12 梁書12 宗室列傳2 友珪.
36) 『舊五代史』 권8 梁書8 末帝紀上 건화 4년 정월 壬寅.
37) 『舊五代史』 권9 梁書9 末帝紀中 貞明 4년 12월 계축.

326   5장 태조 왕건의 대내 및 대외정책

이끌고 開封에 쳐들어가 후량을 멸하고 북방을 통일하였다.[38]

이후 同光 3년(925) 장종은 산동의 鄆에 행차하여 靑州節度使 符習에게 명하여 酸棗河의 堤防을 수리하도록 하였다. 앞서 후량 말제가 제방을 쌓아 물을 동쪽으로 끌어들여 鄆·濮에 이르게 하여 아군을 방어하였으므로 이에 다시 보수하도록 한 것이다.[39]

그러나 동광 4년(926) 4월에는 靑州節度使 符習이 李嗣源을 황제의 직위에 올리는데 큰 기여를 하였다. 즉 그는 樞密使 李紹宏·張居翰, 宰相 豆盧革·韋說, 六軍馬步都虞候 朱守殷, 徐州節度使 霍彦威, 宋州節度使 杜晏球, 兗州節度使 房知溫 등과 더불어 天命에 따라 이사원이 황제에 오를 것을 간언하였던 것이다.[40] 부습은 원래 趙州 출신인데 청주절도사 재직 시에 趙在禮가 魏州에서 반란을 일으키자 장종의 명을 받아 淄·靑의 군대를 이끌고 출동하였으나 軍亂이 일어나 퇴군하여 황하를 건너왔다. 이에 이사원이 급히 부르자 그를 따라 汴州에 들어가 그를 황제에 즉위시켰는데[41] 그가 곧 明宗이었다. 명종 즉위 후 그는 侍中의 겸직을 띠고 다시 청주로 왔으나[42] 청주 소속의 王公儼이 명령을 거부하자 청주절도사로 부임하지 못하고 天平軍節度使에 임명되었다.[43] 그러자 명종은 天成 원년(926) 8월 鄆州節度使 霍彦威를 靑州節度使에 임명하였다.[44] 새로 부임한 곽언위는 항명을 한 登州刺史 왕공엄과 이에 가담한 李謹·王居厚 등 8인을 붙잡아 처형하였다.[45] 그 이듬해에는 청주절도사 곽언위와 운주절도사 부습이 중앙에

---

38) 張傳璽 主編, 『中國古代史綱(下)』, 北京大學出版社, 2004, 114쪽.

39) 『舊五代史』 권32 당서8 莊宗紀6 동광 3년 정월 庚戌.

40) 『舊五代史』 권35 당서11 명종기1 동광 4년 4월 己丑.

41) 『舊五代史』 권46 당서22 末帝紀上 同光 4년 및 『舊五代史』 권59 당서35 열전11 符習.

42) 『舊五代史』 권36 당서12 명종기2 天成 원년 5월 丙辰.

43) 『舊五代史』 권59 당서35 열전11 符習.

44) 『舊五代史』 권36 당서12 명종기2 천성 원년 8월 乙酉.

45) 『舊五代史』 권36 당서12 명종기2 천성 원년 8월 辛丑.

올라오기도 하였다.[46]

천성 3년(928) 곽언위가 죽자 宰臣 王建立을 權知靑州軍州事에 임명하였다가 정식으로 靑州節度使에 임명하였다.[47] 王建立은 천성 원년 鎭州留後를 지내다가[48] 그 이듬해 鎭州節度使가 된 인물이다.[49] 長興 원년(930)에는 鄆州節度使 王晏球를 청주절도사로 임명하는[50] 대신 靑州節度使 王建立에게 侍中을 더해 주고 潞州節度使로 옮기게 하였다.[51] 그러나 얼마 후 그는 致仕하였다. 그는 평소에 安重誨와 불협화음이 있어 入朝케 하여 鄴都를 지나는데 날마다 그를 모함하는 말이 있어 그 죄로 치사하게 된 것이다.[52] 그 이듬해인 장흥 2년에는 고향으로 돌아갈 것을 청했는데 명종은 이를 허락했으나 자유롭게 조정을 출입하도록 하였다.[53]

장흥 3년(932) 7월에는 吳越國王 錢鏐가 사망하였는데 명종은 그 해에 王建을 高麗國王으로 책봉하기도 하였다.[54] 한편 靑州節度使 王晏球의 뒤를 이어 房知溫이 청주절도사가 되었다. 방지온은 이후 출세 가도를 달렸다. 다음 기록을 보자.

> B-① (장흥 3년) 八月辛亥 靑州節度使 王晏球가 卒하자 이틀 동안 조회를 철폐하였다. … 己未일에 鄆州節度使 房知溫을 中書令에 겸직시키고 靑州로 옮겨 지키게 하였다.(『舊五代史』 권43 당서19 明宗紀9)
>
> B-② (應順 원년 정월 庚寅) 鳳翔節度使潞王 李從珂에게 侍中을 더하여

46) 『舊五代史』 권38 당서14 명종기4 天成 2년 11월 乙卯.
47) 『舊五代史』 권39 당서15 명종기5 천성 3년 11월 己丑.
48) 『舊五代史』 권36 당서12 명종기2 天成 원년 6월 戊申.
49) 『舊五代史』 권38 당서14 명종기4 天成 2년 정월 辛未.
50) 『舊五代史』 권41 당서17 明宗紀7 장흥 원년 3월 丙子.
51) 『舊五代史』 권41 당서17 明宗紀7 장흥 원년 4월 己未.
52) 『舊五代史』 권41 당서17 明宗紀7 장흥 원년 5월 丙寅.
53) 『舊五代史』 권42 당서18 明宗紀8 장흥 2년 8월 己巳.
54) 『舊五代史』 권43 당서19 明宗紀9 장흥 3년 7월 辛巳.

겸하게 하고 靑州節度使檢校太尉兼中書令 房知溫에게는 檢校太師를 더해주었다.(『舊五代史』 권45 당서21 閔帝紀)

B-③ (淸泰 원년 6월 壬申) 幽州節度使 趙德鈞을 北平王에 봉하고 靑州節度使 房知溫을 東平王에 봉하였다.(『舊五代史』 권46 당서22 末帝紀上)

여기서 보는 바와 같이 장흥 3년 왕안구가 죽자 鄆州節度使였던 房知溫에게 中書令을 겸하게 하고 청주로 가 주둔케 하였다. 應順 원년(934) 정월 鳳翔節度使·潞王 李從珂에게 侍中을 겸직하게 하는 한편 靑州節度使·檢校太尉·兼中書令 房知溫에게는 檢校太師를 加職하였다. 淸泰 원년(934) 6월에는 幽州節度使 趙德鈞을 北平王에, 靑州節度使 房知溫은 東平王에 봉하였다.[55] 그해 7월에는 명종이 그의 아들 李從曮을 西平王에 봉하였다.[56]

방지온이 동평왕에 임명된 것은 매우 의미가 있는 일이었다. 오대시기에 있어 방위를 뜻하는 'ㅇ平王' 제도의 시작은 開平 3년(909) 4월 易定節度使 王處直을 北平王, 廣州節度使 劉隱을 南平王에 임명하면서부터였다.[57] 이후 후당 莊宗 동광 원년(923) 11월 河中節度使 朱友謙이 西平王이었다는 기록도 보인다.[58] 그러나 동평왕에 임명된 것은 방지온이 처음이었다.

방지온이 동평왕에 오름으로써 그의 지위는 제후의 반열에 올랐다. 보통은 황제의 아들이 제후인 왕에 봉해지는 것이 통상적인 것이었다. 예를 들면 그 전 해인 장흥 4년(933) 후당의 명종은 아들 李從珂를 潞王에 봉하고 李從益을 許王, 李從溫을 兗王, 李從璋을 洋王, 李從敏을 涇王에 봉했던 것이다.[59] 따라서 방지온은 황제의 아들과 비슷한 지위를 보장받았던 것이다. 그만큼 청주가 통치상의 중요한 거점이었음을 말해주는 것이다.

55) 『舊五代史』 권46 당서22 末帝紀上 淸泰 원년 6월 壬申.
56) 『舊五代史』 권46 당서22 末帝紀上 淸泰 원년 7월 丁未.
57) 『舊五代史』 권4 梁書 4 太祖紀4 開平 3년 4월 甲寅.
58) 『舊五代史』 권30 당서6 莊宗紀4 同光 원년 11월 癸卯.
59) 『舊五代史』 권44 당서20 明宗紀10 장흥 4년 5월 戊寅.

나아가 당시 동평왕이 다스리던 청주 지역은 반독립적인 상황이었음을 말해준다. 그것은 'ㅇ平王'이 다스리던 지역이 종종 中原 王朝의 직접지배에서 벗어나 자립정권을 모색한 사례가 여럿 있기 때문이다. 예를 들면 南平王 高氏는 여러 번 중원 왕조에서 이탈하여 南唐과 蜀에 붙은 바 있고 後梁朝의 南平王 劉隱은 황제를 僞稱하였으며 東平王 楊光遠, 北平王 趙德鈞은 반란을 획책하여 거란에 붙기도 하였다. 西平王 李從曦, 李彛興도 반독립정권이었던 것이다.[60]

이 무렵 중국 북방에서는 石敬瑭이 後晉을 건국하였다. 석경당은 원래 沙陀族[돌궐족의 후예] 출신으로 후당 명종인 李嗣源의 사위였다. 명종 때에 하동절도사에 임명되었는데 장흥 4년(933) 명종이 병으로 죽고 아들 李從厚가 즉위하였지만 다음 해에 명종의 다른 義子인 李從珂가 이종후를 살해하고 자립하였다. 석경당은 이종가와 알력이 있어 그를 인정하지 않았다. 그리하여 청태 3년(936) 그는 割地, 稱臣, 稱子를 조건으로 거란의 임금인 耶律德光[太宗]에게 출병을 청하여 변란을 꾀하였다. 동년 9월 야율덕광은 기병 5만을 거느리고 곤경에 처해 있던 晉陽의 석경당을 도와 후당의 병력을 대패시켰다. 그 후 야율덕광은 석경당을 '大晉皇帝'에 책봉하였다. 또 '稱子'의 약속에 따라 45세의 석경당이 34세의 야율덕광을 아버지라 하게 되었다. 뿐만 아니라 매년 비단 30만 필을 바쳐야 했고 燕雲 16州를 할양하였다. 11월에는 거란과 진의 연합군이 洛陽을 점령함으로써 후당은 멸망하게 되었다. 얼마 후 석경당은 開封에 입성하여 이곳을 수도로 삼게 되었다.[61] 이가 곧 後晉의 高祖였다.

왕조는 바뀌었지만 왕건립은 여전히 중용되었다. 다음 기록을 보자.

C-① (天福 원년 12월 庚子) 靑州에서 奏하기를 "節度使 房知溫이 卒하였습니

---

60) 山崎覺士, 「五代의 「中國」과 平王」, 『中國五代國家論』, 京都 : 思文閣出版, 2010, 55쪽.
61) 張傳璽 主編, 『中國古代史綱(下)』, 北京大學出版社, 2004, 116쪽.

다." 하자 詔를 내려 鄆州의 王建立으로 하여금 휘하의 牙兵을 거느리고 靑州에 가서 按撫하도록 하였다.(『舊五代史』 권76 晉書2 高祖紀2)

C-② (천복 2년 정월 庚申) 安州에서 上言하기를 "節度使 盧文進이 行軍副使를 살해하고 部下親兵을 거느리고 淮河를 건넜습니다." 하니 前天平軍節度使 檢校太尉 兼 侍中 王建立을 平盧軍節度使로 삼았다.(『舊五代史』 권76 晉書 高祖紀2)

C-③ (천복 2년 5월 丙子) 平盧軍節度使兼中書令 王建立을 臨淄王으로 승진시켜 봉하였다.(『舊五代史』 권76 晉書 高祖紀2)

C-④ (천복 3년 4월 戊子) 平盧軍節度使 檢校太尉兼中書令 臨淄王 王建立을 승진시켜 東平王에 봉하였다.(『舊五代史』 권77 晉書 高祖紀3)

위에서 보는 바대로 天福 원년(936) 12월 靑州節度使 房知溫이 죽자 후진의 高祖 석경당은 鄆州節度使 王建立으로 하여금 휘하 군사를 거느리고 청주로 가서 按撫하도록 하였다. 천복 2년(937) 정월에는 安州節度使 盧文進이 行軍副使를 살해하고 部下親兵을 거느리고 淮河를 건넜으므로 前天平軍節度使·檢校太尉·兼侍中 王建立을 平盧軍節度使로 삼았다. 곧 이어 그는 臨淄王에 봉해졌고 천복 3년(938) 4월 東平王으로 승격되었다.

天福 5년(940) 2월 왕건립은 석경당의 부름을 받고 중앙으로 올라갔다 가[62] 다른 지역으로 임지를 옮기게 되었다. 즉 昭義軍節度使에 임명되었고 韓王에 봉해졌다. 이어 遼州와 沁州를 昭義의 屬郡으로 할양받았다. 이는 왕건립이 본래 遼州人이었기 때문에 錦衣還鄕의 아름다움을 이루어 주고자 함이었다.[63] 그가 임지로 떠나는 날에는 고조가 명덕루에 올라 그에게 직접 옥으로 만든 斧鉞과 蜀 지역의 좋은 말을 하사하기도 하였다.[64]

---

62) 『舊五代史』 권79 진서5 고조기5 天福 5년 2월 丁巳.
63) 『舊五代史』 권79 진서5 고조기5 天福 5년 3월.
64) 『舊五代史』 권79 진서5 고조기5 天福 5년 3월 庚寅.

석경당이 왕건립을 얼마나 크게 생각하였는가를 알 수 있게 해준다. 그러나 天福 5년 5월 王建立은 세상을 떠났다.[65]

그의 뒤를 이어 西京留守였던 楊光遠이 平盧軍節度使에 임명되고 東平王에 봉해졌다.[66] 방지온과 왕건립의 뒤를 이어 청주절도사 양광원이 동평왕에 봉해진 것은 청주의 중요성이 그만큼 컸다는 것을 보여주기도 한다. 천복 7년(942) 정월에는 青州節度使 楊光遠에게 食邑이 더해졌고 功臣號도 승격되었다.[67] 그해 8월 석경당이 죽자 황제의 위는 그 아들 石重貴에게 넘어갔다. 그가 곧 후진의 出帝였다. 그 이듬해인 943년 고려에서는 태조 왕건이 세상을 떠났다.

위에서 살펴본 내용을 토대로 하여 당시 청주의 절도사로 있었던 사람들을 표로 작성해 보면 다음과 같다.

〈표〉中國 青州의 節度使 현황

왕조	황제이름	연도	절도사 이름	출신지	비고
唐	僖宗	中和 원년(881)	王敬武	青州	
唐	昭宗	文德 원년(888)	崔安潛		
唐	昭宗	大順 2년(891)	王師範	青州	
唐	哀帝	天祐 3년(906)	韓建		
後梁	太祖	乾化 2년(912)	賀德倫		
後梁	末帝	乾化 4년(914)	張萬進		
後梁	末帝	貞明 4년(918)	朱珪		
後唐	明宗	同光 3년(925)	符習	趙州	
後唐	明宗	天成 원년(926)	霍彦威		
後唐	明宗	天成 3년(928)	王建立	遼州	
後唐	明宗	長興 원년(930)	王晏球		
後唐	明宗	長興 3년(932)	房知溫	兗州	東平王
後晋	高祖	天福 2년(937)	王建立	遼州	東平王
後晋	高祖	天福 5년(940)	楊光遠		東平王

---

65) 『舊五代史』 권79 진서5 고조기5 天福 5년 5월 辛卯.
66) 『舊五代史』 권79 진서5 고조기5 天福 5년 8월 甲申.
67) 『舊五代史』 권79 진서5 고조기5 天福 7년 정월 丙寅.

요컨대 고려의 왕건이 집권하고 있던 시절에 중국 북방에는 당과 후량, 후당, 후진이 번갈아 가며 세력을 떨치고 있었다. 이들 왕조가 존속하던 기간에도 중국 산동의 청주 지역은 절도사 휘하에서 어느 정도의 독립성을 유지하고 있었다. 절도사 王敬武와 그의 아들 王師範이 청주 지역을 다스리고 있었던 것이다. 그러다가 주전충이 후량을 건국하고 청주를 토벌하면서 그의 세력권에 들어오게 되었다. 그 후 후당 정권이 들어섰는데 靑州節度使 符習이 李嗣源을 明宗으로 옹립하는 데 큰 역할을 하고 다시 임지로 돌아오려 하였다. 그러나 청주 소속의 王公儼이 이를 반대하여 대신 霍彦威가 청주절도사에 임명되기도 하였다. 곽언위가 죽자 宰臣이었던 王建立이 靑州節度使가 되었다. 왕건립이 安重誨와 불협화음이 있어 致仕하자 靑州節度使 자리에는 王晏球가 임명되었다. 왕안구가 죽자 鄆州節度使였던 房知溫이 청주절도사가 되었다가 東平王이 되었다. 石敬瑭이 後晉을 건국하자 檢校太尉·兼侍中 벼슬에 있던 王建立이 다시 청주절도사에 임명되었다. 곧 이어 그는 臨淄王에 봉해졌다가 천복 3년(938) 4월 東平王이 되었다. 이처럼 중국 산동 지역의 청주는 반독립적인 세력을 영위하다 후량의 주전충에 의하여 중앙의 통제를 받게 되었다. 그러나 방지온이 절도사로 온 이후에는 다시 반독립적인 성향을 띠게 되었다. 그들이 제후의 직위인 東平王에 임명되었던 것이 그것을 말해준다.

2. 王建의 人質 파견과 靑州

王建이 파견한 인질 王仁翟은 938년 왕건립의 건의에 의해 940년 본국으로 돌아왔다. 왕건립이 왕인적의 귀향을 건의했을 때 그의 직책은 평로군절도사[청주절도사]였으나 왕인적이 실제 본국으로 돌아올 때의 직책은 臨淄王이었다. 그렇다면 왕건은 언제, 그리고 왜 왕인적을 중국에 파견하였고 靑州절도사이며 동평왕이었던 왕건립은 왜 왕인적의 귀국을 요청한 것일까.

그것은 우선 靑州의 지리적인 위치와 관련이 있다. 청주는 산동반도에 위치하고 있어 통일신라나 고려와 가까운 거리에 있었다. 특히 청주절도사 관할 하에 있던 登州는 통일신라나 고려의 주요 무역항이었다. 즉 중국에서 출발한다면 산동반도의 등주에서 출발하여 발해와 서해를 잇는 廟島列島를 통과하여 요동반도의 旅順을 거쳐 해안을 따라 내려와 압록강 하구를 거쳐 대동강 하구, 椒島를 지나 황해도 장산곶의 長口鎭에 이르는 서해북부 연안 항로를 이용하거나 등주에서 출발하여 서해를 횡단하여 唐城鎭[唐恩浦]에 도착하는 서해 횡단 항로를 많이 이용하였다.[68] 신라 하대에 들어와서는 주로 서해 횡단로가 이용되었고 고려와 송과의 사행로도 예성강의 벽란도에서 출발하여 산동반도의 등주를 거쳐 수도 開封에 이르는 항로였다.[69]

특히 등주에는 신라 하대에 신라와 발해 사신이 머무를 수 있는 新羅館과 渤海館이 설치되어 있었다.[70] 따라서 청주절도사[평로군절도사]는 등주에 도착하는 신라와 발해의 사절들을 관할하게 되었다. 다음 기록을 보자.

> D-① (貞明 4년 12월 계축) 詔하여 말하기를 "行營諸軍馬步都虞候 充匡國軍 節度觀察留後 朱珪를 … 檢校太傅에 가하고 平盧軍節度 淄靑登萊等州觀察 處置 押新羅渤海兩番等使兼行營諸軍馬步軍副都指揮使로 삼고 이전과 같이 沛國郡開國侯에 봉하였다.(『舊五代史』 권9 梁書9 末帝紀中)
>
> D-② (天成 원년 11월 戊午) 靑州에서 奏하기를 "登州에서 올린 문서를

---

(68) 權悳永, 『古代韓中外交史』, 一潮閣, 1997, 191~197쪽 ; 전덕재, 「신라의 대중·일 교통로와 그 변천」, 『동아시아의 교통로와 대외관계』, 단국대학교출판부, 2014, 66~77쪽 ; 윤재운, 「남북국 시대의 對中항로와 거점」, 『한국사연구』 179, 2017, 145~153쪽.

(69) 신안식, 「고려전기의 麗宋 교통로와 교역」, 『한국중세사연구』 33, 2012, 47~53쪽.

(70) 『入唐求法巡禮行記』 권2 開成 5월 3월 2일.

보니 契丹이 먼저 渤海國을 공격하여 逼迫하였는데 阿保機가 죽은
이래로 비록 퇴각하였다 하나 아직도 兵馬가 渤海扶餘城에 남아 있었습
니다. 이제 渤海王의 아우가 兵馬를 거느리고 扶餘城內에 있는 거란군
을 공격하여 포위하고 있습니다." 하였다.(『舊五代史』권37 당서13
명종기3)

D-③ (장흥 원년 11월 丙戌) 靑州에서 奏하기를 "登州의 狀啓를 얻어보니
契丹 阿保機의 아들 東丹王 突欲이 바다를 건너와 歸順하였습니다."
하였다.(『舊五代史』권41 당서17 明宗紀7)

D-①에서 보는 바와 같이 貞明 4년(918) 12월 평로군절도사에 임명된
朱珪는 淄·靑·登·萊 등 4州를 통치하면서 新羅와 渤海 등의 사신을 관할
할 수 있는 권한도 갖게 되었다. 당시의 명령 계통에 있어 觀察使가 통치하는
藩道에 속한 屬州는 직접 중앙으로 上奏하는 것이 허락되지 않았고 관찰사
를 통하지 않으면 안되었다. 또한 황제의 詔勅도 속주에 직접 하달하지
않고 관찰사를 경유하여야 했다.[71] 실제로 등주에서 일어나는 여러 일들은
청주절도사에게 보고하고 청주절도사는 이를 다시 중앙에 보고하는 체계
가 형성되어 있었다. 예를 들면 天成 원년(926) 거란이 발해국을 먼저
공격하여 扶餘城에 병력을 주둔시키자 발해왕의 아우가 군사를 거느리고
부여성 내의 거란 주둔군을 공격하였다. 그런데 이 내용을 등주에서 청주에
보고하자 청주절도사가 이를 후당 명종에게 다시 상주하고 있다(D-②).
장흥 원년(930)에는 거란 태조 耶律阿保機의 아들 東丹王 突欲이 바다를
건너와 歸順하였다는 등주의 보고를 청주절도사가 다시 중앙에 보고하고
있는 것이다(D-③). 이를 등주가 보고했다는 것은 돌욕이 귀순한 장소가
등주였다는 것을 말해준다. 이처럼 청주는 신라나 발해가 사신으로 오거나

---

71) 山崎覺士, 「五代「中國」의 道制」, 『中國五代國家論』, 京都 : 思文閣出版, 2010, 79~80
쪽.

무역을 하는 거점이었고 이를 청주절도사가 관할하고 있었음을 알 수 있다.

뿐만 아니라 청주 일대는 바닷가였으므로 소금[鹽]의 주생산지였으며 鐵·銅의 생산지이기도 하였다. 通貨의 수단으로 사용되었던 絹이 많이 생산되는 지역이기도 하였다. 타 지역 특히 신라, 발해와의 무역 중심지이기도 하였다.[72] 그것은 위의 D사료가 증명해 준다.

唐末 五代에도 이러한 상황은 지속되어 청주가 고려와의 외교와 무역의 거점 역할을 하게 된 것 같다. 고려 태조 왕건도 이러한 청주에 대해 지대한 관심을 가지고 있었다. 그리하여 후당이 성립하자 여러 번 사신을 보냈다.

E-① (同光 원년) 廣評侍郎 韓申一과 副使 春部少卿 朴巖을 사신으로 보내왔다.(『新五代史』 권74 四夷附錄3 高麗)

E-② (同光 3년 11월 丁未) 高麗國이 使臣을 보내 方物을 바쳤다.(『舊五代史』 권40 唐書16 明宗紀6)

E-③ (天成 4년 8월 己未) 高麗王 王建이 使臣을 보내 方物을 바쳤다.(『舊五代史』 권40 唐書16 明宗紀6)

E-④ (長興 3년 3월 庚戌) 高麗國이 使臣을 보내 朝貢하였다.(『舊五代史』 권42 唐書18 明宗紀8)

E-⑤ (長興 3년 6월) 甲寅에 權知高麗國事 王建을 檢校太保로 삼고 高麗國王에 봉하였다.(『舊五代史』 권3 唐書19 明宗紀9)

이처럼 여러 번에 걸친 사신을 파견하여 외교관계를 돈독히 하고자 하였다. 여기서 E-④의 장흥 3년에 파견된 고려측의 사신이 고려측 기록에

---

72) 金文經, 「唐代 高句麗 遺民의 藩鎭」, 『唐 高句麗遺民과 新羅僑民』, 日新社, 1986, 44~50쪽.

는 王仲儒라고 되어 있으나[73] 중국측 기록에 의하면 王儒였다.[74] 왕유의 본명은 朴儒로 光海州 사람이었다. 유교 경서와 역사에 통달하였는데 궁예 밑에 있다가 궁예 말년 산속에 은거하였다. 그러다가 태조 즉위 후 귀순하였기에 왕씨 성을 주어 왕유가 되었다.[75] 이처럼 왕건은 여러 번에 걸친 사신을 후당에 파견한 결과 장흥 3년(932)에 이르러 공식적으로 高麗國王에 책봉되었다. 그러나 실제 후당의 사신이 온 것은 이듬해인 고려 태조 16년(933) 3월이었다. 즉 후당의 王瓊·楊昭業 등이 고려에 와서 왕건을 特進檢校太保·使持節玄菟州都督·上柱國·充大義軍使·高麗國王에 책봉하였던 것이다.[76] 그러나 당시 직함이 기록에 따라서는 단순히 高麗國王,[77] 高麗國王·大義軍使,[78] 檢校太保·高麗國王[79]으로 되어 있는가 하면 玄菟州都督充大義軍使·高麗國王,[80] 特進檢校太保·使持節玄菟州都督·上柱國·高麗國王[81]으로 되어 있기도 하다. 같은 해에 신라에서도 후당에 사신을 파견하였으나[82] 신라를 제치고 고려의 왕건만을 고려국왕으로 책봉해 주었다. 이제 한반도의 패자를 고려로 인정하였던 것이다.[83] 2년 전인

73) 『高麗史』 권2 태조세가 태조 15년 및 『高麗史節要』 권1 태조 15년.
74) 『五代會要』 권30 고려 장흥 3년 2월 및 『冊府元龜』 권972 外臣部17 조공5 장흥 3년 3월.
75) 『高麗史』 권92 王儒傳.
76) 『高麗史』 권2 태조세가 16년 3월 辛巳.
77) 『舊五代史』 권43 당서19 명종기9 장흥 3년 7월 戊子.
78) 『新五代史』 권6 당본기6 명종 장흥 3년 6월 甲寅.
79) 『舊五代史』 권3 당서19 명종기9 장흥 3년 6월 甲寅.
80) 『新五代史』 권74 四夷附錄제3 고려 長興三年.
81) 制權知高麗國事王建 可特進檢校太保使持節玄菟州都督上柱國 封高麗國王 充大義軍使 (『冊府元龜』 권965 외신부10, 冊封3 장흥 3년 5월) ; 特進檢校太保使持節玄菟州都督上柱國 高麗國王 王建 妻河東柳氏 可封河東郡夫人 高麗入朝使王儒奏請也.(『冊府元龜』 권976 외신부20, 褒異3 후당 명종 장흥 3년 7월)
82) 『舊五代史』 권43 당서19 明宗紀9 장흥 3년 4월 甲寅 및 『新五代史』 권6 당본기6 명종 장흥 3년 4월 庚申.
83) 김갑동, 「후삼국의 대중국 외교」, 『한국중세사연구』 49, 2017, 28쪽.

태조 13년(930) 고려가 古昌郡[안동] 전투에서 후백제에 대승을 거두자 후당도 이를 알고 이러한 조치를 취한 것 같다. 이에 따라 고려에서는 기존의 독자적인 天授 연호를 버리고 후당의 연호를 사용하게 되었다.[84]

이 때문일까. 왕건은 책봉 받은 이듬해인 청태 원년(934)부터 활발하게 외교와 교역을 전개하고 있다. 다음 기록을 보자.

> F-① 청태 원년 7월 登州에서 말하기를 "高麗 船舶 1척이 해안에 다다라 押將 盧昕 이하 七十人을 거느리고 登州에 들어와 물건을 사고팔고 交易을 하였습니다." 하였다.(『冊府元龜』 권999 外臣部44 互市)
>
> F-② 청태 원년 8월 靑州에서 말하기를 "高麗入貢使 金吉의 배가 海岸에 도달하였습니다." 하였다.(『冊府元龜』 권972 外臣部17 朝貢)
>
> F-③ (청태 원년) 10월 靑州에서 말하기를 "高麗가 사람을 보내 물건을 사고팔고 交易을 하였습니다." 하였다.(『冊府元龜』 권999 外臣部44 互市)
>
> F-④ 청태 2년 10월 "高麗國王 王建이 使臣을 보내 朝貢을 하고 方物을 바쳤습니다." 하였다.(『冊府元龜』 권972 外臣部17 朝貢5)
>
> F-⑤ 청태 2년 10월 靑州가 말하기를 "高麗가 사람을 보내 물건을 사고팔고 交易을 하였습니다." 하였다.(『冊府元龜』 권999 外臣部44 互市)
>
> F-⑥ 청태 2년 12월 高麗가 使臣 禮賓卿 邢順 등을 보내와서 朝貢하였다.(『冊府元龜』 권972 外臣部17 朝貢5)
>
> F-⑦ 이 해에 禮賓卿 邢順 등이 後唐에 갔다.(『高麗史』 권2 太祖世家 18년)

여기서 청태 원년(934)의 F-①·②·③ 기록은 시기는 조금씩 다르지만 같은 사건을 기록한 것이라 생각한다. 그런데 F-①은 등주에서 보고한

---

84) 『高麗史』 권2 太祖世家 16年 3월.

것처럼 되어 있으나 F-②·③은 청주에서 보고한 것으로 되어 있다. 이는 등주가 청주절도사 관할이었으므로 등주에서 청주에 보고한 것을 청주가 다시 중앙에 보고하였기 때문에 빚어진 현상이라 하겠다. 또 F-②에서는 김길이란 공식적인 사신이 해안에 상륙한 것으로 되어 있으나 F-①·③을 보면 그 목적이 교역에 있었음을 알 수 있다. 특히 盧昕 이하 70인에 달하는 商團이 사신을 따라와 교역을 하였음을 알 수 있다. F-④·⑤·⑥·⑦도 같은 사건이라 생각한다. 이를 보면 고려에서는 禮賓卿 邢順을 외교 사절로 보냈으나 F-⑤에서 보는 바와 같이 상인들도 외교 사절을 따라와서 교역을 하였음을 알 수 있다. 그런데 사절은 후당의 수도까지 갔겠으나 상인들은 등주나 청주 등지에 머물러 교역을 한 것이 아닌가 한다. 그리하여 이들의 교역 상황을 등주나 청주에서 중앙에 보고한 것이라 생각한다.

아마도 이 무렵 교역을 허락해 달라는 사절로 왕인적을 청주 또는 후당의 수도인 洛陽에 파견한 것이 아닌가 한다.[85] 당시는 후당 말년으로 절도사가 실질적으로 지방을 독립적으로 통치하는 상황이었다. 그리하여 청주에도 節度使로 있던 房知溫이 東平王으로 책봉받아 통치하고 있었다.[86] 방지온은 원래 兗州 사람으로 어려서부터 용력이 있었다. 王師範이 劉郡을 보내 연주를 점거하매 후량 태조 주전충이 存節을 보내 토벌케 하였는데 그가 도망해 오자 존절이 그를 휘하에 두면서 출세하기 시작하였다. 그후 劉知俊 휘하에 들어갔다가 後唐에 와서 兗州節度使, 徐州節度使, 平盧軍節度使를 거쳐 동평왕이 된 것이다. 그는 성격이 상당히 거칠어 황제의 사신도 예로써 대하지 않았다. 처음에 그는 술 속에 빠져 있으면서도 서로 칼날을 드러내어 후당 말제와 대립하였다. 그런데 말제가 황제에 오르자 방지온은 은근히 걱정하였는데 말제는 그에게 王爵을 주어 회유하였던 것이다. 이후에도 그는 백성들에게 가렴주구하여 수백만의 재물을 모으고 큰

---

85) 왕인적이 청주가 아닌 낙양으로 갔다 해도 그 중개 역할은 방지온이 했을 것이다.
86) 『舊五代史』 권46 당서22 末帝紀上 淸泰 원년 6월 壬申.

집을 짓고 살기도 하였다. 후진의 석경당이 황제에 오른 후에도 방지온은 조빙하지 않았는데 그 휘하의 顏術이 조빙의 필요성을 역설하자 드디어 깨닫고 표를 올려 등극을 축하함으로써 청주가 온전하게 되었다.[87] 이러한 상황 속에서 왕건은 방지온에게 왕인적을 인질로 보내 後唐과의 외교를 주선해달라는 부탁을 한 것이 아닌가 한다. 한편 재물을 주어 회유하여 무역의 이득을 꾀했을 가능성도 있다. 왕건은 이를 통해 국가 재정을 튼튼히 하면서 혹시 있을지도 모르는 후백제의 반격에 대비한 것이 아닌가 한다.

이후에도 왕건은 淸泰 3년(936) 정월 禮賓卿 邢順과 崔遠試를 보내 조공하였으며[88] 연이어 大相 王規와 廣評侍郞 崔儒를 보내 조공하였다.[89] 기록에 의하면 이 두 사절은 비슷한 시기에 보낸 것으로 되어 있다.[90] 아마 이는 당시의 상황을 고려해 보낸 사절 같다. 형순 등의 사절이 갔을 당시 후당은 명맥만 남아 있었고 석경당이 중국 북방을 거의 차지하고 있는 상황이었다. 이에 형순 등을 후당에 보내면서도 혹 석경당이 새로운 왕조를 건설한다면 왕규 등은 그에게 가도록 한 양면적 조치라 생각한다. 그러나 형순이 가는 도중 석경당이 後唐을 멸망시키고 後晉을 건국하였다. 이에 형순 등도 후진으로 방향을 돌린 것 같다. 그 때문인지 모르지만 고려측 기록에는 왕규와 형순이 다 후진에 간 사절로 되어 있는 것이다.[91]

후진이 등장하면서 방지온이 죽자 석경당은 천복 2년(937) 정월 王建立을 平盧軍節度使로 삼았다.[92] 왕건립은 遼州 출신으로 뼈대있는 집안이었

---

87) 『舊五代史』 권91 진서17 열전6 房知溫.
88) 『五代會要』 권30 고려 청태 3년 정월.
89) 『冊府元龜』 권976 외신부20 포이3 청태 3년 정월 庚午 및 『冊府元龜』 권972 외신부17 조공 청태 3년 정월.
90) 『五代會要』 권30 고려 청태 3년 정월.
91) 『高麗史』 권2 태조세가 20년.
92) 『舊五代史』 권76 晉書 高祖紀2 天福 2년 정월 庚申.

다. 그의 증조부, 조부, 부가 모두 太保를 贈職으로 받았던 것이다. 그는 고집이 세고 용맹하였다. 후당의 莊宗과 갈등이 있기도 했지만 명종의 가족을 보호한 대가로 명종 즉위 후 鎭州節度副使에 오르면서 출세하기 시작하였다. 당시 王都가 中山을 거점으로 하여 반란을 일으켰다. 그런데 평소 사이가 좋지 않았던 安重誨는 왕건립이 이와 通好하였다는 죄목으로 왕에게 아뢰었다. 그러나 명종은 오히려 그를 중앙으로 불러들여 右僕射·兼中書侍郎平章事에 임명하였다. 천성 4년(929)에는 청주절도사에 임명되었으나 안중회의 계속된 모함으로 얼마 후 致仕하였다. 淸泰(934~936) 초에 天平軍節度使로 복귀하였고 後晉의 석경당이 高祖로 즉위하자 다시 청주절도사가 되었다. 만년에 그는 불교에 귀의하였다. 절을 짓고 飯僧을 하며 살인을 경계하였고 옥에 가두는 것을 삼가하여 백성들이 편안하게 되었다.[93] 곧 이어 그는 臨淄王에 봉해졌으며[94] 천복 3년(938)에는 東平王이 되었다.[95] 왕건이 보낸 인질 왕인적을 고향으로 돌려보내자고 건의한 것도 그 만년의 일이었다.[96] 고향을 그리워하는 왕인적을 보고 왕조도 바뀌었고 고려 왕건의 부탁도 있어서 왕건립이 그러한 건의를 한 것이 아닌가 한다. 앞서 본 바와 같이 그는 後晉의 석경당으로부터 절대적인 신임을 받아 동평왕의 직위에까지 올랐기 때문이다. 아마 그에 대한 대가를 왕건으로부터 받았을 가능성도 있다. 이에 따라 왕인적이 고려로 돌아온 것이라 생각한다. 얼마 후 그는 潞州節度使 韓王이 되어 자신의 고향을 다스리게 되었다. 그러다가 나이 70에 세상을 떠났다.[97]

그러나 후진은 왕인적을 바로 돌려보내지 않았다. 그 때문일까. 왕건은

---

93) 『舊五代史』 권91 晉書17 列傳6 王建立.
94) 『舊五代史』 권76 晉書 高祖紀2 천복 2년 5월 丙子.
95) 『舊五代史』 권77 晉書 高祖紀3 천복 3년 4월 戊子.
96) 『舊五代史』 권77 晉書 高祖紀3 天福 3년 8월 및 『五代會要』 권30 고려 天福 3년 8월.
97) 『舊五代史』 권91 晉書17 列傳6 王建立.

계속 후진에 사절을 파견하였다. 천복 4년(939) 4월 廣評侍郎 邢順 등 72인을 파견하였던 것이다.[98] 이와 같이 대규모 사절을 파견한 것은 왕인적의 귀국 교섭과 관련이 있었던 것 같다.[99] 그러한 노력 덕분에 다음 해인 940년[천복 5년, 고려 태조 23]에 왕인적이 고려로 귀국하였다.[100] 그와 더불어 이듬해인 천복 6년(941)에는 光祿卿 張澄, 國子博士 謝攀을 고려에 보내 왕건을 다시 책봉하였다. 그러나 관작은 예전대로였다.[101] 계속적인 우호관계를 유지하였던 것이다.

　요컨대 왕건은 고창군 전투에서 대승을 거둔 후 후당으로부터 고려국왕으로 정식 책봉을 받았다. 그 후 그는 다가올 통일 전쟁 자금과 국가 재정을 위해 중국과의 활발한 무역의 필요성을 절감하였다. 그리하여 청태 원년 무렵 자신의 친족인 왕인적을 청주에 인질로 보내면서 통상을 요구하였다. 당시 청주지역에는 房知溫이 청주절도사에서 승진하여 東平王으로 있을 때였다. 이후 통상의 이득을 보았으나 후당에서 후진으로 왕조가 바뀌자 당시의 청주절도사 王建立에게 부탁하여 왕인적의 귀국을 추진하였다. 왕건립은 이를 받아들여 938년 중앙에 건의하였다. 그러나 귀국이 미처 이루어지지 않자 고려는 72인에 달하는 대규모 사절단을 파견하였다. 이에 940년 왕인적이 귀국하게 되었고 왕건에 대한 후진의

---

98) (천복 4년 9월) 丙戌 高麗王王建 遣使貢方物(『舊五代史』권78 진서4 고려기4) ; (천복 4년 9월) 丙戌 高麗王建 使其廣評侍郎邢順來(『新五代史』권8 진본기8 高祖) ; (천복) 4년 9월 復遣廣評侍郎邢順等七十二人來 貢方物(『五代會要』권30 고려). 그러나 다른 기록에는 그 사신 일행이 92명이었다고 되어 있다.[高麗王建使其廣評侍郎邢順等九十二人 以方物來朝(『冊府元龜』권972 외신부17 조공5 천복 4년 9월)]

99) 허인욱, 「고려 太祖代 對中 외교 연구」, 『한국중세사연구』49, 2017, 61쪽.

100) 晉歸我質子王仁翟.(『高麗史』권2 태조세가 23년)

101) 『舊五代史』권80 진서6 고조기6 天福 6년 8월 甲寅. 그러나 『高麗史』에는 이 사실이 태조 22년(939)의 일로 기록되어 있다.[是歲 晉遣國子博士謝攀來冊王 爲開府儀同三司檢校太師 餘如故(『高麗史』권2 태조 22년)]. 이는 현종 때 7대실록이 불타면서 다시 편찬할 때 오류를 범한 것 같다. 따라서 중국측의 기록에 따라 고려 태조 24년(941)의 일로 바로잡아야 할 것이다.

책봉도 이루어지게 되었다.

지금까지 살펴본 바를 요약, 정리하면 다음과 같다. 고려의 왕건이 집권하고 있던 시절에 중국 북방에는 唐과 後梁, 後唐, 後晉이 번갈아 가며 세력을 떨치고 있었다. 이들 왕조가 존속하던 기간에도 중국 산동의 청주 지역은 절도사 휘하에서 어느 정도의 독립성을 유지하고 있었다. 절도사 王敬武와 그의 아들 王師範이 청주 지역을 다스리고 있었던 것이다. 그러다가 朱全忠이 후량을 건국하고 청주를 토벌하면서 그의 세력권에 들어오게 되었다. 그 후 후당 정권이 들어섰는데 이때에도 청주를 완전히 통제하지 못하였다. 즉 靑州節度使 符習이 李嗣源을 明宗으로 옹립하고 다시 임지로 돌아오려 하였으나 청주의 王公儼이 이를 반대하여 다른 사람인 霍彦威가 청주절도사에 임명되기도 하였다. 곽언위가 죽자 宰臣이 었던 王建立이 靑州節度使가 되었다. 왕건립이 安重誨와 불협화음이 있어 致仕하자 靑州節度使 자리에는 王晏球가 임명되었다. 왕안구가 죽자 鄆州節度使였던 房知溫이 청주절도사가 되었다가 東平王이 되었다. 石敬瑭이 後晉을 건국하자 檢校太尉·兼侍中 벼슬에 있던 王建立이 다시 청주절도사에 임명되었다. 곧 이어 그는 臨淄王에 봉해졌다가 천복 3년(938) 4월 東平王이 되었다. 왕건립의 뒤를 이은 楊光遠도 平盧軍節度使가 되었다가 東平王에 봉해졌다. 이처럼 당나라 말기에 중국 산동지역의 청주는 반독립적인 세력을 영위하다 後梁의 朱全忠에 의하여 중앙의 통제를 받게 되었다. 그러나 그 후에도 청주절도사에는 재상급에 해당하는 주요 인물이 임명되고 있어 청주의 중요성을 가늠하게 해준다. 그들이 제후의 직위인 東平王에 임명되었던 것이 그것을 말해준다.

한편 고려의 왕건은 고창군 전투에서 대승을 거둔 후 後唐으로부터 高麗國王으로 정식 책봉을 받았다. 그 후 그는 다가올 통일 전쟁 자금과 국가 재정을 위해 중국과의 활발한 무역의 필요성을 절감하였다. 그리하여 청태 원년(934) 무렵 자신의 친족인 王仁翟을 청주절도사 또는 後唐 정부에 인질로 보내면서 통상을 요구하였다. 당시 청주지역에는 房知溫이 청주절도사에서 승진하여 東平王으로 있을 때였다. 이후 통상의 이득을 보았으나 후당에서 後晉으로 왕조가 바뀌자 당시의 청주절도사 王建立에게 부탁하여 왕인적의 귀국을 추진하였다. 왕건립은 이를 받아들여 938년 중앙에 건의하였다. 그러나 귀국이 미처 이루어지지 않자 고려는 72인에 달하는 대규모 사절단을 파견하였다. 이에 940년 왕인적이 귀국하게 되었고 왕건에 대한 후진의 책봉도 이루어지게 되었다.

이렇듯 왕건은 후삼국의 대결 과정에서 중국에 인질까지 파견하여 승리를 획득하려 하였다. 특히 개경에서 가까운 산동반도의 청주와 긴밀한 관계를 맺으면서 무역의 실리와 외교적 이득을 꾀하였다. 이러한 외교적 노력이 후삼국 통일의 한 원동력이 되기도 했던 것이다.

6장 태조 왕건의 사상정책과 불교

Ⅰ. 사상정책

고려 태조 왕건은 다양한 사상을 포용하였다. 어느 것도 배척하지 않았다. 그는 우선 유교에 크게 관심을 기울였다. 앞서 살펴보았듯이 그가 최응이나 최언위 같은 유학자를 중용한 것에서 증명이 된다.

태조 왕건의 유학에 대한 관심은 최승로에 대한 대우에서도 엿볼 수 있다. 최승로는 어렸을 때부터 총명하고 학문에 정통하였으며 글짓기도 잘하였다. 그 소문을 들은 왕건은 12살인 최승로를 궁중으로 불러『論語』를 읽어 보게 하고 그 총명함에 감탄하여 원봉성의 학생으로 삼음과 동시에 그 부상으로 鹽盆, 鞍馬, 그리고 식량 20석을 주었다. 또한 어린 나이에도 불구하고 文翰에 대한 임무를 맡기기도 하였다.[1]

그런가 하면 천문이나 占卜에도 관심을 가졌다. 최지몽을 중용한 것이 그 예이다.

A. 崔知夢의 처음 이름은 崔聰進이니 남해 영암군 사람 元甫 崔相昕의
    아들이다. 그는 성품이 청렴, 검박하고 인자, 온화하며 聰敏하고 학문

---

1)『高麗史』권93 崔承老傳.

을 즐겼으며 大匡 玄一에게서 배웠다. 經書와 史記를 많이 연구하였고 더욱이 天文과 卜筮에 정통하였다. 18세 때에 태조가 그의 명성을 듣고 불러서 꿈을 해석하게 하였더니 길조를 얻어 설명하기를 "반드시 앞으로 삼한을 통어하게 되실 것입니다."라고 하니 태조가 기뻐서 지금 이름으로 고치게 하고 비단옷을 주고 供奉職에 임명하였으며 항상 종군하여 태조의 곁을 떠나지 않게 하였다. 삼한을 통일한 후에는 궁중에서 왕을 모시었고 왕의 자문에 응하였다.(『高麗史』 권92 최지몽전)

여기서 보는 바와 같이 태조 왕건은 영암 사람 최총진이 경서와 사기에 능통할 뿐 아니라 천문과 점복에도 일가견이 있다는 말을 듣고 그를 불러 꿈 해몽을 부탁하였다. 앞으로 삼한을 통일할 징조라고 하자 매우 기뻐하여 그에게 비단 옷을 주고 供奉이란 관직에 제수하였다. 또 '꿈을 잘 안다'는 뜻으로 '知夢'이란 이름을 하사해 주었던 것이다.

그러나 그가 가장 관심을 둔 것은 불교였다. 그리하여 그는 전국 각지에 절을 창건하였다. 태조대에 창건된 사원에 관한 자료를 찾아보면 다음과 같다.

B-① 法王寺와 王輪寺 등 10개의 사찰을 도성 안에 창건하고 兩京[開京과 西京]의 塔廟와 肖像의 훼손되고 빠진 것을 아울러 수리하게 하였다. (『高麗史』 권1 태조세가 2년 3월)

B-② 丁卯에 大興寺를 五冠山에 창건하고 승려 利言을 맞이하여 두고 그를 스승으로 섬겼다.(『高麗史』 권1 태조세가 4년 10월)

B-③ 日月寺를 궁궐 서북쪽에 창건하였다.(『高麗史』 권1 태조세가 5년 4월)

B-④ 신라왕 昇英이 薨하고 그 아우 魏膺이 즉위하여 國喪을 알려오니 왕이 슬퍼하고 齋를 베풀어 명복을 빌고 사신을 보내어 조문케 하였다.

이 해에 外帝釋院과 九曜堂, 神衆院을 창건하였다.(『高麗史』권1 태조세
가 7년 9월)

B-⑤ 申崇謙의 처음 이름은 能山이라 하였으며, 光海州人이다. 몸이 長大하
고 武勇이 있었다. 태조 10년에 태조가 견훤과 더불어 公山 桐藪에서
싸워 불리하게 되자 견훤의 군사가 태조를 포위하여 매우 위급하였는
데, 신숭겸이 때에 大將이 되어 元甫 金樂과 함께 힘껏 싸우다가 전사하
니 태조가 매우 애통하여 壯節이라 諡號하고 그 아우 能吉과 아들
甫, 金樂의 아우 鐵로 모두 元尹을 삼았으며 智妙寺를 지어서 명복을
빌게 하였다.(『高麗史』권99 홍유 附 신숭겸전)

B-⑥ 安和禪院을 창건하여 大匡 王信의 願堂을 삼았다.(『高麗史』권1 태조세
가 13년 8월)

B-⑦ 開泰寺를 連山에 창건하였다.(『高麗史』권2 태조세가 19년 12월)

B-⑧ 이 해에 廣興寺, 現聖寺, 彌勒寺, 內天王寺 등의 사찰을 창건하였다.(『高
麗史』권2 태조세가 19년 12월)

B-①에서는 10개의 사찰 명칭 중 법왕사와 왕륜사 등 2개만 나와 있다.
그러나 다른 기록에는 10개의 사찰명이 모두 기록되어 있다. 그에 의하면
10寺는 法王寺·慈雲寺·王輪寺·內帝釋院·舍那寺·普濟寺·新興寺·文殊寺·靈
通寺·地藏寺 등이었다.[2] 법왕사는 주로 팔관회를 개최한 후 행차하는
절로 이용되었다.[3] 경종과 목종·정종·문종·선종 등의 왕도 이 절에 행차하
였다. 특히 인종은 이 절에서 百高座道場을 개설하기도 하였다.[4] 또 이때

---

2) 『三國遺事』권1 王曆1 太祖 己卯 및 韓基汶, 「寺院의 創建과 重創」, 『高麗寺院의
構造와 機能』, 民族社, 1998, 35쪽.
3) 인종도 즉위하자마자 팔관회를 연 후 법왕사로 간 기록이 있으며(『高麗史』권15
인종세가 즉위년 11월 丁卯) 이규보는 왕이 팔관회 후 이 절에 행차할 때 그
발원문을 쓰기도 하였다.(『東國李相國集』권38 道場齋醮疏祭文 法王寺八關說經文)
4) 『高麗史』권16 인종세가 7년 9월 癸酉.

창건된 왕륜사도 후대 왕들에 의해 중시되었다. 문종은 어머니 원혜태후의
諱辰道場을 여기에 개설하였다.[5] 이 사원은 1236년 몽고병란으로 불탔지
만 1275년 중건되었다. 1277년에는 여기에 丈六尊像이 조성되고 1283년에
는 석탑이 조성되기도 하였다.[6] B-④의 신중원은 선종 3년(1086)
11월 宣宗이 여기에서 팔관회를 개최하였고,[7] 예종 4년(1109)에는 宰樞
및 六尙書 이상이 쌀을 내어 재를 베푼 바 있다.[8] B-⑤의 지묘사는
신숭겸이 대구 부근의 公山[지금의 八公山] 전투에서 태조를 대신해 죽자
이를 추모하기 위해 세운 절이다. 지금도 대구광역시에는 이 절의 이름을
딴 智妙洞이 존재하고 있다. B-⑥의 안화선원은 王信의 원당으로 창건되
었다. 왕신은 왕건의 사촌 동생이었다. 태조 8년(925) 조물성 전투에서
견훤이 자신의 생질 眞虎를 고려에 인질로 보내자 고려 측에서는 왕신을
후백제에 인질로 보낸 바 있다.[9] 그러나 이듬해 후백제에서 보낸 인질
진호가 병으로 죽자 후백제에서는 왕건이 진호를 고의로 죽였다 하여
왕신을 죽인 바 있다.[10] 이렇게 억울하게 죽은 왕신의 원당으로 안화선원
을 지은 것이다. B-⑦의 개태사는 충남 연산에서 신검의 항복을 받아
후삼국을 통일한 후 일종의 전승기념 사찰로서 건립된 것이었다.[11] 이처
럼 태조 왕건은 불교를 신봉하여 많은 절을 창건하였다.

왕건은 외국에서 불경이나 불상을 들여와 절에 안치하기도 하였다.
외국에서 오는 승려들도 후대하여 불법을 숭상하였다. 다음 기록을 보자.

---

5) 『高麗史』 권7 문종 즉위년 7월 己卯.
6) 金曉呑 譯註, 『高麗史 佛敎關係史料集(譯註 篇)』, 民族社, 2001, 22쪽 주5).
7) 『高麗史』 권10 선종세가 3년 11월 戊辰.
8) 『高麗史』 권13 예종세가 4년 4월 甲申.
9) 『高麗史』 권1 태조세가 8년 10월.
10) 『高麗史』 권1 태조세가 9년 4월.
11) 김갑동, 『고려의 후삼국 통일과 후백제』, 서경문화사, 2010, 73~78쪽.

C-① 癸未에 福府卿 尹質이 梁나라에 사신으로 갔다가 돌아와 五百羅漢의 畫像을 바치니 명하여 海州 崇山寺에 모셔 두게 하였다.(『高麗史』 권1 태조세가 6년 6월)

C-② 신라 승려 洪慶이 唐나라 閩府로부터 大藏經 일부를 배에 싣고 禮成江에 이르자 왕이 친히 맞이하여 帝釋院에 두게 하였다.(『高麗史』 권1 태조세가 11년 8월)

C-③ 癸丑에 天竺國[印度]의 三藏法師 摩睺羅가 오니 왕은 儀仗을 갖추어 맞이하였는데 다음 해에 龜山寺에서 죽었다.(『高麗史』 권1 태조세가 12년 6월)

C-④ 西天竺의 승려 弘梵大師 喹哩嚩日羅가 來朝하였는데 그는 본래 摩竭陀國 大法輪菩提寺의 승려였다. 왕이 거리에서 威儀와 法駕를 갖추어 그를 맞이하였다.(『高麗史』 권2 태조세가 21년 3월)

여기서 보는 바와 같이 고려 태조 왕건은 사신들이 後梁, 後唐에서 오백나한상과 대장경의 일부를 가져오자 이를 환영하여 절에 모셔두었다. 뿐만 아니라 멀리 인도의 승려들이 중국을 거쳐 고려에까지 오자 이를 환영하고 우대하였다 그의 佛心이 어떠했는가를 잘 보여준다.

그렇기에 그의 부인들 중에는 스님이 되었다가 환속한 이도 있고 아예 스님이 되어 속세를 떠난 이도 있었다. 다음 자료는 그 같은 상황을 잘 말해준다.

D-① 神惠王后 柳氏는 貞州人으로 三重大匡 天弓의 딸이다. 天弓은 집이 크게 부유하여 邑人이 長者라고 칭하였다. 태조가 궁예를 섬겨 將軍이 되어 군사를 거느리고 貞州를 지나다가 버드나무 고목 밑에서 말을 휴식시키는데 后가 길가 냇가에 서 있었다. 태조가 그 덕성있는 얼굴을 보고, "너는 누구의 딸이냐?"고 물으니 대답하기를, "이 고을의 長者의

집 딸입니다."라고 하였다. 태조가 인하여 유숙하였는데 그 집에서
一軍을 심히 풍족하게 향연하고 后로써 侍寢케 하였다. 그 뒤 서로
소식이 끊어졌는데 后는 志操를 정결하게 지켜 머리를 깎고 중이
되니 태조가 이 말을 듣고 불러서 부인을 삼았다. 궁예의 말기에
洪儒, 裴玄慶, 申崇謙, 卜智謙이 太祖의 집에 나아가 장차 廢立을 의론할
때 后로 하여금 알지 못하게 하고자 后에게 말하기를, "園中에 새로
익은 참외가 있을 것이니 따가지고 오라."하니 后가 그 뜻을 알고
북문으로 나가 가만히 장막 안에 들어갔다. 이에 諸將이 드디어 가지고
있던 뜻을 말하니 태조가 안색을 변하여 거절함이 심히 완강하였다.
后가 갑자기 장막 안에서 나와 태조에게 말하기를, "義를 들어 虐政을
바꾸는 것은 옛부터 그렇게 한 것인데 지금 諸將의 의론을 듣건대
妾도 오히려 奮發되거늘 하물며 대장부이리요." 하고 손수 갑옷을
들어 입히니 諸將이 부축하고 나와 드디어 즉위하였다.(『高麗史』 권88
후비전 태조 신혜왕후 유씨)

D② 小西院夫人 金氏도 역시 金行波의 딸이다. 김행파는 활 쏘고 말타기를
잘하였으므로 태조가 金이라 賜姓하였다. 태조가 西京에 행차하매
김행파가 사냥하는 무리를 거느리고 길에서 배알하고 청하여 그
집에 이르러 이틀 밤[信宿]을 머물게 하고 두 딸로써 각각 하룻밤씩
모시게 하였다. 그 뒤에 다시 행차하지 아니하였으므로 두 딸이 다
出家하여 중이 되었다. 태조가 이를 불쌍히 여겨 불러보고 말하기를,
"너희들이 이미 출가하였으니 뜻을 가히 빼앗지 못하겠다." 하고
서경에 명하여 성 안에 大·小西院의 두 절을 지어 토지와 백성을
두고 각기 살게 하였으므로 大·小西院夫人이라 칭하였다.(『高麗史』
권88 후비전 태조 소서원부인 김씨)

여기서 보는 바와 같이 태조의 제1비였던 신혜왕후 유씨는 태조와

인연을 맺은 후 스님이 된 바 있었다. 그러다가 태조의 부름을 받고 후비가 된 것이었다. 그 때문인지 모르지만 신혜왕후와 태조 사이에는 자식이 없었다. 그러나 묵묵히 태조를 내조하였다. 궁예를 내쫓고 혁명을 단행할 때에도 그의 도움이 있었음을 알 수 있다.

대서원부인·소서원부인 김씨도 역시 태조와 하룻밤 인연을 맺은 후 스님이 되었다. 그러자 태조는 이들을 위하여 大西院·小西院이란 절을 지어주었다. 이것이 바로 그들 부인들의 호칭이 되었다. 이들은 절에서 태조 왕건이 후삼국을 통일하기를 부처님께 빌었는지도 모른다.

왕건은 또한 많은 고승들을 스승으로 두어 정치적인 자문을 얻었다.[12] 황해도 해주의 廣照寺에 있었던 眞澈大師 利嚴을 스승으로 모신 것이 대표적인 예다. 황해도 해주에 있는 「眞澈大師寶月乘空之塔碑銘」에는 그의 출신과 행적이 자세히 기록되어 있다.[13] 이에 의하면 이엄의 가문은 원래 신라 왕족이었으나 신라 말의 난으로 공주로 이사해 살았다. 그러다가 지금의 서산군 태안읍에서 태어났다. 12살 때에 출가하여 충남 예산군 덕산면에 있는 伽倻寺의 德良法師 밑에서 불법을 배우기 시작하였다. 신라 진성여왕 2년(888) 道堅律師에게서 具足戒[14]를 받았다. 진성여왕 10년(906) 중국에 건너가 불법을 공부한 그는 5년 동안 정진한 후 효공왕 15년(911) 본국으로 돌아왔다.

이엄의 법력이 높다는 소식은 멀리 송악에 있는 왕건의 귀에까지 들렸다. 그러자 왕건은 그에게 서신을 여러 차례 보내 만나 뵙기를 청했다. 개경으

---

12) 심재명, 「고려 태조와 4무외대사(無畏大師)」, 『고려 태조의 국가경영』, 서울대출판부, 1996 ; 서진교, 「고려 태조의 선승 포섭과 주지 파견」, 『고려 태조의 국가경영』, 서울대출판부, 1996.

13) 그 같은 상황은 崔彦撝가 찬술한 廣照寺眞澈大師寶月乘空塔碑에 잘 나타나 있다.(한국역사연구회 편, 『譯註 羅末麗初 金石文(上)』, 혜안, 1996, 27~38쪽 참조)

14) 具足戒는 불교에서 지켜야 할 계율을 모두 구비했다는 뜻으로 받는 것이다. 비구는 250戒, 비구니는 348戒가 있는데 이를 잘 지키면 열반의 경지에 다다를 수 있다는 것이었다.

로 온 대사는 왕건의 환대를 받았다. 왕건은 泰興寺라는 절을 수리하여 머물도록 청하였다. 그러다가 이듬해에는 劉權說과 朴守文을 파견하여 舍那內院에 주지할 것을 청하였다. 얼마 후 왕건은 그를 스승으로 모시고 좋은 말을 많이 청했다. 물고기가 물을 만난 것과 다름이 없었다. 때때로 왕건은 그에게 정치적 자문을 구하기도 했다. 다음 기록을 보자.

E. 태조는 어느 날 선사를 방문하여 물었다. "제자가 스님의 인자한 얼굴을 대하고 평소 마음속에 품어왔던 바의 생각을 말씀드릴까 합니다. 오늘날 견훤과 같은 흉악한 무리들이 나라를 어지럽히고 우리를 침략하니 楚漢이 서로 버티고 있는 것 같아 자웅을 가리지 못한 것이 36년이나 되었습니다. 저는 비록 살리는 것을 좋아하는 마음이 있으나 어쩔 수 없이 죽고 죽이는 관계가 되어가고 있습니다. 소자가 일찍이 부처님의 말씀을 배웠으므로 자애로운 마음을 가지려 하나 흉악한 도적 때문에 신변의 화를 당할까 두렵습니다. 대사께서 만 리 길을 사양하지 않고 와서 三韓을 교화하니 崑崙山을 불태울 수 있는 좋은 말씀을 해주시기 바랍니다." 선사는 조용한 음성으로 말하였다. "무릇 道는 마음에 있는 것이지 일에 있는 것이 아니며 불법은 자신에서 비롯되는 것이지 다른 사람에게서 비롯되는 것이 아닙니다. 또한 帝王과 匹夫는 닦는 바가 각각 다르지만 비록 어쩔 수 없이 군대를 움직이더라도 백성들을 불쌍히 여기는 마음이 있어야 할 것입니다. 왜냐하면 왕은 四海를 집으로 삼고 萬民을 자식으로 삼아 무고한 자를 죽이지 않는 것이기 때문입니다. 그러나 죄가 있는 무리는 여기에서 예외가 될 수도 있지요. 따라서 될 수 있으면 선한 일을 받들어 행하는 것이 중생을 널리 구제하는 것입니다."(한국역사연구회 편, 「眞澈大師寶月乘空之塔碑銘」, 『譯註 羅末麗初金石文(上)』, 혜안, 1996)

즉 왕건이 견훤과 자웅을 겨루면서 이길 수 있는 방도를 묻자 대사는 제왕과 필부는 닦는 바가 다르다 하였다. 죄가 있는 무리는 어쩔 수 없이 죽여야 하지만 될 수 있으면 선한 일을 행하는 것이 종국에는 이길 수 있는 길임을 가르쳐 준 것이었다.

그 때문일까. 왕건은 될 수 있으면 평화적으로 통일을 달성하려 하였다. 고려 태조 13년(930) 古昌郡 전투에서 승리한 후 신라를 무력으로 접수할 수 있었지만 그렇게 하지 않았다. 그러자 이듬해 경주를 방문한 왕건에게 신라 사람들이 감격하여 울면서 "전일 甄氏[견훤]가 왔을 때에는 승냥이나 범을 만난 것 같더니 지금 王公[왕건]의 오심에는 부모를 뵌 것이나 다름없다."고 하였다.[15) 그리하여 결국 태조 18년 신라 경순왕의 귀순을 받게 되었다. 왕건이 후백제 신검을 물리친 뒤에도 후백제 서울에 들어가서 명령하기를 "적의 큰 괴수들은 이미 항복하였으니 죄 없는 백성들을 건드리지 말라."고 하였다. 그리고 백성들을 위로하고 그들의 재능에 따라 등용하였으며 군령이 엄격하여 백성들의 재물을 추호도 침범하지 않으니 각 주현이 편안하였다. 그러자 늙은이, 어린 아이 할 것 없이 모두 만세를 부르면서 서로 경축하기를 "진정한 임금이 오셨으니 우리들이 살아났다." 하였다 한다.[16) 대사의 가르침을 실천한 예라 하겠다.

이 밖에도 태조 왕건과 만난 禪僧들은 많이 있었다. 允多·慶猷·玄暉·璨幽·忠湛·兢讓·洪俊·慶甫 등이 그들이었다. 이들 중 일부는 태조를 직접 찾아가기도 하였지만 대부분은 태조가 청하여 좋은 말씀을 들었던 것이다.[17) 이렇게 招致된 고승들은 대체로 정치에는 직접적인 관여를 하지 않고 민심 수습, 즉 일반민에 대한 불교적 교화나 왕권의 존엄을 높이는 데

---

15) 『高麗史』 권2 태조세가 14년 5월.

16) 『高麗史』 권2 태조세가 19년 9월.

17) 徐珍敎, 「高麗 太祖의 禪僧包攝과 住持派遣」, 『高麗 太祖의 國家經營』, 서울대출판부, 1996, 371~372쪽, 표5-1 참조.

기여하였다.[18]

한편 당시의 지식인들은 불교나 유교 등을 서로 배척하지 않았다. 불교 승려도 유학을 공부하기도 했으며 유학자도 불교에 심취하기도 하였다.

> F-① 어릴 때부터 조용하여 아이들과 같이 장난하는 일이 없었다. 8살 때 학당에 가서 공부를 시작하였고 10살이 되어서는 배운 것을 책을 덮어놓고도 모두 암송하게 되었다. 甘羅가 入仕하는 나이[12세]에 이미 유교 경전을 다 배웠고 子晉이 昇仙하는 연령[30세]에는 그 재주와 학문이 공자의 제자 중에서 으뜸으로 추앙받았다. 이때에 큰 뜻을 품고 부친에게 여쭈어 入山修道를 허락해달라 간청하였더니 대답하기를 "전일 태몽을 생각하니 완연히 맞는 일이다."라 하면서 사랑하지만 마지못해 허락하고 그의 뜻을 막지 않았다. 그리하여 책 보따리를 짊어지고 집을 떠나 절을 찾았다.(한국역사연구회 편, 「江陵 地藏禪院 朗圓大師悟眞塔碑文」, 『譯註 羅末麗初金石文(上)』, 혜안, 1996)
>
> F-② 어느 날 왕건이 대사에게 통치의 요체를 묻자 대사는 간단히 말하였다. "나라가 부강하고 백성이 편안해지려면 어떠한 고통도 참고 견뎌야 할 것입니다. 堯 임금의 仁과 舜 임금의 德도 오직 夏나라의 禹 임금만이 본받았을 뿐입니다. 이 세 임금을 본받는다면 화평한 나라를 이룩할 것입니다." 왕건은 이에 공손히 답하였다. "三皇五帝 때의 태평성세를 어찌 미천한 저에게 비할 수 있겠습니까? 저는 오직 최선을 다할 뿐입니다." 하였다.(한국역사연구회 편, 「菩提寺大鏡大師 玄機塔碑」, 『譯註 羅末麗初金石文(上)』, 혜안, 1996)
>
> F-③ 최응은 항상 소찬을 먹었다. 일찍이 그가 병들어 누워 있을 때

---

18) 韓基汶, 「高麗太祖時의 寺院創建」, 『高麗寺院의 構造와 機能』, 民族社, 1998, 27쪽.

태조가 태자를 보내서 문병하고 육류를 먹으라고 권하면서 말하기를 "자기 손으로 짐승을 죽이지만 않으면 그만이지 고기를 먹는다고 해서 무엇이 나쁘겠는가?"라고 하였으나 최응은 굳이 사양하여 먹지 않았다. 그래서 태조가 그의 집에 가서 말하기를 "그대가 고기를 먹지 않는 것은 두 가지 잘못이 있다. 첫째로 자기 몸을 보전하지 못하여 종신토록 모친을 봉양할 수 없으니 불효요 둘째로 자기 수명을 길이 유지하지 못하므로 나로 하여금 좋은 輔弼을 일찍이 잃게 하니 불충이로다."라고 하니 최응이 그제야 비로소 고기를 먹기 시작하더니 과연 건강이 회복되었다. 어떤 날 태조가 최응에게 말하기를 "옛날에 신라가 9층탑을 만들고 드디어 통일의 위업을 이룩하였다. 이제 개경에 7층탑을 건조하고 서경에 9층탑을 건축하여 현묘한 공덕을 빌어 여러 악당들을 제거하고 삼한을 통일하려 하니 그대는 나를 위하여 발원문을 만들라."고 하였다. 그래서 최응은 그 글을 지어 바쳤다. 15년에 죽었는데 향년 35세였다.(『高麗史』권92 최응전)

F-①은 신라 경애왕대(924~927)에 주로 활동했던 낭원대사 開淸에 대한 기록이다. 그는 어려서부터 유학을 공부하여 뛰어난 실력을 자랑하였으나 결국은 출가하여 스님이 되었다.

또 F-②에서 보는 바와 같이 대경대사는 본인이 불교의 승려임에도 불구하고 통치의 요체를 유교에서 구하고 있다. 즉 요 임금과 순 임금의 예를 들면서 仁과 德을 행해야 한다고 가르쳐 주었다. 즉 왕건은 대경대사 麗嚴과도 가깝게 지내면서 종종 자문을 들었다. 菩提寺大鏡大師玄機塔碑[19]에는 왕건과 대경대사와의 인연이 잘 소개되어 있다. 그에 의하면 일찍이 基州에는 基州諸軍事 康公萱이 있었다. 그는 신라 말 이곳을 다스리다가

---

19) 한국역사연구회 편, 「菩提寺大鏡大師玄機塔碑」, 『譯註 羅末麗初金石文(上)』, 혜안, 1996, 50~54쪽. 그에 대한 역주는 하권 48~65쪽에 실려 있다.

大鏡大師 麗嚴을 만나 불법을 배웠으며 대사를 왕건에게 소개시켜 주었다. 대사도 왕건에게 많은 가르침을 주었는데 이는 그 중의 한 부분이었다.

이와 같은 유불 통섭 경향은 이미 그 이전부터 있었던 것으로 성주사 주지로 있었던 낭혜화상(800~888)의 경우도 그러하였다. 그도 어렸을 때는 유학을 공부하였으나 출가하여 고승이 되었다. 그 때문인지 모르지만 그의 법문을 들은 헌강왕은 "三畏는 三歸依에 비견되며 五常은 五戒와 같다. 王道를 잘 실천하는 일, 이는 바로 佛心에 부합된다."라고 하였다.[20] 여기서 삼외는 유학에서 군자가 두려워하고 조심하는 세 가지로 天命, 大人, 聖人을 말하고 삼귀의는 3보인 佛寶, 法寶, 僧寶에 귀의한다는 뜻이다. 그리고 오상은 유교의 仁, 義, 禮, 智, 信이고 오계는 불교의 계율로 不殺生, 不偸盜, 不邪淫, 不妄語, 不飮酒를 말한다. 이것은 불교와 유교가 크게 다르지 않다는 것을 말해주는 것이다.

최응도 원래는 유학자였으나 만년에는 불교에 심취하여 병이 들었음에도 불구하고 육류를 먹지 않았다. 태조가 설득하자 겨우 고기를 먹고 회복되었다 한다. 그 때문일까. 그는 개경 7층탑과 서경 9층탑의 발원문을 짓기도 하였다. 이처럼 당시 불교와 유교는 별개의 종교였지만 상통하는 면도 많았던 것이다.

왕건은 또한 풍수지리에도 깊은 관심이 있었고 신봉하였다. 다음 기록을 보자.

G-① 世祖는 송악산 옛 집에 여러 해 살다가 또 새 집을 그 남쪽에 건설했는데 그 터는 곧 延慶宮 奉元殿 터이다. 그때에 桐裏山 祖師 道詵이 당나라에 들어가서 一行의 지리법을 배워 가지고 돌아왔는데 백두산에 올랐다가 곡령까지 와서 세조의 새 집을 보고 "기장을 심을

---

20) 한국역사연구회 편, 「聖住寺 朗慧和尚 白月葆光塔碑」, 『譯註 羅末麗初金石文(上)』, 혜안, 1996.

터에 어찌 삼을 심었는가?" 하고는 곧 가 버렸다. 부인이 마침 그 말을 듣고 세조에게 이야기하니 세조가 급히 따라가서 그와 만났는데 한 번 만난 후에는 금방 구면과 같이 되었다. 드디어 함께 곡령에 올라가서 산수의 내맥을 연구하며 위로는 天文을 보고 아래로는 時運을 살핀 다음 도선이 다음과 같이 말했다. "이 땅의 지맥은 壬方 백두산 水母木幹으로부터 내려와서 馬頭名堂에 떨어졌으며 당신은 또한 水命이니 마땅히 水의 大數를 좇아서 六六三十六區의 집을 지으면 천지의 大數에 부합하여 다음해에는 반드시 슬기로운 아들을 낳을 것이니 그에게 王建이라는 이름을 지을 것이다." 도선은 그 자리에서 봉투를 만들고 그 겉에 쓰기를 "삼가 글을 받들어 백 번 절하면서 미래에 삼한을 통합할 주인인 大原君子 당신께 드리노라."라고 하였으니 때는 唐 僖宗 乾符 3년 4월이었다. 세조는 도선의 말대로 집을 짓고 살았는데 그 달부터 위숙왕후가 태기가 있어 태조를 낳았다. 민지의 『편년강목』에는 다음과 같이 기록되어 있다. 태조의 나이 17세 되었을 때에 도선이 다시 와서 만나기를 청하며 이렇게 말하였다. "당신은 이 혼란한 때[百六之運]에 상응하여 하늘이 정한 명당 터에 났으니 삼국 말세[三季]의 창생들은 당신이 구제해 주기를 기다리고 있다." 그 자리에서 도선은 태조에게 군대를 지휘하고 진을 치는 법, 유리한 지형과 적당한 시기를 선택하는 법, 산천의 형세를 바라보아 感通保佑하는 이치 등을 가르쳐 주었다.(『高麗史』 高麗世系)

G-② 여름 5월 갑신일에 왕이 여러 신하들에게 다음과 같이 타일렀다. "근자에 西京을 복구하고 백성을 옮겨 거기를 충실히 한 것은 그 地力에 의거하여 삼한을 평정하고 장차 거기에 수도를 정하려고 한 것이다."(『高麗史』 권2 태조세가 15년 5월)

G-①에서 보는 바와 같이 왕건의 아버지 용건 때에 풍수지리의 대가인

도선이 찾아와 명당을 잡아주고 36칸의 집을 지으면 반드시 훌륭한 아들을 얻을 것이라 예언했다는 것이다. 그리고 이름을 '王建'이라 지으라 했다고 되어 있다. 그 뿐만이 아니라 왕건이 17세 되던 해에 도선이 다시 왕건을 찾아와 그에게 진을 치는 법, 천기를 보는 법 등을 가르쳤다고 나와 있다. 그것이 사실인지 알 수 없으나 왕건과 풍수지리설은 밀접한 관련을 갖고 있었다는 점을 말해주고 있다. G-②에서 왕건이 서경을 건설한 것은 서경의 지력에 힘입어 삼한을 통일하려 했다는 점을 강조하고 있다. '地力'은 바로 풍수지리를 말하는 것으로 서경 경영을 풍수지리 때문이라 하고 있다. 그러나 이는 구호에 불과한 것이고 실제로는 고구려의 부흥을 꿈꾸었던 것 같다. 즉 그는 즉위한 지 얼마 안 되어 고구려의 수도였던 평양 옛 서울이 황폐화되어 백성들을 옮겨 나라의 울타리를 튼튼히 하고자 하였다. 그리하여 인근의 民戶를 이 지역에 옮기고 대도호부로 삼음과 동시에 그의 사촌 동생 왕식렴으로 하여금 여기를 지키게 하였던 것이다.[21] 이러한 것으로 미루어 태조 왕건은 당시 유행하던 풍수지리를 잘 이용하여 자신의 가문을 神聖化하고 서경을 경영하여 후삼국의 통일을 꾀하였다 할 수 있다. 그리하여 그는 훈요 10조에서 "三韓 山川의 陰助로 통일의 대업을 이룩하였다."라고 하고 있는 것이다.[22]

　　그는 도교에도 관심을 쏟았다.

　　H-① 이해에 外帝釋院, 九曜堂, 神衆院 등 寺院을 창건하였다.(『高麗史』
　　　　권1 태조세가 7년)
　　H-② 醮禮山은 현의 서쪽 이십리에 있다. 고려 태조가 桐藪에서 견훤과
　　　　싸울 때 이 산에 올라가 하늘에 제사했던 까닭에 이렇게 이름하였다.

---

21) 『高麗史節要』 권1 태조 원년 9월.
22) 홍승기, 「고려초기 정치와 풍수지리」, 『고려 태조의 국가경영』, 서울대출판부, 1996.

(『新增東國輿地勝覽』 권27 慶尙道 河陽縣 山川)

H-①에서는 외제석원, 신중원과 더불어 구요당이 언급되고 있다. 외제석원이나 신중원이 사원임으로 미루어 九曜堂도 불교사원이라는 설도 있지만[23] 이는 도교 관련 기관이었다. 구요는 日·月과 火星·水星·木星·金星·土星, 그리고 羅睺·計都 등의 7星을 총칭하는 것으로 구요당은 이를 제사하는 곳이었다. H-②는 왕건이 현재의 팔공산에서 견훤과 자웅을 겨룰 때 산에 올라 醮祭를 지냈기 때문에 이 산을 초례산이라 했다는 것이다. 당시 도교 사상도 매우 유행했음을 알 수 있다.

또 옛날부터 내려오던 토속신앙에 대해서도 배려를 아끼지 않았다. 그것은 팔관회를 통해 알 수 있다.

I-① 11월에 왕이 처음으로 八關會를 열고 儀鳳樓에 나가서 이를 관람하였다. 이때부터 해마다 常例로 이 행사를 실시하였다.(『高麗史』 권1 태조세가 원년 11월)

I-② 태조 원년 11월에 해당 기관에서 "전 임금은 매번 仲冬에 팔관회를 크게 배설하여 복을 빌었습니다. 그 제도를 따르기를 바랍니다."라고 하니 왕이 그의 말을 좇았다. 그리하여 구정에 輪燈 하나를 달고 香燈을 그 사방에 달며 또 2개의 彩棚을 각 5장 이상의 높이로 매고 각종 雜戲歌舞를 그 앞에서 하였다. 그 중 四仙 樂部와 龍, 鳳, 象, 馬, 車, 船 등은 다 신라 때의 옛 행사였다. 백관들은 도포를 입고 笏을 가지고 예식을 거행하였는데 구경꾼이 거리에 쏟아져 나왔다. 왕은 위봉루에 좌정하고 이것을 관람하였으며 이로써 매년 常例로 하였다.(『高麗史』 권69 예지11 嘉禮雜儀 仲冬八關會儀)

---

23) 徐閏吉, 「九曜信仰과 그 思想源流」, 『高麗密敎思想史硏究』, 불광출판부, 1993.

I-③ 나의 지극한 관심은 燃燈과 八關에 있다. 연등은 부처를 섬기는
것이요 팔관은 天靈 및 五嶽·名山·大川·龍神을 섬기는 것이다. 함부로
증감하려는 후세 간신들의 건의를 절대로 금지할 것이다. 나도 당초에
이 모임을 국가 忌日과 상치되지 않게 하고 임금과 신하가 함께 즐기기
로 굳게 맹세하여 왔으니 마땅히 조심하여 이대로 시행할 것이다.(『高
麗史』 권2 태조세가 26년 4월)

여기서 보는 바와 같이 왕건은 즉위한 지 5개월 만인 태조 원년 11월
八關會를 베풀기도 하였다. 즉 중동인 11월 15일에 팔관회를 성대하게
베풀고 각종 雜戱歌舞를 벌이자 구경꾼들이 거리를 메웠다 한다. 여기에는
四仙 樂部와 더불어 龍, 鳳, 象, 馬 등의 동물과 수레[車], 배[船] 등도 등장하였
다. 그런데 그것은 신라 때의 것을 계승했다는 점을 강조하고 있다. 실제로
사선악부는 신라시대에 화랑 및 낭도들로 조직된 4부의 樂隊로 신라의
것이었음을 알 수 있다.[24] 그가 장려하고 설행했던 팔관회가 天靈 및
五嶽·名山·大川·龍神을 섬기는 행사였다고 술회한 것은 토속신앙을 중시
하겠다는 그의 사상적 단면을 잘 말해준다. 그렇기 때문에 팔관회를 "부처
를 공양하고 귀신을 즐겁게 하는 모임[供佛樂神之會]"이라고도 했던 것이
다.[25]

그런데 여기서 주목할 것은 오악에 대한 제사가 이때 행해졌다는 것이다.
그렇다면 오악은 어디를 말하는 것인가. 이는 신라의 오악을 말하는 것이라
생각한다. 신라의 5악은 동악인 吐含山, 남악인 地理山, 서악인 鷄龍山,
북악인 太伯山, 중악인 父岳[八公山]을 말하는 것이었다.[26] 태조 왕건은
일찍부터 신라의 제도와 문물을 존중해 주었다. 즉위하자마자 궁예가

---

24) 안지원, 『고려의 국가 불교의례와 문화』, 서울대학교출판부, 2005, 145쪽.
25) 『高麗史節要』 권1 태조 원년 11월.
26) 『三國史記』 권32 雜志1 祭祀.

바꾸었던 官階와 郡邑의 명칭을 다시 신라의 제도로 환원하고 있는 데서[27] 알 수 있다. 태조 18년(935) 신라의 경순왕 김부가 귀순해 오자 그를 政丞으로 삼고 그 시종자들에게도 토지와 녹봉을 주기도 했다.[28] 따라서 신라에서 중시하던 오악을 그대로 제사했다고 할 수 있다. 그것이 공식적으로 국가의 祀典에 편입되어 제사된 것은 태조 23년(940)이 아닌가 한다.

태조 왕건은 일찍부터 토속신앙인 天神신앙과 산신 신앙도 깊이 믿었다. 그것은 태조 4년(921) 충남 천안지역의 愁歇院에 머물렀는데 동쪽의 어느 산위에 오색 구름이 걸쳐있는 것을 보고 거기에 성스러운 산신이 거주하고 있는 것으로 생각하여 그 산 이름을 聖居山이라 했다는 데서 알 수 있다.[29] 또 후백제의 신검을 토벌하고 난 후 하늘이 보호해준 산이라 하여 黃山郡에 있는 산 이름을 天護山이라 한 것도[30] 이러한 맥락에서 이해할 수 있다.[31] 실제 태조는 죽기 직전에 남긴 훈요 10조 중 제5조에도 그 같은 마음을 표현한 바 있다. 즉 "짐은 삼한 山川의 陰佑에 힘입어 大業을 성취하였다."[32] 라고 하고 있는 것이다.

이처럼 태조 왕건은 한 가지 사상이나 종교에 집착하지 않았다. 다양한 사상과 종교를 신봉하고 장려하였다. 사상이나 종교의 자유를 누리게 했다. 이 같은 그의 사상정책은 민심을 수렴하여 후삼국 통일의 위업을 달성하기 위함이었다.

따라서 고려는 이미 태조 왕건 때부터 사상 및 종교의 다양성이 보장되었음을 알 수 있다. 그것은 당시가 후삼국 정립기이어서 후삼국 통일을

---

27) 『高麗史』 권1 태조세가 원년 6월 乙丑.
28) 『高麗史』 권2 태조세가 18년 12월.
29) 『新增東國輿地勝覽』 권16 충청도 직산현 山川.
30) 『新增東國輿地勝覽』 권18 충청도 연산현 불우 개태사.
31) 그러나 김철웅은 여기서의 天靈은 天神이 아닌 도교의례로 보고 있다. 태조 7년 건립된 九曜堂의 존재가 그것을 말해준다 하였다.(『한국 중세의 吉禮와 雜祀』, 景仁文化社, 2007, 11~12쪽)
32) 『高麗史』 권2 태조세가 26년 4월.

달성하기 위해서는 어떤 종교나 사회세력과도 손을 잡을 필요성이 있기 때문이기도 하였다.[33] 그러한 경향이 후대에까지 영향을 미쳐 고려왕조에서는 사상과 종교의 다양성이 보장, 존재하게 되었던 것이다. 결론적으로 말하면 고려왕조의 사상, 종교의 다양성은 그 기초와 배경이 이미 태조 왕건대에 마련되어 있었다는 것이다.

---

33) 윤이흠, 「고려 종교사상의 특성과 흐름」, 『고려시대의 종교문화』, 서울대출판부, 2002, 16쪽.

II. 개태사 창건과 그 성격

1. 개태사 창건과 화엄종

위에서 본 바와 같이 태조 왕건은 여러 사상과 종교를 신봉하고 장려하였다. 그러나 그가 가장 중시한 것은 불교였다. 그의 불교정책은 충남 논산에 세운 개태사의 창건으로 결실을 맺었다 해도 과언이 아니다. 그렇다면 개태사는 어떤 상황 속에서 창건되었고 어떤 성격의 사찰이었을까.

우선 개태사는 화엄종 사찰이라는 특징을 갖고 있다. 원효의 법성종과 의상의 화엄종으로 대표되는 신라의 불교는 하대로 접어들면서 정치기강의 문란과 당의 영향으로 점차 쇠퇴하고, 禪宗의 역할이 증대되기 시작하였다. 선종은 "문자에 입각하지 않아도 인간의 본성을 깨달으면 부처가될 수 있다[不立文字 見性成佛]"라고 하여 경전을 중시하는 종파인 교종보다일반 민중에게 가까워질 수 있었다. 특히 지방사회에서 널리 퍼지게 되어혜공왕 때 神行이 당으로부터 北宗禪을 전래한 이래 南宗禪도 유행하였고[1]드디어는 '선종 9산'의 성립을 보게 되었다.[2]

이른바 9산 선문은 道義에 의한 가지산파[전남 장흥 보림사], 洪陟에의한 실상산파[전북 남원 실상사], 惠哲에 의한 동리산파[전남 곡성 태안사], 호묘의 봉림산파[경남 창원 봉림사], 道允의 사자산파[강원도 영월흥령사], 梵日의 사굴산파[강원 강릉 굴산사], 無染의 성주산파[충남 보령성주사], 道憲의 희양산파[경북 문경 봉암사], 그리고 利嚴의 수미산파[황해도 해주 광조사] 등이었다. 이들 선문은 선종의 대중성과 혁신성 때문에당시 신라의 중앙집권적인 통치체제에 반발했던 호족들의 지원을 받았다.

---

1) 조범환, 『新羅 禪宗 硏究』, 一潮閣, 2001 ; 조범환, 『羅末麗初 南宗禪 硏究』, 일조각, 2013.
2) 조범환, 『羅末麗初 禪宗山門 開創 硏究』, 景仁文化社, 2008.

예컨대 사굴산파는 명주 호족 왕순식의 후원을 받았고 해주의 수미산파는 송악 호족 왕건의 지원을 받았던 것이다. 태조 왕건과 수미산파의 개조 眞澈大師 利嚴의 관계는 황해도 해주에 있는 「眞澈大師寶月乘空之塔碑銘」를 통해 잘 알 수 있다.[3] 이에 의하면 이엄은 왕건의 초청으로 개경에 와 舍那內院에 주지로 있으면서 왕건을 보필하였다. 때때로 왕건은 그에게 정치적 자문을 구하기도 했다.

또 왕건은 禪僧이었던 대경대사 麗嚴과도 가깝게 지내면서 자문을 들었다. 菩提寺大鏡大師玄機塔碑[4]에는 왕건과 대경대사와의 인연이 잘 소개되어 있다. 그에 의하면 일찍이 基州에는 基州諸軍事 康公萱이 있었다. 그는 신라 말 이곳을 다스리다가 大鏡大師 麗嚴을 만나 불법을 배웠으며 대사를 왕건에게 소개시켜 주었다. 이후 대사는 왕건을 위하여 많은 가르침을 주었다.

이 외에도 왕건은 많은 선승들과 교류하고 결합하였다. 건국 이전에는 逈微·慶猷·忠湛·審希 등과 결합하였고 건국 이후에는 坦文·璨幽·玄暉·兢讓·慶甫·開淸·允多 등과 결합하였다.[5] 이렇듯 왕건이 선승들과 결합한 의도는 시기에 따라 다를 수 있다. 건국 직후에는 중국에서 유학하고 돌아온 승려들을 적극적으로 포섭하여 그들의 권위와 역량을 이용하여 안으로는 중앙의 귀족들을 복속시키고 밖으로는 지방의 호족들을 회유·견제하기 위함이었다. 그러다가 통일 전후에 이르면 이제 후삼국의 통합이라는 목표를 염두에 두고서 승려들을 가까이 하였던 것이다.[6]

---

3) 한국역사연구회 편, 『譯註 羅末麗初金石文(上)』, 혜안, 1996, 29~37쪽에는 원문이 실려 있고 같은 책 下卷에는 11~36쪽에 그에 대한 譯註가 실려 있다.

4) 원문은 한국역사연구회 편, 『譯註 羅末麗初金石文(上)』, 혜안, 1996, 50~54쪽에 있고 그에 대한 역주는 하권 48~65쪽에 실려 있다.

5) 金杜珍, 「王建의 僧侶 結合과 그 意圖」, 『韓國學論叢』 4, 1981.

6) 徐珍敎, 「高麗 太祖의 禪僧包攝과 主持派遣」, 『고려 태조의 국가경영』, 서울대출판부, 1996, 381쪽.

이러한 경향에 따라 통일을 전후한 시기에는 선종뿐 아니라 교종에도 신경을 쓰기 시작하였다. 개태사의 창건이 그것을 말해준다. 그 내용을 보자.

　A-① 開泰寺를 連山에 창건하였다.(『高麗史』 권2 태조세가 19년 12월)

　A-② 開泰寺가 이룩됨에 落成華嚴法會를 베풀고 친히 疏文을 지었다. 이 해에 新興寺를 重修하고 功臣堂을 설치하여 三韓功臣들을 東·西 벽에 그려두고 하루 밤낮[一晝夜] 동안 無遮大會를 열었는데 해마다 이렇게 하는 것을 常例로 삼았다.(『高麗史』 권2 태조세가 23년 12월)

　A-③ 영원히 華嚴의 사찰로 하고 승려들이 모이는 곳으로 한다. 지난번 화엄의 유명한 고승 輪言과 承淡 두 大德을 청하여 주지로 삼아 부임하게 하였다. 그리하여 그윽한 音律로 法筵을 열고 華嚴經을 강론하고 金文을 폈다. 輪言을 청하여 玉柄을 잡게 하고 널리 승려들을 모으고 덕이 높은 스님들을 맞이하여 獅子座를 설치하니, 幡幢은 맑은 하늘에 펄럭이었고 梵唄는 푸른 하늘에 맑게 울렸다. 이에 有司에게 명하여 每年 겨울과 여름에는 21일 간의 긴 法會를 여는 것을 상례로 하게 하였다.(崔瀣, 『東人之文四六』 권8, 神聖王親製開泰寺華嚴法會疏)

위에서 보는 바와 같이 개태사는 태조 19년(936)부터 창건하기 시작하여 4년 후인 태조 23년(940) 완공되었다. 그리고 落成華嚴法會를 열고 왕건이 疏文을 지었다. 낙성법회의 명칭에 화엄이란 말이 들어간 것처럼 이 사찰은 화엄종 사찰이었다. 그러기에 당연히 법회 행사에도 화엄경이 중요한 위치를 차지했을 것이다.[7] A-③은 고려 태조 왕건이 친히 지었다는 華嚴法會疎의 내용이다. 여기서 보는 바와 같이 개태사를 창건하여 화엄경을

---

　7) 李炳熙, 「高麗時期 落成行事의 設行」, 『高麗時期 寺院經濟 硏究』, 景仁文化社, 2009, 362쪽.

강론하고 덕이 높은 스님들을 초청하여 법문을 듣게 하였다. 그와 함께 매년 겨울과 여름에는 21일 간의 법회를 열도록 하였던 것이다. 이제 선종과 함께 교종 즉 화엄종의 필요성을 강조하고 있는 것이다.

신라 화엄종의 시조는 義湘이었다. 그는 중국에 유학해 중국 화엄종의 대종사인 智儼에게 수학하고 돌아와 부석사를 창건하여 화엄종을 널리 전파했다. 화엄종은 '一卽多 多卽一'이라는 圓融 즉 조화의 사상이며 一心으로 만물을 포섭하려는 사상이었다. 그 성격에 맞게 화엄종은 전제왕권 강화를 위한 이념으로 크게 발전했다.[8]

이러한 경향에 편승하여 왕건도 후삼국을 통일하면서 왕권을 강화할 필요성을 느끼고 개태사를 화엄종 사찰로 하였던 것이다. 그러한 경향성은 또 다른 기록에서 엿볼 수 있다.

> B. 태조가 바야흐로 온 나라를 통합하려고 불교를 공경하여 숭배하였다. 淸泰 초에 西伯山에 있는 神朗 太大德이 覺賢이 남긴 사업을 잇고 대승경전의 비밀스런 종지를 펼쳤는데 지금은 나이가 세상을 떠날 때가 되어 모습이 쇠약해졌다는 말을 듣고서 드디어 대사에게 朗公에게 가 보도록 청하였다. 낭공은 玉柄을 잡고 지시하면서 부처님의 말씀을 강론하고 … 법을 익힌 자였다. 대사가 드디어 서백산에 가서 『화엄경』 3本을 들었으니 어찌 석가모니가 가섭에게 은밀히 전수하고 維摩거사가 文殊에게 묵묵히 대한 것과 다르리오. 그런데 낭공이 대사와 응대하다가 부끄러운 빛을 띠면서 말하기를 "옛날 儒童菩薩인 孔子가 '나를 일으키는 자는 商[子夏]이로구나!' 하더니 이제 華嚴大敎가 여기에서 성하겠구나."라고 하였다.(普願寺法印國師寶乘塔碑, 『역주 나말려초금석문』, 혜안, 1996)

---

8) 李基白, 「新羅時代의 佛敎와 國家」, 『역사학보』 111, 1986.

위의 기록은 법인국사 坦文에 대한 내용이다. 화엄종 승려인 탄문이 神朗으로부터 화엄경을 들으러 가자 신랑이 "이제 華嚴大敎가 여기에서 성하겠구나." 했다는 것이다. 이때를 '청태 초'라 하였다. 청태는 후당의 연호로 934~936년까지이다. 청태 초면 935년 경을 말한다. 이 시기는 견훤이 고려에 귀순하고 신라의 경순왕도 나라를 들어 고려에 바친 해이다. 고려의 후삼국 통일을 전후한 시기이다. 그 무렵에 화엄종이 유행할 것을 예견했던 것이다. 그러한 동향 속에서 화엄종 사찰인 개태사가 창건된 것이다. 화엄종이 중앙집권적 이념과 전통적으로 관계가 깊기 때문에 통일 무렵에 다시 화엄종이 중시되는 배경 속에서 개태사가 창건되었다는 것이다.[9]

이처럼 고려 태조 왕건은 그 집권 초기에는 주로 선종에 신경을 썼으나 후삼국 통일기에는 교종에도 관심을 기울여 전제 왕권을 강화하려 하였다. 그리하여 죽으면서 남긴 「훈요 10조」에도 "우리 국가의 대업은 諸佛의 호위에 의한 것이다. 그러므로 禪·敎의 사원을 세워 주지를 보내 焚修케 하고 각기 그 업을 닦게 하라."[10]는 말까지 남겨놓았던 것이다. 이러한 분위기 속에서 개태사는 화엄종 사찰의 성격을 띠게 되었던 것이다.

고려 태조대에 창건된 개태사는 이후에도 국가에서 매우 중시되었다. 그것은 높은 지위에 있는 화엄종 승려들이 개태사에 주석하고 있기 때문이다. 다음 기록을 보자.

C-① (壽昌) 4년 戊寅에 明慶殿에서 삭발하고 佛日寺 계단에서 具足戒를 받았다. 이때부터 大覺國師를 모시면서 학문을 닦아 華嚴經의 大旨를 통달하였다. 乾統 3년 壬午에는 重光寺 주지에 임명되었고 5년 乙酉에는

---

9) 韓基汶, 「高麗 太祖의 佛敎政策－創建 寺院을 中心으로－」, 『大邱史學』 22, 1983 ; 『高麗初期佛敎史論』, 民族社, 1986, 163~165쪽.
10) 『高麗史』 권2 태조세가 26년 및 『高麗史節要』 권1 태조 26년.

왕명으로 僧統직을 제수받음과 함께 福世라는 호를 하사받았다. 睿廟 때에 이르러 여러 차례에 걸쳐 洪圓·開泰·歸信寺 등에 住持하였다.(李智冠 譯註,「開城 興王寺 圓明國師墓誌銘」,『歷代高僧碑文(고려편 3)』, 伽山文庫, 1996, 231쪽)

C-② 정축년에서 정미년까지의 32년 동안에 興王寺 弘敎院의 經學主가 되어 花嚴章疏를 강설하였다. 또 3차에 걸쳐 조칙을 받고 歸主·開泰·海印 等寺에서 主講이 되어 (결락) 위로는 疏를 기다렸다. 今上께서 寶位에 올라 師資의 예로써 대우하였다.(李智冠 譯註,「正覺僧統 靈炤墓誌銘」,『歷代高僧碑文(고려편 3)』, 伽山文庫, 1996, 381쪽)

C-③ 大德 丁未年 5월 21일 탄생하셨다. 스님의 나이 13세 때 華嚴宗 盤龍社 주지인 一非大師를 은사로 하여 머리를 깎고 沙彌 스님이 되었다. 19세에 上品選에 합격하였으며 그로부터 金生寺·德泉寺·符仁寺·開泰寺 등 10여 개 사찰의 住持를 두루 역임하였다.(李智冠 譯註,「水原 彰聖寺 眞覺國師 大覺圓照塔碑文」,『歷代高僧碑文(고려편 4)』, 伽山文庫, 1997, 499쪽)

C-①에서 보는 바와 같이 예종대의 圓明國師 澄儼이 大覺國師 義天으로부터 화엄학을 공부한 뒤에 洪圓寺 주지를 거쳐 開泰寺와 歸信寺의 주지로 있었음을 확인할 수 있다. 國師를 지낸 승려가 주지로 파견된 것을 보면 개태사의 지위를 가히 짐작할 수 있다. C-②는 개경의 興王寺에서 화엄경을 강설하던 正覺僧統 靈炤가 歸主·開泰·海印 등의 절에서 主講으로 있었음을 보여주고 있다. 여기서 '今上'은 명종을 말하는 것으로 무신정권 초기에 영소가 개태사에 머물렀음을 알 수 있다. 뿐만 아니라 무인집권기에 8만 대장경 전체를 교감하고 『高麗國新雕大藏校正別錄』 30권을 저술한 이도 개태사의 僧統 守其였다. 이 수기는 다른 기록에는 守眞이라고도 나오는데[11] 동일 인물임에 틀림없다.[12] 무인정권 때까지도 화엄종 사찰로서

개태사의 위치가 매우 중요하였음을 보여주고 있는 것이다. C③의 기록은 우왕 12년(1386)의 것으로 眞覺國師 千熙는 대덕 정미년 즉 충렬왕 33년 (1307)에 태어났다. 19세면 충숙왕 13년(1326)이 된다. 따라서 그는 76세 즉 우왕 9년(1383)에 돌아가셨으니 주로 고려 말에 활동했던 인물임을 알 수 있다. 그도 역시 華嚴宗 盤龍社 주지인 一非大師에게서 수학하였으니 화엄종 승려였음을 알 수 있다. 이 비석을 세운 이도 천희의 제자이며 개태사 주지였던 通照大師 冲迪이었다.[13] 이로 미루어 고려초부터 고려말 까지 개태사는 화엄종 사찰로서 중앙의 사찰 못지않은 지위와 성격을 유지하였음을 알 수 있다.

2. 전승기념 사찰

다음으로 개태사는 전승기념 사찰의 성격을 가지고 있었다. 후삼국 통일 전쟁과 밀접한 관련을 갖고 있었다는 것이다. 왕건이 고려를 건국한 후 실질적인 패권 다툼은 고려의 왕건과 후백제 견훤 사이에서 벌어졌다. 왕건이 즉위한 초기에 그들은 외형적으로 우호관계를 유지하였다. 왕건이 즉위하자 견훤 측에서 사신을 보내 공작같이 좋은 부채와 지리산 대나무로 만든 화살을 선물하였고 왕건도 이에 화답하였음은 물론이다. 그러다가 태조 3년(920)에 견훤이 신라의 합천·초계를 공격하고 신라의 구원 요청에 고려가 응하면서 둘 사이에 틈이 벌어지기 시작하였다. 924년에 일어난 曹物郡[구미 부근으로 추정] 전투 이후 인질 교환으로 잠시 소강상태를

---

11) 崔滋의 『補閑集(下)』에는 開泰寺 僧統 守眞이란 인물이 나온다. 그런데 그는 "배운 것이 넓고 아는 것이 정밀하여 勅令을 받들어 大藏經의 正誤를 校正하는데 평소에 자기가 몸소 번역했던 것처럼 하였다."라는 기록이 보인다.

12) 金潤坤, 『고려대장경의 새로운 이해』, 불교시대사, 2002, 200쪽.

13) 李智冠 譯註, 「水原 彰聖寺 眞覺國師 大覺圓照塔碑文」, 『歷代高僧碑文(고려편 4)』, 伽山文庫, 1997, 491쪽.

보이던 그들은 태조 10년(927)에 왕건이 龍州[지금의 예천]를 선제공격함으로써 다시 대립하였다.

같은 해 견훤이 신라의 수도를 침범하여 景哀王(924~927)을 살해하면서 양자의 관계는 극도로 악화되었다. 이때 신라를 구원하러 가던 왕건은 公山[지금의 대구 팔공산]에서 후백제군을 만나 싸웠으나 크게 패하였다. 여기서 그는 申崇謙·金樂 등 두 장수를 잃고 간신히 몸만 빠져나왔다. 이에 충격을 받은 왕건은 전열을 재정비하여 태조 13년(930)에 古昌郡[지금의 안동] 전투에서 金宣平·權幸·張吉 등의 도움으로 견훤군을 크게 무찔렀다. 지금도 안동에는 이 세 사람을 모신 三太師廟가 존재하고 있다.

승기를 잡은 왕건은 견훤과 敬順王(927~935)의 귀순을 받고 후백제 神劍과 선산 부근의 一利川에서 마지막 결전을 벌였다. 여기서 패배한 신검은 黃山郡[지금의 충남 논산시 연산면]으로 도망하여 진영을 정비하였다. 그러나 이를 추격한 고려는 신검의 항복을 받았다.

신검이 패하여 후백제가 멸망한 직후 견훤도 그 운명을 다하였다. 조용히 숨을 거둔 것이다. 그의 최후에 대해 史書에는 다음과 같이 기록되어 있다.

> D. 왕이 친히 能奐을 불러 꾸짖기를 "처음부터 양검 등과 모의하여 임금을 가두고 그 아들을 세운 것은 너의 짓이다. 신하된 의리로서 이렇게 해야 하는가?" 하니 능환은 고개를 숙이고 말을 하지 못하였다. 왕은 드디어 명을 내려 능환을 목베었다. 良劍·龍劍은 眞州로 귀양보냈다가 얼마 후에 죽였다. 신검은 그가 왕위를 찬탈한 것이 남의 위협에 의한 것이고 죄가 두 아우보다 가볍고 항복하여 왔다 하여 특별히 죽이지 않고 벼슬을 주었다. 이에 견훤은 근심과 번민으로 등창이 나 黃山의 佛舍에서 죽었다.(『高麗史』卷2 太祖世家 19年 9月)

위의 내용은『삼국사기』『삼국유사』에도 그대로 기록되어 있다. 그러나 신검·양검·용검 등 세 사람의 처리에 대해서는 기록이 약간씩 다르다. 신검에 대한 기사에서『삼국사기』나『삼국유사』에는 "以神劍僭爲人所脅 非其本心 又且歸命乞罪 特原其死"라 되어 있다.[14] 그러나『고려사』에는 이 문장에서 "非其本心"이 "罪輕二弟"로 바뀌어 있고 그 뒤에는 "又且歸命 特免死賜官"이라고 되어 있다. 신검의 모반은 능환이나 동생들의 협박에 의한 것이어서 죄가 두 아우보다 가볍다는 점을 강조하고 있는 것이다. 그리하여 죽이지 않았을 뿐 아니라 관직을 주기까지 했다는 것이다.

그런데 여기서 주목되는 것은 견훤의 죽음에 관한 부분이다. 그는 억울하고 분하여 등창이 나 수일 만에 황산의 어느 佛舍에서 죽었다는 것이다. 왕건 일행은 후백제의 수도 전주에 입성했으나 견훤은 이들과 동행하지 않았다. 견훤이 병 때문에 동행할 수 없었다는 사정도 고려할 수 있고 그 자신이 원치 않았기 때문으로 볼 수도 있다. 또 한편으로는 왕건이 같이 가자고 청하지 않았기 때문일 수도 있다. 이제는 견훤의 이용가치가 소멸되었다고 판단했다는 것이다. 더 나아가 추측한다면 왕건 이 견훤을 죽게 내버려뒀을 가능성도 있다.

그렇다면 그가 죽은 황산의 불사는 어디였을까. 안정복은 어디에 근거했 는지 알 수 없지만 견훤이 죽은 절이 연산현의 동쪽 5리에 있었다고 기술하고 있다.[15] 그렇다면 현재의 천호산 부근에 있는 사찰일 가능성이 높다. 조선시대 황산[연산]에는 開泰寺를 비롯하여 佛菴寺·上菴寺·萬雲寺· 孤雲寺 등이 있었다. 그런데 불암사·상암사·만운사는 계룡산에 있는 절이 었다. 개태사와 고운사는 천호산에 있었다.[16] 계룡산은 연산의 북쪽에 있으므로 불암사·상암사·만운사는 견훤이 죽은 절이 아니다. 천호산이

---

14)『三國史記』권50 甄萱傳 및『三國遺事』권2 紀異2 後百濟 甄萱.
15)『東史綱目』권6 丙申年 9月.
16)『新增東國輿地勝覽』권18 連山縣 佛宇.

연산의 동쪽이므로 개태사와 고운사일 가능성이 있다. 개태사는 태조 19년(936) 공사가 시작되어 4년 만인 태조 23년(940) 완공되었다.[17] 고운사는 언제 창건되었는지 알 수 없다. 고운사가 통일신라시대에 있었다면 이 절일 가능성도 배제할 수 없다. 그러나 이를 확언할 수 있는 자료는 하나도 없다. 그렇다면 개태사가 바로 견훤이 죽은 장소가 아닐까 추측할 수 있다. 즉 개태사가 태조 19년 처음 창건된 것이 아니고 이미 있던 절을 허물고 다시 창건한 것이 아닌가 하는 것이다.

다음 기록을 보자.

> E-① 부처님의 붙들어주심에 보답하고 산신령님의 도와주심을 갚으려고 특별히 官司에 명하여 蓮宮을 創造하였습니다. 이에 天護로써 산의 이름을 삼고 開泰로써 절의 이름을 삼았습니다.(『補閑集』上 長興 五年 甲午 및 『新增東國輿地勝覽』 卷18 連山縣 佛宇 開泰寺)
>
> E-② 부처님의 붙들어주심에 보답하고 산신령님의 도와주심을 갚으려고 특별히 官司에 명하여 蓮宮을 創造하였습니다. 이제 그 공역[就圓]을 마치고 寶利을 一新하여 우러러 하늘의 도움을 잇고 엎드려 신령의 공덕에 힘입어 천하를 맑게 하고 나라를 편안하게 하였습니다. 故로 天護로써 산의 이름을 삼고 開泰로써 절의 이름을 삼았습니다.(「東人之文四六」, 『高麗名賢集』 5, 成均館大學校 大東文化硏究所, 1980, 90쪽)

위의 사료는 태조 23년(940) 개태사가 완성되자 왕건이 직접 지은 發願文의 내용이다. E-①은 그것을 요약한 것이고 E-②는 全文의 일부분이다. E-①의 사료만 보면 개태사가 새로 창건된 것처럼 나와 있다. 즉 "創造蓮宮"이라 하고 있다. '蓮宮'은 "연꽃으로 장식된 궁전"이란 뜻으로 절이나 사원을

---

17) 『高麗史』 권2 太祖世家 19年 및 23年 12月.

뜻하는 말이다. 그런데 E-②를 보면 "創造蓮宮"이란 표현 뒤에 "一新寶利"이란 표현이 나오고 있다. 이는 "보배로운 사찰을 일신하였다."는 뜻이다. 여기서 '一新'이란 표현에 주목할 필요가 있다. 이는 "아주 새롭게 한다."라는 뜻이다. 기존에 있었던 것을 창조하다시피 새롭고 웅장하게 한다는 뜻이다. 그렇다면 이는 기존에 조그만 사찰이 있었는데 이를 다시 전면 개축 내지 증축했다는 뜻이다. 바로 이 사찰이 견훤이 머무르다 죽은 사찰일 가능성을 짙게 해 준다. 金正浩도 견훤이 죽은 사찰을 개태사라 못박고 있다.[18]

그렇다면 왜 왕건은 이 사찰을 전면적으로 일신했을까. 그것은 그곳이 신검의 항복을 받은 곳이라는 이유도 있었을 것이다. 그러나 그보다는 견훤이 머무르다 죽은 곳이기 때문이었을 것이다. 잘못하면 후백제 잔존세력의 정신적 중심지가 될 것을 염려한 때문이 아닌가 한다. 이 사찰을 그대로 둔다면 후백제왕이 죽은 곳이라 하여 후백제를 그리워하는 사람들이 많이 와서 참배할 것임은 틀림없다. 이는 왕건의 고려 통치에 위험한 요소가 되는 것이었다. 그리하여 이 사찰을 부수고 새롭게 고려식으로 재창건한 것이다.

마치 신라에서 신성시했던 聖地인 天鏡林에 異次頓의 순교에 힘입어 절이 지어진 것과 같다.[19] 이 역시 천경림을 중심으로 한 신라인들의 의식세계를 불교로 바꾸어 보고자 한 것이다. 조선시대에 불교사찰을 허물고 그 자리에 書院을 지은 것과 같은 이치다. 경북 영풍군 순흥면에 있는 紹修書院은 본래 宿水寺란 절이 있던 지역이었다. 서원 입구에 남아있는 높이 4미터의 幢竿支柱가 이를 말해준다.[20] 이 역시 불교에서 숭배되

---

18) 『大東地誌』忠淸道 連山郡 山川.
19) 『三國遺事』 권3 興法3 原宗興法·厭髑滅身. 한편 阿道和尙이 未鄒王대에 공주의 병을 치료해 준 대가로 불교를 진흥코자 하여 천경림에 절을 지어달라 청하여 興輪寺가 창건되었다는 기록도 있다.(『三國遺事』 권3 興法3 阿道基羅)
20) 최완기, 『한국의 서원』, 대원사, 1991, 43쪽.

는 사찰을 허물고 유교 교육기관인 서원을 세워 유교정신을 발양하기 위함이었다.

이는 또한 개태사에 조성한 삼존불상의 형태를 통해서도 알 수 있다. 이 불상들은 부처님의 온화한 모습을 전혀 띠고 있지 않다. 오히려 갑옷 입은 무사와 같은 분위기를 풍기고 있다. 머리가 큰 편이고 어깨가 벌어진 상체를 갖고 있으며 손은 육중한 모습을 하고 있다.[21] 후백제 세력을 위압적으로 무력화시키려는 듯한 모습을 하고 있는 것이다. 개태사 창건의 뜻과 부합한다고 하겠다.

이렇듯 후삼국 통일 전쟁과 관련된 사찰은 또 있었다. 安和禪院과 智妙寺 가 그것이다. 안화선원은 大匡 王信의 願堂이었다.[22] 왕신은 왕건의 4촌 동생이었다. 그는 태조 8년(925) 10월 조물군에서 왕건과 견훤이 전투하다 승패를 결정짓지 못하자 견훤 측에 인질로 보내진 인물이다. 사료를 보자.

> F-① 을해일에 왕이 친히 군사를 거느리고 曹物郡에서 견훤과 교전하였
> 는데 유금필이 자기 군사를 끌고 와서 응원하였다. 견훤이 겁이 나서
> 화친하기를 청하고 사위 眞虎를 인질로 보내왔으므로 왕도 자기의
> 사촌 동생인 元尹 王信을 인질로 보냈다. 왕은 견훤의 나이가 자기보다
> 10년 위라 하여 그를 尙父라고 불렀다. 신라 왕이 이 소식을 듣고
> 사절을 파견하여 말하기를 "견훤은 이랬다저랬다 협잡이 많아 화친할
> 사람이 못된다."고 하였다. 왕이 그 말을 그럴듯이 여겼다.(『고려사』
> 권1 태조 8년 10월)
>
> F-② 여름 4월 경진일에 견훤이 보낸 인질 진호가 병으로 죽었다. 왕이
> 侍郞 弋萱을 시켜 그 시체를 보내주었더니 견훤은 우리가 그를 죽인
> 것으로 생각하여 우리가 보낸 인질 王信을 죽이고 熊津 방면으로

---

21) 李春實,「忠南 連山 開泰寺 石造三尊佛考」,『百濟研究』 21, 1990, 324쪽.
22)『高麗史』 권1 태조세가 13년 8월.

진격하여 왔다. 왕은 여러 성들에 명령하여 성을 고수하고 나와 싸우지 못하게 하였다. 이때에 신라 왕이 사절을 파견하여 말하기를, "견훤이 맹약을 위반하고 고려에 출병하였으니 하늘이 반드시 그를 돕지 않을 것이다. 만일 대왕이 그를 한 번 반격하면 견훤은 반드시 스스로 패망할 것이다."라고 하였다. 왕이 그 사절에게 말하기를, "내가 견훤을 두려워하는 것은 아니다. 다만 그의 죄악이 가득 차서 스스로 넘어질 것을 기다릴 뿐이다."라고 하였다. 이에 앞서 견훤은 "절영도의 名馬가 고려로 가면 백제가 멸망한다."고 하는 圖讖을 들었었는데 이때에 와서 전일 고려에 말을 선사한 것이 후회되어 사람을 시켜 그 말을 돌려보내 줄 것을 청하였다. 왕이 웃으면서 그것을 허락하였다.(『고려사』 권1 태조 9년 4월)

여기서 보는 바와 같이 왕건과 견훤은 자웅을 결정짓지 못하자 서로 인질을 교환하였다. 견훤측의 인질은 그의 사위 진호였고 왕건측의 인질은 그의 4촌 동생 왕신이었다. 그러나 진호가 병으로 죽자 견훤은 왕건이 진호를 일부러 죽였다 생각하여 왕신을 죽이고 웅진[현재의 공주]으로 진격하여 공주에서 일전을 하게 되었다. 그 후 공산 전투에서 크게 패했던 왕건은 재기하여 태조 13년 정월에 고창군[안동] 전투에서 대승하였다. 이에 왕건은 억울하게 죽은 왕신을 위하여 안화선원이란 절을 짓고 願堂으로 삼았던 것이다.

지묘사는 공산 전투에서 죽은 신숭겸을 위하여 지은 절이었다. 기록을 보자.

G. 申崇謙의 처음 이름은 能山이니 光海州 사람이다. 체격이 장대하고 용맹이 있었다. 10년에 태조가 公山 桐藪에서 甄萱과 싸우다가 불리하게 되어 견훤의 군대가 태조를 포위하였는데 형세가 심히 위급하였다.

이때 신숭겸이 대장으로 있었는데 元甫 金樂과 더불어 힘껏 싸우다가 전사하였다. 태조가 그의 전사를 매우 슬퍼하였으며 시호를 壯節이라 하고 그의 동생 能吉, 아들 甫, 그리고 金樂의 동생 鐵을 모두 元尹으로 등용하고 智妙寺를 창건하여 그의 명복을 빌게 하였다.(『高麗史』 권92 洪儒 附 申崇謙傳)

이처럼 지묘사는 공산 전투에서 죽은 신숭겸과 김락을 위하여 지은 절이었다. 신숭겸은 개국 1등공신이고 김락은 개국 2등공신이었으니[23] 태조의 슬픔이 어찌했는지는 짐작할 만하다. 전해오는 말에 의하면 태조가 포위당하여 위험에 처하자 신숭겸이 태조 왕건의 옷을 바꿔입고 싸우다 죽었다 한다. 왕건은 병사 옷을 입고 포위망을 탈출하여 구사일생으로 목숨을 건졌다. 신숭겸의 지혜가 교묘하였으니 절 이름을 '智妙寺'라 한 것은 너무도 당연한 일이었다.

이처럼 개태사는 안화선원이나 지묘사와 성격을 같이하는 사찰이었다. 즉 이들 세 절은 후삼국 통일 전쟁과 직접적인 관련이 있는 절이었다는 것이다. 다만 안화선원이나 지묘사는 후삼국 통일 전쟁 과정에서 억울하게 죽은 왕신이나 신숭겸, 김락 등의 영혼을 달래기 위해 지은 절이었다면 개태사는 최종 전투에서 승리하여 후삼국 통일을 달성하게 된 것을 기념하기 위한 전승기념 사찰이라는 점이 다르다 하겠다.

3. 진전사원

세 번째로 들 수 있는 개태사의 특징은 개태사가 眞殿寺院이었다는 것이다. 진전사원이란 왕이나 왕비의 초상화 즉 眞影을 모신 사원이라는

---

23) 『高麗史』 권1 태조세가 원년 8월 辛亥.

뜻이다. 그리하여 이를 影堂이라고 할 수 있고 影殿이라고도 할 수 있다. 개태사는 태조 왕건이 세운 사찰인 만큼 태조의 진전사원이었다. 이에 대한 기록을 보자.

H-① 僉議評理 李仁復에게 명령하여 開泰寺의 太祖影殿에 나아가 江華에 遷都할 것을 占치니 不吉한지라 이에 중지하였다.(『高麗史』 권40 공민 왕세가 11년 8월 庚戌)

H-② 왕이 江華로 遷都하고자 하여 開泰寺의 太祖眞殿에 占칠 것을 命하매 人心이 흉흉해졌다. 太后 洪氏는 洪彦博의 姑母인지라 洪彦博을 책망하 기를, "네가 外戚 巨室로서 지위가 冢宰에 있어 中外가 모두 촉망하고 있거늘 이제 왕은 천도하고자 하나 나라 사람들은 모두 천도하고자 하지 않는다. 그런데 어찌 중지하기를 諫하지 아니하느냐?" 하였다. 이에 洪彦博이 왕께 告하니 왕이 말하기를, "내가 천도를 결정한 것이 아니라 吉과 凶을 알고자 할 뿐이라."고 하였다. 占이 과연 不吉하매 나라 사람들이 모두 기뻐하였다. 그때 訛言이 있기를, "홍건적이 다시 온다." 하여 많은 군사를 뽑기로 의론하였다. 홍언박이 國事를 救恤하 지 아니한다 하여 左政丞 柳濯을 명하여 都統使를 삼고 홍언박과 柳淑은 함께 貢擧를 맡게 하니 宰樞가 자리를 성대히 베풀어서 위로하였다. 홍언박은 勳戚으로서 首相이오 柳淑은 왕의 寵臣이므로 비록 播遷하는 때를 당하였는데도 여러 신하들을 다르게 대우함이 이와 같았다.(『高 麗史』 권111 洪彦博傳)

H-③ 左代言 李詹을 連山 開泰寺에 보내어 太祖 眞殿에 제사하고 옷 1벌, 玉帶 1개를 바쳤다.(『高麗史』 권46 공양왕세가 3년 5월 辛卯)

여기서 보는 것처럼 개태사에는 태조의 영전 내지 진전이 있었음을 알 수 있다. H-①·②는 공민왕대 홍건적의 침입과 관련된 내용이다. 홍건적

은 원나라 말기 일어난 漢族 반란군의 일파였다. 韓山童·劉福通 등이 중심이
되어 일어난 홍건적은 河南지방에서 봉기하였다. 원나라는 이에 토벌군을
편성하여 이들을 토벌하였다. 이때 토벌군에는 고려에서 간 유탁·염제신·
최영 등의 장군과 2,000여 명의 군사들도 들어 있었다.[24]

이들 홍건적은 토벌군에 쫓기다 우리나라로 넘어 들어왔다. 그것이
바로 홍건적의 침입이었다. 공민왕 8년(1359)과 공민왕 10년(1361) 두
차례에 걸친 것이었다. 첫 번째 침입은 서경을 빼앗겼다 되찾는 정도에
그쳤다. 그러나 두 번째 침입은 10여 만 명에 달하는 대규모 침입으로
개경을 함락당하고 공민왕은 복주로 피난을 가게 된 것이다. 공민왕은
개경에서 임진강을 건너 兜率院(파주)을 거쳐 경기도 楊州−廣州−利川−陰
城−忠州−安東의 순서로 피난하였다.[25]

이듬해 안우·이방실·김득배·최영·이성계 등이 지휘하는 부대가 홍건
적을 무찌르고 개경을 수복하였다. 그러자 공민왕은 복주를 출발하여
尙州에 머물렀다. 그리고 보은−회인을 거쳐 청주에 도착하였다.[26] 공민왕
은 이때 적을 추격하기 위해 다시 부대를 편성하였다. 左政丞 柳濯으로
西北面紅賊防禦諸軍都統使를 삼고 密直使 李珣으로 都兵馬使를 삼고 金漢貴
로 東京道兵馬使를 삼았다. 당시 홍건적의 警告가 있었고 또 원 황제가
挾攻하라는 명령이 있는 까닭에 이 거사가 있었는데 얼마 안 되어 적이
흩어졌다는 소식을 듣고 이에 중지하였다.[27] 그러자 공민왕은 개경이
兵火를 입고 민심이 흉흉하다 하여 강화도로 천도할 뜻을 가지고 있었다.
그리하여 신하를 보내 개태사의 太祖影殿에 나아가 점을 치게 했던 것이다.

H-③은 자연재해 때문에 개태사 태조진전에 사자를 파견한 것이다.

---

24) 『高麗史節要』 권26 공민왕세가 3년 7월.
25) 『高麗史』 권39 공민왕세가 10년.
26) 『高麗史』 권40 공민왕세가 11년.
27) 『高麗史』 권40 공민왕세가 11년 8월 庚戌.

공양왕 3년(1391) 정월에는 이성계를 삼군 도총제사로, 배극렴을 중군 총제사로, 조준을 좌군 총제사로, 정도전을 우군 총제사로 임명하였다. 그런데 4월 들어 자연 재해가 빈번하게 발생하였다. 오랫동안 가물어 금주령을 내리고 죄수를 석방하였다. 그런가 하면 혜성이 10여 일 동안 계속해서 나타나기도 하였다. 그러다가 갑자기 큰 비가 내리기도 하였다.

그러자 왕은 신하들의 직언을 구하기 위하여 교서를 내렸다. 그 교서에 이르기를 "災禍를 멈추는 길은 덕을 닦는 것 만한 것이 없고 정사를 하는 데 있어서 중요한 것은 옳은 말을 구하는 데 있다. 옛날에 宋景의 한마디의 착한 말이 熒惑星[火星]을 90리나 멀리 가게 하였으니 사람과 하늘 사이의 감응이 이와 같이 빠른 것이다. 나는 보잘것없는 몸으로 조상 신령의 덕택으로 모든 신하와 백성의 위에 있게 되어 밤낮으로 마음을 놓지 못하고 풍년들고 태평한 세상이 되기를 기대하고 있다. 그런데 나는 지혜와 재능이 부족하고 학문에 어두워서 정치와 교화에 있어서 걸핏하면 사업의 경영에 암매하여 마치 큰 강을 건너면서 방향을 모르는 것과 같다. 이번에 日官이 나에게 말하기를 '천문의 경고가 나타났는데 난데없는 별이 紫微宮에 뛰어들었으며 형혹성이 與鬼星座에 들어갔으니 대단히 큰 災變이다'라고 한다. 나는 더욱더 깊이 두려움을 느끼게 된다. 내가 덕을 닦지 못하여 上帝의 마음에 맞지 않는 탓인가? 政令이 잘못되어 일반의 기대에 어긋나는 탓인가? 형벌과 施常의 방법이 옳지 못한 탓인가? 채용한 사람이 혹 사욕에 끌린 점이 있는 탓인가? 아래 사정이 다 위에로 전달되지 못하여 원통하고 억울한 일이 아직 없어지지 못한 탓인가? 백성들의 폐해가 아직도 다 제거되지 못하고 재물이 낭비되는 탓인가? 훌륭한 인재로서 등용 안 된 자가 누구이며 참소하고 아첨하는 무리들로서 아직 배격되지 않은 자가 누구인가? 이러한 폐단들을 어찌 나 한 사람으로 두루 살필 수 있으랴? 바른말 하는 길을 활짝 열어 놓아 나의 눈과 귀를 막고 가리우는 풍습을 없앨 것이다. 樵童 牧豎의 말도 취할 것이 있거든 하물며 각 재상들과 모든 책임 관리들과 같이 존귀한 지위에서 귀중한 녹봉을 받고 있는 자들의 말을 어찌 듣지 않겠는가? 이에 정치와 덕화에서 함께 새로운 국면을 개척하여 위로 하늘의 뜻에 보답하고자 한다. 아아, 상벌이 밝아야 禮樂이 일어나고 음양이 조화되어야 바람과 비가 제때를 맞춘다. 吏屬은 그 직임에 충실하고 백성은 그 생업을 즐기게 하는 관건이 어디 있는가? 알면서 말하지 않으면 仁이라 할 수 없고 말하면서 다 툭 털어 말하지 않으면 바르다고 할 수 없다. 너희 대소 관원들은 모두 굳게 봉한 글을 올려서 나의 허물, 현행 정치의 좋은 점과 나쁜 점, 민간의 이익과 폐단에 대하여 숨기지 말고 전부 말하여라! 말이 채용할 만하다면 나는 곧 상을 줄 것이요 말이 맞지 않는다 하더라도 벌을 가하지 않을 것이다."라고 하였다.

5월 무자일에는 왕이 형조판서 趙勉 등을 불러서 말하기를 "지금 天災가 자주 일어나고 가뭄이 대단히 심하니 이것은 반드시 원통한 죄수가 있어서 그렇게 된 것이다. 죄수들 중에서 죽여야 할 자를 죽이고 사할 자는 사하여 속히 판결하여 줄 것이며 오래 지체하지 말아서 하늘의 뜻에 순응케 하라!'고 하였다.[28] 그러한 후 태조진전에 나아가 하늘에 제사하고 태조의 음덕을 바랬던 것이다. 실제로 개태사지를 발굴한 결과 眞殿址가 있었음이 확인되고 있다.[29]

그렇다면 과연 태조의 영정은 언제부터 여기에 모셔졌을까. 기록의 미비로 자세한 시기는 잘 알 수 없다. 그러나 적어도 무신정권 시기에는 개태사가 태조의 영전이 되었음을 확인할 수 있다. 東京[경주]에서 利備·勃佐의 난이 일어나자 이를 토벌하기에 앞서 이규보가 개태사의 太祖眞殿에 발원문을 올린 기록이 있기 때문이다.[30]

---

28) 『高麗史』 권46 공양왕세가 3년.
29) 공주대학교박물관·논산시, 『開泰寺址』, 서경문화사, 2002, 174~209쪽.
30) 『東國李相國集』 권38 道場齋醮疏祭文 開泰寺 祖前願文.

아마도 광종 이후부터 무신정권 성립까지의 어느 시기에 태조의 진영이 모셔졌다고 보는 것이 합리적일 것 같다. 왜냐하면 광종 2년에 개경 궁성의 남쪽에 奉恩寺를 창건하여 태조의 願堂으로 삼았기 때문이다.[31] 여기에 태조의 眞影이 모셔져 있었는데 이보다 먼저 태조의 진영이 지방 사원에 모셔져 있었다고 보기는 곤란하기 때문이다.

봉은사에서는 靖宗 이후부터 연등회가 열렸다. 즉 정종 4년 2월 2월 계미일에 연등회를 열었는데 이날 왕이 봉은사에 가서 태조의 진영을 참배하고 연등하는 날 저녁에 반드시 태조 진전에서 친히 분향을 하는 것을 상례로 삼았다.[32] 목종부터 고종 19년까지 75회의 연등회가 봉은사에서 열렸던 것이다.[33] 봉은사에서는 연등회뿐만 아니라 태조의 忌日齋가 열리기도 하였다. 이는 덕종 원년 6월 신축일에 이 날은 태조의 제삿날이기 때문에 왕이 불공을 드리기 위하여 봉은사에 간 것이[34] 효시를 이룬다. 그것은 물론 봉은사에 태조의 진영이 모셔져 있었기 때문이었다.[35]

이렇듯 개경의 봉은사에 태조의 진전이 마련되자 지방에서도 태조의 진전이 점차 유행처럼 퍼져나간 것 같다. 그리하여 태조 왕건과 연관된 지방의 여러 사원에 태조의 진전이 설치되었다. 개태사 외에도 평안도의 鳳進寺, 경기도 죽산의 奉業寺, 경북 문경의 陽山寺에도 태조의 진전이 있었다.[36] 봉진사 남쪽에 태조 영전이 있는데 동서벽에 37공신, 12장군상이 그려져 있었다 한다.[37] 죽주는 개경과 청주, 진천 등과의 사이에 있는

---

31) 『高麗史』 권2 광종세가 2년.
32) 『高麗史』 권6 정종세가 4년 2월.
33) 김창현, 『고려 불교와 상도 개경』, 신서원, 2011, 218쪽.
34) 『高麗史』 권5 덕종세가 원년 6월.
35) 최근에는 북한의 박물관에 보관 중인 태조 왕건의 동상이 봉은사 진전에 봉안되었다는 주장도 있다.(盧明鎬, 「高麗 太祖 王建 銅像의 流傳과 문화적 배경」, 『韓國史論』 50, 2004)
36) 韓基汶, 「高麗時代 開京 奉恩寺의 創建과 太祖眞殿」, 『韓國史學報』 33, 2008.
37) 『新增東國輿地勝覽』 권52 平安道 永柔縣 古蹟.

교통의 요지였다. 그리하여 공민왕은 죽주에 행차하여 봉업사에 있는 태조 진영을 배알한 바 있다.[38] 양산사는 희양산에 있었기 때문에 양산사라 하였는데 이는 바로 봉암사를 말하는 것이었다. 태조 왕건은 선사 긍양에게 이곳에서 대장경을 연구하도록 배려한 적이 있다.[39] 여기에 보관하고 있던 태조의 진영은 우왕 6년 왜구의 침략으로 순흥의 龍泉寺로 옮기기도 하였다.[40]

이처럼 개태사에는 태조의 진전이 있어 매우 중시되던 사찰임을 알 수 있다. 고려말 왜구를 격퇴한 최영의 鴻山大捷도 그 발단은 개태사에 있었다. 즉 우왕 2년(1376) 왜가 부여에 침입하여 노략질하다가 공주에까지 이르렀다. 牧使 金斯革이 鼎峴에서 싸우다가 패전하여 적이 드디어 공주를 함락하였다. 그러자 楊廣道元帥 朴仁桂는 屬縣인 懷德監務 徐天富가 구원하러 나가지 않았다고 하여 그를 목베었다. 왜적이 또 石城[충남 부여군 석성면]에 침입하여 노략질하고 連山縣[충남 논산시 연산면] 開泰寺로 나오거늘 朴仁桂가 맞아 싸우다가 말에서 떨어져 죽었다. 이에 왜적이 개태사를 도륙하였다.[41] 이때에 태조의 진전을 비롯한 개태사는 많이 파손되었으리라 짐작된다. 이는 고려 개국의 시조가 훼손된 것이나 마찬가지였다. 고려왕조로서는 용납할 수 없는 일이었다.

그러자 최영이 이들의 토벌을 자청하고 나섰다. 그리고 왜구를 부여 홍산에서 크게 격파하였다.[42] 이것이 유명한 鴻山大捷이었다. 이때 최영은 노구의 몸으로 출전하여 입술에 화살을 맞았으나 이를 다시 뽑고 전투를 할 만큼 용맹성을 발휘하였다. 이 공으로 우왕이 그를 시중에 임명하려 하자 극구 사양하였다.[43] 이때의 전투를 그림으로 그린 '鴻山破陣圖'도

38) 『高麗史』 권40 공민왕세가 12년 2월 丙子.
39) 이인재, 「선사 긍양의 생애와 대장경」, 『한국사연구』 131, 2005.
40) 『新增東國輿地勝覽』 권25 慶尙道 豊基 佛宇.
41) 『高麗史』 권133 辛禑傳 2년 7월.
42) 『高麗史』 권113 崔瑩傳.

있었으나 지금은 전하지 않는다. 대신 부여 홍산에는 근래 세운 홍산대첩비가 세워져 있다. 이처럼 최영이 老軀임에도 불구하고 직접 출동한 것은 개태사가 태조가 창건한 절일 뿐 아니라 태조의 진전이 있었기 때문이었다.[44]

이상에서 살펴본 바와 같이 개태사는 다양한 특징과 성격을 가지고 있었다. 첫째는 화엄종 사찰이었다는 것이다. 통일신라 말기에는 호족의 등장과 함께 선종이 유행하였다. 따라서 고려 태조 왕건도 그 집권 초기에는 주로 선종 승려들과 많이 교류하였다. 선종에 많은 관심을 기울인 것이다. 그러다가 통일을 전후한 무렵에는 교종에 대한 관심이 많아지기 시작하였다. 교종 특히 화엄종은 전제 왕권을 뒷받침하는 사상이었기 때문이었다. 그러한 분위기 속에서 개태사는 화엄종 사찰의 성격을 갖게 되었던 것이다. 개태사의 화엄법회소를 태조 왕건 자신이 직접 지었다는 점이 이를 증명해준다.

둘째, 개태사는 전승기념 사찰의 성격을 띠고 있었다. 즉 후삼국 통일 전쟁과 관련하여 생긴 절이라는 것이다. 충남 연산에서 신검의 항복을 받고 나서 그 기념으로 세운 절이었다. 이와 비슷한 성격의 사찰로는 왕신의 원당인 安和禪院이 있고 공산 전투에서 죽은 신숭겸을 기리기 위한 智妙寺도 있었다. 그런데 개태사는 새로 창건한 절이 아니었다. 견훤이 죽은 장소였던 조그만 절을 '一新'하여 새롭게 지은 절이었다. 후백제왕 견훤의 흔적을 없애고 통일왕조 고려의 새로운 면모를 보여주기 위한 절이었다.

셋째, 개태사는 眞殿寺院이었다. 태조의 어진을 봉안한 절이었다는 것이다. 그러나 처음부터 진전이 있었다고 생각되지는 않는다. 광종 때 태조의 진전사원인 奉恩寺가 개경에 처음 세워진 후의 어느 시기에 개태사에

---

43) 『高麗史』 권113 崔瑩傳.
44) 金甲童, 「開泰寺의 創建과 그 動向」, 『白山學報』 83, 2009, 385쪽.

진전이 세워졌다고 보는 것이다. 개경보다 먼저 진전 사원이 건축되었다는 것은 불합리하기 때문이다. 광종 이후 무신정권기 이전의 어느 시기에 진전이 설치되었다고 생각된다.

7장 태조 왕건의 후삼국 통일

Ⅰ. 왕건과 견훤의 대결과 후백제 멸망

신라말기의 정치, 사회적 혼란은 전국적인 농민봉기와 지방세력의 대두를 가져왔다. 그리하여 결국 이른바 후삼국시대가 연출되었다. 그러나 기존의 신라는 명맥만 유지했을 뿐으로 초기에 세력을 좌우한 것은 태봉의 궁예와 후백제의 견훤이었다. 이중 새롭게 대두하였던 궁예의 경우는 신하들에게 내쫓기는 신세가 되어 새로이 왕건에 의한 고려가 건국하게 되었다. 그리하여 이제는 왕건과 견훤의 세력다툼이 전개되기 시작하였다.

왕건과 견훤은 초반에는 우호적인 관계를 유지하였다. 견훤은 왕건이 왕으로 즉위하자 사신을 보내 공작 깃으로 만든 부채와 지리산 대나무로 만든 화살을 선물하였다.[1] 또 고려의 영역을 공격하지 않는 태도를 보였다.

그러다가 태조 3년(920) 견훤이 신라의 합천, 초계를 공격하자 신라가 고려에 구원을 요청해 왔다. 이에 왕건이 원군을 보내 신라를 도와줌으로써 둘 사이에 틈이 벌어지기 시작했다. 그들의 본격적인 대결은 태조 8년 曹物郡[지금의 구미로 추정] 전투에서 벌어졌다.[2] 이 전투는 그 전해인

---

1) 『三國史記』 권50 甄萱傳.
2) 이에 대해서는 류영철, 「조물성 전투와 대후백제 정책의 변화」, 『고려의 후삼국 통일과정 연구』, 경인문화사, 2005 참조.

924년 견훤 측의 선제공격으로 시작되었다. 여기서 장군 애선이 전사하는 등 전세가 고려 측에 불리해지자[3] 이듬해인 925년 왕건은 친히 군사를 거느리고 견훤과 싸웠다. 그렇지만 승리를 결정짓지 못하자 화친을 맺고 서로 간에 인질을 교환하였다. 이에 대한 사료를 보자.

> A. 왕이 스스로 군사를 거느리고 甄萱과 曹物郡에서 싸우자 庚黔弼이 군사를 끌고 와서 같이 모였다. 견훤이 겁을 먹고 화친을 요청하여 처남[外甥] 眞虎를 인질로 삼자 왕도 사촌동생[堂弟] 元尹 王信을 인질로 교환하고, 견훤이 10살 위라 하여 상보[尙父]라고 일컬었다. 신라왕이 이를 듣고 사신을 보내 말하기를, "견훤은 변덕이 심하고 속임수가 많으니 화친해서는 안 됩니다."라고 하니 왕이 옳게 여겼다.(『高麗史』 1 태조세가 8년 10월 을해)

즉 견훤이 자신의 처남 진호를 인질로 보내자 왕건은 사촌동생 왕신을 인질로 보냈던 것이다. 그러나 이러한 화친은 다음 해에 깨지고 말았다. 전년에 인질로 고려에 온 진호가 병으로 죽자, 견훤은 진호가 살해당했다고 의심하여, 왕건 측 인질인 왕신을 죽이고 고려의 영역이었던 공주를 공격하였던 것이다.[4]

927년 왕건이 용주(지금의 경북 예천)를 선제공격함으로써 다시 대립하게 되었다. 그러나 당시 군사력 면에서 볼 때 견훤 쪽이 우세하였다. 그리하여 이 해 견훤이 신라에 침입하여 경애왕을 살해할 때 왕건은 이를 구원하려다 公山 전투에서 죽을 위기를 맞기까지 하였다. 다음 기록을 보자.

---

3) 『高麗史』 권1 태조세가 7년 7월.
4) 『高麗史』 권1 태조세가 9년 4월.

B-① 9월 甄萱이 近品城을 공격하여 불태운 후, 신라의 高鬱府를 기습하고 나아가 수도 부근까지 바짝 이르자 신라왕이 連式을 보내어 위급함을 알려왔다. 왕이 侍中 公萱과 大相 孫幸 및 正朝 聯珠 등에게 말하기를, "신라는 우리와 서로 좋게 지낸 지가 이미 오래인데 지금 위급함이 있으니 구원하지 않을 수 없다."라고 하고, 공훤 등에게 군사 10,000명을 거느리고 가서 구원하게 하였다. 하지만 이르기도 전에 견훤이 갑자기 신라의 수도로 들어갔다. 그 때 신라왕은 妃嬪·宗戚과 함께 鮑石亭으로 놀러나가 술자리를 벌여 즐기고 있었는데, 문득 적병이 이르렀다는 말을 듣자 갑자기 어찌할 바를 알지 못했다. 왕은 부인과 더불어 달아나 성의 남쪽에 있는 離宮에 숨었으나, 따르던 신하와 樂工 및 궁녀는 모두 죽임을 당하였다. 견훤은 군사를 풀어서 마음껏 약탈하게 하였으며, 왕궁에 들어가 앉아서 좌우에 명하여 왕을 찾아내고 軍營에 두어 핍박하여 자살하게 하였다. 자신은 강제로 왕비를 욕보였으며 자기 부하들은 嬪妾을 강간하게 하였다. 왕의 외사촌 동생 金傅를 왕으로 세우고 경애왕의 동생 朴孝廉과 宰臣 英景 등을 포로로 잡았으며, 백성과 각종 장인, 병장기와 진귀한 보물을 다 거두어 돌아갔다. 왕이 그 소식을 듣고 크게 노하여 사신을 보내 조문하고, 직접 정예 기병 5,000명을 거느리고 公山의 桐藪에서 견훤을 맞아 크게 싸웠으나 형세가 불리하였다. 견훤의 군사가 왕을 포위하여 매우 위급해지자 大將 申崇謙과 金樂은 힘껏 싸우다가 전사하였다. 전군이 패배하였고 왕은 겨우 목숨을 건졌다. 견훤이 승세를 타서 大木郡을 함락하고, 들판에 쌓아놓은 노적가리를 다 불태워 버렸다. (『高麗史』 1 태조세가 10년 9월)

B-② 美理寺 : 解顏縣에 있다. 혹은 해안을 미리라고도 한다. 견훤이 신라의 서울 가까운 곳에 닥쳐오니, 景哀王이 고려에 구원을 빌었는데, 견훤이 갑자기 신라의 서울에 들어와서 왕을 죽이고 敬順王을 세웠다.

국고의 보배와 무기를 다 취하였고, 자녀들과 여러 공장 중에서 재주 있는 사람들은 스스로 따라서 귀의하였다. 고려 태조가 정예 기병 5천으로 공산 아래 미리사 앞에서 견훤을 맞아 크게 싸우니, 장군 金樂과 申崇謙이 죽고 여러 군대가 패배하여 태조는 겨우 몸을 피하였다.(『新增東國輿地勝覽』 권26 경상도 대구도호부 古跡)

여기서 보는 바와 같이 대구 부근의 공산 전투에서 왕건은 친히 기병 5,000여 명을 거느리고 출전하였으나 크게 패하여 후백제군에게 포위되는 위험한 상황에 처하자, 개국 1등공신이었던 신숭겸이 장군 김락 등과 함께 힘껏 싸워 태조를 피신시키고 전사하였던 것이다.[5] 예종이 지은 「悼二將歌」는 이 두 장군을 애도하는 노래이며, 현재 대구시 지묘동에 있는 표충사는 신숭겸을 추모하는 사당이다.[6]

그러나 왕건은 그 후 명주[지금의 강원도 강릉]의 호족 왕순식으로부터 군사적인 도움을 받는 등 전열을 재정비하였다. 그리하여 929년 12월부터 시작된 古昌郡[지금의 경북 안동] 전투에서는 왕건이 크게 승리하였다.[7] 이에 대한 기록을 보자.

C-① 왕이 스스로 군사를 거느리고 古昌郡 瓶山에 진을 치고 견훤은 石山에 진을 치니 서로 떨어진 거리가 5백보 가량이었다. 드디어 싸워 저녁에 이르러서 견훤이 敗走하니 侍郎 金渥을 사로잡고 죽인

---

5) 신숭겸에 대해서는 김명진, 「고려 태조 왕건의 공산동수전투와 신숭겸의 역할」, 『한국중세사연구』 52, 2018 ; 김대현 외, 『나말려초 신숭겸 연구』, 경인문화사, 2016 참조.

6) 류영철, 「공산 전투의 배경과 전개과정」, 『고려의 후삼국 통일과정 연구』, 경인문화사, 2005, 93~124쪽 및 신성재, 「고려와 후백제의 공산 전투」, 『후삼국 통일전쟁사 연구』, 혜안, 2018, 17~51쪽 참조.

7) 고창 전투에 대해서는 류영철, 위의 책, 125~180쪽 참조.

자가 8천여 인이었다.(『高麗史』 卷1 太祖世家 13년 정월)

C-② 權幸 : 본성은 金氏이니 신라의 大姓이다. 신라의 말기에 古昌郡守로 있었다. 그때에 견훤이 신라에 쳐들어와서 왕을 시해하거늘, 행이 여러 사람들과 모의하여 말하기를, "견훤은, 사람의 도리로서 같이 한 하늘 밑에 살 수 없는 원수이다. 어찌 고려의 王公[왕건을 말함]에게 귀순하여 우리의 치욕을 씻지 않겠는가." 하고 드디어 고려에 항복하였다. 고려 태조가 기뻐하여 말하기를, "행은 능히 일의 기틀을 밝게 살피고 權道를 적절하게 결정하였다."고 하고 곧 그에게 權氏의 姓을 내렸으며 안동군을 승격시켜 府로 하였다. 金宣評 : 고려 태조의 공신으로 벼슬이 亞父에 이르렀다. 張吉 : 고려 태조의 공신이다.(『新增東國輿地勝覽』 권24 경상도 안동대도호부 인물)

여기서 보는 바와 같이 이 승리에는 그곳의 토착세력인 김선평, 권행, 장길 등의 도움도 크게 작용하였다.[8] 현재 안동시 북문동에 있는 三太師廟는 이들의 공적을 기리는 사당이다.[9] 이 전투의 승리로 강릉에서 울산에 이르는 110여 城이 고려에 귀부하여 왕건의 세력은 크게 강화되었다. 이와 더불어 이듬해에는 신라의 경순왕이 귀순할 뜻을 알려오기도 하였다.

古昌郡 전투의 승리로 전세는 왕건의 고려 쪽으로 기울기 시작하였다. 그러나 왕건과 견훤은 태조 17년(934) 運州(지금의 충남 홍성)에서 다시 한번 격돌하였다.[10] 이에 대한 기록을 보자.

---

8) 『新增東國輿地勝覽』 권24 慶尙道 安東大都護府 人物.
9) 한기문, 「고려시대 安東府의 성립과 '太師廟'의 기능」, 『역사교육론집』 61, 2016 참조.
10) 운주 전투에 대해서는 김명진, 「고려 태조 왕건의 운주 전투와 긍준의 역할」, 『군사』 96, 2015 ; 김갑동, 『고려의 후삼국 통일과 후백제』, 서경문화사, 2010, 212~216쪽 참조.

D. 왕이 직접 군사를 거느리고 運州로 원정하였다. 甄萱이 그 소식을 듣고 무장한 군사 5천명을 검열하여 그곳에 이르러 말하기를, "양쪽의 군사들이 서로 싸우면, 그 형세가 양쪽 모두 온전하지 못할 것이오. 무지한 병졸들이 많이 죽고 다칠까 염려되니, 마땅히 화친을 맺어서 각자 영토의 경계를 보전합시다."라고 하였다. 왕이 여러 장수들을 모아놓고 이 일을 의논하였는데, 右將軍 庾黔弼이 말하기를, "오늘의 형세는 싸우지 않을 수가 없습니다. 왕께서는 신들이 적을 쳐부수는 것을 보시고 걱정하지 마십시오."라고 하였다. 상대가 아직 陣을 치지 못하였을 때 정예 騎兵 수천 명을 이끌고 돌격하여 3천여 명의 머리를 베고, 術士 宗訓과 醫師 訓謙, 勇將 尚達과 崔弼을 사로잡으니, 熊津 북쪽의 30여 성이 그 소문을 듣고 스스로 항복하였다.(『高麗史節要』 권1 태조 17년 9월)

여기서 보는 바와 같이 왕건은 여세를 몰아 운주로 진군하였다. 견훤은 甲士 5천으로 이에 대응하였으나 유금필의 활약으로 또 다시 패배를 면할 수 없었다. 결국 태조 18년 견훤도 자신의 아들에게 유폐 당하였다가 고려로 도망해 오게 되었다. 이 소식을 들은 신라의 敬順王도 나라를 들어 왕건에게 귀부하였다. 이제 남은 것은 후백제의 신검이었다. 그리하여 왕건은 마지막 여세를 몰아 태조 19년(936) 신검과의 결전을 행하게 되었다.

왕건이 후백제 신검을 토벌하게 된 동기는 견훤의 요청에 의하여 이루어진 것처럼 기록에는 나와 있다. 다음 기록을 보자.

E. 견훤이 요청하여 말하기를, "늙은 신하가 멀리 바다를 건너 聖君의 敎化에 來投하였으니, 바라건대 그 위엄에 기대어 역적 아들을 베고자 할 뿐입니다."라고 하였다. 왕은 처음엔 때를 기다려서 움직이고자

하였으나 그의 간절한 요청을 불쌍히 여겨 그의 의견을 따랐다. 먼저 正胤 王武와 將軍 朴述希를 보내 보병과 기병 10,000명을 거느리고 天安府로 나아가게 하였다.(『高麗史』 권2 太祖世家 19년 6월)

즉 태조 19년(936) 6월 견훤은 왕건에게 신검을 토벌해 줄 것을 청하였다. 왕건은 때를 기다려 정벌에 임하려 했으나 견훤의 요청에 따르기로 하였다. 그리하여 태자 왕무와 박술희를 선발대로 삼아 천안부로 진군하게 하였다.

사실 견훤의 요청이 있기 전부터 왕건은 나름대로 전투 준비를 하였다. 그것은 견훤이 고려에 온 직후 왕건이 서경을 비롯한 황주, 해주 등지를 순행한 것에서 알 수 있다. 이때의 순행 목적은 마지막 결전을 위한 군사력 동원이었지 않나 한다.

서경은 다 아는 바와 같이 고려시대 제2의 수도 역할을 했던 곳으로 이미 태조대부터 중요한 군사적 거점지역이었다. 그리하여 태조 왕건의 종제인 왕식렴이 지키고 있던 곳이었다. 황주, 해주 역시 신라시대부터 중요한 군사지역이었다. 이들 지역은 신라 선덕왕 3년부터 설치된 패강진의 관할구역이었던 것이다. 특히 황주는 태조의 왕비였던 神靜王太后의 고향으로 그의 父인 皇甫悌恭은 태조 휘하에서 많은 활약을 한 바 있다. 즉 그는 태조 8년의 曹物郡 전투시 大相으로써 上軍을 지휘하였으며 태조 13년에는 천안도독부사가 되기도 하였다. 그리고 태조 18년에는 나주의 탈환 책임자로 유금필을 천거하기도 하였다. 당시 그의 관계가 大匡이었던 점으로 미루어 그의 정치적 위치를 가늠할 수 있을 것이다. 그리고 태조 19년 신검과의 결전 시에 견훤과 함께 左綱의 馬軍을 거느렸던 皇甫金山도 황주 출신으로 여겨진다. 그렇다면 당시 서경 등지의 순행이 군사력 동원을 위한 것이었음을 알 수 있다.

이렇듯 착실한 준비를 해온 왕건은 견훤의 사위였던 朴英規의 내응과 형식상 견훤의 요청에 의하여 우선 태자인 武와 朴述熙로 하여금 步騎

1만을 거느리고 천안에 가게 하였던 것이다. 이 선발대를 보낸 것은 태조 19년(936) 6월이었다. 그들은 여기서 앞으로 벌어질 전투에 대비한 군사훈련이나 정보 수집, 군량미 확보 등과 같은 일을 준비하였다.

태조 19년 9월에는 왕건이 3군을 거느리고 천안부에 나아가 이미 와 있던 朴述熙의 군대와 같이 一善郡[현재의 경북 선산]으로 나아갔다. 그러자 신검 역시 병사를 거느리고 와서 길을 막음으로써 양군은 一利川을 사이에 두고 대결하게 되었다.[11] 그런데 여기서 문제는 왕건은 왜 후백제의 수도인 전주를 직접 공략하지 않고 선산까지 나아갔는가 하는 문제다.

이에 대해서는 왕건이 천안을 거쳐 전주 방면으로 공격하는 것처럼 위장하였다가 홀연히 동쪽을 침으로써 신검의 의표를 찌른 공격이었다는 견해가 있다.[12] 물론 그러한 기만전술의 하나로 볼 수 있지만 아무리 그렇다 하더라도 우회방향이 선산까지 내려갔다면 그것은 지나친 것이 아닌가 한다.

따라서 이보다는 좀 더 현실적인 이유가 있었으리라 생각한다. 그리하여 왕건이 선산 방면으로 진격한 것은 낙동강 줄기를 이용하여 후백제보다 압도적으로 우세한 병력과 물자를 동원하기 위함이었다는 견해도 있다. 즉 태조 왕건의 군대는 아직도 신검군보다 충분히 우세하지 못하였고 또 장거리 행군을 필요로 하는 기동이었다. 그런데 왕건 자신의 군대는 기병이어서 보병은 현지에서 조달할 필요가 있었다. 그리고 낙동강은 훌륭한 漕運路로서 물자 수송에 유리했기 때문이라는 것이다.[13]

이 견해도 나름대로의 타당성은 있다. 태조가 선산에 이르러 군사를 모집하자 그 지역의 향리로서 응모한 金宣弓이나 金萱述의 예가 있기

---

11) 류영철, 「일리천 전투와 고려의 통일」, 『고려의 후삼국 통일과정 연구』, 경인문화사, 2005, 196~226쪽 ; 신성재, 「일리천 전투와 왕건의 전략전술」, 『후삼국 통일전쟁사 연구』, 혜안, 2018, 52~89쪽.

12) 池內宏, 「高麗太祖의 經略」, 『滿鮮史硏究(中世篇2)』, 1937, 63쪽.

13) 정경현, 「高麗太祖의 一利川 戰役」, 『한국사연구』 68, 1990, 14쪽.

때문이다.[14] 그러나 필자는 그것이 주된 이유는 아니었다고 생각한다. 그것은 당시뿐 아니라 그때까지 추구해온 고려와 후백제의 전략을 전반적으로 점검해 보아야 정확한 결론을 얻을 것이라 생각한다.

왕건과 견훤과의 대결상황을 살펴보면 양 세력의 결전장은 충청도 일대도 있었지만 주로 경상도 일대가 중심이었다. 즉 康州[현재의 경남 진주], 大良城[현재의 경남 합천], 近品城[현재의 경북 문경군 산북면], 高鬱府[현재의 경북 영천], 公山[현재의 대구], 碧珍郡[현재의 경북 경산], 義城府[현재의 경북 의성], 順州[현재의 경북 안동시 풍산면], 古昌郡[현재의 경북 안동] 등이 주요 전투장이었다. 이 외에도 왕건은 일찍이 密陽, 清道 지역도 경략하였다. 그것은 밀양의 향리였던 孫兢訓이 태조를 도와 공신이 되었다는 기록과 청도의 犬城에서 寶讓大師의 도움으로 산적들을 물리쳤다는 기록에서 알 수 있다.[15] 특히 강주를 둘러싼 양국의 쟁탈전은 치열하였다. 그것은 태조 3년 정월 康州將軍 閏雄이 그 아들 一康을 인질로 보내 귀부하자 일강을 阿粲에 제수하고 卿 行訓의 누이동생을 아내로 삼게 한 조치에서 알 수 있다. 후백제 견훤 측에서도 그의 둘째 아들 良劍을 康州都督으로 삼아 이 일대를 장악하려 하였던 것이다. 이 같은 상황은 기울어져 가는 신라 영역을 누가 차지하느냐 하는 경쟁에서 비롯된 것이었다.

결국 태조 18년에 견훤이 그 아들 신검에 의하여 내쫓기고 신검이 정권을 잡았지만 경순왕이 귀순해버린 신라 지역을 쉽게 포기하지 않으려 했다. 즉 신검이 북방으로 고려 영역을 침범하기는 어려운 일이고 경순왕이 귀순하고 공백상태가 되어버린 경상도 지역을 공략하는 것이 훨씬 쉬운 일이었다고 본다. 물론 완전한 공백상태는 아니었다. 경순왕이 귀순할 때 이를 강력히 반대하면서 잔류한 부류가 있었기 때문이다. 그리하여

---

14) 『新增東國輿地勝覽』 권29 慶尙道 善山都護府 人物.
15) 『三國遺事』 권4 義解5 寶壤梨木.

신검군은 경상도 지역으로 출동했거나 아니면 그러한 조짐이 있었던 것이 아닌가 한다. 이러한 상황을 왕건도 잘 알고 있었으므로 후백제의 서울인 전주로 직공하지 않고 선산으로 출동한 것이라 생각한다.

또 이러한 고려군의 작전에는 王順式과 朴英規와의 관계도 고려되었을 것으로 생각된다. 왕순식이 명주를 출발하여 왕건군에 합세하려면 서남방 지역은 너무 멀고 동남방인 현재의 경상도 일대가 적당하였을 것이다. 그리하여 왕순식은 경북 봉화나 용궁에 있는 大峴을 넘어 고려군에 합세했으리라 짐작된다. 그리고 전라도 昇州에서 내응할 것을 약속해온 박영규와의 합동작전도 이 지역 일대가 유리했다고 판단했는지도 모른다.

왕건이 결코 단순한 병력, 물자의 동원을 목적으로 선산으로 회동한 것이 아니었음은 一利川 전투에 참가한 武將들의 출신지를 분석해 보면 알 수 있다. 여기에 참가한 무장들 중 이름을 알 수 있는 자들은 모두 38명이다. 이중 출신을 알 수 있는 자는 12명 내외에 불과하다. 그러나 이들은 당시 고려군의 핵심적인 자들이었기 때문에 대체적인 병력동원 상황은 살펴볼 수 있지 않나 한다. 그들은 대부분 지방의 토착세력이었던 자들로 원래부터 자신이 거느렸던 부하들을 인솔했을 것이기 때문이다.

당시 왕건의 군대는 크게 中軍과 左綱 및 右綱, 그리고 예비병력이라 할 수 있는 3군의 援兵으로 편성되어 있었다. 다음 기록을 보자.

> F. 一利川을 사이에 두고 진을 친 뒤 왕이 견훤과 더불어 군대를 사열하였다. 견훤과 大相 堅權·朴述希·皇甫金山 및 元尹 康柔英 등이 馬軍 10,000명을 거느리게 하고, 支天軍大將軍 元尹 能達·奇言·韓順明·昕岳과 正朝 英直·廣世 등에게 步軍 10,000명을 거느리게 하여 左綱으로 삼았다. 大相 金鐵·洪儒·朴守卿과 元甫 連珠, 元尹 萱良 등에게 마군 10,000명을 거느리게 하고, 補天軍大將軍 元尹 三順·俊良, 正朝 英儒·吉康忠·昕繼 등에게 보군 10,000명을 거느리게 하여 右綱으로 삼았다. 溟州의 大匡

王順式과 大相 兢俊·王廉·王乂 및 元甫 仁一 등에게 마군 20,000명을 거느리게 하고, 大相 庾黔弼과 元尹 官茂·官憲 등에게 黑水·達姑·鐵勒 등 여러 蕃의 정예 기병 9,500명을 거느리게 하며, 祐天軍大將軍인 元尹 貞順과 正朝 哀珍 등에게 보군 1,000명을 거느리게 하고, 天武軍大將軍인 元尹 宗熙와 正朝 見萱 등에게 보군 1,000명을 거느리게 하며, 杆天軍大將軍 金克宗과 元甫 助杆 등에게 步軍 1,000명을 거느리게 하여 中軍으로 삼았다. 또 대장군인 大相 公萱과 元尹 能弼 및 將軍 王含允 등에게 기병 300명과 여러 성의 군사 14,700명을 거느리게 해 三軍의 援兵으로 삼았다. 모두 북을 울리며 앞으로 전진하자 갑자기 흰 구름이 생겼는데, 그 모양이 창검 형상으로 우리 진영 상공에서 일어나 敵陣을 향하여 날아갔다.(『高麗史』권2 太祖世家 19년 9월 甲午)

여기서 보는 바와 같이 당시 왕건의 군대는 크게 中軍과 左綱 및 右綱, 그리고 예비병력이라 할 수 있는 3군의 援兵으로 편성되어 있었다. 우선 좌강에 편입되어 군사를 지휘한 장군 중 견훤은 다 아는 바와 같이 후백제의 왕이었다. 堅權은 고려 개국 2등공신으로[16] 川寧縣 출신으로 여겨진다.[17] 逑希는 朴逑熙로 현재의 충남 당진군 면천 출신이며 일찍이 궁예의 衛士를 지냈던 인물이다.[18] 이로 미루어 박술희 휘하에는 궁예에게서 물려받은 왕건의 직속군이 편입되었을 것이다. 皇甫金山은 태조의 후비와 같은 고향인 黃州이거나[19] 아니면 皇甫能長과 같이 永川 출신으로 생각된다.[20] 또 支天軍大將軍으로 나와 있는 能達은 일찍이 태조 즉위 직후에 청주인들이 반란을 일으킬 가능성이 있음을 고한 청주 출신 인물이다.[21] 우강에

16) 『高麗史』권1 태조세가 원년 8월 辛亥.
17) 『大東韻府群玉』5 川寧堅氏.
18) 『高麗史』권92 박술희전.
19) 『高麗史』권88 后妃傳1 황주황보씨.
20) 『경상도지리지』영천군.

편입되어 있던 金哲은 황해도 中和縣 출신이었다.[22] 洪儒는 개국 1등공신으로 경상도 의성 출신이었다.[23] 朴守卿은 平山 출신으로 패강진의 무장 출신이었다.[24] 그리고 중군의 王順式, 王廉, 王乂는 강원도 溟州 출신이었다.[25] 兢俊은 일찍이 運州(홍성)의 城主로 있다가 왕건에게 항복했던 인물이다.[26] 그리고 庾黔弼은 평산 출신으로 왕건이 위기에 빠질 때마다 힘을 다해 보좌한 인물이다.[27] 또 3군의 원병을 지휘했던 公萱은 康公萱으로 그는 知基州諸軍事로서 현재의 경상북도 豊基에 주둔하였던 자이며[28] 고창군 전투에도 참여했던 인물이다.[29]

　이상에서 보는 바와 같이 적어도 이름과 출신을 알 수 있는 무장들 중에는 善山 출신은 없다. 물론 앞서 본 바와 같이 김선평이나 김훤술과 같이 선산 현지에서 응모한 군사도 있겠지만 그 숫자는 많지 않았을 것이라 생각한다.

　이렇게 하여 一利川 전투에서 양군이 일대 접전을 벌였지만 결과는 왕건군의 대승으로 끝났다. 신검군은 3,200명이 포로로 잡히고 5,700여 명이 전사하는 피해를 당하였다. 여기에서 승리한 왕건군은 신검군을 쫓아 黃山郡까지 진격하였다. 다음 기록을 보자.

　G. 적군이 무너져 달아나자, 아군이 黃山郡까지 추격하여 炭嶺을 넘어

---

21) 『高麗史』 권92 王順式 附 堅金傳.
22) 『高麗史』 권59 지리지2 북계 중화현.
23) 『高麗史』 권92 홍유전.
24) 이에 대해서는 鄭淸柱, 「新羅末·高麗初 豪族의 形成과 變化에 대한 一考察」, 『歷史學報』 118, 1988 참조.
25) 『韓國金石全文』(中世上) 지장선원랑원대사오진탑비 및 『高麗史』 권92 왕순식전.
26) 『高麗史』 권1 태조세가 10년 3월.
27) 『高麗史』 권92 유금필전.
28) 『조선금석총람(상)』 菩提寺大鏡大師玄機塔碑.
29) 『高麗史節要』 1 태조 12년 12월.

馬城에 진영을 쳤다. 神劍이 良劍·龍劍 및 문무 관료들과 함께 항복하여 오니, 왕이 그를 위로하였다. 사로잡은 백제의 장수와 병졸 3,200명은 본토로 돌아가라고 명하였으나, 다만 흔강·부달·우봉·견달 등 40명은 그 처자들과 함께 개경으로 보냈다. 그리고 能奐을 불러 꾸짖으며 말하기를, "처음에 양검 등과 더불어 임금이신 아버지를 가두도록 모의한 자가 너이니, 신하된 의리가 이러하단 말인가?"라고 하였다. 능환이 머리를 숙이고 대답을 하지 못하니, 마침내 그를 처형하라고 명하였다. 신검이 참람하게 왕위에 오른 것은 다른 사람의 위협을 받아 그러한 것이지 자신의 본심이 아니었으며, 또한 투항하여 죄를 애걸하므로 특별히 용서하여 주었다. 견훤은 근심하고 분개하다가 등창이 나서 얼마 후에 黃山에 있는 한 사찰에서 죽었다. 왕이 백제의 도성으로 들어가 명령을 내리기를, "괴수[渠魁]가 이미 복종하였으니, 나의 백성[赤子]들을 침해하지 말라."라고 하고, 장수와 병졸들을 위로하고 그 재능을 헤아려 임용하였으며, 군령을 엄정하고 명백히 하여 터럭 하나 만큼도 침해하지 않으니, 주·현이 평안해지고 백성들이 크게 기뻐하였다. 신검에게는 관작을 내려주고, 양검과 용검은 眞州로 유배 보내었다가 얼마 되지 않아서 죽였다.(『高麗史節要』권1 태조 19년 9월)

황산군은 본래 백제의 黃等也山郡이었는데 신라 경덕왕 때에 황산군으로 개명되었으며 고려초에 連山郡으로 개명된 지역이다.[30] 현재는 충남 논산시 연산면 일대이다.

그러면 신검군은 왜 바로 수도인 전주로 도망하지 않고 연산방면으로 도망하였을까 하는 문제가 남는다. 앞서 잠시 살펴보았듯이 후백제와

---

30) 『高麗史』권56 地理志1 楊廣道 連山郡.

고려의 쟁탈전은 경상도 서남방 지역이 주 전투지였지만 직접적인 경계 지역인 충청도 중부 지역도 중요 지역이었다. 그리고 이 지역은 고려가 후백제를 직접 칠 경우 수도인 전주까지 직행할 수 있는 통로였다. 고려가 개경에서 군대를 출발시킨다면 현재의 서울을 거쳐 果川−素沙−成歡−天安을 지나 車嶺을 넘어 公州−魯城−恩津−礪山−參禮−全州로 직행할 수 있었던 것이다.

따라서 고려나 후백제는 이에 신경을 쓰지 않을 수 없었다. 그리하여 태조 왕건은 태자 武와 朴述熙로 하여금 먼저 군대를 거느리고 천안에 가 주둔하도록 하여 후백제의 북진에 대비하였을 것으로 생각된다. 또 그가 뒤에 합류하여 3군을 거느리고 선산으로 간 뒤에도 일부 병력은 천안에 주둔했다고 생각한다. 그것은 천안에 먼저 와 있던 무장 중 박술희는 선산의 일리천 전투에 참가했지만 태자 무의 존재가 보이지 않기 때문이다. 이것이 단순한 기록의 누락은 아니라고 생각한다. 무가 일리천 전투에 참가했다면 그 이름을 빠뜨릴 이유가 없기 때문이다. 따라서 무는 그대로 천안에 남아 일부 병력을 거느리고 만약의 사태에 대비한 것이 아닌가 한다. 이러한 고려군의 동향에 대해 신검군도 주력부대는 선산으로 갔지만 일부 병력은 현재의 연산 방면에 주둔했으리라 짐작된다. 연산 지역은 은진까지의 거리가 26리, 공주까지의 거리가 32리였다. 그러므로 여기서 공주를 거쳐 천안으로 나아갈 수 있는 요충지였다. 이미 태조 9년 견훤의 인질인 眞虎가 죽자 견훤도 왕건의 인질인 王信을 죽이고 웅진[공주]까지 진군한 전례가 있는 것이다. 또 천안에서 내려올지도 모르는 태자 무의 병력을 방어할 수도 있는 좋은 지역이었다. 그렇기에 신검군은 연산의 병력과 합치기 위하여 이 방면으로 퇴각한 것이라 볼 수 있다.

그러나 중과부적으로 신검은 그 동생 양검, 용검과 함께 항복하기에 이르렀다. 이에 왕건은 양검, 용검은 眞州로 귀양보냈다가 죽였지만 신검은 살려주었다. 이 소식을 듣고 견훤은 근심과 번민으로 등창이 나서 얼마 후에 황산의 어느 佛舍에서 죽었다. 그리하여 그 묘가 황산군 옆의 恩津縣에 있게 되었는데 일명 그것을 王墓라고도 하였다.[31] 이리하여 왕건은 무사히 전주에 입성함으로써 후삼국을 통일하기에 이르렀던 것이다. 후삼국 통일 후 왕건은 견훤이 죽은 절을 전면 개축하여 開泰寺를 지었다.

31) 『新增東國輿地勝覽』 권18 忠淸道 恩津縣 塚墓.

II. 신라의 멸망과 멸망 요인

1. 신라의 멸망

(1) 경순왕 歸附의 배경

신라는 그 말기로 접어들면서 정치적 혼란과 더불어 군사력도 매우 약화되었다. 그리하여 眞聖女王 3년(889) 沙伐州(尙州)의 元宗·哀奴 등이 반기를 들자 奈麻 令奇로 하여금 이를 토벌케 하였으나 적의 세력에 두려워 공격하지 못할 정도에 이르렀다.[1] 또 효공왕 9년에는 궁예가 신라를 침범하여 죽령의 동북쪽에까지 이르렀으나 왕은 방어할 힘이 없어 여러 城主들에게 명하여 출전치 말고 굳게 성만 지키라고 할[2] 정도로 군사력이 약화되었던 것이다.

이러한 상황 속에서 효공왕의 뒤를 이어 神德王이 즉위하였다. 신덕왕의 본명은 朴景暉로 이른바 朴氏 王의 등장이었다. 물론 『삼국사기』에 의하면 효공왕이 아들이 없었으므로 國人들의 추대에 의하여 왕위에 올랐다 한다. 그는 49대 憲康王의 사위였으며 효공왕의 매부였다. 그러한 자격으로 왕위에 올랐던 것이다.

그러나 그의 왕위 계승과정은 그렇게 순탄치 만은 않았던 것 같다. 그와 똑같은 자격을 가진 金孝宗이 있었기 때문이다. 김효종도 헌강왕의 사위이면서 효공왕의 매부였다. 뿐만 아니라 그는 진성여왕 때에 花郞으로 서 郞徒들을 거느렸으며[3] 효공왕 6년에는 侍中에 임명되기도 하였다.[4]

---

1) 『三國史記』 권11 진성왕 3년.
2) 『三國史記』 권12 효공왕 9년 8월.
3) 『三國史記』 권48 列傳 孝女知恩.
4) 『三國史記』 권12 효공왕 6년 3월.

이것은 박경휘의 전력에 대해 전혀 기록이 없는 것과 좋은 대조를 이룬다. 다시 말하면 박경휘보다 김효종이 자격 면에서나 정치적 경력 면에서 앞선다고 할 수 있다. 그런데도 김씨를 제치고 박씨가 왕이 된 것은 모종의 암투와 책략이 있었기에 가능했지 않았나 한다.[5]

신덕왕의 뒤를 이어 같은 박씨로 朴昇英, 朴魏膺 등이 왕위에 올랐으니 이들이 바로 景明王, 景哀王이었다. 그러다가 경애왕은 견훤에 의해 살해되고 다시 김씨 왕이 즉위하였다. 즉 견훤의 추대에 의하여 김효종의 아들인 金傅가 敬順王이 되었던 것이다. 이러한 박씨 왕의 등장과 김씨 왕의 재등장에 대해서는 여러 견해가 제시되어 있다. 먼저 박씨 왕의 존재 자체를 부정하는 견해가 있다. 신덕왕은 원래 김씨였는데 그의 누이가 효공왕의 왕비가 되고 憲康王의 딸이면서 자신의 아내인 義成王后가 김씨였기 때문에 同姓不婚의 형태를 갖추기 위하여 박씨로 改姓했다는 것이다.[6] 그러나 뚜렷한 이유없이 사료를 부정하는 태도는 옳지 못하다고 생각한다. 따라서 필자는 이들 박씨 왕들의 실재를 믿어야 한다고 본다.

한편 경애왕이 살해되고 김부가 경순왕이 된 것은 신라왕실 내부에 있었던 갈등과 대립의 소산이라는 견해도 있다. 김효종을 제치고 왕위에 오른 신덕왕 시절부터 재기를 꿈꾸던 金氏 眞骨세력은 군사력의 열세를 모면하기 위해 견훤 세력을 끌어들여 경애왕을 살해하고 金傅를 왕위에 앉히게 되었다는 것이다.[7]

그러나 그러한 가능성을 전혀 배제할 수는 없지만 이 견해도 문제점이

---

5) 曺凡煥은 이에 대해 신덕왕 원년 上大等이 된 繼康과 헌강왕대에 侍中을 지냈으며 박경휘의 義父로 되어 있는 乂兼이 신덕왕의 즉위에 많은 역할을 했을 것이라 주장하고 있다.(曺凡煥, 「新羅末 朴氏王의 登場과 그 政治的 性格」, 『歷史學報』 129, 1991, 5~9쪽)

6) 井上秀雄, 「新羅朴氏王系의 成立-骨品制의 再檢討-」, 『朝鮮學報』 47, 1968 ; 『新羅 史基礎研究』, 1974, 366~367쪽.

7) 조범환, 위의 논문, 17~20쪽 ; 申虎澈, 「견훤의 대신라 정책」, 『후백제 견훤정권 연구』, 일조각, 1993, 116~118쪽.

있다고 본다.[8] 그것은 다음과 같은 이유에서이다. 먼저 생각해 보면 한 국가 내에서 정치적인 암투는 있을 수 있지만 나라가 멸망해 가는 상황에서 자신의 권력 회복을 위해 외세를 끌어들여 왕을 살해하는 상황이 과연 발생할 수 있을까 의심이 간다. 만약 그렇다 하더라도 새로이 권력을 잡은 자가 그 정권을 지속할 수 있다고 생각할까. 필자는 김부 일파가 그렇게까지 어리석은 행위를 했다고는 생각하지 않는다. 그같은 행위는 설혹 자신이 권력을 잡는다 하더라도 견훤의 꼭두각시 정권에 불과하게 되기 때문이다. 우리의 근현대사를 보더라도 자신의 권력 장악을 위해 외세를 이용한 경우는 있지만 직접 자신이 외국의 군대를 끌어들인 경우는 거의 없는 것이다.

둘째 박씨 세력과 진골 김씨 세력과의 대립, 갈등이라는 것도 어디까지나 추론일 뿐이지 이를 증명할 만한 직접적인 사료가 보이지 않는다는 점이다. 오히려 박씨 왕대에도 진골 김씨들은 요직에 임명되고 있다. 예컨대 경명왕 원년 金裕廉이 시중에 임명되었으며[9] 경애왕대에도 金雄廉이 國相의 지위에 있었던 것이다.[10] 여기서 김유렴은 경순왕의 堂弟였다는 표현으로 보아[11] 김효종의 조카가 되는 인물이다. 물론 이 김유렴은 경명왕 3년에 시중직에서 물러나게 된다.[12] 이러한 김유렴의 시중직 임면을 진골 김씨 세력의 회유와 척결로 볼 수도 있지만[13] 그것은 경명왕 2년에 일어난 玄昇의 모반에 대한 자연스런 해임으로 보아도 좋을 것이다. 김유렴이

---

8) 全基雄도 이 견해는 긍정적으로 수용할 만한 근거가 미약하여 찬동할 수 없다는 견해를 제시하고 있다. 즉 경순왕의 즉위는 신라인에게 별다른 반발없이 수용되었으며 경순왕 이후의 신라 정부에서 친견훤적인 어떠한 동태도 없었다는 것이다. (「高麗初期의 新羅系勢力과 그 動向」, 『釜大史學』17, 1993, 136쪽 주13)

9) 『三國史記』 권12 신라본기 경명왕 원년 8월.

10) 『三國史記』 권50 견훤전 天成 2년 12월.

11) 『三國史記』 권12 신라본기 경순왕 5년 2월.

12) 『三國史記』 권12 신라본기 경명왕 3년.

13) 조범환, 앞의 논문, 12~13쪽.

시중이 될 때 경명왕의 동모제로서 상대등에 임명되었던 魏膺도 경명왕 3년 김유렴과 같이 면직되고 있는 것이다. 만약 단순히 김씨 세력을 배척하기 위한 조치였다면 위응의 상대등직은 그대로 계속되었을 것이다. 경애왕대에 왕건을 신라로 불러들이려 했다는 김웅렴도 國相[14]이었다는 표현으로 보아 당시 왕 밑의 신하로서는 최고의 지위에 있었다고 보여진다. 이 또한 진골 김씨 세력과의 제휴라기보다는 협조관계에 있었기 때문이 아닌가 한다.

또 경순왕은 전왕인 경애왕에 대해 적대적인 감정을 갖고 있지 않았던 것 같다. 그것은 왕위에 즉위한 이후 그의 태도에서 엿볼 수 있다. 그는 즉위하자마자 전왕의 시신을 西堂에 안치하고 여러 신하들과 더불어 통곡했다.[15] 이것을 그저 의례적인 행위로 해석할 수 있지만 통곡했다는 표현은 실제 마음속에서 우러나온 슬픔을 말하는 것이 아닌가 한다. 그리고 경순왕 5년(928) 왕건이 신라를 방문하였을 때 경순왕은 "나는 하늘의 도움을 받지 못해서 禍亂을 불러일으켰고 견훤은 不義한 짓을 마음대로 행해서 우리 국가를 망쳐놓았습니다. 이 얼마나 원통한 일입니까?"[16]라고 말하였다. 여기서 보는 바와 같이 그는 경애왕이 죽은 것이 자기 책임인 것처럼 말하고 있다. 그리고 견훤을 비난하고 있는 것이다. 이것은 경순왕이 견훤을 끌어들인 것이 아니며 전왕인 경애왕과도 적대적인 관계가 아니었음을 보여주는 것이라 생각한다.

셋째 경순왕은 견훤에 의해 옹립되었음에도 불구하고 박씨 왕들과 마찬가지로 친견훤 정책이 아닌 친왕건 정책을 쓰고 있었다는 점이다.

---

14) 신라에서 신하로서 최고의 지위는 때에 따라 上大等 아니면 侍中이었으나 이들 용어는 경명왕 3년을 끝으로 보이지 않고 대신 여기서의 國相이나 相國(『高麗史』 권2 태조세가 14년 5월), 宰相(『三國史記』 권50 견훤전 天成 2년 10월) 등의 용어가 쓰이고 있다. 아마 이들이 국정을 책임진 최고의 실력자였다고 생각된다.

15) 『三國史記』 권12 신라본기 경순왕.

16) 『三國遺事』 권2 紀異2 金傳大王.

그것은 진성여왕 이후 역대 왕들의 견훤에 대한 태도에서 엿볼 수 있다. 이들 신라 왕들은 한 번도 먼저 후백제의 견훤에게 사절을 보내거나 도움을 요청한 기록이 없다. 오히려 견훤에 의해 옹립된 경순왕도 친고려 정책을 쓰고 있다. 즉 그는 즉위하자마자 왕건이 보내온 弔問 사절을 받아들이고 있으며[17] 경순왕 4년 古昌郡 전투에서 왕건이 견훤을 격파한 후 승첩을 고해오자 자신도 사절을 보내 서로 만나볼 것을 청하고 있는 것이다.[18] 만약 경순왕이 견훤을 끌어들여 경애왕을 살해하였다면 고려가 조문 사절을 보내지 않았을 것이며 혹 보냈다 하더라도 신라에서 받아들이지 않았을 것이다. 마찬가지로 경순왕과 왕건이 적대적인 관계였다면 왕건이 고창군 전투에서 승리하였다 하더라도 먼저 승첩을 보내오지는 않았을 것이다. 그런데도 왕건이 승첩을 신라에 보내온 것은 그 이전부터 고려와 신라가 화친을 계속해왔기 때문이라고 보아야 할 것이다.

그렇다면 이제 문제는 신라 말기의 역대 왕들은 왜 견훤과 친교하지 않았으며 경순왕은 왜 나라를 들어 견훤이 아닌 왕건에게 주었는가 하는 것이다. 이것은 물론 당시 후삼국 간의 세력관계에서 찾아 볼 수도 있겠지만 또 다른 측면에서 살펴볼 수도 있다. 왜냐하면 신라는 견훤이 왕건보다 훨씬 군사력이 강했을 때에도 견훤에게 사신을 파견한 예가 없기 때문이다. 즉 신라는 처음부터 후백제를 하나의 독립된 정권이나 국가로 인정하지 않았다. 이 같은 태도는 후백제가 고려보다 힘이 약해서가 아니라 견훤의 출신이나 세력 형성 과정과 밀접한 관련이 있는 것이었다.

다 아는 바와 같이 견훤은 경상북도 尙州 加恩縣 출신이었다. 이 지역은 삼국시대부터 신라의 영토였다. 즉 견훤은 원래 신라 지역출신이었다는 것이다. 때문에 그가 세력을 키운 후 後百濟라는 국호를 사용한 것부터가 잘못된 것이었다. 물론 그는 이러한 결점을 감추기 위하여 자신이 전라도

---

17) 『三國史記』 권12 신라본기 경순왕.
18) 『三國史記』 권12 신라본기 경순왕 4년 및 『高麗史』 권1 태조세가 13년.

光州 출신이라는 설화를 만들어 유포시켰지만[19] 출신을 속일 수는 없는 것이었다. 후백제 지역 사람들도 신라 출신인 견훤을 달가워하지 않았을 것임은 분명하다.

그러나 이러한 견훤의 출신보다도 더욱 문제가 되는 것은 그가 신라의 軍人출신이라는 점이다. 그는 군인으로 종군하면서 서남해의 防戍에 공을 세워 裨將이 된 인물이다. 그 후 신라의 기강이 문란하고 도적들이 벌떼같이 일어나자 叛心을 품고 서남쪽 군현을 공략하여 스스로 왕이 되었다. 그러나 그는 신라 정부를 보호하고 방어할 임무가 있는 군인이었다. 그런데도 그가 반기를 든 것은 신라의 입장에서 보면 명백한 반역이었다. 자신도 그것을 알았던 것 같다. 그리하여 기록에 의하면 스스로 왕이 되었지만 감히 공공연히 왕을 일컫지 않았다[20]고 한다. 이러한 견훤 정권을 신라는 인정하지 않았으며 그 때문에 외교 교섭도 하지 않았던 것이다. 특히 그가 신라를 보호하기는커녕 경애왕을 살해한 것은 신라 정부는 물론 신라인들의 반감을 사기에 충분한 것이었다. 왕건이 견훤에게 보낸 서신에서도 이 점을 가장 강도 있게 비난하고 있다. 이렇게 보아야만 견훤에 의해 옹립된 경순왕이 견훤과 교류하지 않은 이유가 설명되는 것이다.

그러면 왕건은 어떠한 인물이었으며 고려는 어떠한 성격의 국가였기에 신라 말기의 여러 왕들이 친교를 계속한 것일까. 그리고 종국에는 경순왕이 나라를 들어 바친 것일까.

우선적으로 들 수 있는 것이 王建의 출신과 관련된 문제다. 王建은 그 자신이 高句麗의 후예였다.[21] 그것은 여러 가지 측면에서 살펴볼 수 있다. 우선 그의 5대조인 虎景이 고구려의 중심지였던 白頭山에서 남쪽으로 내려왔다든가 활을 잘 쏘았다는 기록은[22] 왕건의 선조가 고구려 지역에서

---

19)『三國遺事』권2 紀異2 後百濟 甄萱.
20)『三國史記』권50 견훤전.
21) 朴漢卨, 「高麗王室의 起源」,『史叢』21·22합집, 1977 참조.

살았고 삼국시대에 고구려인이었음을 보여주는 것이다.

둘째는 왕건이 왕이 된 후 취한 그의 정책에서 고구려의 후예임을 알 수 있다. 그는 왕위에 즉위하자마자 국호를 高麗라 하고 연호를 天授라 고쳤다. 그가 국호를 고려라 한 것은 그가 통치했던 황해도·경기도·강원도 지역이 옛 고구려 영역이었을 뿐만 아니라 자신이 고구려의 후예였기 때문이었다.[23] 많은 기록에서 고려는 고구려와 같은 뜻으로 쓰였기 때문이다.[24] 이렇듯 왕건은 자신이 고구려의 후예였기에 국호를 고려라 하여 고구려의 부흥을 내세웠다.

물론 왕건이 처음으로 국호를 고려라 한 것은 아니었다. 이미 궁예가 901년 국호를 고려라 한 적이 있었다.[25] 그러나 그것은 궁예에게는 걸맞지 않는 것이었다. 궁예가 차지하고 있던 지역이 옛 고구려 지역이었기에 그가 고구려의 부흥을 내세웠지만[26] 그 자신은 고구려 출신이 아니고 신라 출신이었기 때문이다. 즉 그는 신라의 47대 憲安王의 아들이거나 48대 景文王의 아들이었다.[27] 그러므로 그의 민심 수습책은 실패할 수밖에

---

22) 『高麗史』 高麗世系.

23) 崔根泳도 왕건의 高麗 국호 사용의 의미를 國系 의식에서 찾고 있다. 즉 "이러한 시책은 자신의 國系가 진정한 고구려의 후예라는 사실과 고려의 건국이 진정한 고구려의 부흥, 계승임을 밝힌 것이다. 다시 말해서 왕건의 건국이념에는 중단된 고구려의 전통을 잇는다는 국계적 사명감이 크게 작용한 것은 아닐까 한다." 라고 하고 있다.(「高麗의 登場－建國理念을 中心으로－」, 『統一新羅時代의 地方勢力 研究』, 신서원, 1990, 181쪽)

24) 『隋書』 東夷傳 高麗, 『高麗圖經』 권2 世次 王氏, 『三國遺事』 권1 紀異1 高句麗.

25) 『三國遺事』 권1 王曆 後高麗 辛酉.

26) 한편 궁예의 이름은 초기에 善宗이라 했지만 옛고구려 지역을 통치하기 위하여 고구려의 國姓인 高氏를 칭하고 이름도 활을 잘 쏘았던 朱蒙의 후예라는 뜻으로 弓裔라 하였다는 설도 있다.(朴漢卨, 「弓裔姓名考」, 『李瑄根古稀紀念 韓國學論叢』, 1974)

27) 『三國史記』 권50 궁예전. 이에 대해서는 헌안왕의 아들로 추정하는 견해가 있는가 하면(鄭淸柱, 「궁예와 호족세력」, 『全北史學』 10, 1986, 2~6쪽) 경문왕의 아들로 보는 견해도 있다.(申虎澈, 「궁예의 정치적 성격－특히 불교와의 관계를 중심으로－」, 『한국학보』 29, 1982, 35쪽 및 李貞信, 「궁예 정권의 성립과 변천」, 『鄭在覺古

없었다.

이 밖에도 왕건은 옛 고구려의 수도였던 平壤을 중시하여 제2의 수도인 西京으로 삼았다.[28] 그리고 고구려의 후예국인 발해를 멸망시킨 거란에 대해 격렬한 증오감을 표시하였다. 그리하여 거란에서 보내온 사신을 섬으로 유배하였는가 하면 선물로 보내온 낙타를 굶어 죽게 하기까지 하였다.[29] 이러한 정책 역시 왕건이 고구려의 후예로 고구려 계승의식을 갖고 있었기 때문이라 할 수 있다.[30] 이렇듯 궁예나 견훤과는 달리 왕건은 고구려의 후예였기에 신라 측에서도 고려를 독자적인 세력이나 국가로 인정해 줄 수 있었던 것이다.

신라가 왕건에게 귀순하였던 두 번째 요인은 왕건이 자리잡고 있었던 지역적 특성에서 찾을 수 있다. 왕건이 궁예에게서 물려받은 통치 지역인 현재의 평안도, 황해도, 경기도, 강원도 일대는 원신라 지역이 아니었다. 대체로 이 지역은 옛 고구려 지역이었던 것이다. 신라가 삼국을 통일한 뒤에 이 지역에 대한 나름대로의 통치권을 강화하였지만 그렇게 쉽지만은 않았던 것 같다. 즉 강원도 지역은 신라의 변경 지역인 동시에 발해인, 말갈인 등이 주로 통과하던 지역으로 신라는 문무왕 21년 沙湌 武仙으로 하여금 精兵 3천을 거느리고 比列忽[安邊]을 지키게 하였으며[31] 효소왕 7년에는 體元을 牛頭州摠管으로 삼아 이 지역을 통치케 하기도 하였다.[32] 그러나 원성왕과의 왕위쟁탈전에서 패배한 金周元이 溟州지역에 내려가면서 이 일대는 나름대로의 독자성을 가지게 되었다. 물론 그의 자손인

稀紀念 東洋學論叢』, 고려원, 40~41쪽) 그러나 그는 신라의 왕자 출신이 아니고 낙향한 진골귀족 출신이었다는 견해도 제기되어 있다.(趙仁成, 『태봉의 궁예정권』, 푸른역사, 2007, 37~42쪽)

28) 이에 대해서는 河炫綱, 「고려 서경고」, 『역사학보』 35·36합집, 1967 참조.

29) 『高麗史』 권2 태조세가 25년 10월.

30) 朴漢卨, 「고려의 건국과 호족」, 『한국사』 권12, 국사편찬위원회, 1993, 69~72쪽.

31) 『三國史記』 권7 신라본기 문무왕 21년.

32) 『三國史記』 권8 신라본기 효소왕 7년.

김헌창과 金梵文이 반란을 일으켜 실패하자 그 독자성은 상당히 약화되었다. 그러다가 신라말 진성여왕 이후 신라의 통제력이 약화되자 이 지역은 다시 독자성을 되찾기 시작했다. 北原(원주)의 良吉이 큰 세력을 형성하고 궁예가 溟州勢力을 배경으로 독립할 수 있었던 것도33) 이 지역이 옛 고구려 지역이었기에 가능한 일이었지 않나 한다.

경기도, 황해도, 평안도 일대도 옛 고구려 지역이었음은 물론이다. 한강 이북 지역의 경기도 일대에는 주로 통일 전쟁기에 신라에 투항한 고구려인들이 주로 살았지 않나 한다.34) 그러나 대동강, 예성강 일대(패서지방)는 성덕왕 34년 唐으로부터 신라의 공식적인 영토로 인정받기까지 거의 무방비 상태로 남아 있었다. 그러다가 聖德王 35년부터 이 지역에 대한 통제가 가해졌고 宣德王 3년 浿江鎭이 설치되면서 군사 지역화하였다.35) 이후 신라말 통치체제가 이완되면서 패강진 세력은 왕건 가문과 자연스럽게 결합하게 되었다. 이처럼 왕건은 그 자신이 고구려의 후예였을 뿐 아니라 그의 통치지역도 옛 고구려 땅이었다. 그러므로 신라는 왕건의 고려를 독자적인 세력이나 국가로 인정할 수 있었고 대등하게 사신교환을 할 수 있는 명분이 있었던 것이다.

경순왕이 왕건에게 귀순한 세 번째 이유는 왕건이 취한 親新羅 정책 때문이었다. 그것은 전왕인 궁예가 취한 극심한 反신라 정책에 대한 반동정책이기도 했지만 신라인들의 민심을 자신에게 돌리기 위한 고도의 정책이었다. 궁예는 자신이 신라 왕실에서 쫓겨난 탓이었는지 모르지만 신라에 대해 극도의 증오심을 가지고 있었다. 그리하여 그는 왕위에 오르자마자

---

33) 이에 대해서는 金甲童, 「명주세력」, 『나말려초의 호족과 사회변동 연구』, 고려대 민족문화연구소, 1990, 56~63쪽 참조.

34) 申瀅植, 「통일신라에 있어서의 고구려유민의 동향-王建世系의 출자와 그 남하시기를 중심으로-」, 『韓國史論』 18, 국편위, 1988, 18쪽.

35) 李基東, 「신라 하대의 패강진-고려왕조의 성립과 관련하여-」, 『한국학보』 4, 1976 ; 『신라골품제 사회와 화랑도』, 한국연구원, 1980.

신라의 군현 명칭과 관부 체계를 모두 바꾸었다. 그리고 榮州 부석사에 가서는 거기에 걸려있던 신라왕의 초상을 갈기갈기 찢었으며 신라를 滅都라 부르고 신라에서 오는 자들을 모두 죽이기까지 하였다.[36]

그러나 궁예를 내쫓고 즉위한 왕건은 궁예가 바꾸었던 官階와 군현의 명칭을 대부분 환원하였다. 신라에서 귀순해 오는 자들도 잘 대우해 주었다. 그러자 최언위와 같은 신라의 지식인이 고려에 와 왕건을 도와주기도 하였다.[37] 이러한 왕건의 우호적인 태도에 신라도 태조 3년(920) 사신을 보내 고려와 친교를 맺게 되었다.[38] 그리하여 왕건은 여러 차례 군사를 파견하여 신라를 도와주었다. 920년 견훤이 신라의 大良, 仇史 지역을 침입하자 신라의 요청을 받고 군사를 출동시킨 적이 있으며[39] 921년에는 達姑狄이 신라를 침입하자 이들을 물리쳐 주기도 하였다.[40] 또 견훤이 신라에 들어와 경애왕을 살해했을 때에는 친히 군사를 거느리고 公山[대구]에서 견훤군과 대적하기도 하였다. 이 전투에서 왕건은 대패하여 申崇謙, 金樂 두 장수를 잃고 자신은 겨우 몸만 살아오는 위험을 겪기도 하였다.[41] 이러한 군사적 원조에 대해 신라도 감사하는 한편 고려를 도와준 적도 있다. 즉 927년 왕건이 후백제의 龍州를 치자 경애왕이 군사를 보내 도와주었던 것이다.[42] 이러한 상황은 경순왕대에도 계속되어 결국 경순왕이 나라를 왕건에게 바치는 상황이 되었던 것이다.

요컨대 신라 말기의 여러 왕들은 김씨 왕에서 박씨 왕으로의 교체, 그리고 다시 견훤에 의한 김씨 왕의 등장이라는 내부적인 변화에도 불구하

---

36) 『三國史記』 권50 궁예전 天復 元年 및 天祐 2年.
37) 『高麗史』 권92 崔彦撝傳.
38) 『高麗史』 권1 태조세가 3년.
39) 『高麗史』 권1 태조세가 3년 10월.
40) 『高麗史』 권1 태조세가 4년 2월.
41) 『高麗史』 권1 태조세가 10년 9월.
42) 『高麗史』 권1 태조세가 10년 정월.

고 견훤과는 교류하지 않았다. 그것은 견훤이 신라의 군인 출신으로서 나라를 배반하고 나중에는 왕까지도 살해하였기 때문이었다. 반면 왕건은 그 자신이 고구려의 후예였을 뿐 아니라 통치영역도 옛 고구려 지역이었다. 이러한 조건은 신라측에서 보면 고려를 하나의 독자적인 국가로 인정해 줄 수 있는 명분이었다. 거기에다 왕건이 취한 친신라 정책이 양국의 관계를 더욱 공고히 하였다. 그리하여 견훤에 의해 옹립된 경순왕까지도 견훤에 협조하지 않고 나라를 들어 고려의 왕건에게 귀부하였던 것이다.

(2) 경주세력의 동향

위에서 본 바와 같이 경순왕은 고려에 귀부하였으나 이에 반대하는 세력도 있었다. 그리하여 신라의 멸망을 전후한 경주세력의 동향은 대체로 세 갈래로 나누어 볼 수 있다. 우선 첫째는 경순왕을 비롯하여 그를 따라 고려에 온 부류가 있었다. 史書의 표현에 따르면 "신라왕이 百僚를 거느리고 王都를 출발하였는데 士庶들이 다 그를 따랐다. 향나무로 만든 수레와 구슬로 장식한 말이 30여 리에 뻗쳐 길을 가득 메웠다."[43] 한다. 이 표현으로 미루어 경순왕을 따라 고려에 귀부한 부류는 귀족들 뿐 아니라 일반 서민들도 많았음을 알 수 있다. 신라 전성기 때의 인구가 17만 8천여 호였음을 감안하면[44] 이때 경순왕을 따라간 이들도 수만은 되지 않았나 한다. 그러나 대부분의 경주인들은 그대로 머물러 있었을 것이고 고려로 간 인원은 5만 이상은 되지 않았으리라 짐작된다.

그런데 이들 중 서민들에게야 큰 혜택이 돌아가지 않았을 테지만 왕족이나 귀족들은 고려왕실에서 후한 대접을 받았다. 그것은 고려에서 그들을 錄用하고 田宅과 祿俸을 주었다는 기록에서[45] 엿볼 수 있다. 먼저 경순왕을

---

43) 『高麗史』 권2 태조세가 18년 11월.
44) 『三國遺事』 권1 紀異1 辰韓.

비롯한 왕족들은 고려왕실과 혼인하여 인척으로서의 지위를 누렸다. 경순왕이 왕건에게 귀부하자 왕건은 그를 政丞으로 삼고 해마다 祿 천석을 주는 한편 자신의 딸인 낙랑공주와 혼인을 시켰다.[46] 그리고 경순왕의 본거지였던 경주를 식읍으로 줌과 더불어 경주의 사심관으로 임명하여 부호장 이하를 관할하게 하였다.[47] 그러자 경순왕은 그의 伯父 김억렴의 딸을 왕건에게 시집보냄으로써[48] 중첩된 혼인관계를 형성하였다. 또 경순왕은 자신의 딸을 후에 경종과 결혼시킴으로써[49] 경종은 경순왕의 사위가 되었다. 이에 경종은 경순왕을 尙父로 삼고 政丞에 봉하였다.[50] 한편 앞서 태조와 결혼한 김억렴의 딸 신성왕태후 김씨는 安宗을 낳고 그의 아들이 뒤에 현종이 되었다.[51] 이로써 경순왕 계열은 신라왕족으로서 적어도 현종대까지는 영화를 누렸다고 하겠다.

경순왕의 從弟였던 金裕廉도 이 부류에 속한다 할 수 있다. 그는 태조 13년(930) 왕건이 古昌郡(안동) 전투에서 승리한 후 경주를 방문하였을 때 경순왕의 質子로 고려에 갔던 인물이다.[52] 물론 그가 경순왕을 따라 고려에 와서 공신이 되었다는 기록이 있으나[53] 인질로 갔다가 그대로 정착한 것으로 보아야 할 것이다. 김유렴은 신라 경명왕 원년 집사부의 侍中을 지냈던 인물이기도 하다.[54] 이렇게 그는 고려왕조에서도 공신으로

45) 『高麗史』 권2 태조세가 18년 12월 壬申 및 『朝鮮金石總覽』 高麗壽寧翁主金氏墓誌.
46) 『高麗史』 권2 태조세가 18년 11월 癸丑.
47) 『高麗史』 권75 선거지3 사심관.
48) 『高麗史』 권88 후비전 신성왕태후 김씨.
49) 『高麗史』 권88 후비전 헌숙왕후 김씨.
50) 『高麗史』 권2 경종세가 즉위년 10월 갑자.
51) 『高麗史』 권90 종실전 安宗 郁.
52) 『三國史記』 권12 신라본기 경순왕 5년.
53) 『高麗史』 권95 金漢忠傳. 물론 여기에서는 김한충의 高祖가 金庾廉으로 되어 있으나 金裕廉과 동일인이라 보아도 무리는 아닐 것이다.
54) 『三國史記』 12 경명왕 원년 8월.

책봉됨으로써 그의 후손인 金漢忠이 예종조에 尙書左僕射(종2품)의 지위에
까지 오르는 배경이 되었다.

　같은 경주 김씨이면서도 元聖王의 후예로 되어 있는 金仁允은 일찍이
태조를 섬겨 후삼국을 통일하는데 많은 공을 세워 三韓功臣이 되기도
하였다. 기록에 의하면 그는 경순왕을 따라 온 것이 아니라 태조를 따라
고려에 온 것으로 되어 있다.[55] 김인윤도 김유렴처럼 931년 태조가 경주를
방문하였을 때 따라간 것이 아닌가 한다. 따라서 그의 후손들은 큰 영화를
누리게 되었다. 예컨대 고려 전기에 門下侍中을 지낸 인물만 하여도 金元沖,
金元鼎, 金景庸 등 3인이나 되었던 것이다.

　이 밖에 金禮謙도 경순왕의 일족으로 그를 따라 고려로 온 것으로 추정된
다. 그의 후손인 金義珍 등이 문종조에 고려에서 현달하였기 때문이다.[56]
또 고려 후기에 명문으로 성장한 金鳳毛 가문도 경순왕의 후예였다.[57]
아마 그의 선조도 경순왕과 같이 고려에 온 것이 아닌가 추측된다. 이와
같이 신라의 진골 귀족이었던 경주 김씨 중 경순왕 계열과 원성왕 후손의
계열은 고려에 귀부함으로써 나름대로의 번성을 이루었다고 하겠다.[58]

　신라의 6두품 계열 중에도 고려에 귀부한 이들이 있었다. 6두품으로는
경주를 본관으로 하는 李·鄭·孫·崔·裵·薛氏가 그 대표적인 가문이라 할
수 있다.[59] 먼저 경주 최씨로서 이 계열에 드는 인물로는 崔殷誠을 들
수 있다. 『삼국유사』에 의하면 그는 衆生寺라는 절에 가서 기도를 한
후 아들을 낳고 후에 경순왕을 따라 고려에 온 인물이다.[60] 그의 아들은

55) 『韓國金石文追補』 金之祐墓誌.
56) 『조선금석총람』 皇甫讓配金氏墓誌.
57) 위의 책, 金鳳毛墓誌.
58) 金蓮玉, 「高麗時代 慶州金氏의 家系」, 『淑大史論』 11·12합집, 1982, 233~237쪽.
59) 李基白, 「新羅 六頭品 硏究」, 『省谷論叢』 1, 1971 ; 『新羅政治社會史 硏究』, 一潮閣,
　　1974, 53~57쪽.
60) 『三國遺事』 권3 塔像4 三所觀音衆生寺.

바로 崔承老였다. 그는 이미 태조대에 나이 12세로 태조에게 불려가 『논어』
를 읽고 元鳳省學生에 편입되었으며 성종대에는 그 유명한 시무 28조를
올렸다.[61] 그의 후손인 崔肅이나 崔齊顏 등도 현달했음은 물론이다.

또 신라말의 3崔 중 하나였던 崔彦撝는 태조가 고려를 개국하자 가족을
데리고 고려에 와서 太子師傅가 된 인물이다. 그는 일찍이 당나라에 들어가
賓貢科에 합격하였으며 그러한 文才로 인하여 고려에서도 文翰之任을 담당
하였다. 그의 아들 崔光胤, 崔行歸도 각각 後晉과 吳越에 유학하였으며[62]
그 손자인 崔沆은 현종조에 平章事를 지내기도 하였다.

李金書도 태조에게 많은 협조를 하여 三韓功臣이 된 인물이다.[63] 그의
선조인 李謁平은 신라 6부 중 及梁部 출신으로 경주 이씨의 시조였다.[64]
그 또한 경순왕과 태조의 장녀 낙랑공주와의 사이에서 태어난 神鸞宮夫人
과 결혼하였다.[65] 그리하여 이금서는 태조에게는 외손녀 사위였으며
경순왕에게는 사위가 되어 신라 왕족은 물론 고려 왕실과 혈연관계를
맺게 되었던 것이다. 그의 후손으로는 목종조에 判御史臺事를 지낸 李周佐
와 원간섭기에 많은 활약을 한 李齊賢이 있다.

두 번째 부류로는 경순왕을 따라 고려에 오지 않고 경주에 남아 있던
일파이다. 경순왕은 태조 18년(935) 고려에의 귀부를 결정하기에 앞서
여러 신하들을 모아 놓고 회의를 하였다. 이때 이에 찬성하는 일파와
반대하는 파가 있었는데 중립을 지키면서도 경순왕을 따라가지 않은
무리들이 주로 여기에 해당되는 것이 아닌가 한다. 이의 대표자가 金富軾의
曾祖인 金魏英이라 하겠다. 기록에 의하면 그는 경순왕이 귀부한 직후
신라의 서울을 慶州로 개편할 때 州長이 되었던 인물이다.[66] '州長'이라는

---

61) 『高麗史』 권93 최승로전.
62) 『高麗史』 권92 최언위전.
63) 『高麗史』 권109 李塡傳 및 『齋亭集』 권4 附錄 李達衷行狀.
64) 『三國遺事』 권1 기이1 赫居世王.
65) 『牧隱文藁』 권16 및 『東文選』 권126 이제현묘지명.

것은 단순히 후일 경주의 戶長이라 볼 수 있지만[67] 그보다도 호장층 중에서 제일 세력이 큰 자였다는 뜻일 것이다. 그러나 경주의 사심관에 임명된 경순왕은 부호장 이하만 통제하였으므로[68] 경순왕은 김위영을 통제하지 못하였음을 알 수 있다. 아마 김위영은 이때 설치했다고 나오는 堂祭 10인 중의 하나였을 것이다.[69]

그러면 이때 태조가 설치한 당제는 무엇이었으며 왜 설치한 것일까. 경주는 원래 斯盧 6村으로 구성되어 있었다. 그리고 각 촌에는 이를 대표하는 촌장이 있었다. 그런데 그들이 바로 후일 각 성씨의 시조가 되었다. 예컨대 關川楊山村의 촌장은 謁平이었는데 이가 후일 及梁部 李氏의 조상이 되었고 突山高墟村의 촌장은 蘇伐都利로 沙梁部 鄭氏의 조상이 되었으며 茂山大樹村의 촌장은 俱禮馬로 漸(또는 牟)梁部 孫氏의 시조가 되었다. 그리고 觜山珍至村의 촌장은 智伯虎로 本彼部 崔氏의 조상이 되었으며 金山加利村의 촌장은 祗沱로 漢岐部 裵氏의 조상이 되었다. 또 明活山高耶村의 촌장은 虎珍으로 習比部 薛氏의 시조가 되었던 것이다.[70] 『세종실록지리지』에도 이 6姓이 경주의 土姓으로 기재되어 있다. 또 『세종실록지리지』는 이 토성과는 달리 신라시대에 왕들을 배출했던 金·石·朴氏를 天降姓으로 기록하고 있다. 그러나 토성이 대체로 고려 태조 23년 당시 각 지역에 토착하고 있었던 세력에게 부여한 것이라고 볼 때[71] 이 천강성은 가계의

---

66) 『高麗史』 권97 金富佾傳.

67) 이수건, 『한국중세사회사연구』, 일조각, 1984, 198쪽.

68) 『高麗史』 권75 선거지3 사심관.

69) 허흥식 편, 『한국중세사회사자료집』, 아세아문화사, 1976에 실려있는 「경주호장 선생안」 至正 21년 序文.

70) 『三國遺事』 1 紀異1 新羅始祖 赫居世王. 한편 『三國史記』 권1 신라본기 儒理尼師今 9년조에 보면 사량부의 성씨가 최씨였고 본피부의 성씨가 정씨로 되어 있어 기록의 차이를 보이고 있다. 그러나 어느 쪽이 맞고 틀리든 논지의 전개에는 큰 지장이 없을 것이다.

71) 이수건, 『한국중세사회사연구』, 일조각, 1984, 60~68쪽.

신성성을 나타내기 위하여 쓴 것으로 토성과 다름없다고 할 수 있다.

그런데 일찍이 고구려, 백제, 신라에서는 자신의 국가를 세운 國祖에 대하여 始祖廟를 세워 제사하였다.[72] 신라의 경우를 보면 제2대왕인 南解王대에 始祖 爀居世의 廟를 세워 四時로 제사하기 시작하였다.[73] 그러다가 국가체제의 정비와 유교의식의 확대에 따라 炤知王 내지 智證王代에 이르러 天地神을 제사하는 神宮이 설치되었고 후에는 시조묘가 惠恭王代의 5廟制로, 또 신궁이 宣德王대의 社稷壇으로 변모하였다.[74] 이것은 물론 국가적인 차원에서의 변화이지만 이러한 변화가 신라의 지배세력들로 하여금 자신들의 조상신에 대한 제사의식으로 확대케 한 것이 아닌가 한다. 따라서 통일신라 후기에 오면 이들 지배세력들이 자신들 가계의 우월성과 신성성을 높이기 위하여 堂을 세우고 제사한 것은 아닐까 한다. 그리하여 각 성씨, 즉 경주의 토성으로 나와 있는 6성[이, 정, 손, 최, 배, 설]과 天降姓으로 되어 있는 3성[박, 석, 김]의 대표자들이 堂祭에 임명된 것은 아닐까. 즉 당제는 이들 9성의 시조를 제사하는 대표자였다는 것이다. 그런데 이것은 태조가 이들을 인위적으로 임명한 것이라기보다는 당시까지 행해져 오던 관행을 그대로 인정해준 것이라 보는 것이 타당할 것이다. 그리고 이들을 총괄하는 책임자로 김위영을 州長으로 임명하였다고 생각된다. 결국 신라의 경순왕이 고려에 귀순하였다 하더라도 태조 왕건은 아직도 건재해 있던 경주세력의 존재를 인정할 수밖에 없는 상황에서 국호를 없애는 대신 당제 10인을 임명한 것이 아닌가 한다.

이후 후삼국을 통일한 지 4년 후인 태조 23년(940)에는 경주에 대한 일련의 개혁조치가 이루어졌다. 여기에 安東大都護府가 설치됨과 더불어 해군기지인 東南海都部署使의 本營이 있게 되었다. 그리고 堂祭 10명에

---

72) 崔光植, 『韓國古代의 祭儀硏究』, 고려대학교 박사학위논문, 1989, 50~77쪽.
73) 『三國史記』 권32 雜志1 祭祀.
74) 최광식, 앞의 책, 90~94쪽.

대한 교체가 이루어졌다.[75) 그와 함께 경주 6부의 명칭도 개정되었다. 즉 及梁部를 中興部로, 沙梁部를 南山部로, 漸梁部를 長福部로, 本彼部를 通仙部로, 그리고 漢岐部를 加德部로, 習比部를 臨川部로 고쳤던 것이다.[76) 이러한 조치는 그 해에 이루어진 전국적인 군현 명호의 개정, 역분전 지급, 삼한공신의 제정 등과 관련이 있는 것이지만 개정된 6부명으로 보아 일단의 경주토착세력에 대한 우대조치가 아닌가 한다. 물론 이때에 새롭게 임명된 堂祭는 태조의 후삼국통일에 많은 협조를 한 자들이었을 것이다. 이러한 조치로 김위영의 자리도 새로운 인물로 교체되었는지에 대해서는 확언할 수 없지만 혹 그렇다 하더라도 김위영이 도태된 것은 아닐 것이다. 그러기에 그는 金富軾, 金富佾, 金富儀와 같은 후손들을 배출할 수 있었다.

다음 세 번째 부류는 경순왕의 귀부를 적극적으로 반대하면서 은둔한 자들도 있었다. 그 대표적인 예가 麻衣太子이다. 그는 경순왕이 여러 신하들 앞에서 귀순의 의사를 밝힐 때 "나라의 존망에는 반드시 天命이 있는 것이니 忠臣과 義士와 더불어 민심을 수습하여 스스로 나라를 굳게 하다가 힘이 다한 후에야 말 것인데 어찌 일천년 社稷을 하루아침에 쉽사리 남에게 줄 것이랴" 하고는 금강산으로 들어가 생을 마치었다.[77) 신라 땅을 고려에 바치자 外職을 버리고 돌아와 도성의 황폐함을 보고 탄식하는 노래를 지었다는 阿干 神會도[78) 이 계열의 인물로 볼 수 있다. 또 고려 성종이 경주에 행차하였을 때 고려에 귀부하지 않았던 자가

---

75) 위의 책에 있는 「경주부선생안」 天福 5년 庚子. 이후 이 당제는 광종대에 이르러 戸長으로 개칭되고 그 숫자도 8인으로 축소되었다. 그리하여 이 호장 8인이 현종 9년 향리들의 숫자를 정할 때 1000丁 이상의 주현에 적용된 최대 호장 숫자로 정착한 것이 아닌가 한다.(『高麗史』 권75 선거지3 銓注 鄕職 참조)
76) 『三國遺事』 권1 紀異1 신라시조 혁거세왕.
77) 『三國史記』 권12 신라본기 경순왕 9년 및 『新增東國輿地勝覽』 권47 강원도 淮陽都護府 山川 金剛山.
78) 『三國遺事』 권2 紀異2 金傅大王.

흰 옷을 입고 나와 시를 지어 內相 王融에게 바친 일이 있다.[79] 아마이도 경순왕 입조시 은둔했다 나온 인물이 아닌가 한다. 이 부류는 적어도 고려조에서는 영화의 길을 걷지 못했다고 생각한다.

요컨대 경순왕의 귀부로 신라가 멸망하자 경주세력은 대체로 세 갈래의 태도를 취하였다. 첫째는 경순왕을 따라 고려에게 적극 협력한 부류가 있었는가 하면 미온적인 태도를 보이면서 경주에 남아 있는 세력도 있었다. 이러한 동향에 대해 태조 왕건은 전자의 부류에게는 공신으로 책봉하거나 우대를 하였고 후자의 부류에 대해서도 이들을 포섭하기 위하여 경주의 堂祭(후의 戶長)로 임명하는 등 일정한 대우를 해주었다. 이에 따라 전자는 고려초부터 영달하였는가 하면 후자도 재지의 실력을 바탕으로 하여 뒤늦게나마 고려의 관료계층에 참여하였다. 그러나 경순왕의 귀부를 적극 반대한 부류는 고려조에 와서 지배세력으로서의 위치를 상실하였던 것이다.

이상에서 살펴본 바와 같이 신라말 전국에서 일어난 농민반란은 신라의 멸망을 촉진하였다. 이리하여 신라는 점점 쇠약해지면서 각 지역의 지방세력들이 독자적인 영역을 차지하기에 이르렀다. 그리하여 결국 신라는 새롭게 등장한 후백제와 태봉, 후에는 고려에 대해 어떤 태도를 취할 것인가 고심하였다.

한편 신라 내부에서는 효공왕의 뒤를 이어 신덕왕이 박씨 왕으로 즉위하였다. 이와 같은 왕위계승은 金孝宗과의 왕위계승다툼에서 김씨 세력의 패배에 의한 것이었다. 이후 같은 박씨로 경명왕, 경애왕이 즉위하였으나 경애왕이 견훤에 의해 살해당하고 김효종의 아들인 金傳가 다시 왕위에 올랐다. 그러나 경순왕 김부는 견훤의 추대에 의해 왕이 되었음에도 불구하고 견훤이 아닌 왕건에게 나라를 들어 귀부하였다. 그것은 견훤이 신라를 보호하고 지켜야 할 군인으로서 신라를 배반하였기 때문이었다. 그리하여

---

79) 『補閑集 上』 및 『新增東國輿地勝覽』 권21 경주부 인물.

신라말의 역대 왕들은 순탄치 않은 왕위계승에도 불구하고 한결같이 견훤에게는 사절을 보내지도 않았고 도움을 요청하지도 않았다. 즉 견훤의 후백제를 독립된 하나의 국가로 인정하지 않았던 것이다.

그러나 궁예의 뒤를 이어 즉위한 왕건은 그 자신이 고구려의 후예였을 뿐 아니라 통치영역도 옛 고구려 지역이었다. 그리고 국호도 고구려를 계승하였다는 의미에서 高麗라 하였다. 따라서 신라 왕실은 견훤과는 달리 왕건을 하나의 독자적인 세력 내지 국가로 인정할 수 있었다. 더욱이 왕건은 궁예와는 달리 친신라 정책을 견지하였다. 그리고 태조 13년 견훤과의 고창군 전투에서의 승리는 그때까지 견훤에 대한 군사적 열세를 극복하게 하였다. 이러한 요인이 경순왕의 고려 귀부를 결정케 한 요인이 되었다.

이렇게 하여 신라가 멸망하자 경주 세력은 세 갈래의 태도를 보였다. 우선 많은 왕족이나 신라의 관리들은 경순왕을 따라 고려에 감으로써 고려조정에서도 지배세력으로서의 위치를 잃지 않은 부류가 있었다. 그 대표적인 예가 경주 김씨, 경주 최씨, 경주 이씨 등이었다. 구체적인 인물을 들면 金裕廉, 金仁允, 金禮謙, 崔殷諴, 李金書 등이었다. 다음으로 경순왕을 따라가지는 않고 경주에 남아 있던 세력도 있었다. 이들은 태조로부터 자신들의 기득권을 나름대로 보장받았다. 즉 이들은 재지에서의 실력을 바탕으로 경주의 堂祭로서 남아 있게 되었던 것이다. 金魏英 같은 이가 그 예다. 이들도 당대는 아니었지만 후대에 고려 조정에 진출하여 지배세력이 되었다. 이외에 경순왕의 귀부를 끝까지 반대하다 초야에 묻힌 부류도 일부 있었다.

결국 경순왕의 귀부로 신라는 멸망하였지만 대부분의 경주세력은 다시 고려 조정에서 세력을 떨치게 되었다. 즉 고려의 건국으로 황해도나 충청도 등 중부지역세력이 새로운 지배층으로 편입되기도 했지만 경주계의 신라 세력도 지배세력의 일부를 차지함으로써 그 전통을 면면히 이을 수 있었던 것이다.

2. 신라 멸망의 원인

(1) 귀족들의 권력쟁탈전과 부패

그렇다면 1천여 년간 지속된 신라는 왜, 무엇 때문에 멸망하게 되었는가.[80] 이에 대해서는 여러 측면에서 살펴볼 수 있다. 우선 들 수 있는 것이 귀족들의 권력쟁탈전을 들 수 있다. 이는 우선 왕위쟁탈전의 형태로 나타났다. 중대의 마지막 왕인 惠恭王대에 大恭의 난을 계기로 하여 전국에서 96명의 角干들이 권력다툼을 벌이기 시작했다. 이리하여 결국에는 金良相·金敬信 등이 혜공왕과 金志貞을 살해하고 김양상이 왕위에 올랐다. 이가 곧 宣德王으로서 이때부터 하대가 시작되었던 것이다. 선덕왕이 죽은 후에도 김경신과 金周元 사이에 왕위쟁탈전이 벌어졌다. 여기에서 김경신이 승리하여 元聖王으로 즉위하였다.

이후에도 왕위계승을 둘러싼 권력쟁탈전은 계속되었다. 昭聖王의 뒤를 이은 哀莊王대에는 그의 삼촌이었던 金彦昇이 왕을 살해하고 憲德王으로 즉위하였다. 822년(헌덕왕 14)에는 아버지 김주원이 왕이 되지 못한 데 대한 불만으로 그 아들인 金憲昌이 반란을 도모하기도 하였다.[81] 헌덕왕의 뒤를 이은 興德王 말년에 왕위쟁탈전은 극에 달하였다. 그가 후사없이 세상을 떠나자 侍中이었던 金明파와 上大等이었던 金均貞파가 대립하였다. 여기에서 김명 일파가 승리하여 金悌隆이 僖康王으로 즉위하였다. 이 희강왕도 김명의 핍박으로 자살하고 김명이 閔哀王이 되었다. 그러나 일시 패배하였던 김균정의 아들 金祐徵은 張保皐의 청해진 군대의 힘을 빌려 민애왕을 살해하고 神武王으로 즉위하였다.[82] 이후 효공왕의 뒤를 이어

---

80) 이에 대해서는 신호철, 「신라의 멸망 원인」, 『후삼국사』, 도서출판 개신, 2008, 254~270쪽 참조.
81) 『三國史記』 권10 신라본기 헌덕왕 14년.

박씨 왕인 신덕왕·경명왕·경애왕이 왕위에 올랐다. 이 과정에서도 보이지 않는 암투가 있었을 것이라 생각된다.

또 신라의 왕이나 귀족들은 창조적인 일에 종사하지 못하고 사치·방탕한 생활을 일삼았다. 그리하여 애장왕 7년(806)에는 호화로운 佛事와 金銀器의 사용을 금지하기까지 하였다.[83] 또 귀족들은 금으로 장식한 화려한 집인 金入宅이나 지금의 별장에 해당하는 四節遊宅까지 소유하였다. 헌강왕대의 「處容歌」는 당시 귀족들의 퇴폐적인 생활상을 잘 보여주는 예이다. 眞聖女王대에도 몇 명의 신하들이 정사를 좌우하여 뇌물이 공공연히 오가기도 하였다. 그리하여 이를 비방하는 투서가 나붙기까지 했다. 이렇듯 혼란한 상황이 계속되어 결국은 신라가 멸망의 길로 들어서게 되었던 것이다.

(2) 골품제의 모순

또 다른 요인으로는 골품제의 모순을 지적할 수 있다. 진골 신분이 고위 관직을 독점하고 다른 신분은 실력이 있어도 고위 관직에 오를 수 없었다. 이렇게 차별받은 계층 중에서 가장 불만이 큰 세력이 바로 6두품이었다. 6두품은 여러 면에서 진골과 차별대우를 받는 세력이었다. 이들은 관등으로는 阿湌까지밖에 오를 수 없었으며 관직으로도 각 중앙관부의 차관이나 幢·停의 大監직에 머물러야 했다. 그러므로 이들은 신라사회의 모순을 극복하려 했다. 특히 그들이 渡唐留學生으로서 당의 개방된 사회체제를 보고 왔을 때 그들의 불만은 더욱 고조되었다. 그리하여 일부는 기울어가는 신라의 내부를 개혁하려 했는가 하면 새롭게 등장한 지방세력에 참여하기도 하였다. 崔致遠·崔承祐·崔彦撝 등 이른바 신라 말의 3최가

---

82) 『三國史記』 권44 張保皐傳.
83) 『三國史記』 권10 신라본기 애장왕 7년 3월.

대표적인 예였다.[84]

최치원은 당의 賓貢科에 급제하여 侍御史까지 지냈으나 귀국하여 郡太守에 머무를 수밖에 없었다. 그는 진성여왕 8년(894) 10여 개 조의 時務策을 바쳤으나 받아들여지지 않았다. 이에 회의를 느낀 그는 해인사에 들어가 은둔생활을 하다 일생을 마쳤다.

최승우도 당에 유학한 인물이다. 그러나 그는 신라의 부패상과 골품제적 제약에 염증을 느끼고 새롭게 등장한 견훤 정권에 참여하였다. 여기에서 주로 외교문서 작성을 담당했던 그는 견훤의 몰락과 함께 역사의 무대에서 사라졌다.

최언위는 당에서 돌아와 신라에서 관직생활을 하다 왕건에게로 귀순해 왔다. 왕건 휘하에서 그는 太子師傅·翰林院令 등의 관직을 지냈다. 이밖에 崔殷含·崔承老 부자도 왕건 정권에 많은 기여를 한 6두품세력이었다.[85] 이처럼 골품제의 모순에 따른 6두품의 불만이 신라의 멸망을 재촉하였던 것이다.

(3) 대토지 소유와 소농민의 몰락

한편 경제적인 측면에서 富의 편재현상도 신라 멸망의 한 원인이 되었다. 토지가 일부 귀족들에게 집중됨으로써 빈부의 격차가 극심하게 되었던 것이다. 원래 귀족들은 관직복무의 대가로 祿邑을 받았다. 이 녹읍은 神文王대에 文武官僚田으로 대치되기도 했지만 귀족들의 반대로 景德王대에 다시 부활되었다.[86] 그러다가 하대의 정치적인 혼란상이 계속되면서 불법적인 토지의 탈점이나 약탈, 고리대를 통한 토지와 인민의 점유현상이

---

84) 『三國史記』 권16 崔致遠, 崔承祐, 崔彦撝傳.
85) 『高麗史』 권93 崔承老傳.
86) 『三國史記』 권8 신라본기 신문왕 7년 5월 및 권9 경덕왕 16년 3월.

일어났다. 이렇게 형성된 귀족들 소유의 대토지는 田莊이라 불렸다. 전장
에는 知莊이라는 관리인이 파견되어 있었고, 지장이 거주하고 있는 곳은
莊舍라 칭하였다.

이러한 토지의 편재현상으로 일반 백성들은 토지를 잃고 流民이 되는
경우가 많았다. 더욱이 한발이나 홍수와 같은 자연재해는 유민발생을
더욱 촉진시켰다. 이들 유민들은 때로 도적이 되기도 하였고 지방세력의
휘하에 들어가 사병적 역할을 수행하기도 하였다. 또 왕위계승전에서
패배한 진골귀족이나 경주의 향락적인 생활에 염증을 느낀 일부 지식인들
은 지방으로 낙향하여 지방세력화하기도 하였다. 이들 호족과 농민이
결집하여 결국은 신라의 멸망을 가속화시켰던 것이다.

(4) 불교의 영향

불교의 영향도 빼놓을 수 없는 신라 멸망의 한 요소이다. 이는 당대부터
지적되어 온 것이다. 특히 사찰의 난립은 국가의 재정을 좀 먹게 하였고
농민의 생활을 피폐하게 하였다. 왕건도 죽으면서 남긴 「훈요 10조」에서
사원의 남설을 걱정하면서 "신라 말기에 사원들을 함부로 많이 세워서
地德을 훼손시켰고 결국은 나라가 멸망하였으니 어찌 경계할 일이 아니겠
는가?"[87]라고 하고 있다.

김부식도 『삼국사기』에서 "신라가 浮屠[부처]의 법을 받들어 그 폐해를
알지 못하고 거리에는 탑과 사원이 늘어서고 평민들은 사찰로 도망하여
승려가 되었으니, 병사와 농민은 점점 줄어들고 국가는 날로 쇠하여 가니
어찌 어지러워 망하지 아니할 수 있었겠는가." 하고 있다. 사원이나 탑의
남설과 더불어 승려 수의 증가로 인한 군사와 농민의 감소 때문에 신라가

---

87) 『高麗史』 권2 태조세가 26년 4월.

멸망하였음을 지적하고 있다.

불교의 사치함도 지적할 수 있다. 최승로는 시무 28조에서 "불경을 필사하고 불상을 조성하는 것은 다만 오래도록 전하게만 하면 될 것이지 하필 진귀한 보물로 장식하여 도적들의 마음을 자극시킬 필요가 있겠습니까? 옛날에는 불경은 모두 누런 종이를 사용하였고 또 전단목으로 軸을 만들었으며 불상은 금, 은, 동, 철을 사용하지 않고 다만 돌과 흙과 나무를 썼습니다. 그런 까닭에 도난당하거나 파괴되는 일이 없었습니다. 신라 말년에 불경과 불상들에 모두 다 금, 은을 썼으며 사치가 과도하였기 때문에 끝내 멸망하였으며 장사치들은 불상을 절취하고 파괴하며 이리저리 상호 매매하여 제 살림을 꾸리는 지경에 이르렀습니다. 근래에 와서도 그런 풍습이 아직도 남아 있으니 바라건대 이것을 엄금하여 그 폐단을 없애 버리십시오."[88]라고 성종에게 간언하였다. 신라 말기에 금이나 은으로 불경을 필사하는 풍조가 있었으며 불상에도 금, 은, 동, 철을 사용함으로써 盜心을 일으키게 하였고 많은 재물을 낭비하였음을 지적하고 있다.

사원이나 승려의 대토지 소유도 문제가 되었다. 이는 대개 왕이나 귀족의 기증에 의해 형성되었다. 애장왕이 2,500결이나 되는 토지를 사원에 시납한 것이 그 예이다. 승려들도 개인적으로 많은 토지를 점유하고 있었다. 헌강왕대의 승려 智證은 500결이나 되는 자신의 토지를 봉암사에 희사하였던 것이다. 이렇듯 불교 세력이 대토지를 소유하고 농장을 경영함으로써 소농민의 몰락을 가져왔던 것이다.

(5) 고구려·백제 유민들의 원한

고구려나 백제 유민들의 불만과 원한도 신라 멸망의 한 요소로 지적할

---

88) 『高麗史』 권93 崔承老傳.

수 있다. 특히 백제 유민들의 불만이 컸다. 나당연합군에 의하여 백제가 멸망하고 그 땅이 신라에 의해 통합되자 신라는 이들 백제의 관인들에게 신라의 官等을 주어 회유하였다. 또 백제인들이 숭배하던 山川을 祀典에 편입하여 致祭함으로써 백제인들의 민심을 달래려 하였다. 그러나 백제인들은 신라식 관등을 받기를 거부했는가 하면 국가는 망했어도 스스로 百濟人임을 자처하기도 했다. 이 같은 자존심은 언젠가는 쇠망한 조국을 되찾겠다는 국가의식으로 승화될 수 있었던 것이다.

이러한 동향을 잘 이용한 것이 바로 金憲昌의 난이었다. 그는 자기 아버지 金周元이 왕이 되지 못한 것에 대해 불만을 품었다. 뿐만 아니라 자신이 侍中직에서 외직으로 쫓겨나자 반란을 도모하였다. 그는 그 목적을 달성하는데 백제유민의 反新羅 감정을 이용하였다. 그리하여 옛 백제의 수도였던 熊川州[공주]에서 난을 일으켰던 것이다.[89] 그러나 관군과의 전투에서 패배하여 실패로 돌아갔다. 그러자 이번에는 그의 아들 金梵文이 고구려 유민의 반신라 감정을 이용하여 南平壤에 도읍한다는 명분하에 고달산의 산적과 통모하여 난을 일으켰다. 이 역시 실패로 돌아갔으나 당시 통일신라 체제 내에서 백제 유민의 동향과 고구려 유민의 동향을 보여주는 좋은 예라 하겠다. 이러한 반신라 감정이 결국에는 후백제와 고려라는 새로운 국가의 탄생으로 이어졌던 것이다.

(6) 영토의 확장과 수도의 편재

수도의 편재 또한 신라 멸망의 한 요인이라 할 수 있다. 통일 전쟁 후 넓어진 영토를 다스리기 위해서는 수도의 천도가 필수적이었다. 한때 達邱伐[대구]로 수도를 옮기려는 시도가 있었지만 진골 귀족들의 반대로

---

89) 『三國史記』 권10 신라본기 헌덕왕 14년.

실패하였다.[90] 경주의 귀족들은 기존의 기득권을 포기하려 하지 않았기 때문이었다. 5小京제의 실시로 이를 보완하려 하였지만 그 또한 쉽지 않았다. 가장 큰 문제는 북방 변경의 군사력을 효과적으로 통제할 수 없었다는 것이었다. 그리하여 결국 서북방에서 성장한 왕건 세력에 의해 신라는 멸망하게 되었다. 개성의 해상세력인 왕건이 浿江鎭의 군사력과 결합하여 신라를 멸망시키고 후삼국을 통일하였던 것이다.

(7) 농민봉기와 호족의 대두

그러나 신라 멸망의 직접적인 원인은 농민봉기와 호족의 대두라 할 수 있다. 농민봉기가 본격적으로 폭발한 것은 진성여왕 3년(889)이었다. 이때 전국에 대한 貢賦의 독촉이 계기가 되어 전국에서 농민들의 봉기가 시작되었다. 제일 먼저 농민봉기가 일어난 곳은 沙伐州[경북 상주]였다. 이들 농민들의 봉기가 얼마나 크고 거세었는지 출동했던 관군의 지휘자 奈麻 슈奇는 농민군들의 진용을 보고는 두려워 능히 앞으로 나아가지 못하였다 한다.

농민들의 이 같은 봉기는 급속도로 전국으로 확산되어갔다. 이 중 대표적인 예만 들더라도 북원[원주]의 梁吉, 죽주[죽산]의 箕萱, 완산[전주]의 甄萱 세력 등이었다.

이러한 농민봉기는 앞서 살펴본 바와 같은 신라사회의 모순에 기인하는 것이었음은 물론이다. 그러나 당시 극심한 자연재해로 인한 생계의 위협도 커다란 요인 중의 하나였다. 농민들은 전쟁과 흉년으로 인해 극심한 피해를 당했다. 최치원은 「海印寺妙吉祥塔記」에서 "당나라 19대 임금 昭宗이 중흥할 무렵에 전쟁과 흉년 두 재앙이 서쪽[중국]에서는 멈췄으나 동쪽[신라]으

---

90) 『三國史記』 권8 신라본기 신문왕 9년.

로 와서 惡중의 惡이 없는 곳이 없었다. 굶어서 죽고 전쟁으로 죽은 시체가
들판에 별처럼 널려 있었다."[91]라 하여 당시 신라의 실상을 생생하게
전해주고 있다.

농민봉기는 경주 근처에까지 영향을 미쳤다. 진성여왕 10년 붉은바지를
입고 횡행하던 赤袴賊이 경주의 서부지역인 牟梁里까지 쳐들어오기도
하였다.[92] 결국 진성여왕은 이러한 사태에 대한 책임을 통감하고 재위
11년 만에 왕위를 태자인 嶢에게 선양하였으니, 이가 곧 孝恭王이다. 그러나
혼란상황은 가라앉지 않고 더욱 가속화되어 급기야는 후삼국의 성립과
신라의 멸망을 보게 되었던 것이다.

이들 농민들을 규합하여 신라의 멸망을 재촉한 세력이 바로 각 지방의
豪族들이었다. 이들 호족들은 경주귀족 중심의 골품체제 속에서 소외된
집단이었다. 그들은 外位를 받음으로써 京位를 받은 경주귀족들과 구별되
었다. 그러다가 신라의 삼국통일과정을 거치면서 서서히 세력을 증대시켜
나간 집단이었다. 그 후 나말려초의 전란기에 역사의 전면으로 부상하였
다.

호족은 지방의 대토지소유자로서 경제력뿐 아니라 무력이나 권력, 문화
적 독점력까지 갖춘 존재들이었다. 호족의 기원은 지방으로 낙향한 진골귀
족이나 6두품계층, 州나 郡의 吏職者들, 그리고 촌의 행정을 담당한 村主들
이라 할 수 있다. 전자의 두 부류는 나말려초에 城主·將軍을 칭하는 대호족
이 되었고, 후자는 大監·弟監을 칭하는 소호족이 되었다.

이들 호족들 중 일부는 나말의 전란 속에서 지역민들을 규합하여 스스로
를 무장한 자위집단으로 변모하기도 하였다. 신라말 碧珍郡[경북 성주]의
장군이 된 李恩言이 대표적인 예이다.[93] 이처럼 스스로 무장집단화한

---

91) 『韓國金石遺文』 海印寺妙吉祥塔記.
92) 『三國史記』 권11 신라본기 진성왕 10년.
93) 『高麗史』 권92 李恩言傳.

호족들도 있었고, 관망의 자세를 취하면서 지방의 군사집단과 결탁한 부류도 있었다. 그러다가 왕건의 우세가 확정되자 고려에 귀부하여 신라의 멸망을 도왔던 것이다.

이렇게 하여 호족들은 새롭게 탄생된 고려왕조 내에서 막강한 영향력을 행사하게 되었다. 이로써 경주귀족 중심의 골품제체제는 무너지고 지방의 지배자집단인 호족들이 중앙에 진출할 수 있는 사회체제가 마련되었다. 결국 귀족들의 권력 쟁탈전과 사치 및 부패, 이로 인한 농민들의 반란과 호족의 대두가 신라 멸망의 직접적인 원인이었으며 가장 중요한 원인이었다고 할 수 있다.

8장 고려 건국과 후삼국 통일의 의미

1. 국호와 왕통

고려의 건국과 후삼국 통일이 가지고 있는 의미는 무엇일까. 통일신라를 계승한 점은 무엇이고 통일신라보다 더 발전했거나 변화한 것은 무엇일까 하는 점이 궁금해진다. 그러한 점을 단절과 연속성이라는 측면에서 살펴보고자 한다. 먼저 국호와 왕통이라는 측면에서 살펴보고 지배세력은 어떻게 변화하였는가 하는 점을 살펴볼 것이다. 다음으로 사회신분제 면에서 변화, 발전된 모습을 탐구하고 사상 및 문화 측면도 살펴보자.

우선 고려의 건국으로 인하여 '新羅'라는 국호는 사라지고 '高麗'가 역사의 전면에 등장하였다. 역사상의 무대가 신라에서 고려로 바뀐 것이었다. 그렇다면 왜 왕건은 '高麗'라는 국호를 채택한 것일까. 우선적으로 들 수 있는 것은 王建의 출신과 관련이 있다. 王建은 그 자신이 高句麗의 후예였다.[1] 그것은 여러 가지 측면에서 살펴볼 수 있다. 우선 그의 5대조인 虎景이 고구려의 중심지였던 白頭山에서 남쪽으로 내려왔다는 기록은[2] 왕건의 선조가 고구려 지역에서 살았고 삼국시대에 고구려인이었음을 보여주는 것이다. 또 고구려인들은 그들이 살았던 지리적 여건과 관련이

---

1) 朴漢卨, 「高麗王室의 起源」, 『史叢』 21·22합집, 1977 참조.
2) 『高麗史』 高麗世系.

있는 것이었지만 활을 잘 쏘는 것이 특징이었다. 그것은 고구려의 國祖인 高朱蒙이 활을 잘 쏘았기 때문에 붙여진 이름이라는 점에서[3] 알 수 있다. 호경이나 고주몽은 모두 활을 잘 쏘아 '善射'라는 표현으로 기록되어 있다. 또 왕건의 할아버지인 作帝建도 활을 잘 쏘아 용왕을 괴롭히는 늙은 여우를 물리쳐 주기도 하였다. 그런데 이 작제건이나 고주몽은 활을 어찌나 잘 쏘았던지 기록에는 이들이 모두 '百發百中'이었다고 되어 있다.[4] 우연의 일치인지도 모르지만 왕건의 선조와 고구려의 국조인 고주몽은 활을 잘 쏘았다는 공통점을 가지고 있었고 史書의 표현 또한 똑같이 되어 있다. 이것은 아무래도 왕건의 집안이 고구려인의 후예였음을 암시해 주는 것이 아닌가 한다.

둘째는 왕건이 왕이 된 후 취한 그의 정책에서 고구려의 후예임을 알 수 있다. 그는 왕위에 즉위하자마자 국호를 高麗라 하고 연호를 天授라 하였다. 그가 국호를 고려라 한 것은 그가 통치했던 황해도, 경기도, 강원도 지역이 옛 고구려 영역이었을 뿐만 아니라 자신이 고구려의 후예였기 때문이었다.[5] 고려는 고구려와 같은 뜻으로 쓰였기 때문이다. 중국의 史書인 『隋書』 東夷傳 高麗條에 보면 고구려에 관한 여러 가지 사실을 전하면서 "高麗의 선조는 扶餘로부터 나왔는데 … 朱蒙이 건국하여 스스로 국호를 高句麗라 하고 高를 성씨로 삼았다."라고 기록하고 있다. 즉 고려와 고구려를 구별없이 쓰고 있다. 그리고 『三國遺事』 권1 紀異1 高句麗조에는 高朱蒙에 관한 사실을 전하는 기록이 「國史高麗本紀」라 말하고 있다. 또

---

3) 『三國遺事』 권1 紀異1 고구려.

4) 『三國遺事』 권1 紀異1 고구려 및 『高麗史』 高麗世系.

5) 崔根泳도 왕건의 '高麗' 국호 사용의 의미를 國系 의식에서 찾고 있다. 즉 이러한 시책은 자신의 國系가 진정한 고구려의 후예라는 사실과 고려의 건국이 진정한 고구려의 부흥, 계승임을 밝힌 것이다. 다시 말해서 왕건의 건국이념에는 중단된 고구려의 전통을 잇는다는 국계적 사명감이 크게 작용한 것은 아닐까 한다 하였다. (「高麗의 登場─建國理念을 中心으로─」, 『統一新羅時代의 地方勢力研究』, 신서원, 1990, 181쪽)

1979년 발견된 中原高句麗碑에도 당시의 고구려인들이 자신들의 왕을 '高麗大王'이라 표기하고 있다.[6] 『고려도경』에도 "王氏의 선조는 대개 高麗의 大族이었다."[7]라고 기술하고 있다. 여기서의 고려가 고구려를 뜻하는 것임은 물론이다. 이렇듯 왕건은 자신이 고구려의 후예였기에 국호를 고려라 하여 고구려의 부흥을 내세웠다.[8]

물론 왕건이 처음으로 국호를 고려라 한 것은 아니었다. 이미 궁예가 901년 국호를 고려라 한 적이 있었다.[9] 그러나 그것은 궁예에게는 걸맞지 않는 것이었다. 궁예가 차지하고 있던 지역이 옛 고구려 지역이었기에 그가 고구려의 부흥을 내세웠지만 그 자신은 고구려 출신이 아니고 신라 출신이었기 때문이다. 즉 그는 신라의 47대 憲安王의 아들이거나 48대 景文王의 아들이었다.[10] 그러므로 그의 민심 수습책은 실패할 수밖에 없었다.

이 밖에도 왕건은 옛 고구려의 수도였던 平壤을 중시하여 제2의 수도인 西京으로 삼았다.[11] 그리고 고구려의 후예국인 발해를 멸망시킨 거란에 대해 격렬한 증오감을 표시하였다. 거란에서 보내온 사신을 섬으로 유배하였는가 하면 선물로 보내온 낙타를 굶어 죽게 까지 하였다.[12] 이러한 정책 역시 왕건이 고구려의 후예로 고구려 계승의식을 갖고 있었기 때문이라 할 수 있다. 이렇게 하여 통일신라 때에 거의 배제되었던 고구려 유민이 나라를 세우면서 신라라는 국호가 사라지고 고려가 등장하였던 것이다.

통일신라의 왕통도 단절되었다. 통일신라의 김씨 왕족 세습체제가

---

6) 중원고구려비에 대해서는 『史學志』13(중원고구려비특집호), 단국대학교사학회, 1979 참조.

7) 『高麗圖經』 권2 世次 王氏.

8) 박용운, 『고려의 고구려계승에 대한 종합적 검토』, 일지사, 2006 참조.

9) 『三國遺事』 권1 王曆 後高麗 辛酉.

10) 『三國史記』 권50 궁예전.

11) 이에 대해서는 河炫綱, 「고려 서경고」, 『역사학보』 35·36합집, 1967 ; 김창현, 「고려 초기 정국과 서경」, 『사학연구』 80, 2005 참조.

12) 『高麗史』 권2 태조세가 25년 10월.

무너지고 왕씨 왕족이 등장하게 되었다. 물론 신라 하대에 이르러 일시적으로 박씨 왕이 등장하기도 하였다. 효공왕의 뒤를 이어 박씨인 神德王이 즉위하였고 경명왕, 경애왕도 박씨였다.[13] 그러나 얼마 안가 경애왕이 견훤에게 살해당하고 다시 金氏인 경순왕이 왕위에 올랐다. 그 후 신라는 쇠망의 기운을 막을 수 없어 결국 경순왕이 나라를 들어 왕건에게 귀부함으로써 신라의 왕통은 끊어지게 되었다.

왕통은 단절되었으나 고려 왕실의 핏속에는 다시 신라 왕실의 피가 섞이게 되었다. 935년 11월에 경순왕이 귀순해 오자 고려 태조 왕건은 자신의 장녀 樂浪公主로써 그의 아내를 삼았다.[14] 경순왕은 자신의 伯父 金億廉의 딸을 왕건에게 바쳤다.[15] 중첩된 혼인 관계를 맺게 되었다.

이후 광종의 아들인 경종은 왕위에 오르자마자 경순왕 金傅의 딸인 헌숙왕후를 아내로 맞이하였다.[16] 그런데 태조 때 김부에게 시집갔던 낙랑공주는 광종의 친누이였으니 광종과 김부는 처남 매부 사이였다. 따라서 광종의 아들 경종은 김부에 있어 외사촌 조카였으며 김부의 딸인 헌숙왕후는 경종과 외사촌 남매였다. 그러나 헌숙왕후 김씨는 김부의 딸이었지만 어머니가 낙랑공주는 아니었던 것 같다.

신라 왕족의 혈통은 고려 제8대 임금 현종이 즉위하면서 다시 이어지게 되었다. 그것은 현종 자신의 출생 및 왕위 즉위와 깊은 관련이 있다. 문제의 발단은 경종이 26세의 젊은 나이로 죽으면서 비롯되었다. 그에게는 이미 4명의 후비와 1명의 부인이 있었다. 즉 신라 경순왕의 딸인 헌숙왕후

---

13) 조범환, 「신라말 박씨 왕의 등장과 그 정치적 성격」, 『역사학보』 129, 1991 ; 권덕영, 「신라 하대 박씨 세력의 동향과 '박씨 왕가'」, 『한국고대사연구』 49, 2008 ; 김창겸, 『신라하대 왕위계승 연구』, 경인문화사, 2003 ; 전기웅, 『신라의 멸망과 경문왕가』, 혜안, 2010 참조.

14) 『高麗史』 권2 태조세가 18년 癸丑.

15) 『高麗史』 권88 후비전1 태조 신성왕태후 김씨.

16) 『高麗史』 권88 후비전1 경종 헌숙왕후 김씨.

김씨와 헌의왕후 충주 유씨, 그리고 황주 황보씨인 헌애왕후·헌정왕후 및 대명궁부인 유씨가 있었다.[17] 그런데 이들이 졸지에 과부가 되어버렸다. 그것이 문제였다.

경종의 뒤를 이어 즉위한 성종대에 金致陽이 獻哀王后[후의 千秋太后]와 사통하고, 또 태조의 아들인 安宗 郁이 獻貞王后와 관계하여 大良院君[뒤의 현종]을 낳게 되면서 사태의 진전이 복잡하게 되었다.[18] 즉 경종의 제4비 헌정왕후 황보씨는 경종이 죽은 후 왕륜사의 남쪽 자기 집에서 살고 있었다. 얼마 후 곁에 살던 태조의 아들 안종 욱이 그 집을 왕래하다 불륜의 관계를 맺어 급기야는 임신을 하게 되었다. 이렇게 하여 아이를 임신한 헌정왕후가 만삭이 되었을 때 그 집 종들의 기지로 성종에게 알려지게 되었다. 헌정왕후는 울며 집으로 돌아오다 집 문 앞에서 아이를 낳았다. 그러나 그 자신은 죽었다.[19] 대량원군[후의 현종]은 어머니 얼굴도 모른 채 태어난 것이다. 그가 태어난 시기는 성종 11년(992) 7월 1일이었다.

한편 성종은 안종을 泗水縣[지금의 경상남도 사천]으로 귀양 보냈다.[20] 안종 욱은 태조와 신성왕태후 김씨와의 사이에서 태어난 사람인데 신성왕태후는 신라 경순왕의 백부였던 金億廉의 딸이었다.[21] 따라서 안종 욱은 戴宗 旭의 아들이었던 성종에게는 숙부뻘이 된다. 따라서 성종은 안종 욱을 숙부라 불렀던 것이다. 이리하여 대량원군은 아버지 얼굴도 거의 보지 못하고 보모에 의하여 고아처럼 길러졌다. 그러나 그가 2살 될 무렵 사수현에 있던 아버지 곁으로 보내졌다. 사수현에서의 생활이 시작된

---

17) 『高麗史』 권88 후비전1 경종.
18) 김창현, 『천추태후 역사 그대로』, 푸른역사, 2009 참조.
19) 『高麗史』 권88 후비전1 경종 헌정왕후 황보씨.
20) 『高麗史』 권3 성종세가 11년 7월.
21) 그러나 신성왕후가 이씨라는 설도 있다. 즉 太尉 李正言의 딸이라는 기록도 있다. (『三國遺事』 권1 紀異2 金傅大王 및 『高麗史節要』 권1 태조 18년 12월 李齊賢 曰) 그렇다 하더라도 현종이 신라인의 혈통을 전해받은 인물임에는 틀림없다.

것이다. 그러나 아버지 안종 욱도 성종 15년(996) 죽음으로써 이듬해 서울로 올라오게 되었다.[22]

그 후 그는 12세 때인 목종 6년(1003)에 대량원군에 책봉되었다. 그러나 그해에 천추태후 황보씨와 김치양 사이에 아들이 태어나자 대량원군을 강제로 스님이 되게 하였다.[23] 그러다가 목종의 배려로 어렵게 왕위에 오르게 되었다. 이처럼 현종은 태조 왕건의 손자이면서 경주 출신 신성왕태후의 피가 흐르는 사람이었다. 따라서 신라계 세력에 대해 신경을 쓰지 않을 수 없었던 것이다.

이 같은 현종의 계보를 알기 쉽게 표로 나타내 보면 다음과 같다.

〈표 1〉 현종의 혈통 계보

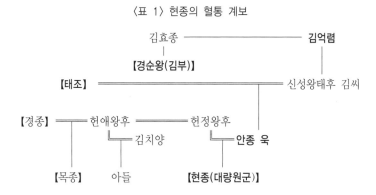

이처럼 현종의 아버지 안종 욱이나 할머니 신성왕후 김씨가 신라 왕족인 김씨 계열이었다. 따라서 현종은 신라 왕실의 혈통을 이어받게 되었던 것이다.

『삼국사기』를 저술한 경주 출신 김부식의 다음과 같은 평은 시사하는 바가 크다.

---

22) 『高麗史』 권88 종실열전 安宗 旭.
23) 『高麗史』 권3 목종세가 6년.

A. 경순왕이 태조에게 귀의함과 같은 것은 비록 마지못하여 한 일이지만 또한 가상하다 하겠다. 만일에 (그가) 힘써 싸우고 죽을 힘을 다하여 지킴으로써 고려의 군사에 항거하다가 힘이 다하고 형세가 궁함에 이르렀다면 반드시 그 종족이 소멸되고 해가 무고한 백성에까지 미쳤을 것이다. 그런데 誥命을 기다리지 않고 미리 창고를 봉하고 군현을 기록하여 (태조에게) 바치니 그의 조정에 대한 공과 백성에 대한 덕은 매우 컸다 하겠다. 옛날 당말 오대 때의 錢氏[오월국왕]가 吳越의 땅을 들어 宋에 바친 것을 蘇子瞻[蘇軾의 字]이 '忠臣이구나'라고 말한 일이 있지만, 지금 신라의 공덕은 저 오월보다 훨씬 뛰어난 것이 있다. 우리 태조는 妃嬪이 많고 그 자손도 번성하였는데 顯宗은 신라의 외손으로 왕위에 올랐거니와, 그 후 大統을 이은 이가 모두 그 자손이었으니 어찌 그 陰德의 갚음이 아니겠느냐.(『三國史記』권12 신라본기 경순왕)

경순왕이 고려에 귀부한 일은 잘한 일이고 특히 신라의 외손이었던 현종의 후손이 계속 왕위에 올랐으니 결국 신라와 고려는 그 계통이 한 가지였다는 점을 강조하고 있다. 어느 정도 신빙성이 있는 말로 신라의 왕족의 혈통은 완전히 단절되지 않고 고려 왕족으로 이어지게 되었다.

2. 정치세력

신라의 정치세력은 고려의 건국으로 어떻게 되었을까. 고려는 후백제, 신라와 경쟁하다 결국 경순왕의 귀순을 받고 후백제 신검을 정복함으로써 후삼국 통일을 달성하였다. 그렇다면 경순왕의 귀순 이후 신라의 정치세력은 모두 살해당했을까. 아니면 온존하였을까. 고려에 흡수당했을까.

신라의 정치세력 중 일부는 경순왕을 따라 고려에 오지 않고 그대로 경주에 남아 경주의 지방세력으로 전락한 부류도 있었다.[24] 그러나 경순왕을 따라 고려에 귀순함으로써 고려의 지배세력에 참여한 부류도 상당히 있었다. 史書의 표현에 따르면 "신라왕이 百僚를 거느리고 王都를 출발하였는데 土庶들이 다 그를 따랐다. 향나무로 만든 수레와 구슬로 장식한 말이 30여 리에 뻗쳐 길을 가득 메웠다."[25] 한다. 이 표현으로 미루어 경순왕을 따라 고려에 귀부한 부류는 일반 서민들도 있었겠지만 귀족들도 상당수 포함되었다. 이 부류에 속하는 귀족세력으로는 金裕廉, 金仁允, 金禮謙 등을 들 수 있다.

신라의 6두품 계열 중에도 고려에 귀부한 이들이 있었다. 6두품으로써는 경주를 본관으로 하는 李·鄭·孫·崔·裵·薛氏가 그 대표적인 가문이라 할 수 있다.[26] 구체적인 인물로는 崔殷誠과 崔承老, 崔彦撝, 李金書 등을 들 수 있다.

이들 신라계 세력은 성종대에 이르러 세력이 크게 확대되었다. 우선 성종은 신라 귀족의 딸을 아내로 맞이하였다. 제2, 3비가 그들이었다. 성종의 제2비는 문화왕후 김씨로 侍中 金元崇의 딸이었다.[27] 문화왕후 김씨의 아버지 김원숭에 대해서는 그 기록을 찾을 수가 없다. 또 그들이 어떤 과정을 거쳐 결혼했는지도 알 수 없다. 다만 그가 善州[지금의 경상북도 선산] 출신이라는 것으로 미루어 金宣弓의 후예가 아닌가 한다. 김선궁은 태조가 후백제를 정벌하기 위해 선산에 이르러 군사를 모집하자 이에 응모한 인물이다. 그 후 그는 중앙 정계로 진출하였는데 그 장자는 고향으로 돌아와 향리가 되었지만 차자는 중앙에서 계속 관직 생활을 하였다. 그리하여 이 지역 출신의 土族과 吏族은 다 선궁의 후예였다는 기록이

---

24) 김부식의 증조부였던 金魏英이 그 대표적인 인물이다.(『高麗史』 권97 金富佾傳)
25) 『高麗史』 권2 태조세가 18년 11월.
26) 李基白, 「新羅 六頭品 硏究」, 『省谷論叢』 1, 1971 ; 『新羅政治社會史硏究』, 一潮閣, 1974, 53~57쪽.
27) 『高麗史』 권88 후비전1 성종 문화왕후 김씨.

있기 때문이다. 제3비인 연창궁부인 최씨는 左僕射 崔行言의 딸이었다.[28] 연창궁 부인의 아버지 최행언은 성종 2년(983) 과거에 장원급제한 인물이다.[29] 그가 어디 출신이며 정계에서 어떠한 활동을 하였는지에 대해서는 알 수가 없다. 그러나 崔彦撝의 아들 중에 行歸, 行宗이 있는 점으로 미루어 경주 출신으로 추정된다.

이렇듯 성종대 신라계 정치세력의 대두는 성종의 유교 중시 정책과도 관련이 있다. 그는 유학자인 崔承老를 중용하여 개혁 정치를 실시하였다. 최승로는 성종 원년 行選官御事로서 시무 28조를 올려 성종의 총애를 받기 시작하여 이듬해에는 門下侍郎平章事에 올랐고 성종 7년에는 門下守侍中까지 올랐던 것이다.[30] 그는 당시 신라계 세력의 대표자였다. 원래 경주 출신이었지만 경순왕이 고려에 귀순하자 그를 따라 와서 고려의 大姓이 되었다.[31] 이렇게 하여 고려에 오게 된 최승로는 나이 12세에 태조와 대면하게 되었다. 즉 태조가 그를 불러 『論語』를 읽게 하고는 가상히 여겨 그를 元鳳省學生에 예속시키고 鞍馬와 例食 20석을 하사하였다. 그리고 이때부터 최승로에게 文柄을 맡겼다고 기록되어 있다. 그리하여 그는 태조 때부터 궁중생활을 하였고 광종 대에도 소극적이나마 개혁정치에 참여했던 것 같다. 그가 태조에서 경종에 이르는 五朝의 政績評을 쓸 수 있었던 것도 이러한 그의 관력에 기인하는 것이었다.

그에 대한 기록을 보자.

B. 최승로는 경주 사람이니 부친 崔殷含은 신라에서 벼슬하여 원보에 이르렀다. 그는 오래도록 아들이 없다가 기도를 드리고 최승로를

---

28) 『高麗史』 권88 후비전1 성종 연창군부인 최씨.
29) 『高麗史』 권3 성종세가 2년 5월 및 권72 선거지1 凡選場.
30) 『高麗史』 권93 崔承老傳.
31) 『三國遺事』 권3 塔像4 三所觀音衆生寺.

낳았다. 최승로는 성질이 총명하고 민첩하며 학문을 즐겨하고 글을 잘 지었다. 열두 살 때에 태조가 불러서 『論語』를 읽혀 보고 심히 가상히 여겼기에 鹽盆을 주었다. 그리고 元鳳省의 학생으로 둘 것을 명령하고 鞍馬를 주었으며 예에 의하여 식량 20석씩을 주도록 하였다. 이때부터 그에게는 文翰에 대한 임무가 맡겨졌다. 성종 원년에 正匡, 行選官御事 벼슬과 上柱國 훈위를 주었다. … 성종 2년에 門下侍郎平章事로 전임되자 글을 올려 사양하였으나 허락되지 않았으며 7년에 門下守侍中으로 임명하고 淸河侯로 봉하였으며 식읍 7백 호를 주었다. 그가 여러 번 글을 올려 치사할 것을 청원하였으나 모두 허락되지 않았다. 8년에 죽으니 시호는 文貞이라 하였으며 향년 63세였다. 왕은 매우 슬퍼하여 교서를 내려 그의 공훈과 덕행을 표창하고 태사 벼슬을 추증하였으며 부의로 베 1천 필, 밀가루 3백 석, 쌀 5백 석, 乳香 1백 냥, 腦原茶 2백 각, 大茶 10근을 주었다. 목종 원년에 성종 묘정에 배향하였으며 덕종 2년에 大匡, 內史令 벼슬을 추증하였다. 아들은 崔肅이요 최숙의 아들 崔齊顔은 현종, 덕종, 정종, 문종 등 4대 왕들을 섬겨 벼슬이 太師·門下侍郎에 이르렀다.(『高麗史』 권93 崔承老傳)

여기서 보는 것처럼 최승로는 물론 그 아들 최숙, 손자 최제안도 고려 조정에서 현달했음을 알 수 있다. 즉 최소한 문종대까지는 그 세력을 잃지 않았던 것이다. 경주 세력도 나름대로 그들의 혜택을 받았으리라 추측할 수 있다. 경주가 성종대에 동경으로 승격하는 것도 최승로의 역할과 관련이 있다고 보여진다. 서경 중심의 정치를 지양하고 새로이 동경을 중심으로 한 유교 정치를 지향하였다. 그리하여 太廟를 건립하고 학교를 세워 인재 육성에 힘쓰는 등 "堯舜의 유풍을 계승하고 周公과 孔子의 도를 닦으며 나라의 헌장과 제도를 설정하고 군신 상하의 의례를 분간하고자"[32] 하였던 것이다. 그러나 성종 8년 최승로의 죽음은 경주 세력의 일시적인 약화를 가져왔다.

신라계 정치세력은 현종대에 와서 다시 부상하였다. 그것은 앞서 본 바와 같이 현종의 가계 및 혈통과 깊은 관련이 있다. 그 때문인지 모르지만 그가 맞은 13명의 왕비 중 3명이 신라계였다. 제1비 원정왕후 김씨와 제2비 원화왕후 최씨, 제8비 원순숙비 김씨 등이 그들이다.[33]

제1비 원정왕후 김씨는 성종의 딸로 현종 즉위 직후 혼인하여 거란병을 피하여 나주로 갈 때 동행한 바 있다. 그는 성종과 善州[경북 선산] 출신 金元崇의 딸 문화왕후 김씨와의 사이에서 낳은 딸이었다. 그녀는 어머니의 성씨를 따라 김씨가 되었다. 선주는 원래 신라 지역으로 신라 세력에 포함시켜도 무리가 없다고 하겠다.

제2비 원화왕후 최씨도 성종의 딸이었다. 그도 현종이 남행할 때 동행하였으니 혼인 시기는 제1비 원정왕후와 비슷하였다고 본다. 그는 성종과 원창궁부인 최씨와의 사이에서 낳은 딸이었다. 따라서 그는 어머니의 성씨를 따라 최씨가 되었다. 연창궁부인의 아버지이며 원화왕후의 외조부는 崔行言이었다.

제8비 원순숙비 김씨는 金因渭의 딸이었다. 김인위는 현종 12년 8월에 尙書左僕射로 致仕한 사람이다. 그런데 다시 현종 15년 9월 尙書左僕射·參知政事로 치사했다는 기록으로 미루어 그 이전에 이미 복직했던 경력이 있는 것으로 추측된다. 이로 미루어 현종 15년 직전에 현종과 혼인한 것이 아닌가 한다. 한편 김인위의 또 다른 딸은 이자연과 혼인하였다. 이자연의 처이며 李顗의 어머니가 경주 출신 金因謂의 딸로 나오기 때문이다. 그렇다면 현종은 자신의 할머니인 김억렴의 딸 신성왕후 김씨와 같은 가문에서 후비를 맞아온 것이라 하겠다. 이는 또한 현종의 등극으로 경주 김씨가 새롭게 등장했다는 의미로 해석할 수도 있다. 이정의 어머니는

---

32) 『高麗史』 권4 성종세가 성종 11년 丙寅.
33) 정용숙, 『고려시대의 후비』, 민음사, 1992 참조.

문종의 후비 인예왕후·인경현비·인절현비의 어머니이기도 했다. 문종 이후의 왕들은 모두 문종의 후손이었으니 김인위 가문도 나름대로 영화를 누렸음에 틀림없다.[34]

신라계 세력은 숙종, 예종, 인종 대에 다시 크게 부상하였다.[35] 그 대표적인 가문이 바로 金富佾, 金富軾 가문이었다. 다음 기록을 보자.

C. 김부일의 자는 天與이니 경주 사람이다. 그의 선조는 신라의 왕실과 같은 성이다. 고려 태조가 처음으로 경주 고을을 설치하고 魏英으로 州長을 삼았는데 그가 곧 김부일의 증조부였다. 그의 부친 金覲은 國子祭酒 左諫議大夫 벼슬을 지냈다. 그는 4형제인바 맏형이 金富弼이요, 둘째가 金富佾이요, 셋째가 金富軾이요, 넷째가 金富儀이다. 김부일은 어려서부터 열성으로 공부해서 과거에 급제한 후 直翰林院으로 임명되었으며 樞密院使 왕가가 송나라로 사신 가는 길에 수행하여 송나라 황제에게 보내는 외교문서를 작성했는데 그 문장이 고상하고 세련되었으므로 송나라 황제가 그 글을 읽고 두 번이나 內臣을 보내서 칭찬과 격려의 말을 전하였다. 숙종 때에 拾遺, 知制誥로 임명되었다가 原州, 尙州 두 고을의 원으로 나갔었는데 어느 고을에서나 다 현저한 공적이 있었다. 예종 때에 예부낭중으로 임명되었다. … 인종이 즉위한 후 그를 장차 크게 등용할 생각으로 동지추밀원사, 정당문학, 한림학사, 승지로 차례를 뛰어 임명하였고 5년에 중서시랑·동중서문하평장사로 등용하였다. 김부일은 일찍이 풍상을 겪었으며 인종 8년에 퇴직시켜 줄 것을 누차 청원했으나 왕은 그에게 守太尉 開府儀同三司 判秘書省事의 관직과 柱國의 훈위로 승진시켰다. 인종 10년(1132)에 죽으니 향년 62세였다. 檢校太保 守太尉 門下侍郎 同 中書門下平章事 判尙書禮部

34) 김갑동, 「고려 현종의 혼인과 김은부」, 『한국인물사연구』 15, 2011, 160~163쪽.
35) 남인국, 『고려중기 정치세력 연구』, 신서원, 1999 참조.

事 관직과 上柱國 훈위를 추증하였으며 시호는 文簡이라 하였다. 김부
일은 위인이 관후하였으며 생활에서 검박하였다. 타인의 인물 평판하
기를 좋아하지 않았으며 살림살이엔 관심이 없었다. 그는 문장이
능란하였으므로 외교에 관한 문서의 초고는 반드시 그를 시켜 최종적
으로 다듬게 하였었다.(『高麗史』 권97 金富佾傳)

여기서 보는 것처럼 그들은 원래 신라 왕족이었지만 경순왕을 따라
고려에 귀순하지는 않았다. 그리하여 그의 증조부인 金魏英은 경주의
州長이 되었다. 그 후 그의 부친 때에 고려 개경으로 와 관직 생활을
하기 시작했다. 즉 김부식의 부친인 金覲은 國子祭酒 左諫議大夫 벼슬을
지냈다. 그런데 김근의 네 아들이 다 과거에 합격하면서 영달하기 시작했
다. 맏형이 김부필이요, 둘째가 김부일이요, 셋째가 김부식이요, 넷째가
김부의였다.[36]

이들 중 김부식이 가장 뛰어난 활약을 하였다. 그는 숙종 1년(1096)
과거에 급제해 安西大都護府의 司錄參軍事를 거쳐 추밀원 승선 위계정의
천거로 한림원의 直翰林에 발탁되었다. 이후 20여 년 동안 한림원 등의
文翰職에 종사하면서 자신의 학문을 발전시켰고 한편으로는 예종·인종에
게 經史를 강의하기도 하였다.

인종이 1122년에 즉위하자 인종의 외조부인 李資謙이 韓安仁 일파를
제거하여 정권을 잡았다. 그리고 나서 국왕의 외조로서 국왕에게 칭신하지
않아도 된다는 조처와 함께 집안 행사에 궁중의 음악을 사용하려 하였다.
그러나 김부식이 中國故事의 예를 들어 그것의 부당함을 논하고 적극
제지하였다.

인종 4년(1126) 御史大夫, 樞密院副使에 올랐으나 이자겸의 난 때에는

---

36) 『高麗史』 권97 金富佾傳.

침묵을 지킨 것으로 보인다. 이듬해 송나라에 高宗의 등극을 축하하러 갔으나 금나라군에 의해 수도가 함락되어 南遷을 하였으므로 수도에 가보지도 못하고 돌아왔다.

이자겸 일파가 정계에서 축출된 이후 인종 8년(1130) 12월에 政堂文學兼修國史로 승진되어 재상직에 오른 후 다음해 9월에는 檢校司空·參知政事로, 인종 10년 12월에는 守司空·中書侍郎·同中書門下平章事로 순조로운 승진을 거듭하였다.

묘청이 인종 13년(1135) 1월 서경에서 난을 일으키자 김부식은 중서시랑 평장사로서 判兵部事를 맡고 있다가 元帥에 임명되어 三軍을 지휘 통솔해 그 진압을 담당하였다. 김부식은 묘청의 반란을 제압한 공으로 개경으로 돌아오기도 전에 輸忠定難靖國功臣에 책봉되고, 檢校太保守太尉·門下侍中·判吏部事에 승진되었다. 그 뿐만 아니라 監修國事·上柱國·太子太保의 직도 겸하게 되었다.

그 후 김부식은 인종 18년(1140) 경 세 번이나 상소를 올려 사직하였다. 이후 그의 형제들이 죽고, 자신의 우호세력인 鄭襲明마저 탄핵을 받아 퇴임하자 그 자신 역시 정치일선에서 물러났다. 인종은 그에게 同德贊化功臣號를 더해 주었다. 그리고 의종대에 이르러 樂浪郡開國候에 봉해졌다.[37] 이처럼 김부식은 신하로서는 최고위직인 문하시중까지 올라 가문을 빛내었다. 이 시기가 신라계 세력의 최전성기가 아니었나 한다.

3. 사회신분제

신라 사회는 진골 중심의 폐쇄사회였다.[38] 골품에 따라 입는 옷의

---

37) 『高麗史』 권98 金富軾傳 및 정구복, 「김부식의 생애와 업적」, 『정신문화연구』 24, 2001.
38) 이종욱, 『신라 골품제 연구』, 일조각, 1999 참조.

색깔이나 모양이 달랐다. 또 관직이나 官等에 있어서도 승진의 제약을 받았다. 관등상으로 진골은 최고위인 伊伐湌까지 오를 수 있었다. 그러나 6두품은 6관등인 阿湌까지, 5두품은 大奈麻까지밖에 오를 수 없었다. 그리고 4두품은 舍知가 그 상한선이었다. 관직상으로도 차별을 받아 6두품은 아무리 능력이 있어도 각 관부의 차관급까지밖에 오를 수 없었다.

국가의 중요한 일은 和白회의에서 결정을 했다. 그런데 이 화백회의의 구성원인 大等 또한 진골귀족들이었다. 이처럼 모든 면에서 신라 사회는 골품에 따른 생활의 제약을 받았다. 설계두의 예가 그것을 잘 보여준다. 다음 기록을 보자.

> D. 薛罽頭가 말하기를 "신라에서는 사람을 쓰는 데 먼저 骨品을 따지므로, 정말 그 族屬이 아니면 비록 큰 재주와 뛰어난 공이 있더라도 한도를 넘지 못한다. 나는 원컨대 멀리 中華國에 가서 不世出의 지략을 발휘하고 비상한 공을 세워 내 스스로 영화의 길을 열고, 高官服에 劍佩를 갖추고, 천자 곁에 출입하였으면 족하겠다."고 하였다. 武德 4년 辛巳에 비밀히 배를 타고 唐에 들어갔다.(『三國史記』 권47 薛罽頭傳)

즉 6두품이었던 설계두는 폐쇄적인 골품제 사회에 불만을 품고 당나라에 들어갔던 것이다.

그러나 후삼국을 통일한 고려는 능력 중심의 사회를 지향하였다. 이미 고려 태조대에 지방의 세력가였던 호족들이 중앙에 많이 진출해 있었다. 경주의 진골귀족 중심이었던 신라사회와는 자못 다른 모습이었다. 이는 물론 호족들이 고려의 후삼국 통일에 많은 기여를 한 대가였다.[39]

---

39) 김갑동, 『나말려초의 호족과 사회변동 연구』, 고려대민족문화연구원, 1990 ; 정청주, 『신라말고려초 호족연구』, 일조각, 1996 ; 신호철, 『후삼국시대 호족연구』, 개신, 2002 참조.

이러한 대세는 결국 고려 광종대에 이르러 科擧制度라는 결실을 보게되었다.[40] 능력에 따라 관직에 오를 수 있는 길이 열리게 된 것이었다. 製述科를 제외한 明經科나 雜科에는 일반 양인까지 응시할 수 있었다. 일반 양인들도 과거를 보아 관직에 진출할 수 있었던 것이다.[41]

제술과의 경우에도 지방의 향리 계층은 응시할 수 있어 지방세력이 고위관직에 오를 수 있는 길이 열렸다. 따라서 고려시대 고위관리들 중에는 향리가문에서 입신한 자들이 많았다.[42] 특히 향리중의 최고위층인 戶長층은 과거를 통하여 중앙의 요직에 오르는데 유리하였다. 제술과나 명경과의 경우 副戶長 이상의 孫이나 副戶正 이상의 子로 그 자격을 한정시킨 데서 비롯된 것으로 보인다.[43] 당시의 기록을 보자.

> E. 각 주, 현의 副戶長 이상의 손자와 副戶正 이상의 아들로서 제술과와 명경과 시험을 보려 하는 사람은 그곳 수령이 먼저 시험을 보고 서울에 천거하면 尙書省과 國子監에서 심사하되 그 지은 詩, 賦가 격에 어긋나거나 명경에서 한두 궤도 읽지 못할 경우에는 그를 시험쳐 천거한 시험관에게 죄를 줄 것이다. 醫術과 같은 것은 광범히 학습시킬 필요가 있으므로 戶正 이상의 아들에게 한하지 않고 비록 서인이라 할지라도 악공 잡류에 속하지 않는 사람은 다 시험 보게 하였다.(『高麗史』 권73 선거지1 과목 문종 2년 10월 쥐)

이처럼 일정 신분 이상의 향리층은 제술과와 명경과를 통해 관인이 될 수 있었다. 나아가 서인들도 醫業과 같은 雜科에는 응시가 가능했던

---

40) 『高麗史』 권2 광종세가 9년 5월.
41) 박용운, 『고려시대 음서제와 과거제 연구』, 일지사, 1990 ; 허흥식, 『고려의 과거제도』, 일조각, 2005.
42) 박경자, 『고려시대 향리연구』, 국학자료원, 2001 참조.
43) 박용운, 『고려시대사』, 일지사, 2008, 173쪽.

것이다.

그 결과 호장층으로 중앙에 진출한 가문도 많았다.44) 고려시대 향리층은 중앙관료의 끊임없는 공급원이 되었던 것이다. 결국 고려의 후삼국 통일은 경주 진골귀족 중심의 신라사회를 무너뜨리고 지방민들도 지배세력에 참여할 수 있는 길을 열게 하였던 것이다.

고려시대에는 서민은 물론 천민들까지도 지배세력에 참여할 수 있었다. 무반을 선발하는 무과가 없어 전쟁에 나가 공을 세우거나 왕의 총애를 받으면 지배세력으로 상승할 수 있는 길이 있었다. 그 대표적인 예가 이의민이다. 그는 아버지가 소금과 체를 파는 잡상인이었으며 어머니는 옥령사의 노비였다. 경주에서 나쁜 짓을 하는 일종의 불량배였으나 안찰사 김자양의 추천으로 경군에 뽑혀 올라왔다. 그는 手搏을 잘하여 의종의 총애를 받아 隊正에서 別將으로 승진했다. 9품에도 들지 못했던 그가 정7품 별장으로 특진하여 무반이 된 것이다. 그 후 그는 무신란 때 활약하였고 김보당의 난, 조위총의 난을 진압한 공으로 명종 11년에는 무반의 최고위직인 정3품 上將軍의 직위에 올랐던 것이다.45)

최씨 무인정권의 마지막 집정자인 최의 때에도 천민 출신이 많이 정계에 등장하였다.46) 그것은 최의 자신이 천민의 피가 흐르기 때문이기도 하였다. 그는 최항과 그의 노비 사이에서 태어난 몸이었다. 그리하여 자신에게 충성을 다한 자신의 노비 출신 李公柱에게 정6품의 郎將 벼슬을 주었다. 기록에는 이에 대해 "노비에게 參職을 준 것은 이것이 처음이었다."47)라고 기록하고 있다. 좀 특별한 예이기는 하지만 일반 서민이나 심지어는 노비들

---

44) 강은경, 『고려시대 호장층 연구』, 혜안, 2002 참조.

45) 『高麗史』 권128 李義旼傳 및 김당택, 「이의민 정권의 성격」, 『역사학보』 83, 1979 ; 신수정, 「이의민의 출세 배경과 그 과정」, 『사학연구』 74, 2004.

46) 홍승기 등, 『고려의 무인정권 연구』, 서강대출판부, 1995 ; 황병성, 『고려 무인정권기 연구』, 신서원, 1998 참조.

47) 『高麗史』 권129 崔忠獻 附 崔竩傳.

도 지배세력에 참여할 수 있었다는 것을 잘 보여주고 있다.

이것은 고려의 건국을 전후한 전란기가 오랫동안 지속되면서 신분과 관계없이 무인들이 득세할 수 있었던 시대적 배경 때문이기도 하였다. 물론 이 때문에 무반들이 문반들에게 멸시당하여 무신란의 한 요인이 되기도 했지만 고려사회의 신분적 개방성을 보여주는 예이다.

이처럼 고려의 건국과 후삼국 통일로 경주라는 수도 중심의 골품제가 무너지고 과거제를 통해 신분 변동이 가능하게 되었다. 또 일반 서민이나 노비들도 잡과를 통해, 또는 군공을 통해 신분을 상승할 수 있는 길이 열리게 되었던 것이다.

4. 사상 및 문화

고려의 건국과 후삼국 통일은 사상·문화 면에서도 나름의 의의를 가지고 있었다. 삼국시대 및 통일신라시대에는 불교가 그 전성기를 구가하였다. 유학이나 다른 사상은 크게 꽃피지 못했다. 그러나 고려시대에 와서는 다양한 사상과 종교가 병존하게 되었다. 불교가 여전히 융성했지만 다른 사상과 종교도 활발하였던 것이다. 가히 多宗敎시대였다고 해도 과언이 아니었다.

우선 유교사상의 역할이 증대하였다. 유학사상은 신라말기부터 서서히 고개를 들기 시작했다. 특히 유학사상은 당나라에 유학했던 6두품 학자들에 의해 많이 연구되었다.

이미 고려 태조대에 崔凝과 같은 유학자가 있었다. 그러나 이 무렵 유학자로서 명성을 떨친 것은 후삼국기에 활약했던 이른바 3崔, 즉 崔致遠·崔承祐·崔彦撝였다. 이처럼 유학사상은 정치세계에도 널리 퍼지게 되었다. 그리하여 고려 성종 때에 이르러서는 '불교는 수신의 근본[修身之本]이지만 유교는 나라를 다스리는 근원[理國之源]'[48]이라 생각하게 되었다. 최충이

나 김부식과 같은 유학자가 탄생한 것도 그 때문이었다.[49]

한편 도교사상도 유행하였다. 현종대에 醮祭를 지낸 사례가 보이고 그 이후에도 계속적인 도교행사가 벌어졌다. 예종대에 이르러서는 福源宮이 건립되어 도교가 성행하게 되었다. 여기에는 道士 10여 명이 거처하며 도교 관계 일을 보았다. 예종은 또 玉燭亭에다 元始天尊像을 안치하고 매달 초제를 지내기도 하였다.[50]

풍수지리와 도참사상도 크게 유행하였다. 이미 태조 즉위 전부터 왕건의 등극을 예언한 글귀가 거울에 있어 참언이 유행하였음을 알 수 있다. 태조의 훈요 10조에서도 새로 세운 사원은 모두 도선의 풍수지리에 의해 세웠다거나 서경은 水德이 순조로워 大業萬代의 땅이라 한 것은[51] 당시 풍수지리사상이 널리 퍼져 있었음을 말하는 것이다. 定宗 때 서경으로 천도하려 한 것이나 현종 때 동경을 설치한 것도 풍수지리에 의한 것이었다. 동경 설치는『三韓會土記』라는 책 속에 고려에는 3京이 있다는 문구에 의한 것이었다. 문종대 남경의 설치도 지리도참사상에 의한 것이었다. 『道詵記』『踏山歌』『三角山明堂記』『神誌秘詞』등의 설을 빌어 김위제가 건의한 것이었다. 인종 때에는 묘청이 지리도참설에 의해 서경으로의 천도를 주장하였다.[52]

뿐만 아니라 우리의 전통신앙도 유행하였다.[53] 산을 주관하는 산신에 대한 숭배가 계속되었다. 문종대까지 정부에서는 外山祭告使를 파견하여 봄·가을로 산신에 대한 제사를 지냈다. 최충헌은 산천비보도감을 설치하

---

48) 『高麗史』 권93 崔承老傳.

49) 마종락, 「고려중기 정치권력과 유학사상」, 『역사와 경계』 32, 1997.

50) 김철웅, 『고려시대의 도교』, 경인문화사, 2017 참조.

51) 『高麗史』 권2 태조세가 26년 4월.

52) 이병도, 『고려시대의 연구』, 아세아문화사, 1980 ; 최혜숙, 『고려시대 남경연구』, 경인문화사, 2004 ; 김창현, 『고려의 남경, 한양』, 신서원, 2006 ; 장지연, 『고려·조선 국도풍수론과 정치이념』, 신구문화사, 2015 참조.

53) 이에 대한 종합적인 연구는 김갑동, 『고려의 토속신앙』, 혜안, 2017 참조.

여 산신에 대한 깊은 관심을 보였다. 정부에서는 이러한 산신에 대해 尊號나 爵號를 수여하는 예도 있었다.

성황신앙도 유행하였다. 고려 성종대부터 기록에 보이기 시작하는 성황신앙은 중국의 영향을 받은 것이었다. 그러나 고려에 들어와 매우 성행하였다. 인종 15년 묘청의 난을 진압하고 난 후 김부식은 전승에 대한 감사의 표시로 여러 성의 城隍廟에 제사를 지냈다. 고종대에는 溫水郡에 침입한 몽고군을 격퇴한 후 성황신의 덕택이라 하여 神號를 더해준 예도 있다.[54]

巫覡信仰도 성행하였다. 현종대부터 무당들을 모아 기우제를 지냈다는 기사가 많이 보이고 있다. 무격들은 山神祠나 城隍祠의 제사를 주관하기도 하였다.

이처럼 고려시대는 다양한 종교와 사상이 병존하였다. 사상과 종교의 자유가 보장되었던 것이다. 이는 불교중심 국가였던 신라가 멸망한 후 고려가 후삼국을 통일하면서 이룩된 것이었다.

고려 태조 왕건은 이러한 다양한 사상을 통일의 한 방책으로 사용하였던 것이다. 그것은 최응과 고려 태조 왕건과의 대화를 통해 알 수 있다.

> F. 태조는 전쟁을 하며 처음으로 나라를 세우려던 시기에 陰陽과 浮屠[佛教]에 유의하였다. 참모 최응이 간하면서 말하였다. "書傳에 이르기를 '어지러운 세상이 되면 文을 닦아 인심을 얻어야 한다[當亂修文 以得人心]'라고 하였습니다. 따라서 임금은 비록 戰時를 당하더라도 반드시 文德을 닦아야 하는 것입니다. 불교나 지리의 음양으로 천하를 얻었다는 말을 듣지 못하였습니다." 하였다. 그러자 태조가 말하였다. "그 말을 짐이 어찌 모르겠는가. 우리나라는 山水는 빼어난데 궁벽한

---

54) 한국종교사연구회 편, 『성황당과 성황제』, 민속원, 1998 ; 변동명, 『한국 전통 시기의 산신·성황신과 지역사회』, 전남대학교출판부, 2013.

지역에 편재되어 있소. 따라서 토속적인 성질이 부처나 신을 좋아하여 福利를 얻으려고 하오. 그런데 지금 전쟁이 그치지 않았고 安危가 결정되지 않아 백성들이 두려워하며 어찌할 바를 모르고 있소. 때문에 부처나 신의 陰助와 산수의 영험이 혹 고식적인 효과가 있을까 생각했을 따름이지 어찌 이것으로써 나라를 다스리고 백성을 얻는 법을 삼겠소? 난이 평정되고 편안하게 살게 된다면 그때에는 풍속을 바꾸고 교화를 아름답게 할 수 있을 것이오." 하였다.(『補閑集』上)

여기서 보듯이 참모인 최응이 불교와 음양지리설에 심취해 있는 왕건에게 유학을 장려할 것을 권하자 왕건은 그것은 고식책일 뿐이고 통일이 달성되면 유학을 비롯한 다른 학문이나 사상도 장려할 것이라는 뜻을 피력하였던 것이다.

이렇듯 고려 태조 왕건은 한 가지 사상을 고집하지 않고 다양한 사상과 종교의 존재를 인정하고 이를 조화시켰던 것이다. 이러한 그의 정책이 고려 전반의 사상 정책으로 이어졌던 것이다. 이는 사상·문화적으로 한 단계 진전된 것이었다고 할 수 있다.

요컨대 고려의 건국으로 '新羅'라는 국호는 사라지고 '高麗'라는 국호가 성립되었다. 국호 상으로만 볼 때는 신라와 고려는 완전히 단절되었다. 그러나 왕통으로 볼 때는 꼭 그렇지만은 않았다. 표면상으로 보아 신라의 왕족이었던 김씨 왕통은 단절되었다. 그러나 새롭게 등장한 고려 왕족인 왕씨의 혈통에는 다시 신라 왕족 김씨의 피가 흐르게 되었다. 고려의 왕들이 신라 왕실에서 아내를 맞이하였기 때문이다. 고려 태조 왕건은 경순왕의 백부 김억렴의 딸을 아내로 맞이하였으며 경종은 경순왕의 딸을 아내로 맞이하였던 것이다. 나아가 고려 8대 임금 현종은 신라 왕실의 피를 직접 이어받았다. 아버지 안종 욱의 어머니가 바로 김억렴의 딸인 태조 왕비 신성왕후였던 것이다. 이로써 고려 왕실과 신라 왕실은 왕통은 단절되었으나 혈연상으로 연속하게 되었다.

　고려의 지배세력 내에도 신라의 지배세력이 많이 흡수되었다. 경순왕이 고려에 귀순할 때 많은 관료들이 뒤따라왔던 것이다. 왕건은 이들에게 관직을 주어 고려의 지배세력에 편입하였다. 고려 성종대에 이르러서는 신라의 6두품 계열 출신이었던 최승로가 중용되면서 신라 계열의 관료들이 부상하였다. 예종, 인종 대에는 뒤늦게 고려의 지배세력에 참여한 김부식 형제들이 권력을 잡으면서 신라 세력이 다시 부상하였다. 이처럼 국호는 단절되었으나 고려의 지배세력 속에는 여전히 신라의 지배세력이 일부를 차지하고 있어 완전히 단절된 것은 아니었다.

　사회신분제 면에서도 여전히 왕경의 귀족들이 우대받았다. 그러나 신라와는 달리 지방세력이 신분을 상승시킬 수 있는 여지가 마련되었다. 그것은 고려의 건국과 통일 과정에서 지방세력 즉 호족들의 역할이 컸기 때문이기도 하였다. 그리하여 이들이 중앙 정계에 진출하여 사회 신분을 상승시켰고 이것이 후에는 과거제라는 공식적인 제도로 인정되었다. 이후 에도 지방세력은 제술과나 명경과에 합격하여 관료로 성장하였고 심지어는 서민들도 잡과나 군공 등을 통해 신분을 상승시킬 수 있는 기회가 주어졌다.

　사상과 문화면에서는 신라와 마찬가지로 여전히 불교가 중시되었다. 그러나 현실을 중시하는 유교가 불교와 비슷한 지위로 상승하였다. 그것은 신라의 6두품 출신 유학자들의 노력 덕분이기도 하였다. 뿐만 아니라 도교, 풍수지리는 물론 성황신앙, 산신신앙, 무격신앙 등의 토속신앙도 유행하였다. 가히 다종교시대였다. 그러한 배경에는 고려 태조 왕건이 사상을 통해 후삼국 통일을 달성하려는 전략이 깔려 있었다.

　결론적으로 신라에서 고려로의 왕조 교체는 국호와 왕통의 단절에도 불구하고 정치, 사회, 사상 면에서 연속성을 유지하고 있었다. 오히려 한 단계 더 변화, 발전하였다고 하겠다.

9장 태조 왕건의 리더십

1. 정책을 통해 본 리더십

우리 역사상에서 후삼국 시대만큼 난세는 없었다. 진성여왕 3년(889)부터 시작된 전국적인 혼란이 태조 19년(936)에 와서야 비로소 수습되었기 때문이다. 무려 47년간이나 전 국토가 전란과 혼란에 휩싸였다. 영웅은 난세에 출현한다는 말이 딱 들어맞는 시기였다. 이 시기에 많은 영웅이 출현하였다. 그러나 마지막까지 살아남아 자웅을 겨룬 것은 왕건과 견훤이었다. 사람들의 위에 서서, 어려운 난국을 헤쳐 나가는 지도자로서 리더십은 무엇이었을까. 한 시대에 살았던 두 사람이었지만 양자 사이에는 많은 차이가 있었다. 이 중 한 사람은 성공했고 다른 한 사람은 실패했다. 어떤 차이점이 이 같은 결과를 만들어 내었을까.

후백제를 건국한 견훤은 무력을 너무 신봉하였다. 힘이 있으면 다 굴복할 것이라 믿었다. 해군은 열세이었을지 모르지만 육상전투력은 궁예나 왕건보다 훨씬 앞서 있었다. 그의 군대는 훈련을 받은 공식적인 정예병이었기 때문이다. 궁예의 뒤를 이어 즉위한 왕건도 이를 인정할 수밖에 없었다. 그리하여 가능하면 무력대결을 피하려 했다. 견훤은 이에 자만하였다. 그 결과 신라의 수도를 침범하여 왕을 죽이는 실수를 범하였다. 이 사건으로 견훤은 신라인들의 민심을 수습할 수 없었다. 왕을 죽인 역적으로 치부되었다. 927년 대구의 공산 전투에서 왕건군을 크게 무찌른 견훤은 더욱 자만심에 빠져들었다. 그것이 대세를 그르친 결과가 되었다. 결국 3년 후 그는 안동 전투에서 왕건에게 참패를 당해야 했다.

또 견훤은 후계자를 잘못 선택하여 자중지란을 초래케 하기도 하였다. 장자인 신검을 제쳐두고 젊은 후비의 아들인 금강을 후계자로 정하였던 것이다. 이에 신검이 반기를 들자 견훤은 금산사에 유폐되었다가 고려로 도망할 수밖에 없었다. 내부적인 분열은 후백제를 더 이상 지탱할 수 없게 하였다. 936년 왕건군에 의하여 격파되어 멸망하게 되었던 것이다.

그렇다면 왕건은 어떻게 고려를 건국하고 후삼국을 통일할 수 있었는가? 어떤 자질을 가졌기에 역사의 주인공으로 등장할 수 있었는가?

(1) 기다림의 철학을 배우라

왕건은 877년 송악에서 태어났다. 그러나 그 후 20세가 될 때까지 그의 생애에 대해서는 기록이 없어 자세히 알 수 없다. 896년 아버지와 같이 궁예에게 귀순한 그는 남들이 꺼려하는 일을 두려움 없이 수행하였다. 898년 궁예 휘하에서 정기대감에 임명된 그는 정복전쟁을 도맡아 수행하였다.

그는 때를 기다릴 줄 아는 인내심을 가지고 있었다. 그리고 차분히 미래를 준비하였다. 이는 다음과 같은 일화에서 엿볼 수 있다. 즉 많은 신하들이 공을 자칭하고 궁예에게 아부하고 있을 때 왕건은 자원하여 변방인 나주에 머무르고 있었다. 그러자 그의 부장이었던 김언이 불만을 토로하였다. 자기들의 공로는 많은데 상이 없다고 불평하였다. 그러자 왕건은 이들을 조용히 타일렀다. "부디 해이하지 말라! 오직 힘을 다하여 복무하고 두 마음을 먹지 말아야 복을 얻을 수 있을 것이다. 지금 임금이 포학하여 죄 없는 사람을 많이 죽이며 아첨하는 자들이 득세하여 서로 음해를 일삼고 있다. 이리하여 중앙에 있는 자들은 자기 신변을 보전하지 못하는 형편이니 차라리 정벌에 종사하고 왕실을 위하여 진력함으로써 자기 몸을 보전하는 것이 더 낫다."라고 하였다.

두 마음을 갖지 않으면 나중에 복을 받을 것이다. 지금 왕이 방자하고 잔학하여 죄 없는 사람을 많이 죽이고 아첨하는 무리가 뜻을 얻어 유언비어와 모함이 난무하고 있다. 이때에 왕궁 안에 있으면 스스로 목숨을 보전하지 못할 것이니 밖에서 정벌에 종사하면서 자신의 본분을 다하는 것이 훨씬 좋을 것이라는 뜻이었다. 이렇듯 그는 함부로 나서지 않고 때가 오기를 기다리는 인내심이 있었다. 그는 진정 기다림의 미학과 철학을 알았기에 후일 왕위에 오를 수 있었던 것이다.

(2) 지휘권을 공명정대하게 써라

왕건은 권력을 함부로 하지 않고 공명정대하게 썼다. 그는 913년 궁예 휘하에서 현재의 국무총리에 해당하는 侍中의 자리에까지 올랐다. 그럼에도 그는 모든 국사를 다룰 때 사사로운 정에 얽매이지 않았다. 그리고 권력을 함부로 하지 않았으며 신중한 태도를 견지하였다. 착하고 올바른 사람은 가까이 하였지만 악하고 간교한 사람은 멀리하였다. 누가 착한 사람을 헐뜯는다 하더라도 전혀 거기에 동요되지 않고 끝까지 옹호하였다. 913년에 왕건은 侍中이 되었다. 이에 왕건의 지위가 백관의 우두머리로 되었다. 그러나 왕건은 정부에 출입하고 국정을 논의할 때 언제나 오직 감정을 억누르고 조심하며 군중의 인심을 얻기에 힘쓰고 착한 이를 좋아하며 악한 자를 미워하였다. 또 누가 참소를 입는 것을 보면 반드시 그를 다 구출해 주었다.

그때에 한 번은 이런 일이 있었다. 청주인이었던 阿志泰는 궁예에게 아첨하여 관직을 차지한 자였다. 그런데도 같은 고향 사람인 입전·신방·관서 등을 모함하였다. 사람들은 아지태의 말이 거짓이라는 것을 알고 있었으나 아무도 말하는 자가 없었다. 최고 권력자인 궁예의 비위를 거스를까 염려했기 때문이었다. 그러나 왕건은 이에 굴하지 않고 진위를 가렸다. 알고 보니 실은 아지태가 관직을 빙자하여 많은 부정을 저지르고 있었던 것이다. 아지태를 감옥에 집어넣자 많은 사람들이 용기있는 결단이라고 여겼다. 그 대가로 왕건은 시중직에서 해임되어 수군을 거느리고 다시 나주로 떠날 수밖에 없었다. 그는 자신에게 해가 될 줄을 알면서도 남의 눈치를 보지 않고 옳은 일을 위해 공명정대한 권력을 행사하였던 것이다.

(3) 부하들의 마음을 장악하라

고려 건국 후 그는 민생문제에 특히 신경을 썼다. 태조는 일반 백성들에게도 큰 관심을 기울였다. 백성들이야말로 국가의 근간이었기 때문이다. 국가도 백성들이 편안해야 유지되는 것이었다. 이를 잘 알고 있던 태조는 즉위하자마자 영을 내려 세금을 탕감하여 주었다. 什一制를 적용하여 田 1負에 租 3升씩만 내도록 하였다.

이렇게 궁핍했던 백성들을 위해 그는 조세제도를 바로잡았다. 천하에 통용되는 법을 적용하라 하였던 것이다. 그렇다면 이 법은 구체적으로 무엇을 가리키는 것인가. 이는 10분의 1세를 가리키는 것이었다. 漢나라 限田制를 본받아 10분의 1세를 실시하였던 것이다. 이처럼 태조는 백성들의 부담을 줄여 생업에 종사할 수 있도록 하였다.

또 그는 억울하게 노비가 된 자를 풀어주는 정책을 취하기도 하였다. 그는 즉위하자마자 "전 임금이 백성 보기를 지푸라기와 같이 하고 오직 사욕만을 추구하였다. 이에 讖書를 믿어 갑자기 松嶽을 버리고 斧壤에 돌아가 궁궐을 세우니 백성은 노역에 피곤하고 三時[봄·여름·가을]는 농업에 때를 놓쳤다. 더욱이 기근이 연달아 이르고 질병이 뒤이어 일어나므로 집을 버리고 흩어져 길 위에서 굶어 죽는 자가 서로 잇닿았으며 한

匹의 細布가 쌀 5升 값이었다. 이리하여 백성들로 하여금 몸을 팔고 자식을 팔아 남의 노비가 되게 하였으니 짐이 매우 민망하게 생각하는 터이다. 그 소재지의 관원으로 하여금 자세하게 조사하여서 아뢰도록 하라."고 하였다. 이에 노비가 된 자 1천여 명을 얻으매 內庫의 布帛으로써 보상하여 돌려보냈다.

여기서 부양은 철원을 가리키는 것으로 904년의 일을 말하는 것이다. 궁예가 송악에서 철원으로 수도를 옮기면서 백성들의 생활이 더욱 악화되었음을 전하고 있다. 식량이 없어 굶주리게 되자 자신의 몸을 팔아 남의 노비가 된 자가 많았음을 밝히고 있는 것이다. 이러한 상황을 잘 알고 있던 태조는 원래 노비가 아니었던 자들 1천여 명을 파악하여 양인으로 해주었다.

한시적으로 조세를 면제해주고 죄인들을 특별히 사면하는 정책도 취하였다. 기록에 의하면 3년 동안 조세와 부역을 면제해주었다는 것이다. 과연 그 말대로 시행을 했는지에 대해서는 의문의 여지가 있으나 민심을 얻으려는 태조의 노력을 엿볼 수 있다. 또 그의 즉위와 더불어 중죄인을 제외하고 죄수들을 사면하는 특혜를 베풀었다. 이는 새로운 왕의 즉위 시 연례행사처럼 했던 것이었다. 사면은 왕으로서 백성들에게 은혜를 베푸는 표시인 동시에 농업노동력의 확보라는 이중의 의미가 있었다. 죄인들이 풀려나 농사를 지으면 그들로부터 조세를 거두어 국가재정에 보탬이 되는 것이었다. 이러한 정책이 백성들에게 환영받는 일이었음은 틀림없다.

태조는 또 黑倉을 설치하여 빈민들을 구제하였다. 이는 국가에서 곡식을 저장하였다가 궁핍한 백성들에게 빌려 주고 추수가 끝난 뒤에 갚도록 하는 시책이었다. 아마 흉년이 심할 때는 무상으로 주는 경우도 있었다고 보여진다. 이러한 정책은 태조가 민심을 얻기 위해 얼마나 노력했는가를 보여주는 것이다.

요컨대 태조는 민생을 해결하고 백성들의 민심을 얻기 위해 많은 정책을 실시하였다. 조세제도를 확정하여 너무 많이 걷지 않도록 하였으며 억울하게 노비가 된 자들을 풀어주는 정책도 실시했다. 한시적으로 조세를 면제해 주었는가 하면 죄수들을 사면하기도 하였다. 흑창을 설치하여 빈민들을 구제하기도 하였다. 이러한 정책으로 백성들의 민심을 어느 정도 거둘 수 있었고 장기적으로는 후삼국 통일의 원동력이 되었다.

(4) 지휘 협조 체제를 잘 유지하라

왕건은 후삼국을 통일하기 위해 각 지역의 호족들을 포섭하였다. 그러기에 태조는 즉위하면서 전국의 호족들에 대한 시책을 강구하였다. 당시 신라 정부는 통제력을 잃은 상태라 지방세력들이 스스로 군사를 모아 자기 고을을 지키는 상황이었다. 호족을 자신의 편으로 얼마나 끌어들일 수 있느냐 하는 것이 관건이었다. 또 자신도 송악의 호족 출신이었기 때문이다.

그는 우선 즉위하자마자 이들을 회유하는 정책을 실시하였다. 호족들에게 사신을 보내 선물을 후하게 하고 말을 낮추어[重幣卑辭] 회유하였다. 그러자 여기저기서 호족들이 귀순해왔다. 鵑巖城의 성주 윤선이 귀순해 온 것도 이 때문이었다. 이총언도 이 무렵에 귀순해온 자였다. 귀순해온 호족들에게는 그에 상응하는 대접을 해 주었다. 그 아들과 중앙 세력가의 딸을 결혼하게 해주었던 것이다.

태조 3년에는 강주장군 閏雄이 그 아들 一康을 보내 귀순해왔다. 그러자 태조는 일강에게 阿粲이란 품계를 주고 卿 行訓의 누이동생에게 장가들게 하였다. 그리고 郎中 春襄을 강주에 보내 귀순한 자들을 위로하였다.

이처럼 호족들이 귀순의 표시로 그 일족을 보내는 것은 일반적인 현상이었던 것 같다. 호족들은 충성의 표시로 아들을 보냈고 중앙에서는 그들이 반역하지 않는 한 잘 대우해 주었다. 그러나 이들이 반역을 할 경우 중앙에 올라와 있는 호족의 일족은 위험에 처할 수 있었다. 따라서 이들은 일종의 인질이었던 셈이다. 고려시대 其人制度의 기원도 실은 여기에 있었던 것이다.

이에 따라 각지의 호족들이 계속 귀순해 왔다. 태조 5년 下枝縣將軍 元奉과 溟州將軍 順式·眞寶城主 洪術, 태조 6년에는 命旨城將軍 城達과 碧珍郡 將軍 良文이 귀순해 왔던 것이다. 태조의 호족들에 대한 포섭정책이 어느 정도 성공을 거둔 것이었다.

한편 지방의 대호족들이 귀순해올 경우에는 '王姓을 하사해 주는 경우도 있었다. 명주의 장군이었던 金順式의 경우가 그 경우였다. 그는 명주의 대호족으로 왕건이 왕위에 즉위하자 적대적인 태도를 취하였었다. 그러다 가 그 아버지 許越의 설득으로 태조 5년 맏아들 守元을 보내 귀순해왔다. 그러자 태조는 수원에게 '王'성을 하사해주고 토지와 집도 마련해 주었다. 태조 11년 김순식이 직접 중앙에 올라오자 태조는 그와 그의 小將 官景에게 도 '王'성을 하사해 주었다. 호족과 擬制家族적인 관계를 맺어 우의를 돈독히 하고자 함이었다.

각 지역의 호족의 딸과 결혼하는 혼인 정책을 취하기도 하였다. 명주의 김순식에게는 딸이 없었는지 그의 부하장수였던 官景의 딸과 혼인하였다. 기록에는 그 이름이 王景으로 나오나 이는 태조 11년 그가 태조로부터 '王'성을 하사받았기에 그렇게 표현된 것이다. 명주의 또 다른 호족이었던 王乂[원래 이름은 金乂]의 딸과도 혼인을 하였다. 이 밖에도 황해도 정주의 유천궁, 충주의 유긍달, 평안도 평산의 박지윤, 경기도 광주의 왕규 등의 딸과 혼인을 하였던 것이다. 때로는 호족의 요청에 의한 경우도 있었다. 그 결과 호족들과 태조와의 관계가 긴밀해진 것은 부인할 수 없는 사실이다. 이렇게 해서 그는 총 29명의 후비를 갖게 되었고 거기에서 25명의 아들과 9명의 딸을 얻게 되었다.

요컨대 태조는 즉위하자마자 호족들에게 선물을 보내고 자신을 낮추는 겸손한 태도를 보였다. 그러자 여러 호족들이 귀순해 왔다. 그들에게는 그에 상응하는 대우를 해주었다. 인질로 올라온 그들의 일족에게는 결혼을 시키기도 하였고 田宅을 주기도 하였다. 또 '王'성을 하사하여 의제가족적인 관계를 맺기도 하였다. 그런가 하면 호족의 딸과 결혼하여 가족이 되기도 했다. 물론 호족들이 보내온 일족은 유사시 인질이 되기도 했다. 이러한 정책으로 각 지방을 장악한 호족들의 협조를 얻을 수 있었고 마침내 후삼국을 통일할 수 있었다.

(5) 싸우지 않고 이기는 전술을 채택하라

그는 또한 가능하면 무력을 쓰지 않으려 했다. 그리고 상대국을 존중해 주었다. 이러한 역사적 상황을 잘 알고 있던 태조 왕건은 싸우지 않고 이기는 전술을 채택하였다. 따라서 신라에 대해 자신은 그 신하임을 자처했다. 그리고 신라를 끝까지 존중하고 우대하였다.

일찍이 고려와 후백제는 서로 맹약을 맺은 바 있다. 후백제와의 맹약이란 태조 8년(925)의 曹物郡 전투 시 맺은 맹약을 말하는 것이다. 이때 양국은 서로 인질을 보내 화친을 맹세하였다. 그러다가 이듬해 고려에 인질로 와 있던 眞虎가 죽자 견훤은 고려의 인질 王信을 죽이고 웅진으로 진군하였던 것이다. 이어 견훤은 태조 10년 신라를 침공하여 경애왕을 죽게 하였다.

왕건은 이를 비판하면서 자신은 신라 왕실을 도와 기울어져 가는 조정을 붙잡으려고 했다는 점을 강조하고 있다. 자신은 진 문공이나 제 환공이 周나라 왕실을 받들었던 것처럼 신라 왕실을 존숭했으나 견훤은 왕망이나 동탁이 漢 왕실을 도모한 것처럼 신라를 침략했다는 것이다.

그의 이 말은 사실이었다. 그는 신라를 가능하면 손상치 않게 하려 했다. 그리하여 신라가 위험에 처해 있을 때 군사를 파견하여 도와주었다.

태조 3년 견훤이 신라의 大良[합천]·仇史[초계]의 고을을 침략하자 신라가 阿飡 金律을 보내어 구원 요청을 해온 적이 있었다. 이에 태조는 군사를 보내 이를 구원하였다.

태조 8년 10월에는 高鬱府[경상북도 영천]의 將軍 能文이 군사를 거느리고 來投하였다. 그러나 태조는 그 성이 신라의 王都에 근접하고 있으므로 노고를 위로하여 돌려보내고 다만 휘하의 侍郎 盃近과 大監 明才·相術·弓式 등만을 머물러 두었다. 그의 귀순을 받아들이면 당장에는 이익이 되는 것이었으나 먼 앞날을 위하여 돌려보낸 것이었다. 신라를 도모하려 한다는 오해를 받지 않으려 했던 것이다.

태조 10년 정월에는 왕건이 후백제의 龍州를 치자 신라가 군사를 내어 도와주기도 했다. 이에 앙심을 품은 견훤이 신라를 침략하자 구원요청을 받은 왕건이 출동하였다. 견훤은 신라의 서울인 경주를 침공하여 경애왕을 죽이고 돌아오다 公山[대구 팔공산]에서 왕건군과 전투를 벌이게 되었다. 이 전투에서 왕건은 대패하여 목숨을 겨우 건졌다. 견훤의 입장에서는 909년 德眞浦 전투에서의 참패를 설욕한 것이었다.

그러나 이 전투는 오히려 왕건이 신라인들의 민심을 얻는 계기가 되었다. 목숨을 걸고 신라를 도우려 했다는 평가를 얻었기 때문이었다. 그리하여 3년 뒤 古昌郡[안동] 전투에서 金宣平·權幸·張吉 등 현지인의 도움을 받아 승리하게 되었다. 그리고 종국에는 신라의 귀순을 받게 되었던 것이다.

930년 고창군[안동] 전투에서 견훤을 대파한 후 마음만 먹었으면 곧바로 신라를 무력으로 접수할 수 있었다. 그러나 그렇게 하지 않았다. 그 결과 신라를 평화적으로 접수할 수 있었다.

(6) 포용으로 사람을 감동시켜라

왕건은 포용력도 가지고 있었다. 신라에서 귀순해 오는 지식인이나 사람들을 따뜻하게 맞이해 주었다. 태조 10년(927) 공산 전투에서 자신을 사지에까지 몰아넣었던 견훤도 받아들였다. 935년 견훤이 귀순 의사를 밝혀오자 사신을 파견해 맞아왔고 그를 우대해 주었다. 그리하여 후백제 신검을 토벌하는데 견훤에게서 많은 도움을 받았던 것이다.

고려의 북쪽 지역에는 발해라는 나라가 있었다. 발해는 스스로 고구려를 계승했음을 표방하였다. 그리하여 일본에 외교문서를 보낼 때 스스로를 '高麗'라 하고 임금을 '高麗國王'이라 했다. 예컨대 「續日本紀」를 보면 발해 제3대 文王 大欽茂가 일본에 보내 온 외교문서에 스스로를 '高麗國王 大欽茂'라 적고 있었던 것이다.

고구려의 계승을 표방했던 고려도 발해를 친척의 나라로 생각했다. 발해를 위협했던 거란과도 초기에는 우호정책을 표방하였다. 태조 5년(922) 거란이 사신을 고려에 보내 낙타와 말, 양탄자 등을 보내왔다. 그러자 고려에서도 여기에 화답하였다. 3년 뒤인 태조 8년(925)에도 사신을 거란에 보내 답빙하였던 것이다. 이때 거란과 발해는 심각한 대립관계에 있었다. 924년 발해가 거란의 遼州를 공격하여 刺史를 살해하자 거란은 발해의 요동을 보복공격하는 상황이었다. 그런데도 거란과 우호관계를 지속한 것은 후백제와의 경쟁 속에서 쓸데없이 거란을 자극하지 않으려 했기 때문이었다. 발해에 대한 친척의 감정은 있었으나 발해를 적극적으로 도와줄 입장이 아니었던 것이다.

그러나 태조 8년(925) 거란의 침입으로 발해가 멸망하자 발해에 대한 태도는 바뀌었다. 발해 유민을 적극적으로 받아들이는 한편 거란에 대해 적대시하기 시작하였다. 925년 9월 발해의 장군 申德 등 500여 명이 고려에 來投한 것을 시작으로 발해 유민들이 계속 고려에 넘어 들어왔다. 태조 17년(934)에는 발해국의 세자 大光顯이 유민 수만호를 거느리고 고려로 귀순해 왔다. 그러자 태조는 그에게 王繼라는 성명을 하사해 주고 白州를 주어 제사를 받들게 하였다. 우호적인 태도로 감싸주었던 것이다.

반면 거란에 대해서는 적대적인 감정을 그대로 표출하였다. 태조 25년 (942) 거란이 사신을 보내와서 낙타 50필을 선사하였다. 그러자 왕건은 "거란이 일찍이 발해와 화목하게 지내오다가 갑자기 의심을 내어 맹약을 어기고 멸망시켰으니 심히 無道하다. 멀리 화친을 맺어 이웃을 삼을 것이 되지 못한다." 하였다. 그리고 교빙을 끊고 그 사신 30인을 海島에 유배하고 낙타는 萬夫橋 아래에 매어놓아 다 굶어죽게 하였던 것이다.

이처럼 거란에 대해 단호한 조치를 취하였다. 이는 거란에 대한 보복적인 행동일 뿐 아니라 고려가 강력하게 발해가 차지하고 있던 북방으로 진출하겠다는 의지의 표현이기도 했다. 또한 국제적인 역학관계의 영향이기도 했다. 이미 중국의 後晉에 거란에 대한 협공을 제의한 바 있었던 태조는 거란을 다시 한번 궁지에 몰아넣기 위한 전략이었다. 거란에 대한 자신의 감정을 강력하게 표현하여 당시 거란과 적대관계에 있던 후진의 호의를 사기 위한 것이었다. 고려와 후진과의 관계를 더욱 밀착시켜 거란을 압박하기 위한 것이었다. 뛰어난 국제적인 전략의 하나였던 것이다.

요컨대 태조는 후백제의 견훤을 포용하였다. 이전의 적을 아군으로 만들었다. 고구려 계승을 표방한 발해의 유민들도 따뜻하게 맞이해 주었다. 태조의 뛰어난 리더십의 한 단면이었다.

(7) 크게, 멀리 생각하라

무엇보다 왕건은 원대한 비전을 가지고 있었다. 통일신라 때 잃어버렸던 고구려의 옛 땅을 회복하려 하였다. 그는 우선 서북방을 편안하게 하기 위하여 고구려의 옛 수도였던 평양의 경영에 착수하였다. 그는 즉위한 지 3개월 만에 평양에 大都護府를 설치하였다. 그리고 인근의 黃州·鳳州·海州·白州·鹽州 등지의 人戶를 옮겨와 살게 하였다. 그리고 사촌동생인 王式廉과 廣平侍郞 列平을 보내 이곳을 지키게 하였다.

그 후 얼마 안 되어 평양을 西京으로 승격시켰다. 태조 5년(922)의 기록에 벌써 서경이라 표현되어 있기 때문이다. 그리고 그 해에 개경과 비슷한 관부와 관리를 설치했다. 또 태조 13년(930)에는 서경에 학교를 설치하여 인재를 양성하였다.

이렇듯 그가 평양을 중시한 것은 고구려의 계승이라는 측면이 작용한 것도 사실이다. 고구려 유민들의 민심을 달래기 위한 것이었다. 그러나 보다 근본적인 목적은 평양을 북진정책의 기지로 하고자 함이었다. 아울러 북방이 튼튼해야 남쪽으로 진출할 수 있기 때문이었다. 후삼국 통일이라는 대업에 대한 준비작업이었다.

이렇게 하여 서북방은 튼튼해졌지만 동북방이 문제였다. 동북방에는 아직도 여진의 무리들이 횡행하고 있었다. 이들이 진압되지 않는 한 북방의 변경이 조용할 수 없었다. 이에 태조는 우선 그들을 회유하였다. 그러자 918년 8월 함경도 안변 지역에서 세력을 떨치던 尹瑄이란 자가 귀순해왔다.

그러나 아직도 이 방면에서는 여진족이 자주 침략한다는 소식이 들어왔다. 이에 태조는 동왕 3년(920) 유금필을 파견하였다. 그는 開定軍 3,000을 거느리고 출발하여 鶻巖에 이르러 동쪽 산에 큰 성을 쌓고 거처하며 北蕃의 酋長 300여 인을 불러 모아 酒食을 성대하게 배설하여 향응하였다. 그 취한 기회를 타서 위엄으로 협박하여 酋長들을 모두 굴복시키고 드디어 諸部에 使人을 보내어 말하기를, "이미 너희 酋長을 얻었으니 너희들도 또한 마땅히 와서 항복하라."라고 하니 이에 諸部가 서로 거느리고 와 附庸하는 자가 1,500인이었다. 또 포로된 자 3,000여 인을 돌려보냈다. 이렇게 하여 북방이 편안하게 되니 태조가 특히 褒獎을 가하였다.

이처럼 유금필은 기지를 발휘하여 이들 여진인들을 복속시켰다. 그가 그렇게 쉽게 여진인들을 굴복시킨 것은 그의 뛰어난 지략덕분이기도 했지만 여진 사정에 밝았기 때문이기도 했다. 그는 궁예에게 귀순한 平壤城主 黔用의 일족일 가능성이 있기 때문이다. 이듬해인 태조 4년(921)에는 흑수말갈의 추장 高子羅 등 170여 명이 귀순해왔다. 한편 그 해에 일부 達姑狄들이 안변을 침략하자 고려는 장군 堅權을 파견하여 이들을 분쇄하였다. 강경책과 회유책을 동시에 썼던 것이다.

이렇게 고려에 귀속된 여진족들은 유금필 휘하에 들어가 각종 전투에서 위력을 발휘하기도 하였다. 그들은 기동력을 갖춘 騎兵이었기 때문이었다. 태조 17년(934) 후백제와의 運州전투에서 태조가 화친을 도모하자 유금필은 이에 반대하고 후백제군을 공격하여 패퇴시켰다. 그런데 이때 그가 거느린 부대를 기록에서는 '勁騎 數千'이라 표현하고 있다. 날랜 기병이란 뜻이다. 또 태조 19년(936) 후백제 신검과의 一利川 전투에도 유금필은 黑水靺鞨과 達姑·鐵勒 등으로 구성된 勁騎 9천 5백을 거느리고 있었다. 태조의 뛰어나고 유연한 북방정책으로 북방세력이 오히려 후삼국 통일 사업에 참여하게 되었던 것이다.

요컨대 태조는 북방을 튼튼히 하기 위해 평양을 제2의 서울로 삼았다. 이를 西京으로 삼아 개경과 비슷한 시설을 갖추게 하였다. 고구려 유민들의 마음을 달래고 북진정책의 기지로 삼고자 함이었다. 동북방에 대해서는 회유와 강경의 두 가지 방책을 효과적으로 구사하였다. 태조의 명을 받고 출동한 유금필도 무력이 아닌 기지를 발휘하여 그들을 굴복시켰다. 침략을 하는 북방세력에 대해서는 강력하게 응징했으나 귀순해 오는 자들은 따뜻하게 대해주었다. 그 결과 그들은 고려의 각종 전투에 투입되어 후삼국 통일에 일조를 하였다. 고려의 우방이 되었던 것이다.

태조는 또 고구려의 수도였던 평양을 서경으로 삼아 제2의 수도로 하였다. 고려의 명장이었던 유금필을 파견하여 함경남도 지역의 여진을 평정하였다. 발해를 고구려의 후예국으로 인정하여 그 유민들을 받아들였다. 발해를 멸망시킨 거란에 대해서는 단교조치를 취했다. 그리고 후진과 협공하여 거란을 멸하고 발해 땅을 차지하려 하였다. 그 결과 통일신라 때보다 훨씬 넓은 영토를 차지하게 되었다.

2. 전투를 통해 본 왕건의 리더십

(1) 적의 동향을 파악하고 자연 현상을 잘 이용하라(덕진포 전투)

실제 전투의 승리도 중요하다. 왕건과 견훤이 직접 격돌한 것은 909년이었다. 당시 왕건은 궁예 휘하에 있었다. 왕건은 896년 궁예가 세력을 넓혀 철원에 도읍하자 아버지와 같이 궁예에게 귀순하였다. 그의 나이 당시 20세였다. 그 대가로 그는 송악에 있는 勃禦塹城의 성주가 되었다. 898년 궁예가 수도를 송악으로 옮기자 왕건은 精騎大監에 임명되었다. 기병대의 지휘관이 된 것이다. 이후 그는 남쪽으로 내려가 양주·남양·청주·충주·괴산 일대를 점령하며 활약했다.

궁예의 명을 받은 왕건의 남진정책과 후백제 견훤의 북진정책은 나주 일대에서 충돌했다. 왕건은 뛰어난 해상세력의 일원이었다. 그의 고향인 개경이 해변이었을 뿐 아니라 그의 선대가 중국과의 무역을 통해 부를 축적한 바 있기 때문이다. 왕건은 나주를 점령하여 후백제의 배후를 위협하였다. 해군력에서는 왕건이 한 수 위로, 909년 영암의 德眞浦 전투에서 후백제 견훤의 수군을 대파하였다. 참패한 견훤은 작은 쪽배를 타고 도망쳐야 했다.

이 승리는 바람의 방향과 적의 약점을 잘 이용한 것이었다. 적의 전함이 꼬리를 맞대고 몰려 있는 것을 보았고 바람이 적진을 향해 불고 있음을 알았다. 이에 왕건은 火攻 작전을 펴서 적을 궤멸시켰다. 마치 「삼국지」에 나오는 적벽강 전투를 연상케 하는 전투였다.

(2) 햇볕 정책으로 상대의 마음을 사로잡아라(공산 전투)

918년 왕건은 궁예를 내쫓고 왕위에 올랐다. 국호를 고려라 하였다.

고구려의 부흥과 재건을 기치로 내걸었다. 연호를 天授라 하였다. 하늘이 자신에게 천명을 내려주어 국가를 열었다는 뜻이다. 이후 견훤과 왕건의 관계는 한동안 우호적이었다. 견훤은 좋은 부채와 지리산의 대나무로 만든 화살을 왕건에게 선물하였다. 기록에는 없지만 왕건도 이에 대한 답례를 했을 것이다. 그러던 중, 태조 3년(920) 견훤이 신라의 합천·초계 지역을 공격하자, 신라의 요청을 받은 왕건이 구원군을 보내게 되자 두 나라는 적대관계로 변하였다.

본격적인 대결은 태조 8년(925)의 조물군[구미의 금오산성으로 추정] 전투에서였다. 왕건 측의 장군 애선이 전사하였고, 왕건은 친히 군사를 거느리고 출정하였으나 승패를 결정짓지 못하여 인질을 교환하고 화친을 맺었다. 그러나 다음 해에 후백제의 인질이 병으로 죽자, 견훤도 왕건 측의 인질을 죽이고 고려를 공격하였고, 이후 견훤과 왕건은 대립을 계속하였다.

이러한 대립관계는 태조 10년(927) 公山 전투에서 폭발하였다. 견훤이 신라의 수도 경주를 침범하여 경애왕을 살해하자, 왕건이 이를 구원하려 친히 출전하였다가 견훤의 군대에 포위되었다. 이때 신숭겸이 왕건과 옷을 바꿔 입고 대신 죽음으로써 겨우 목숨을 부지하였고, 견훤은 909년 해전에서의 패배를 멋지게 복수하였다.

그러나 왕건은 몇 년 동안 명주[강릉]의 왕순식으로부터 군사적인 도움을 받는 등 전열을 재정비하였다. 그리하여 태조 12년(929)부터 시작되어 이듬해까지 지속된 고창군[안동] 전투에서는 왕건이 크게 승리하였다. 물론 그것은 그곳의 토착세력인 김선평·권행·장길 등의 도움도 크게 작용하였다. 이 전투의 승리로 강릉에서 울산에 이르는 110여 성이 왕건의 편이 되어 견훤 측은 큰 손실을 보았다.

이 전투의 승리는 왕건의 햇볕 정책이 거둔 승리라 할 수 있다. 왕건은 왕위에 즉위한 이후 줄곧 기존의 신라를 돕는 정책을 실시하였다. 위기에 빠진 신라를 위하여 여러 차례 군사적 지원을 아끼지 않았다. 공산 전투에서는 신라를 돕다가 목숨을 잃을 뻔하기까지 했다. 그러자 안동 지역의 호족들이 왕건을 적극적으로 도와준 것이었다. 이듬해 신라의 서울 경주를 방문하자 도성 사람들이 "지난 날 견훤이 왔을 때는 늑대나 호랑이를 만난 것 같더니 지금 王公[왕건]이 오니 부모를 뵌 것 같다."라고 말한 것이 그러한 상황을 잘 말해준다.

(3) 以夷制夷 정책을 잘 이용하라(일리천 전투)

이후 견훤은 수군으로 몇 차례 공격하였으나 성과를 거두지는 못하였다. 또 후백제는 내부에서 분열했다. 견훤은 10여 명의 아들 중 넷째 아들인 금강에게 왕위를 물려주려 하였다. 그러자 그 형들인 신검·양검·용검 등이 난을 일으켜 견훤을 금산사에 유폐시키고 금강을 살해하였다. 그러나 견훤은 나주로 달아나 왕건에게 귀순하였다. 곧 이어 신라의 경순왕도 고려에 귀순함으로써 왕건의 후삼국 통일은 눈앞에 다가오게 되었다.

남은 것은 신검과의 마지막 결전이었다. 왕건은 반역한 자식을 죽여달라는 견훤의 청을 받아들이고 태조 19년(936), 경북 선산부근의 一利川을 사이에 두고 신검과 일전을 벌였다. 이 전투에서 크게 패한 신검은 황산군[충남 논산시 연산면]으로 달아났고, 왕건군은 이들을 추격하여 항복을 받아내었다. 이 전투의 승리를 기념하기 위해 왕건은 연산에 개태사란 절을 창건하기도 하였다. 이로써 후삼국은 고려라는 하나의 나라로 통일되었다.

그런데 이 일리천 전투를 승리로 이끄는데 많은 기여를 한 것은 아이러니 컬하게도 후백제왕 견훤이었다. 후백제 정권의 내분으로 견훤이 고려에 귀순하자 왕건은 그를 죽이지 않고 살려주었다. 오히려 그를 잘 이용하였다. 견훤을 일리천의 전장에 같이 데리고 가 후백제군의 사기를 저하시키고 전력을 약화시켰다. 견훤을 고려군의 전면에 내세움으로써 후백제군이

예전의 왕과 대결하게 하였던 것이다. 그러자 후백제의 몇몇 장수들이 견훤의 발 앞에 항복해 왔다. 그리고 이들이 후백제군의 내부 동태를 보고함으로써 왕건이 승리할 수 있었던 것이다. 적을 이용하여 적을 치는 以夷制夷 정책의 결과였던 것이다.

요컨대 역사의 혼란기에 한반도에서 세력을 떨쳤던 견훤과 왕건. 두 사람의 대결은 이렇게 끝을 맺게 되었다. 한 사람은 역사의 승자로서 후세에 영웅으로 남게 되었고 다른 한 사람은 패자가 되어 쓸쓸히 사라지게 되었다. 각자에게는 나름의 장점이 있었고, 또 단점이 있었다. 견훤에게는 무력이 있었지만 덕이 부족했다. 그러나 왕건은 훌륭한 리더십으로 견훤과의 대결에서 승리하여 후삼국을 통일하였다. 그의 리더십은 다음과 같이 요약할 수 있다.

① 기다림의 철학을 배우라 ② 지휘권을 공명정대하게 써라 ③ 부하들의 마음을 장악하라 ④ 지휘 협조 체제를 잘 유지하라 ⑤ 싸우지 않고 이기는 전술을 채택하라 ⑥ 포용으로 사람을 감동시켜라 ⑦ 크게, 멀리 생각하라 ⑧ 적의 동향을 파악하고 자연 현상을 잘 이용하라 ⑨ 햇볕 정책으로 상대의 마음을 사로잡아라 ⑩ 以夷制夷 정책을 잘 이용하라.

이렇듯 태조 왕건은 무력이 부족했지만 덕을 가지고 있었다. 후삼국을 통일하여 5백년 왕업의 기초를 닦은 고려 태조 왕건은 지도자로서의 인품과 리더십을 갖고 있었던 것이다. 그리하여 그가 세운 나라, 고려는 후삼국 시대의 혼란을 가라앉히고 민족을 하나로 통일하여 새로이 나아갈 길을 보여주었다. 이제 경주 진골 중심의 골품제 사회가 붕괴되고 능력중심의 사회가 되었다. 지방민들도 실력이 있으면 과거를 보아 중앙의 관계로 진출할 수 있었던 것이다.

10장 결론

　高麗 太祖 王建의 성은 王氏였다. 그런데 그 왕씨는 중국과의 관련 속에서 나온 것이었다. 840년대의 기록인 『入唐求法巡禮行記』에 보면 이미 중국 산동 지역에는 왕씨를 가진 新羅人이 다수 존재하였다. 왕건의 선대는 무역을 위해 중국을 자주 왕래하여 이러한 중국의 상황을 잘 알고 있었다. 이에 왕건의 아버지 용건은 그러한 상황을 고려하여 976년 본인을 중국 출신의 왕씨라 자칭하였다. 그리하여 아들이 태어나자 성명을 '王建'이라 하였다. 이미 신라에는 중국에서 온 王巨仁이란 인물이 있었기에 가능한 일이었다. 나아가 왕건은 본인의 선조가 중국의 회하 유역에 산 적이 있다고 자칭함으로써 중국과의 외교 관계에서 우월한 지위를 획득하려 하였다. 이에 후당 명종은 그를 고려국왕으로 책봉할 때 '長淮茂族'이라 하였던 것이다. 증조할아버지가 당 숙종 또는 선종이었다는 설은 그러한 배경 하에서 나온 것이었다.

　그러나 그가 중국 출신은 아니었다. 후당 명종의 책봉조서에 나오는 '長淮茂族'이란 용어에서 장회는 분명 중국의 淮水를 가리킨다. 그러나 왕건이 중국의 회수 출신이라는 뜻은 아니다. 중국에서는 옛부터 東夷族의 한 일파인 淮夷를 자신들과는 다른 족속으로 보았다. 나아가 현 중국의 동북쪽과 한반도에 있는 국가들도 같은 동이족으로 보았다. 따라서 고려를 건국한 태조 왕건도 동이족으로 보았기 때문에 장회무족이라 한 것이다.

이는 즉 '동방의 무성한 족속'이란 일반적인 개념에 불과한 것이다. 다만 왕건이 자신의 선조와 중국과의 관련성, 그리고 자신의 성인 '王'씨를 내세워 자신이 중국 출신이라는 주장을 했을 가능성은 있다. 이를 통해 중국과의 외교를 원활히 하고 중국의 인정을 받고자 함이었다.

한편 궁예의 뒤를 이어 왕위에 즉위한 고려 태조 왕건은 즉위 후 얼마 되지 않은 태조 원년 6월 辛酉일에 조서를 반포하여 인사를 단행하였다. 이를 통해 볼 때 당시의 중앙 정치기구는 대체로 정치(인사문제 포함), 군사, 경제, 형벌과 왕실관계 부서의 순으로 되어 있어 정치 다음으로 군사문제가 중시되었던 사실을 알 수 있었다. 즉 광평성을 최고 관부로 하여 내봉성, 순군부, 병부, 창부, 의형대, 백서성, 도항사, 물장성, 내천부, 진각성, 내군의 순서로 되어 있었다. 그런데 여기서 왕에게 정책을 건의하고 조언했던 기관인 백서성이 서열 7위로 처져있는 것은 그것이 설치 초기일 뿐 아니라 당시가 전쟁기였던 상황을 반영한 것이었다. 이는 정치가 안정되고 통일이 진척됨에 따라 內議省 기구로 확대 강화될 수 있는 여지가 있는 것이었다. 그리하여 태조 말년에는 3省의 대열에 끼게 되었던 것이다. 또한 고려의 6부가 당·송과는 달리 호부보다 병부가 우위에 있었던 연원도 이러한 고려 초의 정치상황과 중앙관부의 서열에서 찾을 수 있지 않을까 한다. 고려의 상서 6부는 吏·兵·戶·刑·禮·工部의 순으로 되어 있었던 것이다. 한편 辛酉 詔에 보이는 인물들은 개국공신 세력과 함께 태조대의 정국을 이끌어간 한 축이었다. 이들은 개국공신 세력과 때로 갈등을 보이면서도 자신들끼리의 연합관계를 지속하였다. 태조·혜종·정종의 후비 중 일부를 배출하였고 종국에는 이 계열에서 광종과 같은 인물을 배출하였던 데서 알 수 있다.

태조 왕건은 또 지방제도의 개편을 후삼국 통일에 이용하였다. 그는 군현의 지명 개정이나 昇降을 통해 지방세력을 통제하였다. 고려왕조에 歸附 내지 協助한 지방세력들의 출신지를 鄕·部曲에서 縣으로 승격하거나

縣에서 郡으로 승격하기도 하였다. 또 郡·縣에서 州·府로 승격한 경우도 많았다. 한편 고려왕조에 對抗했거나 非協助적인 지방세력의 근거지는 강등하였다. 여기에는 주로 郡에서 縣으로 강등된 사례가 대부분이었다. 따라서 고려 태조대의 군현제는 읍의 규모와 읍격이 맞지 않는 경우가 많았다. 또 군현의 來屬관계도 형성되었다. 이도 정복 지역에 대한 강력한 통제책에서 비롯되었다. 정복 지역의 주요한 곳을 主邑으로 설정하고 中央軍이나 地方官을 주둔시킴과 더불어 주변의 군·현을 여기에 來屬시켜 통제하였던 것이다. 이러한 과정 속에서 군현의 합병이 이루어지기도 하였다.

태조 왕건대의 정치세력은 크게 3부류로 나눌 수 있다. 첫째는 공신세력이고 둘째는 외척세력, 셋째는 문신세력이었다. 공신세력은 개국공신, 삼한공신, 배향공신 등을 말한다. 개국 1등공신으로는 洪儒·裵玄慶·申崇謙·卜智謙 등이 있었다. 이들은 모두 무인으로 주로 후삼국 통일 전쟁 과정에서 활약하다 죽었다. 정치에는 크게 관여하지 않았지만 초기에는 반혁명 세력을 제압하는 역할을 담당하였다. 그러나 이들 가문은 후대에 그렇게 번성하지 못했다. 삼한공신은 후삼국 통일 과정에 기여한 자들로 그 중에는 후대에까지 영달한 세력도 많았다. 배향공신은 태조의 廟庭에 배향된 인물을 말하는데 개국 1등공신 4명에 유금필과 최응이 첨가되었다. 이들이 소위 '祖代 6功臣'으로 그들의 후예는 음서의 혜택을 받는 영광을 누리게 되었다. 그러나 이들의 후손 역시 크게 영달하지 못하였다.

외척세력은 태조 왕건의 외가를 말하는데 이들이 태조대에는 가장 세력이 컸지 않나 한다. 이들 가문에서 후대의 왕들이 배출되었기 때문이다. 나주 오씨 가문에서는 혜종을 배출하였고 충주 유씨 가문에서는 정종과 광종을 배출하였다. 태조의 제1비였던 신혜왕후 유씨 가문에서는 후손이 없어 태조대에는 빛을 보지 못했지만 그와 친척인 정덕왕후 유씨 가문에서는 후대에 영달하는 인물들이 많이 배출되었다. 그러나 나주 오씨 가문처럼 몰락한 집안도 있었다.

문신세력은 주로 유학을 공부한 사람들이었다. 이들은 태조대에 주로 행정 관료에 등용되었다. 그 중 이름있는 자들은 중요 부서에서 중용되었다. 최응이나 최언위는 왕의 명령을 받아 행정을 시행하는 內奉省이나 왕의 詔書를 작성하는 翰林院에 근무하면서 왕건을 근거리에서 보필하였다. 최지몽은 영암 출신으로 일찍부터 태조에게 발탁되어 왕건의 곁에서 보좌하였다. 掖庭局에 소속되어 왕의 곁에서 모든 사항을 왕에게 전달하는 임무를 맡았다. 이처럼 일반 문신들은 일반 행정관서의 관리로 복무하였지만 일부 세력가들은 왕의 측근에서 보필하는 임무를 맡기도 했던 것이다.

태조 왕건은 여러 정책을 실시하였다. 대내정책으로는 북방정책, 대호족정책, 대민정책 등이 있었다. 그는 북방을 튼튼히 하기 위해 평양을 제2의 서울인 西京으로 삼아 개경과 비슷한 시설을 갖추게 하였다. 고구려 유민들의 마음을 달래고 북진정책의 기지로 삼고자 함이었다. 그는 즉위하자마자 호족들에게 선물을 보내고 자신을 낮추는 겸손한 태도를 보였다. 그러자 여러 호족들이 귀순해 왔다. 그들에게는 그에 상응하는 대우를 해주었다. 인질로 올라온 그들의 일족에게는 결혼을 시키기도 하였고 田宅을 주기도 하였다. 또 '王姓을 하사하여 의제가족적인 관계를 맺기도 하였다. 그런가 하면 호족의 딸과 결혼하여 가족이 되기도 했다. 물론 호족들이 보내온 일족은 유사시 인질이 되기도 했다. 태조는 민생을 해결하고 백성들의 민심을 얻기 위해 많은 정책을 실시하였다. 조세제도를 확정하여 너무 많이 걷지 않도록 하였으며 억울하게 노비가 된 자들을 풀어주는 정책도 실시했다. 한시적으로 조세를 면제해주었는가 하면 죄수들을 사면하기도 하였다. 흑창을 설치하여 빈민들을 구제하기도 하였다. 이러한 정책으로 호족들과 백성들의 민심을 얻을 수 있었고 마침내 후삼국을 통일할 수 있었다.

그의 후삼국 통일에는 외교전략도 한 몫 하였다. 후백제와의 관계에 신경을 써야했던 집권초기에 그는 거란과 우호관계를 유지하였다. 그러다가 거란의 침입으로 발해가 멸망하자 발해 유민들을 따뜻하게 맞이해 주었다. 한편 후삼국 통일을 달성한 후에는 북진정책을 확실히 하기 위해 거란을 적대시하였다. 중국의 후진과 협공하여 거란을 공격하려 하였다. 그러나 거란에 대한 강경 외교가 후진의 멸망 후 3차에 걸친 거란의 침략으로 이어진 것은 안타까운 일이라 하겠다. 그의 뛰어난 외교전략은 대중국 관계에서 빛을 발휘하였다. 견훤이 주로 남중국과 교류했던 반면 왕건은 북중국의 외교에 전력을 기울였다. 그리하여 결국 고창군[안동] 전투에서 승리하면서 외교적인 승리도 획득하였다. 후당의 명종은 고려의 우위를 인정하여 신라에는 사신을 보내지 않고 고려에만 사신을 파견하여 왕건을 고려국왕으로 책봉하였던 것이다. 중국이 실질적인 지원을 해 준 것은 아니었지만 국제적인 인정을 통해 정권의 우세를 달성하였던 것이다. 고려는 고창군 전투의 승리와 함께 외교적인 승리도 획득하였다.

그 후 그는 다가올 통일 전쟁 자금과 국가 재정을 위해 중국과의 활발한 무역의 필요성을 절감하였다. 그리하여 청태 원년(934) 무렵 자신의 친족인 王仁翟을 청주 또는 후당 정부에 인질로 보내기까지 하였다. 이렇듯 왕건은 후삼국의 대결 과정에서 중국에 인질까지 파견하여 승리를 획득하려 하였다. 특히 개경에서 가까운 산동반도의 청주와 긴밀한 관계를 맺으면서 무역의 실리와 외교적 이득을 꾀하였다. 이러한 외교적 노력이 후삼국 통일의 한 원동력이 되기도 했던 것이다.

태조 왕건은 또 후삼국 통일을 위해 다양한 사상과 종교를 이용하였다. 불교는 물론이고 유학과 풍수지리, 도교, 토속신앙 등을 모두 용인하고 장려하였다. 특히 불교를 깊이 신봉하였다. 개경에 많은 사찰을 세웠고 고승들을 초청하여 정치적 자문을 구하기도 하였다. 그런 과정을 통하여 후백제 신검의 항복을 받아 후삼국을 통일하였다. 그리고 항복을 받은 지역에 전승기념 사찰로서 개태사를 창건하였다. 그리하여 개태사는 태조 왕건의 영정을 봉안한 진전사원이 되었다. 이처럼 개태사는 고려 태조의 후삼국 통일 및 불교정책과 밀접한 관련이 있는 사찰이었다. 고려말에는 眞殿寺院의 기능을 수행하여 국가 대사의 결정에 큰 영향을 끼치게 되었던 것이다.

태조 왕건은 될 수 있으면 무력 대결을 피하려 했다. 그러나 패권을 위해서 후백제 견훤과의 대결은 불가피한 상황이었다. 왕건과 견훤은 초반에는 우호적인 관계를 유지하였다. 그러다가 태조 3년(920) 견훤이 신라의 합천, 초계를 공격하자 신라가 고려에 구원을 요청해 왔다. 이에 왕건이 원군을 보내 신라를 도와줌으로써 둘 사이에 틈이 벌어지기 시작했다. 그들의 본격적인 대결은 태조 8년 조물군 전투에서 벌어졌다. 그렇지만 승리를 결정짓지 못하자 화친을 맺고 서로 간에 인질을 교환하였다.

그러나 이러한 화친은 다음 해에 깨지고 말았다. 전년에 인질로 고려에 온 진호가 병으로 죽자, 견훤은 진호가 살해당했다고 의심하여, 왕건 측 인질인 왕신을 죽이고 고려의 영역이었던 공주를 공격하였던 것이다. 927년 왕건이 용주[지금의 경북 예천]를 선제공격함으로써 다시 대립하게 되었다. 그러나 당시 군사력 면에서 볼 때 견훤 쪽이 우세하였다. 그리하여 견훤이 신라에 침입하여 경애왕을 살해할 때 왕건은 이를 구원하려다 죽을 위기를 맞기까지 하였다. 이 공산 전투에서 개국 1등공신이었던 신숭겸과 2등공신 김락이 전사하기도 하였다.

그러나 왕건은 929년 12월부터 시작된 고창군[지금의 경북 안동] 전투에 서는 크게 승리하였다. 이 승리에는 그곳의 토착세력인 김선평, 권행, 장길 등의 도움도 크게 작용하였다. 이후 견훤은 수군을 동원하여 몇 차례의 공격을 가했으나 큰 성과를 거두지는 못하였다. 더욱이 내부의 분열은 견훤 측의 패배를 부채질하였다. 견훤이 넷째 아들인 금강을 사랑하여 왕위를 전하려 하자 그 형 신검·용검·양검 등이 난을 일으켜 아버지를 금산사에 유폐시키고 금강을 살해하였던 것이다. 이에 견훤은 나주로 도망하여 왕건에게 귀순하였다. 곧이어 신라의 경순왕도 고려에 귀순함으로써 왕건의 후삼국 통일은 눈앞에 다가오게 되었다.

이제 남은 것은 신검과의 마지막 결전이었다. 결국 왕건은 군사를 출동시켜 경북 선산군 해평면 일대의 一利川을 사이에 두고 신검과 대결하여 승리하였다. 신검의 군은 패배하여 황산군[지금의 충남 논산시 연산]으로 달아났으나 중과부적으로 왕건에게 항복하였다. 이로써 왕건은 왕위에 오른 지 19년 만인 936년 후삼국 통일의 위업을 달성하게 되었다.

천년 동안 지속되었던 신라도 견훤의 고려 귀부에 이어 멸망하였다. 경순왕이 더 이상 버틸 수 없음을 알고 나라를 들어 귀순하였다. 이렇게 하여 신라가 멸망하자 경주 세력은 세 갈래의 태도를 보였다. 우선 많은 왕족이나 신라의 관리들은 경순왕을 따라 고려에 감으로써 고려조정에서도 지배세력으로서의 위치를 잃지 않은 부류가 있었다. 다음으로 경순왕을 따라가지는 않고 경주에 남아 있던 세력도 있었다. 이들은 태조로부터 자신들의 기득권을 나름대로 보장받았다. 이외에 경순왕의 귀부를 끝까지 반대하다 초야에 묻힌 부류도 일부 있었다. 결국 경순왕의 귀부로 신라는 멸망하였지만 대부분의 경주세력은 다시 고려 조정에서 세력을 떨치게 되었다. 즉 경주계의 신라세력도 지배세력의 일부를 차지함으로써 그 전통을 면면히 이을 수 있었던 것이다.

고려의 건국으로 '新羅'라는 국호는 사라지고 '高麗'라는 국호가 성립되었다. 국호 상으로만 볼 때는 신라와 고려는 완전히 단절되었다. 그러나 왕통으로 볼 때는 꼭 그렇지만은 않았다. 표면상으로 보아 신라의 왕족이었던 김씨 왕통은 단절되었다. 그러나 새롭게 등장한 고려 왕족인 왕씨의 혈통에는 다시 신라 왕족 김씨의 피가 흐르게 되었다. 고려의 왕들이 신라 왕실에서 아내를 맞이하였기 때문이다. 나아가 고려 8대 임금 현종은 신라 왕실의 피를 직접 이어받았다. 이로써 고려 왕실과 신라 왕실은 왕통은 단절되었으나 혈연 상으로 연속하게 되었다.

사회신분제 면에서도 여전히 왕경의 귀족들이 우대받았다. 그러나 신라와는 달리 지방세력이 신분을 상승시킬 수 있는 여지가 마련되었다. 그것은 고려의 건국과 통일 과정에서 지방세력 즉 호족들의 역할이 컸기 때문이기도 하였다. 그리하여 이들이 중앙 정계에 진출하여 사회신분을 상승시켰고 이것이 후에는 과거제라는 공식적인 제도로 인정되었다. 이후에도 지방세력은 제술과나 명경과에 합격하여 관료로 성장하였고 심지어는 서민들도 잡과나 군공 등을 통해 신분을 상승시킬 수 있는 기회가 주어졌다.

사상과 문화면에서는 신라와 마찬가지로 여전히 불교가 중시되었다. 그러나 현실을 중시하는 유교가 불교와 비슷한 지위로 상승하였다. 그것은 신라의 6두품 출신 유학자들의 노력 덕분이기도 하였다. 뿐만 아니라 도교, 풍수지리는 물론 성황신앙, 산신신앙, 무격신앙 등의 토속신앙도 유행하였다. 가히 다종교시대였다. 그러한 배경에는 고려 태조 왕건이 사상을 통해 후삼국 통일을 달성하려는 전략이 깔려 있었다. 결론적으로 신라에서 고려로의 왕조 교체는 국호와 왕통의 단절에도 불구하고 정치, 사회, 사상 면에서 연속성을 유지하고 있었다. 오히려 한 단계 더 변화, 발전하였다고 하겠다.

마지막으로 태조 왕건이 후삼국을 통일한 것은 전투에서의 승리 때문이기도 했지만 뛰어난 리더십 덕분이기도 했다. ① 기다림의 철학을 배우라 ② 지휘권을 공명정대하게 써라 ③ 부하들의 마음을 장악하라 ④ 지휘 협조 체제를 잘 유지하라 ⑤ 싸우지 않고 이기는 전술을 채택하라 ⑥ 포용으로 사람을 감동시켜라 ⑦ 크게, 멀리 생각하라 ⑧ 적의 동향을 파악하고 자연 현상을 잘 이용하라 ⑨ 햇볕 정책으로 상대의 마음을 사로잡아라 ⑩ 以夷制夷 정책을 잘 이용하라. 이것이 그의 리더십이었다.

이렇듯 태조 왕건은 무력이 부족했지만 덕을 가지고 있었다. 후삼국을 통일하여 5백년 왕업의 기초를 닦은 고려 태조 왕건은 지도자로서의 인품과 리더십을 갖고 있었던 것이다. 그리하여 그가 세운 나라, 고려는 후삼국 시대의 혼란을 가라앉히고 민족을 하나로 통일하여 새로이 나아갈 길을 보여주었다. 지금도 우리는 남북 분단의 비극을 극복하지 못하고 있다. 태조 왕건의 정치와 리더십이 현재의 분단을 통일로 이끌어 가는데 한 일조가 되었으면 하는 바람이다.

1. 기본 자료

『三國史記』
『三國遺事』
『高麗史』
『高麗史節要』
『高麗圖經』
『新增東國輿地勝覽』
『世宗實錄地理志』
『帝王韻紀』
『冊府元龜』
『大同地志』
『慶尙道地理志』
『大東韻府群玉』
『朝鮮金石總覽』
『韓國金石文追補』
『東文選』
『孤雲先生文集』
『補閑集』
『牧隱文藁』
『霽亭集』
『韓國金石全文』
『遼史』
『舊唐書』
『新唐書』
『舊五代史』
『新五代史』

『五代會要』
『入唐求法巡禮行記』
『吳越備史』
『十國春秋』
『陸氏南唐書』
『冊府元龜』
『資治通鑑』

2. 저서

권덕영,『고대한중외교사』, 일조각, 1997.
김갑동,『고려 전기 정치사』, 일지사, 2005.
김갑동,『나말려초의 호족과 사회변동 연구』, 고려대학교 민족문화연구원, 1990.
김갑동,『고려의 후삼국 통일과 후백제』, 서경문화사, 2010.
김갑동,『고려의 토속신앙』, 혜안, 2017.
김기덕,『고려시대 봉작제 연구』, 청년사, 1998.
김당택 외,『고려의 후삼국 통합과정과 나주』, 경인문화사, 2013.
김대현 외,『나말려초 신숭겸 연구』, 경인문화사, 2016.
김명진,『고려 태조 왕건의 통일 전쟁 연구』, 혜안, 2014.
김명진,『통일과 전쟁, 고려 태조 왕건』, 혜안, 2018.
김성준,『한국정치법제사 연구』, 일조각, 1985.
김용선 편,『역주 고려묘지명집성』, 한림대학교출판부, 2001.
김창겸,『신라 하대 왕위계승 연구』, 경인문화사, 2003.
김창현,『고려의 여성과 문화』, 신서원, 2007.
노명호,『고려국가와 집단의식 : 자위공동체, 삼국유민, 삼한일통, 해동천자의 천하』,
　　　　서울대학교출판문화원, 2009.
노명호,『고려 태조 왕건의 동상』, 지식산업사, 2011.
류영철,『고려의 후삼국 통일과정 연구』, 경인문화사, 2005.
문안식,『후백제 전쟁사 연구』, 혜안, 2008.
민현구,『고려정치사론』, 고려대출판부, 2004.
樊樹志 저, 김지환·이병인·이영옥·이호현 옮김,『100가지 주제로 본 중국의 역사』,
　　　　고려대학교출판부, 2007.
박옥걸,『고려시대의 귀화인 연구』, 국학자료원, 1996.
박용운,『고려사회와 문벌귀족가문』, 경인문화사, 2003.
박용운,『고려의 고구려계승에 대한 종합적 검토』, 일지사, 2006.
박종진,『고려시기 지방제도 연구』, 서울대학교출판문화연구원, 2017.
박창희,『한국사의 시각』, 영언문화사, 1984.

백제연구소 편,『후백제와 견훤』, 서경문화사. 2000.
변동명,『한국 전통 시기의 산신·성황신과 지역사회』, 전남대학교출판부, 2013.
徐連達·吳浩坤·趙克堯 지음, 중국사연구회 옮김,『중국통사』, 청년사, 1997.
송기호,『발해정치사연구』, 일조각, 1995.
신성재,『후삼국시대 수군활동사』, 혜안, 2016.
신성재,『후삼국 통일전쟁사 연구』, 혜안, 2018.
申採湜,『東洋史槪論』, 三英社, 1993.
신호철,『후백제 견훤정권연구』, 일조각, 1983.
신호철,『후삼국 시대 호족연구』, 도서출판 개신, 2002.
신호철,『후삼국사』, 도서출판 개신, 2008.
심재석,『고려국왕 책봉 연구』, 혜안, 2002.
심재석,『고려 초기 정치사 연구』, 도서출판 미주, 2014.
윤경진,『高麗史 地理志의 分析과 補正』, 여유당, 2012.
李基白 외,『고려광종연구』, 일조각, 1981.
이재범,『후삼국시대 궁예정권 연구』, 혜안, 2007.
이재범,『고려 건국기 사회동향 연구』, 경인문화사, 2010.
이정신,『고려시대의 정치변동과 대외정책』, 경인문화사, 2004.
이종욱,『신라 골품제 연구』, 일조각, 1999.
李智冠,『校勘譯註 歷代高僧碑文』, 伽山文庫, 1994.
張東翼,『宋代麗史資料集錄』, 서울대출판부, 2000.
張傳璽 主編,『中國古代史綱(下)』, 北京大學出版社, 2004.
전기웅,『신라의 멸망과 경문왕가』, 혜안, 2010.
정용숙,『고려왕실 족내혼연구』, 새문사, 1988.
정용숙,『고려시대의 후비』, 민음사, 1992.
정청주,『신라말 고려초 호족 연구』, 일조각, 1996.
조인성,『태봉의 궁예정권』, 푸른역사, 2007.
지배선,『고구려·백제 유민 이야기』, 혜안, 2006.
최규성,『고려태조 왕건 연구』, 주류성, 2005.
하현강,『한국중세사연구』, 일조각, 1988.
홍승기 외,『고려 태조의 국가경영』, 서울대학교 출판부, 1996.

3. 논문

강봉룡,「나말려초 왕건의 서남해 지방 장악과 그 배경」,『도서문화』21, 2003.
권덕영,「후백제의 해외교섭 활동」,『후백제와 견훤』, 서경문화사, 2000.
권덕영,「신라하대 박씨 세력의 동향과 '박씨 왕가'」,『한국고대사연구』49, 2008.
권영국,「고려초 徇軍部의 설치와 기능의 변화」,『한국사연구』135, 2006.

권진철, 「고려 태조의 중폐비사(重幣卑辭)책에 관한 연구」, 『강원사학』 12, 1996.

김갑동, 「고려시대의 성황신앙과 지방통치」, 『한국사연구』 74, 1991.

김갑동, 「신라의 멸망과 경주세력의 동향」, 『신라문화』 10·11합집, 1994.

김갑동, 「고려태조 왕건과 후백제 신검의 전투」, 『박병국교수 정년기념사학론총』, 1994.

김갑동, 「백제 이후의 예산과 임존성」, 『백제문화』 28, 1999.

김갑동, 「백제유민의 동향과 나말려초의 공주」, 『역사와 역사교육』 3·4호 합집, 1999.

김갑동, 「나말려초의 면천과 복지겸」, 『한국중세사회의 제문제』, 한국중세사학회, 2001.

김갑동, 「고려시대 나주의 지방세력과 그 동향」, 『한국중세사연구』 11, 2001.

김갑동, 「후백제의 멸망과 견훤」, 『한국사학보』 12, 2002.

김갑동, 「나말려초 천안부의 성립과 그 동향」, 『한국사연구』 117, 2002.

김갑동, 「왕건의 '훈요10조' 재해석」, 『역사비평』 60, 2002.

김갑동, 「고려태조 초기의 중앙관부와 지배세력」, 『사학연구』 71, 2003.

김갑동, 「고려 초기 홍성 지역의 동향과 지역세력」, 『사학연구』 74, 2004.

김갑동, 「고려 건국과 한강 유역 호족 세력의 편입」, 『향토서울』 68, 2006.

김갑동, 「'王建의 중국 출신설'에 대한 비판적 검토」, 『동북아역사논총』 19, 2008.

김갑동, 「고려의 후삼국 통일과 유금필」, 『군사』 69, 2008.

김갑동, 「고려의 건국 및 후삼국 통일의 민족사적 의미」, 『한국사연구』 143, 2008.

김갑동, 「고려 태조비 神惠王后와 貞州 柳氏」, 『한국인물사연구』 11, 2009.

김갑동, 「고려 전기 후비의 稱外姓 문제」, 『한국사학보』 37, 2009.

김갑동, 「목천의 지방세력과 천안부의 성립」, 『역사와 담론』 84, 2017.

김갑동, 「왕건과 전남 세력의 동향」, 『도서문화』 52, 2018.

김광수, 「고려건국기의 패서호족과 대여진관계」, 『사총』 21·22합집, 1977.

김명진, 「태조 왕건의 천안부 설치와 그 운영」, 『한국중세사연구』 22, 2007.

김명진, 「태조 왕건의 일리천 전투와 諸蕃勁騎」, 『한국중세사연구』 25, 2008.

김명진, 「태조 왕건의 나주 공략과 압해도 능창 제압」, 『도서문화』 32, 2008.

김명진, 「태조 왕건의 충청지역 공략과 아산만확보」, 『역사와 담론』 51, 2008.

김명진, 「고려 태조 왕건의 일모산성 전투와 공직의 역할」, 『군사』 85, 2012.

김명진, 「고려 태조 왕건의 질자 정책에 대한 검토」, 『한국중세사연구』 35, 2013.

김명진, 「고려 태조 왕건의 기병 운영에 대한 검토」, 『군사』 101, 2016.

金文經, 「唐代 高句麗 遺民의 藩鎭」, 『唐 高句麗遺民과 新羅僑民』, 日新社, 1986.

김소영, 「고려 태조대 대거란정책의 전개와 그 성격」, 『백산학보』 58, 2001.

김수태, 「신라말·고려 전기 청주 김씨와 법상종」, 『중원문화론총』 1, 1997.

김순자, 「10~11세기 고려와 요의 영토 정책」, 『북방사론총』 11, 2006.

김아네스, 「고려 태조대 귀부호족과 本邑將軍」, 『진단학보』 92, 2001.

김아네스, 「고려 초기의 도호부와 도독부」, 『역사학보』 173, 2002.

김인규, 「고려 태조대의 대외정책」, 『고려 태조의 국가경영』, 서울대출판부, 1996.

김재만, 「오대와 후삼국·고려초기 관계사」, 『대동문화연구』 17, 1983.

김종섭, 「五代 高麗에 대한 인식」, 『梨花史學研究』 33, 2006.

김주성, 「궁예와 고려 태조의 농민정책에 대한 재검토」, 『신라사학보』 47, 2019.

김창겸, 「고려 태조대 姓貫 賜與와 그 의미」, 『역사민속학』 30, 2009.

김택균, 「궁예와 세달사」, 『사학연구』 75, 2004.

김호동, 「최은함—승로 가문에 관한 연구」, 『교남사학』 2, 1986.

노명호, 「고려태조 왕건 동상의 流轉과 문화적 배경」, 『한국사론』 50, 2004.

盧向前, 「오월국과 후백제의 관계에 대한 검토」, 『후백제의 대외교류와 문화』, 후백제
　　　문화사업회, 2004.

류선영, 「고려태조의 神惠王后 柳氏」, 『해양문화연구』 3, 2009.

문수진, 「고려 건국기의 나주세력」, 『성대사림』 4, 1987.

문수진, 「고려태조의 외교에 대하여」, 『계촌민병하교수정년기념사학론총』, 1988.

박용운, 「고려시대 해주 최씨와 파평 윤씨 가문 분석」, 『백산학보』 23, 1977.

박용운, 「국호 고구려·고려에 대한 일고찰」, 『북방사론총』 창간호, 2004.

박종진, 「고려 건국의 기반과 개경천도의 배경」, 『한국중세사연구』 59, 2019.

朴漢卨, 「王建世系의 貿易活動에 대하여 —그들의 出身究明을 중심으로—」, 『사총』
　　　10, 1965.

朴漢卨, 「王建 및 그 先世의 姓·名·尊稱에 對하여」, 『사학연구』 21, 1969.

朴漢卨, 「高麗王室의 起源」, 『史叢』 21.22합집, 1977.

박한설, 「고려의 건국과 호족」, 『한국사』 12, 국편위, 1993.

朴漢卨, 「高麗의 高句麗 繼承意識」, 『고구려연구』 18, 2004.

백남혁, 「왕건의 통치사상과 국정개혁 방향—'민'과 관련하여—」, 『백산학보』 58, 2001.

변동명, 「신라말·고려초의 순천 호족 박영규」, 『역사학연구』 62, 2016.

史長樂, 「唐明宗披露了高麗太祖王建的族籍」, 『東北史地』, 2007.

山崎覺士, 「五代「中國」의 道制」, 『中國五代國家論』, 京都 : 思文閣出版, 2010.

서서호, 「고려 태조대 대거란 정책의 추이와 성격」, 『역사와 현실』 34, 1999.

신성재, 「궁예 정권의 나주 진출과 수군활동」, 『군사』 57, 2005.

신성재, 「태봉과 후백제의 덕진포 해전」, 『군사』 62, 2007.

신성재, 「일리천 전투와 고려태조 왕건의 전략전술」, 『한국고대사연구』 61, 2011.

신성재, 「고려의 수군 전략과 후삼국 통일」, 『동방학지』 158, 2012.

신수정, 「고려초기 재상관부의 성립과 변화」, 『역사와 현실』 68, 2008.

신안식, 「고려전기의 麗宋 교통로와 교역」, 『한국중세사연구』 33, 2012.

申瀅植, 「新羅의 對唐交涉上에 나타난 宿衛에 對한 一考察」, 『역사교육』 9, 1966.

申瀅植, 「宿衛學生考」, 『역사교육』 11·12합집, 1969.

申瀅植, 「統一新羅時代 高句麗 遺民의 動向—王建世系의 出自와 그 南下時期를 중심으로
　　　—」, 『統一新羅史研究』, 三知院, 1990.

신호철, 「고려 태조의 후백제유민 정책과 '훈요 제8조'」, 『이화사학연구』 30, 2003.

신호철, 「고려초 후백제계 인물들의 활동」, 『한국중세사연구』 22, 2007.

심재석, 「고려와 오대·송의 책봉관계」, 『고려국왕 책봉연구』, 혜안, 2002.

안병우, 「고려의 수도 개경의 역사적 위상」, 『한국중세사연구』 59, 2019.

오치훈, 「고려 태조대 녹읍의 역사적 성격」, 『한국사연구』 156, 2012.

王連茂, 「泉州港視野中的宋麗貿易 : 有關泉州商人的那些事」, 『도서문화』 36, 목포대학교 도서문화연구원, 2010.

유영철, 「고창전투와 후삼국의 정세변화」, 『한국중세사연구』 7, 1999.

윤경자, 「고려 왕실의 혼인형태」, 『숙대사론』 3, 1968.

윤경진, 「고려 초기 지방제도 개편과 都護府」, 『한국중세사연구』 27, 2009.

윤경진, 「고려 태조대 鎭 설치에 대한 재검토」, 『한국사학보』 40, 2010.

윤경진, 「고려의 삼한일통의식과 '開國'인식」, 『한국문화』 74, 2016.

윤경진, 「신라말 고려초 京山府 연혁과 碧珍郡」, 『역사문화연구』 66, 2018.

윤경진, 「고려의 對後唐 외교와 신라」, 『사림』 66, 2018.

윤용혁, 「지방제도상으로 본 홍주의 역사적 특성」, 『홍주문화』 13, 1997.

윤용혁, 「고려시대 백제 舊都 부여의 회생」, 『최근묵교수 정년기념론총 호서지방사연구』, 2003.

윤용혁, 「936년 고려의 통일전쟁과 개태사」, 『한국학보』 114, 2004.

윤재운, 「남북국 시대의 對中항로와 거점」, 『한국사연구』 179, 2017.

이기백, 「고려초기 오대와의 관계」, 『한국문화연구원론총』 1, 1960.

이기백, 「신라 육두품 연구」, 『성곡론총』 1, 1971.

이문현, 「고려 태조의 농민정책」, 『고려 태조의 국가경영』, 서울대출판부, 1996.

이재범, 「나말려초 '鴨綠'의 위치 비정」, 『사림』 27, 2007.

이정란, 「고려 후비의 호칭에 관한 고찰」, 『전농사론』 2, 1996.

이정란, 「태조비 天安府院夫人과 天安府」, 『충청학과 충청문화』 12, 2011.

이정신, 「고려 태조의 건국이념의 형성과 국내외 정세」, 『한국사연구』 118, 2002.

이정신, 「태조의 대거란 정책과 고려 건국이념의 형성」, 『고려시대의 정치변동과 대외정책』, 경인문화사, 2004.

이정훈, 「고려시대 '高麗世系'에 대한 기록과 인식」, 『역사와 현실』 104, 2017.

이진한, 「고려 태조대 대중국 해상항로와 외교·무역」, 『한국중세사연구』 33, 2012.

이태진, 「김치양 난의 성격—고려초 서경세력의 정치적 추이와 관련하여—」, 『한국사연구』 17, 1977.

이현숙, 「나말려초 최언위의 정치적 활동과 위상」, 『이화사학연구』 22, 1995.

이현숙, 「나말려초 최치원과 최언위」, 『퇴계학과 한국문화』 35-2, 2004.

張東翼, 「10세기 고려왕조의 대외관계 기사에 대한 補完」, 『退溪學과 韓國文化』 42, 2008.

장상훈, 「고려태조의 서경정책」, 『고려 태조의 국가경영』, 서울대출판부, 1996.

全基雄, 「高麗初期의 新羅係勢力과 그 動向」, 『釜大史學』 17, 1993.

전덕재, 「신라의 대중·일 교통로와 그 변천」, 『동아시아의 교통로와 대외관계』, 단국대학교출판부, 2014.

정구복, 「김부식의 생애와 업적」, 『정신문화연구』 24, 2001.

鄭炳俊, 「營州城傍 高麗人 王思禮」, 『高句麗硏究』 19, 2005.

정선용, 「고려 태조의 대신라정책 수립과 그 성격」, 『한국중세사연구』 27, 2009.

정요근, 「고려·조선초의 역로망과 역제 연구」, 서울대 박사학위논문, 2008.

정요근, 「후삼국 시기 고려의 '州' '府'분포와 그 설치 의미」, 『역사와 현실』 73, 2009.

정용숙, 「고려초기 왕실혼인과 異姓后妃」, 『고려시대의 후비』, 민음사, 1992.

정지영, 「고려 태조의 호족정책」, 『고려 태조의 국가경영』, 서울대출판부, 1996.

鄭淸柱, 「신라말·고려초 호족의 형성과 변화에 대한 一考察」, 『역사학보』 118, 1988.

조경철, 「후고려 궁예와 고려 왕건의 계승관계와 강진 불교계의 동향」, 『다산과 현대』 9, 2016.

조범환, 「신라말 박씨 왕의 등장과 그 정치적 성격」, 『역사학보』 129, 1991.

조범환, 「고려태조 왕건의 대신라정책」, 『고문화』 55, 2000.

조인성, 「태봉의 궁예정권 연구」, 서강대학교 박사학위논문, 1990.

채수환, 「왕건의 고려건국 과정에 있어서 호족세력」, 『백산학보』 82, 2008.

최성은, 「개태사 석조삼존불입상 연구」, 『미술사논단』 16·17, 2003.

하현강, 「고려 서경고」, 『역사학보』 35·36합집, 1967.

하현강, 「고려 전기의 왕실 혼인에 대하여」, 『이대사원』 7, 1968.

한기문, 「고려시대 개경 奉恩寺의 창건과 太祖眞殿」, 『한국사학보』 33, 2008.

한기문, 「고려시대 安東府의 성립과 '太師廟'의 기능」, 『역사교육론집』 61, 2016.

한정수, 「고려 초의 국제관계와 年號紀年에 대한 재검토」, 『역사학보』 208, 2010.

한정수, 「고려 태조대 팔관회 설행과 그 의미」, 『대동문화연구』 86, 2014.

한정수, 「고려 태조 왕건과 풍수도참의 활용」, 『한국사상사학』 63, 2019.

허인욱, 「고려·후주 관계와 광종의 영토 확장」, 『전북사학』 43, 2013.

허인욱, 「고려초 남중국 국가와의 교류」, 『국학연구』 24, 2014.

허인욱, 「후백제의 대중국 교류연구」, 『사학연구』 122, 2016.

허인욱, 「고려 태조대 對中 외교 연구」, 『한국중세사연구』 49, 2017.

찾아보기

지은이 | 김 갑 동

대전광역시 출생. 대전고·공주사범대학 역사교육과 졸업
고려대학교 대학원 사학과 석사·박사과정 졸업(문학박사)
원광대학교 국사교육과 부교수, 대전대학교 박물관장·인문예술대학 학장, 호서사학회·한
국중세사학회 회장, 교육부 역사교육심의위원, 중학교 및 고등학교 한국사 교과서 검정위
원, 전국수학능력시험, 중등교사 임용시험 출제위원 역임
현 대전대학교 역사문화학과 교수

중요 저서

『나말려초의 호족과 사회변동 연구』(고려대 민족문화연구소, 1990), 『주제별로 본 한국역
사』(서경문화사, 1998), 『태조 왕건』(일빛, 2000), 『옛사람 72인에게 지혜를 구하다』(푸른
역사, 2003), 『고려 전기 정치사』(일지사, 2005), 『중국산책』(서경문화사, 2005), 『라이벌
한국사』(애플북스, 2007), 『고려의 후삼국 통일과 후백제』(서경문화사, 2010), 『충청의
얼을 찾아서』(서경문화사, 2012), 『고려시대사 개론』(혜안, 2013), 『고려의 토속신앙』(혜안,
2017)

고려 태조 왕건정권 연구

김갑동 지음

초판 1쇄 발행 2021년 5월 15일

펴낸이 오일주
펴낸곳 도서출판 혜안

등록번호 제22-471호
등록일자 1993년 7월 30일

주 소 ⑨04052 서울시 마포구 와우산로 35길 3(서교동) 102호
전 화 3141-3711~2
팩 스 3141-3710
이메일 hyeanpub@hanmail.net

ISBN 978-89-8494-659-0 93910

값 34,000 원